【北京社科名家文库】

反本开新

BEIJING SHEKE MINGJIA WENKU

汤一介自选集

汤一介◎著

首都师范大学出版社
CAPITAL NORMAL UNIVERSITY PRESS

图书在版编目（CIP）数据

反本开新：汤一介自选集/汤一介著．—北京：首都师范大学出版社，2008.6（2014.04重印）
（北京社科名家文库）
ISBN 978-7-81119-209-4

Ⅰ.反… Ⅱ.汤… Ⅲ.哲学—中国—文集 Ⅳ.B2—53

中国版本图书馆CIP数据核字（2008）第078756号

北京社科名家文库
FANBEN KAIXIN
反本开新
汤一介自选集
汤一介 著

项目统筹：杨小兵 责任编辑：丁晓山 张慧芳
责任设计：王征发 封面绘画：王征发
责任校对：李佳艺 责任印制：何景贤
首都师范大学出版社出版发行
地 址 北京西三环北路105号
邮 编 100048
电 话 68418523（总编室） 68982468（发行部）
网 址 www.cnupn.com.cn
印 刷 北京集惠印刷有限责任公司
全国新华书店发行
版 次 2008年7月第1版
印 次 2014年4月第2次印刷
开 本 710mm×1 000mm 1/16
印 张 40.25 插 页 1
字 数 477千
定 价 83.00元

《北京社科名家文库》编委会

出版说明

1978年，中国改革开放的元年。自那一年开始，中国已经走过了波澜壮阔的30年。这是伟大的30年，是改变中国的30年，是震惊世界的30年，也是哲学社会科学蓬勃发展的30年。

在哲学社会科学这30年的辉煌成就里，浸透着为新中国哲学社会科学奠基的老一辈专家呕心沥血的求索，也镌刻着寻着他们足迹的后来者追求真理的步伐。“学之大者，国之重器”。我们有责任将这些“大者”潜心研究的成果，重新编辑出版以飨读者。为此，北京市社会科学界联合会和首都师范大学出版社将这一套《北京社科名家文库》奉献给读者。她以自选集的体例形式，每年推出一批，争取在几年内达到百种以上。《北京社科名家文库》将系统展示当代哲学社会科学名家学者30年来的学思精华，展示他们的学术探索历程和风采。同时，为使这套《北京社科名家文库》更加丰富，编委会决定在首都师范大学出版社已出版的《当代著名学者自选集》中挑选符合体例的图书，编辑成《北京社科名家文库·纪念辑》，这将更完整地反映北京学人在学术风范和学术使命上的历史延续。

我们相信，《北京社科名家文库》将能够成为具有文化传承价值的经典性大型出版工程，成为集中展示首都哲学社会科学重要成果的一个窗口。由于我们水平所限，定有不足之处，希望读者和同仁给予批评指正。

编　委　会

2009年11月

汤一介先生

目录

1 **我的哲学之路**

1 论中国传统哲学范畴体系诸问题
24 论中国传统哲学中的真善美问题
42 再论中国传统哲学中的真善美问题
64 论“天人合一”
79 论“知行合一”
90 论“情景合一”

101 论儒家哲学中的内在性与超越性
113 论老庄哲学中的内在性与超越性
126 论禅宗思想中的内在性与超越性
142 “太和”观念对当今人类社会可有之贡献
149 论“内圣外王之道”

161 评亨廷顿的《文明的冲突?》
170 “和而不同”原则的价值资源
177 在有墙与无墙之间——文化之间需要有墙吗?
184 “文明的冲突”与“文明的共存”

北京社科名家文库

205 关于文化问题的几点思考

219 中国现代哲学的三个“接着讲”
235 论文化转型时期的文化合力
263 五四运动与中西古今之争
272 融“中西古今”之学，创“反本开新”之路
290 在中欧文化交流中创建中国现代哲学
298 在西方哲学冲击下的中国现代哲学
316 论创建中国解释学问题
342 新轴心时代的中国儒家思想定位
358 关于编纂《儒藏》的意义和几点意见
365 再谈我们为什么要编《儒藏》

373 魏晋玄学发展的历史
516 魏晋南北朝时期的佛道之争
580 文化的双向选择
——印度佛教输入中国的考察
588 华严“十玄门”的哲学意义

601 **汤一介著作目录**
605 **跋**

我的哲学之路*

1947 年，我选择读北大哲学系，是想做一名“哲学家”，能通过自己的独立思考，来探讨一些宇宙人生的根本问题。但到 1949 年，一切都改变了，我很快就接受了马克思主义，但严格说来接受的是苏联式的教条主义，开始虽然还有点怀疑，很快在各种运动中我真的把那些教条主义当成真理。在“文化大革命”前，我写过不少文章，大概有两类：一类是批判所谓的“资产阶级学术观点”，例如我参加了批判冯友兰、吴晗的“资产阶级学术观点”；另一类是对中国哲学史中的哲学家的研究。在 50 年代末与 60 年代初，曾经举行过几次“孔子学术讨论会”、“老子学术讨论会”、“庄子学术讨论会”等等，我都参加了，并且写了文章。这些文章几乎都是武断地给那些哲学家扣上“唯物”或“唯心”、“进步”或“反动”的帽子，算不得什么学术研究，只是把“学术”作为“政治的工具”而已。一直到“文化大革命”结束后的 80 年代，也许我才做一点哲学研究工作。而开始，我还不敢想成为一个“哲学家”，只想做一个稍有独立思想的“哲学史家”。所以在 80 年代初，我把在北京大学讲的《魏晋玄学与佛教、道教》一课的讲义修改成《郭象

* 本篇选自作者《我的哲学之路》一书，北京，新华出版社，2006。

与魏晋玄学》一书，于1983年由湖北人民出版社出版了。后又于2000年由北京大学出版社出版了《郭象与魏晋玄学》(增订本)。在这本书中，我主要讨论了以下几个问题：①找出魏晋玄学发展的内在理路；②通过魏晋玄学范畴的研究寻找中国哲学的范畴体系；③探讨哲学方法对认识哲学思想变迁的重要意义；④尝试把哲学的比较方法运用于中国哲学的研究领域；⑤勾画了魏晋玄学到唐初重玄学发展的原因。这些问题的讨论，对当时哲学思想的解放起了一定作用。后又将1983年所讲《魏晋玄学》的讲稿和其后对"魏晋玄学"的研究的论文整理成《魏晋玄学论讲义》，于2006年12月由鹭江出版社出版。此书对"魏晋玄学"的若干问题进行了讨论。80年代中期我把《早期道教史》一课的讲稿修改成《魏晋南北朝时期的道教》，1988年由中国和平出版社出版了。在该书的"序言"中，我提出必须把"宗教"与"迷信"区别开来，要肯定"宗教"对人类社会生活的重要意义；在承认"理性"对人类社会生活的重要意义的同时，必须也承认"非理性"的意义。这本书除讨论了道教思想，还讨论了道教仪式、经典和它的组织形成。特别是从四个问题讨论了当时佛道之争：关于老子化胡问题的争论、关于生死神形问题的争论、关于"承负"与"轮回"问题、关于"入世"与"出世"问题，这些问题是此前道教研究很少讨论到的。自20世纪80年代以来，由于对中国文化现代化问题的考虑，自然要涉及文化交流的问题。为此我对历史上印度佛教文化的传入中国，参照我父亲用彤先生的研究路子，写了一系列有关佛教传入中国以及中印两种文化交流中所涉及问题的文章，如《魏晋玄学与魏晋时期的佛教》、《文化的双向选择——印度佛教输入中国的历史考察》、《论禅宗思想中的内在性与超越性》等等。这些论文后来编入《佛教与中国文化》一书，1999年由宗教文化出版社出版。佛教文化的传入中国，我认为，大体上经过了三个阶段：初传入时依附于中国传统文化；传入日久，发现两种文化确有重大不同，而引起矛盾和冲突；再后由于在碰撞中相互吸收而融合，而使文化进入一个新的发展时期。我想，这可能是两种不同传统的文化相遇之后的一般进路。进入21世纪，我在《中国现代哲学的三个"接着讲"》中试图用这个不同文化相遇后的"三阶段"进路来讨论西方文化传入中国的问题。这三本书都是对中国哲学史所进行的研究，但是我实际并不甘心只做一个"哲学史家"。因此从80年代初起，我也在考虑一些哲学问题，虽然这些问题大都仍然是围绕着中国的哲学问题展开的，但多少使我关注到若干哲学问题。我曾经在冯契先生80岁生日之前，为祝贺他的80大寿，给他写过一封信，向他提出他应回到40年代写《论智慧》一文的心态，来推动当代中国哲学的研究，而不要只做一位"哲学史家"，这也反映我内心的矛盾（其实冯契同志早已做着他的哲学研究了，以后出版的巨著《智慧说三篇》就是证明，但当时我不知道）。1997年夏，我去比利时访问鲁汶大学，有一位该校的女学生 Vanessa Verschelden 写了一篇论文《汤一介为什么不说自己是哲学家?》。这位同学还对我作了两小时的访问。我当时对她说："这个问题得由中国近半个世纪的历史来回答。1949年后，当时有个普遍的看法：只有马克思、恩格斯、列宁、斯大林、毛泽东这样一些伟大的马克思主义者或者社会主义国家伟大领袖才可以被称为哲学家，而其他的人只能是哲学工作者，他们的任务只是解释这些伟大人物的思想。这样的思想幽灵紧紧地缠绕着我们的头脑至少30年。80年代后，我们开始对此有所怀疑，而后逐渐摆脱这一思想幽灵的困扰。但是我们真能从1949年以来的思想束缚中解放出来吗？我们这一代学人，甚至我上一代和下一代的学人中，谁也难以明确回答。"我又向她说："我虽不敢自称是哲学家，但我却有思考一些哲学问题的兴趣。”确实是这样，从1980年初我思考“中国哲学的范畴问题”到20世纪末我提出“创建中国解释学问题”和“新轴心时代中国哲学的走向问题”，就说明我对“哲学问题”的思考并没有停止。

一、关于中国传统哲学概念体系的问题

1980年，学术界出现了一定程度解冻的情况，有的学者提出要为唯心主义翻案，来说明它对哲学的发展是有贡献的。此时，我考虑如何突破1950年以来关于“唯心与唯物两军对垒”，“唯心主义”是“反动的”，“唯物主义”是“进步的”等教条，写了《论中国传统哲学范畴体系诸问题》一文，后发表在1981年《中国社会科学》第5期上，试图把哲学史作为一种认识发展史来考察。后来在《郭象与魏晋玄学》(湖北人民出版社，1983年版)中对这个问题又作了若干补充，而后又有《在非有非无之间》(台湾正中书局1995年版)作了一些修正。

我认为，一个哲学体系必由一套概念(范畴)、判断(命题)和经过一系列推理活动的理论所组成。也就是说，在一个哲学体系中总有其一套概念，并由概念与概念之间的联系构成若干基本命题，经过推理的作用而有一套理论。从西方哲学的观点看，中国传统哲学似乎没有一套概念体系，我认为这个看法是有一定根据的。中国古代哲学家没有像亚里士多德那样有他的《范畴篇》，也没有像康德那样提出与人的认识有关的原则或者说构成经验条件的十二范畴。但我想，我们却也不能说中国传统哲学没有一套不同于西方哲学的特殊的概念和范畴(按：范畴是指其哲学体系的基本概念)。先秦各家哲学都有他们所使用的特殊概念，否则就无法表达其哲学思想。后来在中国还有一些专门分析概念的书，如汉朝的《白虎通义》、宋朝陈淳的《北溪字义》、清朝戴震的《孟子字义疏证》等等，其实在对先秦经典的注疏中也包含对

哲学概念的分析。佛教和道教都有解释他们专用概念的著作，如《翻译名义集》、《道教义枢》等等。不过我们也可以看到，在中国传统哲学中确实没有像西方哲学家那样有比较严密的概念体系。这是什么原因造成的呢？我认为，这或者由于中国古代哲学家没有自觉到应该建立自己的概念体系，因为中国古代哲学家并不重视对自己的哲学思想作理论分析；同时中国古代哲学家也并不认为有建立其哲学思想的概念体系的必要。中国传统哲学的主题是追求一种人生境界，而不是追求知识的体系化。在那篇文章中，我明确地提出："哲学史的研究最终要解决的问题应该是揭示历史上哲学思想发展的逻辑必然性。"这个看法，今天看来并不很全面，但对当时反对极"左"的教条主义却起了一定作用。那么，我们应如何着手研究中国哲学的概念问题呢？

我在上述那篇文章以及《郭象与魏晋玄学》中提出可以由以下几方面着手：①分析概念的涵义；②分析概念涵义的发展；③分析哲学家（或哲学派别）的概念范畴体系；④分析不同概念的种类。对中国传统哲学作上述各个方面的分析虽然也很难，但相对地说大体还可以做到，但如果我们要为中国传统哲学建构一套概念体系那就困难得多了。因为我们从总体上为中国哲学建构概念体系，这个体系当然应是中国传统哲学所可能有的，这又是一个"仁者见仁，智者见智"的问题。而且，我们确也可以从各种角度来为中国传统哲学建构适当的概念体系，如我的那篇《论中国传统哲学范畴体系的诸问题》就是一种尝试。它是从存在的本源、存在的形式、人们对存在的认识三个方面来建构中国传统哲学的概念体系的，这样一种建构的思考方式大体上仍反映了1949年以来哲学教科书的某些影响。① 现在我想，我们可以

① 参见《中国传统文化中的儒道释》，35～40页，北京，中国和平出版社，1988。

从另外一个角度来考虑中国传统哲学的概念体系问题。如果我们从“真”、“善”、“美”这样一个角度来考虑建构中国哲学的概念体系或许更有意义。

照我看，在中国传统哲学中，“天”(天道)和“人”(人道)是一对最基本的概念，也就是说它是关于宇宙人生的最基本的概念，它属于“真”的问题；由“天”、“人”这对概念可以推演出“知”和“行”这对概念来，它应属于“善”的问题；由“天”、“人”这对概念还可以推演出“情”和“景”这对概念来，它应属于“美”的问题。同时，我们还可以看到属于“天”和“人”概念系列的有“自然”与“名教”、“天理”与“人欲”、“理”和“事”等等，而说明这对概念关系和状态的概念可以有“无”与“有”、“体”和“用”、“一”和“多”、“动”和“静”、“本”和“末”等等。属于“知”和“行”概念系列的有“能”和“所”、“良知”和“良能”、“已发”和“未发”、“性”和“情”等等。属于“情”和“景”概念系列的有“虚”和“实”、“言”和“意”、“隐”和“秀”、“神韵”和“风骨”、“言志”和“缘情”等等。当然，在这三套概念之中也存在着交叉，例如“虚”和“实”也可以列入“天”、“人”这对系列之中。而说明概念的关系和状态的概念往往又和这三个不同概念系列有关。如果我们把“天”和“人”这对概念看做是中国传统哲学最基本的概念，那么我们就可以说天人关系是中国传统哲学的基本问题，从而就扬弃了长期以来把“思维与存在”的关系作为中国传统哲学的基本问题的教条，而能根据中国哲学的实际来考察中国传统哲学了。我并不认为，我这样建构中国传统哲学的概念体系是唯一合理的，不过它总是不失为一种较为合理的和较为有意义的尝试。

二、关于中国传统哲学的命题——中国哲学中的“真”、“善”、“美”问题

如果我们认为上述对中国传统哲学概念体系的建构是一种合理的有意义的建构，那么我们就可以由上述三对基本概念构成三个基本命题：这就是“天人合一”、“知行合一”、“情景合一”，这三个基本命题正是中国传统哲学对“真”、“善”、“美”的表述。

1983年在加拿大蒙特利尔召开第十七届世界哲学大会，这次会议特设了“中国哲学圆桌会议”，我在圆桌会议上有个发言，题为《儒家哲学第三期发展可能性的探讨》。我在会上提出，儒家第三期发展可以从“天人合一”、“知行合一”、“情景合一”上来探讨。刘述先兄《蒙特利尔世界哲学会议纪行》有一段记述我当时发言的情形说：“会议的最高潮是由北大汤一介教授用中文发言，探讨当前第三期儒学发展的可能性，由杜维明教授担任翻译。汤一介认为儒学的中心理念如‘天人合一’、‘知行合一’、‘情景合一’在现代都没有失去意义，理应有更进一步发展的可能性。这一番发言虽然因为通过翻译的缘故而占的时间特长，但出乎意料的清新立论通过实感的方式表达出来，紧紧地扣住了听众的心弦，讲完之后全场掌声雷动，历久不息。”1984年我把上述发言加以补充，以《论中国传统哲学中的真善美问题》为题发表于当年《中国社会科学》第4期上。后来又加以补充，以题为《从中国传统哲学的基本命题看中国传统哲学的特点》，收入《儒道释与内在超越》(江西人民出版社1991年版)一书中。

在我的论文中，不仅认为“天人合一”、“知行合一”、“情景合一”是儒家哲学的基本命题，而且也是道家甚至中国化的佛教(如禅宗)思想的基本命题。所谓“天人合一”，它的意义在于解决“人”和整个宇宙

的关系问题，也就是探求世界的统一性的问题。在中国传统哲学中重要的哲学家大都讨论了这个问题，而且许多古代哲学家都明确地说：哲学就是讨论天人关系的学问。“知行合一”是要求解决人在一定的社会关系中应如何认识自己、要求自己，以及应如何处理人与人、人与社会之间的关系的问题，这就是关乎人类社会的道德标准和认识原则的问题。“情景合一”是要求解决在文学艺术创作中“人”和其创作物之间的关系问题，它涉及文学艺术的创作和欣赏等各个方面。但是，“天人合一”是中国哲学的最根本的命题，它最能表现中国哲学的特点，它是以人为主体的宇宙总体统一的发展观，因此“知行合一”和“情景合一”是由“天人合一”这个根本命题派生出来的。这是因为，“知行合一”无非是要求人们既要知“天（道）”和“人（道）”以及“天”与“人”之合一，又要在生活中实践“天（道）”和“人（道）”以及追求“天人合一”之境界。“人（道）”本于“天（道）”，所以知“天（道）”和行“天（道）”也就必然能尽“人（道）”。人要知和行“天（道）”，这就不仅是个认识的问题，更重要的是个道德实践问题。人要知和行“天（道）”，就必须和“天（道）”认同，“同于天”，这就是说必须承认“人”和“天”是相通的，因此“知行合一”要以“天人合一”为前提。“情景合一”无非是要人们以其思想感情再现天地造化之功，正如庄子说：“圣人者，原天地之美而达万物之理。”这就是说“情景合一”也要以“天人合一”为根据。

“天”与“人”是中国传统哲学中最基本的概念，“天人合一”是中国传统哲学的最基本的命题，在中国历史上许多哲学家都以讨论“天”、“人”关系为己任。那么中国传统哲学关于“真”、“善”、“美”的问题为什么要追求这三个“合一”呢？我认为，中国传统哲学或者与西方哲学不同，它并不偏重于对外在世界认知的追求，而是偏重于人自身价值的探求。由于“人”和“天”是统一的整体，而在宇宙中只有人才能体现“天道”，“人”是天地的核心，所以“人”的内在价值就是超越性“天道”的价值。因此，我们可以说中国传统哲学的基本精神就是教人如何“做人”。“做人”对自己应有个要求，要有一个理想的“真”、“善”、“美”的境界，达到了“天人合一”、“知行合一”、“情景合一”的真、善、美境界的人就是圣人。中国传统哲学如果说有其独特的价值也就在于它提供了一种“做人”的道理。它把“人”(一个特定关系中的人)作为自然和社会的核心，因此加重了人的责任感。在中国古代的圣贤们看来，“做人”是最不容易的，做到与自然、社会、他人以及自我身心内外的和谐就更加困难。这种“做人”的学问就是孔子所提倡的“为己之学”，也就是张载所追求的“为天地立心，为生民立命，为往圣继绝学，为万世开太平”的理想人生境界。这种“做人”的道理表现在道家的思想中就是“顺应自然”、“自然无为”，正如老子所说的“我无为，而民自化；我好静，而民自正；我无事，而民自富；我无欲，而民自朴”，也像庄子所向往的“至人无己，神人无功，圣人无名”那样。中国化的佛教禅宗要求人们“无念”、“无住”、“无相”，以达到“识心见性”、“见性成佛”的境界。这就是说，中国传统哲学的儒、道、释都是为了教人如何“做人”、提高人的精神境界的学问。如果我们给中国传统哲学一个现代意义的定位，了解它的真价值所在，我认为它正在于此。因此，我在另一篇文章《再论中国传统哲学的真善美问题》(刊于《中国社会科学》1990 年第 3 期和台湾《哲学与文化》1989 年 10 月)中把孔子、老子、庄子和德国康德、谢林、黑格尔三大哲学家加以对比，提出孔子、老子、庄子虽然在价值上对真、善、美的看法不同，但他们对真、善、美的追求都是为了提高人的精神境界；而德国三大哲学家讨论真、善、美则属于知识系统方面的问题。我在上述那篇文章中说："孔子的哲学和康德的哲学从价值论上看确有相似之处，但是他们建构哲学体系的目标则是不相同的。孔子无非是以此建构他的一套人生哲学的形态，而康德则是要求建立一完满的理论体系。这也许可以视为中西哲学的一点不同吧！""中国传统哲学所注重的是追求一种真、善、美的境界，而西方哲学则注重在建立一种论证真、善、美的价值的知识体系。前者可以说是追求一种'觉悟'，而后者则是对'知识'的探讨。"

在中国传统哲学中"天人合一"、"知行合一"、"情景合一"是和其"体用一源"的思维模式有着密切关系的。我们知道在中国传统哲学中"体"和"用"是一对非常重要的概念，不过它并不完全是一对实体性概念，而主要是有关关系性的概念。"体"是指超越性的"本体"或内在性的精神本质，"用"是指"体"的功用。"体"和"用"是统一的，程颐说"体用一源，显微无间"，就是最明确地表达了"体"和"用"之间的关系。从思维模式上看，"天人合一"、"知行合一"、"情景合一"正是"体用一源"这样思维模式的体现。所以"合一"的思想是中国传统哲学的特色。

从以上所述，我们可以看出，由"天人合一"及其派生的"知行合一"、"情景合一"，以及由这些基本命题所表现的思维模式"体用一源"，可以引发出中国传统哲学的三套相互联系的基本理论来，这就是"普遍和谐观念"、"内在超越精神"、"内圣外王之道"。这三套理论是从三个方面来表现中国传统哲学的理论："普遍和谐观念"是中国哲学的宇宙人生论；"内在超越精神"是中国哲学的境界修养论；"内圣外王之道"是中国哲学的政治教化论。这三套理论就构成了中国传统哲学的理论体系。从这三套理论，我们不仅可以看出中国传统哲学的价值，同时也可以认识到中国传统哲学的问题所在。

三、关于中国传统哲学的理论体系问题

“关于中国传统哲学的理论体系”会有种种不同看法，这可能是好事。正因为有不同看法，才会推动对中国传统哲学作不同的整体研究，而且可以在诸种不同的思考中来发展中国哲学。在20世纪八九十年代，我是从三个方面来考察中国传统哲学问题的，即“普遍和谐论”，这是宇宙人生和谐论的问题；“内在超越论”，这是“境界修养论”的问题；“内圣外王论”，这是政治教化论的问题。而这三套理论又都可以从“天人合一”这个基本命题推演出来。

（一）普遍和谐观念

关于“普遍和谐观念”是我从80年代初就考虑的问题，而且在一些论文中已有片断论述，但写成一篇完整的论文，则是在1992年夏秋之交。发表于《世纪风》。是年《世纪风》杂志社约我为该刊创刊号的“世纪之交”栏写篇文章谈谈中国文化对当前世界文化发展的意义。我当时想到，即将过去的20世纪，曾经发生过两次世界大战，使数千万人丧失了生命，使人们多少年来创造的文明遭受到难以估计的损失。它是一个悲惨的时代。而今，虽无世界大战，但局部战争不断，人类社会仍然面临着许多急待解决的问题，其中最需要解决的应该说是“和平与发展”问题了。要实现“和平共处”，就必须解决好“人与人之间的关系”，扩而大之就是要解决好“国家与国家”、“民族与民族”、“地域与地域之间”的关系。要实现“共同发展”，不仅要解决好“人与人的关系”，而且还要解决好“人与自然”的关系。那么，中国哲学能否为解决这两个问题提供有意义的资源？于是我就把《在世纪之交——论中国文化的发展》一文寄给了《世纪风》。其后，1993年10月在苏州召开的“现代化与中国文化研讨会”，我又以《中国哲学中“普遍

和谐观念"的现代意义》为题作了发言，经过修改补充以《中国文化之特点》为题发表在我主编的《国故新知：中国传统文化的再诠释》中（北京大学出版社 1993 年版）。其后，又写了《中国哲学中和谐观念的意义》，发表于台湾《哲学与文化》（1996 年 2 月）。这些文章，我是从"天人合一"这个命题展开来讨论问题的。

我认为，由"天人合一"这个基本命题和这个命题所表现的"体用一源"的思维模式，从根本上说它要求有一套表现此命题和此思维模式的宇宙人生理论，这就是"普遍和谐观念"的理论。此"普遍和谐观念"的理论大体上包含着四个层次：自然的和谐、人与自然的和谐、人与人的和谐、人自我身心内外的和谐。就中国哲学中的儒道两家看，他们的路向是不同的：儒家是由"人自我身心内外之和谐"出发，认为有"人自我身心内外之和谐"才有"人与人之和谐"；有"人与人之和谐"才有"人与天（自然）之和谐"；有"人与天（自然）之和谐"，才会领悟"自然之和谐"。而道家则是由"自然（天）之和谐"推演到"人与自然（天）之和谐"、"人与人的和谐"、"人自我身心内外的和谐"。而中国化的佛教，例如禅宗，因受儒、道两家的影响（特别是庄子思想的影响），在"普遍和谐"问题上也有其独特的看法。如果我们能对儒、道、释关于"普遍和谐观念"加以梳理和总结，将有助于当前人类社会存在的"和平与发展"问题的解决。

"普遍和谐论"作为一种世界观有其独特的视角，它强调的是宇宙的和谐与人的和谐的统一性。在中国传统哲学中，无论儒、道，都把"天"（或"道"）看成是神圣的、圆满无缺的，而人是效法"天"（或"道"）的，儒家提出"圣人法天"，道家提出"人法道"，并且通过一系列描述，把自"天"至"人"的和谐系统化，形成一套理论。这套理论为中国自古以来的哲人所接受。就这一点看，中国哲学或许与西方和印度哲学不同，它是把对宇宙人生的领悟建立在“天”、“人”和谐的基础上。

在我对中国传统哲学的世界观——宇宙人生和谐论做了一些研究之后，我又写了《“太和”观念对当今人类社会可有之贡献》(《中国哲学史》1998年1期)、《儒学的和谐观念》(《中华文化论坛》1997年4期)、《略论儒家的和谐观念》(《社会科学研究》1998年3期)等论文专门讨论了儒家的“和谐”观念，我把它称作“普遍和谐”观念，它包含了由“人”至“天”的一系列的“和谐”。我特别引用了《中庸》的一段话：“唯天下至诚，为能尽其性。能尽其性，则能尽人之性。能尽人之性，则能尽物之性。能尽物之性，则可以赞天地之化育。可以赞天地之化育，则可以与天地参矣。”可见儒家关于“和谐”的路向是：由自身之“安身立命”，而至“推己及人”，再至“民胞物与”，达到“保合太和”而与“天地参”。儒家这一由“人”至“宇宙”关于“和谐”观念的路向确实能成为一个系统。但这个系统也可能并不完善，它比较多地强调了“人”的道德修养，容易走上泛道德主义。儒家的“普遍和谐”观念作为一种宇宙人生论，无论如何可以给人类社会提供一种十分有意义的世界观。为了使“普遍和谐”观念能为解决当前人类文化发展遇到的一个重大问题，我写了《“和而不同”的价值资源》(刊于加拿大《文化中国》1995年12月号)。这篇文章是针对亨廷顿《文明的冲突?》写的。在这篇文章中，我根据中国的文献材料，说明如果我们把“和而不同”作为一条原则，那么在不同文化传统之间，并不会因文化的不同就一定引起冲突，更不会因之而发生战争。此文后在国内多种刊物转载过，引起广泛注意。为了进一步阐明此问题，我又于2003年写了一篇《“文明的冲突”与“文明的共存”》(刊于澳门《中国文化研究》2004年6月号)。

(二)内在超越问题

关于“内在超越问题”，可以说是我在1985年看到余英时教授《从价值系统看中国文化的现代意义》一文后，受到启发，而后写了一系列文章讨论此问题。1984年在我的《论中国传统哲学中的真善美问题》讨论过中国传统哲学作为一种“做人”的道理，作为一种追求理想人生境界的学说，它对今日矛盾重重的人类社会说仍然有着重要的意义。1987年夏在香港中文大学举办了一次“儒家与基督教对话国际讨论会”，我给这次会议提供的论文为《论儒家哲学中的内在性与超越性问题》，在会上引起与会者广泛的兴趣，接着我又写了《论魏晋玄学中的内在性与超越性》，并提供给1990年在台湾成功大学召开的“魏晋南北朝文学与思想学术讨论会”。在我对中国化的佛教禅宗作了一些研究之后，我写了《论禅宗思想中的内在性与超越性》和《禅师话禅宗》两文，分别发表于《北京社会科学》与《百科知识》。最后写了《论老庄哲学中的内在性与超越性》，此文先发表在台湾东海大学的《文化月刊》上，后经过修改补充发表于《中国哲学史》杂志复刊号。上列各文组成一组收入拙著《儒道释与内在超越问题》(江西人民出版社1991年版)一书。

在我上述的文章中，根据史料论证了中国哲学的儒道释(禅宗)三家的学说均以“内在超越”为特征。如果说以“内在超越”为特征的儒家哲学所追求的是道德上的理想人格，超越自我而成“圣”；以“内在超越”为特征的道家哲学所追求的是个人的身心自由，超越自我而成“真”(“仙”)(按：“真”即《庄子》书中的“真人”，“仙”此处借道教的“神仙”意，所谓“仙”即《庄子》书中的“真人”、“神人”)；那么，以“内在超越”为特征的中国禅宗则以追求瞬息永恒的空灵境界，超越自我而成“佛”。这种以“内在超越”为特征的哲学的价值何在？照我看，这种哲学的价值正在于把“人”看成是具有超越自我和世俗限制能力的主体，它要求人们向内反求诸已以实现“超凡入圣”的理想，而不要求依靠外在的力量。盖因人具有“超凡入圣”的内在本质，故人应该是自己的主宰，人的一切思想行为全靠自己的自觉性，以此来达到理想的人生境界。因此，中国哲学要肯定的是人的内在价值和其实现“超凡入圣”的能力。在儒家看来，这种品质和能力来自“良知”、“良能”，以提高道德修养，而达到“同天”的境界。在道家看，人的这种品德和能力来自“顺应自然”、“无为无我”，实现精神的升华，而达到“逍遥游”的境界。在禅宗看，人通过“明心见性”、“见性成佛”，而达到“涅槃”境界。

西方哲学与中国哲学很不相同，古希腊哲学，如柏拉图、亚里士多德大体上都是把世界二分为超越性的本体世界和现实性的世界，近代自笛卡尔以来也以世界为二分，因此西方哲学的主流多有一个外在于人的世界，至于基督教更是有一个外在于人的超越性的上帝，这与中国不把“天”看做外在于“人”的看法很不相同。四百多年前，有一位天主教的耶稣会士利玛窦来到中国，他在中国住了二十多年，对中国文化有相当的了解，并深深地爱上了中国文化，但在他的《天主实义》中有一段话，对此我们应该注意，他说：“吾窃贵邦儒者，病正在此常言明德之修，而不知人意易疲，不能自勉而修；又不知瞻仰天主，以祈慈父之佑，成德者所以鲜见。”利玛窦用另一种眼光看中国哲学，也许不是没有道理。当然，利玛窦的观点是否正确，是可以讨论的。不过我认为，他的看法或者从另一个角度来看中国哲学，应有可取之处。照利玛窦看，仅仅靠个人内在的道德修养是很难使人人都达到完满的超越境界，必须有一外在的超越力量来推动，因此要有对上帝（天主）的信仰或某种超越力量的崇拜。照我想，个人超越性的境界可以靠其内在的道德修养来实现，但整个社会并不一定能因此而合理和完美；要使整个社会合理和完美，除了提高个人内在的道德修养之外，还需要有另一套外在的力量来配合，这就必须建立一套客观的行之有效的公正的政治法律制度。以“外在超越”为特征的西方哲学和基督教应该说对建立客观有效的政治法律制度更适合。盖因西方哲学要求有一个外在的客观准则，基督教则把上帝视为一外在的至高无上的超越力量，并提出“在上帝面前人人平等”的理论，因此在罗马帝国基督教最盛时，也相应建立了一套对后来西方社会有重要影响的“在法律面前人人平等”的理论的制度。看来，中国哲学更加适合“人治”的要求，而西方哲学则更有利于建立“法治”。面对现代社会，我们是否应该在发展以“内在超越”为特征哲学的同时，也应该引进或建立一套以“外在超越”为特征的哲学理论呢？我认为这是当前我们必须加以考虑的。对人类社会来说，人们除了应要求以其内在的道德修养来提升自己而达到“超凡入圣”的境界，同时也应承认外在的超越力量可以帮助或推动人们达到“超凡入圣”的境界。如果东西方哲学能在更高的层次上建成包含着以“内在超越”为特征的中国哲学和以“外在超越”为特征的西方哲学，那么东西哲学不但可以以多种形式相会合，而且将使人类的哲学能在更高的层次上得到发展。

为此，在我的文章中，讨论了建立一个包含“内在超越”和“外在超越”的中国哲学体系是否有可能的问题。我认为，这需要我们回答两个问题：一是中国哲学能否较充分地吸收西方哲学和西方宗教的精神；另一是中国哲学自身中是否有“外在超越”的资源。对于前一问题，我们可以从中国哲学吸收印度佛教哲学得到如下的看法：由于中国哲学有很强的包容性，故有能力吸收外来文化。关于后一问题，我认为在中国传统哲学中也有若干“外在超越”的因素。本来孔子思想中就有两个方面：一方面有“为仁由己”、“人能弘道，非道弘人”；另一方面也有“畏天命，畏大人，畏圣人之言”(“畏天命”是继承了殷周以来的“天命”观)的说法。前者为孔子思想中“内在超越”方面,后者为孔子思想中“外在超越”方面(或者说它表现了孔子思想中的某些“外在超越”因素),而这方面还有着更为古老的传统(如殷周以来的“敬天”、“尊天”等等)。但是,后来儒家发展了前一方面,而后一方面没有得到发展。如果历史的发展不是如此,而孔子思想中的两个方面都能得到平行发展,而又相互补充,那么中国哲学也许会更加丰富。因此,现今我们是否能在充分吸收以“外在超越”为特征的西方哲学,并在此基础上把中国哲学发展成一包容“内在超越”与“外在超越”相结合的思想体系呢?我认为,为发展中国哲学这不仅是可能的,而且也许是必要的。我们知道,在中国并不是没有以“外在超越”为特征的哲学,在春秋末期比孔子稍晚的墨子,他的哲学可以说是一种以“外在超越”为特征的哲学体系。墨子哲学由两个相互联系的方面组成:一是具有人文精神的“兼爱”思想;另一是具有宗教性的“天志”思想。这两方面看起来似乎有矛盾,但在墨子哲学体系中,却认为“兼爱”是“天”的意志的最根本的表现,所以“天志”应是墨子哲学思想的核心。墨子的“天志”思想认为,“天”是有意志的,它的意志是衡量一切事物的最高准则,人应该上同于“天”,“天”具有赏善罚恶的力量,它是外在于人的超越力量,也就是说墨子的“天志”具有明显的外在超越性。由于墨子这种哲学思想较之儒家或道家具有较多的外在客观性,因此后期墨家的思想中有着比较多的逻辑学、认识论和科学的因素,同时对建立客观的政治法律制度有利。可惜在战国以后墨家思想没有得到发展而逐渐衰亡了。如果我们对墨家思想作认真的研究并加以发展,那么它是否也可以成为我们所希望建立的包含“内在超越”与“外在超越”的中国哲学的资源呢?我认为是可能的。总之,以“内在超越”为特征的中国哲学为人类提供了一种极有价值的学说,这应为人们所肯定,但它也有不足的方面，也是我们必须注意到的。我提出，中国哲学应考虑其建立在“内在超越”基础上来吸收“外在超越”为特征的西方哲学的某些因素，只是一个设想，这种较之传统中国哲学包容性更为广泛的新的中国哲学体系的建立绝不是一朝一夕可以完成的，很可能要经过若干次失败，在出现若干不同形式的以“内在超越”的基础并包容着“内在超越”和“外在超越”的新的哲学体系之后，才能形成比较圆满的现代中国哲学，这也许就是中国哲学的第三期发展吧！

(三)内圣外王之道

“内圣外王之道”是中国哲学特有的问题，它可以说是一种政治哲学，一种政治教化论。这种学说是和“天人合一”、“知行合一”、“情景合一”思想相联系的。我在《论中国传统哲学中的真善美问题》、《再论中国传统哲学中的真善美问题》以及《儒学能否现代化》等几篇文章中，都谈到儒家学说中极有意义的部分就是“教人如何做人”。“做人”的极致就是要成圣成贤，要有一个理想的人生境界，这个境界就是“天人合一”的境界；而圣人的境界必须实践于日用伦常之中，这就是要做到“知行合一”；圣人的境界还要能以情化景，因景生情，体现人生的“大美”。

为了比较全面地讨论“内圣外王之道”的问题，我于1987年写了一篇《论儒家的境界观》(刊于《北京社会科学》)，后又在我的一本书《在非有非无之间》(台湾正中书局1995年版)对此问题加以补充。从现存史料上看，“内圣外王”最早见于《庄子·天下》。照《庄子·天下》的看法，“内圣外王之道”本是天下治道术者所共同追求的目标，但因百家纷争，道术不行，天下大乱，使之暗而不明，郁而不发，这是很不幸的事。这就是说“内圣外王之道”并不是《天下》作者创造的，而是它描述中国自古以来治道术者所追求的目标。确实如此，因“圣王”观念是先秦时期普遍流行的观念。孔子就把尧舜视为“圣王”，他们行的就是“内圣外王之道”，如孔子说：“大哉，尧之为君也，巍巍乎唯天为大，唯尧则之。”在《墨子·公孟》中有这样一段：“公孟子谓墨子曰：昔者圣王之列也，上圣列为天子，其次立为卿大夫。今孔子博于诗书，察于礼乐，详于万物，若使孔子当圣王，则岂不以孔子为天子哉！”在《荀子·解蔽》中为“圣王”下了一定义：“圣也者，尽伦者也；王也者，尽制者也。两尽者，足以为天下极矣，故学者以圣王为师。”可见“内圣外王”之观念在先秦已相当流行了。时至近代，诸多学者也多以“内圣外王之道”为中国传统文化之精神所在，如梁启超、熊十力、冯友兰都以“内圣外王之道”为“中国哲学之精神”。

在我看来，“内圣外王之道”如果理解为内在的道德修养必见于外在的伦常事功上，这是很有价值的。我们考察中国历史上的先哲们，多以此为立身行事之目标。也许张载的“为天地立心，为生民立命，为往圣继绝学，为万世开太平”，最能表现“内圣外王”之真精神。张载的这四句，既体现了“天人合一”的思想，盖“为生民立命”即是“为天地立心”；又体现了“知行合一”的思想，圣学必须落实于“为万世开太平”。但我当时对“内圣外王之道”是重点看到它可能产生的弊病。我认为：“如果把‘内圣外王之道’理解为，一个道德高尚、学识深博的人(圣人)，在适当的条件下更可以实现其历史使命和社会责任，努力实现其理想，这也许是有意义的。……但‘内圣’不必‘外王’，‘内圣外王之道’只有非常有限的意义，它不应也不可能作为今日中国哲学之精神。”为什么？我从分析《大学》中的修、齐、治、平，得到对“内圣外王之道”的怀疑。照《大学》看，“修、齐、治、平”，“自天子以至于庶人，壹是皆以修身为本”，这在理论上是有弊病的，“因为‘身’之修是由个人的努力可提高其道德学问的境界，而国之治、天下之太平，那就不仅仅靠个人的道德学问了。……人类社会是一个复杂的统一体，它至少要由三个方面共同运作才可以维持，即经济、政治、道德(当然还有其他方面，暂且不论)。在一个社会中，这三方面虽有联系，但它们绝不是一回事，没有从属关系，要求用道德解决一切问题，包揽一切，那将会走上泛道德主义的歧途。由于中国传统哲学把'内圣外王之道'作为追求的目标，因此造成道德政治化和政治道德化。前者使道德屈从于政治，后者使道德美化了政治。……在中国历史上，从未出现过儒家所塑造的那样的'圣王'，所出现的大都是有了帝王之位而自居为'圣王'的'王圣'，或是为其臣下所吹捧起来的假'圣王'。……所以，道德教化和政治法律制度虽有某种联系，但它们毕竟是维系社会的不同两套，不能用一套代替另一套。"(节录自《论儒家的境界观》)今天来考察我们这个看法，它多少有些不周全处，这是由于我们没有充分考虑到道德教化和政治法律制度虽是两套，但这两套是可以互相影响的。不过，就中国哲学(特别是儒家哲学)方面看，夸大了道德教化的作用，无疑是其缺陷。这正如我们谈到的，中国哲学往往为"人治"提供理论依据，而忽视了"法治"。

我对"内圣外王之道"采取否定的态度，应该说是没有深入了解它的真精神有关，但是也是事出有因的。这是因为我囿于中国历史和现实，特别是有见于"文化大革命"那种中国传统的"圣王"思想所产生的极大的负面作用致使的。但是，我们跳出现实，只从一种可能的理想方面考虑，也许"内圣外王之道"确有其不可忽视的价值。"内圣外王之道"可能包含着以下三层意思：①"圣"和"王"应是统一的，不是"圣"就不应是"王"；不是"王"也难以行"圣人"之道。这是由于在中国历史上已经塑造了尧舜这样的"圣王"，有了"圣"、"王"统一的榜样，这样的理想社会的蓝图就深深扎根在中国人的心中，形成一种牢不可破的信念。② 只有在实践中才可以实现“圣人”的社会理想，而实现“圣人”的社会理想必定要依赖于“王”(圣王)。这就是说，“内圣外王之道”体现着一种“实践理性”。盖中国哲学(特别是儒家哲学)不仅仅是一种“认识世界”的理论，而且是一种必须见之于“实践”的理论。儒家自孔子以至孟、荀，而后历代大儒无不以天下为己任，所以中国传统往往以“实践”高于“理论”，孔子说：“吾岂匏瓜也哉，焉能系而不食。”(《论语·阳货》)荀子说：“不闻不若闻之，闻之不若见之，见之不若知之，知之不若行之。学至于行之而止矣。行之，明也，明之为圣人。”(《荀子·儒效》)王阳明说：“知是行之始，行是知之成。”(《传习录》上)中国的这一传统或许与西方不同，它强调的更在于“行”(实践)，所追求的要见之于事功，不能治国平天下的不能算作“圣王”。③ 冯友兰说：“所以圣人，专凭其是圣人，最宜于做王。”(《新原道·新统》)这样的看法早在先秦时已经有了，如孔子弟子宰我说：“夫子贤于尧舜。”又如荀子的弟子尝颂扬他们的老师“德若尧舜，世少知之”，“其知至明，循道正行，足以为纲纪，呜呼，贤哉！宜为帝王。”看来，“内圣外王之道”所重在“圣”，这是把道德修养放在首位。这无疑是中国哲学的特点。基于此，中国常常被称为“礼仪之邦”。“内圣外王之道”虽不能说已是一种十全十美的政治哲学理论，但在今日世风日下，道德沦丧的时候，仍应为我们所重视。

当然，中国哲学还有其他许多理论问题，不过我们上面讨论的三组问题：普遍和谐观念、内在超越精神、内圣外王之道，应该说表现了中国哲学的特色。

(四)关于“文化问题”的思考

从20世纪90年代的中后期起，我的兴趣由中国传统哲学问题的探讨，逐渐转向“文化问题”和“当代中国哲学走向问题”。

关于研究“文化问题”，是由于两个方面的问题引起了我的关注。一是1993年亨廷顿“文明冲突”论的提出，二是百多年来在我国文化上的“中西古今”之争。亨廷顿《文明的冲突?》引起了各界广泛的批评和讨论，我可以说是中国大陆最早参与讨论者之一。1993年底我写了一篇《评亨廷顿〈文明的冲突?〉》，发表于《哲学研究》1994年第3期。这篇文章，我主要是用中国历史和文化的资源对亨廷顿的理论进行了批评。我提出“从人类文化发展的总趋势看，不是以相互对抗为主导，而是以相互吸收而融合为主导”，并用儒家的“普遍和谐”观念驳斥了亨廷顿对儒家学说的无知论断，指出“文明冲突论”是为西方霸权服务的“西方中心论”。为了说明在不同文明之间，在文化(宗教、语言、价值观)上的不同可以和平共处，我写了《“和而不同”原则的价值资源》，讨论了中国文化中的“和同之辨”，认为中国传统文化的最高理想是“万物并育而不相害，道并行而不相悖”。“万物并育”和“道并行”是“不同”；“不相害”和“不相悖”是“和”，这种思维方式为多元文化共处提供了极其宝贵的理论原则。与此同时，在与意大利学者讨论“在不同文化之间是否应该有墙”时，我提出有生命力的文化一方面要坚持文化的主体性。另一方面又要善于吸收其他民族的优秀文化，因此往往是“在有墙无墙之间”而得发展。此外，我还写过《“太和”观念对当今人类社会可有之贡献》、《“文明冲突”与“文明共存”》、《关于文化问题的几点思考》等等，都是要说明从中国传统文化看，在不同文明之间，并不一定会由于文化的不同而引起冲突，以至于战争，而可以在对话交流中取长补短而形成共存共荣的局面。

在20世纪我国学者对中国近现代哲学史、思想史、文化史的研究是以“中西古今之争”作为百多年来中国近现代思想发展的基本线索来论说的，并认为革命的激进主义是推动社会进步的力量，维护传统的保守主义是阻碍社会前进的力量。在80年代后期我对这种看法有所怀疑。1989年，在夏威夷召开的“第六届国际中国哲学会”，我提出中国近代思想史的路向大体上是在激进主义、自由主义、保守主义三种力量的矛盾、斗争中前进的，也可以说是在这三种力量合力的情况下文化得到发展的。在这个问题中我特别关注的是“保守主义”对文化的意义。德国著名知识社会学家卡尔·曼海姆(Karl Mannheim)认为保守主义者对“社会的历史的理念”，作出过重大贡献。保守主义的思想构成历史的一部分，要完整地了解历史，不能不对它作一番认真的研究。事实上，保守主义、激进主义、自由主义三者往往在同一框架中运作，试图从不同的途径解决同一问题，它们在同一层面上构成的张力和冲突正是推动历史前进的重要契机。为此我写了《论转型期的中国文化发展》一文，其后又从中国历史上两个重大历史转型期：先秦与魏晋说明，转型期的文化发展往往都是由上述三种合力实现的，这就是我写的那篇《论文化转型时期的文化合力》。为纪念五四运动80周年我写了一篇《五四运动与中西古今之争》，其后又写了《略论百年来中国文化上的东西古今之争》以及《走出“中西古今”之争，会通“中西古今”之学》、《“拿来主义”与“送去主义”》等文章。主要说明五四以来在不同的历史情况下，激进主义、自由主义与保守主义对文化有着不同的意义，并对有些学者对我提出的“三种合力推动文化发展”的批评作了回答。

(五)关于当代中国哲学走向问题的探讨

在西方，解释学(诠释学，Hermeneutics)早已对众多学科产生了重大影响，可以说已经形成一种“解释思潮”。“解释学”虽在三四十年代已经传入中国，但真正发生影响是从80年代开始的，它的影响已表现在中国哲学、宗教、文学、艺术等等的研究诸多方面。我注意到西方解释学是在80年代初，在我的那本《郭象与魏晋玄学》中用了一些解释方法。我一直在想，中国有很长的解释经典的历史，我们是否可以利用中国解释经典的经验来丰富“解释理论”，或者创建中国解释学？因此，我在庆祝北京大学100年校庆时写了一篇《能否创建中国的“解释学”?》发表在《学人》1998年的第13期中，此后又连续写了五篇讨论这一问题的文章，后都收入《和而不同》一书（辽宁人民出版社2001年版）。我考虑这个问题是如何使中国传统哲学从传统走向现代，能否在一些方面可与西方哲学接轨。我注意到在中国传统哲学中有着丰富的解释经典的资料，我们应可以从中总结出一些解释的理论与方法。同时我注意到“符号学”、“现象学”在中国也有一定影响，例如龚鹏程写有《文化符号学导论》（北京大学出版社2005年版），主要讨论的是中国符号学问题；康中乾写的《有无之辨——魏晋玄学本体思想再解读》（人民出版社2003年版），该书接触到中国现象学问题。我为这两本书都写了“序”，谈到我对创建“符号学”和“现象学”的看法。我认为，这些尝试都应受到重视。

1999年在费孝通先生主持的第一届“二十一世纪中华文化世界论坛”中，我提出“新轴心时代”的问题。当人类社会进入经济全球化、科技一体化的时代，是否会出现一个“新轴心时代”；当我国处在一个民族复兴的前夜之际，作为“轴心时代”文明的重要一支，中华文化是否将会迎来它的“文化复兴”，我认为这是需要研究的问题。为此，我写了《新轴心时代的中国文化定位》发表在2001年的《跨文化对话》第6集。后又从哲学的角度考虑这一问题，修改成《新轴心时代哲学走向》，发表于2001年《南昌大学学报》第4期。其后又写了《新轴心时代的中国儒家思想定位》（收入新加坡出版的《儒学与新世纪的人类社会》中）。为什么会出现一个“新轴心时代”，我主要从以下三个方面作了说明：①二战以后，由于殖民体系的逐渐瓦解，原来的殖民地国家和受压迫民族得到了解放，他们有一个迫切的任务，就是要从各个方面确认自己的独立身份，而民族的独特文化(语言、宗教、价值观等等)，正是其独立身份的重要支柱。② 经济可以全球化，科技可以一体化，但文化不可能单一化，因此文化多元化的势头将长期存在。③当前人类社会可以说主要有着四个大的文化传统：西方文化、东亚文化、南亚文化、北非中东—伊斯兰文化，这四种文化传统所影响的人口都在10亿以上，必定会主导当前世界文化的发展。因此，文化(哲学)将会呈现为在全球意识观照下的多元化发展的新趋势。(当然其他地区的文化，如南美、非洲等，也会对人类社会文化的发展有影响)为了进一步讨论“新轴心时代”中国现代哲学的走向问题，我写了《中国现代哲学的三个“接着讲”》、《在中欧文化交流中创建中国现代哲学》、《在西方哲学冲击下的中国现代哲学》等论文。中国哲学必须创新，要“创新”一方面要“接着”前此的中国哲学讲，特别应重视20世纪三四十年代以来中国哲学家为创造现代型的中国哲学的努力；另一方面又得走出西方哲学框架的束缚，来讨论中国哲学特有的问题，并使之具有世界的普遍意义；同时还应更加系统地研究和吸收其他各民族哲学，特别是西方哲学。中国哲学必须创新，这是当代中国哲学家的责任。

自2003年起，我又接受了一项新的任务，主持编纂《儒藏》。在中国历史上，儒、道、释三家并称，但三家在中华文化中的地位是不同的，儒家思想文化是中华文化的主体。从经典体系来看，儒家所传承的“六经”，都是孔子以前形成的，这些经典是夏、商、周三代文明的精华；而孔子开创的儒家与先秦各家不同，就是儒家始终以自觉传承“六经”为己任，“六经”所代表的中国古代文化正是通过和依赖于儒家的世代努力而传承至今。然而我国历史上已经多次编纂过《佛藏》和《道藏》，20世纪80年代以来我国又编辑出版了《中华大藏经》和《中华道藏》，但没有编出过《儒藏》，这和儒家思想在中华文化中的地位很不相称。明、清两代曾有学者提出编纂《儒藏》的建议，但因工程浩大，没有能够实行。今天，中华民族正处在民族伟大复兴的前夜，重新回顾我们这个民族文化的源头及其不断发展的历史，必将对中华民族的伟大复兴发挥重大作用。为了能系统地、全面地、深入地研究儒家思想的方方面面，把儒家经典和各时代的注疏和历代儒家学者的著述以及体现儒家思想的各种文献编纂成一部儒家思想文化的大文库《儒藏》，并进行若干专题研究，无疑对当今和后世都十分必要，特别是对使中国文化成为世界文明新建构的重要组成部分，具有非常重大的意义。"《儒藏》编纂与研究"已作为"2003年教育部哲学社会科学研究重大攻关项目"和"2004年国家社会科学基金重点项目"，这个项目完成至少要用二三十年的时间，我只希望能把这个项目的开头作好，以便别人能接着来完成。

我真正开始做哲学和哲学史的研究应该说在1980年，这时我已经53岁了，但我没有气馁，仍然希望能为中国哲学和中国文化尽一点力，但毕竟最好的年华已经过去了，要想真正成为一名有创造性的、有重大影响的哲学家已不可能，"虽不能至，心向往之"而已。

汤一介

2008年2月

论中国传统哲学范畴体系诸问题*

亚里士多德的《范畴篇》对古希腊哲学的范畴作了总结，提出十个范畴并进行了深入分析。黑格尔的《逻辑学》对西方近代哲学的范畴作了总结，提出了一个较完整的范畴体系。中国传统哲学(即中国古代哲学)有没有一个范畴体系？为什么要研究和如何研究中国传统哲学的概念、范畴问题？本文打算对这些问题作一初步的讨论。

一、研究中国传统哲学范畴体系的意义

研究中国传统哲学的范畴体系有它的一般意义和特殊意义两个方面。就其一般意义说至少有以下三点：

①研究哲学史当然要研究某一哲学家或哲学派别在历史上的作用，但哲学史的研究最终要解决的问题应该是揭示历史上哲学思想如此发展的逻辑必然性。比如说先秦哲学由孔子而孟子而荀子的哲学思想这样发展有什么逻辑必

* 本篇原载《中国社会科学》1981 年第 5 期。

* 为保留作品发表时的原貌，本书对文中的体例、文字未作大的修正。

然性。一部以马克思主义为指导的科学的哲学史应当是既能揭示哲学思想发展的动因；又能揭示出哲学思想这样一种理论思维发展的内在逻辑。哲学是关于自然、社会、人类思维最一般规律的科学，它是以抽象思维形式表现出来的，因此可以说哲学思想的发展就其内容说是概念、范畴的提出，概念、范畴涵义的明确、丰富和不断发展的历史。我们研究哲学史上的概念、范畴是如何提出的；它的涵义如何由不明确、不很丰富到比较明确、比较丰富；概念、范畴的体系如何由简单到复杂，由不完整、不系统到比较完整、比较系统，对概念、范畴的发展过程进行具体地分析，就可以掌握哲学思想发展的规律，揭示出其发展的内在逻辑。

②我们说，哲学史是唯物主义与唯心主义斗争的历史，并不是说唯物主义与唯心主义的斗争和人类认识发展的规律是两个过程，而是同一个过程。人类认识世界的历史是在唯物主义和唯心主义斗争中发展的，也就是说唯物主义和唯心主义的斗争就表现了人类认识发展的规律。而认识必然要使用概念和范畴，所以哲学史上的每一发展阶段都是围绕着对某些基本的概念或范畴的解释而展开，从而形成唯物主义和唯心主义的斗争的。例如，从中国哲学史上看，在先秦，唯物主义和唯心主义的斗争，大体上是围绕着天（道）人（道）、名实、知行、变常等等的不同解释而展开的；魏晋时期则是围绕着有无、体用、言意、名教和自然等几对概念而展开的；宋明是围绕着理气、心物、心性、能所等等的不同看法而展开的。研究概念、范畴发展的历史，正是揭示唯物主义和唯心主义斗争规律的关键。不仅如此，而且可以认识某些概念、范畴在认识史上出现的必然性，有助于克服在以往哲学史的研究中所出现的对唯心主义持简单否定态度的缺陷。王弼是个唯心主义哲学家，但他首先提出了若干帮助我们认识和掌握自然现象之

网的网上纽结的范畴如体用、一多、言意等，尽管他的解释是不正确的，而他能提出这些范畴毕竟表现了人类认识的深化，这在哲学史上就应该肯定，给以应有的地位。有王弼“以无为本”、“得意忘言”这样的思想的提出，才会有欧阳建的《言尽意论》和裴頠的《崇有论》的出现。所以研究哲学史上的概念、范畴和它的发展历史，也是正确评价哲学史上唯心主义和唯物主义不可缺少的一环。

③恩格斯说：“迄今为止，学习哲学史是锻炼人们理论思维的唯一方法。”恩格斯这里说的哲学史并没有限定必须是科学的哲学史，倘若学习科学的哲学史当然更能起这样的作用。科学的哲学史必然是能揭示人类认识在唯物主义和唯心主义斗争中发展的规律的，而人类认识发展的历史最基本的内容则是概念范畴发展的历史。由于概念、范畴在哲学史中的发展反映着人们认识的深入，我们研究它的发展历史就是把人类认识世界的过程在自己的思想中再想一次，当然是排除了种种偶然的、次要的因素，而抓住本质的、带规律性的内容的。这个重新思想的过程，必然使我们自己的思想也深化了。在我们研究概念、范畴发展的历史时，不仅要使人类使用概念、范畴认识世界的过程再现，而且必然要用某种方法使之再现，它只能是对概念、范畴的涵义、诸概念范畴之间的关系以及前后发展的逻辑联系进行理论上分析的方法，这种对概念、范畴的理论分析本身就是一种理论思维活动。就这一方面说，它也会有助于提高我们的理论思维能力。

以上三点都是说的研究概念、范畴的一般意义，因为研究任何哲学发展的历史(如西方的、印度的)都有这样的意义。而研究中国传统哲学的概念范畴和它发展的历史还有其特殊的意义，这就是可以使我们了解中国传统哲学的特点和发展的水平。西方哲学有它自己的一套范畴体系，从亚里士多德的《范畴篇》到黑格尔的《逻辑学》表现了西方哲学的特点和不同历史时期哲学思想发展的水平。印度哲学也有它自己的一套范畴体系，就印度佛教说从原始佛教到大乘空有二宗所使用的范畴大体上是前后相继，有其鲜明的特点，并表现了印度佛教在运用逻辑思维、分析概念涵义上的较高水平。中国传统哲学确有它自己的一套概念、范畴，并且逐渐形成了一个较系统的体系。正因为中国传统哲学有自己一套概念、范畴，对这些概念、范畴就不能简单地用西方哲学的概念、范畴去套，甚至也不能简单地和马克思主义哲学的概念、范畴等同。在我国哲学史上，长期形成的一套概念、范畴，除少量吸收了印度佛教的概念之外，基本上是独立发展的，所以它的特点也是很鲜明的。例如，在中国哲学史上，“天(道)”和“人(道)”这对范畴就非常重要，因此在中国传统哲学中不仅对天人关系的问题比较重视，而且特别重视人和人(社会)之间关系问题的研究。又如“体”和“用”这对范畴，它不仅包含有“本体”和“现象”的意思，而且有“根据”和“功用”、“全体”和“部分”、“抽象”和“具体”等等的意思。这样一些成对的概念、范畴及其体系自然充分地表现了中国传统哲学的特点，并反映了一定历史发展阶段上的理论思维水平。用一个不十分恰当的比方说，中国医学有其独特的传统，有着特殊的理论体系，使用着特殊的医学名词概念，尽管有些理论和成就我们还不能作出明确的科学解释，但既然在医疗实践上能取得良好的效果，它肯定反映了事物本质的某些侧面，包含着相当深刻的道理。就概念、范畴是知识成立的必要条件，是主观对客观联系的枢纽说，一定概念、范畴的提出总是人们在思维实践上对客观事物某些侧面的认识获得的一定成果的反映。有什么样的概念、范畴就标志着人们的认识深化到什么程度。因此，我们研究中国传统哲学各个历史发展时期的概念、范畴就可以看到我国历史上各个时期的理论思维水平。

在中国哲学史上，有三个时期的哲学对中国传统哲学范畴体系的形成有着较大的意义：一是先秦的诸子学；二是魏晋的玄学；三是宋明的理学。如果把这三个时期我国传统哲学的范畴体系和西方同期相比较，应当可以看到它有明显的特点和较高的水平。这种把我国传统哲学和其他国家、民族、地域哲学的范畴体系相比较，是比较哲学应当研究的重要课题。

二、怎样研究中国传统哲学的概念、范畴

研究中国传统哲学的概念、范畴，从根本上说必须用马克思主义的科学分析方法。我们如果仅仅提出在中国哲学史上曾经使用过哪些概念、范畴，这远不是我们研究中国传统哲学的概念、范畴所要达到的目的。因为那样并不能揭示出哲学思想发展的规律、了解唯物主义与唯心主义斗争的规律和使我们的理论思维得到提高，特别是不能认识中国传统哲学的特点和水平。要达到上述目的就必须用马克思主义的科学方法：①分析概念、范畴的涵义；②分析概念、范畴涵义的发展；③分析哲学家或哲学派别的概念、范畴体系；④分析中外哲学概念、范畴的异同。只有在作了这样一些具体的分析研究的基础上，才有可能使中国哲学史的研究在科学化的道路上前进。

(一)分析概念、范畴的涵义

一个或一对哲学概念(范畴)的提出，反映着人们对世界认识的水平，但是这个或这对概念的涵义是什么则要我们去分析。古代哲学家提出一个新的概念其涵义往往不如我们今天科学、明确，特别是在说明世界的本原时所用的概念更是不确定，而且有时含糊不清。例如，老子是第一个把“道”作为他的哲学体系的最高概念提出来的。他提出“道”这个概念，在春秋战国时期具有和“尊天”思想相对立的意义。他

把“道”作为世界的本原，这当然是提高了中国古代哲学的思想水平，但“道”的涵义如何？老子自己也感到难以说清，他说：“吾不知其名，字之曰道，强为之名曰大。”所以他用了许多形容词来说明“道”：“寂兮寥兮”，“恍兮惚兮”，“窈兮冥兮”等等。看来，古代哲学家限于当时的客观条件和认识水平，要给表明世界本原的概念作出明确说明是多么不容易呀！因此，这就要求我们根据《老子》一书对“道”这一概念的涵义进行分析。① “自然”这一概念在中国哲学史上被广泛使用，但各个哲学家对它的解释却不相同。最早把“自然”作为一个哲学概念使用的也是老子，他的“自然”大体上是“无为”的意思，汉朝王充继承了这个意思，说“天道自然无为”。到魏晋，王弼、夏侯玄等“贵无派”，把“自然”看成就是“道”——宇宙本体。夏侯玄说：“天地以自然运，圣人以自然用。自然者，道也，道本无名，故老氏曰：强为之名。”(《列子注·仲尼》)而且同一哲学家对“自然”的解释也并不一致，往往从几个方面去解释。这里我们以郭象的“自然”概念为例作些分析。

郭象的“自然”至少有五点相互联系的涵义：第一，天人之所为皆“自然”。郭象注《庄子·大宗师》“知天之所为，知人之所为者，至矣”，说“知天人之所为皆自然”。这就是说，郭象不仅把“天然”看成是“自然”，而且“人为”从某种意义上说也是“自然”。那么在什么意义上说“人为”也是“自然”呢？第二，“自为”是“自然”。郭象说：“言物自然者，无为之者也。”又说：“贵其无为而物之自为也。”可见他的“自然”有“任物之自为”的意思。那么为什么“自为”是一种“无为”呢？第三，“任性”即“自然”。郭象认为“自为”是“自然”，但“自为”并非任意

---

① 参见《略论早期道教关于生死、形神问题的理论》，《哲学研究》1981年第1期。

而为，而是“率性而动”，即“任性而为”，“自然耳，故曰性”。“任自然”就是“任性”，既不使人从己，亦不舍己从人。第四，“必然”即“自然”。郭象说：“达命之情者，不务知之所无奈何也，全其自然而已。”“知命”地不作“无奈何”的事这就叫“自然”，这里所谓“命”即“必然性”的意思。第五，“偶然”即“自然”。郭象说：“物各自然，不知其所以然而然。”(《齐物论注》)就“不知其然”说，“自然”又有偶然性的意思。所以在说明事物的“自生”时往往用“突然”、“堀然”等等，都是说事物的存在是没有道理、说不出原因的。

按郭象“自然”概念的涵义有以上相互联系的五点，而其中最重要的是后面两点，即“自然”既有“必然”又有“偶然”的意思。必然和偶然本是一对相对立的概念，但从辩证的观点看必然和偶然是相互联系的，是能互相转化的，必然性又是通过偶然性表现出来。郭象用“自然”一词既说明“必然”又说明“偶然”，正是因为他认识到“必然”和“偶然”的相互联系：此一事物作为此一事物如此地存在，从一方面说是“必然”的，“物各有性”；从另一方面说又是“偶然”的，“忽尔自生”。在郭象的体系中，事物的存在必须兼有这两方面，缺一方面就无郭象哲学。从对郭象的“自然”概念涵义的分析，我们大体可以看到郭象哲学的特点和水平。

（二）分析概念、范畴涵义的发展

不仅每个哲学家的概念、范畴的涵义不同，而且各个时代的概念、范畴的涵义往往也不相同。尽管如此，如果这种哲学思想是前后相承的，那么总可以发现概念、范畴涵义之间的继承关系。研究概念、范畴发展的历史，对于了解人们认识发展的规律是非常重要的。下面就中国传统哲学中“气”这一概念的涵义的发展作些分析，以便说明分析概念、范畴涵义发展的重要性。

早在春秋时期，就有思想家提出“气”对人的影响问题，如《左传》昭公元年所记载的医和论“六气”。到战国，“气”成一普遍概念，不仅多以为人的形体由“气”构成，而且有以为人的精神也是由“气”构成。在《管子》书中有《白心》、《内业》、《心术》等篇，中说：“精也者，气之精者也”，“凡物之精，此则为生，下生五谷，上为列星，流于天地之间谓之鬼神，藏于胸中谓之圣人”，“故有气则生，无气则死”等等。这就是说，“气”之中一种叫“精气”，凡是能得到它的似乎就有生命，这种“精气”如果到人的身体中，就会有聪明智慧，可以使人成为圣人。战国时期，这种对“精神”作不科学解释的“精气”说，如果说仍是一种唯物主义，那么这种唯物主义观点已包含了很大的缺陷，致使在一定条件下可以被唯心主义所利用而成为其体系的组成部分；也可以为神仙家所吸收而改造，使之成为其鼓吹“长生不死”的根据。我们知道，孟轲也讲“气”，提出有一种“气”叫“浩然之气”。在《白心》等篇中说，“精气”能给人以聪明智慧，且“此气也，不可止之以力，而可安之以德”，“气”本身就有聪明智慧，要由道德力量巩固它。到孟轲那里，他所说的“浩然之气”，就是“集义所生”的了。显然，孟轲所讲的这种“气”就成为精神性的。到汉朝，董仲舒进一步把“气”道德化、神秘化，致使“气”成为上帝的意志和力量的表现。他认为“气”有刑、赏的能力；有善、恶的分别；有喜、怒、哀、乐的感情，这就使它虽存在物质的外观，而失去了物质的特性。后来两汉谶纬迷信中关于“气”的种种说法，大体都是沿着董仲舒的观点发展的。

从先秦到两汉的一些史料中我们还可以看到，“气”和神形问题相联系多与“养生”有关，而“养生”则往往又是“成神”的一种手段。在《庄子》一书中，所描写的“真人”、“神人”等多是“神将守形，形乃长生”者，他们“吸风饮露，不食五谷”，“一其性，养其气”，神与形合，即可达到“形全精复，与天为一”的境界。《吕氏春秋》亦多载“养生”之谈，认为要做到“长生久视”则“气”必能在身体中不断流通，而“精气日新，邪气尽去，及其天年，此之谓真人”。在《淮南子》中把“养气”、“养形”、“养性”往往看成是一回事，而且都和“气”的作用联系在一起。无论《吕氏春秋》还是《淮南子》都受到《白心》等篇“精气说”的影响，认为“精神”也是一种“气”(精气)，它可以自由出入于身体，神形不离则可长生久视。

与此同时，从先秦到两汉也有继承前此把“气”看成是物质性的、构成天地万物的东西的哲学家。荀子认为天地万物包括人都是由“气”构成，“水火有气而无生，草木有生而无知，禽兽有知而无义，人有气有生有知亦且有义”。《淮南子·精神训》说宇宙最初是没有具体形象的混沌未分的元气，后由阴阳二气的互相作用而产生天地万物，“浊气为虫，精气为人”。王充更明确地说：“天地合气，万物自生。”而且万物的产生正是“气”运动的结果，“天之动行也，施气也；体动气乃出，物乃生矣。”为了反对董仲舒对“气”的唯心主义观点，王充特别提出“气”是无意志、无目的的，“气也，恬澹无欲，无为无事者也”，“气若云烟，安能听人辞”。但是，王充和《淮南子》书中的观点一样，仍然把人的精神(或生命现象)看成是“精气”，他说：“人之所以生者，精气也，死而精气灭。”可见在我国古代哲学史上关于“气”的学说，从对这个概念涵义的分析上，就可以明显地发现其间的前后继承关系了。上述三个方面关于“气”的学说，或者说关于“气”的几种涵义，到东汉末都汇合在道教的思想之中，兹不详述。

(三) 分析哲学家(或哲学派别)的概念、范畴体系

在哲学史上，比较重要的哲学家在建立其哲学体系时，必然要使用一系列的概念、范畴，因此研究其概念、范畴相互之间的关系，是我们深入解剖其思想体系的基本要求。一个哲学家思想体系水平的高低往往和他使用概念、范畴是否丰富，是否成体系，以及其概念、范畴的涵义是否反映事物之间的本质联系有关系。从对哲学史上的哲学家(或哲学派别)的研究方面说，有时看法不同或者也是由于没有对其概念、范畴体系作全面而系统的分析引起的。例如，郭象的哲学如仅从他分析“有”和“无”这对范畴的关系看或者可以说他的思想是唯物主义的，但是郭象的哲学之所以成为魏晋玄学发展的高峰，并不是由于他对“有”和“无”的关系提出了和王弼不同的看法，而在于他有一个比较完整的思想体系。郭象的哲学思想体系分析起来，大体上可以说是由下述四组基本概念构成的(当然在郭象哲学中还有其他一些重要概念，这里就不说了)。

“有”和“无”：魏晋玄学所讨论的中心是“本末有无”问题，郭象的哲学也可以说是从讨论这个问题开始的。郭象认为：“有”(或“万有”)是唯一的存在，是“常存”的，“夫有之为物，虽千变万化，而不得一为无”，“言天地常存，乃无未有之时”。至于“无”，他则认为在“有”之上的造物主或作为本体的“无”是不存在(nonexistence)，就是“无物”(nothing)，所以他说：“无既无矣，则不能生有”，“请问夫造物者，有邪无邪？无也则胡能生物？”“无”既然是“无”，怎么能生物？所以郭象哲学一开始就否定在“万有”之上有一个“造物主”或者说有一个与“有”相对立的本体之“无”作为它存在的根据。但是，郭象哲学并未就此止步，而是继续讨论下去了。

“性”和“命”：事物的存在既然不是以本体的“无”为根据，那么事物的存在有没有什么根据呢？照郭象看，不能说“万有”的存在是没有任何根据，万物既然存在了，其存在本身就是其存在的根据，具体地说其存在的根据就在于其“自性”，“物各有性，性各有极”。郭象的所谓"性"就是指"此物之所以为此物者"，有"规定性"的意思，所以他说："天性所受，各有本分，不可逃，亦不可加"，"物各有分(性分)，故知者守知以待终，而愚者抱愚以至死，岂有能中易其性?"所谓"命"，郭象则把它解释为"必然性"，如他说："命也者，言物皆自然而无为之者"，"知不可奈何者命也"。很明显，他的"性"和"命"两个概念的涵义都是为了论证"有"是唯一的存在，而作为造物主或本体的"无"是根本不存在的。

"自生"和"无待"：事物的"自性"是其存在的根据，而此"自性"又是如何产生的？它的产生是不是有目的、有条件的？郭象说："物各自生，无所出焉，此天道也"，"物之生也，莫不块然而自生。"如果事物的"自性"不是"自生"的，那么就是其他事物所给予的，是造物主有目的创造的。然而此事物之所以成为此事物，彼事物之所以成为彼事物，是没有什么使它这样或那样地产生和存在，甚至也不能认为是它自己使它这样或那样地产生和存在，所以"自生"只能是"欻然自生"，"突然自生"，"自然而生"。事物的产生和存在如有什么原因和目的，则必然导致承认有主使者。那么"自生"的事物和其他"自生"的事物是个什么关系呢？郭象认为，任何事物都是"自生"的，其存在都是"自足其性"的，所以是"无待"的。一方面"无待"之所以可能是因为"物各自造"，"物各自造，而无所待焉"；另一方面只要"适性"、"安性"，则"无待"对于任何事物来说都是可以达到的，"苟足于其性，则虽大鹏无以自贵于小鸟，小鸟无羡于天池，而荣愿有余矣。故小大虽殊，逍遥一也。"所以要坚持事物存在的根据除其自身的"自性"外，再没有其他任何根据和条件，就必须承认它是"自生"的、"无待"的。

"独化"和"相因"：要把"自生"和"无待"的观点坚持下去，还有一个重要问题要解决。如果说，每个事物都是一个个的存在，此事物就是此事物，彼事物就是彼事物，互相分别，那么所有的事物岂不都是相对的？如果都是相对的，那么岂不还要受到限制？如果要受到限制，那么岂不仍是“有待”的？为了解决这个问题，郭象提出了“独化”的概念。所谓“独化”是说任何事物的生生化化都是独立自足的，因此“无待”是绝对的。如果要追求事物生生化化的原因和根据，表面上看来可以无穷无尽地追求下去，但追求到最后只能得出“无待”的结论来，所以他说：“若责其所持，而寻其所由，则寻责无极，卒至乎无待，而独化之理明矣。”郭象在《齐物论注》中举了一个极端的例子，他说形、影和罔两(影外之阴)都是独立自足的绝对的存在，“是以涉有物之域，虽复罔两，未有不独化于玄冥者也”。如果有一物不是独立自足的存在，那么其他任何事物也都不能独立自足地存在，这样就必然引出在“万有”之上仍有一作为其存在根据的本体(或造物主)，而势必承认有“生化之本”了。事物尽管是独立自足的存在，只要每个事物都完满地实现其“自性”，充分地发挥其“自性”，“知者守知以待终，而愚者抱愚以至死”，那么就可以达到“天地未足为寿，而与我并生；万物未足为异，而与我同得”的境界。这样对其他任何事物就有最大的功用，“相因之功，莫若独化之至”。从另一个角度看，任何存在着的事物，只要是存在着的它就是不可少的，就不能不存在。郭象说：“人之生也，形虽七尺，而五常必具，故区区之身，乃举天地以奉之。故天地万物，凡所有者，不可一日而相无也。一物不具，则生者无由得生；一理不至，则天年无缘得终。”因此，凡是存在的都是合理的、必然的，而且是不互相排斥的。这个观点似乎与“独化”说有矛盾，其实不然。因为照郭象看，存在着的事物都是合理的、必然的，而不是互相排斥的，正是以每一事物都能充分地、绝对地发挥其“自性”、独立自足地生生化化为条件。

从对郭象哲学范畴体系的分析看，他的哲学最后要建立的是“独化”说，而“崇有”不过是达到“独化”说的阶梯。而且在郭象的体系中唯有建立其“独化”学说，才可以坚持“崇有”，而较为彻底地否定在“万有”之上还有一作为其存在根据的“无”。

我们要了解一个哲学家是唯物主义还是唯心主义、他的哲学的特点以及他的哲学思想的前后继承关系和历史地位，都必须通过对其范畴体系的分析才可以得到。

（四）分析中外哲学概念、范畴的异同

在对中外哲学概念范畴的分析比较中，可以更好地认识中国传统哲学的特点和水平，这点是毫无疑义的。由于这个问题比较大，作者又没有作过仔细、深入的研究，这里只就魏晋玄学和当时传入的印度佛教般若学一个问题做一点粗浅的比较分析。

魏晋玄学所讨论的主要问题是“本末有无”问题，所以“无”和“有”两个概念是玄学的最重要的基本概念。佛教般若学所讨论的问题也是“有”和“无”(或“空”)的问题，所以道安说：“于十二部，毗目罗部最多，以斯邦人老庄教行与方等经兼忘相似，故因风易行耳。”(《毗奈耶序》)但，佛教般若空宗讲的“空”(或“无”)虽与玄学家王弼等讲的“无”有相似处，实并不相同。汉灵帝光和二年(179)，支娄迦谶译出《道行般若波罗密经》，中有“本无品”，“本无”是梵文 Tathata 的意译，后来译为“真如”，而在《道行经·本无品》中所说的“本无”是“诸法本无自性”的意思，所有的事物都没有实在的自体。玄学家王弼等也讲“本无”，意思是说万物“以无为本”，所有的事物都以“无”为本体。这两种“本无”思想虽不能说全然不同，但其涵义却有很大差别。从魏晋玄学说，王弼的“本无”思想是继承了老子的学说，在他的哲学体系中“无”这一概念和“道”或“理”是同一的，“夫大之极也，其唯道乎！……虽贵以无为用，不能舍无以为体。”“物无妄然，必由其理”，所以王弼的“无”不是说“虚空”或“不存在”(nonexistence)，而是指事物的“本体”(substance)。佛教般若空宗的“本无”只是讲的“诸法本无自性”，他们认为任何事物都是因缘合和而成，并无实在的自性。《大般若经》卷五三八中说：“如说我等，毕竟不生，但有假名，都无自性。”龙树的“三谛偈”说得更明白：“众因缘生法，我说即是空，亦为是假名，亦是中道义。”从这里看，般若空宗说的“空”不是指的“本体”(substance)，而是说的“虚空”(nonexistence)。至于“有”的涵义，魏晋玄学所讲的“有”一般都是说“万有”，即形形色色的具体存在物，但在我们所翻译的佛经中，把佛教中不同涵义的“有”(存在)往往都译为同一个“有”。①

佛教传入中国，在东汉先是依附于中国的道术，到魏晋玄学流行以后又依附于玄学，东晋时所出现的我国僧人的般若学各派大体上也还是用玄学思想了解般若学，一直到鸠摩罗什来华，译出《般若经》的释论《大智度论》和《中论》、《百论》、《十二门论》等，在中国才对印度佛学的般若学的原意了解了。僧肇的《不真空论》是比较近于印度佛教般若学讲“非有非无”的原意的。

我们在对中外哲学概念、范畴的比较分析中，可以看到它们各自的特点和水平，也可以看到一种外来文化思想的传入对原有的传统文化思想发生影响的过程，以及外来文化思想如何被吸收而成为所传入的国家(民族、地域)的一个组成部分。

---

① 参见金克木：《试论梵语中的“有—存在”》，《哲学研究》1980年第7期。

三、关于中国传统哲学范畴体系的构想

"范畴"是从 category 翻译过来的，取"洪范九畴"的意思。从西方哲学史上看有种种解释，亚里士多德的《范畴篇》把它看做是存在的基本样式(mode)，他提出十个范畴：本质(substance)、量(quantity)、质(quality)、关系(relation)、位置(place)、时(time)、占有(state)、作用(action)、遭受(passion)等。康德的十二范畴说是与认识有关的原则或说是构成经验的条件。列宁说："范畴是在区分过程中的一些小阶段、是帮助我们认识和掌握自然现象之网的网上纽结。"苏联《哲学辞典》说："反映现实界各种现象和认识的最一般的和最本质的特性、方面和关系的基本概念。"看来，对"范畴"大体上是从现实界的存在和认识两个方面来说明的：说它是"存在的基本样式"或"现实界各种现象的最一般的和最本质的特性、方面和关系"，是就存在方面说的；说它是"构成经验的条件"或"认识和掌握自然现象之网的网上纽结"，是就认识方面说的。而认识的必要条件必然是反映和表现"存在的基本样式"；而"存在的基本样式"又只是在人们的认识过程中才有意义。从上述一些说法中，我们还可以看出"范畴"和"概念"的关系，范畴是基本概念，概念并不都是范畴。因此，在这里我们要讨论的是，中国传统哲学的基本概念即范畴应有哪些。如果我们能根据中国古代哲学家所使用的基本概念构成一个能表现中国传统哲学是如何用以认识和说明"存在的基本样式"的体系，并能从中揭示中国传统哲学思想发展的线索，那就证明中国传统哲学确有其范畴体系。下面先用一图表(见下页)来表明，然后再作一些必要的说明。

在这个图表中共用了二十对中国传统哲学的基本概念构成中国传统哲学的范畴体系，这当然是一个很初步的构想，问题一定很多，

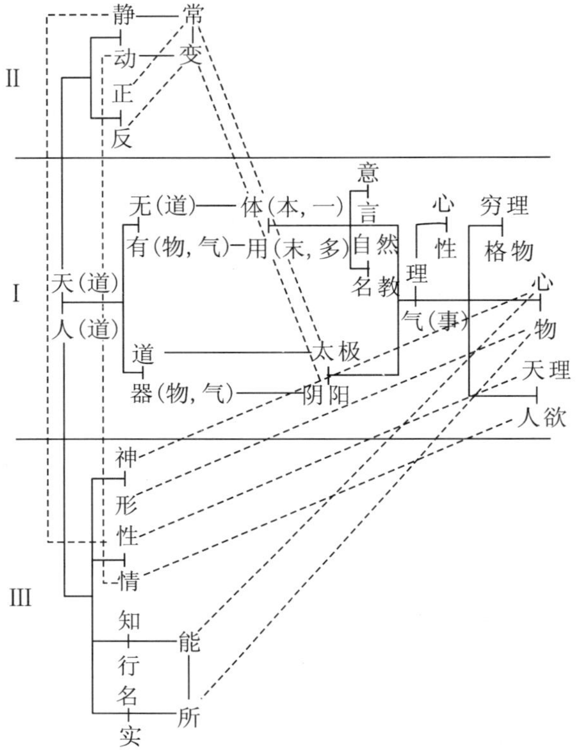

目的是想引起大家进一步的研究和讨论。对这个中国传统哲学范畴体系的构想图表，我想说明以下几点：

①这个构想图表分为三大栏，第一栏(Ⅰ)是想说明中国传统哲学中用了哪些基本概念表述世界的存在的；第二栏(Ⅱ)是想说明用了哪些基本概念表述存在的形式的；第三栏(Ⅲ)是想说明用了哪些基本概念表述人的存在和认识。“天(道)”和“人(道)”的关系问题一直是中国传统哲学讨论的中心，中国哲学史上的唯物主义和唯心主义的斗争大都也是围绕这个问题进行的。子产第一个明确地提出这两者之间关系的命题：“天道远，人道迩。”孔子一方面很重视“天命”，而另一方面更重视“人事”。他“五十而知天命”，却比较少讲这个问题，“夫子之

言性与天道不可得而闻”，可是《论语》大量记载他讲“人道”的问题。孟子讲“尽性，知命，知天”，《中庸》说：“诚者天之道也，诚之者人之道也。”荀子讲“制天命而用之”，都是讲的“天人关系”问题。道家的老子讲“天道自然无为”，而压低“仁义”（人道）；庄子“蔽于天而不知人”。汉朝的儒家大师董仲舒说他自己讲的是“天人相与之际”的学问；受道家影响比较重的司马迁也说《史记》是“究天人之际，通古今之变”的著作。魏晋玄学讨论的“本末有无”问题，就其内容说仍是“自然”（天道）与“名教”（人道）的关系问题，所以何晏说：“若王弼者，始可与言天人之际。”宋儒无论理学还是心学，都把“人心惟危，道心惟微，惟精惟一，允执其中”称为“十六字心传”。朱熹认为“太极（天理）只是个极好至善底表德”，“是天地人物万善至好的表德”，“天理”和“人欲”问题仍是天人关系问题。直到王夫之仍然把这个问题作为他讨论的重点，他认为“礼虽纯为天理之节文，而必寓于人欲以见”，“人欲之大公即天理之至正”。所以，中国传统哲学是从讨论“天（道）”和“人（道）”这对范畴的关系开始而展开的，它反映了中国传统哲学所注重的问题和特殊内容。

②这个构想图中表述了中国传统哲学范畴的发展的诸范畴之间的关系。中国传统哲学从研究“天（道）”和“人（道）”的关系开始，而分为两支：一支为道家，老子提出“道”和“万物”的关系，他说：“道生一，一生二，二生三，三生万物。”又说：“天下万物生于有，有生于无。”因此“道”和“物”的关系又以“无”和“有”这对概念表现；另一支是儒家，在《易传》中提出“道”和“器”这对范畴，说：“形而上者谓之道，形而下者谓之器。”又说：“易有太极，是生两仪”，“一阴一阳之谓道”，所以“道”和“器”的关系又以“太极”和“阴阳”这对概念表现。两汉时哲学思想虽有发展，但似乎没有提出新的有影响的范畴。魏晋玄

学主三玄(《老子》、《庄子》、《周易》)，而使道家系统的思想和儒家《周易》系统的思想渐结合，而实是以老庄思想为骨架而建立了关于宇宙本原问题的本体论。魏晋玄学用“体”“用”、“本”“末”、“一”“多”等概念说明“无”(本体)和“有”(万物，本体的种种表现)，用“自然”(体)和“名教”(用)这对概念表述“宇宙本然”(即本体)和“人类社会关系”(即名分教化之类)的关系，用“意”和“言”这对概念说明对宇宙本体的认识问题。自魏晋南北朝以后，中国传统哲学经过印度佛教的冲击，到宋形成理学。理学实是吸收了佛教的思想而形成的新儒学体系。如果说魏晋玄学讲的本体论是以老庄思想为骨架，那么宋明理学确为儒家学说建立了客观唯心主义体系(朱熹)、主观唯心主义体系(王守仁)和较高水平的唯物主义体系(王夫之)。这个时期的哲学概念继承了魏晋玄学的，又吸收了隋唐佛学的，而使儒、道、佛三家在儒家思想基础上汇合了。“理”和“气”、“心”和“物”成为当时哲学的最基本的概念；“心”与“性”展开为“心即理”和“性即理”的问题；“能”和“所”、“格物”和“穷理”等是认识论的问题；“天理”和“人欲”是社会问题。列宁在《谈谈辩证法问题》中说：

> 哲学史上的圆圈：古代：从德谟克利特到柏拉图以及赫拉克里特的辩证法。……近代：霍尔巴赫——黑格尔(经过贝克莱、休谟、康德)。
>
> 黑格尔——费尔巴哈——马克思。

在《黑格尔〈哲学史讲演录〉一书摘要》中说：

> 把哲学史比做圆圈……

每一种思想＝整个人类思想发展的大圆圈（螺旋）上的一个圆圈。

列宁所指出的黑格尔关于“把哲学史比做圆圈”的思想，深刻地反映了哲学思想发展的规律，这对我们研究中国传统哲学思想发展有非常重要的意义。从这个范畴体系的构想图中，我们可以看到中国传统哲学基本上是由三个螺旋上升的圆圈构成的：第一个是先秦，从儒家说是孔子——孟子——荀子（或《易传》）；从道家说是老子——稷下学派（即《白心》等篇）——庄子，两汉是个过渡阶段。第二个是魏晋，王弼——向秀——郭象（或王弼——郭象——僧肇）。南北朝到隋唐佛教盛行，经过一段时间的发展形成了中国的宗派如华严宗、禅宗等。第三个是宋明，张载——朱熹——王夫之。

③在构想图中的第二栏（Ⅱ）只列了三对范畴，而最根本的一对范畴是“静”和“动”，“常”和“变”是“静”和“动”的表现，其实“正”和“反”也是“静”和“动”的一种特殊表现形式。中国传统哲学中虽然讨论“静”和“动”的哲学家很多，但“时”、“空”问题除先秦名家和后期墨家有较多的讨论外，以后讨论的则不太多，也不普遍。从中国传统哲学看，它的哲学命题似乎不受时、空的限制；运动是否在时空中也不注意。所以，在这里我们没有把“时”、“空”这类概念列在这个范畴体系构想图中。

④在中国传统哲学中，关于“人（道）”方面的问题研究得比较多，特别是“道德”（伦理）问题的讨论更是中国传统哲学的特点，因此到底在范畴体系中应列入哪些，要很好研究。在这个构想图中（见Ⅲ栏）只列了五对（有些也不全是“人（道）”问题），作为哲学的基本概念是不是大体也够了。“神”和“形”是说“精神”和“身体”的关系问题，是讨论人

的生命现象，这个问题从先秦一直讨论下来，有唯物主义的和唯心主义的不同看法。“性”、“情”问题可以说是伦理道德的核心问题，对“性”自先秦以来就有种种不同看法，有“性善说”、“性恶说”、“善恶混说”、“无善无不善说”、“善恶以人异说”等等；而“性”和“情”的关系又有“性善情恶”、“性静情动”等不同说法。到魏晋玄学对这个问题仍很注意，成为讨论“圣人”与“一般人”的异同的一个重要问题。宋明理学分“性”为“天命之性”和“气质之性”，而所谓“天命之性”是从“天理”来的；“气质之性”是生来固有的感情、欲望等，是从构成身体的“气”得来的，这还是一个“性”“情”问题，而道德教化的重要就在“存天理，灭人欲”。“知”、“行”问题在中国传统哲学中占有很重要的地位，就中国传统哲学看多数哲学家都主张既要“知”又要“行”，而且以为“行”更重要。“名”、“实”问题是中国传统哲学原来就有的，而“能”、“所”这对概念则是从佛教中吸取的，都是关于人的认识问题。因此，构想图的第三栏（Ⅲ）所列是表明人的存在和认识的概念。

四、问题讨论

关于中国传统哲学的范畴体系是个很复杂、又涉及很多方面的问题，因而需要大家来切实地研究讨论，这里提出几个问题作一点初步的讨论：

①范畴体系中的范畴是否应成对？关于这个问题要分成两个问题来讨论，一个问题是从哲学史上说一个哲学家使用的概念、范畴并不一定都成对，例如老子提出“自然”这个概念，在《老子》书中或者还没有另一与之相对的概念；在《管子》书《白心》等篇中“气”作为最一般的概念似乎也没有一相对的概念。但是，从整个中国传统哲学的发展看，范畴都是成对的。如“自然”和“名教”就构成一对范畴；“气”和

“理”就构成一对范畴。另一问题是，就任何事物说都是矛盾的，都有矛盾的双方，决没有只有一方，而无另一方，因此反映事物本质联系的范畴也应是成对的。在中国传统哲学中有一些概念、范畴似乎并不成对，例如“中庸”，我们当然不好说“反中庸”和它构成了一对相对的概念。但是，我们从“中庸”的涵义方面来分析，这个问题或者可以解决。孔子提出“中庸之道”是为了反对“过”的，他说：“过犹不及。”所以就“中庸”的涵义说是“中”或“正”的意思，因此中国传统哲学的范畴体系中有“正”和“反”这对范畴就可以了，“正”可以包含“中庸”。从西方哲学史上看，一些哲学家的范畴体系似乎也并不都是根据对立统一而表现的，在亚里士多德的十个范畴中有的是成对的，例如“质”和“量”，但“本质”(substance)则没有一具体相对的范畴，当然也可以说其他九个范畴都和“本质”构成一对范畴。从康德的十二范畴和黑格尔的《逻辑学》的范畴体系分析起来，所列范畴大都是成对的。马克思主义哲学家关于范畴体系的看法虽不一致，但都认为范畴应是成对的，例如“本质和现象”、“内容和形式”、“必然性和偶然性”、“可能性和现实性”等等。马克思主义哲学认为范畴必然是成对的，这无疑是正确的，它反映了事物的本来面貌。因此，我们今天研究中国传统哲学的范畴体系，使中国传统哲学的范畴系统化，比较科学地反映中国传统哲学的特点和水平，也应该在它的范畴体系中体现对立统一的规律。

②中国传统哲学范畴体系中应包含多少对范畴就足够表明“存在的基本样式”或“反映现实界各种现象和认识的最一般的和最本质的特性、方面和关系的基本概念”？这里提出二十对基本概念构成中国传统哲学的范畴体系，只是一个尝试，可能不能成立。这二十对范畴大都说“世界”和“人”是什么，如说“世界”的存在有“理”有“气”，“人”的

存在有“形”有“神”等等。西方哲学家所说的范畴往往是说的“存在的样式”或“认识的原则”。就目前马克思主义哲学的范畴说，一般也是说的存在的特性方面和关系，而并不把“心”和“物”这样的最基本的概念放在范畴体系中。如果用这个标准看，上面所列中国传统哲学范畴体系中有些范畴就不能列入，而应补充另外一些概念。但是，我们这样来表述中国传统哲学的范畴体系是不是也是一种方式，因为图表中所列诸范畴从它们的涵义说是表明“存在的基本样式”的，也是人们认识事物之网的网上纽结。这样表述是不是更适合反映中国传统哲学的特点和水平？当然，如果用更少一些基本概念来表述中国传统哲学的范畴体系应该说是更理想的，比如说也可以如下图只列十二对：

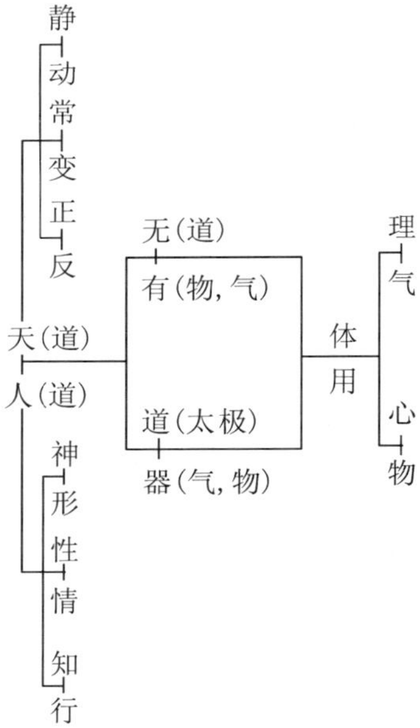

③“中国传统哲学的范畴体系”是否能反映出中国传统哲学的特点和水平？这个问题比较大，因为中国传统哲学的特点有哪些，和怎样看一种哲学水平的高低，都是要进行认真研究和充分讨论的。但我们这个构想图，是不是也可以说多少反映了中国传统哲学的特点和水平呢？看来，中国传统哲学比较重视研究存在的基本样式和人的存在问题，而且注重事物之间的联系，即其同一性的方面，所以在中国传统哲学中讲“天人合一”、“知行合一”、“体用如一”、“无因于有”、“神形合一”、“理气一元”、“心物不二”等等比较多。在这个构想图中虽然没有列“时”“空”、“因”“果”等概念（在中国传统哲学中讨论这方面问题确实比较少），但作为一个范畴体系相对于西方古代或印度古代哲学说它

并不逊色，它包含的范畴之广，基本概念都是成对的，而且从它的发展上看概念的涵义是越来越深刻地反映世界，都表明了中国传统哲学已有较高的水平。

关于中国传统哲学范畴体系问题过去研究讨论得不多，还是一个较新的课题，这里只是提出一些不成熟的看法，希望能引起讨论，使中国哲学史的研究在马克思主义指导下进一步科学化。

论中国传统哲学中的真善美问题*

我们能否用最简单而又最精确的命题把中国传统哲学关于真、善、美的问题表述出来，如果能做到这一点，就可以说对中国传统哲学有了一个总体上的认识。我认为，中国传统哲学中关于真、善、美的观念集中体现在中国古代思想家长期讨论的三个基本命题之中，即："天人合一"、"知行合一"、"情景合一"。"天人合一"是讨论"真"的问题；"知行合一"是讨论"善"的问题；"情景合一"是讨论"美"的问题。

关于"天"和"人"这两个概念可以因不同的哲学家而有十分不同的涵义，这里不可能详细讨论，但无论如何"天（道）"总是就宇宙的根本或宇宙的总体方面说的，"人（道）"往往是就人们的社会生活或人本身方面说的。天人关系问题从来就是中国古代思想家所研究的最重要的问题，司马迁说他的《史记》是一部"究天人之际"的书；董仲舒答汉武帝策问时说，他讲的是"天人相与之际"的学问；扬雄说：

---

* 本篇原载《中国社会科学》1984年第4期。

“圣人……和同天人之际，使之无间。”魏晋玄学创始者之一何晏说另一创始者王弼是“始可与言天人之际”的哲学家；中国道教茅山宗的真正创始者陶弘景说只有顺欢（另一道教领袖）了解他“心理所得”是“天人之际”的问题；唐朝刘禹锡对柳宗元的批评，说柳宗元的《天说》“非所以尽天人之际”；宋思想家邵雍说得更明白：“学不际天人，不足以谓之学。”在中国传统哲学中对“天人关系”虽有各种说法，如荀子提出的“明天人之分”，庄子的“蔽于天而不知人”，郭象的“天者，万物之总名”，刘禹锡有“天人交相胜”之说等等。而且“天人关系”问题在魏晋时期又常通过“自然”与“名教”的关系表现出来。但中国传统哲学的主流却大都把论证“天人合一”或以说明“天人合一”为第一要务。

孔子多言“人事”，而少言“天命”，然而孔子并非不讲“天命”。我们知道，他不仅说过“唯天为大”，而且认为“天命”与“圣人之言”是一致的，他说：“君子有三畏：畏天命，畏大人，畏圣人之言。”最早提出完整意义的“天人合一”思想的哲学家是孟子，如他说：“尽其心者，知其性也；知其性，则知天矣。”又说：“夫君子所过者化，所存者神，上下与天地同流。”这表明他把“天”和“人”看成一个统一的整体。荀子虽然讲“明天人之分”，而其根本要求则在“制天命而用之”，即从“人”的方面来统一“天”，因而他把“人”抬高到与“天”、“地”并列的地位，“天有其时，地有其财，人有其治，夫是谓之能参”；“故善言古者，必有节于今；善言天者，必有征于人。凡论者，贵其有辨合，有符验。故坐而言之，起而可设，张而可施行”。道家的老子主张“人法地，地法天，天法道，道法自然”，这“天”、“地”、“人”等是一个统一的系列，都统一于“道”。就是“蔽于天而不知人”的庄周也说：“天地与我并生，万物与我为一。”而“至人”更可“与天地精神相往来”。董仲舒宣扬“天人感应”，他说：“天亦有喜怒之气，哀乐之心，与人相副。以类合之，天人一也。”董仲舒这类言“天人合一”的理论自然是唯心主义的，且带有神秘主义色彩。

魏晋玄学讨论的中心课题是“自然”与“名教”的关系问题，而实际上也是天人关系问题。虽有嵇康、阮籍提倡“越名教而任自然”，但他们实际上是反对假名教而相信真名教的，正如鲁迅所说：“魏晋时代，崇奉礼教的看来似乎很不错，而实际上是毁坏礼教，不信礼教的。表面上毁坏礼教者，实则倒是承认礼教，太相信礼教。”而魏晋玄学的主流则更是以调和“自然”与“名教”为主题。王弼主张“体用如一”，故有“举本统末”之言，谓了解“天道”即可了解“人事”，圣人可以“体冲和以通无”，体现“天道”以至于同于“天”。郭象也讲“体用如一”，以为“用外无体”，他认为圣人“常游外以弘内”，在现实社会中就可以实现符合“天道”的理想社会，所以“名教”不仅不和“自然”相矛盾，恰恰应在“人间世”中来实现其“逍遥游”。魏晋名士多言“放达”，但有的人是“行为之放”，仅得“放达”之皮相，如王衍、胡毋辅之之流，以矜富虚浮为放达；有的人是“心胸之放”，则得“放达”之骨骸，如嵇康、阮籍等人，以轻世傲时为放达；有的人是“与自然为一体之放达”，则得“放达”之精髓，如不为五斗米折腰的陶潜即是。陶潜是个大文学家，其实也是一个大思想家，他体现了魏晋时文士最高尚的一种人生境界，他在《形影神》赠答诗中最后抒发他的思想境界说：“纵浪大化中，不喜亦不惧。应尽便须尽，无复独多虑。”在《与子俨等疏》中说：“尝言五六月中，北窗下卧，遇凉风暂至，自谓是羲皇上人。”这种与自然为一体的放达，虽不同于孔子的“天人合一”的思想境界，却正是魏晋人所追求的一种“天人合一”的精神世界。

宋儒所讲的身心性命之学，更是以“天人合一”为其所要论证的基本命题。周敦颐明确地说：“圣人与天地合其德”，“圣希天”。故王夫之说："自汉以后，皆涉猎故迹，而不知圣学为人道之本。然濂溪周子首为《太极图说》，以究天人合一之源。"张载的《西铭》更谓"天地之塞，吾其体；天地之帅，吾其性"；《东铭》则谓"儒者则因诚致明，故天人合一，致学而可以成圣，得天而未始遗人"。二程讲"体用一源"，其目的亦在明"天人合一"之理，故说："在天为命，在人为性，主于身为心，其实一也"；又说："天人无二，不必以合言（按：意谓天人本一体）；性无内外，不可以分语"，"圣人之心，与天为一"。朱熹也说："天即人，人即天。人之始生，得之于天也。既生此人，则天又在人矣。""人"及人类社会虽由"天"而有，但既有"人"及人类社会，"天道"将由人来体现，即"天道"通过人的行为实现于社会，而能完全实现"天道"者唯圣人。所以朱熹说："圣人……与天为一。"程朱理学如此，陆王心学也以阐明"天人合一"之理为己任。陆九渊说："宇宙内事是己分内事，己分内事是宇宙内事。"王守仁说："心无体，以天地万物感应为一体"，"盖天地万物，与人原是一体，其发窍之最精处，是人心一点灵明，雨风露电，日月星辰，禽兽草木，山川木石，与人原只一体。故五谷禽兽之类皆可以养人，药石之类皆可以疗疾。只为同此一气，故能相通耳。"王阳明从主观唯心主义立场讲"天人合一"，所以他说："大人之能以天地万物为一体，非意之也，其心之仁本若是。"他在解释《大学》中的"亲民"与"明明德"时又用了"体用如一"的观点，他说："明明德者，立其天地万物一体之体也；亲民者，达其天地万物一体之用也：故明明德必在于亲民，而亲民乃所以明其明德也。"明清之际的重要思想家黄宗羲和王夫之都从不同的方面论证了"天人合一"之理。黄宗羲从"盈天地皆心"的观点出发批评把"理"与"心"析分为二，他说："夫自来儒者，未有不以理归之天地万物，以明觉归之一己，歧而二之，由是其不胜支离之病。阳明谓良知即天理，则天理明觉，只是一事，故为有功于圣学。”故“心无本体，工夫所至，即其本体”，这是按照中国传统哲学中“体用不二”来说明“天人合一”。王夫之以“天”与“人”之气化同运，来说明“天人合一”之理，他说：“父母载乾坤之德以生成，则天地运行之气，生物之心在是，而吾之形色天性，与父母无二，即与天地无二也。”因为“天人之蕴，一气而已”，所以“道一也，在天则为天道，在人则为人道”，“天”与“人”“惟其一本，故能合”，“惟其异，故必相须以成而有合”。王夫之认为，“天道”乃一刚健之气化的流行，而人受之为“仁义之心”，故谓“成之者，人也；继之者，天人之际也”，“天人相接续之际，命之流行于人者也”，盖“天人同于一原”也。

中国传统哲学中，无论唯物主义还是唯心主义都以讨论“天人合一”为中心课题，唯物主义往往是从“元气”论出发，把整个宇宙视为气化流行，而人即在其中谋求与天地气化流行成为和谐之整体。而唯心主义，或以“天”(“天道”或“天理”)为一超时空的至健的大秩序，而“人”(“人道”或“人事”)则是依此超时空之至健的大秩序而行事、“体道”以求宇宙之和谐；或以“天”为“心”，认为一切道理俱于一心之中，充分发挥“本心”之作用即可“与天同体”。从中国传统哲学上看，虽然唯物主义和唯心主义论宇宙统一性问题时的立论基础并不相同；但是，在它们之间也有若干共同点。这些共同点，或者可以说表现了中国传统哲学思维方式的某些特殊性。这就是：第一，所谓“天人合一”的观念表现了从总体上观察事物的思想，不多作分析，而是直接地描述，我们可以称它为一种直观的“总体观念”；第二，论证“天人合一”的基本观点是“体用如一”，即“天道”与“人道”的统一是“即体即用”，此可谓为和谐“统一观念”；第三，中国传统哲学，不仅没有把“人道”看成僵化的东西，而且认为“天道”也是生动活泼的，生生不息的，

“天行健，君子以自强不息”，人类社会之所以应发展、人们的道德之所以应提高，是因为其应适应“天道”的发展，此可谓为同步的“发展观念”；第四，“天”虽是客体，“人道”要符合“天道”，但“人”是天地之心（核心之心），它要为天地立心，天地如无“人”则无生意、无理性、无道德，此可谓之为道德的“人本观念”。这就是中国传统哲学中“天人合一”思想的全部内涵。

关于“知行”问题，一般中国哲学史著作往往从认识论角度去分析它，但在中国传统哲学中，它更是一个伦理道德问题。认识问题如果不与道德修养问题相结合，就很难成为中国哲学的一个部分而流传下来，因此认识论问题往往与伦理道德是同一问题，故中国古代哲学家主张在社会生活中不仅应“知”（认识），而且应“行”（实践，身体力行）。

至于“善”，虽然各个不同的阶级或阶层、集团的看法不同，所立的标准各异，但在中国传统哲学中重要的哲学家大都认为“知”和“行”必须是统一的，否则就根本谈不上“善”。所以，从总体上看，“知行合一”思想实贯穿于中国传统哲学之始终。古代贤哲们把“知”和“行”能否统一看做是关系到做人的根本态度问题，知行统一是他们所追求的理想之一。从孔子起就把“言行一致”视为道德上划分君子与小人的一个标准，“君子耻其言过其行”。孟子讲“良知”、“良能”，虽以恻隐之心、羞恶之心、辞让之心、是非之心等四端为人先天所固有的，但要成为道德的仁、义、礼、智，则必须把四端“扩而充之”，这点必须在道德实践中方可达到，所以孟子说：“凡有四端于我者，知皆扩而充之矣，若火之始然，泉之始达。苟能充之，足以保四海；苟不能充之，不足以事父母。”荀子强调“行”为“知”的目的，但同时也承认“知”对“行”的指导作用，因此他说：“不闻不若闻之，闻之不若见之，见之不若知之，知之不若行之。学至于行之而止矣。行之，明也，明之为圣人。圣人也者，本仁义，当是非，齐言行，不失毫厘，无它道焉，已乎行之矣。故闻之而不见，虽博必谬；见之而不知，虽识必妄；知之而不行，虽敦必困。不闻不见，则虽当非仁也，其道百举，而为陷也。”《大学》讲三纲领八条目，也是说的知行的统一过程。至宋儒，程颐虽主张“知先行后”，但在道德修养方面则认为：“知而不能行，只是未真知”，所以黄宗羲说：“伊川先生已有知行合一之言。”(《宋元学案》卷一五)朱熹虽继承了程颐“知先行后”之说，但他特别提出“知行常相须”、“知与行工夫，须着并进”，其理由是：“论先后，知为先；论轻重，行为重。”所以有人说程朱是“重知的知行合一说”。“知”虽是“行”的基础，而“论知之与行，曰方其知之，而行之未及也，则知尚浅”，“既亲历其域，则知之益明，非前日之意味。”朱熹之所以重“行”，则是因为他把“知”与“行”的问题从根本上视为道德修养问题，所以他说：“善在那里，自家却去行他，行之久则与自家为一，为一则得之在我。未能行，善自善，我自我。”“善在那里”是“知”的问题，“自家却去行他”是“行”的问题，是一个道德实践问题，必得“知行合一”，才可以体现至善之美德。中国传统哲学中常言“体道”(或“体天道”、“体天理”)，这或有二义：其一是指“以道为体”，即圣人应和“道”认同，应同于“天”；其二是说实践“道体”，即要求依“天道”而身体力行之。至于王阳明的“知行合一”学说自然为大家所熟悉，但看来对他这一学说也有误解之处，往往抓住他的“一念发动处便是行”这句话就断定他“销行归知”、“以知为行”。其实从一定意义上说，王阳明并没有把“知”和“行”完全等同起来。所谓“一念发动处便是行”，正是就人们道德修养上说的，所以在这句话的后面他进而指出：“发动处不善，就将这个不善处克倒了，须要彻根彻底，不使那一念不善潜在胸中。”他又说：“知之真切笃实处即是行，行之明觉精察处即是知。知行功夫，本不可离，只是后世学者分为两截用功，失却知行本体。”王阳明对知行的统一关系也有明确的说明，他说：“知是行的主意，行是知的功夫，知是行之始，行是知之成。”如果从认识论的角度，或者可以说王阳明某些话有“合行于知”的嫌疑，但从道德修养层面上看，强调“知行合一”是有一定的积极意义的。到明清之际，王夫之虽主张“行先知后”、“行可兼知”，但他在讲道德修养问题时，仍主张“知行合一”，他说：“盖本知行者，致知力行之谓也。唯其为致知力行，故功可得而分；功可得而分，则可立先后之序；可立先后之序，而先后之互相而成，则由知而知所行，由行而行则知之，亦可云并进而有功。”知行之所以是“并进而有功”的，就是因为知行问题归根结底仍是道德问题。在王夫之看来，“智者，知礼者也；礼者，履其知也。履其知而礼皆中节，知礼则精义入神，日进于高明而无穷。”故圣人之由明而诚，率性以成己之事；圣人之由诚而明，则修道以成物之教，“诚明合一，则其知焉者即行焉，行焉者咸知矣。”这正是中国传统哲学中做人的道理之所在。

目前在中国哲学史的研究中流行着一种观点，认为宋明以来的道学家谈论知行问题，总是把这个认识论问题和道德修养问题混为一谈，并认为这是中国古代哲学家的局限性和错误所在。这虽有点道理，但似有两点可以讨论：第一，宋明以来的理学家本来就不以为知行问题只是认识论问题，而认为知行问题之所以重要，正因为它关乎道德修养问题，所以从理学家本身的立论上说，不存在把认识论问题与道德修养问题混淆在一起的问题。第二，作为道德修养方面，“知行合一”的学说或知行统一的观点不能说没有一点合理之处，不能认为全无积极意义。作为道德修养上的知行从根本上说是不应割为两截的。王阳明所说的“知是行的主意，行是知的功夫；知是行之始，行是知之成”应是中国古代哲学家对这一问题的较好总结。

“情景合一”是一个美学问题，王国维在《人间词话》中写道：“词以境界为最上，有境界则自成高格，自有名句。”何谓“境界”，王说：“境非独谓景物也。喜怒哀乐，亦为人心中之一境界。故能写真景物、真感情者，谓之有境界，否则谓无境界。”所以，“境界”一词，除“景物”外，实当亦兼指“情意”。叶嘉莹在《迦陵论词丛稿》中有段对王国维“境界说”的解释颇有见地，她说：“境界之产生，全赖吾人感觉之作用；境界之存在，全赖吾人感受之所及。因此，外在世界在未经吾人感受之功能予以再现时，并不得称之为境界。从此一结论看来，可见静安先生所标举之境界说，与沧浪之兴趣说及阮亭之神韵说，原来也是有着相通之处的。”布颜图在《画学心法问答》中对“境界”的解释也如静安先生，他说：“山水不出笔墨情景，情景者，境界也。”所以王国维说：“昔人论诗词，有景语、情语之别。不知一切景语，皆情语也。”可见王国维认为一切诗词等文艺创作以“情景合一”为上品。但这一“情景合一”的美学观点，并非创始于王国维。中国文学艺术理论真正独立出来成为一门学问、成为较有系统的理论体系，大体上说应该是在魏晋南北朝时期。当时已有“情景合一”的思想，这点在钟嵘的《诗品序》中反映得较为清楚，他说：“夫四言，文约意广，取效风骚，便可多得。每苦文繁而意少，故世罕习焉。五言居文词之要，是众作之有滋味者也，故云会于流俗。岂不以指事造形，穷情写物，最为详切者邪！故诗有三义焉：一曰兴，二曰比，三曰赋。文已尽而意有馀，兴也；因物喻志，比也；直书其事，寓言于物，赋也。宏斯三义，酌而用之，干之以风力，润之以丹彩，使味之者无极，闻之者动心，是诗之最也。”这种认为“至文”、“神品”当“穷情写物”的思想，即

"情景合一"。到明朝，有前后七子多言"情景合一"，如后七子之谢榛《四溟诗话》中说："作诗本乎情景，孤不自成，两不相背"；又说："诗乃模写情景之具，情融乎内而深且长，景耀乎外而远且大。"而与谢榛不同派别的公安派袁中道似乎也以"情景合一"立论，如他在《牡丹史序》中说："天地间之景，与慧人才士之情，历千百年来，互竭其心力之所至，以呈工角巧意，其余无蕴矣。"明清之际大戏曲家李渔亦谓："文贵高洁，诗尚清真，况于词乎？作词之料，不过情景二字。非对眼前写景，即据心上说情。说得情出，写得景明，即是好词。"而王夫之在《薑斋诗话》中说得更明白："情景名为二，而实不可离。神于诗者，妙合无垠。巧者则有情中景，景中情"，"景中生情，情中生景，故曰景者情之景，情者景之情"，"情景一合，自得妙语"。所谓"情景一合，自得妙语"，也许正是中国传统文艺理论的基本命题。因此，对"美"的看法也应当由此命题上去寻求。在中国传统思想中有一种倾向，"美"和"善"往往是联系在一起的，"充实之为美"是指得到了一种高尚享受的精神境界。孔子听《武》，说它"尽美而未善"；而《韶》则是"尽善尽美"。"尽善尽美"的音乐才是最高的、最理想的音乐。最高、最理想的音乐如此，其他艺术当然也是一样。"尽善尽美"的艺术即要提高人的精神境界，并使之从中得到最高的美的享受；而创作艺术作品的人必须是"有境界"的，他的艺术作品必须是"情景合一"的。

从中国传统哲学的总体上看，可以说"知行合一"、"情景合一"是从"天人合一"派生出来的。"知行合一"无非是要求人们既要知"天道"、"人道"，又要行"天道"、"人道"，而"人道"本于"天道"，故实知且行"天道"即可。"情景合一"无非是要求人们以其思想感情再现天地造化之工，故亦是"天人合一"之表现。中国传统哲学之所以在真、善、美的问题上追求这三个"合一"，就在于中国传统哲学的基本精神乃是教人如何“做人”，为此就应有一个“做人”要求，即要有一个理想的真、善、美的境界。达到了这个“天人合一”、“知行合一”、“情景合一”的真、善、美的理想境界的人就是所谓的“圣人”。人们的理想所表现的形式和内容虽然千差万别，但总应有一种理想，追求一种高尚的精神境界。在中国传统思想中有一种理想主义的倾向，从孔子起就向往“天下有道”的社会，并极力想把它实现于现实社会之中，甚至并不认为它肯定能实现，但却认为人们应有这种对理想的追求，应用“知其不可而为之”的精神致力于此。所以当子贡问孔子：“如有博施于民而能济众何如？可谓仁乎”的时候，孔子回答说：“何事于仁，必也圣乎！尧舜其犹病诸。”可见孔子也并没有认为尧舜时代的社会就是人类最高的理想社会。因此，对中国古代思想家来说，就有一个对理想社会如何看待的问题。在中国古代的一些思想家看来，理想社会就是一种理想，它只有实现的可能性，但并不一定能把这种可能性变为现实性。尽管理想社会从来没有实现过，但要不要追求它却是一个根本性问题，是一个人生态度问题。理想社会虽不一定能在现实中实现，但对于中国古代思想家来说，却可以在他们的个人生活中实现，或者说可以在他们的心中实现。为什么张载的《西铭》那么受后来理学家以及伟大的唯物主义哲学家王夫之的重视？我以为就在于《西铭》体现了我国古代哲人追求理想社会的精神，而且在他们的心中已建立了这种精神。张载所理想的“民，吾同胞；物，吾与也”的社会是否能实现，这对他固然很重要；但更重要的是人能不能有一种追求理想社会的人生态度，所以《西铭》以“存，吾顺事；没，吾宁也”一句作为结语。人生在世必须去尽自己的责任，这个责任就是如何为实现理想的“大同世界”而奋斗，为创造一个和谐的社会而尽力。从这里看，中国古代思想家的理想社会实际上带有很大的空想色彩，他们不可能把自己的理想建立在现实的基础上，这是时代和阶级的局限性所致。

中国传统哲学中的这种理想主义的倾向又是以人本主义为前提的。在中国古代的一些哲学家看来，“人”在天地之中是最重要的，只有“人”能“为天地立心，为生民立命，为往圣继绝学，为万世开太平”，所以孔子说：“人能弘道，非道弘人。”“道”(“天道”)是客观存在的，但“道”要人来发扬光大它，要人在实践中体现它。人怎样才能体现“天道”？中国古代的一些哲人认为，如果懂得了“天人合一”、“知行合一”、“情景合一”的根本道理，那么，人就有了一种“做人”的最高境界，也就可以把其美好的理想凝聚心中，而求实现于人间世。

“天人合一”的问题虽然说的是人和整个宇宙的关系，但它把“人”视为整个宇宙的中心。《中庸》中说：“诚者，天之道也；诚之者，人之道也。诚者不勉而中，不思而得，从容中道，圣人也。”因此，圣人的行为不仅应符合“天道”的要求，而且应以实现“天道”的要求为己任。人生活在天地之中，不应取消极态度，而应“自强不息”，“天行健，君子以自强不息”，体现大化的流行。这样人就会对自己有个要求，有个做人的道理，有个高尚的精神境界。其中最重要的就是要做到“知行合一”，有个道德修养上的知行统一观。《大学》的“三纲领八条目”就是说的这个道理，它说：“大学之道，在明明德，在亲民，在止于至善”，“古之欲明明德于天下者，先治其国。欲治其国者，先齐其家。欲齐其家者，先修其身。欲修其身者，先正其心。欲正其心者，先诚其意。欲诚其意者，先致其知。致知在格物。物格而后知至，知至而后意诚，意诚而后心正，心正而后身修，身修而后家齐，家齐而后国治，国治而后天下平。”从“格物致知”到“治国平天下”，这是一个认识过程，更是一个实践的过程。人应该有理想，最高的理想是“致太平”，使人类社会达到“大同”境地。为此儒家提出一个“大同世界”的理想。而“大同世界”的基本要求首先是每个人都应对自己有个做人的要求，要有个做人的道理，要能“己所不欲，勿施于人”。孔子说：“吾道一以贯之”，曾子归结为：“忠恕而已矣。”理想的“大同世界”能否达到自然是个问题，但人们应有这个要求，并从中得到做人的乐趣。要“做人”，也要有“做人”的乐趣，要能在生活中领略天地造化之功；要真正领略天地造化之功，就必须在再现“天地造化之功”中表现人的创造力，表现人的精神境界，表现人之所以为人，使文成“至文”，画成“神品”，乐成“天籁”。所以艺术的要求应是“情景合一”。当人进入这一创造的境界，将是真、善、美合一的境界，人生的意义、人类最高的理想正在于此。孔子说他自己“七十而从心所欲不逾矩”，大概就是中国古代思想家们所追求的这种境界。他们以为自己的一切言行和整个宇宙、人类社会、他人和自我的身心内外都和谐了，这种境界是真、善、美合一的境界，自然也就是所谓“圣人”的境界了。中国儒家哲学如果说有其一定的价值，也许就在于它提出了一种“做人”的道理。它把“人”(一个在特定关系中的“人”)作为自然和社会的核心，因此加重了人的责任感。在中国古代的贤哲看来，“做人”是最不容易的，做到和自然、社会、他人以及自我的身心内外的和谐就更不容易。对这种“做人的责任感”似乎应给予充分的理解并在改造的基础上加以继承。

中国传统哲学对中华民族的民族心理曾有着深刻的影响，它凝结成中华民族的一种特殊的心理特性。这种特殊的心理特性在过去长期影响着我们这个民族的各个方面，它既表现了中华民族思想文化传统的优点，也表现了其缺点。中国传统哲学凝聚而成并长期影响着我们这个民族的或许有以下四个方面，即空想的理想主义、实践的道德观念、求统一的思维方式、直观的理性主义。

中国传统哲学中的主要哲学家大都对现实社会抱着一种积极的热诚的态度，企图用他们的学说、他们的理想来转化现实政治，然而他们的学说、理想不仅转化不了现实政治，而且往往被用来作为粉饰现实政治的工具。“大同”或“致太平”的思想几乎成了中国古代人们所普遍追求的一种理想。儒家思想中有，道家的思想中也有；统治阶级希望有“太平盛世”，被压迫的劳动人民也期望有“太平世界”。儒家的经典《礼记·礼运》勾画出一个“大同世界”的蓝图；道家的经典《老子》第八十章也描绘出一个理想的和谐世界。有的帝王以“太平”为年号；有的帝王自称为“太平皇帝”；有些农民起义也以“太平”相号召，东汉末的黄巾起义以“太平道”为其组织形式；宋朝的起义农民以“杀尽不平，享太平”为宗旨；一直到近代洪秀全领导的农民起义军仍号“太平军”，国号“太平天国”。可见，“致太平”的“大同世界”在过去的时代里多么深入人心！但真正的“太平盛世”从来就没有实现过。由此可见中国传统思想的“理想主义”带有很大的空想成分。那些先哲们虽然可能是真诚地提倡他们的“治国平天下”的理想，可是他们的那一套并没有现实的可能性。不仅如此，所谓“治国平天下”的理想归根结底不过是理想化的封建社会。

中国传统哲学有着人本主义的倾向，它不仅和“神本主义”占统治地位的西方中世纪不同，而且，也和西方近世的人本主义有区别。西方的人本主义把“人”作为单个的个人，强调个性解放，有强烈的个人主义，而中国过去社会里的“人本主义”可以说是一种“道德的人本主义”。它把“人”放在一定的关系中加以考察。因此，有所谓君臣、父子、夫妇、兄弟、朋友等五伦，讲什么“君义臣忠”、“父慈子孝”等等。不仅如此，中国传统哲学还把“人”作为核心，从“人”的方面来探讨“人”和“宇宙”(天)的关系，特别强调“天”和“人”的统一性(“天人合一”)。它一方面用“人事”去附会“天命”(天道),要求人去体现“天道”之流行;另一方面又往往把“人”的道德性加之于“天”,使“天”成为一理性的、道德的化身,而“天理”的基本内容则是仁、义、礼、智等至善的德行。这样一来,“天”虽然作为客体与“人”相对应,但又带有“人”的强烈的主体性。由于中国传统哲学讲“知行合一”,即要实现“天理”,而“天理”是一“至善的表德”,所以人们的实践活动最根本的是道德实践。而最高的艺术作品又必须以“至善”为前提,即所谓“尽善尽美”。可见,中国传统哲学注意了伦理道德在社会生活中的重要意义,特别强调“知”和“行”必须统一,这有其可取的一面。但是,赋予“天”以道德性,把道德实践活动作为最根本的实践活动,这就很难解决社会生活中存在的种种矛盾,这是一种历史唯心主义。在过去中国的社会里,往往把医学、天文历算、农业技术等等看成是“小技”,而“身心性命之学”才是“大道”。不大重视对客观世界的研究,因此认识论方面的理论不发展,甚至可以说没有建立起完整的系统的认识论体系;对人的心理活动的分析也较为笼统;逻辑学也很不发展,缺少系统的推理理论。

中国传统哲学中的重要哲学家(除个别外)大都把建立一个和谐统一的社会作为自己的责任,因此在中国传统哲学中虽有丰富的辩证法思想,但往往却以矛盾的调和为终点。中国传统哲学的理论思维方式,从一开始就注重一对概念的统一关系或诸种概念的相互关系。《易经》系统以乾、坤(后来以阴、阳)为一对对立统一的概念;而《洪范》则以五行之间的对立统一关系立论。特别是到春秋战国时期,“天”和“人”作为一对哲学概念提出后,中国传统哲学就较多地注重“天”和“人”的统一的一面。这种思想方式自有其合理性,因为强调统一,强调和谐,而反对“过”与“不及”,在一定条件下有利于社会的稳定和发展，有利于人们注意研究事物之间的联系。但是，这种思维方式也有很大的缺陷。过分地强调社会的和谐和统一，是使我们的封建社会长期停滞、资本主义萌芽生长缓慢的一个原因。我们的传统哲学之所以缺乏系统的认识论和逻辑学，就在于我们传统哲学的理论思维往往是一种没有经过分疏的总体观，它虽包含着相当丰富的真理颗粒，但由于缺乏必要的分析和论证，因而不容易发展成现代科学。因此，必须对中国传统哲学的思维方式加以改造，继承和发扬重视事物之间的联系，强调事物之间的统一与和谐等思维传统，并把它建立在坚实的逻辑论证和科学的认识论的基础上。同时应该注意分析，把西方现代哲学(特别是分析哲学)的某些方法吸收过来，并在马克思主义哲学的基础上，取中西哲学之长，避中西哲学之短，建立中国化的马克思主义哲学体系。

与上述问题相联系，中国传统哲学有一种直观的理性主义的倾向。在中国传统哲学中，有注重“经验”的，有注重“理性”的，有两者同时并重或有所偏重的。这里说的中国传统哲学有一种直观的理性主义的倾向，是就其发展的趋势说的，不是一概而论。中国古代哲学家大都很注重“心”的作用，儒家是这样，道家也是这样。儒家注重“心”的作用，是从积极方面发挥人的主观能动性方面着眼。在先秦，孟子提出：“耳目之官不思，而蔽于物，物交物，则引之而已矣。心之官则思，思则得之，不思则不得也。此天之所与我者，先立乎其大者，则其小者不能夺也。此为大人而已矣。”所以扩充“心”的作用则“足以保四海；苟不充之，不足以事父母”。荀子说：“心者，形之君也，而神明之主也，出令而无所受令。”但对于为什么“心”有这样的作用的问题则没有什么具体的说明。到宋以后，无论是唯物主义还是唯心主义也都十分重视“心”的作用，唯物主义哲学家张载的《正蒙》中有《大心》

一篇，专门讨论了“心”的作用，他说：“大其心则能体天下之物。”唯心主义哲学家程颐说：“尽己之心则能尽人尽物。”朱熹认为，“理”俱于“心”，如能充分发挥“心”的作用以穷物理，则因物理而可使“心之全体大用无不明”，所以他说：“心包万理，万理具于一心，能存心而后可穷理。”至于陆王心学更强调“心”的作用，无复多论。王夫之虽然主张感性认识和理性认识不可偏废，但他也特别强调“心”的作用，如他说：“目所不见之有色，耳所不闻之有声，言所不及之有意，小体之小也，至于心而无不得矣。思之而不至而有理，未思焉耳。故曰尽其心者知其理，心者天之具体也。”他还说：“万物皆有固然之用，万事皆有当然之则，所谓理也。……具此理于中而知之不昧，行之不疑，则所谓心也。……故理者人心之实，而心者即天理之所著存者也。”理就是心的实在的内容，心就是天理所在之处。由此可以看出王夫之仍受朱熹的“理俱于心”的影响。从道家看，他们往往是从消极方面来对待如何发挥人的主观能动性问题。这点看来似乎是矛盾的，其实在道家的哲学体系中是可以理解的。老子主张“涤除玄览”，如何清除杂垢而深刻地从总体上认识世界，这要靠理性的作用，所以老子说：“不出户，知天下，不窥牖，知天道，其出弥远，其知弥少，是以圣人不行而知，不为而成。”他要求排除耳目见闻的作用，而发挥“心”的作用。庄子虽然是不可知论者，但他实际上也是由消极方面来对待如何发挥心的作用问题，他讲“心斋”、“坐忘”等等都是要用“心”来控制自己，使之不受外界的任何影响。魏晋玄学是以老庄思想为骨架的一种思辨性很强的哲学。王弼认为，圣人和一般人的不同之处就在于他的“神明”(心的智慧)比一般人高，“圣人茂于人者，神明也”；他能和本体之“无”相通，“体冲和以通无”。至嵇康、阮籍则多言“无心”，要使自己不受外界干扰就要以“无措于心”来对待之。郭象发挥了这一思想，他以为圣人应“无心而应物”。“无心”并不是否定“心”的作用，恰恰要充分发挥自己“心”的作用，使之不受外界影响。郭象认为，至人无心，如山一样“萌然”不动，这样就可以“其动也天，其静也地，其行也水流，其止也渊默”，“诚能应不以心而理自玄符，与变化升降而以世为量，然后足为物主而顺时无极，故非相者所测耳”。中国传统哲学强调“心”(理性)的作用，自有其可取之处。强调“心”的作用，即强调人的主动性，强调人在宇宙中的核心地位，而人之所以能是宇宙的核心，正在于人有“明德”之心。人的理性又是带有道德性的，宋儒认为“仁”是心之体，可见中国传统哲学有道德理性主义的倾向。但是，对于为什么“心”有如此之作用、如此之特性的问题，则很少分析；对“心”的作用的过程(心理活动之过程)更缺乏具体分析，致使中国传统哲学的主流成为一种直观的道德理性主义。

一个民族既然能长期存在，并有其不间断的历史和思想文化传统，必有其存在的道理，其传统思想文化亦必有其特定的价值，如何把它的思想文化中的优秀方面发扬起来，如何克服和扬弃其消极方面，对这个民族的发展至关重要。而这也正是哲学工作者，尤其是从事中国哲学史研究的哲学工作者的义不容辞的任务。中国历史上有丰富的独创性的哲学思想，我们应以马克思主义为指导，继承和发扬中国传统哲学的优秀部分，从而创造出中国化的马克思主义哲学体系。这对提高我们民族的理论思维水平将是很有意义，对我们民族在不久的将来能站在科学的最高峰至关重要。

再论中国传统哲学中的真善美问题*

人类精神生活的最高追求是什么？我想应该是追求"真"、"善"、"美"，并使三者在一个系统中统一起来。当然什么是"真"，什么是"善"，什么是"美"，不同的思想家的看法肯定是不相同的，而"真"、"善"、"美"如何统一在一个系统中，更可能是仁者见仁，智者见智了。这样的问题没有办法有什么共同的定论，也不需要有什么定论，不需要定于一尊。但是，人们要去追求"真"、"善"、"美"，思想家们要建构"真"、"善"、"美"统一的系统，则是无可怀疑的。中国传统哲学对人生境界的追求也可以说是中国传统哲学的哲学家对"真、善、美"的追求。过去我写过一篇《论中国传统哲学中的真善美问题》(载于《中国社会科学》1984 年第 4 期)，那篇文章主要是讨论儒家对真善美问题的看法，而且是一种历史的论述。现在这篇文章将不仅限于儒家，也不想用历史论述的写法，因为那样不易集中，而

* 本篇原载台湾《哲学与文化》1989 年第 10 期和《中国社会科学》1990 年第 3 期。

且文章将会很长。中国传统哲学少说也有2500年的历史，开始就分若干学派：儒家、道家、法家、墨家、名家、阴阳家等等，在一篇文章中很难作历史的论述，因此本文将选有代表性的典型的哲学家来进行分析。

我国先秦有许多重要的哲学家，他们的思想一直影响着中国哲学的发展，其中孔子、老子、庄子的思想影响可以说是最大的，如果我们把这三位大哲学家作为典型，并通过他们来讨论中国传统哲学中不同类型哲学家的人生境界问题，也许会对中国传统哲学关于人生境界问题有一个总体的了解。

40年前，沈有鼎先生在英国牛津大学作研究时，曾给国内朋友写过一封信，在这封信中他说：

> 康德的价值论和黑格尔的价值论有一个重要不同点，如下图所示：
>
> 康德：善←美←真
>
> 黑格尔：真←美←善
>
> 从这里可以看出康德是中国人，黑格尔是印度人（或希腊人）。（《哲学评论》十卷六期，1947年8月）①

沈先生这个论断非常有见地，并富有创发性。从中国传统哲学的主流儒家思想看确实如此，但是照我看，如果从中国传统哲学的不同学派或不同哲学家看就不全然如此了。照我看，中国传统哲学在“真、善、美”问题上大体可分为三大系统，这就是孔子、老子和庄子三大

① 沈有鼎先生于1989年3月30日逝世于北京，特此纪念。

系统，从价值论上看，他们关于"真、善、美"问题有如下的不同：

孔子：善←美←真

老子：真←善←美

庄子：美←真←善

照这个图式，如果我们做点比附，大体可以说孔子在"真、善、美"问题的价值上接近于康德，老子接近于黑格尔，庄子从一个有限的方面看更接近于谢林或者亚里士多德。当然比附总是有其局限性的，不可能照顾到各个方面，但它或者能给人们提供一些思考。

一、孔子对人生境界的追求

子曰："知之者，不如好之者。好之者，不如乐之者。"(《论语·雍也》)知，要有对象，求真；知，客体是客体，主体是主体。好，是一种享受，客体入于主体；乐，"乐以忘忧，不知老之将至"(《论语·述而》)，要超越自我、世俗，超越生死等等，与天为一，最高之善的境界。"知"是理智的问题，"好"是情感的问题，"乐"是理智和感情的结合。在《论语》中记载着孔子的一段话，他说："吾十有五而志于学，三十而立，四十而不惑，五十而知天命，六十而耳顺，七十而从心所欲不逾矩。"我们知道，孔子和儒家都认为，人们的生死和富贵不是能靠其自身的努力追求到的，但人们的道德和学问高低却是因其自身的努力追求而有不同。上面引的孔子那段话可以说是孔子对他一生的生活道路的描述，或者说是他一生修养的过程，成"圣人"的路径，也就是孔子本人对"真、善、美"的追求和了解。从"十有五而志于学"到"四十而不惑"可以说是他成圣成贤的准备阶段，从"知天命"到"从心所欲不逾矩"可以说是他成圣人的深化过程。"知天命"可以解释为对"天"(宇宙人生的终极关切问题)有了一种认识和了解，这也许可以算是“求真”的范围，因为这一阶段孔子仍然把“天”看成认识的对象，还没有达到“同于天”的阶段，也就是说还没有达到与“天”合一的境界，只是在追求着“天人合一”的境界。郭象在《庄子序》中说：“夫庄子者，可谓知本矣。……言虽无会而独应者也。夫应而非会，则虽当无用。”盖能与天地万物之本体相应者自可谓“知”本，即为“知”本，则仍与天地万物之本体为二，仍把天地万物之本体视为认识之对象，此尚未与天地万物之本体会合为一，故虽“知本”仍未能“从心所欲不逾矩”也。此境界虽已甚高，但“虽高不行”。

“六十而耳顺”这句话向来有不同解释，杨伯峻先生在《论语译注》中说：“‘耳顺’这两个字很难讲，企图把它讲通的人也有很多，但都觉牵强，译者姑作如此解释。”杨先生是作这样解释的：“六十岁，一听别人的言语，便可分别真假，判明是非。”我认为，杨先生的解释大概是符合孔子原意的，但自古以来却也有多种解释，例如晋李充说“耳顺”是“心与耳相从”，这也许是杨先生的解释所本。晋孙绰用玄学思想解释说：“耳顺者，废听之理也，朗然自玄悟，不复役而后得，所谓不识不知顺帝之则。”这应是一种超乎经验的直觉而得宇宙大全之理的境界，是一“内在而超越”的境界。照现在解释学的看法，凡是对前人思想的解释都有解释者的意见在内，不过解释和被解释之间总有某些联系，否则也就无所谓“解释”了。历来的思想家对孔子思想的解释大都是如此。这里，我打算引用朱熹对这句话的解释，他说：“声入心通，无所违逆，知之之至，不思而得也。”（《四书集注》）“声入心通”当和“声音”有关（“有音之声”和“无音之声”都可以包括在内）；“知之之至”应是超于“知天命”的境界，这种境界与“知天命”的境界不同，它是“不思而得”的，所以是超于知识的。那么这种境界是一种什么样的境界呢？我想它可以解释为一种直觉的审美境界，所得到的是一种超于经验的直觉意象，也可以说是一种艺术的境界，“美”的境界。这种对“六十而耳顺”的解释或许“牵强”，但照杨伯峻的看法，自古以来对“耳顺”的“解释”大都牵强，我的这一解释无非是在诸种众多的解释中再增加上一种“牵强”的解释而已。但是我的这种解释自信也不能说全无道理，特别是由哲学的观点看它或许是有新意的。而且在解释中，如果是有价值的，它一定为原来的意思增加了点什么，如果不增加点什么，也就没有新意了。我们知道，孔子对音乐很有修养，他“在齐闻韶，三月不知肉味”，“三月不知肉味”自然是“不思而得”的一种极高的审美境界。孔子还对他所达到的这种境界有所说明，他说：“不图为乐之至于斯也。”想不到听音乐竟能达到这种境界。“这种境界”是一种超越的美的享受。

“七十而从心所欲不逾矩”，朱熹注说：“矩，法度之器，所以为方者也。随其心之所欲而自不过于法度，安而行之，不勉而中也。”这“从心所欲不逾矩”的境界是与天地万物为一体的境界，它是在“知真”、“得美”而后达到一圆满“至善”的境界。孔子把“尽善尽美”看成高于“尽美”，《论语》中记载：“子谓韶，‘尽美矣，又尽善也’；谓武，‘尽美矣，未尽善也’。”这里“尽善”是说的“极好”，但说事物“极好”或“尽善”总在一定程度上（至少儒家是如此）和道德的价值判断联系在一起的。孟子说：“充实之谓美。”此处的“美”实也含有某种道德价值判断的意义。朱熹注说：“力行其善，至于充满而结实，则美在其中，而无待于外。”“善”是一种内在的“美”，是一种人格的美。看来，朱熹认为“善”从某方面说可以包含“美”，“尽善”之所以高于“尽美”，实因“尽善”即是“尽善尽美”。这里我们似乎可以说，孔子的人生境界（或圣人的境界）是由“知真”、“得美”而进于“安而行之，不勉而中”的“圆满至善”的境界，即由“真”而“美”而“善”。

“善←美←真”正是康德哲学的特点。照康德看，实践理性优于思辨理性。他的《纯粹理性批判》所研究的是以理智行使职能的现象界为对象，它受自然必然律支配；《实践理性批判》所研究的是以理性行使职能的本体为对象，它不受必然律支配，它是自由的。前者是自然，后者是道德。前者属于理论认识的范围，后者属于道德信仰的范围。而两者之间无法直接沟通。因此就有一个问题，如何在理论认识（认识论）与道德信仰（伦理学）两者之间架起一座桥梁，使之得以沟通，这就是康德哲学所必须解决的一个问题，于是他又写了《判断力批判》。在该书的开头处他写道：“在自然概念的领域，作为感觉界，和自由概念的领域，作为超感觉界之间，虽然固定存在着一条不可逾越的鸿沟，以致从前者到后者（即以理性的理论适用为媒介）不可能有过渡，好像是那样分开的两个世界，前者对后者绝不能施加影响；但后者却应该对前者具有影响，这就是说，自由概念应该把它的规律所赋予的目的在感性世界里实现出来；因此，自然界必须能够这样地被思考着：它的形式的合规律性至少对于那些按照自由规律在自然界中实现目的的可能性是互相协应的。——因此，我们就必须有一个作为自然界基础的超感觉界和在实践方面包含于自由概念中的那些东西的统一体的根基。虽然我们对于根基的概念既非理论地、也非实践地得到认识的，它自己没有独特的领域，但它仍使按照这一方面原理的思想形式和按照那一方面原理的思想形式过渡成为可能。”①康德认为，正是判断力把理智（纯粹理性）与理性（实践理性）联合起来，而判断力既略带有理智的性质，也略带有理性的性质，又不同于二者。康德把人的心灵分为知、情、意三个部分。有关“知”的部分的认识能力是理

① 康德：《判断力批判》，宗白华译，13页，北京，商务印书馆，1964。

智，这是纯粹理性；有关“意”的部分的认识能力是理性，这是超于经验之上的实践理性；有关“情”的部分的认识能力，则正是康德所说的“判断力”。由于“情”介于知和意之间，它像“知”一样地对外物的刺激有所感受，它又像“意”一样地对外发生一定的作用，所以判断力就介于理智与理性之间。一方面，判断力像理智，它所面对的是个别的局部的现象；另一方面，它又像理性一样，要求个别事物符合于一般的整体的目的。这样，面对局部现象的理解力，和面对理念整体的理性，就在判断力上碰头了。判断力要求把个别纳入整体中来思考，所以判断力能够作为桥梁，来沟通理智和理性。[①] 从而康德就建构了他的哲学“善←美←真”的三部曲。

当然，孔子的哲学和康德的哲学从价值论上看确有其相似之处，但是他们建构他们的哲学目标则是不相同的。孔子无非是以此建构他的一套人生哲学的形态，而康德则是要求建立一完满的理论体系的形态。这也许可以视为中西哲学的一点不同吧！如果我们把孔子这一由“知天命”到“而耳顺”而达到“从心所欲不逾矩”的过程和我所概括的中国传统哲学观“真”、“善”、“美”的基本命题相对照，也许可以说“五十而知天命”是追求“天人合一”的层次，“六十而耳顺”是达到“情景合一”的层次，“七十而从心所欲不逾矩”则是实践“知行合一”的境界。“天人合一”属于“智慧”(知)的方面，“情景合一”属于“欣赏”(情)的方面，“知行合一”属于“实践”(意)的方面。照儒家看，这三者是不可分的。做人既要了解宇宙大化之流行，又要能欣赏天地造化之功，更应在生活实践中再现宇宙的完美完善。就以上的分析看，孔子的“知天

---

① 李泽厚：《批判哲学的批判》，368～370页，北京，人民出版社，1984；蒋孔阳：《德国古典美学》，63～68页，北京，商务印书馆，1981。

命”、“耳顺”、“从心所欲不逾矩”都是就人生境界的追求说的，它是孔子对自己追求“真”、“善”、“美”的总结。

二、老子对人生境界的追求

对一般人(也包括儒家)所追求的“真”、“善”、“美”，老子似乎都持否定态度，如他说“绝圣弃知”，反对追求一般的知识；“五色令人目盲”，反对一般对美的追求；“大道废，有仁义”，反对一般道德观念的“善”。但，是否老子就不主张追求真、善、美的人生境界呢？我想不是的。他追求的是一种超越世俗的“真”、“善”、“美”的境界，这就是“同于道”的境界。看来，老子把“道”视为真、善、美的统一。

《道德经》第二十五章中说：“人法地，地法天，天法道，道法自然。”这可以说是老子对人生境界追求的叙述。他认为，人最高的理想是效法“道”，而“道”是自然而然的。他所谓的“道”是什么？在《道德经》中有多种涵义，但最基本的涵义是指超越性的最高的准则①。《道德经》第十四章中说：“视之不见，名曰夷；听之不闻，名曰希；搏之不得，名曰微。此三者不可致诘，故混而为一，其上不皦，其下不昧，绳绳不可名，复归于无物。是谓无状之状，无物之象，是谓惚恍。迎之不见其首，随之不见其后，执古之道，以御今之有。能知古始，是谓道纪。”这段话分析起来可以有以下三层意思：(1)“道”是超于感官经验的。据文意“无色”(夷)、“无声”(希)、“无形”(微)都是用以说明“道”的超越性。“致诘”，明释德清解说：“致诘，犹言思议。”(《道德经解》)“不可致诘”，不可思议也。此“不可致诘”的“混而为一”

① 参见拙著《魏晋南北朝时期的道教》，56～57页，西安，陕西师范大学出版社，1988。

者就是“道”。(2)“道”虽是超越性的，但它却是最真实的事物存在的根据。“无状之状，无物之象”，王弼注说：“欲言无邪，而物由以成；欲言有邪，而不见其形”、“无形无名者，万物之宗也。”“宗”者“主”义，为根据义。“无状之状，无物之象”的“惚恍”可以作为一切“状”、“象”存在之根据。“惚恍”，王弼注谓：“不可得而定也。”这就是说：“道”是无规定性的。凡有规定性者，均在经验之中；而“无规定性”者，则超越于经验之外。所以《道德经》第二十一章说：“道之为物，惟恍惟惚。惚兮恍兮，其中有象；恍兮惚兮，其中有物。窈兮冥兮，其中有精，其精甚真，其中有信。”“道”虽无规定性，但可做成一切有规定性之“物”，故为最真实的存在，此即言“道”为事物之本体也。“真”，真实；“信”，可靠。(3)“道”作为一切事物存在的根据，是就其为超越性的最高准则说的。“纪者，理也。”(《白虎通·三纲六纪》)“道纪”，“道”作为从古至今天地万物的最高准则。以上有三点可以说明，老子的哲学是要探求天地万物之本源、存在之根据，从而创造了以“道”为超越性最高准则的思想体系。老子这种对宇宙本体的讨论，实属“真理”探求的范围。

老子把“道”作为他的哲学体系的最高范畴，人掌握了“道”也就是掌握了“真理”，而人生的目的正在于此。因此，老子把“同于道”作为人生的最高追求，他说：“从事于道者同于道”。王弼注说：“道以无形无为成济万物，故从事于道者以无为为君，不言为教，绵绵若存，而物得其真，与道同体，故曰同于道。”“同于道”即是“与道同体”。看来，老子以为人和道的关系，并不在于认识“道”，即不是把“道”作为一般认识的对象。因“道”无名无形，而是应“体道”，即与“道”合一。所以“同于道”只是一种极高的人生境界，一种超越世俗的“得道”的境界，这正是老子所追求的最高境界。

那么老子对“善”和“美”如何看待呢？是不是他根本否定对“善”和“美”的追求？我认为不是这样。我们知道，老子的“道”的基本特性是“自然无为”，所以他也把“自然无为”作为“善”和“美”的标准。他说：“大道废，有仁义。”是说“仁义”等都是“人为”的，不仅不合“自然无为”的原则，不仅破坏了“道”，而且破坏了人的自然本性，因此只有把这些“人为”的东西去掉，人们才可以有符合“道”要求的真正的“善”，所以他说：“绝仁弃义，民复孝慈。”只有抛弃掉“仁义”等一切“人为”的道德观念，人们才可以恢复自然而然的人际关系。《道德经》第八章中说：“上善若水，水善利万物而不争，处众人之所恶，故几于道”。有道德的人其性如水，水对万物都有利，可是并不争说于万物有利，它能处于在下的地位，（又，第六十六章说：“江海所以能为百谷王者，以其善下之，故能为百谷王。”）因此近于“道”。“几”，近也，这说明有道德的人只是接近于“道”的境界，而还不是“同于道”的境界。如果用冯友兰先生《新原人》四种境界的说法，“上善”的人只是道德境界，而“同于道”者才是天地境界，所以从价值论上看“善”较“真”为低一层次的。

《道德经》第十二章中说：“五色令人目盲，五音令人耳聋，五味令人口爽，驰骋畋猎令人心发狂。”王弼注说：“夫耳目口心，皆顺其性也。不以顺性命，反以伤自然，故曰盲聋爽狂也。”这就是说，“五色”、“五音”、“五味”等都是“人为”的，它使人们背离“道”，而失去“自然”的本性，因此老子把朴素看成是“美”，“见素抱朴”①，一切都应听其自然、按其本然，有做作则将失去其本然之“美”，无做作才可

---

① 《庄子·天道》：“朴素而天下莫能与之争美”，此可以为“见素抱朴”之注脚。

存其自然之“美”。故《道德经》第四十一章中说：“大音希声，大象无形，道隐无名，夫唯道，善贷且成。”王弼注说：“听之不闻名曰希，不可得闻之音也。有声则有分，有分则不宫而商矣。分则不能统众，故有声者非大音也”；“有形则有分，有分者，不温则凉，不炎则寒，故象而形者非大象”；“凡此诸善，皆是道之所成也。在象则为大象，而大象无形；在音则为大音，而大音希声。”合乎“道”的音是“大音”，合乎“道”的象是“大象”，“大音”可以作成一切“音”，“大象”可以成就一切“形”。就音乐看必有声音，就绘画看必有图形，但老子认为最高超的音乐应是无声的（“大音希声”），绝妙的绘画应是无形的（“大象无形”），因为，“无声”才能作成任何声音；“无形”才能成就任何图形，这是合乎“自然无为”的原则的。“道常无为，而无不为”，王弼注说：“顺自然也”，“万物无不由为以治以成之也”。从这里看，老子的“善”和“美”都是由“真”（道）派生的，都是“道”的特性的表现。《道德经》的最后一章，即第八十一章中说：

信言不美，美言不信；
善者不辩，辩者不善；
知者不博，博者不知。

意思是说：信实的言词不华丽，华丽的言词不实在；善良（行为善良）的人不取巧，取巧的人不善良；真正有智慧的人不追求广博，追求广博的人并非智者。我认为，这一由“美”（言词“美”的标准在于朴实），而“善”（行为“善”的标准在于诚实），而“真”（智慧“智”的标准在于真实），也许是老子对“真”、“善”、“美”一种次第的安排，至少我可以作如是解。“美”是就言词（可作文学的代表）说的，“善”是就行为（可作“道德”的代表）说的，“知”是就智慧（可作知识的代表）说的。“真知”高于“真善”，又高于“真美”，这样就构成了一个价值论的层次的序列。这是老子对人生境界追求的一个模式。

我们说老子哲学关于“真”、“善”、“美”的看法和黑格尔哲学有某些相似之处，这仅仅是就他们对“真”、“善”、“美”问题在价值的层次上有某些相似之处。在黑格尔哲学体系中“道德”、“艺术”、“哲学”都是属于精神哲学的范围。精神哲学是黑格尔哲学体系的第三部分，它是对于绝对精神在其自身发展的第三大阶段——精神阶段的描述。精神阶段是逻辑阶段和自然阶段的统一，它是自在而又自为的。但是精神从自在到自为也有一个复杂的发展过程，这个过程包括三个阶段：①主观精神；②客观精神；③绝对精神。“道德”属于客观精神。所谓“客观精神”是指精神把自己体现在外在的客观世界中，但这不是指自然界，而是指其具有精神性的世界，即人类社会生活和人类历史的不同领域，它包括：①抽象法(财产法)；②道德；③伦理(家庭、市民社会、国家)三个发展阶段。客观精神在精神发展的阶段上低于绝对精神，因而“道德”在精神发展的领域中低于属于精神的“艺术”和“哲学”。照黑格尔看，主观精神和客观精神都各有其片面性：前者如灵魂、感觉、意识、理智、意志等等都是个人的内在的意识状念，没有实现为现实的存在；后者如财产、法律、道德、政治、家庭、社会、国家等等，虽然是客观存在的，但没有意识到自己。但是，精神的本性是无限的、绝对的、自由的，由于这个矛盾，它就必须继续向前发展，以克服主观精神和客观精神的片面性和两者的对立，从而上升到精神的最高阶段。绝对精神是精神对它自己的完全和充分的认识，它既是主体又是客体，它除去以自身为对象和自觉地表现其本质以外，再没有别的目的，从而它是真正无限的、绝对的、自由的，而“艺术”、“宗教”、“哲学”又是绝对精神发展的三个阶段，不过这三者在内容上是一致的，它们的不同只是在形式方面，黑格尔说：“在艺术中是直观和形象，在宗教中是感情和表象，在哲学中是纯自由思想。”①因而他把“美”定义为“理念的感性显现”②。黑格尔如此排列绝对精神发展的三个阶段，是要表明“绝对精神”对它自身的认识也要遵循从感性直观经过表象(他又称之为“图象式的思维”)上升到抽象思维的过程。所以，“哲学”是精神的最高的、最自由的和最智慧的形态，他说：“认识真理最完善的方式，就是思想的纯粹形式(指纯粹概念、逻辑范畴而言)。人采取纯思维方式时，人也是最为自由。”③艺术的感性形式不能完全体现“绝对精神”(理念)的无限、绝对和自由，因为它毕竟要受到感性形式的限制，“用感性形式表现真理还是不能真正适合心灵的表现方式。”④只有哲学是认识“真理”的最完善的形式。从黑格尔的精神哲学看，他把“哲学”得到真理最完善的方式看成是最高的；而把“美”的追求(艺术)作为“理念的感性显现”视为低于“哲学”的发展阶段；“道德”作为行为主体对善与恶的内在信念，则又是低于“艺术”的发展阶段了。⑤ 这就是说，如果从价值论上看，黑格尔对“真”、“善”、“美”的看法应是“真←美←善”。这在层次上看虽与老子哲学不完全相合，但把“真”看成是高于“美”和“善”则是相合的。不过，正如我们前面讨论孔子时说过，中国传统哲学所注重的是追求一种达到“真”、“善”、“美”的境界，而西方哲学则注重是建立一种论证

① 黑格尔：《法哲学原理》，351页，北京，商务印书馆，1961。

② 黑格尔：《美学》，142页，北京，商务印书馆，1979。

③ 黑格尔：《小逻辑》，87页，北京，商务印书馆，1980。

④ 黑格尔：《美学》第一卷，133页，北京，商务印书馆，1979。

⑤ 以上关于黑格尔哲学的论述参见：陈修齐、杨祖陶：《欧洲哲学史稿》，553～558页，武汉，湖北人民出版社，1983；蒋孔阳：《德国古典美学》，219～220页，北京，商务印书馆，1981；薛华：《黑格尔与艺术难题》，25～27页，北京，中国社会科学出版社，1986。

“真”、“善”、“美”的价值的思想体系。前者可以说是追求一种“觉悟”，而后者则是对“知识”的探讨。

三、庄子对人生境界的追求

我们在前两节讨论孔子和老子关于“真”、“善”、“美”的问题，就这两位大哲学家看，他们在这一问题上都是就人生境界说的，这点和西方的哲学家有很大不同。照我看，庄子在“真”、“善”、“美”问题上，不在“求知”，而在追求一种超越的人生境界的倾向就更为突出了。

和老子一样，庄子也把“道”作为他的哲学的最高范畴，但庄子哲学主要之点，不在于论证“道”的无限性、绝对性和永恒性，虽然他对此也颇花费了不少笔墨；而更重要的是庄子哲学要论证的是得道的人（如至人、神人、圣人等）在精神上的无限性、绝对性和永恒性。

《庄子》第一篇叫《逍遥游》，这篇的主旨是讨论人如何达到精神上的绝对自由的问题。照庄子看，大鹏水击三千，扶摇九万，列子御风日行八百，看起来是够自由的，但实际上并不完全自由。大鹏飞行九万里，需要广大的空间；列子日行八百，又得靠风力，都是“有待”（有所待）的，只有“无待”才可以说达到真正的自由。所谓“无待”是说不需要任何条件，所以他说：“若夫乘天地之正，而御六气之辩，以游无穷者，彼且恶乎待哉！”（《逍遥游》）这种“逍遥游”是无所待的，从而是精神上绝对自由的。但是如何才能达到这一无待的绝对自由的境界呢？庄子认为，这不是一般人可以达到的，只有“至人”、“神人”、“圣人”等才可以达到，因为“至人无己，神人无功，圣人无名”。“无己”就是“丧我”，《齐物论》说：“今者吾丧我。”在《大宗师》中有一段话讲“坐忘”可以说是对“无己”这种精神绝对自由的描述：

> 颜回曰：回益矣。仲尼曰：何谓也？曰：回忘仁义矣。曰：可矣，犹未也。他日，复见，曰：回益矣。曰：何谓也？曰：回忘礼乐矣。曰：可矣，犹未也。他日，复见，曰：回益矣。曰：何谓也？曰：回坐忘矣。仲尼蹴然曰：何谓坐忘？颜回曰：堕肢体，黜聪明，离形去知，同于大通，此谓坐忘。仲尼曰：同则无好也，化则无常也，而果其贤乎！丘也请从而后也。

庄子“坐忘”的境界就是他所说的“无己”或“丧我”的境界。上引文说明，颜回从否定世俗的道德开始，“忘仁义”、“忘礼乐”；进而消除身体对精神的种种束缚，“堕肢体”、“离形”；以至于消除知识等对精神的困扰，“黜聪明”、“去知”，达到“形如槁木，心如死灰”的超脱耳目心意，超功利，超道德，超生死，不受任何内在外在的是非、好恶、美丑等等的限制，和天地融合为一的“同于道”的境界。这一境界以“去知”最为重要，“去知”即去掉分解性和概念性的知识活动，即庄子“心斋”所谓的“徇耳目内通，而外于心知”，这种纯粹的直觉活动，我们说它是一种审美的活动。

在《庄子》书中所描述的“至人”、“神人”、“圣人”等就是这样一些超越世俗达到“坐忘”或“心斋”的精神上绝对自由的人，如《田子方》中说：“夫至人者，上窥青天，下潜黄泉，挥斥八极，神气不变”；“乘夫莽眇之鸟，以出六极之外，而游无何有之乡，以处圹埌之野。”（《应帝王》）而所谓“神人”，如《天地》所说：“上神乘光，与形灭亡，此谓照旷。致命尽情，天地乐而万事销亡，万物复情，此之谓混冥。”《刻意》说：“圣人之生也天行，其死也物化；……去知与故，循天之理，……虚无恬淡，乃合天德。”“圣人”、“神人”、“至人”之所以能超越时空的限制，逍遥游放于六合之外，正因为他们能“离形去知”，一切任自然无为，对现实世界无任何要求，从而能逍遥游于“无何有之乡”。这当然只能是精神上的逍遥游了。这种精神上的绝对自由的境界只能是一种艺术上的审美的境界。《知北游》中，说：

> 天地有大美而不言，四时有明法而不议，万物有成理而不说。圣人者，原天地之美而达万物之理，是故至人无为，大圣不作，观于天地之谓也。

《田子方》中说：

> 夫得是，至美至乐也。得至美而游乎至乐，谓之至人。

“夫得是”按上文是说“游心于物之初”的境界，而此境界为不能言说的自然“无为”的境界。最高的美为“天地之大美”。“天地之大美”是无所不包之美、至极之美，因天地是无不覆载的，其美自美，不必说它美。“圣人”、“至人”、“神人”等“原天地之美”(或“备于天地之美”)，正是由于任自然无为，“离形去知”，故可得“至美而游乎至乐”，这一“至美至乐”的境界也就是一种极高的艺术的审美境界。

在庄子哲学中对“真”和“美”的关系也有所讨论，《秋水》中说：“牛马四足，是谓天；落马首，穿牛鼻，是谓人。故曰：无以人灭天，无以故灭命，无以得殉名，谨守而勿失，是谓反其真。”所谓“反其真”是说反回到自然而然的本原状态。庄子主张“法天贵真”，反对一切违反自然本性的“人为”。“龁草饮水，翘足而陆”是马之真性，而“落马首，穿牛鼻”使牛马失去其自然本性(真性)，这样牛马就没有自由，从而也失去其“美”。所以在庄子哲学中“真”与“美”是一致的。而“真”

必须是“顺性命之情”的。《渔父》中说：“真者，精诚之至也。不精不诚，不能动人”。“能动人”在于有真情，使人得到美的享受，“功成之美，无一其迹矣”。最成功的美不是做作的，而是能自由自在地表现其真性情，所以庄子的“求真”也是为了“求美”，无“美”也就无所谓“真”。“求真”也是追求一种自由自在的精神境界。

庄子很少肯定道德，反而有着反道德的倾向，他认为一切道德规范都是“人为”的，它破坏人的真性情，所以他反对“以仁义易其性”(《骈拇》)。庄子认为，个体人格自由的实现不仅是“大美”，而且是最高的“德”，最高的“善”，在《刻意》中说：“若夫不刻意而高，无仁义而修，无功名而治，无江海而闲，不道引而寿，无不忘也，无不有也，澹然无极而众美从之。此天地之道，圣人之德也。”“澹然无极而众美从之”，成玄英疏说：“心不滞于一方，迹冥符于五行，是以澹然虚旷而其道无穷，万德之美皆从于己也。”此谓心无所执著，任自然无为，坐忘无己，自由自在，以达到至极则众美就会聚了，这是天地自然而然的运行，也是圣人成就其善的路径。所以庄子的“善”已包含在其最高的最完整的美(大美)之中了。

就上所言，在庄子哲学中，“真”、“善”、“美”是统一的，它们是统一于精神自由的审美境界上。庄子和老子一样都追求“同于道”，但老子所追求的“同于道”是了解“道”、体会“道”，它仍属于“认知”的范围，是一种哲理的觉悟；而庄子的“同于道”则是对“道”的欣赏和观照，这就是审美的直觉了。从这里我们可以看出，庄子哲学在“真”、“善”、“美”的价值论问题上和老子不同，他是以“美”为最高。

西方哲学有两个哲学家从价值论上看在“真”、“善”、“美”问题上和庄子或有某些相似之处，一是亚里士多德，一是谢林。也许谢林更为相近。

我们可以先问一个问题：是否能说庄子的人生境界和亚里士多德哲学有相似之处？我想一般都会认为从很多方面看不能找到有什么相似之处。不过从价值论的某一角度上看是不是可以找到他们之间的一点“同”来呢？

亚里士多德哲学追求“真”、“善”、“美”的统一，他说：“美即是善，其所以引起快感正因为它是善”，而善的行为与美的艺术表现则需要以对事物的认识为基础。但从价值的角度看，亚里士多德并没有赋予它们同样的意义。在对人类活动进行划分时，他认为在认识、实践和创造这三种活动中，认识或观照是最高的，因为只有借这种活动，人才能面对最高真理，就追求“真”、“善”、“美”的三种活动来看，求真的活动似乎在他的哲学中获得了至高的价值。但是，就三种活动的产物而言，在亚里士多德看来其价值又有高低的不同。“求真”的活动所得的是理论性科学(如数学、物理学、形而上学)，只是为知识而知识；“求善”与“求美”的活动得到的则为实践性的科学(包括政治学、伦理学)和创造性的科学(包括诗学和修辞学)都有其更高的外在目的，前者指导行动，后者指导创造，亚里士多德认为艺术的本质就是创造，他说：“艺术就是创造能力的一种状况，其中包括真正的推理过程。”这里创造活动成了最能体现人的本质即理性的活动，亚氏曾将人的本质界定为理性。因此，从这个角度看，我们似乎可以说表现美的艺术创造，从而使美本身，在亚里士多德哲学中获得了最高价值，其次是有外在目的的行动(即道德实践，这属于“善”)，再次方是为知识而知识的“求真”的活动。①

① 关于亚里士多德哲学的论述，参见朱光潜《西方美学史》，上卷，55～56页，北京，人民文学出版社，1963。

谢林的哲学提出“绝对同一”的问题。照他看，“绝对同一”既不是主体、又不是客体，而是“主体和客体的绝对无差别的同一”。要达到这种“主体和客体的绝对无差别的同一”只能在一种“理智的直观”中实现。所谓“理智的直观”就是产生直观对象的活动，二者是同一的。这实是一种超常的活动。通过这种直觉活动，自我就把自己跟无意识地产生自然界的宇宙精神合二而一，而此无意识的宇宙精神则客观化于世界之中并人格化于自我之中。因此，这种“理智的直观”是一种精神的艺术感，它并不是任何人的意识都可以有的，只有哲学上的天才人士才有。甚至，谢林认为，即使“理智的直观”活动也还不算完全地达到了主体和客体的绝对同一，因为在那里也还有直观者和被直观者(尽管这个被直观者是直观者自由活动产生的)的差别。因此，谢林提出只有在“艺术的直观”中才能真正实现主体与客体的绝对无差别的完全同一。这种“绝对无差别的完全同一”很接近于庄子的“心斋”和“坐忘”的境界了。谢林认为，“艺术的直观”来自灵感、来自内心精神的一种内在力量的强烈追求。这就是说所谓“艺术的直观”只能是一种直觉的神秘的精神境界了。这种“艺术的直观”高于“理智的直观”，谢林把“美”视为有最高价值。照他看，“真”是必然性的问题，“善”的道德行为，综合实现于艺术之中。他说：“我相信，最高的理性活动是包括一切理念的审美活动，真和善只有在美中才能接近。哲学家必须像诗人一样，具有审美的能力。”因此，从价值论的方面看，在谢林那里“美”高于“真”与“善”，这点或与庄子有相似处。①

① 关于谢林的哲学论述，参见陈修斋、杨祖陶《欧洲哲学史稿》，481～488页，武汉，湖北人民出版社，1983；蒋孔阳：《德国古典美学》，140～142页，北京，商务印书馆，1981。

四、简单结论

上述孔子、老子、庄子三种不同的人生境界的追求是三种不同的哲学，而这三种不同的哲学表现了三种不同的价值取向。我认为，任何有价值的哲学体系总是在追求着“真”、“善”、“美”的统一，但如何统一以及如何达到统一的过程并不相同。从人类文化的发展看，我们也不必求其相同。在我国的先秦时代，哲学之所以丰富多彩，正是因为它有多元化的价值取向，当时的哲人能从非常广阔的领域来讨论宇宙人生终极关切的问题，这样就使得我国的哲学放在当时世界范围内，和世界其他地区(希腊、印度)相比实不逊色，这正是因为它是“多元”的而不是“一元”的；它是能从不同路径讨论“真”、“善”、“美”的问题，而不是由一条路径来探讨宇宙人生的终极关切问题。如果说我国先秦哲学的发展对我们今天有什么意义，我认为其中重要的一条就是它的“多元化”。哲学的多元化才能使哲学得到充分发展，“一元化”最终将窒息哲学的生命力。当今世界文化与哲学正呈现为在全球意识观照下多元化发展的趋势，我们应顺应这一趋势来创造中国的现代化的文化与哲学。

对历史上的哲学，如果要使它具有现代意义，能在现实社会中发生作用，就必须给以现代的解释。上面对孔子、老子、庄子思想的解释，就是一种对他们的思想的现代解释的尝试。对孔子、老子、庄子思想的解释只能是“既是孔子、老子、庄子的哲学，又不是孔子、老子、庄子的哲学”。因为上述解释是根据孔子、老子、庄子哲学引发出的解释；它是“根据孔子、老子、庄子的哲学”，因此是“孔子、老子、庄子的哲学”；它是引发出来的“孔子、老子、庄子的哲学”，因此它又不是孔子、老子、庄子的哲学。这样我们就扩大了孔子、老子、庄子的哲学的意义。正因为它是我们在现时代“根据孔子、老子、庄子哲学引发出来的”，所以它才有现代意义，哲学才有发展。我们从价值论方面来比较孔子、老子、庄子的哲学，说明他们的哲学在价值论上的取向不同，除了说明文化多元发展的意义之外，还可以为我们提供不同类型的哲学体系的式样和不同取向的人生价值的追求，又可以显示我们今天一种对“真、善、美”的意义的关注和了解。

用西方哲学作为参照来了解(解释)中国哲学无疑是有意义的，在中国哲学中虽然没有哪个历史上的哲学家对“真、善、美”问题做过专门的讨论，但在中国哲学中却不能说不包含“真、善、美”的问题。我们用西方哲学作为参照来揭示中国历史上的哲学家的哲学中包含的“真、善、美”的内容，这一方面，使中国哲学，从西方哲学的观点看，它的意义扩大了；另一方面，使西方哲学，从中国哲学的观点看，它的意义也扩大了。虽然中西哲学都有其自身的意义，但是在它们的差异中使其特性更加明显地呈现了，或可互相有所补充。如果说西方哲学家对“真、善、美”问题的讨论，基本上是属于知识(或信仰)的问题，那么中国哲学家对“真、善、美”的追求，则基本上属于人生境界的问题。因此，各有各的意义，又可以互相补充发明。

雅斯贝尔斯(Karl Jaspers，1883～1969)曾提出一个轴心时代的观念，近年来又引起人们的特别关注。雅斯贝尔斯在20世纪40年代重新研究了塑造人类文化的精神传统，他认为在公元前1000年到500年之间，在古代以色列、希腊、印度和中国几乎同时期都出现了大哲学家，他们对人类终极关切的问题，都提出了独到的看法。希腊的苏格拉底、柏拉图；中国的老子、孔子、印度的释迦牟尼，以色列犹太教的先知。这些文化传统经过了两三千年的发展已经成为人类文明的主要精神传统。在20世纪70年代西方学术界又再次讨论了雅斯贝尔斯提出的轴心时代的问题。古希腊哲学家如赫拉克里特、苏格拉底、柏拉图等从寻求宇宙的最初根源和物质的最后基础而导出“第一因”和“逻各斯”的观念。在中东地区的犹太教突出“上帝”的观念，以为上帝是一切价值的源泉。印度的婆罗门教提出“梵天”，佛教提出“涅槃”的观念，即把思想的盘点集中在“超越性”的价值上；中国的孔子、老子等大思想家，提出“天命”、“道”(天道)等观念，以说明世界的本源和社会生活的根据，而这些不同地区的不同文化，都是独立发展出来的，并没有什么互相的影响，所以人类的精神文明的发展从来就是多元的，而不是一元的。由于对宇宙人生的反思的路径的不同，而形成了不同的文化特色，如古希腊人对自然根源的反思；犹太人对一元神(上帝，唯一至上神)的反思；印度宗教大师对世俗的反思；中国哲人对人生问题的反思，这些都是人类精神文明的重要组成部分。因此，我们可以说雅斯伯思“轴心时代”的观念是对文化多元发展的主要的理论支柱之一。

论“天人合一”*

最近看到《科技中国》2004年11月号和12月号刊登了由该刊和清华大学高等研究中心主办的“中国传统文化对中国科技发展的影响”论坛的报导和在讨论会上各位专家的发言，其中有好几位专家都讲到“天人合一”问题。本文打算就这个问题谈一些想法。

在中国传统哲学中，“天”和“人”可以说是两个最基本、最重要的概念，“天人关系”问题则是历史上我国哲学讨论的最重要的问题。司马迁说他的《史记》是一部“究天人之际”的书；董仲舒答汉武帝策问时说，他讲的是“天人相与之际”的学问；扬雄说：“圣人……和同天人之际，使之无间。”魏晋玄学的创始者之一何晏说另外一位创始者王弼是“始可与言天人之际”的哲学家。唐朝的刘禹锡对柳宗元的批评，说柳宗元的《天说》“非所以尽天人之际”，没有弄清楚“天”与“人”的关系。宋朝的思想家邵雍说得很明白：“学不际天人，不足以谓之学。”就是说学问如果没有讨论天人

* 本篇原载《中国哲学史》2005年第2期。

的关系，不能叫做学问。可见，自古以来中国的学者都把天人关系作为最重要的研究课题。在中国传统哲学中，对天人关系问题有种种不同的理论，例如荀子提出“明天人之分”，他把“天”看成是和人相对立外在的自然界，因此他认为“天”和“人”的关系，一方面“天”有“天”的规律，不因“人”而有所改变，“天行有常，不为尧存，不为桀亡”；另一方面“人”可以利用“天”的规律，“制天命而用之”，使之为“人”所用。荀子批评庄子说：庄子“蔽于天而不知人”，是说庄子只知道“天”的功能(顺自然)，而不知道“人”的功能。刘禹锡提出“天人交相胜”的思想，他认为“天”和“人”各有各胜出的方面，不能互相代替。还有如道教提出的“我命在我不在天”，成仙只能靠自己修炼，不是天生的，也不能靠外力等等，都是讨论的“天人关系”问题。这些学说，在中国历史上虽有一定影响，唯有“天人合一”学说影响最大，它不仅是一个根本性的哲学命题，而且构成了中国哲学的一种思维模式。

在中国哲学史上，讲“天人合一”的哲学家很多，如果我们作点具体分析，也许可以看到他们中间也颇有不同。根据现在我们能见到的资料，也许《郭店楚简·语丛一》中的“易，所以会天道、人道也”，是最早最明确的“天人合一”思想的表述。它的意见是说，《易》这部书是讲会通天道(天)和人道(人)的关系的书。《郭店楚简》大概是公元前三百年前的文献，这就是说在公元前三百年前已经把《易》看成是一部讲“天人合一”的书了。为什么说《易》是一部会通“天道”和“人道”的书？这是因为《易经》本来是一部卜筮的书，它是人们用来占卜、问吉凶祸福的。而向谁问？是向“天”问。“人”向“天”问吉凶祸福，所以说《易经》是一部“会天道、人道”的书。《易经》作占卜用，在《左传》中有很多记载，如庄公二十二年“周史有以《周易》见陈侯”条，昭公七年“孔成子以《周易》筮之”条等等，均可证。《易传》特别是《系辞》对《易经》所包含的“会天道、人道”的思想作了哲学上的发挥，阐明“天道”和“人道”会通之理。

《易传》（主要是由《系辞》所阐发的“易理”）的“天人合一”观念是要说明“天”和“人”存在着一种相即不离的内在关系，不能研究“天道”而不涉及“人道”，也不能研究“人道”而不涉及“天道”，因此它作为一种思维模式，应有着极有意义的正面价值。为了把“天人关系”问题弄清，也许应该对“天”这个概念在中国历史上的涵义有个全面的了解，至于“人”这个概念，可能没有多少要讨论的地方。

在中国历史上，“天”有多种涵义，归纳起来至少有三种涵义：①主宰之天（有人格神义）；②自然之天（有自然界义）；③义理之天（有超越性义、道德义）。“主宰之天”（如皇天上帝）和西周的“天命”信仰有密切联系，如《大盂鼎》铭文曰：“丕显文王，受天有大命。”光辉的文王，被天授与统治天下的命令。《尚书·召诰》：“皇天上帝，改厥元子兹大国殷之命。”皇天上帝，更换了他的长子大国殷统治四方的命令。“皇天上帝”或“皇天”、“上帝”都是指的最高神，这说明“天”是主宰意义的“天”，含有人格神的意思，对人间具有绝对的权利。在《诗经》中，“天”也是主宰意义的“天”，如“不吊昊天，乱靡有定，式月斯生，俾民不宁”（《小雅·节南山》）。不善良不仁慈的天，祸乱没有定规的发生，月甚一月，使老百姓不得安宁。“浩浩昊天，不骏其德，降丧饥馑，斩伐四国”（《小雅·雨无正》）。浩大的天呀，不施它的恩惠，而降下死亡饥馑的灾祸，杀伐四方国家的人民。这里的“天”除有“主宰之天”的意义，而且也有高高在上的“自然之天”的意思，“天”可以降自然灾祸。这种“天”可降自然灾祸，早在殷墟卜辞中已有，不过是“帝”或“上帝”降灾祸，例如“帝其降堇”（《卜辞通纂》363），“上帝降堇”（胡厚宣《甲骨续存》1.168）。卜辞中还有“帝”（上帝）降风、降雨等等的记载。看来在殷也许还没有以“天”为最高神的意思。因此到西周，“天”既是“主宰之天”，又有高高在上“自然之天”的意思。同时，我们还可以说当时的“天”还有道德的意义，“天”以其赏善罚恶而表现着一定的道德意义。如《尚书·召诰》中说：“惟王其疾敬德，王其德之用，祈天永命。”帝王只有很好地崇尚德政，用道德行事，才能得到天的保佑。这就是说，在春秋战国前，“天”的涵义是很含混，有着多重的意义。

春秋战国以降，“天”的上述三种不同涵义在不同思想家的学说中才渐渐使其内含明确起来。墨子的“天志”思想，更多“意志之天”的意思。如说：“天之行广而无私，其厚而不息，其明久而不衰。”（《法仪》）这就是说，天具有最高的智慧，最大的能力，“赏善而罚暴”，没有偏私。在《天志》中还明确地讲，“天”有“意志”，“吾所以知天之爱民之厚者有矣”，“天之意不欲大国之攻小国”，如果违背了“天”的意志，就要“得天之罚”，叫做“天贼”。由此可见，墨子的“天”基本上是继承着传统的“主宰之天”。其后到汉朝有董仲舒，他所讲的“天”，一方面继承着传统的“主宰之天”的意义；另外一方面又把春秋战国以来的“自然之天”神秘化，使之与“主宰之天”相结合。① 他提出的“天人

① 董仲舒以气候的变化来说明“天”的意志，如他说：“春气暖者，天之所以爱而生之；秋气清者，天之所以严而成之；夏气温者，天之所以乐而养之；冬气寒者，天之所以哀而藏之。”（《春秋繁露·王道通三》）由于战国时有些思想家把“天”看成是“自然界”，如荀子等，他们把四时变化、日月递炤，列星随旋，阴阳大化，风雨博施，万物生长都看成是“天”的自然表现。董仲舒同样也认为上列诸现象是“天”的表现，不过这些不是“天”的自然表现，而是“天”的意志的表现，是“天”的仁爱之心的表现，“天，仁也。天覆育万物，既化而生之，又养而成之；事功无已，终而复始。”（《王道通三》）基于这样一种对“天”的认识，董仲舒的“天人合一”学说，主要论述的是“天人感应”问题。自战国以 （转下页）

感应”论可以说是“天人合一”的一种形式，受着当时流行的阴阳五行机械论的影响，与《周易》传统的有机论或有所不同。其实孔子、孟子也没有完全摆脱“主宰之天”的影响，如孔子说：“获罪于天，无所祷也。”(《论语·八佾》)孟子说：“莫之为而为者天也，莫之致而至者命也。”(《万章上》)非人力所为而做成的是天的力量，非人力所能达到而达到的是命定的。但是孔孟说的“天”已有较强的道德意义了。这种“主宰之天”的影响甚至到宋儒也还存在，《朱子语类》卷七十九，“或问：天视自我民视，天听自我民听，天便是理否？曰：若全做理，又如何说自我民听视，这里有些主宰意思。”盖因朱子认为“天即理”，《中庸章句》：“天以阴阳五行化生万物，天即理也。”故他的“天”大体上都是说的“天理”，即“天”为“义理之天”。朱熹还进一步认为“天”有道德意义，他说：“仁者，天地生物之心。”(《语类》卷五十三)但在解释经典时，又不能全然不顾原有的“主宰之天”义。同卷又有：“天固是理，然苍苍者亦是天，在上而有主宰者亦是天，各随他所说。今既

来，机械感应已相当流行，如“类同相召，气同则合，声同则应”等等，并有以此推出“帝者同气，王者同义，霸者同力”，再推出“凡帝王之将兴也，天必先见祥乎下民。”(均见《吕氏春秋·应同》)董仲舒也是从物类感应推出天人感应，如他说：“琴瑟择弹其官，他官自鸣而应之，此物之以类动者也。其动以声而无形，则谓之自然，其实非自然也，使之然者矣。物固有实使之，其使之无形。”(《同类相动》)使之者为“天”。照董仲舒看，“天”与“人”之所以有感应，因“以类合之，天人一也。”为什么“天”与“人”是一类？他认为：“人之受命于天，取仁于天而仁也。”“为生不能为人，为人者天也。人之为人，本于天，天亦人之曾祖父也。此人之所以乃上类天也。”(《为人者天》)就此我们可以说董仲舒的“天人合一”思想实是一种“天人机械感应合一论”。这种“天人合一”思想或与《周易》开创的直至宋人所发挥的“天人有机相即合一论”的意义颇不相同。(可参见拙作《董仲舒的哲学思想及其历史评价》，《北京大学学报》1963年第3期)。

曰视听，理又如何会视听？虽说不同，又却只是一个。知其同，不妨其为异。知其异，不害其为同。”这就是说，对“天”可以由不同方面说，可以是“义理之天”，也可以是“自然之天”，亦可以是“主宰之天”，但都是指同一个“天”。朱熹的“天即理”说明超越性的“天”具有某种神圣性，故有“主宰义”，且为高高在上之苍苍者，故“天”是一涵义非常丰富的概念。在宋朝也有把“天”看成是自然界，如张载说：“太虚即气”，“由太虚有天之名。”(《正蒙·太和》)如果说，在西方“上帝”和“自然界”为二(但斯宾诺莎的“God is nature”又当别论)，在中国“天”往往是合“主宰”与“自然(界)”为一，而后更赋予“天”以“性理义”，所以朱熹说：“天之所以为天者，理而已。天非有此道理，不能为天，故苍苍者即此道理之天。”“天下只有一个正当的道理，循理而行，便是天。”(《语类》卷二十五)看来，到宋儒更要重视“天”为“义理之天”的方面。照我看，正是由于在中国历史上“天”这个概念有着上述的多重涵义，这样就使“天”不只是指外在于人的自然界，而是一个有机的、连续性的、生生不息的、能动的、与“人”相关联的(“天行健，君子以自强不息”)存在。基于此，“天”这一概念在中国是指与“人”有着内在联系的有机体。

在我们了解了中国哲学中“天”的涵义的复杂性的基础上，来讨论由《周易》开启的“天人合一”学说或者能较好地揭示其意义。如果我们从科学的意义上了解中国哲学中的“天”，无疑会提出种种问题。但是，在中国哲学中的“天”只是一哲学概念，因而体现“天人关系”的“天人合一”命题，也只能从哲学意义上了解它。关于“天”在中国哲学中的涵义，在上面我们作了分析。下面我们讨论“天人合一”这一中国哲学的重要命题。

为什么现在“天人合一”思想受到大家的重视，我想和当今发生的

“生态”危机有关。科学的发展无疑会造福人类社会，但也有可能危害人类社会。近世以来，由于人类对自然的无量开发、资源浪费、臭氧层变薄、海洋毒化、人口暴涨、环境污染、生态平衡的破坏，已经严重地威胁着人类自身生存的条件。1992年，世界1575名科学家发表了一份《世界科学家对人类的警告》，开头就说：“人类和自然正走上一条相互抵触的道路。”造成这种情况不能说与西方哲学曾长期存在“天人二分”的思想没有关系。罗素在《西方哲学史》中说：“笛卡尔的哲学……他完成了、或者说极近乎完成了由柏拉图开端而主要因为宗教上的理由经基督教哲学发展起来的精神、物质二元论……笛卡尔体系提出来精神界和物质界两个平行而彼此独立的世界，研究其中之一能够不牵涉另一个。”①西方哲学这种把精神界和物质界看成是各自独立的，是互不相干的，因此其哲学是以“精神界”与“物质界”的外在关系立论，或者说其思维模式是以“精神界”与“物质界”为独立的二元，可以研究一个而不牵涉另外一个。（现代西方哲学一些派别对这种二元思维已有所批评，如怀特海的过程哲学）②，然而中国哲学以及其思维模式与之有着根本的不同，中国哲学（特别是儒家思想）认为研究

---

① 罗素：《西方哲学史》，下册，91页，马元德译，北京，商务印书馆，1988。

② 《怀特海的〈过程哲学〉》（见2002年8月15日上海《社会科学报》）中说：“（怀特海）的过程哲学（process philosophy）把环境、资源、人类视为自然中构成密切相联的生命共同体，认为应该把环境理解为不以人为中心的生命共同体，这种新型生态伦理观，对于解决当前的生态环境危机具有重要现实意义。过程哲学是生态女性主义的思想之根，因为生态女性主义的哲学基础是彻底的非二元论，是对现代二元思维方式的批判，而怀特海有机整体观念，正好为它提供了进行这种批判的理论根据。”可见，现代一些西方哲学家已经对“天人二分”的二元对立的思维方式作出反思，并且提出了“自然”与“人”构成“密切相联的生命共同体”。

“天”(天道)不能不牵涉“人”(人道)；研究“人”也不能不牵涉到“天”。这就是中国哲学的“天人合一”思想。而这一思想早在春秋战国时期就为中国哲学家提出，这就是《郭店楚简·语丛一》中所表达的“易，所以会天道、人道也”。下面我们来分析一下《周易》中所包含的“天人合一”的思想。

(1)我们知道《系辞》是对《易经》作哲学解释的“传”，在其中深刻地阐明“天道”和“人道”相会通之理。《系辞》说：“易之为书，广大悉备，有天道焉，有地道焉，有人道焉，兼三才而两之。”王夫之《周易外传》卷六谓：“三才之道，大全统乎一端，而一端领乎大全也。非达天人之际者，无以喻其深矣。”“道”是贯通“天道”、“地道”、“人道”的，“道一成而三才备”；“大全”者“道”也，由“道”则可以统一三才的任何一个，而且由三才之一也可以领会(统领三才的)“大全”。不懂“天人关系”是无法使之理解《易》的深奥的道理的。(“易之为书，广大悉备”，王夫之《周易外传》谓：“悉备者，大全统乎一端，而一端领乎大全也。”)《易经》这部书，广大无所不包，它既包含着“天地”(天)的道理，也包含着“人”的道理。另一解释《易经》的《说卦传》中说：“昔者圣人之作《易》也，将以顺性命之理，是以立天之道，曰阴与阳；立地之道，曰柔与刚；立人之道，曰仁与义，兼三才而两之。”古代的圣人作《易》是为了顺乎性命的道理，所以用阴和阳来说明“天道”，用柔和刚来说明地道，用仁和义来说明人道，把天、地、人统一起来看都表现为乾坤。所以宋儒张载注说：“三才两之，莫不有乾坤之道也。易一物而合三才，天(地)人一，阴阳其气，刚柔其形，仁义其性。”①天、地、人三才都是说的乾(—)、坤(--)两两相对相即的道理。《易》

① 《张载集》，235页，北京，中华书局，1978。

是把天、地、人统一起来看的，所以天人是一体的。在这里张载用的是“天(地)人一”，这是有道理的，因为“天”可以包含“地”，所以《易经》讲的“三才”实际上是认为“人”和与人相对应的“天地”是统一的一体。这种“天人合一”的思维模式到宋朝的理学家就更加明确了，例如程颐说：“安有知人道而不知天道者乎？道，一也。岂人道自是一道，天道自是一道?”照儒家看，不能把“天”、“人”分成两截，更不能把“天”、“人”看成是一种外在的对立关系，不能研究其中一个而不牵涉另外一个。朱熹说：“天即人，人即天。人之始生，得之于天；既生此人，则天又在人矣。”天离不开人，人也离不开天。人之初产生虽然是得之于天；但是既生此“人”，则“天”全由人来彰显。如无人则如何体现“天”的活泼泼的气象，如何“为天地立心”。“为天地立心”就是“为生民立命”，不得分割为二。孔子说：“人能弘道，非道弘人。”只有人才可以使“天道”发扬光大，如果人不去实践“天道”，“天道”如何能使人完美高尚呢？孔子说：“知天命。”“知天命”即是了解“天”的运行发展的趋势。因此，在中国传统哲学中，“天”是有机的、连续性的、有生意的、生生不息的、与人为一体的。王夫之的《正蒙注·乾称上》中说：“抑考君子之道，自汉以后，皆涉猎故迹，而不知圣学为人道之本。然濂溪周子首为太极图说，以究天人合一之源，所以明人之生也，皆天命流行之实，而以其神化之精粹为性，乃为日用事物当然之理，无非阴阳变化之秩序，而不可违。”(我们考察学者的学说，从汉朝起，都只是抓到先秦学说的外在的现象，而不知道《易经》是“人道”的根本，只是到宋朝的周敦颐开始提出了《太极图说》，探讨了天人合一的道理，阐明了人之始生是“天道”变化产生的结果，在“天道”变化中把它的精粹部分给了人，使之成为“人性”，所以“人道”的日用事物当然之理，是和“天道”阴阳变化的秩序是一致的，“人道”和

“天道”是统一的，这点是不能违背的。）王夫之这段话，可以说是对儒家“天人合一”思想，也是对《易经》的“所以会天道、人道也”很好的解释。“人道”本于“天道”（因为“人”是“天”的一部分），讨论“人道”不能离开“天道”，同样讨论“天道”也必须考虑到“人道”，这是因为“天人合一”的道理既是“人道”的“日用事物当然之理”，也是“天道”的“阴阳变化之秩序”。张载对《易》的解释说：“儒者则因明致诚，因诚致明，故天人合一，致学而可以成圣，得天而未始遗人，《易》所谓不遗、不流、不过者也。”王夫之注说：“诚者，天之实理；明者，性之良能。性之良能出于天之实理，故交相致，而诚明合一。”所谓“不遗”是据《系辞》“与天地相似，故不遗”，意思是说《易》这部书包括了天地万物的道理而无遗漏；所谓“不流”是据《系辞》“旁行而不流”，韩康伯注谓：“应变旁通而不流淫”，意思是说，天地万物在变化中而有秩序；所谓“不过”是据《系辞》“知周乎万物，而道济天下，故不过”，意思是说，对万物普遍地施与而没有差错。王夫之对张载关于《易经》的解释，应该说能抓住要旨，他把儒家的“诚明合一”解释为“天人合一”应该说很高明，因为“诚”是“天之实理”（“天”的实实在在的道理、规律），“明”是人性中最智慧的能力，“明”则可以成圣，而“圣学”为“人道”之本，故《易》“得天而未始遗人”，《易》讲“天道”，同时也是讲“人道”的。这说明《易》确乎是阐明“天人合一”的道理的经典。我们讨论“天人合一”这样一种思维模式，是要说明“人”和“天”存在着一种内在的关系，我们必须把“人”和“天”的关系统一起来考虑，不能只考虑一个方面，不考虑另外一个方面。“天人合一”这一由《周易》所阐发的命题，无疑是儒家思想的重要基石。因此，我们说“天人合一”作为一个哲学命题、一种思维模式对今天解决“人”和“自然”的关系应该说有着正面的积极意义。

(2)《郭店楚简》有一篇《性自命出》，中说："性自命出，命由天降。"这里的"命"是指"天命"之所"命"，"性"是出自于"天"之所"命"，"命"是由"天"赋予的。(《中庸》"天命之谓性"，郑玄注曰："天命，谓天所命生人者也，是谓性命。"《朱子语类》卷六十二谓："命虽是恁地说，然亦兼是付与而言。")"性"是由"天"决定的，非人力所及，因此"天命"是一种超越的力量，"人"应对"天"有所敬畏，"畏天命"。人故应"知天命"，但"天"并非死寂的，而是活泼泼的，是无方所的。故《系辞》上谓："神无方而易无体。""天"虽是超越的，又是内在的，内在于"人"，孟子曰："存其心，养其性，所以事天也。殀寿不贰，修身以俟之，所以立命也。""养性"，即是"事天"；"修身"，即是"立命"，故"天"又内在于"人"。合而言之，"天"之与"人"是一种内在超越的关系。所以《语丛一》又说："知天之所为，知人之所为，然后知道，知道然后知命。"知道"天"的道理(运行规律)，又知道"人"的道理(做人的道理)，即"社会"运行的规律，合两者谓之"知道"，"知道"然后知"天"之所以是推动"人"的内在力量(天命)之故。这是由于"人"是内在于"天"的。故孔子说："五十而知天命。""知天命"即是依据"天"的要求而充分实现由"天"得来的"天性"。《朱子文集》第六十七卷谓：仁者，"在天则盎然生物之心，在人则温然爱人利物之心，包四德而贯四端者也。""天道"生生不息，以仁为心，"天"有使万物良好的生长发育的功能，故"人"也应效法天，要爱护一切。这是因为"天人一体"，"人"得"天"之精髓而为"人"，故人生当在实现"天"之"盎然生物之心"，而有"温然爱人利物之心"，天心人心实为一心。人生之意义就在于体证"天道"，人生之价值就在于成就"天命"，故"天"、"人"之关系实为一内在关系。"内在关系"与"外在关系"不同，"外在关系"是说在二者(或多者)之间是各自独立的，不相干的，而"内在关系"是说在二者（或多者）之间是不相离、而相即的。“天人合一”这一《易》所阐发的命题，是中国儒家思想的重要基石。儒家哲学认为，在“天”和“人”之间存在着一种“内在关系”，两者是相即不离的。因此，研究其中之一不能不牵涉另一个。依据“天人合一”的哲学命题和思维模式，我们在考虑人类自身问题的同时，必须要考虑“自然界”的问题，忽略了这一点，人类就要受到惩罚。当今人类不正是由于严重地忽略了这种“天”与“人”相即不离的内在关系，而使“人类和自然正走上一条相互抵触的道路”吗？

由《易经》开出的“天人合一”思想（即“易，所以会天道、人道也”的思想）对解决当前“生态问题”作为一种哲学的思考，一种思维模式，或可对我们有几点启发：

（1）我们不能把“人”和“天”看成是对立的，这是由于“人”是“天”的一部分，“人之始生，得之于天。”作为“天”的一部分的“人”，保护“天”应该是“人”的责任，破坏“天”就是对“人”自身的破坏，“人”就要受到惩罚。因此，“人”不仅应“知天”（知道“天道”的规律），而且应该“畏天”（对“天”应有所敬畏）。现在人们强调“知天”（所谓掌握自然规律），只是一味用“知识”来利用自然，以至于无序地破坏自然，把“天”看做是征服的对象，而不知对“天”应有所敬畏，这无疑是“科学主义”极端发展的表现。“科学主义”否定“天”的神圣性，从而也否定了“天”的超越性，这样就使人们在精神信仰上失去了依托。中国人的“天人合一”学说认为，“知天”和“畏天”是统一的，“知天”而不“畏天”，就会把“天”看成是一死物，而不了解“天”乃是有机的、生生不息的刚健的大流行。“畏天”而不“知天”，就会把“天”看成外在于“人”的神秘力量，而“人”则不能体现“天”的活泼泼的气象。“知天”和“畏天”的统一，正是说明“天人合一”的一个重要方面，从而表现着“人”

对“天”的一种内在的责任。

(2)我们不能把“天”和“人”的关系看成是一种外在关系，这是因为“天即人，人即天”，“天”和“人”是相即不离的。“人”离不开“天”，离开“天”则“人”无法生存；“天”离不开“人”，离开“人”则“天”的活泼泼的气象无以彰显。这种存在于“天”和“人”之间的内在关系正是中国哲学的特点。如果“人”与“天”是一种外在关系(即它们是相离而不相干的)，那么“人”就可以向“天”无限制地索取，而把“天”看成敌对的力量，最终人将自取灭亡。“易，所以会天道、人道也”正是要说明“天道”和“人道”之所以是统一的道理，不能在“天道”之外去说“人道”，同样也不可以在“人道”之外说“天道”，宋明理学对这点看得很明白。程朱的“性即理”和陆王的“心即理”虽然对“天”、“人”关系入手处不同，程朱的“性即理”是由“天理”的超越性而推向“人心”的内在性，“天理”不仅是超越的而且是内在的，同样“人性”不仅是内在的而且是超越的。陆王的“心即理”是由“人心”的内在性而推向“天理”的超越性，“人心”不仅是内在的而且是超越的；“天理”不仅是超越的而且是内在的。因此，我们可以说，中国哲学是以“内在超越”立论的。既然中国哲学是从其“内在超越性”方面讨论“天人关系”的哲学，也就是说“天”和“人”不仅不是对立的，而且存在着内在的相即不离的关系。不了解一方，就不能了解另一方；不把握一方，就不能把握另外一方。所以说，“为天地立心”就是“为生民立命”，不可分为两截。

(3)“天”和“人”之所以有着相即不离的内在关系，皆因为“天”和“人”皆以“仁”为性。“天”有生长养育万物的功能，这是“天”的“仁”的表现。“人”既为“天”所生，又与“天”有着相即不离的内在关系，那么“人”之本性就不能不“仁”，故有“爱人利物之心”。如果“天”无生长养育万物的功能，“人”如何生存，又如何发展？如果“人”无“爱人利物之心”，无情地破坏着“天”的“生物之心”，同样“人”又如何生存？从“天”的方面说，正因为其有“生物之心”，它才是生生不息的、活泼泼的、有机相续的。从“人”的方面说，正因为其有“爱人利物之心”，人才与天、地并列为三才。因此，中国哲学认为，不能把“天”和“人”看成是不相干的两截，不能“研究其中之一能够不牵涉另一个”。

(4)“天人合一”这一哲学命题体现着“天”与“人”之间的复杂关系，它不仅包含着“人”应如何认识“天”的方面；同样也包含“人”应该尊敬“天”的方面，因为“天”有其神圣性(神性)。这也许正是由于中国哲学(主要是儒家哲学)虽然不是纯粹意义上的宗教(如基督教、佛教)，但它却有着强烈的宗教性。也许正因此，在中国儒家思想可以起着某种宗教的功能，也就是说“天”和“人”存在着一种超越的内在关系；“天人合一”不仅是“人”对“天”的认知，而且是“人”应追求的一种人生境界。因为“天”不仅是自然意义上的“天”，而且也是神圣意义上的“天”，“人”就其内在要求上说，以求达到“同于天”的超越境界。就这个意义上说，“人”和“天”不仅不是对立的，而且“人”应该与“天”和谐共存，以实现其自身的超越。这就是说，“天人合一”作为一种哲学思想，它表达着“人”与“天”有着内在相即不离的有机联系，而且在“人”实现“天人合一”的境界过程中达到“人”的自我超越。这样一种思维路径无论如何对我们走出“天人二分”(或“天人对立”)的困境是十分有意义的。

从以上四点，我们可以看出对“天人合一”思想应该作哲学的理解，这样才能认识其真精神和真价值。它作为一种思维方式对解决“天人关系”无疑是有其正面的积极意义，而更为重要的是它赋予了“人”以一种不可推卸的责任，“人”必须在追求“同于天”的过程中，实现“人”的自身超越，达到理想的“天人合一”的境界。

当然，儒家的“天人合一”思想不可能直接解决当前人类社会存在的“生态”问题。但是，“天人合一”作为一个哲学命题，一种思维模式，认为不能把“天”、“人”分成两截，而应把“天”、“人”看成是相即不离的一体，“天”和“人”存在着内在的相通关系，无疑会从哲学思想上为解决“天”、“人”关系、解决当前存在的严重“生态”问题提供一种有积极意义的合理思路。盖因“哲学”不可能直接解决人类社会存在的具体问题，就这方面说，它可以被视为“无用之学”。但它思考问题的路子却可启迪人们的智慧、提高人们的境界，故又可被视为“大用之学”。我们研究中国哲学就是要从中发掘出其无用之大用，以贡献于人类社会。

论“知行合一”

“知行合一”作为一个哲学命题，虽然是王阳明明确提出来的，但自孔子以来，儒家各代都对“知”、“行”问题有过讨论。为什么儒家重视“知”、“行”关系？这是由于儒家的精神是入世的，要“明明德”于天下。要“明明德”于天下，就不仅是个理念的问题，必须实践，必须身体力行，必须见于事功。所以孔子说：“吾岂匏瓜也哉？焉能系而不食？”孔子周游列国，是要“治国平天下”的。我认为，这就是儒家重视“知”、“行”关系问题的道理。

《尚书·说命中》说：“非知之艰，行之惟艰。”《左传·昭公十年》说：“非知之实难，将在行之。”都说到“知”、“行”难易问题，把“行”看得比“知”更困难。这说明，中华民族在上古就是一个重视践行的民族。儒家就是继承着这个传统。《论语》没有直接说到“知”、“行”关系问题，但有几处说到“言”与“行”的关系问题。如：“子贡问君子。子曰：先行其言而后从之。”(《为政》)意思是说：作为一个君子应对你要说的，先实行了，再说出来。“君子欲讷于言，而敏于行。”(《里仁》)君子言语要谨慎木讷，而行动要快捷。

《学而》中说："君子……敏于事而慎于言。"《宪问》中讲"君子耻其言而过其行"。这几句话虽非直接讨论"知"和"行"的关系，但都是说孔子把"言行一致"视为道德上划分君子与小人的一个标准，从道德修养上看，君子应当言行一致。可见孔子更看重"行"，在这点上和"非知之艰，行之惟艰"的思想是一致的，也可以说孔子教导人们应该首先做践行者。当然孔子本人不仅是一位道德上的践行者，而且是一位要使"天下有道"的圣人。所以孔子说："如有用我者，吾其为东周乎!"假若有人用我，我将使周文王、周武王之道在东方复兴。孟子和孔子一样也没直接说到"知"、"行"关系问题，而只是肯定"言，将行其言者"，反对"言不顾行，行不顾言"的说大话者。如果我们从孟子的"性善论"看，他讲"良知"、"良能"，虽以恻隐之心、羞恶之心、辞让之心、是非之心等四端为人先天所固有的，但如何成为道德的仁、义、礼、智，则必须把四端"扩而充之"，这是要在道德实践中才能达到，所以孟子说："凡有四端于我者，知皆扩而充之矣，若火之始燃，泉之始达。苟能充之，足以保四海；苟不能充之，不足以事父母。"人之善性，必须在实践中发挥出来才有意义。所以孟子特别强调要"行仁政"。孟子和孔子一样到各诸侯国想说动国君实行他的理想。有一次到齐国，齐滕文公问孟子如何治理国家，孟子说："《诗》云：'周虽旧邦，其命维新。'文王之谓也。子力行之，亦以新子之国!"意思是说，如果滕文公能像周文王那样，使国家充满新气象，努力实行，那你的国家也会气象一新。据此，我们可以知道孟子主张"知"必见之于"行"。就先秦儒家看，荀子可以说是真正讨论到"知"、"行"关系的第一人。他在《儒效》中说："不闻不若闻之，闻之不若见之，见之不若知之，知之不若行之。学至于行而止矣。行之，明也，明之为圣人。圣人也者，本仁义，当是非，齐言行，不失毫厘，无它道焉，已乎行之矣。故闻之而不见，虽博必谬；见之而不知之，虽识必妄；知之而不行，虽敦必困。不闻不见，则虽当非仁也，其道百举而百陷也。”这段话可以说是荀子关于“认识论”的论述，可注意者有三：(1)荀子描述了“认识”的深化过程；闻到的东西不如亲自看见，“百闻不如一见”，闻、见还只是感性的；只有“知”才能对认识的对象有更深入的了解；而“知”必须“行”，才能说是一个完整的认识过程。《性恶》中说：“凡论者，贵其有辨合，有符验。”人们所掌握的认知重要的是在于合乎实际，能得到实践的检验。(2)把学得的学问知识用于实践，才能使认识真正明确起来。(“行之明也”)能使认识(所提倡的学问)在实践中明确起来的是“圣人”。“圣人”的责任就是要以“仁义”为根据，判别是非，言行一致，做到完全没有差错，没有其他任何办法，只有学问知识要落实到身体力行上才算完成。这里可以看出，荀子认为从“知”、“行”关系看“行”是目的。因为实践了，才可以知道是否是真的“本仁义、当是非，齐言行。”(3)荀子还对“闻之而不见”、“见之而不知”、“知之而不行”的弊病作了说明。“知之而不行”的毛病是，虽然知道得很多，但不能见之于行动，必定会困惑糊涂。由以上三点看，荀子也是在“知”、“行”关系上是更重“行”的。《郭店楚简·成之闻之》中有：“农夫务食，不强耕粮弗足矣。士成言不行，名弗得矣。”农夫所务在生产粮食，如果不勉力而耕，粮食的收获就不会很富足。士人只是说而不行，那么也就不能有什么好名声。这都说明先秦儒家大都以“知”必见之于“行”。

汉朝儒家学者对“知”、“行”关系问题的讨论不多，扬雄有段话似可注意：“学，行之，上也；言之，次也；教人，又其次也。咸无为，为众人。”(《法言·学行》)这里也只是说“实践”比著述、教授更重要。我们是否可说，先秦至汉众多儒家对“知”、“行”关系问题其实都和上引《尚书》和《左传》的意思大体相同，即认为“行”比“知”更重要。据此，我们可知先秦至汉，儒家关于“知”、“行”问题基本上是从道德修养的提高或事功的践行方面考虑，除荀子外，很少涉及“知”、“行”的认识理论问题。但到宋朝以后，宋明儒家学者则较为深入地讨论了认识的理论问题。

张载认为，知识有两种，一是“见闻之知”，即感性认识；一是“德性所知”，以理性为基础的超经验的认知，这种认识不依靠于感觉经验，主要依靠道德修养。程颐在继承张载把“知”、“行”分为“见闻之知”和“德性之知”的基础上讨论了“知”、“行”问题。他说：“闻见之知，非德性之知，物交物则知之，非内也，今之所谓博物多能者是也。德性之知不假见闻。”“见闻之知”是通过耳目等感官而对外界事物的认识，大体相当于感性认识；而“德性之知”则是人内在所具有的不依靠感官而有的“知”，这或者可以说是一种理性认识，而这种理性认识是带有先验性的。由于人有“德性之知”，这种“知”是关乎伦理道德的认识和事物根本原理（理）的认识。因此，程颐对“知”特别重视，提出了“知先行后”的学说。他认为“知”是“行”的前提，先有“知”，然后才会照着“知”去“行”。他说：“须以知为本，知之深则行之必至，无有知之而不能行者。知而不能行，只是知得浅。饥而不食鸟喙，人不蹈水火，只是知。人为不善，只为不知。”（《二程遗书》卷十五）他认为，“知”是根本，深刻的认知是一定能行的，没有“知”而不能“行”的，人不吃有毒的东西，因知它有毒；人不向水火走，因为水火可以让人丧生。人做坏事，就是因为他不知分别善恶。所以“知之不能行，只是未真知”。由于程颐强调“知”对“行”的作用，他认为，“非唯行难，知亦难也。《书》曰：非知之艰，行之惟艰。此故是也，然知之亦自艰。”这就是说，不仅“行”很难，“知”同样很难，所以黄宗羲说：

“伊川先生已有知行合一之言。”(《宋元学案》卷十五)我们可以说，程颐是重“知”的“知行合一”说。

朱熹继承程颐“知先行后”之说，《朱子语类》卷九：“问致知、涵养先后。曰：须先致知而后涵养。”“致知”是“知”，“涵养”是“行”。但他特别提出“知行常相须”的知行并进说。“知与行，工夫须着并到。知之愈明，则行之愈笃；行之愈笃，则知之愈明。二者皆不可偏废。”(《朱子语类》卷十四)，“致知，力行互相发。”(卷九)“知、行常相须，如目无足不行，足无目不见。论先后，知为先，论轻重，行为重。”“致知、力行，用功不可偏。偏过一边，则一边受病。如程子云：‘涵养须用敬，进学在致知。’分明自作两脚说，但只要分先后轻重。论先后，当以致知为先；论轻重，当以力行为重。”(同上)朱熹认为，“知”、“行”虽有先后、轻重之分，但都不可偏废，他说：“涵养、穷索，二者不可废一，如车两轮，如鸟两翼。”在讨论“论知之与行”的关系问题上，朱熹还认为：“方其知之，而行未及之，则知尚浅。既亲历其域，则知之益明，非前日之意味。”“知”虽是“行”的基础与前提，但在“行”(实践)的过程中会加深“知”，人们会对道理更加明白起来。朱熹之重“行”，则是因其把“知”与“行”的问题视为道德修养问题，所以他说：“善在那里，自家却去行他，行之久则与自家为一，为一则得之在我。未能行，善自善，我自我。”(卷十三)“善在那里”是“知”的问题，“自家却去行他”是“行”的问题，是一个道德修养问题，是一个见之于事功的问题。如何成圣成贤，必得“知行合一”，才可以成就至善之美德。在中国儒家学说中常言“体道”(或体认“天理”)，此或有二义：一为“以道为体”，即圣人和“道”认同，而“同于道”；另一则是说圣人实践“道体”，即依“天道”身体力行之，它不仅是“知”的问题，而且更是“行”的问题，这或是朱熹之所以重视“行”之故。盖儒家自古皆以通过自身的道德修养而实现其“治国平天下”之理想。

“知行合一”作为一明确的命题是由王阳明提出的，这在《传习录》中多处载有：

> 行之明觉精察处便是知，知之真切笃实处便是行。若行而不能精察明觉便是冥行，所以必须说个知。知而不能真切笃实，便是妄想，所以必须说个行。元来只是一个工夫。凡古人说知行，皆是就一个功夫上补偏救弊说，不似今人截然分作两件事做。某今说知行合一，虽亦是就今时补偏救弊说，然知行体段亦本来如此。①

王阳明认为，能够做到明觉精察（即是说“有自觉”）的“行”就是“知”，这样的“行”才不是盲目的“行”；能够做到“真切笃实”（即是说“真实无妄”）的“知”就是“行”，这样的“知”才不是虚妄的“知”。所以说“行”必须和“知”一起来说，说“知”必须和“行”一起来说，无所谓“先后”。因此他的“知行合一”学说是为了纠正程朱的“知先行后”说的。关于“知行合一”，王阳明解释他为什么要提出“知行合一”，他说：“今人学问，只因知行分作两件，故有一念发动，虽是不善，然却未行，却不去禁也。”“我今说个知行合一，正是要人晓得，一念发动处，便即是行了，发动处有不善，就将这个善的念克倒了。须要彻根彻底不使那一念不善潜伏在胸中，此是我立言宗旨。”（《传习录下》）王阳明说，他之所以立“知行合一”学说是为了反对把“知”和“行”分割

① 《传习录》：“知行原是两个字说一个功夫。这一功夫须着此两个字，方说得完全无弊病。”又说：“若会得时，只说一个知，已自有行在，只说一个行，已自有知在。”“知不行之不可以为学，则知不行之不可以为穷理矣。知不行之不可以为穷理，则知知行合一并进，而不可分为两节事矣。”

为二。为什么不能把“知”和“行”分割为二，他有个前提就是要存善、去不善。对于一个人的道德修养说，不仅见之于日用伦常中的“不善”要克倒，而且潜藏于胸中的不善念头也要克倒，而且“须要彻根彻底不使那一念不善潜伏在胸中”。如果我们说，知善知恶是“知”，似乎在胸中而未实现在日用伦常中的善或不善的念头也应属于“知”或“不知”（知善恶或不知善恶）。但王阳明却认为善的或恶的念头就是“行”了。这看来似乎说不通，但从儒家的道德修养上说则有其合理性。在《论语》中有条记载：“吾日三省吾身：为人谋而不忠乎？与朋友交而不信乎？传不习乎？”（《学而》）省者，反省。此或可有两解：一所行之事是否合乎道义，应该时时反省；二自己心中的念头是否合乎道义，应时时反省。就前者说，是“行”；就后者说则尚未见之于外的行，而似王阳明之“一念”之发动。《朱子语类》卷十二《持守》谓：“圣贤千言万语，只要人不失其本心。”“未有心不定而能进学者。人心万事之主，走东走西，如何了得。”“学者为学，未问真知与力行，且要收拾此心，合有个顿放处。若收敛都在义理上安顿，无许多胡思乱想，则久久于物欲上轻，于义理上重。”此即孟子的“收其放心”。禅宗有“不是风动，不是幡动”，“人者心动”之说，“心动”即“一念发动”，则有善有恶，“有恶”就必须克倒。人心为万事之主，“心”不可走东走西，不可胡思乱想；心走东走西，胡思乱想必须克倒它。照王阳明看，心的走东走西、胡思乱想，就是“一念发动”，这便是“行”，应该克倒。就这点说，把“一念发动处”看成是“行”，对人之道德修养应说是极有意义，此或是“自律”之极致。《大学》、《中庸》皆言“慎独”，阳明之“一念发动处便是行”和“慎独”应有密切之关系，《哲学大辞典》“慎独”条说：

中国儒家道德修养用语。指在无人察觉的闲居独处时，尤须谨重地对待自己的行为，自觉遵守道德要求。《礼记·中庸》说："道也者，不可须臾离也，可离非道也。是故君子戒慎乎其所不睹，恐惧乎其所不闻，莫见乎隐，莫显乎微，故君子慎其独也。"东汉郑玄注："慎独者，慎其闲居之所为。"《大学》说："诚于中，形于外，故君子必慎其独也。"以为慎独要"诚其意"而"毋自欺也"，从道德心理对"慎独"作了阐发。南宋朱熹则以理学的观点进行发挥。认为对待人所不知而己所独知的细微之事，君子之心应"常存敬畏"，不敢疏忽，此"所以存天理之本然而不使离于须臾之顷"，"所以遏人欲于将萌而不使其潜滋暗长于隐微之中"(《中庸章句》)，将"慎独"作为"存天理"的重要方法。……"千古相传只慎独二字要诀，先生(指王守仁)言致良知，正指此。"(《刘子全书》卷十三《阳明传信录》)……①

按：此条谓"慎独"是"须谨重地对待自己的行为"，但"慎独"是否仅仅关乎"行"？我认为，照王阳明看也关乎"知"，因念头之不善亦应克倒。《大学》："所谓诚其意者，毋自欺也。如恶恶臭，如好好色，此之谓自谦，故君子必慎其独也。"朱熹注说："诚其意者，自修之首也。毋者，禁止之辞。自欺云者，知为善以去恶，而心之所发，有未实也。谦，快也，足也。独者，人所不知，而己所独知之地也。言欲自修者，知为善以去其恶，则当实用其力，而禁止其自欺，使其恶恶则如恶恶臭，好善则如好好色，皆务决去而求必得之，以自快足于己，不可徒苟且以徇外而为人也。然其实与不实，盖有他人所不及知而己

---

① 关于"慎独"，在《礼记·礼运》、《荀子·不苟》以及马王堆帛书《五行篇》、《郭店楚简·五行》均有所论，兹不录。

独知之者，故必谨之于此，以审其几焉。”朱熹这段对“慎独”的注可注意者有二：其一，“慎独”是要求其“思想”和“行为”在别人不察知而只有自己心知肚明的情况下，也要“知为善以去其恶”，“而禁止其自欺。”这就是说对善、恶的取舍应有一“自觉”，应自觉地“使其恶恶则如恶恶臭，好善则如好好色”（王阳明说：“人但得好善如好好色，恶恶如恶恶臭，便是圣人。”《传习录》），这样就可以彻底防止做出不符合道德规范的事。第二，朱熹认为，君子之心应常存敬畏，不敢疏忽，“所以遏人欲于将萌而不使其潜滋暗长于隐微之中。”（《中庸章句》）这就是他所说的“故必谨之于此，以审其几焉”，要防止于萌芽状态的“动机”。我想，这也许正是王阳明据此可以发挥成“一念发动处便即是行”的原因，也就是说王阳明的这一命题应和“慎独”有着密切的关系。就这方面看，王阳明在“知行合一”问题上是特别重视其道德上的意义。王阳明说：“《大学》指个真知行与人看，说如好好色，如恶恶臭。见好色属知，好好色属行，只见那好色时已自好了，不是见了后又立个心去好；闻恶臭属知，恶恶臭属行，只闻那恶臭时已自恶了，不是闻了后另立个心去恶。”（《传习录上》）于是他提出“一念发动处便即是行”的论断，这就是说他提倡“知行合一”的目的是要从思想上防止对道德规范的违背。

那么也许我们要问，王阳明的“知行合一”学说除了道德上的意义之外，是否也有“认识”上的意义呢？不过道德上的“知”、“行”问题应是和“认识”上的“知”、“行”问题分不开的。王阳明说：“真知即所以为行，不行不足以为知。”（《传习录中》）意谓，“真知”应是见之于“行”之“知”，不身体力行是不能被认为是“真知”，所以王阳明说，“知之真切笃实处即是行，行之明觉精察处即是知，知行工夫不可离。”（《答顾东桥书》）据此他论证说：“如言学孝，则必服劳奉养，躬行孝道，然后谓之学，岂徒悬空口耳讲说，而遂可以谓之学孝乎？学射必张弓挟矢，引满中的；学书则必伸纸执笔，操觚染翰。尽天下之学，无有不行而可言学者，则学之始固已即是行矣。”(《答顾东桥书》)王阳明的“知行合一”是把“知”和“行”看成是统一的，“知”必见之于“行”，离开了“行”的“知”不是“真知”，即实是“不知”；“行”必是自觉的“知”，这样的“行”才不是妄行，而是真切笃实的行。所以王阳明反对知先行后论，他强调“知”和“行”不能分离。他说：“知是行的主意，行是知的功夫；知是行之始，行是知之成。若会得时，只说一个知，已是自在行；只说一个行，已自有知在。”(《传习录上》)知是行的主导，行是知的体现，知是行的开端，行是知的完成。知中有行，行中有知，两者不能分离，它是一个统一的过程。王阳明的这个“知行合一”学说，应说作为一种道德学说是十分有价值的，它体现着中国传统美德，即所知必须见之于行，才是做人的道理。

但是，王阳明的“知行合一”学说是否也存在一些问题呢？这点贺麟先生在他的《知行合一新论》中有所讨论。贺先生说：“王阳明之提出知行合一说，目的在为道德修养，或致良知的功夫，建立理论基础。”他又说：“不批评地研究知行问题，而直谈道德，所得必为武断的伦理学(Dogmatic ethics)。因为道德学研究行为的准则，善的观念，若不研究与行相关的知识，与善相关的真，当然会陷于无本的独断。”为此，在《新论》中贺麟先生企图为王阳明的“知行合一”学说建立一知识的基础。《新论》首先利用西方哲学对概念分析的方法对“知”和“行”进行知识性的分析，他说：“‘知’是意识活动，‘行’是生理活动，所谓‘知行合一’就是两种活动同时产生或同时发动。”贺先生把这种“知行合一”称之为“自然的知行合一论”。这个“知”与“行”同时产生或同时发动虽是源自西方哲学家斯宾诺莎，而贺先生进一步解释说：

“知行合一乃指与行为同一生理心理活动的两面而言。知与行既是活动的两面，当然两者是合一的。”这可以说是利用近代心理学和生理学的知识而得出的结论。所以贺先生认为，王阳明的“知行合一”是一种“价值的知行合一观”，它自有其德行和涵养心性方面的价值，但是这种“价值的知行合一观”应有知识论的基础，而他的“自然的知行合一论”可以包含王阳明的“价值的知行合一观”，又为其提供了合理的知识基础。

关于“知”、“行”关系问题在儒家的学说中是一重要的问题，在儒家所重视的经典《尚书》就讨论了这个问题，而且总的倾向是认为“知”必须“行”，所以儒家没有把这个问题只是看成是一个“知识”的问题，而认为它从根本上说是一个道德上的身体力行的问题，是一个基于心性的修养的道德实践问题。虽然，不同的儒家思想家在论证“知行”关系时或者有所偏重，但总体上说都认为“知”和“行”是统一的过程，两者不能截然分开。而王阳明的“知行合一”学说就其价值方面说应为儒家的“道德修养”建立了较为完整的理论基础。当然，就“知”、“行”作为“知识”的(认识论)的问题来探讨，从中国传统哲学(特别是儒家哲学)说仍然有许多问题需要作进一步研究，并应充分借鉴西方伦理学的成果，以使儒家的道德学说能有一更加完满的“认识论”基础。

论“情景合一”

“情景合一”作为一重要的美学命题，它的意思是说好的文学艺术作品是“情”和“景”结合的产物，“情景合一”作为一美学命题在宋元明清时期已有许多论述，特别是近代王国维的《人间词话》论之颇详。但关于美感的表述早在先秦已经有了。孔子说：“仁者乐山，智者乐水。”已接触到“情”、“景”问题。人之所“乐”为人之感情，所乐者或山、或水则为“景”矣。“乐山”、“乐水”正是人之“情”与山水之“景”会合而发生的。我们知道，孔子是一感情丰富的人，他在齐国听相传是虞舜时代的“韶”乐，很长的时间尝不出肉的味道，他说：想不到听音乐竟能达到这样的境界。（“子在齐闻韶，三月不知肉味，曰：不图为乐之至于斯也。”）孔子站在奔流的河边，他叹息着说：消失的时光像河水一样呀！日夜不停地流去。（“子在川上，曰：逝者如斯夫，不舍昼夜。”）这都说明孔子的触景生情，它虽表现了“情”、“景”关系，但只是说外在的“景”可以引起内在的“情”的发生或变化，当然还说不上是对“情”、“景”关系问题的理论论述。荀子说：“乐者，乐也，人情之所以必不免也，故人不能无乐。乐则必发于声音，形于动静；而人之道，声音动静，性术之变尽是矣。”第一句的前面一“乐”字是指音乐，后面一“乐”字是指人的“喜乐”，对于人说“喜乐之情”总是人们所要求的，所以不能没有“音乐”来满足人们这方面的要求。“音乐”必然是表现为发出的外在的声音和动静；而又由于声音动静引起人内心在感情的变化，这是“音乐”的功能。为什么“音乐”有上述两方面的作用？这是由于荀子认为，“琴瑟乐心”，音乐使人快乐，在于“其清明像天，其广大像地，其俯仰周旋，有似四时”。荀子这个看法应该说很有意义，说明他注意到“音乐”和“大自然”的关系，能使人心喜乐的美好音乐应是能再现“大自然”的清明广大。“音乐”表现的“大自然”为“景”，而“音乐”感动人心而为“情”，这就是说“音乐”是实现“情”、“景”交融，体现着“情景合一”的一种境界。荀子的这段论述虽说包含着“情景合一”的思想，但这也还不能说是对“情景合一”的理论表述。中国的美学或文学艺术理论真正成为一门独立的学问，成为有系统的理论体系，大体上说应该是在魏晋南北朝时期，那时不仅有表现“情景合一”的许多文学艺术作品，而且已经有了“情景合一”的理论表述。刘勰《文心雕龙·物色》说：“春秋代谢，阴阳惨舒，物色之动，心亦摇焉。……岁有其物，物有其容；情以物迁，辞以情发。”春与秋更迭着季节的次序，阴和阳影响着人事的哀乐，自然物的声色稍有变动，人的心情就会随之而摇荡。四时各有其物，万物各有其容；心情随物而变化，言辞依情而触发。① 此处刘勰已接触“情”、“景”关系问题，或如杨牧《陆机〈文赋〉校释》说“物色”有感于物而兴起的意思，即所谓“即物起兴”或“即境生

① 此“译语”据李蓁非《〈文心雕龙〉释译》，南昌，江西人民出版社，1997。

情”。[①] 其后，钟嵘《诗品序》说：“气之动物，物之感人，故摇动性情，形诸舞咏。”大气使景物千变万化，景物的变化感荡着人们，击发了人的感情，而有歌舞之表现。“景物”和人的情感一结合就会产生文学艺术作品，钟嵘的这段话可以说是“情景合一”思想之滥觞。在《诗品》中还有一段话或更好地表达了“情景合一”的思想，它说：“夫四言，文约意广，取效《风》、《骚》，便可多得。每苦文繁而意少，故世罕习焉。五言居文辞之要，是众作之有滋味者也，故云会于流俗。岂不以指事造形，穷情写物，最为详切者耶？故诗有三义焉：一曰兴，二曰比，三曰赋。文已尽而有馀，兴也；因物咏志，比也；直书其事，寓言于物，赋也。宏斯三义，酌而用之，干之以风力，润之以丹彩，使味之者无极，闻之者动心，是诗之最也。”意思是说：四言诗文字少，含义广，只要效法《国风》、《离骚》，便可写出很多作品。但在创作实践中，却往往苦于文字写得很多而含义甚少，所以很少人能够熟练地运用它。于是，五言诗便跃居主要地位，成为各类作品中最有滋味的，所以很合乎世俗所好。岂不是因为它指说事情，创造形象，畅抒感情，描写景物，最为详明而贴切吗？因之，诗有三种表现手法：一是兴，二是比，三是赋。文字已尽而余意无穷，这是兴；借助外物来喻说情志，这是比；直截了当地叙述事情，有所寄托的描写外物，这是赋。综合这三种表现手法，斟酌情况而加以运用，以“风力”为作品的骨干，以“丹彩”为作品的润饰，使欣赏者感到意味无穷，听诵者觉得动人心弦，是诗歌无上的境界了。[②] “穷情写物”，作诗必穷

---

① 杨牧《陆机〈文赋〉校释》，台北，洪范书店，1985。

② 此处据周伟民、肖华荣《〈文赋〉〈诗品〉注译》的译文，郑州，中州古籍出版社，1985。

尽其“感情”来描写“景物”才是“神品”、“至文”，这是一境界问题，不能“穷情”如何能写得好的“景物”呢！照钟嵘看，“兴”、“比”、“赋”虽都是用文字表现出来，但都必是“穷情写物”的。“兴”之用文字写，必其意不穷，“无穷之意”是“穷情”而有；不是穷尽其情的写物，不能成“神品”。“比”是要借助外物以抒发其感情，只有体外物之深而所发之感情才可“尽善尽美”，而有“至文”。“赋”则必须寄托其感情于景物，才能再现造化之功。因此，诗之佳作要靠诗人内在的性情涵养，以及对外在“景物”描写的神功，才可以“动人心弦”，成“无上之神品”。就此，我们可以说“穷情写物”正是“情景合一”的极好的表述。

自宋以后，在文学艺术方面讨论“情”、“景”问题的渐多，初有宋代范晞文在《对床夜话》中提出诗有“景中之情”和“情中之景”之分，如杜甫之“水流心不竞，云在意俱迟”为“景中之情”；如杜甫之“卷簾唯白水，隐几亦青山”为“情中之景”。虽然有的诗在情中现景，有的诗在景中现情，但在诗的创作中情和景是不能分割的，“景无情不发，情无景不生”，故“情景相触而莫分也。”自此以后，“情”、“景”关系作为一种文学艺术理论问题的论述渐渐多了起来。元方回在《瀛奎律髓》中也认为杜甫的诗如“云片天共远，永夜月同孤”是“景在情中”、“情在景中”，好诗“情”、“景”是融为一体的。明朝论述“情景合一”更为普遍、更为系统。如前后七子多言“情景合一”，谢榛在《四溟诗话》中说：“作诗本乎情景，孤不自成，两不相背。”“诗”作为一种文学艺术作品应是由“情”、“景”两个方面结合而成，只有一个方面不能称其为佳作。又说：“夫情景相触而成诗，此作家之常也。”谢榛还说：“子美曰：细雨荷锄立，江猿吟翠屏。此语宛然入画，情景适会，与造物者同其妙……”谢榛的意思是说杜甫这两句诗就如造物者所就一样奇妙，是“情”和“景”的巧妙完美的“合一”，真得“原天地之大美”也。所以他说："诗乃模写情景之具，情融乎内而深且长，景耀乎外而远且大。"就诗是模写情景的一种文学艺术形式说，其"情"是内在于人的，"景"是外在于境的，合内外而有佳诗之作。但作成好的"情景合一"的诗是不容易的，谢榛说："凡作诗要情景俱工，虽名家亦不易。"与谢榛不同派别的公安派袁中道也以"情景合一"立论，如他在《牡丹史序》中说："天地间之景，与慧人才士之情，历千百年来，互竭其心力之所至，以呈工角巧意，其余无蕴矣。""情"、"景"相融的作品是千百年来文学家、艺术家用尽心思、以各种技巧所追求的，这点是毫无疑义的。

清初戏剧理论家李渔在《窥词管见》中说："文贵高洁，诗尚清真，况于词乎？作词之料，不过情景二字，非对眼前写景，即据心上说情，说得情出，写得景明，即是好词。情景都是现在事，舍现在不求，而求诸千里之外，百世之上，是舍易求难，路头先左，安得复有好词！"李渔认为，词也和诗文一样应在"高洁"、"清真"求得。"词"无非是由"情"、"景"而成，无论是据"眼前之景"，还是发自"心上之情"，只要能在作品中把"情"、"景"很好地表现出来，就是好词。而无论"说情"、"写景"都是词人的当下感悟，不应有时空之隔绝，如果有时空之隔，非在当下，那么作词就走错了路，是无好词的。这里李渔着重说，作词离不开"情"、"景"，能把当下之"情"、"景"表现出来才可能是好词。而"写景"应是"情中之景"，"说情"应是"景中之情"，都和当下之感受有关，离当下之感受而求之远古，是出不了好词的。如果说前此的诗文论者对"情景合一"有很多精彩论说，那么我们可以说到王夫之则使我国文学艺术"情景合一"的理论更为圆满。在王夫之的《薑斋诗话》中说："情景名为二，而实不可离。神于诗者，妙合无垠。巧者则有情中景，景中情"，"情中生景，景中生情，故曰景者情之景，情者景之情”，“情景一合，自得妙语”。王夫之认为，好的诗必是情景相融，这两方面是不能分离。有的诗虽是写“景”，但其实是“情”在“景”中；有的诗虽是写“情”，但实是“景”在“情”中。好的诗词总是“情景相融”，写“景”而“情”在其中，而写“情”则“景”藏其后，所以王夫之说：“情景虽有在心在物之分，而景生情，情生景，哀乐之触，荣悴之迎，互藏其宅。”他评张治《秋郭小寺》①说：“龙湖（按：张治有《龙湖文集》）高妙处，只在藏情于景。间一点入情，但就本色上露出。不分涯际，真五言之圣境。‘远树入孤烟’，即孤烟藏远树也，此法创自盛唐，偶一妙耳，必融目警心时方如此耳云云，乃是情中景。”诗有藏情于景者，亦有藏景于情者，但都是“情景合一”的，是“孤不自成”的。在评李白《采莲曲》②中说：“卸开一步，取情为景。诗文至此，只存一片神光，更无形迹矣。”此说李白《采莲曲》虽写采莲女之“情”，而实是“取情为景”，“景在情中”真是“情景交融”之神笔。“取情为景”，在《采莲曲》中“情”、“景”妙合无垠，了无形迹。王夫之认为上等文学艺术作品应是“情景相入，涯际不分”。因此，他认为好的文学作品无论是表现为“情中景”、“景中情”还是“情景相入”，都是“情景合一”的。所以他说：“夫景以情合，情以景生，初不相离，唯意所适，截分两橛，则情不足兴，而景非其景。”朱庭珍的《筱园诗话》卷四也颇有相似说法：“律诗炼句，以情景交融为上，情景相对次之，一联皆情，一联皆景又次之。……情景交融者，景中有情，情中有

---

① 张治《秋郭小寺》：“短发行秋郭，尘沙记旧禅。长天依片鸟，远树入孤烟。野旷寒沙外，江深细雨前。马蹄怜暮色，藤月白娟娟。”

② 李白《采莲曲》：“若耶溪边采莲女，笑隔荷花共人语。日照新妆水底明，风飘香袖空中举。岸上谁家游冶郎，三三五五映垂柳。紫骝嘶入落花去，见此踟蹰空断肠。”

景，打成一片，不可分析。”这也是说能表现“情景合一”之诗文为文学艺术之上品。王夫之在对帛道猷的《陵峰采药触兴为诗》①的评中说：“宾主历然，情景合一。升庵欲截去后四句，非也。”盖帛道猷的这首诗，前部分六句主要是写“景”的，后四句主要是写诗人之情的，但就全诗看是写“情景合一”的，如果像杨慎那样主张把后四句截去，那么这诗就不完整了，就体现不了帛道猷“情景合一”的用心。看来，王夫之在评论文学作品时处处都以“情景合一”作为标准。有清一代，讨论文学作品的“情”、“景”问题的文学评论家有很多，如方东树说：“诗人成词，不出情、景二端，……尤在情景交融，如在目前，使人津咏不置，乃妙。”(《昭昧詹言》卷七)朱庭珍说：“夫律诗千态万变，诚不外情景、虚实二端。然在大作手，则一以贯之，无情景虚实之可执也。写景，或情在景中，或情在言外。写情，或情中有景，或景从情生。断未有无情之景，无景之情也。”(《筱园诗话》卷二)施补华说：“景中有情，如‘柳塘春水漫，花坞夕阳迟’；情中有景，如‘勋业勤看境，行藏独依楼’；情景兼到，如‘水流心不竞，云在意俱迟’。”(《岘佣说诗》)这些都是从诗词方面论说“情景合一”，而其时还有从作画方面论说“情景合一”者，如清中布颜图在《画学心法问答》中说：“山水，不出笔墨、情景。情景者，境界也。古云：‘境能夺人。’又曰：‘笔能夺境。’终不如笔、境兼夺为上。……吾故谓笔墨、情景，缺一不可，何分先后。”“情景入妙，为画家最上关捩，谈何容易？宇宙之间，惟情景无穷，……”绘画要在能画出真景物、真感情，合真景物、真感

① 帛道猷《陵峰采药触兴为诗》：“连峰数千里，脩林带平津。云过远山翳，风至梗荒榛。茅茨隐不见，鸡鸣知有人。闲步践其径，处处见遗薪。始知百代下，故有上皇民。”

情而成境界，此作品体造物之妙，而成“神品”。故布颜图认为画之上品以“情景入妙”最为关键。

王国维把美学的“情景合一”论与中国的“境界”论联系在一起，可以说把这一美学理论提升到“天人合一”论的哲学高度。王国维在《文学小言》中说：“文学中有二原质焉：曰情，曰景。”意思是说，构成文学作品的最根本要素是“情”和“景”，这个观点和他在《人间词话删稿》中所说：“昔人论诗词，有景语，情语，不知一切景语，皆情语也”的思想是相关联系的。意思是说，虽然文学有“情”、“景”二原质，但“景语”要以“情语”而再现，盖“情语”尝寓于“景语”之中。这个观点在王夫之的《薑斋诗话》中也有所论说：“不能作景语，又何能作情语邪？古人绝唱多景语，如‘高台多悲风’……‘池塘生春草’，……皆是也，而情寓其中矣。”而王国维从境界论上讨论“情”、“景”问题，他说：“词以境界为最上。有境界则自成高格，自有名句。”何谓“境界”？王国维说：“境非独谓景物也，喜怒哀乐，亦为人心中之一境界。故能写真景物、真感情者，谓之有境界，否则谓无境界。”所以在王国维看“境界”一辞，除“景物”外，实当亦兼指“情意”。叶嘉莹对此解释说：“境界之产生，全赖吾人感受之作用；境界之存在，全赖吾人感受之所及，因此，外在世界在未经吾人感受之功能予以再现时，并不得称之为境界。从此结论看来，可见静安先生所标兴之境界说，与沧浪之兴趣及阮亭之神韵说，原来也是有着相通之处的。”（见《迦陵论词丛稿》）“境界”是词人之“境界”，其要在词人能否以其感情再现天地造化之功，而成“神品”；而词成“神品”之关键则在能否“情景合一”，故王国维说：“‘红杏枝头春意闹’，着一‘闹’字，而境界全出。‘云破月来花弄影’，著一‘弄’字，而境界全出矣。”此“闹”，此“弄”正是他所说之“人心中之一境界”，而“红杏枝头春意闹”、“云破月来花弄影”正是体现着“情景合一”，而为词人所得一“情景合一”之境界。诗词中的“情景合一”的境界，实是“天人合一”在审美意向上之表现。为什么王国维要从“境界”的角度来说“情景合一”，这正因为“情景合一”实是“天人合一”问题。如果我们以“真”、“善”、“美”来讨论“天人合一”、“知行合一”、“情景合一”问题，也许这三者都是一“境界”问题。①

从中国传统哲学的总体上看，我们可以说“情景合一”和“知行合一”一样，都是从“天人合一”派生出来的。“知行合一”无非要求人们既要知“天道”、“人道”，又要在生活实践中行“天道”、“人道”，而“人道”本乎“天道”，所以知且行“天道”，也就是知且行“人道”了，这就是说做到“知行合一”就能达到“天人合一”之境界，故“知行合一”要以“天人合一”为前提。“情景合一”要求人们以其思想感情再现天地造化之功，如庄子所说“圣人者，原天地之大美。”人们的思想感情于再现天地造化之功，必以“人”与“天”为一体而可能。因此，“知行合一”、“情景合一”均须是“人”主动地与“天”的“合一”。人生活在天地之中，要“做人”，也要有“做人”的乐趣，孔子说：“知之者不如好之者，好之者不如乐之者。”乐山、乐水均在当下领略天地造化之功。人要能在生活中领略天地造化之伟大功力，就必须能有体现天地造化之功力，于此而表现人之创造力、人的与天地上下同流之精神境界，而使“文”成“致文”，画成“神品”，乐成“天籁”。所以文学艺术的要求、“美”的要求应是“情景合一”的，在“景中生情，情中生景”，“情景一合，妙语自得”，在此文学艺术家即可达“天人合一”之境界，而与天地万物为一体。

---

① 参见本书《论中国传统哲学中的真善美问题》、《再论中国传统哲学中的真善美问题》。

“天人合一”是要求“人”在生生不息的“天道”变化中实现自我与“天”的认同，这是“人”对“真”的探求的过程，它体现着“天”、“人”之间的内在“合一”。“知行合一”要求“人”在生活中认知并实践“天人合一”，即在生活实践中体现“天道”、“人道”(即天人合一之道)，这是“人”在修身养性、身体力行中自我完成其“善”的成圣成贤的路径。“情”是人之情，“景”是以“天地”为景，“情景合一”是要求“人”在不断深化其思想感情而感受天地造化之功，“原天地之大美”，而达到“情景交融”的美的境界。中国哲学关于“真”、“善”、“美”之所以可用“天人合一”、“知行合一”、“情景合一”来表述，这正体现着中国传统哲学以追求一种理想的人生境界为目标，而“天人合一”正是中国的一种在“人”与天地万物之间有着相即不离的内在关系的世界观和思维方式。

2007 年 12 月 10 日完成初稿

2008 年元旦修改完成定稿

论儒家哲学中的内在性与超越性*

一个民族的哲学有它的源起，就像一个民族的文化有它的源起一样。但是，一个民族的哲学的源起又和一个民族的文化的源起不同，一个民族的文化从有这个民族就有了，然而并不是有了这个民族就有了这个民族的哲学。有些民族很可能一直处于没有创造出它自身的哲学体系的阶段，甚至可以在这个民族还没有自己的民族哲学时就完全衰落以至于灭亡了或者完全接受其他民族的哲学而继续存在着。中华民族是一个包含着许多民族的广泛名称，这个民族从野蛮时期进入文明时期至少有四五千年了，但是这个民族的哲学、特别是形成较为完整体系的哲学应是产生在春秋末期。

在春秋末期，中国产生了几个伟大的哲学家，孔子、老子、墨子等等。照说老子是早于孔子，但《老子》这部书却是形成于战国时期，因此把孔子看成中国最早的一个真

---

* 本篇原收入《季羡林教授八十华诞纪念文集》，南昌，江西人民出版社，1991。

正的哲学家也许是可以的。在现存的《论语》一书中包含着许多长期影响着中国哲学发展的哲学问题。我认为其中有一个很重要的问题就是关于“超越性和内在性”的问题。照我看这个问题应是一个真的哲学问题，有了真的哲学问题才可能有为解决这个问题而存在的哲学理论体系。

在《论语》中记载了子贡的一段话：“夫子之言性与天道不可得而闻也。”这句话非常重要，因为它是一个真正的哲学问题。为什么孔子的“天道”与“性命”的问题不可得而闻呢？这就是因为所谓“天道”的问题是个宇宙人生的“超越性”的问题，而所谓“性命”的问题则是一个宇宙人生的“内在性”的问题，这两个问题本来都是形而上的哲学问题，照中国哲学的说法它是“超言绝象”的。“超言绝象”自然不可说，说了别人也不懂，所以子贡才说了上面引用的那段话。那么超越性的“天道”如何去把握，内在性的“性命”如何去体证，这两者的关系究竟如何，就成了中国哲学的重要课题。儒家从孔孟一直到程朱陆王，他们的哲学大体上都是在解决或说明这两个相互联系的问题。儒家哲学是如此，中国传统哲学的另一大系道家又何尝不是如此。老子《道德经》五千言所言“道”、“德”，所谓“道”是一超越性的本体，而所谓“德”则是指得之于“道”的“内在性”。当然庄子更是如此了。由于道家不是本文讨论的范围，我将在另一篇文章《论老庄哲学中的超越性和内在性问题》一文中阐述，这里就不去讨论了。

儒家哲学中的“超越性”和“内在性”指什么，当然可以有各种各样的解释，但据上引子贡的那段话看，所谓“内在性”应是指“人的本性”，即人之所以为人者的内在精神，如“仁”，如“神明”等等；所谓“超越性”应是指宇宙存在的根据或宇宙本体，即“存在之所以存在者”，如“天道”、“天理”、“太极”等等。而儒家哲学的“超越性”和“内在性”是统一的，或者说是在不断论证着这两者是统一的，这样就形成了“内在的超越性”或“超越的内在性”的问题。“内在的超越性”或“超越的内在性”就成为儒家哲学“天人合一”的思想基础，是儒家所追求的理想境界，也是儒家之所以为儒家的精神所在。我这样说，正是因为子贡把孔子关于“性命”与“天道”问题同时提出来，所以这两个问题实为一个问题的两面。

子贡说：“夫子之文章，可得而闻也；夫子之言性与天道，不可得而闻也。”其实《论语》一书所讲的许多都是和“天道”与“性命”有关的问题，大概子贡还没有真正了解孔子和孔子哲学。孔子说：“古之学者为己，今之学者为人。”这句话非常重要，“为己之学”应是一内在性问题，即“做人”应发挥其内在的精神来实现其自我完善；“为人之学”是表现在外的，它带有很大的功利性。荀子说：“古之学者为己，今之学者为人。君子之学也，以美其身；小人之学也，以为禽犊。”(《劝学》，杨倞注：“禽犊，馈献之物。”)《论语集注》，“程子曰：为己欲得之于己也，为人欲见知于人也。”可见“为己之学”是一种内在精神的体现，它可以不受外在环境的影响，所以孔子说：“为仁由己，而由人乎哉!”孔子常称赞他的弟子颜回说：“贤哉，回也！一箪食，一瓢饮，在陋巷。人不堪其忧，回也不改其乐。贤哉，回也!”这是说的一种内在的精神境界，它可以不受客观条件的影响。这种“为己之学”不仅是内在的，而且是超越的。照孔子看，“为己之学”就是“尧舜之道”，他说：“唯天为大，唯尧则之。”所以尧舜的精神是神圣的、永恒的，因此也是超越的。但儒家思想中的“超越性”并非不与世事，并非外在于世间的，而是超世间又即世间的。孔子说：“朝闻道，夕死可矣。”“道”是超越的，但闻道的人可以为“道”而舍弃一切，这正是一种“内在的超越精神”，是可以做到的。也许最能代表孔子的内在的超越精神的应该是他说的他自己的实现其“为己之学”的过程，他说：“吾十有五而志于学，三十而立，四十而不惑，五十而知天命，六十而耳顺，七十而从心所欲不逾矩。”“知天命”是知“天道”之超越性，故仍以“天”为知的对象；“六十而耳顺”，朱熹注说：“声入心通，无所违逆，知之之至，不思而得也。”“知之之至”是说“知”达到了顶点而至于“不思而得”的境界，此乃是发挥其“内在性”的体现。郭象《庄子序》说庄周虽“可谓知本”，但仅仅是达到“应而非会”的境地，所以庄子只是把“道”看成是“知”的对象，而还达不到与“天道”会合的地步，孔子至六十而可与“天道”会合了。至“从心所欲不逾矩”则达到了完全的“内在的超越”境界了，或者说这就是儒家哲学所体现的“内在的超越”精神所在，“天道”不仅是超越的，而且是内在的，因此它本身就是“内在超越的”，“人性”同样不仅是内在的，而且是超越的，因此它本身也是“内在超越的”。由此可见，我们说孔子的哲学是中国传统哲学的源头，从这方面看也许不为过。

当然本来在孔子思想中也有若干“外在超越”的因素，不过这方面没有得到发挥。例如孔子说：“君子有三畏：畏天命，畏大人，畏圣人之言。”此处的“畏天命”实是把“天”看成一种外在的超越力量。但是我们从《论语》中可以看到，在孔子思想中这种以外在超越形式出现的“天”多半是以一种情绪化的语言表达出来的，没有多少理论上的意义，如他说：“获罪于天，无所祷也”；“天生德于予，桓魋其如予何？”“不怨天，不尤人，下学而上达，知我者其天乎？”据《论语》记载：“颜渊死，子曰：‘噫，天丧予，天丧予！’”“子见南子，子路不说，夫子矢之曰：‘予所否者，天厌之，天厌之！’”如此等等。从这些情绪化的言语中，我们可以看出孔子并非认真地把“天”看成是对人有绝对影响的外在的超越力量。当然孔子思想中还有所谓“命”的问题，最典型的就是“死生有命，富贵在天”这句话了。所谓“死生有命”，无非是说生和死是客观存在的事实，人是无能为力的；而“富贵在天”，此“天”可以理解为“天生如此”，这正是当时中国社会的宗法等级制度的体现。因此，我们说孔子思想的基本方面是一种以伦理道德为基础的人生哲学或人文思想，而非一种典型意义的宗教，只能说他的思想带有某种宗教性。总之，孔子哲学是以“内在超越”为特征的。

继孔子之后有孟子，孟子充分发挥了孔子哲学中“内在性”的思想，他说：“尽其心者，知其性也。知其性，则知天矣。”这表现了孟子由知“人”的“内在性”而推向知“天”之“超越性”。照孟子看，人人都有“恻隐之心”、“羞恶之心”、“辞让之心”、“是非之心”，此四端为人之内在所具有的，发挥它就可以达到“仁”、“义”、“礼”、“智”等人之本性，这是“天”所赋予的，而“天”是至高无上的，故为超越性的。所以孟子又说：“存其心，养其性，所以事天也。”又说：“莫之为而为者天也，莫之致而至者命也。”非人力所能做成的是“天”，非人力所能达到的是“命”。盖“天命”是一超越的力量。这里或者可能产生一个问题，是否可以说孟子认为有一个外在超越性的“天”？我想也许并非如此。我们知道，古希腊哲学有这样的问题。在柏拉图和亚里士多德那里大体上是把世界二分为超越性的本体与现实的世界。其后基督教更是如此，有一外在的超越性的上帝。在孟子哲学中至少这个问题没有那么突出。照孟子看，“天”虽然是超越的，但并非与人对立而外在于人，这点我们可以从以下两方面来看：第一，孟子把“天道”和“人道”看成是统一的，他说：“诚身有道，不明乎善，不诚其身矣。是故诚者，天之道也；思诚者，人之道也。至诚而不动者，未之有也；不诚，未有能动者也。”使自己完成“诚”的方法首先要明白什么是“善”，所以“诚”虽然是“天之道”，但追求“诚”则是“人之道”，能实现“诚”就能动天地。这里的关键在“明乎善”，“善”乃“天道”和“人道”之本，朱熹说；“天理乃至善之表德”，盖此之谓也。第二，由《万章上》“万章曰：尧以天下与舜有诸”一节可见。孟子引《泰誓》“天视自我民视，天听自我民听”，以说明超越性的“天”并不脱离现实性的“人”，此可谓“超越性寓于现实性”之中。而“民”之所以接受舜，是在于他们都有一内在的“善性”，所以归根到底“天道”的超越性与“人性”的内在性是统一的。因此，“天道”与“人性”均为“内在超越”的。孟子的哲学也是一种以“内在超越”为特征的思想体系。

《易经》的《系辞传》长期以来虽有以为是先秦道家思想之发展，但我认为从总体上看仍当属儒家，至少以后的儒家多发挥《系辞》以建立和完善其形而上学体系，故《系辞》仍应属儒家哲学系统。《系辞》中说：“一阴一阳之谓道，继之者善也，成之者性也，仁者见之谓之仁，知者见之谓之知，百姓日用而不知，故君子之道鲜矣。”此说“天道”变化深不可测，故仁者见仁，智者见智。虽深不可测，但“顺继此道，则为善也；成之在人，则为性也”(伊川语)。它仍为人性之内在根据。盖“人性”从“道”而来，所以从根本上说它是善的。由此“天道”之超越性而之“人性”之内在性(善)。《系辞》又说；“形而上者谓之道，形而下者谓之器，化而裁之谓之变，推而行之谓之通，举而错之天下之民谓之事业。”这里的“道”就是“一阴一阳之谓道”的“道”，把“道”和“器”相对用“形上”、“形下”提出，就更肯定了“道”的超越性。《易经》系统可以说建构了一种宇宙存在的模式，它“范围天地之化而不过，曲成万物而不遗”，所以它是超时空的，是天地的准则，“易与天地准，故能弥伦天地之道”。这就是说，“易”的系统中的形而上的原则和自然社会的原则是一一相当的，所以它包罗了“天地之道”，任何事物都不能离开“道”，都不能违背“道”。因此，照我看《易传》哲学和孟子哲学相比，它是由“天道”的超越性推向“人性”的内在性，而不是像孟子那样由“人性”的内在性推向“天道”的超越性。但两者都认为，“天道”的超越性和“人性”的“内在性”从根本上说是统一的，是不能分开的，所以《易传》仍是一以“内在超越”为特征的思想体系。

宋明理学是儒家思想发展的第二期，从根本上说它是在更深层次上解决着孔子关于“性与天道”的问题，从而使儒家哲学“内在超越性”的特点更加系统和理论化了。程朱的“性即理”和陆王的“心即理”，虽入手处不同，但所要解决的问题仍是一个。程朱是由“天理”的超越性而推向“人性”的内在性，陆王则由“人性”的内在性而推向“天理”的超越性，以证“性即理”或“心即理”，而发展了儒家哲学“内在超越性”的特征。

如果说先秦的儒家大体上是求证“天道”的超越性和“人性”的内在性是一致的，那么到宋明理学中“天理”和“人性”都表现为“内在的超越性”，而成为同一问题的两面了。因此，在宋明理学中说“超越性”即是说“内在的超越性”，说“内在性”即是说“超越的内在性”，这样中国儒家哲学的特征就更为突出了。

程朱的“性即理”的理论是建立在“天人非二”的基础上的，程颐说：“天有是理，圣人循而行之，所谓道也。”故“道一也，未有尽人而不尽天地也，以天人为二非也。”“天理”不仅是超越的，而且是内在的，这是因为它不仅是一个超越的客观标准，“所以阴阳者道”“所以开阖者道”；而且是一内在的主体精神，“穷理尽性至命，只是一事”，“性即理也，所谓理，性是也。天下之理，原其所至，未有不善。”程颐又说：“在天为命，在义为理，在人为性，主于身为心，其实一也。”这就是说，存在于人身上的理就是心性，心性与天理是一个。天理是客观的精神，心性是主观的精神，客观的精神与主观的精神只是一个内在的超越精神。朱熹虽认为“天理”从原则上说是可以先于天地万物而存在的，如说：“未有天地之先，毕竟也只是先有是理，便有此天地。若无此理，便亦无天地，无人，无物，都无该载。”但是，“天理”并不外在于人、物，故朱熹说：“理无情意，无计度，无造作，只此气凝聚处，理便在其中。”所以“天理”虽为超越性的，却并非外在超越性的，而是为内在超越性的。朱熹又说：“性只是理，万理之总名。此理亦只是天地间公共之理，禀得来，便为我所有。”钱穆《朱子新学案》中说：“此是说天理禀赋在人物为性。”所以“性即理”。朱熹更进一步认为：“心、性、理，拈著一个，则都贯穿。”这就是说：从“心”、从“性”、从“理”无论哪一个说，都可以把其他二者贯通起来，这是因为“性便是心之所有之理”，“心便是理之所会之地”。“心”、“性”、“理”从根本上说实无可分，理在性而不离心，所以“天理”既为内在超越的，“人性”亦为内在超越的。

“心即理”是陆象山的根本命题，他在《与李宰书》中说：“人皆有是心，心皆具是理，心即理也。”“心”何以是“理”？他论证说：“心，一心也；理，一理也。至当归一，精义无二，此心此理实不容有二。”这就是说，人人的心只是一个“心”，宇宙的理只是一个“理”，从最根本处说只是一个东西，不可能把心与理分开，所以心就是理。那么什么是“心”？陆象山所谓的“心”又叫“本心”，他解释“本心”说：“恻隐，仁之端也；羞恶，义之端也；辞让，礼之端也；是非，智之端也，此即是本心。”“本心”即内在的善性。“本心”不仅是内在的善性，而且是超越的本体。照象山的弟子看“象山之学”是“道德、性命、形上的”，所以如此，盖因象山以“人心至灵，此理至明；人皆有是心，心皆具是理”。因此，“本心”并不受时空的限制，“万物森然于方寸之间，满心而发，充塞宇宙，无非此理。”“心”既是内在的又是超越的，故“理”

也是既是内在的又是超越的。

王阳明继象山之后，倡“心外无理”，此当亦基于其以“心”为内在而超越的，“理”亦为内在而超越的，如他说：“心即理也，此心无私欲之蔽，即是天理，不须外面添一分。”人之心如不被私欲所蒙蔽，即可充分发挥其内在的本性(良知)而达到超越境界，这是不需要任何外在超越力量所强制的。盖儒家学说无非教人如何“成圣成贤”，即寻个所谓“孔颜乐处”。照王阳明看，如果人能致其良知，则可达到圣人的境界，他说：“自己良知原与圣人一般，若体认得良知明白，即圣人气象不在圣人而在我矣。”“体认得良知”即可超越自我而与圣人同，所以他说：“良知是造化的精灵，这些精灵，生天生地，成鬼成帝，皆从此出，真是与物无对，人若得他完完全全，无少亏欠，自不觉手舞足蹈，不知天地间更有何乐可代。”充分发挥良知、良能即是圣人，即入天地境界(借用冯友兰先生《新原人》用语)，此天地境界是即世间又超世间的。如何达到此超越的天地境界，照王阳明看，盖因“知(按：指‘良知’)是心之本体，心自然会知，见父母自然知孝，见兄自然知弟，见孺子入井自然知恻隐，此便是良知，不假外求。”“良知”是人之所以为人者的内在本质，不是由外在力量给予的。因此必须靠自己的力量来使之充分发挥作用，这样才能达到圣人的悟道的超越境界，阳明说：“道之全体，圣人亦难与人语，须是学者自修自悟。”(以上王阳明语均见《传习录》)可见王阳明的“心外无理”，亦当其于其“心”为内在而超越的，故其“理”亦为内在而超越的，其哲学体系也是以“内在超越”为特征的。

总上，程朱与陆王学说入手处虽不同，然其所要论证者均为天道与性命合一的，以内在超越为特征的哲学体系。

据以上所说，我们或可得出以下结论：

第一，儒家哲学是一种以“内在超越”为特征的思想体系，这一思想体系对中国社会影响甚巨。盖因儒家哲学虽也提倡“礼”这一外在的规范作用，但它从来就认为“礼”这种外在规范必须以内在的道德修养或内在的本心的作用为基础，孔子说：“人而不仁，如礼何?”即此意也。《大学》首章中说：“物格而后知至，知至而后意诚，意诚而后心正，心正而后身修，身修而后家齐，家齐而后国治，国治而后天下平。自天子以至于庶人，壹是皆以修身为本，其本乱而末治者否矣。”(重点为笔者所加)照儒家看，道德修养为一切之根本，社会之兴衰治乱均以道德之兴废为转移。为什么儒家特别强调人的内在的心性修养，我想这很可能和中国古代社会是以亲亲的宗法制为基础的社会有关，一切社会关系都是从亲亲的宗法关系推演出来的，《论语》载有子说：“孝弟也者，其为仁之本与”。儒家所要求维护的人际关系从根本上说是要用道德来维系的，而不是由法律来维系，因而在中国长期的封建专制社会里儒家思想就有一种泛道德主义的倾向，它往往把政治道德化，也把道德政治化，维系社会主要靠“人治”，而不是靠“法治”。因此，我们是否可以说，一种以“内在超越”为特征的哲学思想体系是不利于建立维系社会的客观有效的政治法律制度的。

第二，四百年前西方的一位传教士利玛窦曾经评论过儒家学说之得失，他说过不少赞美儒家道德学说的话，但他同时也提出：“吾窃贵邦儒者，病正在此常言明德之修，而不知人意易疲，不能自勉而修；又不知瞻仰天主，以祈慈父之佑，成德者所以鲜见。”(引自《天主实义》)如上所述，儒家哲学与西方哲学与宗教很不相同，古希腊哲学在柏拉图、亚里士多德那里大体上把世界二分为超越性的本体与现实世界，其后基督教更要有一个外在超越性的上帝，而儒家哲学则是以“内在超越”为特征的。利玛窦认为，仅仅靠人们自身的内在道德修养是很难达到完满的超越境界，必须有一至高无上的外在的超越力量来推动，因此要有对上帝的信仰。这里我们不想来评论中西哲学的高下，中西哲学自各有其自身的价值，都是人类文化中的宝贵财富。但西方社会为什么比较容易建立起客观有效的政治法律制度，我认为不能说和西方哲学与基督教无关。

第三，如果说宋明理学为儒学在中国的第二期发展，那么儒家思想可不可能有第三期发展呢？20 世纪 20 年代后，中国一些学者提倡儒学，这是在中国传统哲学受到西方思想的冲击后，又是在人类社会走向科学与民主的时代的背景下，他们希望找到儒家在现代社会中的价值所在。对这些学者所继承和发挥或建立现代的儒学是否可以视为第三期儒家姑不论，因为这个问题太大，太难作出判断。我只是想说，儒家如果可以有第三期发展，就必须解决两个问题：即能否由此以“内在超越”为特征的“内圣之学”开出适应现代民主社会要求的“外王之道”来，和能否由此以“内在超越”为特征的“心性之学”开出科学的认识论体系来。照我看也许困难很大。因为以“内在超越”为基础的“天道性命”之学基本上有着泛道德主义的倾向，它把道德性的“善”作为“天道性命”的根本内容，过分地强调人自身的觉悟的功能和人的主观精神和人的内在善性，要求人由其内在的自觉性约束自己。这样的结果可以导致“圣王”的观念，以为靠“圣王”就可以把天下治理好。但人并不能仅仅靠其内在的善性就自觉，多数人是很难使其内在的超越性得到充分发挥的，所以“为己”之学只是一种理想，只能是为少数人设计的。而且实际上也不可能有什么“圣王”，而往往造就了“王圣”，即以其在“王”(最高统治者)的地位就自己认为或被别人推崇是有最高道德和最高智慧的“圣人”，这样势必造成不重“法治”，而重“人治”的局面。当然我无意否认这一“为己”之学对人类文化的贡献，更无意否定以内在超越为特征的哲学的特殊价值，因为它终究是人类的一个美好理想。但是，我们面对现实社会，是否也应要求一种“外在超越”的哲学呢？我想也是必需的。对于人类社会来说，要求有一种外在超越的力量来约束人，例如相信外在超越力量的宗教和西方哲学中外在的超现实世界的理论，以及与这种宗教、哲学相适应的政治法律制度，这套政治法律制度的哲学基础也是根据其外在超越性的。如果以“内在超越”为特征的中国传统哲学能充分吸收并融合以外在超越为特征的宗教和哲学以及以此为基础的政治法律制度，使中国传统哲学能在一更高的基础上自我完善，也许它才可以适应现代社会发展的要求。我认为，这个问题也许应是可以认真讨论的一个问题。

论老庄哲学中的内在性与超越性*

如果说先秦儒家（主要指孔子和孟子）是以道德理想的提升而达到超越自我和世俗的限制，以实现其超凡入圣的天人合一的境界，那么先秦道家（主要指老子和庄子）则是以其精神的净化而达到超越自我和世俗的限制，以实现其对自由的精神境界的追求。如果说先秦儒家采取的是一种积极肯定人生、提高道德修养的方法来实现其超越，那么先秦道家则是以消极否定人欲、减损人为的方法来实现其超越。先秦儒家和道家的两种超越，虽不相同，但他们的哲学都是以“内在超越”为特征，同样表现了与西方哲学的不同。

《老子》这部书成于何时尚有争论，这不是本文要讨论的问题，但我们大体总可以说它成书在《庄子》以前；而《庄子》又分内外杂三篇，显然也非一人所作，但我们大体上可以认为《内篇》为庄周本人的作品，而与《内篇》思想相结合的外杂篇中的内容，也应认为是庄子或庄子一派的思想。

---

* 本篇原载《中国哲学史》1992 年 1 月创刊号。

老子哲学中最基本的概念是“道”，但在《老子》书中“道”却有多种涵义，这个问题我在《魏晋南北朝时期的道教》(陕西师范大学出版社1988年版)一书中已有论述，兹不赘述。不过我们可以说，老子的“道”的最基本的涵义应是超越性的永恒的普遍原则。《老子》第1章中说：“道可道，非常道。”这就说明“道”(常道)是不可言说、超于经验的，它是“众妙之门”。“道”无形无象，但却是最真实的永恒的存在，《老子》第4章中说：“道冲而用之或不盈，渊兮，似万物之宗……湛兮，似或存。”此处是从“道”的永恒性普遍性以说明“道”和天地万物的关系。“道”是万物的“宗主”，此处“宗主”可了解为“道”是作为天地万物之本体而存在。“道”虽为天地万物之本体，但就其本身说却与天地万物根本不同。《老子》第四十章中说：“天下万物生于有，有生于无。”天下万物皆为具体之物，皆为“有”(有名有形有象)，都有其规定性，而“道”是无名无形无象的，它无任何规定性，“无任何规定性”即是说对它不能在经验中有所肯定。所以在《老子》第十四章中说：“道”是“视之不见”的，“听之不闻”的，“搏之不得”的，甚至是不能言说的，“此三者不可致诘”。但它又是“无状之状”、“无象之象”，以无为象，故可是万物之本。盖因无形可成就一切形，无象可成就一切象，无名可成就一切名。这里必须说明，“道”作为超时空、超感官经验永恒普遍原则或事物的本体，它虽是无名无形无象，或名之为“无”，但并非不存在，而是说它是作为形而上的永恒的普遍的原则或事物的本体而存在。因其为超越的，故只能用“无”(无规定性)来说明，因其性为“无”，故《老子》书中也常用“自然无为”来说明“道”的特性。如第二十五章中说：“人法地，地法天，天法道，道法自然。”第三十章中说：“道常无为而无不为。”“无为”才能成就一切。

我们说“道”是天地万物存在的普遍原则或本体，这往往会引起争论。因为在《老子》书中，老子对“道”与天地万物的关系确有不同说法，如以万物皆从“道”生出，第四十二章中说：“道生一，一生二，二生三，三生万物……”似乎“道”为一主宰者，而产生万物。不过此处的“生”或可不作“生出”、“生成”解，而作“成就”解，那么上引的那段话或可以解释为：有“道”这一普遍原则才可以有依据这一普遍原则而有统一的天地万物。当然，这样解释也不尽合老子原意。那么我们或者可以说老子在他的书中常从不同角度对“道”的观念有不同的解释：如果说“道可道，非常道”中的“道”是普遍原则意义上的“道”，这个“道”是形而上的，它是本体论的问题，而“道生一……”中的“道”是就宇宙构成意义上说的，它是宇宙构成论的问题。老子大概没有把这两个问题分清。对此，我们似乎也不能要求两千多年前的一位中国哲学家的体系全无矛盾，故对此也可存而不论。不过我们可以说《老子》书中的“道”作为永恒普遍的形而上的原则在老子哲学中更为重要，甚至对中国哲学的影响也更为重要。

在《老子》书中另一重要概念是“德”，应可解释为得之于“道”的“德性”(性质)，盖因“德者，得也”。天地万物之成为天地万物是根据了“道”而成为天地万物的。第二十一章中说：“孔德之容，唯道是从。”“孔者，大也”，“大”可以有无所不包的意思，无所不包的各式各样的天地万物是根据“道”而存在的。天地万物当然包括人，因此人的“德”(人之所以为人者)也就是得之于“道”的内在本质(本性)。第五十一章中说：“道生之，德蓄之。”“道”是天地万物存在的原则，因此它是超越于天地万物的；“德”是天地万物存在的根基，因此它是天地万物的内在本质。

人是天地万物之一，但它是天地万物中之特殊者，那么人能否因其内在的特殊本质而得以超越自我的限制，也超越天地万物的限制呢？照老子看，人是有可能依其内在的本质而达到超越，当然并不是所有的人都可以超越自我和天地万物的限制。在《老子》第二十三章中说："故从事于道者，道者，同于道；德者，同于德；失者，同于失。同于道者，道亦乐得之；同于德者，德亦乐得之；同于失者，失亦乐得之。"这里老子说得很分明，在人中间至少可分三等，一种是完全可以根据"道"来净化自己，这样他就可以与超越性的"道"同体，故王弼注说："道以无形无为成济万物，故从事于道者，以无为君，不言为教，绵绵若存，而物得其真，与道同体，故曰同于道。"这里可以注意者，是要说明：从事于道者应与"道"的特性"无为"、"无名"等相应。"德者，同于德"，王弼注论："得，少也，少则得，故曰得"。《老子》第二十二章说："少则得，多则惑。""少"不等于"无"，因第四十八章中说："为道日损，损之又损，以至于无为。"只有减少到"无"的程度才能"同于道"。因此，"从事于德"者是说，要根据"少则得"的原则才可以保存其从"道"而有的内在本质（德）。"失者，同于失"，王弼注说："失，累多也。累多则失，故曰失也。"这里的意思是说，"从事于失"者因其为众多事物（事务）所迷惑而受累，从而失去其内在本质，而与"失"同体。由此可见，老子认为只有从事于道者可以达到与"道"同体，即这种人可以根据其从"道"而有的内在本性（德），"损之又损"，达到无知无欲的地步，从而达到超越的境界。

前面我们已经说到，老子的"道"是无名无形的超越时空的永恒原则或超越性的本体，它以"自然无为"为特性。因此，人要达到"同于道"的超越境界，必须做到"自然无为"，排除一切人为的东西，使自己的精神完全净化，从而达到不为一切世俗所限的超越境界。照老子看，"知识"是一种人为的东西，知识越多，违反自然本性的欲望也就越多，这样离开"道"也就越远，所以他说："为学日益，为道日损，损之又损，以至于无为，无为而无不为。”“道”不属知识的范围，因为它是超于名言的，如果把它作为一种知识来看，那么它就是“可道”之“道”，而不是“不可道”之“常道”。因此，人们要达到与“道”同体，不仅不必向外追求，而且要把一切从外界得到的知识统统排除掉。《老子》第四十七章中说：“不出户，知天下；不窥牖，见天道；其出弥远，其知弥少。是以圣人不行而知，不见而名，不为而成。”“道”不属知，把它作为知识对象，那就是把绝对的相对化了，把超越的世俗化了，圣人为道，自不必外求，要“绝圣去知”。可见，“道”对人们来说不是认识问题，而是自我内在精神的净化。

人要达到“同于道”的超越境界不仅要排除一切人为的知识，而且要排除一切违反自然本性的人为的道德和人为的欲望、爱好等等。《老子》第十八章中说：“大道废，有仁义。慧智出，有大伪。六亲不和，有孝慈。国家昏乱，有忠臣。”“仁义”等等都是人为的东西，它不符合“自然无为”的原则，它不仅远离了“道”，而且破坏了人的自然本性，只有把这些世俗强加给人的道德规范排除掉，人才可以恢复符合“道”所要求的原则，所以他说：“绝仁弃义，民复孝慈。”这里的“孝慈”是指符合“道”的人的内在本性。《老子》第十二章说：“五色令人目盲，五音令人耳聋，五味令人口爽，驰骋畋猎令人心发狂，难得之货令人行妨”。对“五音”、“五色”、“五味”、“畋猎”、“难得之货”等等的追求，就会使得人心越来越远离其内在的自然本性，所以老子把“朴”看成是符合自然的“美”。(《庄子·天道》：“朴素而天下莫能与之争美”，此可为老子“见素抱朴”之注脚)《老子》第四十一章中说：“大音希声，大象无形，道隐无名。夫唯道，善贷且成。”无声之音才是“大音”，无形之形才是“大形”，无名之名才是“大名”。“大”者无所不包也。盖因无声之音才可以作成一切音，无形之形才可以作为一切形，无名之名才能包罗万象，只有“道”才是如此。人如果要效法“道”就必须排除其对某种事物的爱好，因为有爱好就有执著，不能自由自在，不能无莫无适，只有无所偏爱才能合于“道”，与“道”同体。

照老子看，在人排除了一切人为的东西之后，这样一切世俗的东西都被消解了，得到了净化，“无私无欲”，无所追求，而成为精神上自由的人，这就是老子所说的与“道”同体的“无为而无不为”的精神境界。老子说：“道常无为而无不为。”王弼注：“顺自然也”，“万物无不由之以始以成也。”用冯友兰先生《新原人》的四种境界说来分析老子的思想，我们也许可以这样解释，人本来处于“自然状态”，这种“自然状态”本来是合乎人的本性的，因而也是合乎“道”的，但这种状态是人的一种“自在”状态，是没有自觉的，故并未超越。如果经过对功利境界和道德（如仁义等）的否定，而后觉悟到应该恢复到“自然状态”，这当然从人生境界上说就和原来的“自然状态”完全不同了，这是经过精神的升华和净化而与“道”同体的天地境界。要达到这种与“道”同体的超越境界完全靠自己内在本性（德）的升华，老子的升华不是要肯定什么，而是要否定世俗的一切，净化自我。因此，老子哲学无疑也是一种以“内在超越”为特征的哲学。

《庄子》书中的第一篇叫《逍遥游》，这篇的主旨是讨论人所追求的最高境界应是一种精神上绝对自由的超越境界。第二篇《齐物论》以及《大宗师》等篇则是讨论人如何才能达到这种精神上绝对自由的超越境界。照庄子看，大鹏水击三千，扶摇九万；列子御风，日行八百，看起来是够自由的，但实际上并不完全自由。大鹏水击三千，飞行九万，需要广大的空间；列子日行八百里，又得靠风力，都是“有待”（有所待，即要有一定的外在条件），因此只有“无待”（无所待，即不要靠任何外在条件）才能达到真正自由的超越境界。所谓“无待”只是说不要任何外在条件，并不是说内在条件也不要。在《逍遥游》中说："若夫乘天地之正，而御六气之辩，以游无穷者，彼且恶乎待哉！故曰：至人无己，神人无功，圣人无名。"（按：着重点为笔者所加）分析起来，这几句话中大概有三个问题需要说明，第一，庄子认为"至人"（按："至人"、"神人"、"圣人"在此处名虽不同，实则为一）是"无待"的，"彼且恶乎待"，他们还有什么要依待的呢？这是庄子要得到的结论。第二，那么"乘天地之正"、"御六气之辩"岂不是仍有所待吗？其实庄子这里所说的"乘天地之正"、"御六气之辩"并非说的"至人"要靠什么外在条件，而是说的一种心理活动，要求以内在精神力量，超越外在条件的限制，以达到天地境界。因为顺应自然的规律，把握六气的变化只能由人的主观精神力量来实现。第三，为什么"至人"可以用自己内在的精神力量超越外在条件的限制？盖因"至人无己，神人无功、圣人无名"。所谓"无己"就是《齐物论》中说的"吾丧我"，这是说让真正的自我从功名利禄、是非善恶，直至自己的形骸的限制解脱出来，而达到"与天地精神独往来"的精神境界。（按：着重点为笔者所加）所谓"无功"即言"无为"，与老子的"无为"大体相当，即破除一切人为的限制，消解世俗一切的束缚。所谓"无名"意谓无所追求，超世越俗，无莫无适，《刻意》篇中说："圣人之生也天行，其死也物化，……去知与故，循天之理，……虚无恬淡，乃合天德。"圣人当一切顺应自然。可见，"无己"、"无功"、"无名"均有"无待"义，即都是说"至人"等要达到逍遥游放的目的，就必须去掉一切外在的限制，靠自己的精神力量，"以游无穷"。所谓"游无穷"者，即游乎"无何有之乡"也。

《齐物论》开头有一段南郭子綦与他的弟子颜成子游的一段对话：

南郭子綦隐机而坐，仰天而嘘，荅焉似丧其耦。颜成子游立侍乎前，曰：何居乎？形固可使如槁木，而心固可使如死灰乎？今之隐机者，非昔之隐机者也。子綦曰：偃，不亦善乎，而问之也！今者吾丧我，汝知之乎，汝闻人籁而未闻地籁，汝闻地籁而未闻天籁夫！

这段话涉及的问题很多，但与本题有关可以注意之点有二：第一，南郭子綦作为一位隐士，他达到了一种“荅焉似丧其耦”的境界，即进入了一种超越对待的忘我的境界，这种“形如槁木”、“心如死灰”的境界使他的弟子颜成子游大吃一惊而发问，而南郭子綦把这种境界叫作“吾丧我”的境界。第二，“吾丧我”的境界是一种什么样的境界呢？南郭子綦并未正面回答，而用“人籁”、“地籁”、“天籁”的不同来启发他的弟子的觉悟。关于“人籁”、“地籁”、“天籁”的不同此处不能详细讨论，但从南郭子綦对“天籁”的说明可以看出，他所强调的是由《齐物论》一章要求取消对人的主体的一切外在的限制，可以看出庄子认为大小、美丑、是非等等都是人为的外在的对待，是一种似是而非的意见，是自己把自我束缚在世俗之中的精神枷锁，必须超越这些相待，才能达到“天地与我并生，万物与我为一”的自由自在的精神境界。《齐物论》最后一段讲了一个“庄周梦蝴蝶”的故事，他说：

昔者庄周梦为蝴蝶，栩栩然蝴蝶也，自喻适志与，不知周也。俄然觉，则蘧蘧然周也。不知周之梦为蝴蝶与，蝴蝶之梦为周与？周与蝴蝶，则必有分矣。此之谓物化。

庄周与蝴蝶虽必有分，但这只是形体上之分，故不必执著这个分别，如执著这种分别，那就不能外生死、齐是非，而陷于把自己和天地万物对立起来的境地，这如何得以自由自在，使自己达到超越的精神自由的境界呢？要超越外在的一切，首先必须超越有限的自我的限制，以达到“吾丧我”或“无我”的境界。“吾丧我”即是“无己”，在《大宗师》中有展开的说明：

> 颜回曰：回益矣。仲尼曰：何谓也？曰：回忘仁义矣。曰：可矣，犹未也。他日，复见，曰：回益矣。曰：何谓也？曰：回忘礼乐矣。曰：可矣，犹未也。他日，复见，曰：回益矣。曰：何谓也？曰：回坐忘矣。仲尼蹴然曰：何谓坐忘？颜回曰：堕肢体，黜聪明，离形去知，同于大通，此谓坐忘。仲尼曰：同则无好也，化则无常也，而果其贤乎！丘也请从而后也。

这一段说明，所谓“无己”或“吾丧我”要以“无待”为条件，“无待”则要求否定一切外在条件和外在力量。据此上引文，首先要否定世俗的道德观念，“忘仁义”。否定“仁义”在《庄子》中处处可见，如说：“是非以仁义易其性”(《骈拇》)，“攘弃仁义，而天下之德使玄同”(《胠箧》)等等。盖“仁义”是人为的，它违反人的本性，如果人能抛弃“仁义”，不仅可以恢复人之自然本性(真性)，而且可以使天下的事物各得其所，成为符合自然要求的统一体。其次要否定“礼乐”，“忘礼乐”，《马蹄》篇中说：“道德不废，安取仁义；性情不离，安用礼乐。”自然之性不被离弃，那么要什么“礼乐”之类，所以应“屈折礼乐，呴俞仁义，以慰天下之心者，此失其常然也”(《骈拇》)。“礼乐”和“仁义”一样都是扰乱人心的外在的东西，使人失去其自然本性，故《德充符》中说：“无以好恶内伤其身。”第三要“堕肢体”、“离形”，此即“外其形骸”(《大宗师》)、“堕汝形骸”(《天地》)之谓也，即谓不仅不要受外在的“仁义”“礼乐”等扰乱而“内伤其身”，而且也不要受自己形体的影响，因从某种意义上说自己的形体对自己的精神来说也是外在的东西。《德充符》中说：“德有所长，而形有所忘。人不忘其所忘，而忘其所不忘，此谓诚忘。”人可以忘掉自己的形骸，但是不能失去其自我的精神(自然的本性)，如果失去了自我的自然本性(德)，这才是真正的遗忘，而不能和自然(大道)同体了。第四要消除知识对内在精神的困扰，即所谓要“黜聪明”、“去知”，这点在庄子看来最为重要。庄子和老子一样认为“道”不属知，《知北游》中说：“无思无虑始知道”，又说：“夫知者不言，言者不知，故圣人行不言之教。道不可致，德不可至。”(按：着重点为笔者所加)在《庄子》书中和《老子》书一样，“道”也是它的最高范畴，庄子哲学虽在不少地方论述“道”的普遍性、永恒性和超越性，但这不是《庄子》书的特点，其特点是在论证得“道”的至人(神人、圣人)如何在精神上得到超越，获得一种“无所待”的自由。由“离形去知”而达到“形如槁木，心如死灰”的超脱耳目心意，超功利，超道德，超生死，不受任何内外的是非、善恶、美丑等等的限制，和自然融为一体而“同于道”的境界。所以“离形去知”是达到精神上绝对自由的最重要手段，即《人间世》中所说的“心斋”，其义与“坐忘”相似，文谓：“回曰：敢问心斋。仲尼曰：一若志，无听之以耳而听之以心；无听之以心而听之以气！听止于耳，心止于符。气也者，虚而待物者也。唯道集虚。虚者，心斋也。”

“听止于耳”谓“止于形骸”，即不能忘形骸；“心止于符”谓非能“虚而待物”，即谓爱用“心”之聪明来分别物我，这就是不能“黜聪明”。只有不执著自我的形骸和心志，否定束缚身心内外的一切，才能如“气”一样“虚而待物”。盖“气”虚灵，为“道”之所集，庄子谓“气之聚则生”，“气之散则死”，“通天下一气耳”，故“气”虚灵以应万物。而“虚”者为“道”之特点，自然无为，无所肯定，故不可以一切心理的、物理的所牵累，而为“心斋”。“心斋”与“坐忘”是同样的“吾丧我”或“无我”的极高明的精神境界。由此可见，庄子思想和老子思想一样是一种追求精神上自由的超越境界的哲学，因此，它也是一种以“内在超越”为特征的哲学。总之，庄子的所谓“至人”、“神人”、“圣人”等都是说的超越世俗达到“坐忘”或“心斋”的精神上绝对自由的人。如《天地》篇中所说：“上神乘光，与形灭亡，此谓照旷。致命尽情，天地乐而万事销亡，万物复情，此之谓混冥。”《刻意》篇中说：“圣人之生也天行，其死也物化……去知与故，循天之理……虚无恬淡，乃合天德。”在《应帝王》中说此类“至人”，“乘夫莽眇之鸟，以出六极之外，而游无何有之乡，以处圹埌之野。”意谓“圣人”乘一种根本不存在的鸟，而超越时空之外，达到一根本不存在（“游于无有”）无所限制的地方。这种超越当然只能是一种内在精神上的超越。

先秦老庄思想对中国思想文化影响甚巨，它的这种以“内在超越”为特征的思想模式不仅影响了魏晋玄学（参见拙作《论魏晋玄学中的内在性与超越性问题》，载《魏晋南北朝文学与思想学术讨论会论文集》，台北，文史哲出版社 1991 年版），而且在一定程度上影响了中国化的佛教禅宗（特别是庄子思想影响禅宗更大），如禅宗否定一切对身心内外的束缚当然和佛教本身的教义有关，但应该看到它也深深地被打上了老庄“自然无为”思想的烙印（参见拙作《论禅宗思想中的内在性与超越性问题》，载《北京社会科学》1990 年第 4 期）。道教思想和先秦以来神仙家以及两汉儒家、阴阳五行等学说有关，但和道家的思想更有直接关系。道教的超世游仙思想影响着中国的士大夫。而道教的神仙思想则以“我命在我不在天”立论，其方法（功夫）则靠所谓内丹或外丹的修炼，就这点说它也不能不说与老庄“内在超越”思想无关。因此，我认为分析和研究老庄思想的“内在超越”问题对研究中国哲学与宗教十分重要。

如果说儒释道三家在中国哲学史上曾起着巨大作用，而且自唐宋以来这三家有着合流的趋势，也许和它们的思想体系均以“内在超越”为特征有着密切关系。儒家是以通过道德修养以达到超凡入圣的超越境界，佛教的禅宗是以通过自心顿悟以达到瞬息永恒(借用李泽厚语)的超越境界，道家则是通过任自然无为以达到精神自由的超越境界，这三者的“超越”都是“内在超越”。这种以“内在超越”为特征的思想文化与西方的宗教(基督教)和哲学(古希腊和近代哲学)颇有不同。古希腊哲学在柏拉图、亚里士多德那里大体上把世界二分为超越性的本体与现象世界，近代西方自笛卡尔起也以世界二分为特征，基督教则更要有一个外在超越力量的上帝。四百年前西方一位传教士利玛窦曾经评论过儒家学说的得失，他说过不少赞美儒家道德学说的话，但他同时提出：“吾窃贵邦儒者，病正在此常言明德之修，而不知人意易疲，不能自勉而修，又不知瞻仰天主，以祈慈父之佑，成德者所以鲜见。”利玛窦认为，仅仅靠人们自身的内在道德修养是很难达到完满的超越境界，必须有一至高无上的外在的超越力量来推动，因此要有对上帝的信仰。这就是说，“超越”不能只靠自我的力量来实现，要靠外在的超越力量来推动。据此，我想提出一个问题：在中国为什么比较难以建立起客观有效的政治法律制度，而西方则比较容易建立起客观有效的政治法律制度，我认为这不能说与西方以“外在超越”为特征的宗教和哲学无关。

这里我无意来评价中西宗教与哲学的高下，因为中西宗教与哲学各有其自身价值，都是人类文化中的宝贵财富。但是，从中国文化的发展看，面对我们的历史和现实社会是否也应使我们的哲学思想（文化）包融“外在超越”的意义？我想也许是应该的。对于人类社会说，要求有一种外在的超越力量来约束人，例如相信外在超越力量的宗教和西方哲学中外在超现实世界的理论或者其他，以及与这类宗教、哲学理论相适应的政治法律制度，这套政治法律制度的思想基础也是根据外在超越性的。如果以“内在超越”为特征的中国传统哲学能充分吸收并融合以“外在超越”为特征的西方思想以及以此为基础的政治法律制度，使中国传统哲学能在一更高的基础上自我完善，也许它才能更好地适应现代社会发展的要求。如果就世界范围看，能否在一更高的层次上考虑建构一哲学体系，它既包含以“内在超越”为特征的哲学，又包含以“外在超越”为特征的哲学，从而使东西哲学与文化得到有机的结合。我认为，这也许是中西哲学界应认真讨论的一个重要问题。

论禅宗思想中的内在性与超越性*

佛教传入中国至隋唐分为若干宗派：天台、唯识、律、净土、华严、禅等等。至唐以后，其他宗派均先后衰落，而禅宗的影响却越来越大，终至独秀，究其原因或有许多方面，但就禅宗更能体现中国哲学以"内在超越"为特征这点说，似应为研究者所注意。

佛教作为一种宗教自有其宣扬教义的经典、一套固定的仪式、必须遵守的戒律和礼拜的对象等等。但自慧能以后的中国禅宗把上述一切都抛弃了，既不要念经，也不要持戒，没有什么仪式需要遵守，更不要去礼拜什么偶像，甚至连出家也成为没有必要的了，成佛达到涅槃境界只能靠自己一心的觉悟，即所谓"一念觉，即佛；一念迷，即众生"。这就是说，人成佛达到超越的境界完全在其内在本心的作用。

* 本篇原载《北京社会科学》1990 年第 4 期。

一、中国禅宗不重经典、不立文字，一切自任本心

中国禅宗有一个“释迦拈花，迦叶微笑”的故事，据《指月录》载：

> 世尊在灵山会上，拈花示众。是时众皆默然，唯迦叶尊者，破颜微笑。世尊曰：吾有正法眼藏，涅槃妙心，实相无相，微妙法门，不立文字，教外别传，付嘱摩诃迦叶。

禅宗自称其宗门为“教外别传”，即以此类故事说明他们和佛教其他宗派的不同。印度佛教开始在释迦牟尼时也是比较简单，本是一种人生哲学，对一些与人生实际无关的理论往往避而不论，如当时印度讨论的“宇宙是常还是无常”、“宇宙有边还是无边”、“生命死后是有还是无”、“生命与身体是一还是异”等等，均少论及。但印度佛教在发展过程中越来越烦琐，越来越远离实际人生，体系越来越庞大，礼拜的对象也越来越多，名词概念多如牛毛，这与中国传统思想全然不相合。到隋唐以后，中国的一些佛教宗派都已在想方设法克服印度佛教的这种繁琐，例如天台宗纳三千于一念，华严宗融理事于真心，都强调人的本心的作用，这一趋势到禅宗慧能以后更是变本加厉了，从而有不立文字，废除经典之说。

慧能本人还没有简单地否定经典和倡导不立文字，据《坛经》记载，慧能尝为门人说《金刚经》、《法华经》，但他认为“一切经书，因人有说”，只是引导人们的工具，不能执著经典，不能靠诵读经典就可以成佛，解脱只能靠自己的本心。这是因为：一方面，成佛得解脱的道理和路径本来就在你自己的本心之中，“三世诸佛，十二部经，

亦在人性中本自具有”(《坛经》)，不必外求，不必到心外觅佛，成佛的觉悟全在自己，外在的文字是没有用处的。另一方面，文字是一种外在的东西，如果执著了外在的东西就是“著相”，“本性自有般若之智，自用智慧观照，不假文字。”①慧能以后的禅宗大师破除经典的束缚，干脆反对念经，反对一切语言文字。沩山灵祐问仰山慧寂：“《涅槃经》四十卷，多少是佛说？多少是魔说？”仰山回答说：“总是魔说。”②如果把佛经执著为佛法本身，本身就是着了魔，为魔所蒙蔽；所以《古尊宿语录》中说：“只如今作佛见，作佛解，但有所见所求所著，尽是戏论之类，亦名粗言，亦名死语。”(卷二)《景德传灯录》中记义玄“因半夏上黄檗山，见和尚看经。曰：我将谓是个人，元来是唵黑豆老和尚。”(卷十二)一切经典全是废话，执著这些废话，人如何得以解脱，如何得以成佛？既然佛教经典为“死语”、“魔说”，非悟道的工具，那么自然不能靠它来达到成佛的目的。《古尊宿语录》中说：“(南)泉(普愿)云：道不属知不知，知是妄觉，不知是无觉，若真达不疑之道，犹如太虚，廓然荡豁，岂可强是非也。”(卷十三)道不属知识，知识有主体和对象即有分别心，悟道在心之自觉；悟道既在自觉，自不能是不自觉的，如为不自觉，即是“无明”，故“不知是无觉”。

禅宗的大师们不仅认为文字不必要，就是语言对得道成佛也是无益的。语言并不能使人了解佛法，有问文益禅师：“如何是第一义？”文益回答说：“我向汝道，是第二义。”③佛法是不可说的，说出的已

---

① 《坛经》。

② 《五灯会元》卷九《沩山灵祐禅师》。

③ 《文益禅师语录》。

非佛法本身。那么用什么方法引导人们觉悟呢？照禅宗看，几乎没有什么方法使人悟道，只能靠自己的觉悟。不过禅宗也常用一些特殊的方法，如棒喝之类。《五灯会元》卷七《德山宣鉴禅师》中载：

僧问："如何是菩提？"师打曰："出去，莫向这里屙。"问："如何是佛？"师曰："佛是西天老比丘。"雪峰问："从上宗乘，学人还有分别也无？"师打一棒曰："道什么？"曰："不会。"至明日请益，师曰："我宗无语句，实无一法与人。"峰因此有省。

《景德传灯录》卷十二载：

（临济义玄）见径山，径山方举头，师便喝；径山拟开口，师拂袖便行。

这就是所谓"德山棒，临济喝"。这种方法是破除执著的特殊方法，目的是要打断人们的执著，一任自心。照禅宗看，人们常因有所执著而迷失本性，必须对之大喝一声，当头一棒，使之幡然觉悟，自证佛道，故佛果禅师说："德山棒，临济喝，并是透顶透底，直捷剪断葛藤，大权大用，千差万别，会归一源，可以与人解粘去缚。"①义玄的老师在其《传法心要》中说：

此灵觉性……不可以智识解，不可以语言取，不可以景物会，不可以功用到，诸佛菩萨与一切蠢动众生同大涅槃，性即是

① 《佛果禅师语录》。

心，心即是佛，佛即是法。

人所具有的这一灵觉性，既然不是能用知识、语言等使之得到发挥，因此只能用一棒一喝(当然不一定必须用棒喝，其他任何方法都可以，只要能打断执著即可)，打破执著，使心默然无对，而达到心境两忘的超越境界。

二、中国禅宗破去陈规，废去坐禅，唯论见性成佛

坐禅本是原来佛教一切派别所必须的一种修持法门，释迦牟尼在菩提树下证道，坐四十九天；达摩东来，仍有三年面壁，都是坐禅。但到慧能以后，中国禅宗起了很大变化，《坛经》记载慧能说：“唯论见性，不论禅定解脱。”盖慧能主张“见性成佛”，认为靠禅定并不能得到解脱，所以他说：

迷人著法相，执一行三昧，直言坐不动，除妄不起心，即是一行三昧。若如是，此法同无情，却是障道因缘。道须通流，何以却滞？心不住法道即通流，住即被缚。若坐不动，是维摩诘不合呵舍利弗宴坐林中。①

执著坐禅，以为可以妄心不起，这实是把人看成如同死物，而不知“道须通流”，心不能住而不动，住而不动就是心被束缚住了，那怎么能得到解脱呢？《古尊宿语录》卷一记马祖道一“居南岳传法院，独处一庵，惟习坐禅，凡有来访者都不顾，……(怀让)一日将砖于庵前

① 《坛经》。

磨，马祖亦不顾，时既久，乃问曰：作什么？师云：磨作镜。马祖云：磨砖岂能成镜？师云：磨砖不能成镜，坐禅岂能成佛？”马祖坐禅，被坐禅所束缚，怀让用“磨砖作镜”这种比喻的方法启发他使之觉悟，这叫作依他人为之“解缚”。又有长庆慧稜禅师，二十余年来坐破了七个蒲团，仍然未能见性，直到有一天，偶然卷帘时，才忽然大悟，便作颂说：“也大差，也大差，卷起帘来见天下，有人问我解何宗，拈起拂子劈头打。”慧稜偶然卷帘见得三千大千世界原来如此，而得“识心见性”，解去坐禅的束缚，靠自己豁然贯通，而觉悟了。《坛经》中说：“不能自悟，须得善知识示道见性；若自悟者，不假外善知识。”道一是靠怀让的启发，而慧稜是靠自悟，但无论前者还是后者都必须是“识自心内善知识”，也就是说必须靠自己的内在本心才可以达到超越境界。慧稜颂中“卷起帘来见天下”是他悟道的关键，因照禅宗看，悟道成佛不要去故意做作，要在平常生活中自然见道，就像“云在青天水在瓶”那样，自自然然，平平常常。无门和尚有颂说：

春有百花秋有月，夏有凉风冬有雪，
若无闲事挂心头，便是人间好时节。

禅宗的这种精神境界正是一种顺乎自然的境界：春天看百花开放，秋天赏月色美景，夏天享凉风暂至，冬天观大雪纷飞，一切听其自然，自在无碍，便“日日是好日”、“夜夜是良宵”。如果执著坐禅，那就是为自己所运用的方法所障，而不得解脱。临济义玄说：“禅法无用功处，只是平常无事，屙屎送尿，着衣吃饭，困来即卧，愚人笑我，智乃知焉。”①要成佛达到涅槃境界，不是靠那些外在的修行，而是得如慧稜那样忽然顿悟，有僧问马祖：“如何修道？”马祖说：“道不属修，言修得，修成还坏。”道如何能修得，靠所谓“修”就是要勉强自己，这种不自然的做法，当然会“修成还坏”。所以修道不能在平常生活之外去刻意追求。有源律师问大珠慧海禅师：“和尚修道还用功否？”慧海说：“用功。”源律师问：“如何用功？”慧海回答说：“饥来吃饭，困来即眠。”源律师又问：“一切人总如是，同师用功否？”慧海说：“不同。”源律师问：“如何不同？”慧海说：“他吃饭时，不肯吃饭，百般须索；睡时不肯睡，千般计较，所以不同也。”②平常人吃饭，挑肥拣瘦；睡觉胡思乱想，自是有所取舍、执著，不得解脱。真正懂得禅宗的人“要眠即眠，要坐即坐”，“热即取凉，寒即向火”。有僧问赵州从谂：“学人乍入丛林，乞师指示。”从谂说：“吃饭也未？”僧曰：“吃粥了也。”从谂说：“洗钵去。”其僧因此大悟。③ 吃过饭自然应洗碗，这是平平常常的，唯有如此，才能坐亦禅，卧亦禅，静亦禅，动亦禅，吃饭拉屎，莫非妙道。禅定既非必要，一切戒律更不必修持了，陆希声问仰山：“和尚还持戒否？”仰山说：“不持戒。”李翱问药山：“如何是戒定慧？”药山说：“这里无此闲家俱。”戒定慧本是佛教“三学”，学佛者必须之门径，但照禅宗大师看这些都是无用的东西。禅宗的这一否定，似乎所有的修持方法全无必要，从而把一切外在的形式的东西都否定了。禅宗如是看是基于“平常心是道心”，在平常心外再无什么“道心”，在平常生活外再不须有什么特殊的生活，如有此觉

① 《古尊宿语录》卷十一。

② 《景德传灯录》卷六。

③ 《指月录》卷十一。

悟，内在的平常心即可成为超越的道心，正如印顺法师的《中国禅宗史》中所说："性是超越的（离一切相，性体清净），又是内在的（一切法不异于此），从当前一切而悟入超越的，还要不异一切，圆悟一切无非性之妙用。这才能入能出，有体有用，事理如一，脚跟落地。"①

三、中国禅宗不拜偶像，呵佛骂祖，一念悟即成佛

印度文化中颇多神秘主义色彩，印度佛教也不能不受印度传统文化这种神秘主义影响，特别是释迦牟尼以后更是如此。例如在佛教中有所谓二十八重天，十八层地狱，每个层次又有无数天堂和地狱，以及众多的具有超自然伟力的佛和菩萨，这些当然都是受印度传统文化的影响而有。即使是比较平实的"教外别传"的印度禅也有不少神秘色彩，传说印度禅的二十八祖都有所谓六神通：天耳通、天眼通、他心通、宿命通、神足通、漏尽通等。就是印度禅修行的四种境界"四禅天"也颇具神秘性。而中国禅自慧能以后却不如此。慧能说："我心自有佛，自佛是真佛。"基于此，禅宗反对神通和偶像崇拜。《五灯会元》卷十三载，有云居道膺禅师"结庐于三峰，经旬不赴堂。洞山（良价）问：'子近日何不赴斋？'师曰：'每日自有天神送食。'山曰：'我将谓汝是个人，犹作这个见解在。汝晚间来。'师晚至。山召：'膺庵主。'师应诺。山曰：'不思善，不思恶，是什么？'师回庵，寂然宴坐，天神自此觅寻不见，如是三日乃绝。"良价批评道膺的基本点，就在于道膺是个人怎么会相信那些神秘的神通呢？"不思善，不思恶"是什么意思？这正是慧能叫人不执著那些自己想象出来的莫须有的东西。《禅宗传》载："明上坐向六祖求法。六祖云：汝暂时敛欲念，善恶都莫思

① 印顺法师：《中国禅宗史》，375 页，台北，正闻出版社，1987。

量。明上坐乃禀言。六祖云：不思善，不思恶，正当与时么，还我明上坐父母未生时面目。时上坐于言下，忽然默契，便拜云：如人饮水，冷暖自知。”所谓“天神送食”只是道膺的幻想，当他一旦觉悟，幻想尽除，再无天神可寻觅了。人本来应是人，有人之本来面目，一切全靠自己觉悟，根本不需要外在的超越力量的帮助。契嵩本《坛经》有《无相颂》一首：

心平何劳持戒，行直何用修禅，
恩则孝养父母，义则上下相怜，
让则尊卑和睦，忍则众恶无喧！
若能钻木取火，淤泥定生红莲。
苦口的是良药，逆耳必是忠言，
改过必生智慧，护短心内非贤。
日用常行饶益，成道非由施钱，
菩提只向心觅，何劳向外求玄。
听说依此修行，天堂只在眼前。

这首颂不仅否定了外在的神秘力量的存在，而且否定了所谓的天堂和地狱的存在，认为人们只是要在现实生活中平平常常地尽职尽责地生活，在眼前生活中靠自己所具有的佛性（即内在的本性）即可以成佛。宗杲大慧禅师说：“世间法即佛法，佛法即世间法。”

《五灯会元》卷五载：天然禅师“于慧林寺遇天大寒，取木佛烧火向（暖），院主呵曰：‘何得烧我木佛？’师以杖子拨灰曰：‘吾烧取舍利。’主曰：‘木佛何有舍利？’师曰：‘既无舍利，更取两尊烧。’”木佛本是偶像，那会有佛舍利，烧木佛无非烧木制之像而已，否定了自己心中的偶像，正是对“我心自有佛，自佛是真佛”的体证。临济义玄到熊耳塔头，塔主问：“先礼佛，先礼祖?”义玄曰：“佛祖俱不礼。”①禅宗对佛祖不仅全无敬意，还可以呵佛骂祖。德山宣鉴说：“这里无佛无祖，达摩是老臊胡，释迦老子是干屎橛，文殊普贤是担屎汉。”②照禅宗看，自己本来就是佛，哪里另外还有佛？他们所呵所骂的无非是人们心中的偶像，对偶像的崇拜只能障碍其自性的发挥。《景德传灯录》卷七载：“问：如何是佛？师云：他是阿谁?”卷十一载：“灵训禅师初参归宗，问：如何是佛？……宗曰：即汝便是。”每个人自己就是佛，哪能问“如何是佛”，问“如何是佛”就是向心外求佛了。而且对自身成佛也不能执著不放，黄檗说：“才思作佛，便被佛障。”一个人念念不忘要成佛，那就不能自自然然地生活，而有所求，这样反而成为成佛的障碍。有僧问洞山良价：“如何是佛?”答曰：“麻三斤。”③或问马祖：“如何是西来意？师便打，曰：我若不打你，诸方笑我。”④良价所答非所问，目的是要打破对佛的执著；马祖更是要打断对外在佛法的追求，因为照马祖看：“汝等诸人，各信自心是佛，此心即是佛心。”⑤这正是禅宗的基本精神，正如《坛经》中说：“佛是自性作，莫向身外求。自性迷，佛即众生；自性悟，众生即佛。”

据以上所述，可知中国禅宗的中心思想或基本命题是“识心见性”、“见性成佛”。在《坛经》中应用的基本概念是“心”和“性”。“心”或叫“自心”、“本心”、“自本心”等；“性”或叫“自性”、“本性”、“法

① 《景德传灯录》卷十二。

② 《五灯会元》卷七。

③ 《五灯会元》卷十三。

④ 《景德传灯录》卷六。

⑤ 同上。

性”、“自法性”等。“心”和“性”大体是一个意思，都是指每个人的内在生命的主体，它本来清净、空寂，它又是超越于现象界的，但它的活动可呈现为种种不同的事物，如《坛经》说：“心量广大，犹如虚空，……虚空能含日月星辰，大地山河，一切草木，恶人善人，恶法善法，天堂地狱，尽在空中，世人性空亦复如是。”又说：“世人性本自净，万法在自性，思量一切恶事，即行于恶；思量一切善事，便修于善行。知如是一切法尽在自性，自性常清净。”善与恶，天堂与地狱，山河大地，草木虫鱼等等都是因“心”之“思量”作用而从自性中变现出来的。一切事物的出现，都不能离开“自性”，就像万物在虚空中一样。如果人的“心”迷悟了，就不能见自性，只能是凡夫俗子；如果人的自心常清净，就是“见性”，则是佛菩萨。《坛经》说：“我心自有佛，自佛是真佛；自若无佛心，向何处求佛。”

照禅宗看，人的自性(或本心)本来是广大虚空一无所有，但它并不是死寂的，而是能“思量”的，一切事物皆由“思量”出。如果这些“思量”活动一过不留，那么对自己的“自性”就无任何影响，则自性常处于清净状态。“自性常清净”，就好像日月常明一样，只是有时为云所覆盖，在上面的日月虽明，但在下面看到的则是一片昏暗，致使看不到日月的本来面目。如果能遇到惠风(按：指大善知识的指点和启发)把云雾吹散卷尽，那么常明之日月等等自然显现。《坛经》中说：“世人性净犹如青天，惠如日，智如月，智慧常明。于外着境，妄念浮云盖覆，自性不能明。故遇善知识开真法，吹却迷妄，内外明彻，于自性中，万法皆见。”善知识只能对人们有启发作用，觉悟不觉悟还在自己。“自有本觉性，将正见度。既悟正见，般若之智，除却愚痴迷妄，众生各各自度。”①

---

① 《坛经》。

敦煌本《坛经》“佛性”一词很少见，但元宗宝本“佛性”则多见。《坛经》有两处说到“佛性”较重要：一是慧能在黄梅五祖处所作的偈：“佛性常清净”；另一处是答韦使君问，说“造寺、布施、供养”等“实无功德”时说：“功德在法身，非在福田；自法性是功德，平直是德。内见佛性，外行恭敬。”前一条说明“佛性”的本质是“常清净”，这与“自性”一样，所以所谓“佛性”即“自性”，亦即为人之本性，它是每个人的内在生命的主体。后一条说明“佛性”即“自法性”，而为人之内在本质。基于此，禅宗即可立其“识心见性”、“见性成佛”的理论。“识心见性”是说，如对自己的本心有所认识就可见到“自性常清净”；得其“自性常清净”就是使其内在的本性显现为超越的佛性，“识心见性，自成佛道”①，这一切皆在“悟即成智”也。

那么人如何能“识心见性”？禅宗指出了一条直接简单的修行法门，这就是他们所立的“无念为宗，无相为体，无住为本”的法门。《坛经》中说：

> 我此法门，从上已来，顿渐皆立无念为宗，无相为体，无住为本。何名无相？无相者，于相而离相。无念者，于念而不念。无住者，为人本性，念念不住，前念、今念、后念，念念相续，无有断绝；若一念断绝，法身即是离色身，念念时中，于一切法上无住，一念若住，念念即住，名系缚；于一切上，念念不住，即无缚也。此是明无住为本。

“无相”是说，对于一切现象不要去执著（离相），因为一般人往往

① 见《坛经》。

执著现象以为实体，如以为坐禅可以成佛，那就是对于坐禅有所执著；如以为拜佛可以成佛，那就是对拜佛有所执著，这都是“取相著相”。“取相著相”障碍自性，如云雾覆盖明净的虚空一样。如能“于相离相”则可顿见性体的本来清净，就像云雾扫除干净而现明净虚空。所以无相不仅仅是不要执著一切现象，而且因离相而显“自性常清净”，《坛经》说：“但能离相，性体清净，是以无相为体。”所谓“无住”是说，人的自性本来是念念不住的，前念、今念、后念是相续不断的，如果一旦停留在某一物上，那么就不能是念念不住而是念念即住了，这样“心”就被“系缚”住了，“心不住法即通流，住即被缚”。如能对一切事物念念不住，过而不留，如雁过长空，不留痕迹；放过电影，一无所有，这样就不会被系缚，“是以无住为本”。“无念”不是“百物不思，念尽除却”，不是对任何事物都不想，而是在接触事物时，心不受外境的任何影响，“不于境上生心”。“念”是心的作用，心所对的是境(外境，即种种事物)，一般人在境上起念，如境美好，那么就在境上起念，而有贪；如境不好，那么就在境上起念，而有瞋。因此一般人的“念”是依境而起，随境变迁，这样的“念”是“妄念”，经常为境所役使，而不得自在。如果能“于诸境上心不染”，这样就可以不受外界干扰，虽处尘世，却可无染无杂，来去自由，自性常清净，自成佛道。以上所论“无相”、“无住”、“无念”实均一心的作用，且迷与悟均在一念之间，故成佛道当靠顿悟。

据以上所说，我们或可得以下结论：

第一，中国禅宗之所以是中国的思想传统而区别于印度佛教，正因其和中国的儒家和道家哲学一样也是以“内在超越”为特征。它之所以深深影响宋明理学(特别是陆王心学)，正在于其思想的“内在超越性”。如果说以“内在超越”为特征的儒家学说所追求的是道德上的理想人格超越“自我”而成“圣”，以“内在超越”为特征的道家哲学所追求的则是精神上的绝对自由，超越“自我”而成“仙”，那么，以“内在超越”为特征的中国禅宗则是追求一种瞬间永恒的神秘境界，超越“自我”而成“佛”，就这点说禅宗仍具有某种宗教的形式。

第二，禅宗虽然仍具有某种宗教的形式，但由于它要求破除念经、坐禅、拜佛等一切外在的束缚，这样势必又包含着否定其作为宗教本身的意义。这就是说，禅宗的世俗化使之成为一种非宗教的宗教在中国发生影响，它把人们引向在现实生活中实现超越现实的目的，否定了在现实世界之外与之对立的天堂与地狱，表现出“世间法即佛法，佛法即世间法”的世俗精神。

第三，禅宗作为一种宗教，它不仅破除一切传统佛教的规矩，而且认为在日常生活中不靠外力，只靠禅师的内在自觉，就可以成佛，这样就可以把以“外在超越”为特征的宗教变成以“内在超越”为特征的非宗教的宗教，由出世转向入世，从而克服了二元的倾向。这样转变，是否可以说禅宗具有某种摆脱传统的宗教模式的倾向？如果可以这样说，那么研究禅宗的历史，将对研究现实社会生活中的宗教有着重要的意义。

第四，如果说在中国有着强大的禁锢人们思想的传统，那么是否也有要求打破一切禁锢人们思想的资源呢？如果确有这样的资源，禅宗应是其中重要的一部分。禅宗否定一切外在的束缚，打破一切执著，破除传统的权威和现实的权威，一任本心，从这个意义上说人自己可以成为自己的主宰，这样的思想解放作用在我国长期封建专制社会中应是难能可贵的，似乎应为我们注意。当然禅宗由此而建立了以“自我”的内在主体性为中心的权威，虚构了“自我”的无限的超越力量，而又可以为以“自我”为中心的内在主体性所束缚，这可能是禅宗无法解决的矛盾。

第五，禅宗这种以“内在超越”为特征的思想体系，有着鲜明的主观主义特色，它必然导致否定任何客观标准和客观有效性。这既不利于对外在世界的探讨和建立客观有效的社会制度和法律秩序，同时在对探讨宇宙人生终极关切问题上也不无缺陷。因此，我们是否可以提出一个问题，即能否建立一个包容以“内在超越”为特征的思想，同时也包容以“外在超越”为特征的思想的更完满的哲学体系呢？我认为，这个问题或者是中国哲学发展应受到重视的问题。

第六，如果说有可能建立一包容“内在超越”和“外在超越”的中国哲学体系，那么能否在中国传统哲学中找到内在资源？我认为，中国传统哲学中是有这方面内在资源的。本来在孔子思想中就有两个方面：一方面有“为仁由己”、“人能弘道，非道弘人”的说法；另一方面也有“畏天命，畏大人，畏圣人之言”的说法。前者是孔子思想中的“内在超越”方面；后者是孔子思想中“外在超越”方面，或者说从后者可以看出孔子思想也有“外在超越”的因素。但后来儒家发展了前一方面，而后一方面没有得到发展。如果能使上述孔子思想中的两个方面同时发展，又有所结合，是否可以沿着孔子思想发展出一包容“内在超越”和“外在超越”的哲学体系呢？我想，这是一个值得我们探讨的问题。比孔子稍后的哲学家墨子，他的哲学可以说是以“外在超越”为特征的哲学体系。墨子哲学可以说由两个相互联系的部分组成：一是具有人文精神的“兼爱”思想；另一是具有宗教性的“天志”思想。这两方面看起来似乎有矛盾，但在墨子思想体系中却认为“兼爱”是“天”的意志最根本的体现，所以“天志”应是墨子思想的核心。墨子的“天志”思想认为“天”是有意志的，它的意志是衡量一切事物最高和最后的标准，它可以赏善罚恶，它是一外在于人的超越力量，或者说它具有明显的“外在超越性”。因此，墨家哲学发展到后期墨家就更具有科学因素和逻辑学、认识论思想。可惜在战国以后墨家思想没有得到发展。墨家思想是否可以成为我们建立一包容“内在超越”和“外在超越”的中国哲学体系的内在资源呢？我想也应是我们可以研究的一个课题。

“太和”观念对当今人类社会可有之贡献*

在人类社会即将进入21世纪的时候，我们回头看看20世纪的历史，可以发现即将过去的这个世纪是人类社会飞速发展的世纪，取得辉煌成就的世纪，但同时又是一个充满矛盾与悲惨的世纪。在这百年中间，发生了两次世界大战，死亡几千万人，破坏了人类多少世纪辛勤建造的大量文化遗产。而我们的国家，在百年中又经历了种种苦难，同时也取得了巨大的进步。今日的中国社会正在从传统走向现代，这是历史发展的要求，但在这个过程中也许不可避免地发生种种问题，例如我国社会目前存在的“信仰危机”、“道德真空”、“贪污腐化”、“环境污染”等等，已经到了相当严重的地步，是不得不引起注意的时候了。从全世界看，现今虽然走出了冷战时代，可是人类面临的问题更多、更复杂，我们可以看到，科学技术高度发展，虽然给人类社会带来巨大的进步，但是作为自然界一部分的人，在他们征服自然的过程中，不仅掌握了大量破坏自然的工

* 本篇原载《中国哲学史》1998年第1期。

具，而且也掌握了毁灭人类自身的武器。正如1992年世界1575名科学家发表的一份《世界科学家对人类的警告》在开头就提到，人类和自然正走上一条相互抵触的道路。我认为，这个观点是非常深刻的。对自然界的过量开发，资源的浪费，臭氧层变薄，海洋的毒化，环境的污染，人口的暴涨，生态平衡的破坏，不仅造成了“自然和谐”的破坏，而且严重地破坏了“人与自然的和谐”，这些已严重威胁着人类自身生存的条件。由于片面的物质利益的追求，对自然资源的争夺、占有和权力欲望的膨胀，造成了国与国、民族与民族、地域与地域之间的对立和战争。过分注重金钱和物质享受，造成了人与人之间关系的紧张，社会的冷漠，心灵的孤寂，使人们失落感日甚。在人类社会中，现在儿童有儿童的问题，青年有青年的问题，老年有老年的问题。人与人之间心灵上的隔膜，在日常生活中的互不了解甚至仇视，使人们失去了对“人与人的和谐”的追求，这样发展下去终将导致人类社会的瓦解。在现代社会，由于人们无止境地追求感官之享受，致使身心失调，人格分裂，由于心理不平衡引起精神失常、酗酒、杀人、自杀等等，造成了自我身心的扭曲，已成为一种社会病，严重影响了社会的安宁，其原因正在于忽视了“人自我身心内外的和谐”。在这由20世纪即将走向21世纪之际，人类社会要想走出人自身造成的困境，就必须解决当前所面临的“和平与发展”问题。这就是说，我们必须调整好人与人之间的关系，扩而大之即是要调整好民族与民族、国家与国家、地域与地域之间的关系；必须调整好人与自然的关系，保护自然环境，合理利用自然资源，以使人类社会共同发展。因此，我认为，如果人们能更加重视儒家的“太和”观念，对它作出适应现代社会生活的诠释，并使其落实于操作层面，应该说对今日和将来人类社会的发展是非常重要的。“太和”见于《周易·乾卦》彖辞：“乾道变化，各正性命，保合太和，乃利贞。”意思是说，天道的大化流行，使万物各得其正，保持完满的和谐，万物就能顺利发展。王夫之在《张子正蒙注》中说：“太和，和之至也。……未有形器之先，本无不和，既有形器之后，其和不失，故曰太和。”在宇宙未分化出具体事物之前，宇宙本来就是和谐的，没有什么不和谐；在宇宙分化出天地万物(包括人)之后，如果不使和谐丧失，这才叫做“太和”。可见“太和”包含着“普遍和谐”的意义。我认为，“普遍和谐”观念至少应包含几个层面才可以被称为“普遍和谐”观念，而在儒家思想中“太和”观念恰恰包含着：自然的和谐，人与自然的和谐，人与人的和谐(即社会生活的和谐)以及人自我身心内外的和谐等四个方面，这样大体上构成了“普遍和谐”的观念。

首先，儒家把“自然”(“天”或“天地”)看成一个和谐的整体。我们知道，孔子说：“天何言哉，四时行焉，百物生焉，天何言哉!”天的运行是自然而然的，百物的生长也是自然而然的，这说明孔子对“自然”的和谐的认识。被儒家奉为经典的《周易》认为，在阴阳变化中体现了宇宙运行的规律，“自然”的运行是在“元”(自然界万物的起始)、“亨”(万物的生长)、“利”(万物的成熟)、“贞”(万物的完成)中进行。在《周易》中把这种“自然”最完美的“和谐”叫作“太和”。以后儒家关于“自然和谐”的观念大体都是发挥这个思想，例如在《中庸》中认为，“和”(即和谐)是天下根本的道理。张载《正蒙·太和》开头说：“太和所谓道。”“太和”就是万物之通理，故王夫之认为宇宙本来就是“合同而不相悖，浑沦无间”。这些都说明儒家对“自然和谐”的重视。

其次，如果说儒家重视“自然的和谐”，那么可以说儒家更为重视“人与自然的和谐”。儒家不仅仅认为“自然”为一“和谐”之整体，而此和谐整体之宇宙又是永远在生息变化之中，也就是说它是一刚健的大流行，因此人应该体现“自然”(“天”)的这一特点而自强不息，所以《周易》中说：“天行健，君子以自强不息。”这个思想的基础正是儒家的“天人合一”的思想。所谓“天”是指“天道”，即宇宙的规律；“人”是指“人道”，即人和人类社会的道理。孔子有一段话可以说是他追求“天人合一”境界的过程，他说：“吾十有五而志于学，三十而立，四十而不惑，五十而知天命，六十而耳顺，七十而从心所欲不逾矩。”这就是说，在五十岁前是孔子认识“天命”的准备阶段，由五十岁起他对“天命”有了认识，六十岁可以根据宇宙的规律来辨明是非、善恶、美丑等等；七十岁就可以做到什么都自然而然地符合宇宙规律的要求，也就是说达到了完全的“天人合一”的境界。要实现“天人合一”得靠人自身的努力。孔子说：“人能弘道，非道弘人。”人的努力可以使“天道”发扬光大，如果人不努力，那么“天道”并不能使人高尚完善。孟子更进一步发展了孔子“天人合一”的思想，他认为只要人充分发挥其本心的作用，就可以对其由“天”得到的善性有深切的体会，从而也就可以对“天”了解了，而能达到“与天地合其德”的境界。后来的儒家虽然对“天人合一”的思想有所发展，但大体都是沿着孔孟的思想发展下来的。例如朱熹认为，“人道”不能离开“天道”，“天道”也不能不由人来体现，这是因为“人道”开始产生时是由“天道”决定的，但有了人及人类社会之后，“天道”就要在“人道”中表现了，圣人的贡献就是要使人类社会完完全全地体现“天道”的要求，以实现“天人合一”。儒家这种主张“天人合一”、追求“人与自然和谐”的观念，是基于不把人和自然看成对立的，而是把人看成是自然和谐整体的一部分，而且是其中最重要的一部分。

第三，由于儒家认为，自然是和谐的，并追求着人与自然的和谐，这样就必然引发出“人与人的和谐”的观念。这是因为，人和人之间以及人类社会也是应体现“天道”的要求的。所以《论语》说：“礼之用，和为贵。”社会规范的作用，以和谐为最重要。孔子又说：“朝闻道，夕死可矣”；又说：“道不行，乘桴浮于海。”这里的“道”就是“天道”（当然也包含体现“天道”的“人道”），人是应该把“天道”的要求实现于社会；如果人不能把“天道”推行于社会，不如乘木船到海上去。为什么人有可能把“天道”推行于社会呢？因为儒家的主流思想认为人性本“善”，而人之善性来源于“天”之“至善”，如果人能充分发挥其善性，而使之实践于社会，那么就能把社会变成理想的和谐社会。因此，儒家特别强调人的道德实践对于理想的和谐社会的意义。儒家的重要经典之一《大学》首章中说：“大学之道，在明明德，在新民，在止于至善。”朱熹注说：“新者，革其旧之谓也。言既自明其明德，又当推以及人，使之亦有以去其旧染之污也。……言明明德、新民，皆当止于至善之地而不迁。”明明德、新民的目的是在止于至善。所以《大学》中认为，修身、齐家、治国、平天下等等一切都以修身为本，“自天子以至于庶人，壹是皆以修身为本”。这就是说，儒家认为每个人把道德修养好了，天下就可以太平了，所以孔子说：“为仁由己，而由人乎哉?”做到道德完美全靠自己，哪里能靠别人呢？对于这个建立在道德修养基础上的和谐社会，儒家称之为“大同”社会。在《礼记·礼运》中对这个“大同”社会有描述：“大道之行也，天下为公。选贤与能，讲信修睦。故人不独亲其亲，不独子其子；使老有所终，壮有所用，幼有所长，矜、寡、孤、独、废疾者，皆有所养。男有分，女有归。货，恶其弃于地也，不必藏于己；力，恶其不出于身也，不必为己。是故谋闭而不兴，盗窃乱贼而不作，故外户而不闭。是谓大同。”这个和谐的“大同”社会的理想，当然包含着许多空想的成分，而且把和谐社会的理想完全建立在道德修养提高的基础上，也是片面的，甚至是很难做到的；但是，从儒家追求建立人与人之间的和谐关系这个角度来说，不能说是没有意义的。

第四，儒家和谐社会的理想既然是建立在个人的道德修养提高的基础上，因此儒家特别重视人自我身心内外的和谐。儒家认为，生死和富贵不是人力可以追求到，也不应是人追求的目标，“死生有命，富贵在天”；但是人的道德和学问则是要靠人的努力来取得，“涵养须用敬，进学在致知”(伊川语)。如果一个人能做到“民胞、物与”，他就可以达到一种身心内外和谐的境界。孔子曾赞美他的弟子颜回说：“贤哉，回也！一箪食，一瓢饮，在陋巷，人不堪其忧，回也不改其乐。贤哉，回也!”又说：“有颜回者好学，不迁怒，不贰过。不幸短命死矣。”这就是说，颜回对富贵和生死无能为力，但他却是一个有学问有道德的人，而且能在贫困中保持身心内外的和谐。孟子认为要达到“天人合一”就应该“存其心，养其性，以事天也。夭寿不贰，修身以俟之，所以立命也”。一个人如果能保存他的本心，修养他的善性，以实现天道之要求，短命和长寿都应无所谓，但一定要修养自己保持和天道一致，这就是安身立命了。晋朝的潘尼作了一篇《安身论》，其中有两段阐发了儒家“安身立命”的思想，他说：“盖崇德莫大乎安身，安身莫尚乎存正，存正莫重乎无私，无私莫深乎寡欲，是以君子安其身而后动，易其心而后语，定其交而后求，笃其志而后行”；“故寝蓬室，隐陋巷，披短褐，茹藜藿，环堵而居，易衣而出，苟存乎道，非不安也”。“安身立命”主要是要使自己的身心和谐，内外和谐，使自己言行符合天道的要求，至于衣、食、住、行等并不能对自己的身心发生什么重要影响，这种对待生活的态度也就是宋儒追求的“孔颜乐处。”周敦颐尝问程氏兄弟：“寻孔颜乐处，所乐何事?”宋儒对此多有所论，归结起来就是寻得一个“安身立命”处。朱熹在其《答张敬夫书》

中与张敬夫讨论“中和义”时说：“而今而后，乃知浩浩大化之中自家自有个安宅，正是自家安身立命，主宰知觉处。”可见儒家所强调的正是由道德学养的提升，以求身心内外之和谐。

由以上四个方面，我们可以看出，由“自然的和谐”、“人和自然的和谐”、“人与人的和谐”、“人自我身心内外的和谐”所构成的“普遍和谐”观念是儒家的重要思想。本文虽然是从“自然的和谐”开始论述，但儒家关于“和谐”的观念是把“自我身心内外的和谐”作为起点的。儒家是由通过道德学养达到自身的和谐而推广到“人与人的和谐”，人类社会和谐了，那么才能很好地处理人和自然的关系；人与自然的关系处理好了，才能不破坏“自然的和谐”。正如《中庸》第二十二章中所说：“唯天下至诚，为能尽其性。能尽其性，则能尽人之性。能尽人之性，则能尽物之性。能尽物之性，则可以赞天地之化育。可以赞天地之化育，则可以与天地参矣。”故而儒家关于“和谐”的路向是：由自身之“安身立命”，而至“推己及人”，再至“民胞物与”，而达到“保合太和”而与天地参。儒家这一关于“和谐”观念的路向，当然也并非十分完善，盖因过分强调了道德修养的意义，容易走上泛道德主义。但“普遍和谐”观念作为一种观念说，无疑它对现代社会有其正面的价值。如果我们扬弃其中可能导致的缺点方面，并给以现代意义的解释和发挥，并通过各种可行之途径，使之落实于操作层面，我认为它将会对今日人类社会的发展提供一种有积极意义的经验，以匡正今日社会所发生的种种弊病。

论“内圣外王之道”*

我在《论中国传统哲学中的真善美问题》、《儒学能否现代化》以及几篇讨论中国传统内在超越问题之论文中都谈到应给儒家学说以定位，因为儒家学说不可能解决今日社会的所有问题，可是我们应找到在对它作了现代诠释的条件下，它对今日社会在哪个或哪些方面可以起重要作用。照我看，儒家学说中最有意义的部分就是“教人如何做人”。因此，我并不认为儒家学说可以解决人类社会发展的一切问题，如果那样要求反而会使儒家学说中对今日最有意义的部分被埋没了。

在《论中国传统哲学中的真善美问题》中，我对儒家学说的正面价值作了充分肯定的同时，也提到儒家学说存在若干问题，即“空想的理想主义”、“实践的道德观念”、“求统一的思维方式”和“直观的理性主义”等，并对之作了一些批评。但我后来在研究的过程中，越来越感到“内圣外王之道”可能是中国传统哲学存在的最大问题。1987年我写了一

---

* 本篇节选自作者《在非有非无之间》一书，台湾，正中书局，1995。

篇文章题为《论儒家的境界观》刊于是年《北京社会科学》杂志中，后又收入《中国传统文化中的儒道释》，此后我在其他论文中也讨论过这个问题。

在我阅读一些近现代重要的思想家的著作时，他们大都认为"内圣外王之道"是中国思想之精华所在，例如梁启超说："'内圣外王之道'一语包举中国学术之全体，其旨归在于内足以资修养而外足以经世。"(《庄子天下篇释义》)熊十力在《读经示要》中据《大学》首章而对"内圣外王之道"也有一种解释。熊先生根据《大学》以"修身"为本，以"格物"、"致知"、"正心"、"诚意"为"内圣"功夫，"齐家"、"治国"、"平天下"为"外王"功夫，接着他说："君子尊其身，而内外交修，格、致、正、诚，内修之目也。齐、治、平，外修之目也。国家天下，皆吾一身，故齐、治、平皆修身之事。小人不知其身之大而无外也，则私其七尺以为身，而内外交修之功，皆所废而弗讲，圣学亡，人道熄矣。"梁启超和熊十力都认为"内圣"与"外王"是统一的，可以而且应该由"内圣"而"外王"，而有一完满的"内圣外王之道"的政治哲学理论。特别是熊十力据《大学》论格、致、正、诚、齐、治、平"壹是皆以修身为本"，而得出"内圣"必可"外王"的理论。冯友兰写了一本书叫《新原道》，这本书又名《中国哲学之精神》，在此书《绪论》中说："在中国哲学中，无论哪一派哪一家，都自以为讲'内圣外王之道'。"最后的《绪论》中又说："所以圣人，专凭其是圣人，最宜于作王。如果圣人最宜于作王，而哲学所讲的又是使人成为圣人之道，所以哲学所讲的就是内圣外王之道。"因此，在冯友兰"新理学"体系中，其《新世训》一书最后一章叫《应帝王》，其最后一句说："欲为完全的领袖者，必都需以圣王为其理想的标准。"这就是说，"圣人"最宜于做"帝王"。看来，梁启超、熊十力、冯友兰都试图揭示中国哲学之价值所在，而且我认为他们也确实抓住了中国传统哲学之精神。但是“内圣外王之道”作为一种政治哲学理论是否正确，是否对今日社会仍有意义，这就是另一问题了。

无疑中国传统哲学中的儒、道、释（中国化的佛教禅宗）均讲“内圣外王之道”，都以此作为他们达到理想社会的根本办法。从现存史料上看，“内圣外王之道”最早见于《庄子·天下》，现录其文于后：

> 天下之治方术者多矣，皆以其有为不可加矣。古之所谓道术者，果恶乎在？曰：“无乎不在。”曰：“神何由降？明何由出？”“圣有所生，王有所成，皆原于一。”……其在于《诗》、《书》、《礼》、《乐》者，邹鲁之士，搢绅先生，多能明之……其数散于天下而设于中国者，百家之学时或称而道之。天下大乱，贤圣不明，道德不一，天下多得一察焉以自好。譬如耳目鼻口，皆有所明，不能相通。犹百家众技也，皆有所长，时有所用。虽然，不该不遍，一曲之士也。判天地之美，析万物之理，察古人之全，寡能备于天地之美，称神明之容，是故内圣外王之道，暗而不明，郁而不发，天下之人各为其所欲焉以自为方。悲夫，百家往而不反，必不合矣？后世之学者，不幸不见天地之纯，古人之大体，道术将为天下裂。

照《庄子·天下》的看法，“内圣外王之道”本应是天下之治道术者所共同追求的，但因百家纷争，道术不行，天下大乱，而使之暗而不明，郁而不发，这是很不幸的事。由此可见，《天下》的作者认为，古代之治道术者皆以“内圣外王之道”为鹄的。照我看，这种“内圣外王”的思想大概也不是始于战国中晚期之《天下》。从儒家说，孔子的思想中已包含“圣王”的观念，例如他把尧舜视为“圣王”，他们所行的就是“内圣外王之道”。孔子说：“大哉，尧之为君也，巍巍乎唯天为大，唯尧则之”云云。孔子的弟子曾把孔子比作尧舜，宰我说：“夫子贤于尧舜。”在《墨子·公孟篇》中有一段记载：“公孟子谓子墨子曰：昔者圣王之列也，上圣立为天子，其次立为卿大夫。今孔子博于诗书，察于礼乐，详于万物，若使孔子当圣王，则岂不以孔子为天子哉?”这就是说，像孔子那样具有圣人品德的人，岂不是应该当帝王了吗？在《荀子·解蔽》中为“圣王”下了一定义：“圣也者，尽伦者也；王也者，尽制者也。两尽者，足为天下极矣，故学者以圣王为师。”因此，荀子的弟子尝歌颂他们的老师“德若尧舜，世少知之”，“其知圣明，循道正行，是以为纲纪。呜呼，贤哉！宜为帝王”。可见“内圣外王”之观念在先秦已相当流行了。从中国历史上看，所幸的是无论孔子和荀子都没有成为“帝王”，否则中国历史上就没有大思想家孔子和荀子了。

在我那篇《论儒家的境界观》中只讨论到儒家“内圣外王之道”之得失，而没有涉及道家和中国化的佛教禅宗，在这里我将对道家和禅宗关于“内圣外王之道”的问题作点介绍。

“内圣外王之道”首见于《庄子·天下》，在《庄子》之内篇的《应帝王》一篇，郭象之解题谓：“夫无心而任乎自化者应为帝王也。”就是说，能任自然无为者可以作帝王。此篇最后有个故事颇能说明庄子的思想：“南海之帝为儵，北海之帝为忽，中央之帝为浑沌。儵与忽时相与遇于浑沌之地，浑沌待之甚善。儵与忽谋报浑沌之德，曰：‘人皆有七窍以视听食息，此独无有，尝试凿之。’日凿一窍，七日而浑沌死。”郭象注：“为者败之”。盖庄子以顺自然无为者应为帝王，儵与忽不知，而使中央之帝死。故可知，按庄子之理想，本来“内圣”(即庄子所谓之至人、神人等)是应为“外王”的，如帝王能任自然无为，其所行即“内圣外王之道”。其实早于庄子之老子所主张的圣人“无为而无不为”，更能体现道家“内圣外王”之思想。我们知道，老子不仅有一小国寡民之理想社会的蓝图，而且他提出只有“圣人”才可以实现他所提倡的理想社会，《老子》第五十七章中说：“故圣人云：我无为，而民自化；我好静，而民自正；我无事，而民自富；我无欲，而民自朴。”这就是老子为帝王设计的一套治理国家的方略，他企图用一种否定的方法以达到肯定的目的，这就是“无为而无不为”的“内圣外王之道”了。

魏晋玄学继承老庄思想，同样提倡“内圣外王之道”，王弼的《论语释疑》注“大哉，尧之为君”一条谓：“圣人有则天之德，所以称唯尧则之者，唯尧于时全则天之道也。荡荡，无形无名之称也……故则天成化，道同自然，不私其子而君其臣，凶者自罚，善者自功，功成而不立其誉，罚加而不任其刑，百姓日用而不知其所以然，夫又何可名也！”此尧帝俨然一道家圣王了。郭象《庄子序》明确地说他注《庄子》的目的，是要“明内圣外王之道”。郭象《庄子注》内七篇，如果说前三篇的重点在说明“上知造物者无物，下知有物之自造”，那么后四篇的主旨则是围绕着“内圣外王之道”展开。从后四篇的篇目注可以看出，在魏晋玄学中遇到的最大问题是如何调和“名教”与“自然”之间的矛盾，如何能做到不废“名教”而“任自然”。这就要在“名教”与“自然”之间找到两者可以沟通的桥梁。照郭象看只要能做到“不离世间而无累于世”，“德充于内而应物于外”，故“无心而顺有者应为帝王”。“无心”则“德合自然”，“顺有”则可不废名教，理想的行“内圣外王之道”的社会，并不要在超现实世界中实现；最高人格之“圣王”并不需要离世间，而应是“游内弘外”者。这就是郭象所发挥的“内圣外王之道”了。而郭象这一思想实对宋明理学有着深刻影响。兹不赘述。

中国化的佛教实际上也讲“内圣外王之道”，契嵩本《坛经》有一颂谓：“……恩则孝养父母，义则上下相怜，让则尊卑和睦，忍则众恶无喧……菩提只向心觅，何劳向外求玄，听说依此修行，天堂只在眼前。”照禅宗看，你只修养自己的心性，现实世界就是你的“天堂”。所以宗杲大慧禅师说：“世间法即佛法，佛法即世间法。”佛教的道理就是人世间一般人生活的道理，一般人世间生活的道理也就是佛教的道理。这里可以注意的是，禅宗不再排斥“忠君”、“孝父”了。大慧禅师说：“予虽学佛者，然爱君忧国之心，与忠义士大夫等。”又说：“学不至，不是学；学至而用不得，不是学；学而不能化物，不是学；学到彻头处，文亦在其中，武亦在其中，理亦在其中，忠义孝道乃至治身治人定国安邦之术，无不在其中。”慧寂回答灵祐问也说：“仁义道中，与和尚提瓶挈水，亦是本分事。”这就是说，禅宗修到底，不仅不排斥“仁义”、“忠孝”等等，而且认为修道正是为了“治国”。那么是否说禅宗要人们去刻意追求“忠君”、“孝父”呢？那也不是的。照禅宗看，如果刻意追求什么，就必然为所追求者束缚而不得解脱，但是如果刻意否定什么，也将为所否定者所束缚而不得解脱。因此，一切应顺应自然。就这方面看，禅宗是颇受老庄道家思想影响的。如果一切顺应自然，那么，“父慈子孝”、“君义臣忠”本来也是人之天性的自然流露，故既不必去刻意追求，也不必去刻意否定，所以大慧禅师说：“父子天性一而已，若子丧而父不烦恼，不思量；如父丧而子不烦恼，不思量，还得也无？若硬止遏，哭时又不敢哭，思量时又不敢思量，是特欲逆天理，灭天性，扬声止响，泼油止火耳！”人不要刻意去做什么，想要哭的时候，又不敢哭；想要笑的时候，又不敢笑，这都是有所执著，不仅违背“天理”，也是违反“人性”。因此，禅宗认为，人生活在世俗之中，不应违背世俗的道理，可又不要为世俗的道理所牵累，既可不离世间，而又可超越世间，既可是“佛祖”，又可是“帝王”，此或为禅宗所追求之“内圣外王之道”也。

关于道家和中国化的佛教禅宗与“内圣外王之道”的关系，我想只简单地谈这些了。我在那篇《论儒家的境界观》中主要是批评儒家的“内圣外王之道”。因为相比较而言，儒家的“内圣外王之道”是一套相当系统的政治哲学理论，一直到今天它对中国社会都有很大影响。在上述那篇文章中，我提出应为儒学在今日的价值找个适当的定位。我认为，儒家的“内圣”之学无疑对今日社会具有特殊的价值；而“内圣外王之道”则不能不说包含着某种的弊病。为此我引用了两段话以证明我的观点：一段是《论语》中所记载孔子对他的一生的描述；另一段是《大学》首篇中之一段。

> 吾十有五而志于学，三十而立，四十而不惑，五十而知天命，六十而耳顺，七十而从心所欲不逾矩。(《论语·为政》)
>
> 古之欲明明德于天下者，先治其国；欲治其国者，先齐其家；欲齐其家者，先修其身；欲修其身者，先正其心；欲正其心者，先诚其意；欲诚其意者，先致其知。致知在格物。物格而后知至，知至而后意诚，意诚而后心正，心正而后身修，身修而后家齐，家齐而后国治，国治而后天下平。自天子以至于庶人，壹是皆以修身为本，其本乱而末治者否矣。(《大学》)

我认为这两段话有其不同的意义，前者为一种道德哲学或人生境界学说；后者为一套政治哲学或者说是社会政治理想。个人的人生境界只是关于个人的道德和学问的提高，而社会政治理想的实现则必须有一套合理的客观有效的制度。前者是如何成圣成贤、“超凡入圣”的问题，后者是企图把“圣人”造就成“圣王”，而由“圣王”来实现社会政治理想，这就是儒家的“内圣外王之道”。

但是，照我看，靠个人的道德学问的提升，求得一个个人的“孔颜乐处”或者可能；但是光靠着个人的道德学问的提高，把一切社会政治问题都寄托在“修身”上，是不可能使社会政治成为合理的客观有效的理想社会政治的。

孔子说的“十有五而志于学”一段可以说是总结他个人一生为学修身的过程，或者这是儒家的“超凡入圣”的人生途径。从“十有五而志于学”到“四十而不惑”是孔子追求成圣成贤的准备阶段，从“五十而知天命”到“七十而从心所欲不逾矩”是他成圣的深化过程。“知天命”可以说是对于“天命”(宇宙人生之必然)有一种了解，这或者属于知识的问题，或者说是一追求“真”的人生境界吧！“六十而耳顺”，照朱熹解释说：“声入心通，无所违逆，知之之至，不思而得也。”我们可以把“知之之至”解释为超于“知天命”的，它是一种“不思而得”的境界。这种“不思而得”的境界大概就是一种直观的审美的境界，一种超于经验的直觉意象，因此它是属于“美”的境界。我们知道孔子在音乐上有很高的修养，他“在齐闻韶，三月不知肉味”，这真是“不思而得”的极高审美境界了。孔子对他所达到的这种境界说：“不图为乐之至于斯也”。想不到听“韶”乐竟能达到这样美妙的境地。“七十而从心所欲不逾矩”，朱熹注说：“矩，法度之器，所以为方者也。随其心之所欲而自不过于法度，安而行之，不勉而中也。”一切所作所为都是自自然然、自由自在，没有一点勉强而都完全合乎“天道”之要求。我看，这无疑是“至善”的境界了。孔子一生所追求的就是真、善、美合一的人生最高境界，这正如他所说的：“知之者不如好之者，好之者不如乐之者”了。到了“乐之者”的境界就是完全实现了“超凡入圣”的“天人合一”境界了。我们说儒家追求的人生境界或者“圣人”观还可以从孔子另外的话中得到证明，《论语·宪问》中说：“古之学者为己，今之学者为人。”荀子解释说：“古之学者为己，今之学者为人。君子之学也，以美其身；小人之学也，以为禽犊。”(《劝学》，杨倞注：“禽犊，馈献之物。”)《论语集注》：“程子曰：为己欲得之于己也，为人欲见知于人也。”“为人之学”只是为了摆摆样子，做给别人看；而“为己之学”才是真正为提高自我的道德学问而达到理想人生境界之路。“为己之学”全靠自己，它不受外界之影响，如颜回然。所以孔子说：“为仁由己，而由人乎哉!”境界有高低，它全靠自己的努力，所以它是主观上的。孔子曾说：“君子道者三，我无能焉，仁者不忧，智者不惑，勇者不惧。”子贡说：“夫子自道也”。孔子这里所谓的“仁”、“智”、“勇”都是可以由自己努力去追求的，所以它是一种人生境界，而且是一种极高的人生境界，圣人的境界。冯友兰在他的《新原人》中把人生的境界分为四种：即自然境界、功利境界、道德境界和天地境界，这种对人生境界的分法是否合理，姑且不论，但他对“境界”的解说颇为可取，冯先生说：“人对宇宙人生的觉解的程度，可有不同。因此，宇宙人生，对人的意义，亦有所不同。人对宇宙人生在某种程度上所有的觉解，因此，宇宙人生对于人所有的某种不同的意义，即构成人所有的某种境界。”“世界是同此世界，人生是同此人生，但其对于个人的意义，则可有不同。”这就是说，所谓有“境界”就是人对宇宙人生的一种觉悟和了解，这当然是从人的主观上说的，它只关乎个人道德学问的修养。中国哲学的大师们从他们主观上说往往都是在追求着一种极高的境界，孔孟是这样，老庄也是这样(例如老子的“同于道”，庄子的“天地与我为一”等等)；王弼、郭象是这样，程朱陆王也是这样。宋儒张载的《西铭》之所以受到历代学者重视和普遍赞誉，我认为它的价值主要是他这篇文章的开头和结尾几句："民，吾同胞；物，吾与也"，"存，吾顺事；没，吾宁也"。"民，吾同胞；物，吾与也"是他主观上的追求；"存，吾顺事；没，吾宁也"则表现了他个人的高尚人格。至于他的《西铭》中的那些"治世"理想不是脱离实际的空想，就是没有多少根据的论断。

个人的道德学问和社会的理想、政治的事务虽说不是完全无关系，但它们毕竟是两个问题。如果把"内圣外王之道"理解为，一个道德高尚、学识渊博的人，在适当的客观条件下更可以实现其历史使命和社会责任，并努力去实现其理想，这也许是有意义的。但是，从现代社会看也没有必要都去"学而优则仕"，有道德有学问的人也可以不问世事而一心"为学术而学术"，"为艺术而艺术"，不必都趋向中心，也可以走向边缘，而作"边缘人"。因此，"内圣"(道德学问)可以与"外王"(事功)结合，但也可以不结合，也就是说"内圣"不必"外王"，"内圣外王之道"只有非常有限的意义，它不应也不可能作为今日"中国哲学之精神"。

如果我们从传统的一般意义上来了解"内圣外王之道"在理论上的弊病，那就更为明显了。《大学》把修、齐 、治、平归结为"壹是皆以修身为本"，作为一种政治哲学理论那就十分可疑。因为"身"之修是由个人的努力可提高其道德学问的境界，而国之治、天下之太平，那就不仅仅是靠个人的道德学问了。盖因国家、天下之事不是由什么个人的"修身"可解决的。如果企图靠个人的道德修养解决一切社会政治问题，那么无疑会走上泛道德主义的歧途。

人类社会是一个复杂的统一体，它至少要由三个方面共同运作才可以维持，即经济、政治和道德(当然还有其他方面，现暂不论)。在一个社会中，这三方面虽然有联系，但它们绝不是一回事，没有从属关系，故不能混同，要求用道德解决一切问题，包揽一切，那么不仅仅经济、政治等社会功能要受到破坏，而且道德自身也将不能起它应起的作用。由于中国传统哲学把“内圣外王之道”作为追求目标，因此就造成了道德政治化和政治道德化。前者使道德屈从于政治，后者使道德美化了政治。于是在中国历史上就造成了“道统”（学统）成为“治统”（政统）的附庸，使圣学失去了应有的光彩，使道德失去了作为社会良心的地位。在中国历史上，从来没有出现过儒家所塑造的那样的“圣王”，所出现的大都是有了帝王之位而自居为“圣王”的“王圣”，或者为其臣下所吹捧起来的假“圣王”。我们难道没有看到，在中国古往今来的社会中，有不少占有最高统治地位的“帝王”，他们自以为是“圣王”，别人也吹捧他为“圣王”，却使中国社会几乎沦于崩溃的边缘吗？同时，我们也可以看到，正是由于孔子或荀子没有成为“帝王”，这样才使中国历史上有他们这样伟大的“哲王”。照我看，帝王不宜也不可能当圣人，因此根本不可能有“圣王”。当了帝王，那么我们就没有“哲王”，从而也就没有哲学了。所以，道德教化与政治法律虽有某种联系，但它们毕竟是维系社会的两套，不能用一套代替另外一套。因此，“王圣”（以有王位而自居为圣人，或别人推尊之为圣人）是不可取的，“圣王”也是做不到的，“内圣外王之道”作为一种政治哲学理论也就不是什么完满的理论。（按：“内圣外王之道”如果从它可起的积极意义方面考虑，可以说“道德学问”必在社会生活中见之于实践，这确实是中国哲学的特点之一。因为，在中国哲学中“知行合一”是一重要的理念。有关这方面的看法，在我那篇《我的哲学之路》中有所论说，至于我为什么对“内圣外王”有比较严厉的批评，这是我有见于历史的和现实的政治运作而有的。在此特别加以说明。）

中国哲学理论体系中“普遍和谐观念”，可以说是中国传统哲学的宇宙人生论，“内在超越问题”可以说是它的境界修养论；“内圣外王之道”可以说是它的政治教化论。中国传统哲学的这套理论，无疑曾对人类文化作出过重要贡献，它作为一种不间断延续了几千年的文化传统也必将对今后人类文化作出重要贡献。如果要使它对人类文化继续起积极的作用，我认为，一方面我们应适应现代化的要求，来使中国传统文化在当今的全球意识下得到发展；另一方面，我们也应看到中国传统文化作为一种哲学体系所存在的缺陷，并充分吸收其他国家、民族文化的长处，使中国文化更加完善。但是，我们也必须注意到，任何哲学体系都会存在一些它自身不能解决的问题，而且应视这为正常的现象。因此，我们不能希望有一种哲学体系一劳永逸地把所有宇宙人生的问题都解决。如果哪一哲学体系自认为它可以解决一切宇宙人生的问题，那么我想，这种哲学很可能一个问题也解决不了，它很可能是一种极为荒唐无意义的咒语。以上我对中国传统哲学的哲学思考，我也只是认为它是一条思考的路子，它绝不是唯一的路子，也不一定是较好的路子。不过如果我们能从多条路子来思考中国传统哲学的价值和存在的问题，总是一件有益的事。

评亨廷顿的《文明的冲突?》*

20 世纪即将过去，21 世纪即将到来，在这世纪之交，人们都希望人类社会能走上“和平与发展”的道路。然而在这样一个时刻，美国哈佛大学教授亨廷顿在 1993 年《外交事务》夏季号上发表了一篇长文，题为《文明的冲突?》(译文全文载《二十一世纪》第 19 期，本文引文均据该刊译文)，这篇文章已经引起了海内外广泛的讨论。该文主旨是在论证今后一个阶段，世界的形势将继续以“冲突”为主旋律，而且根源是由于文化的不同引起的。在这篇文章开头有如下两段：

> 世界政治正进入新阶段，学者纷纷预测它的形态——的终结，民族国家恢复传统的竞争，民族国家在部族主义与世界主义的张力下衰落等等。这些看法各自反映了现实的一面，但全都不能抓到未来国际政治最重要、最核心的问题。

* 本篇原载《哲学研究》1994 年第 3 期。

> 我认为新世界的冲突根源，将不再侧重意识形态或经济，而文化将是截然分隔人类和引起冲突的主要根源。在世界事务中，民族国家仍会举足轻重，但全球政治的主要冲击将发生在不同文化的族群之间。文明的冲突将左右全球政治，文明之间的断层线将成为未来的战斗线。

接着亨廷顿对他这个基本观点作了层层论证。在他的论证中，虽有一些值得我们重视的看法，但也包含着一些我认为是错误的或与事实不符的论断，对这些暂不讨论。我只想对亨廷顿的基本观点提出几点不同意见。

一、人类文化发展的总趋势是以互相对抗还是以互相吸收而融合为主导

照亨廷顿看，新世界冲突的根源，将主要不侧重在意识形态和经济，而文化将是分隔人类和引起冲突的主要根源。全球政治的冲突将发生在不同文化群体之间，主要是发生在“西方文化”和“非西方文化”（儒家文化与伊斯兰文化）之间。他并且从历史上作了论证。他认为，文明的差异在历史上产生，不会立即消失，且比政治意识形态及政权的差异更为根本。长期以来，由此引起的冲突往往是最持久、最暴虐的。

当然，在人类以往的历史上并不缺乏由于文化（例如宗教）的原因引起国家与国家、民族与民族、地域与地域之间的冲突。但是，我们从历史发展的总体上看，在不同国家、民族和地域之间的文化发展则是以相互吸收与融合为主导。因此，国家与国家、民族与民族、地域与地域之间的冲突并不是主要由于文化的原因引起的。我对于西方历

史和文化了解很有限，没有多少发言权，在这里只想引用罗素的一段话来说明今日西方文化是吸收与融合多种文化成分而形成的。1922年，罗素在访问中国之后，写过一篇题为《中西文化比较》的文章，其中有如下一段：

> 不同文化之间的交流过去已经多次证明是人类文明的里程碑，希腊学习埃及，罗马借鉴希腊，阿拉伯参照罗马帝国，中世纪的欧洲又模仿阿拉伯，而文艺复兴时期的欧洲则仿效拜占庭帝国。

罗素的这段话是否十分准确，可能有不同的看法，但它说：①不同文化的交流是促进人类文明发展的重要原因；②今日欧洲文化已吸收了许多其他文化因素，而且包含了阿拉伯文化。如果我们看中国文化的发展，特别是儒家文化在中国的发展，就更可以看到在不同文化之间由于文化原因引起的冲突总是暂时的，而不同文化之间的相互吸收和融合则是主要的。

中国在春秋战国以前本来存在着多种不同的地域文化，有中原文化、齐鲁文化、秦陇文化、荆楚文化、吴越文化、巴蜀文化等等，是后来才合成一个大体统一的华夏文化。而儒家文化在先秦不过是诸种文化之一，到汉武帝时提出“罢黜百家，独尊儒术”，儒家思想才定于一尊，不过这时的儒家思想实际上已经吸收和融合了法家、道家、阴阳家的思想因素。当然这对说明不同文化之间的吸收与融合虽有一定意义，但它还不能算是很有说服力的，最有说服力的例证是中国文化对印度佛教文化的吸收与融合。

中国文化吸收和融合印度佛教文化大体上有三个阶段，历时近千年：①佛教大约在公元1世纪西汉末时传入中国，先是依附于中国原有的“道术”，到魏晋又依附于玄学而流传，这时虽有两种文化之间的互相批评，但从总体上说是“和平共处”的。②到东晋以后，由于佛教经典翻译日多，人们对佛教的原意有了进一步的了解，而看出在中印两种文化中确有不同，因而在思想上发生了冲突，这主要表现在中国文化提倡“忠孝”，而佛教要“出家”、不拜君王和“无后”(不孝有三，无后为大)上，这也只是思想上之冲突。这一时期虽有两次“灭佛”事件，但主要是由于政治和经济的原因而不是由于文化的原因引起的。③到隋唐，形成了若干中国化的佛教宗派，天台、华严、禅宗等，这些宗派虽然仍是佛教，但却吸收了若干儒家和道家的思想；到宋朝，理学一方面批评佛教，而更主要的是大量吸收了佛教思想，从而使中国的儒学得到了重大发展。所以我们可以说，中国文化曾受惠于印度佛教；而印度佛教在中国得到了发扬光大。从中印文化交流史上看，文化不仅不是引起冲突的主要原因，相反常常是促进不同国家、民族间互相了解和文化发展的重要因素。

百多年来，由于西方列强对中国的武力侵略，曾经一度造成了中国人的排外心理，包括对西方文化排斥的现象，但这主要不是由于文化原因而是由于政治和经济原因引起的。就是在这种情况下，中国实际上仍然在不断吸收西方文化。先是吸收西方的科学技术，后来又学习西方的政治法律制度，到五四运动前后则把西方的“科学与民主”作为追求的目标。这中间走了不少弯路，而且今天仍然存在着一些问题。但在五四以后，除了极少数顽固的国粹派和少数愚昧无知的民众和官僚外，包括现代新儒家的大师熊十力、梁漱溟都主张充分吸收西方的“科学与民主”思想。而且目前中国文化正在朝着更加充分吸收西方化的方向发展着。

从中国历史上看，两次外来文化大输入的结果证明，由于文化引起的冲突只是暂时的，而不同文化之间的互相吸收与融合则是主导的。司马迁曾说：“居今之世，志古之道，所以自镜者，未必尽同。”我们生活在今天，要了解历史上的经验，虽然古今不会完全相同，但总是可以作为借鉴的。

二、儒家思想是否是将来引起政治上的冲突和战争的因素

亨廷顿把现今的文化分成“西方文化”和“非西方文化”，而且在“非西方文化”中又特别突出提出“儒家——伊斯兰的联合”，并且认为“儒家与伊斯兰的军事结合已经形成”，而这种“异文明间的种族暴力冲突的升级最危险，也最可能成为导致世界大战的原因”。在这里，我们不打算讨论亨廷顿那些似是而非的论断，只想就儒家文化是否会成为将来引起政治上的冲突和战争的问题来谈谈我的看法。

从中国历史上看，儒家思想有两种不同的形态，一是作为官方意识形态的儒家文化；另一是作为理念形态的儒家文化。作为官方意识形态的儒家文化确实存在着某种“专制”和“暴力”的性质，但即使这样它也并非有着强烈的扩张性，而且任何学说一旦成为一种意识形态都会发生与其学说本身相悖的作用。作为理念形态的儒家文化，它是主张以“和为贵”的，因此具有相当大的包容性。就现时各国、各民族的实际情况看，大概没有把儒家文化作为官方的意识形态的可能，儒家文化只能作为一种理论而起作用。儒家文化作为一种理论，它所提倡的是“普遍和谐”的观念（参见作者主编的《国故新知》所刊拙作《中国传统文化的特质》，北京大学出版社 1993 年版），这点应为我们所重视。

如果我们为 21 世纪人类社会发展的前途考虑，那就必须把争取

“和平与发展”看成所有国家和民族的责任。人类社会发展的前景必须是和平共处，这就要求调整好国家与国家、民族与民族、地域与地域之间的关系；“发展”必须涉及人对自然的合理利用与开发，这就是说要调整好人与自然的关系。儒家思想中的“普遍和谐”观念无疑将会对人类社会的“和平与发展”作出特殊的贡献。“普遍和谐观念”作为一个完整意义的观念，它至少包含四个层面：即“自然的和谐”，“人和自然的和谐”，“人与人的和谐”，“人自我身心内外的和谐”。照儒家的思维模式看，自然是一个融洽无间的最完美的和谐之统一体，它称之为“保合太和”，只有认识到自然是一个和谐之统一体，此“普遍和谐”观念作为一种理论才可以展开。盖因有自然之和谐，才可以有人与自然之和谐；有人与自然之和谐，才可以有人与人之和谐；有人与人之和谐，才有人自我身心内外之和谐。反之亦然，有人自我身心内外之和谐，才有人与人之和谐；有人与人之和谐，才有人与自然之和谐；有人与自然之和谐，才有自然之和谐。看来儒家更为重视由“人自我身心内外之和谐”所展开的“普遍和谐观念”的系列，这点我们可以由《大学》主张的“壹是皆以修身为本”看出。这就是说，从理论上看儒家学说，它不会是引起国家与国家、民族与民族、地域与地域之间冲突的原因。

我认为，亨廷顿关于儒家文化是引起“西方”与“非西方”之间冲突的原因之一的论断是没有根据的，这表明他对儒家学说作为一种理论体系完全不了解。

三、亨廷顿的文章所依据的理论是已经过了时的“西方中心论”

亨廷顿的文章中引用了奈皮尔（V. S. Naipaul）的一句话：西方文

明是“切合所有人的普世文明”。他认为，在可见的将来，不会有普世文明，有的只是包含着不同文明的世界，而其中的每一个文明都得学习其他文明并与之共存。并且他认识到，“西方文明既是西方的亦是现代的。非西方文化试图取后者而舍前者……他们更会调和这些现代事物和传统文化的价值”。但是，从亨廷顿的全文看，又为什么强调“西方文化”与“非西方文化”的冲突，特别是预言“儒家与伊斯兰的联合”是“最可能导致世界大战的原因”呢？我认为，这无疑仍然是“西方中心论”在困扰着亨廷顿。过去几百年间，西方列强在政治、经济甚至文化上的霸权主义摧残甚至毁灭了许多民族的文化，但在第二次世界大战后，世界的格局发生了重大变化，原来企图瓜分世界的殖民体系瓦解了，随之而来的文化上的“西方中心论”也在逐渐消解。从战后文化发展的形势看，已经逐渐形成了在全球意识下文化多元化发展的新局面。由于科学技术的飞速发展，世界各国、各民族之间的联系越来越密切，人类面临着要共同解决的问题，因此文化的发展必须要有“全球意识”。但是，原来被西方列强摧残和压制的许多国家与民族要求发展自己、实现“现代化”，理所当然地要发展自己的民族文化，这样，全世界的文化必然呈现为在全球意识下多元化发展的总趋势。让我们看看从1982年以来获诺贝尔文学奖的情况：1982年获奖者为南美哥伦比亚作家马奎斯；1987年为非洲尼日利亚的索因卡；1992年为加勒比圣卢亚岛的著名诗人沃尔科特；1993年为美国黑人女作家托尼·莫里森。马奎斯在获得诺贝尔文学奖之后，曾就美洲地区的文化发展答记者问说：“我认为拉丁美洲在今天世界上是唯一有创造力的地区，巴西电影的复兴，哥伦比亚的戏剧运动，都受到全世界的注意。同样，拉丁美洲文学也是当代最佳文学。”一位西方评论家评论索因卡的作品时说：“没有一个非洲作家比索因卡更为成功地让世界其他人用非洲眼光来看人类。”瑞典科学院院士谢尔·埃斯普马克在介绍沃尔科特时说：“他在诗歌中融合了各种不同文化，来自西印度群岛、非洲和欧洲的文化。”一旦被压迫和被摧残的民族文化摆脱了殖民统治和“西方中心论”的束缚，无疑会在文化上表现出他们的非凡创造力。

在1983年第十七届世界哲学大会上，大会主席加拿大哲学家高启(V. Cauchy)的发言表现了一位哲学家的智慧，他的发言大意如下：过去一二百年间，由于西方的科技经济占尽优势，所以在哲学人文方面也就自居于先进的地位。但如今东方的科技经济已经赶上来，乃至有凌驾西方的趋势，现在该是西方醒觉，虚心向东方的智慧学习的时候了。

西方文化(包括宗教、哲学、文学、艺术等等以及他们的价值观)曾对人类文化发展作出过重大贡献，今后仍然会对人类文化的发展作出积极的贡献；但是东方文化，例如中国文化、印度文化、伊斯兰文化不也同样在人类历史上对人类作出过重要贡献吗？而且中国文化，例如儒家的“普遍和谐观念”不是对当今人类社会和21世纪人类社会发展更能作出特殊贡献吗？这里我还要说一下印度文化的特征。印度学者、诗人泰戈尔曾在一篇题为《没有墙的文明》中说：“印度人强调在人和宇宙之间的和谐，他们认为如果宇宙对我们来说是绝对无关的东西，那么我们将不能与周围环境有任何交往”，“这正是为什么《奥义书》将获得人生目的的人们描写为‘宁静的人’、‘与神合一的人’的原因，这意味着他们生活在人和大自然的完全和谐中，因此也生活在不受任何干扰的与神的统一中”。看来，东方文化可能具有一共同特点，这就是把“和谐”的观念看得非常重要，这点大概是西方文化应该向东方智慧学习的一个重要方面吧！

然而，亨廷顿似乎完全不了解东方文化对人类曾经作出的贡献，完全忽视东方文化对今后人类发展的重要意义，这无非表明亨廷顿仍然站在已经过时的“西方中心论”的立场上，把文化分成“西方文化”与“非西方文化”，并把他所假想的所谓“儒家与伊斯兰的联盟”这种“非西方文化”作为以美国为首的“西方文化”的敌人，以保持美国在“西方世界”中的盟主地位，进而保持其仍然可以左右世界局势的霸权。因此，亨廷顿在他文章的最后一节为美国政府献策，其中包括“抑制伊斯兰与儒家国家的军事扩张”；“保持西方在东亚与西南亚国家的军事优势”；“制造儒家与伊斯兰国家之间的差异与冲突”；“巩固能够反映西方利益与价值并使之合法化的国际组织，并且推动非西方国家参与这些组织”等等。这些观点难道是符合当今和 21 世纪人类应共同追求的“和平与发展”的目标吗？从亨廷顿的全文看，虽然他的某些分析不是全无根据，但由于他的“西方中心论”的观念没有改变，这就不能不认为他的这篇文章不是一篇有什么深刻理论意义的文章，而是一篇为美国眼前暂时利益提供一种政治性策略的文章。

在我们批评亨廷顿的观点的同时，我们必须注意，发扬我们自己民族文化是完全必要的，不带偏见地吸收西方文化中有价值的各个方面同样是非常重要的。我们不应跟着亨廷顿跑，以“西方的”和“非西方的”作为文化取舍的标准，而应取另外一种文化的价值观：即凡是对人类社会追求的“和平与发展”有利的，我们都应大力吸取。还是那句话：我们应在全球意识下来发展我们的民族文化，以保卫世界和平和促进各个国家与民族的共同发展。

“和而不同”原则的价值资源*

今日世界的纷争虽然不能说主要是由文化之冲突引起的，但也决非与文化冲突无关。因此，关于文化冲突与文化共处的讨论正在世界范围内展开，是增强不同文化间相互理解和宽容而引向和平，还是因文化隔离和霸权而导致政治冲突，将影响着21世纪人类的命运。自从第二次世界大战结束之后，由于殖民体系的瓦解，文化上的“西方中心论”也逐渐随之消退，世界文化呈现出多元发展的趋势。近半个世纪以来，世界经济贸易、信息传递的发展，使民族与民族、国家与国家、地域与地域之间文化上的交往越来越频繁，世界日益成为一个不可分割的整体。目前，在世界文化发展中，出现了两股不同方向的文化潮流：某些西方国家的理论家从维护自身传统利益或传统习惯出发，仍然坚持“西方中心论”。与此同时，某些取得独立或复兴的民族，抱着珍视自身文化的情怀，形成一种返本寻根、固守本土文化的民族主义和回归传统的保守主义。甚至某些

* 本篇原载加拿大《文化中国》1995年12月及《学术月刊》1997年10月。

东方学者鉴于两个世纪以来西方文化对世界造成的灾难和自身所曾受到的欺压，而提出文化上的“东方中心论”。如何使这两股相悖的潮流不致发展成大规模的对抗，并得以消解，实是当前一大问题。同时，我们还须注意，在西方国家与民族、东方国家与民族之间由于文化传统的不同也会引起纷争和冲突。

如何使不同文化传统的民族、国家和地域能够在差别中得到共同发展，以便造成在全球意识下文化多元化发展的新形势呢？我认为中国的“和而不同”原则可能为我们提供有正面价值的资源。

《左传·昭公二十年》记载有齐侯与晏婴的一段对话，齐侯对晏婴说：“唯据与我和夫！”（按：“据”指梁丘据，齐侯侍臣）晏子对曰：“据亦同也，焉得为和？”公曰：“和与同异乎？”对曰：“异。和如羹焉，水火醯醢盐梅以烹鱼肉，燀之以薪。宰夫和之，齐之以味，济其不及，以泄其过。君子食之，以平其心。君臣亦然。……今据不然。君所谓可，据亦曰可。君所谓否，据亦曰否。若以水济水，谁能食之？若琴瑟之专一，谁能听之？同之不可也如是。”又据《国语·郑语》，有史伯回答桓公的一段话说：“夫和实生物，同则不继。以他平他谓之和，故能丰长而物归之；若以同裨同，尽乃弃矣。故先王以土与金木水火杂，以成百物。”这都说明，“和”与“同”的意义全不相同。孔子说得更为明确，他说：“君子和而不同，小人同而不和。”（《论语·子路》）从以上的几段话看，“和而不同”的意思是说，要承认“不同”，在“不同”基础上形成的“和”（“和谐”或“融合”）才能使事物得到发展。如果一味追求“同”，不仅不能使事物得到发展，反而会使事物衰败。把这一“和而不同”作为处理不同文化传统之间的一条原则，是不是对当前世界文化的发展有积极意义呢？

在不同文化传统中应该可以通过文化的交往和对话，在讨论中取得某种共识，这是一个由“不同”到某种意义上的“同”的过程。这种“同”不是一方消灭一方，也不是一方“同化”另一方，而是在两种不同文化中寻找交汇点，并在此基础上推动双方文化的发展，这正是“和”的作用。我们可以用中国文化自身发展为例：儒家要求“制礼作乐”，即要求“有为”以维护社会的和谐；道家追求“顺应自然”，即要求“无为”以保持社会安宁。它们本是两种很不相同的思潮，但经过近千年的发展，在不断对话中，取得了某种共识。到西晋，有郭象为调和孔老，提出了“有为”也是一种“无为”。在《庄子·秋水》中有一段郭象的注说：“人之生也，可不服牛乘马乎？服牛乘马，可不穿落之乎？牛马不辞穿落者，天命之固当也。苟当乎天命，则虽寄之人事，而本在乎天也。”这里的意思是说，虽然“穿牛鼻”、“落马首”是通过“人为”（人事）来实现，但它本来就是合乎“顺自然”的。郭象的这一观点，既是儒家可以接受，也是道家可以接受，但它又不全然是原来儒家和原来道家的思想了。“有为”（人为）和“无为”（天然）本不相同，但要使两者的意义都在某种程度上被容纳，就必须在商讨中找到交汇点（和），所找到的交汇点就可以成为双方能接受的普遍性原则，它并不要抹煞任何一方特点，而使双方能接受，这无疑是体现了“和而不同”的思想的。我们还可以用中国历史上中国传统文化与外来文化相遇后发生的情况为例，说明“和而不同”的意义。本来印度佛教文化与中国传统文化（如儒家、道家等）是两种很不相同的文化，但从汉到唐的几百年中，从中国文化自身方面说，一直在努力吸收和融化佛教这种异质文化；从印度佛教方面说，则一直在致力于改变着不适应中国社会要求的方面。因此，在印度佛教传入中国的近千年的历史中，中国文化在许多方面受惠于印度佛教。印度佛教深刻地影响着中国哲学、文学、艺术、建筑以及民间风俗习惯诸多方面。同时，印度佛教又在中国这块大地上得到了发扬光大，在隋唐形成了若干中国化的佛教宗派(如天台、华严、禅宗等)。然而中国文化仍然是中国文化，并未因吸收了印度佛教文化而失去其特色。这种文化上的交流和互相影响，可以说是很好地体现了“和而不同”的原则。其实欧洲文化的发展也可以说明这一点。在罗素1922年写的《中西文化比较》中有这样一段话：“不同文化之间的交流过去已经多次证明是人类文明发展的里程碑，希腊学习埃及，罗马借鉴希腊，阿拉伯参照罗马帝国，中世纪的欧洲又模仿阿拉伯，而文艺复兴时期的欧洲则仿效拜占庭帝国。”一种文化之所以能吸收他种文化，往往是在两种文化交往和商谈中体现“和而不同”思想的结果。

在不同文化传统的交往中体现“和而不同”的原则可能会有多种情况：一种情况是，在交流中发现不同文化原来有相近或相似的观念，如在基督教中有“博爱”，在佛教中有“慈悲”，在儒家中有“泛爱众”，从抽象的意义上讲都是“爱”，“爱”就可以成为不同文化传统都可以接受的普遍原则；同时“博爱”、“慈悲”、“泛爱众”仍然保留其各自不同的特点。另一种情况是，在文化交往中发现此种文化不具有另一种文化某些重要观念，但另外那种文化中的这些观念和此种文化并非不能相容，这样就可以在交往中接受这些新的观念，并经过改造而逐渐使之融化在此种文化之中，从而丰富此种文化的内容。例如，在中国文化中原来并没有明确的“顿悟”的观念，但到宋明时代，程朱理学和陆王心学都在某种程度上接受了“顿悟”的观念，使之融化在他们的体系之中。第三种情况是，在文化的交往中会发现，此种文化不具有彼种文化中的某些有意义的观念，而且这些有意义的观念和此种文化的某些观念不相容，从而在交往中不得不放弃此种文化中的某些旧观念，而接受外来的新观念，致使此种文化得到发展。例如在西方“民主”思想输入中国之后，中国人不得不放弃过去传统中的“三纲五常”等旧观念。第四种情况是，在两种或多种文化的交往中，经过反复的交谈会发现，双方或多方都未曾有过的，然而十分有意义的新观念，例如“和平共处”、“文化多元共处”等观念，把这些观念引入不同文化体系中，无疑对各种文化都是有意义的。当然还会有其他种种不同情况，兹不赘述。上述不同传统文化之间因其“不同”通过“和”（调和；协调）的作用而达到某种“同”，在“不同”中找到可以共同接受的原则，在“不同”情况下取得的“共识”正是在交往和商讨中实现“和而不同”的原则。

在讨论“和而不同”作为不同文化之间交往的原则时，似乎还有两点可以注意：一是文化的异地发展问题；另一个是文化的双向选择问题。一种文化在一地（或一民族）发展日久或者遇到某种特殊的原因，会出现某种衰退甚至断绝的现象，而往往会在其传到另一地区（或民族）得到发展，例如佛教在印度传到五六世纪，以后似乎没有什么重大发展，但佛教在中国隋唐时期（7、8、9 世纪），由于吸收了中国文化的某些方面而为中国的高僧大大发展了，形成了中国化的佛教宗派，并通过中国传到朝鲜半岛和日本，于是又和当地文化相结合，特别是在日本又创造了日本独特的佛教派别。所以我常说：“中国文化曾受惠于印度佛教，印度佛教又在中国得到发扬光大。”这种文化的异地发展的现象不仅发生在亚洲，而且也发生在欧洲。如前引罗素所说，今日欧洲的文化是由埃及而到希腊，中经罗马、阿拉伯，再回到欧洲，正是这种文化的异地发展，形成了“人类文明发展的里程碑”。究其原因，甲种文化移植到乙种文化中往往会对甲种文化增加某些新因素，这些新因素或者是甲种文化原来没有的，或者是在甲种文化中没有得到充分发展的，它们的加入甲种文化，从而使甲种文化在乙种文化中得到发展。这种情况正符合文化发展的“和而不同”原则，这正是“和实生物，同则不继”的体现。关于“文化的双向选择”问题，我们知道，并不是任何异质文化传到某一地区(或民族)在任何时候和任何情况下都会被接受和得到发展，例如在隋唐时期不仅佛教对中国社会有着重大影响，如《隋书·经籍志》中说：“民间佛经，多于六经数十百倍。”这一时期景教(基督教的一种)也曾传入中国，并发生过一定影响，但最终并未在中国站住脚，这就有个文化的双向选择问题。不仅如此，就是印度佛教的宗派在中国的命运也不相同。例如密教(密宗)在唐中期以后在中国汉地曾盛极一时，这点我们可以从扶风法门寺地宫出土文物得到证实，但以后密宗衰落了，在汉地几乎没有什么影响，可是印度密教在西藏地区与当地宗教结合而形成藏地佛教，它一直到现在仍是藏族人民信仰的宗教。这是为什么呢？就汉地佛教说，最初传入的是小乘禅法安世高系，其后支娄迦谶把般若学随之传入中国。自晋以后在中国流行的是般若学，而非小乘禅法。究其原因，盖因般若学与以老庄学说为骨架的玄学相近，而在东晋南朝选择了般若学，在唐朝发展起来的禅宗也并非印度禅法，而其思想基础仍可说是般若一支，且禅宗无疑不仅吸收了某些老庄思想，而且为适应中国社会的需要也吸收了某些儒家思想。这就看出，在文化间确存在着一种“双向选择”问题，而这种“双向选择”也是“和而不同”原则的另一种体现。我们还可以看到，在唐初虽有玄奘大师宣扬佛教唯识学，但此学在中国唐朝仅流行了三十余年，就不为中国人所重视，这是因为唯识学的思维模式完全是印度式的，与中国的思维模式大不相同。然而禅宗在唐中叶以后却很快流行了，这正因为禅宗的思维模式较接近于中国，成为中国化的佛教宗派，并影响着宋明理学。这说明，在不同文化交流中，文化之间常常存在着“双向选择”的问题，而这种“双向选择”也是在一定程度上表现着“和而不同”的原则。盖因文化之间总有“不同”，才有“选择”问题，如果是完全相同的思想，那就无所谓“选择”了，而且完全相同的思想的传入，对原有思想文化不会增加什么新的因素，因而也就不能刺激和推动原有文化的发展，可见“和而不同”原则对文化的“双向选择”有着非常重要的意义。

我们把“和而不同”看做是推动文化健康的交流，促进文化合理的发展的一条原则，这正符合当前世界文化多元化发展的趋势。如果我们希望中国文化得到更好的发展，如果我们希望中国文化今后能对人类文明有所贡献，就必须以“和而不同”的态度对待其他民族、国家、地域的文化，充分吸收它们的文化成果，更新自己的传统文化，以创造适应现代社会生活的新文化。

在有墙与无墙之间*

——文化之间需要有墙吗？

在我们讨论“文化之间需要有墙吗”问题的时候，使我想到《庄子·山木》中的一个故事，这个故事的大意是说：一棵长得奇形怪状的树，由于它不能成材，因此樵夫没有把它砍掉，它保存了下来。也就是说，如果它成材，就会被破掉，而不能保存。另有一只不会叫的鹅，因为它不会叫，而被杀了请庄子师徒吃，这只鹅没有保存下来。也就是说，它如果会叫，就不会被杀来吃，而能保存下来；这只鹅因为不会叫（按：也指没有用），而被杀了吃，那么我们应该如何办呢？庄子回答说：我们最好处于材与不材之间，这样能保存自己。这个故事说明事物只有相对的意义，没有绝对的意义。在讨论文化问题上，一种文化对另一种文化应“有墙”，还是应“无墙”？这个问题，如果我们用中国哲学的观点看，“有墙”与“无墙”好像是矛盾的，但在中国哲学中“有墙”和“无墙”往往是相辅相成的。因此，从中国文化发展的总体上看，在中国文化与外来文化相遇时，

* 本篇原载《独角兽与龙》，北京大学出版社，1995。

它往往呈现出一种“在有墙与无墙之间”的状态。

我们知道，中国有文献记载的历史至少有四五千年，今天的中国文化已不是四五千年时那样的文化，也不是两三千年时那样的文化，特别是近世又吸收了西方文化，但它还是中国文化。当然，中国文化在吸收外来文化时是否每一时期都很成功，这是历史学家讨论的问题，而哲学家讨论的则应是另一种问题。我们讨论的是中国文化用什么方法吸收外来文化，这种方法的意义何在？

前面说的《庄子·山木》的故事，它虽然是一个故事，但这个故事却表现了中国哲学的一种重要的思维方式，而这种思维方式在后来（魏晋以后，即4世纪以后）实际上又融合了印度佛教的思维方式。我们说“有墙”就是说“非无”（不是没有），我们说“无墙”就是说“非有”（不是有）。这样在中国哲学中就有：“非有非无”、“非常非断”、“非实非虚”等等观念，这些观念构成一种“非X非Y”的思维模式。我们把这种思维方式用到讨论不同文化之间应不应该有墙的问题上，也许对文化的研究有一定意义。

一、非有非无

“非有非无”本来和佛教的般若学有关，但佛教传入中国后它就成为中国哲学中的一种非常重要的思维模式。其实这种思想，早在中国先秦时（公元前三四世纪）的老庄思想中就有了，例如老子说：“道隐无名”（《老子》第四十一章），“道常无名”（第三十二章），“道”是“有”（非无），但也是“非有”。庄子说：“因是因非，因非因是”（《庄子·齐物论》），就是说，有肯定的就有否定的，有否定的就有肯定的。这些思想都隐含着“非有非无”的意义。如果我们把“非有非无”看成一种有关空间的观念，用来说明文化之间的问题，可以得到如下一种看法：

一种文化对他种文化应是“无墙”(非有)而“有墙”(非无)的。从文化之间的横向关系，即放在同一时代看，如果一种文化对他种文化筑起一道封闭的墙，那么这种文化将只能成为供人们参观的博物馆，因而不能和他种文化进行交流，也很难对他种文化发生影响，从而不能参与到整个人类文化发展的大潮之中(特别是在近现代)。如果完全“无墙”，那么它就不能自觉地保持和发挥其文化特色，而有失去作为一种独立的文化而存在的危险。在中国历史上有两个突出的例子：一个是公元1世纪后印度佛教的传入。对印度佛教的传入从总体上说中国人是欢迎的，但是中国人对这种外来文化却是采取了“无墙而有墙”的态度。一方面，从总体上说我们对佛教的传入是开放的；另一方面，我们又用本位文化解释它(这中间当然也隐含着“误读”的问题)，甚至是改造着它，而印度佛教文化却在中国得到发扬光大。另一个例子是：从17世纪末至19世纪中叶，中国对西方文化采取了闭关自守的态度，虽然有少量西学输入，但对中国原有文化几乎没有什么影响，也就是说在那时人为地筑起了一道抵御西方文化的墙。造成这样一种抵御西方文化的心态，当然原因是多方面的，但主要是它背离了中国传统那种“非有非无”的思维模式，从而导致中国文化在这种情况下失去了活力。“有”和“无”是一对相对的概念，“非有非无”是中国哲学中的一种重要思维模式，说“有墙”和“无墙”也还不能确切地表现中国哲学的特点，而应说“非无墙”(非无)和“非有墙”(非有)。不能执著“非有墙”(非有)，也不应执著“非无墙”(非无)，无论执著哪一方面，就把问题看死了，而应以“在非有墙非无墙之间”找寻文化的出路。

二、非常非断

佛教中的三法印之一“诸行无常”，这是说一切物理的、心理的现象在时间的流动中是变动无常的，据此在佛经中也讲“非常非断”，如佛经中有这样的话：“方观知彼去，去者不至方。”意思是说：事物好像是变到另外的地方，但又好像并没有变到另外的地方，这就是“非常非断”。① 如果我们把“非常非断”的观念作为时间的问题来理解事物，那么用它来讨论两种文化（或多种文化）之间在时间的流动中的关系，也许可以说：一种文化在时间的流动中与他种文化相接触，必然会发生某些变化（非常）；同时在时间流动中外来文化又需要有所改变以适应原有文化的某些要求（非断），这样才能发生作用。我们还可以用印度佛教传入中国为例：印度佛教传入中国为中国文化所吸收与融合大约经历了一千年的时间。最初印度佛教依附于中国原有文化而得以发展；至南北朝（4 世纪至 7 世纪）外来之佛教与中国原有之文化发生矛盾与冲突；至隋唐佛教大为流行，据《隋书·经籍志》记载，当时佛经在民间流传十百倍于儒家经典。许多王公大臣、文人学士都信仰佛教，中国哲学在佛教中得到发展，看来佛教似乎取代了中国之传统文化。但实际上，正是在此时期出现了中国化的佛教宗派，如天台宗、华严宗、禅宗，特别是禅宗。这些中国化的佛教宗派成为中介，而至中唐以后儒学又渐抬头，至宋朝出现了吸收佛教的中国新儒学，即宋明理学。这一过程说明了一种文化的发展，在与另一种外来文化接触的长时间流动中，这种文化有时似乎要中断了，但它又实在并未断绝，而形成一种“非断非常”发展总趋势。在近代，中国文化受到了西方文化的冲击，五四以后出现了一股强大的“反传统”的力量，要求从西方引进“科学与民主”，甚至某些五四运动的领导者以及以后的某

---

① 在《坛经》中用“常与无常对”。熊十力的《体用论》中则用“非常非断”，第 5 页，龙门联合书局版。

些学者提出了“全盘西化”的理论，似乎中国文化又出现了危机和断裂的状态，这种状况可以说一直延续到今天，仍有很大影响。因此照我看，在一种文化遇到另一种强大的外来文化的冲击下，一段时间往往会呈现出危机和断裂，但在更长时间流动中，这种文化从总体上看总是会以“非断非常”的趋势发展着。

三、非实非虚

在中国画中如何画月亮？一般说月亮是无法画的，但中国的画家们创造了一种画月亮的方法，叫做“烘云托月”，他们只画月亮周围的云，这样月亮就自然显现出来了。画家没有画月亮，因此月亮是一“虚”的（非实）；但确确实实在画面上有月亮，因此它又是“实”的（非虚）。这样在中国画中“非实非虚”就成为画论的一个非常重要的特色。我们可以用“非实非虚”的观念来说明文化之间发生关系时所呈现的一种状态。任何文化都因其环境的不同、人种的不同、遭遇的不同，甚至众多的偶然因素而有其不同于其他文化的特色（特质）。这种特质一旦形成，它就成为一种具有凝固力的传统（非虚）；从人类的特性看，又往往要冲破这种凝固的传统，特别是在外来文化冲击下更为明显，因而形成了一种反传统的力量，从这种由外来文化引发的反传统的力量看，实在的传统并不实在（非实），传统文化有时在强大的反传统力量面前似乎全表现得无力量。从这两个方面来看，文化往往是表现为“非实非虚”的。在中国哲学中，有一个重要概念叫“无”，“无”这个概念非常深刻地体现了“非实非虚”的观念。“无”并不是“不存在”的意思，而是指“无规定性”的“存在”。照中国哲学看，从音乐的音调说，如果是“宫”就不能同时是“商”，但“无声”却可以作成“宫”，又可以作成“商”，它可以成就一切音；就事物形状说，如果是“方”就不能同时又是“圆”，但“无形”却可以作成“方”，又可以作成“圆”，它可以成就一切形。所以“无”可以成就一切“有”。“无”是“虚”的（非实），因为它无规定性；但“无”又是“实”的（非虚），它可以成就一切“有”。我们讨论文化之间的“墙”的问题，这也只是个象征性的说法。“墙”从一种文化与他种文化的关系说或者从一种文化存在的状态说，它也是一个象征性的说法，它是“非实非虚”的。一种有生命力的文化，它一方面表现出有规定性（非虚），这样才可以延续下来；另一方面又表现为无规定性（非实），这样它才可以适时成就一切。就文化说，“传统文化”与“文化传统”是两个不同的概念，“传统文化”是指已形成的文化，是过去文化的积存，它是凝固的，是有规定性的，所以是“实”（非虚）；而“文化传统”是指已成文化在现实生活中的流向，是一种活动，它是在不断变化之中，往往呈现为无规定性，所以是“虚”（非实）。不仅文化，其实任何事物的存在都是“非实非虚”的。

文化是一个民族的生活式样，一种文化的存在从时间、空间、状态上看它是一综合体。一种有生命力的文化在它与其他文化发生关系时，从中国哲学的角度看，它往往呈现为“非有非无”、“非常非断”、“非实非虚”的。在中国哲学中，这种不用肯定的方式来说明问题的方法叫“负的方法”。负的方法只说明某种事物不是什么，而不能直接说明某种事物是什么，或者说不能肯定地说明事物，因此这种方法是在否定中表现了肯定。这种方法往往用“非有”来表现“无”；用“非无”来表现“有”，如此等等。根据这种负的方法，在中国哲学中往往要求在两极之间找一“中道”，但这“中道”又不是另立一“中”，只是在对两极的否定中显现的。如果用中国哲学的这种思维方式来看文化之间的“墙”的问题，说“在有墙与无墙之间”或尚非确切，而应说“在非有墙与非无墙之间”才更为准确。照中国传统哲学看，一种文化或一种文化在多种文化关系之中如果能在“非有墙与非无墙之间”来发展，或者更为理想。

用中国哲学这种思维方式用来解释文化之间的“误读”或有启发。其实不仅在两种不同文化之间会存在“误读”问题，甚至于同一种文化传统在时间流中也会存在“误读”问题。例如朱熹对孔孟的“仁”的了解也存在着某种“误读”：在孔孟那里，“仁”是人性的问题；在朱熹那里，“仁”不仅是人性问题，而且是“天理”的问题。是不是朱熹对孔孟的“仁”是一种“误读”呢？我认为，它又是又不是，即是说是“非误读又非非误读”。所谓“非误读”是说它总是根据原文本问题来说的；所谓“非非误读”是说它是在不同时代背景下和个人的创造力下说的。如果在文化之间不存在“误读”问题，那么就没有不同文化之间的对话，或者说不同文化之间的对话的必要性就不存在。正因为有“误读”(即“非非误读”)才可能有不同见解，有不同见解才形成对话；正因为有“非误读”，才能有共同讨论的论题，有共同讨论的论题也才能形成对话。因此，在文化交流之间“误读”不仅是不可避免的，在一定情况下甚至可以说不是没有意义的。

“文明的冲突”与“文明的共存”*

一、“文明的冲突”论与“新帝国”理论

1993 年夏季号美国《外交事务》(*Foreign Affairs*)发表了塞缪尔·亨廷顿的《文明的冲突?》一文①，我于 1994 年撰写了《评亨廷顿的〈文明的冲突?〉》(刊于《哲学研究》1994 年第 3 期)，批评了以亨廷顿为代表的美国“霸权主义”。在此期间中外许多学者都对亨廷顿的理论从各个角度进行了讨论或提出了批评。1996 年，亨廷顿为了回答对他的批评，并补充和修正他的某些观点，出版了《文明的冲突与世界秩序的重建》。可以看出他的某些观点有所改变。例如在他为中文版写的《序言》中说：“在人类历史上，全球政治首次成了多极的和多文化的。”在《文明的共性》一节中，他说：“一些美国人在国内推行多元文化主义，一些美国人在国外推行普世主义，另一些美国人则两者都推行。美国国内的多

* 本篇原载澳门《中西文化研究》2004 年第 6 期。

① 亨廷顿：《文明的冲突?》，中译文全文载香港《二十一世纪》杂志第 19 期，香港中文大学中国文化研究所出版，《文明的冲突?》的引文均据该刊译文。

元文化主义对美国和西方构成了威胁，在国外推行普世主义则对西方和世界构成了威胁。它们都否认西方文化的独特性。全球单一文化论者想把世界变成像美国一样。美国国内的多元文化论者则想把美国变成像世界一样。一个多元文化的美国是不可能的，因为非西方的美国便不成其为美国。多元化的世界则是不可避免的，因为建立全球帝国是不可能的。维护美国和西方需要重建西方认同，维护世界安全则需要接受全球的多元文化性。”①虽然这段话也还有一些可商榷处，但他提出“维护世界安全则需要接受全球的多元文化性”，应该说是比较明智的考虑。为什么亨廷顿的观点有这样的变化？正是由于他感到在世界范围内西方(实际上是美国)的“霸权”地位受到挑战和威胁；在国内又受到“种族”等问题的困扰，因此提出了“世界秩序的重建”问题。在该书《西方的复兴》一节中亨廷顿说：“西方与所有已经存在过的文明显然是不同的，因为它已经对公元 1500 年以来存在着的所有文明都产生了势不可挡的影响。它开创了在世界范围内展开的现代化和工业化的进程，其结果是，所有其他文明都一直试图在财富和现代化方面赶上西方。然而，西方的这些特点是否意味着，它作为一种文明的演进和变动根本不同于所有其他文明中普遍存在的模式？历史的证据和比较文明史学者的判断却表明并非如此。迄今为止，西方的发展与历史上诸文明共同的演进模式和动力并无重大不同。伊斯兰复兴运动和亚洲经济发展的势头表明，其他文明是生机勃勃的，而且至少潜在地对西方构成了威胁。一场涉及西方和其他文明核心国家的大战并不是不可避免的，但有可能发生。而西方始于 20 世纪初的逐渐而且无规

① 亨廷顿：《文明的冲突与世界秩序的重建》，368 页，周琪、刘绯、张立平、王圆译，北京，新华出版社，1999。

律的衰落，可能持续几十年，甚至几百年。或者，西方可能经历一个复兴阶段，扭转它对世界事务影响力下降的局面，再次确立它作为其他文明追随和仿效的领袖的地位。”①这段话一方面反映了亨廷顿感到西方领导世界的地位正在“逐渐而且无规律的衰落”，而那些向西方学习已走上或正在走上“现代化”和“工业化”的国家已经“潜在地对西方构成了威胁”，这当然是他和西方某些学者、特别是政治领袖(如现任美国总统小布什)所不愿接受的。这里包含着亨廷顿和某些西方学者和政治家的一个不可解的情结：为什么那些伊斯兰复兴运动和亚洲兴起的国家走上了他们创造的“现代化”和“工业化”的道路，反而对他们构成了威胁？照他们看，这些兴起的国家本应在一切方面(政治的、文化的)跟着他们走，听命于他们才是“合理”的。但是现实的情况并非如此，因而表现出西方世界的忧心忡忡。另一方面，在亨廷顿内心真正希望的是西方文明的“复兴”，“再次确立它作为其他文明追随和仿效的领袖的地位”。特别是在“9.11”以后的2004年，亨廷顿在他的新作《我们是谁？——美国国家特性面临的挑战》一书中指出：就美国的国内说，多元文化的理念与美国的整体国家认同以及美国的国家利益，是背道而驰的。就世界范围说，他认为现在的伊斯兰教的极端主义者和潜在的、非意识形态化的中国民族主义整体是美国的敌人。因为照亨廷顿看为了稳固美国的国家认同，美国需要有敌人。②“9.11”以后美国布什政府的所作所为，可以说正在试图确立其作为其他文明

① 亨廷顿：《文明的冲突与世界秩序的重建》，348页，周琪、刘绯、张立平、王圆译，北京，新华出版社，1999。

② 参见《读书》2005年第5期范可《亨廷顿的忧思》，并塞缪尔·亨廷顿《我们是谁？——美国国家特性面临的挑战》中译本，程克雄译，北京，新华出版社，2005。

的霸主的领导地位。

继亨廷顿的《文明的冲突与世界秩序的重建》之后，2000年出版了意大利安东尼奥·奈格利(Antonio Negri)与美国麦克尔·哈特(Michael Hardt)合著的《帝国——全球化的政治秩序》一书。该书对当前世界形势的基本看法是：“就在我们眼前，帝国主义正在成长、形成。无边无垠，永无止境，这就是全球政治新秩序——一种新的主权形式：帝国。”“新的主权形式正在出现。帝国是一个政治对象，它有效控制着这些全球交流，它是统治世界的最高权力。”①基于这一理论，在美国有众多学者在大力宣扬这种“新帝国”论。例如2002年美国芝加哥大学的米尔森教授在《大国政治的悲剧》中指出：任何一个国家都要寻求权力的最大化，因此不可能有权力均衡的机制，最好的防御就是进攻(这就是布什的“先发制人”的理论基础)。另外还有一位“后现代国家理论”者英国首相布莱尔的顾问罗伯特·库珀，他把世界上的国家分为三类：第一类是后现代国家，即北美、欧洲国家和日本；第二类是现代国家，即他们还是民族国家，如中国、印度、巴西、巴基斯坦等；还有一类是前现代国家，如非洲、阿富汗、中东国家。库珀提出并一再讲的一个概念就是“新帝国主义”，其意思是，后现代国家首先要动用它们的国家力量(包括军事力量)来控制现代国家，同时也制止前现代国家那些诸如屠杀之类的行为。②更有甚者，21世纪的美国新保守主义提出三项核心内容：①极度崇尚军力；②主张建立美国“仁慈霸权”；③强调输出美国式的民主与价值观。据此，布什总统于

① 见麦克尔·哈特与安东尼奥·奈格里合著的《帝国——全球化的政治秩序》一书的封面及序言，杨建国、范一亭译，南京，江苏人民出版社，2000。

② 参见《读书》2002年第10期佩里·安德森等《三种新的全球化国际关系理论》。

2002年6月1日在西点军校毕业典礼上提出三大原则：第一，美国要保持“先发制人”的权力；第二，美国价值观是普适全球的；第三，保持不可挑战的军事力量。① 依据这种“新帝国”论，在不同文化传统的国家和民族中不可能不引起“冲突”。而亨廷顿的“文明冲突”论实际上早就为这种“新帝国”论提供了最基本的策略。在他的《文明的冲突?》中，有两条基本的主张：①“抑制伊斯兰与儒家国家的军事扩张”；“保持西方在东亚与西南亚国家的军事优势”；“制造儒家与伊斯兰国家之间的差异与冲突”；②“巩固能够反映西方利益与价值并使之合法化的国际组织，并且推动非西方国家参与这些组织。”② 依据这些理论，我们可以看到，由于西方、主要是美国，利用着文化上的差异(例如在价值观上的差异)，挑起文明之间的冲突，已使当前的世界陷入一片混乱之中，局部战争越演越烈。

那么“文明”难道只能在“冲突”中，以实现一统天下的“新帝国”的理论吗？在不同“文明”之间难道不可以“共存”吗？

二、“文明的共存”与新轴心时代

在人类以往的历史上并不缺乏由于文明(例如宗教)的原因引起国家与国家、民族与民族、地域与地域之间的冲突。但是，我们从历史发展的总体上看，在不同国家、民族和地域之间的文明发展更应该是

---

① 参见《读书》2002年第7期，陈光兴《〈帝国〉与去帝国化问题》；《读书》2003年第8期，崔之元《布什原则、西方人文传统、新保守主义》。《布莱尔的自由帝国主义理论奏效吗?》一文，刊有布莱尔如下一段话：“防御安全的最佳办法就是传播我们的价值观。”原刊于2004年5月30日的英国《星期日电讯报》，转引自2004年6月2日《参考消息》第三版中的《英报认为布莱尔主义走向穷途末路》。

② 亨廷顿：《文明的冲突?》，香港《二十一世纪》第19期。

以相互吸收与融合为主导。照我看，国家与国家、民族与民族、地域与地域之间的冲突主要并不是由文明的原因引起的。我对西方文化（文明与文化都涉及一个民族全面的生活方式，文明是放大了的文化）了解很有限，没有多少发言权，这里只引用罗素的一段话来说明今日西方文明是在吸收与融合多种文化成分而形成的。1922 年，罗素访问中国之后，写过一篇题为《中西文化比较》的文章，其中有这样一段：

> 不同文化之间的交流过去已经多次证明是人类文明发展的里程碑，希腊学习埃及，罗马借鉴希腊，阿拉伯参照罗马帝国，中世纪的欧洲又模仿阿拉伯，而文艺复兴时期的欧洲则仿效拜占庭帝国。①

罗素的这段话是否十分准确，可能有不同看法，但他说：①不同文明之间的交流是促进人类文明发展的重要因素；②今日欧洲文化是吸收了许多其他民族文化的因素，而且包含了阿拉伯文化的某些成分，这两点无疑是正确的。如果看中国文化的发展，就更可以看到在不同文化之间由于文化原因引起的冲突总是暂时的，而不同文化之间的相互吸收与融合则是主要的。

中国在春秋战国时代本来存在着多种不同的地域文化，有中原文化、齐鲁文化，秦陇文化、荆楚文化、吴越文化、巴蜀文化等等，只是后来才合成一个大体统一的华夏文化。特别是到公元 1 世纪初印度

---

① 罗素：《一个自由人的崇拜》，胡品清译，北京，时代文艺出版社，1988。

佛教文化的传入，更加说明两种不同文化可以共存。印度佛教文化是以和平的方式传入中国的，外来的印度佛教与本土的儒、道两家从来没有因文化的原因发生过战争，只有三次因政治经济的原因有过冲突，当时的朝廷曾对佛教加以打击，但在大多数的时间里，在中国儒、道、释三种文化是同时并存的。一位法国的著名汉学家(施舟人)曾问我："为什么中国文化是多元性的?"我考虑了一下说：我认为也许有两个原因：一是思想观念上的原因，这就是中国一向主张"和而不同"，文化虽可以不同，但能和谐相处，这个问题下面我会较多地加以说明；二是制度上的原因，中国以皇帝为最高权威，一切文化(宗教、哲学、伦理)，都以皇帝的意志为中心，而皇帝往往为了社会的稳定，不希望因不同文化而引起冲突，甚至战争。因此，皇帝常采用了"三教论衡"的办法，把儒、道、释召到朝廷上来辩论，哪一派辩论赢了就排在前面，然后是第二、第三。不允许他们之间互相残杀，发动战争。

从以上情况看，根据历史经验，我认为亨廷顿的"文明的冲突"理论无论如何是片面的，而且是为美国战略服务的。他说："我认为新世界的冲突根源，将不再侧重意识形态或经济，而文化将是截然分隔人类和引起冲突的主要根源。在世界事务中，民族国家仍会举足轻重，但全球政治的主要冲击将发生在不同文化的族群之间，文明的冲突将左右全球政治，文明之间的断层线将成为未来的战斗线。"①虽然亨廷顿的"文明的冲突"论可以敏锐地观察到某一些由于"文明"引起冲突的现象，例如中东地区的巴以冲突、科索沃地区的冲突，甚至伊拉克战争等等，都包含着某些文化(宗教的和价值观的)的原因。但是分

① 亨廷顿：《文明的冲突?》，香港《二十一世纪》第19期。

析起来，最基本的发生冲突和发生战争的原因不是由文化引起的，而是由“政治和经济”原因引起的，巴以冲突是为了争夺地区的控制权，伊拉克战争主要是为了石油，科索沃地区冲突主要是为了大国的战略地位。但是，我们应看到另一方面，在不少不同文化之间现在并没有因为文明(文化)的不同而引起冲突。例如中印之间，中俄之间，甚至中欧之间，都在相当长的一个阶段，特别是近十余年里，并没有什么严重冲突，更没有发生过战争。所以“文明的冲突”论并不能正确说明当前世界现存的形势，更不是人类社会发展的前景。而“文明的共存”才应是人类社会的出路，是人类社会必须争取的目标。

为了弄清这个问题，我想也许，我们先了解一下当前是一个什么样的时代。照我看，也许我们正处在一个新的轴心时代。

德国哲学家雅斯贝尔斯(Karl Jaspers，1883～1969)曾经提出“轴心时代”的观念。他认为，在公元前五百年前后，在古希腊、以色列、印度、中国等地几乎同时出现了伟大的思想家，他们都对人类所关切的问题提出了独到的看法。古希腊有苏格拉底、柏拉图，中国有老子、孔子，印度有释迦牟尼，以色列有犹太教的先知们，波斯的琐罗亚斯德也形成了不同的文化传统。这些文化传统经过两千多年的发展已经成为人类文化的主要精神财富，而且这些地域的不同文化，原来都是独立发展出来的，并没有互相影响。“人类一直靠轴心时代所产生的思考和创造的一切而生存，每一次新的飞跃都回顾这一时期，并被它重新燃起火焰。自那以后，情况就是这样。轴心期潜力的苏醒和对轴心期潜力的回忆或曰复兴，总是提供了精神动力。”①例如，欧洲

① 卡尔·雅斯贝尔斯：《历史的起源与目标》，14页，魏楚雄、俞新天译，北京，华夏出版社，1989。

的文艺复兴就是把目光投向其文化的源头古希腊，使欧洲文明重新燃起火焰，从而对世界产生重大影响。中国的宋明理学(新儒学)在受到印度佛教文化冲击后，再次回到先秦的孔孟，而把中国本土哲学提高到一个新水平。在某种意义上说，当今世界多种文化的发展很可能是对两千多年前的轴心时代的又一次新的飞跃。那么，我们是否能说当今人类社会的文化正在或即将进入一个新的“轴心时代”呢？我认为，从种种迹象看也许可以这样说。首先，自二次世界大战以后，由于殖民体系的逐渐瓦解，原来的殖民地国家和受压迫民族有一个很迫切的任务，就是要从各方面确认自己的独立身份，而民族的独特文化(语言、宗教、价值观等等)，正是确认其独立身份的重要支柱。我们知道，二战后马来西亚为了强调民族的统一性，坚持以马来语为国语。以色列建国后决定将长期以来仅仅用于宗教仪式的希伯来语重新恢复为常用语。“任何文化和文明的主要因素都是语言和宗教”。①一些东方国家的领导人和学者为了强调自身文化的特性提出以群体为中心的“亚洲价值”以区别西方的以个体(个人)为中心的所谓“世界价值”，等等。甚至亨廷顿也认识到“非西方文明一般正在重新肯定自己的文化价值”。② 其次，公元前五百年前后那个轴心时代，正是上述各轴心国进入铁器时代的时候，生产有了大发展，从而产生了一批重要的思想家。而当今进入了信息时代，人类社会又将会有一个大飞跃。我们可以看到，由于经济全球化，科技一体化，信息网络的发展，把世界联成一片，各国、各民族文化的发展将不可能像公元前五六百年那个

---

① 亨廷顿：《文明的冲突与世界秩序的重建》，49 页，周琪、刘绯、张立平、王圆译，北京，新华出版社，1999 年第二版。

② 同上，5 页。

“轴心时代”是各自独立发展的，而是在矛盾、冲突和互相影响、互相吸收中发展。每种文化对自身文化的了解都会有局限性，“不识庐山真面目，只缘身在此山中”，如果从另外一个文化系统看，也就是说从“他者”的角度看，也许会更全面地认识此种文化的特点。法国学者于连·法朗索瓦在《为什么我们西方人研究哲学不能绕过中国》一文中说：“我们选择出发，也就是选择离开，以创造远景思维的空间。在一切异国情调远处，这样的迂回有条不紊。人们这样穿越中国也是为了更好地阅读希腊；尽管有认识上的断层，但由于遗传，我们与希腊有某种与生俱来的熟悉，所以了解它，也是为了发展它，我们不得不割断这种熟悉，构成一种外在观点。”①这种以“互为主观”、“互相参照”为核心，重视从“他者”反观自身文化的跨文化研究逐渐为广大中外学者所接受。从另外一种文化来了解自身文化，正是为了继承自己的传统文化，发展自己的传统文化。在这种情况下，如何保存其文化的特性，传承其文化的命脉，无疑是必须认真考虑的问题。我们知道，经济可以全球化，科技可以一体化，但文化是不可能单一化的。从人类社会发展到今天看，任何文化不受外来文化的影响是不可能的，也是不可取的；但是只有充分发挥其原有文化的内在精神，才可以更好地吸收外来文化以滋养本土文化。正如费孝通先生所说：“在和西方世界保持接触、积极交流的过程中，把我们的好东西变成世界性的好东西。首先是本土化，然后是全球化。”②这就是说，在吸收外来文化的时候，必须维护我们自身文化的根基。因此，21 世纪影响

① 刊于《跨文化对话》第五辑，146 页，上海，上海文化出版社，2001 年 1 月。

② 费孝通：《从反省到文化自觉和交流》，《费孝通文集》第 14 卷，395 页，北京，群言出版社，1999。

人类社会文化的发展必将既是民族的，又是世界的。第三，就当前人类社会文化存在的现实情况看，已经形成了或正在形成全球意识观照下的文化多元化发展的新格局。我们可以看到，也许21世纪将由四种大的文化系统来主导，即欧美文化、东亚文化、南亚文化、中东北非文化(伊斯兰文化)，这四种文化不仅都有着很长的历史文化传统，而且每种文化所影响的人口都在十亿以上。当然还有其他文化也会影响21世纪人类社会发展的前途，例如拉丁美洲文化，非洲文化等。但就目前来看，这些文化的影响远不及上述四种文化大。人类社会如果希望走出当前混乱纷争的局面，特别要批判文化霸权主义和文化部落主义，在文化上不仅要面对这个新的轴心时代，而且必须不断推动在不同文化传统的国家与民族之间的对话，使每种文化都能自觉地参与解决当前人类社会所面临的共同问题。无疑上述四种文化对当今人类社会负有特别重大的责任。当前人类社会正处在一个重大的历史转折关头，每个民族、每个国家对自身文化特别是对当前人类文明有重大影响的欧美文化、东亚文化、南亚文化和伊斯兰文化都应作一历史的严肃、认真的反思，这对今后人类社会发展的前途无疑是十分必要的。对任何一个民族和国家来说、特别是对有较长历史而对当今人类社会有着重大影响的民族和国家来说，它的文化传统是已成的事实，是无法割断的，因为其文化传统已深入到这个民族和国家的千百万的人民心中，是这个民族或国家的精神支柱。我们回到“传统”，以“传统”为起点，并从“传统”中找寻力量、找寻支点，以推进我们文化的发展，来解决当前人类社会存在的问题，就这个意义上说，21世纪也许将由有着很长历史文化传统的欧美文化、东亚文化、南亚文化、伊斯兰文化等推动人类社会进入再次回顾2500年前那个轴心时代的一个“新的轴心时代”。在这新的轴心时代，存在着不同的文化传统而且这些文化传统仍然有着雄厚的人口资源基础，是绝不可能被消灭的，即使用战争的办法，也只能暂时起一点作用，因此，从长远看，文化仍然必须共存。

三、中国文化能否为“文明的共存”作出贡献

中国文化要希望对当今人类社会的“文明的共存”作出贡献，必须对自身文化有所了解，这就是要对自身文化有一个“自觉”。所谓“文化自觉”是指在一定文化传统中的人群对其自身的文化来历、形成过程的历史以及其特点（包括优点和缺点）和发展的趋势等等能作出认真的思考和反省。应该说，中华民族正处在民族复兴的前夜，因此我们必须对中国文化有个自觉的认识，必须给中国传统文化一个恰当的定位，认真发掘我们古老文化的真精神所在，以便把我们优秀的文化贡献给当今人类社会；也认真反省我们自身文化所存在的缺陷，以便我们能更好地吸取其他国家和民族的文化精华，并在适应现代化社会发展的总趋势下给中国文化以现代的诠释，这样我们的国家才能真正地走在世界文化发展的前列，与其他各种文化一起共同创造美好的新世界。

中国传统文化中主要是儒、道两家，而且我们常说中国文化是儒、道互补的，当然在印度佛教传入中国后，它对中国社会和中国文化也发生着重要影响。现在我想讨论一下儒、道两家的思想理论是否能对“文明的共存”提供有意义的资源。

（一）儒家的“仁学”为“文明的共存”提供了有积极意义的资源

郭店竹简《性自命出》中说：“道始于情”。这里的“道”说的是“人道”，即人与人的关系的原则，或者说社会关系的原则，它和“天道”不同，“天道”是指自然界的运行规律或宇宙的运行法则。人与人的关

系是从感情开始建立的，这正是孔子"仁学"的基本出发点。孔子的弟子樊迟问"仁"，孔子回答说："爱人"。这种"爱人"的思想从何而有呢？《中庸》引孔子的话说："仁者，人也，亲亲为大。""仁爱"的精神是人自身所具有的，而爱自己的亲人是最根本的。但是"仁"的精神不能止于此，《郭店竹简》中说："爱而笃之，爱也；爱父，其继之爱人，仁也。"非常爱自己的亲人，这只是爱，爱自己的父亲，再扩大到爱别人，这才叫作"仁"。"孝之爱，爱天下之民"。对父母的孝顺要放大到爱天下的老百姓。这就是说，孔子的"仁学"是要由"亲亲"扩大到"仁民"，也就是说要"推己及人"，要做到"老吾老以及人之老"，"幼吾幼以及人之幼"，才叫作"仁"。做到"推己及人"并不容易，必须把"己所不欲，勿施于人"，"己欲立而立人，己欲达而达人"的"忠恕之道"作为"为仁"的准则。（朱熹《四书集注》："尽己之谓忠，推己之谓恕。"）如果要把"仁"推广到整个社会，这就是孔子说的："克己复礼为仁，一日克己复礼，天下归仁焉。为仁由己，而由人乎哉？"自古以来就把"克己"和"复礼"解释为两个平行的方面，我认为这不是对"克己复礼"的最好的解释。所谓"克己复礼为仁"是说，只有在"克己"的基础上的"复礼"才叫作"仁"。费孝通先生对此也有一解释，他说："克己才能复礼，复礼是取得进入社会、成为一个社会人的必要条件。扬己和克己也许正是东西方文化的差别的一个关键。"①我认为这话是很有道理的。朱熹对"克己复礼为仁"的解释说："克，胜也。己，谓身之私欲也。复，反也。礼者，天理之节文也"云云。这就是说，要克服自己

---

① 费孝通：《文化论中人与自然关系的再认识》，见《北京大学中国社会与发展中心、北京大学社会学系、北京大学社会学人类学研究所 ISA 工作论文》，2002 年 2 月。

的私欲，以便使之合乎礼仪制度规范。“仁”是人自身内在的品德(“爱生于性”)；“礼”是规范人的行为的外在的礼仪制度，它的作用是为了调节人与人之间的关系使之和谐相处，“礼之用，和为贵”。要人们遵守礼仪制度必须是自觉的，出乎内在的“爱人”之心，才符合“仁”的要求。所以孔子说：“为仁由己，而由人乎哉?”对“仁”和“礼”的关系，孔子有非常明确的说法：“人而不仁如礼何？人而不仁如乐何?”没有仁爱之心的礼乐那是虚伪的，是为了骗人的。所以孔子认为，有了追求“仁”的自觉要求，并把这种“仁爱之心”按照一定的规范实现于日常社会之中，这样社会就会和谐安宁了，“一日克己复礼，天下归仁焉。”我认为，孔子和儒家的这套思想，对于一个国家的“治国”者，对于现在世界上的那些发达国家(特别是美国)的统治集团不能说是没有意义的。“治国、平天下”应该行“仁政”，行“王道”，不应该行“霸道”。行“仁政”、“王道”可以使不同文化得以共同存在和发展；行“霸道”将引起文明的冲突，而使文化走向单一化，形成文化霸权主义。如果把孔子的“仁学”理论用于处理不同文明之间的关系，那么在不同文明之间就不会引起冲突，以至于战争，从而实现“文明的共存”。

当然，孔子的这套“仁学”理论虽然不能解决当今人类社会存在的“文化的共存”的全部问题，但它作为一种建立在以“仁”为本之上的“律己”的道德要求，作为调节不同文化之间关系的一条准则，使不同文化得以和谐相处无疑仍有一定的现实意义的。

要使“不同文化之间”和谐相处，从而使不同文化传统的国家、民族能和平共存，并不是一件容易的事，也许孔子提倡的“和而不同”可以为我们提供极有意义的资源，他说：“君子和而不同，小人同而不和。”他认为，以“和为贵”而行“忠恕之道”的有道德有学问的君子应该做到能在不同中求得和谐相处；而不讲道德没有学问的人往往强迫别人接受他的主张而不能和谐相处。如果我们把“和而不同”用作处理不同文化之间关系的原则，它对于解决当今不同国家与民族之间的纷争应有非常积极的意义，特别是在不同国家与民族之间，往往因文化上的不同（例如宗教信仰不同，价值观念上的不同）而引起矛盾、冲突，把“和而不同”作为解决纷争的原则应更有意义。

在中国历史上一向认为“和”与“同”是不同的两个概念，有所谓“和同之辨”。《左传·昭公二十年》记载：“公曰：唯据与我和夫？晏子对曰：据亦同也，焉得为和？公曰：和与同异乎？对曰：异。和如羹焉，水火醯醢盐梅以烹鱼肉，燀之以薪。宰夫和之，齐之以味，济其不及，以泄其过。君子食之，以平其心。君臣亦然。……今据不然，君所谓可，据亦曰可。君所谓否，据亦曰否。若以水济水，谁能食之？若琴瑟之专一，谁能听之？同之不可也如是。”（齐侯说：只有据跟我很和谐啊！晏子回答说：据也只不过和你相同而已，哪里说得上和谐呢！齐侯说：和（谐）和（相）同不一样吗？晏子回答说：不一样。和谐好像做羹汤一样，用水、火、醋、酱、盐、梅，来烹调鱼和肉，再用柴烧煮，厨子加工以调和，使味道适中，味道太浓就加水冲淡。君子食用这样的羹汤，内心平静。君臣之间也是这样。……现在据说不是这样。国君认为对的，他也认为对；国君认为不对的，他也认为不对。这就像用水去调剂水，谁能吃它呢？如同琴瑟老弹一个声音，谁能听它呢？不应该同的道理就像这样。）《国语·郑语》：“史伯曰：夫和实生物，同则不继。以他平他谓之和，故能丰长而物归之；若以同裨同，尽乃弃矣。故先王以土与金木水火杂，以成百物。”（实际上和谐才能生长万物，同一就不能发展。把不同的东西加以协调平衡叫做和谐，能使万物丰盛发展而有所归属；如果把相同的东西相加，用尽之后就只能抛弃。所以先王把土和金、木、水、火配合起来，作成千百种东西。)可见“和”与“同”是两个不同的概念。“以他平他”，是以相异和相关为前提，相异的事物相互协调并进，就能发展；“以同裨同”，则是以相同的事物叠加，其结果只能窒息生机。中国传统文化的最高理想是“万物并育而不相害，道并行而不相悖。”“万物并育”和“道并行”是“不同”；“不相害”、“不相悖”则是“和”。这种思想为多元文化共处提供了取之不尽的思想源泉。

现在西方国家的有识之士都认识到不同文明之间应能共存，而不应因文化上的不同而引起冲突以至于战争。他们认为，不同的民族和国家应该可以通过文化的交往与对话，在对话(商谈)和讨论中取得某种“共识”，这是一由“不同”到某种意义上的相互“认同”的过程。这种相互“认同”不是一方消灭一方，也不是一方“同化”一方，而是在两种不同文化中寻找交汇点，并在此基础上推动双方文化的发展，这正是“和”的作用。不同民族和不同国家之间由于地理的、历史的和某些偶然的原因，而形成了不同的文化传统，也正因为有文化上的不同，人类文化才是丰富多彩的，而且才在人类历史的长河中形成了互补和互动的格局。文化上的不同可能引起冲突，甚至战争，但并不能认为“不同”就一定会引起冲突和战争。特别是在今天科学技术高度发展的情况下，如果发生大规模的战争也许人类将毁灭人类自身。因此，我们必须努力追求在不同文化之间通过对话，以实现和谐相处。现在中西许多学者都认识到通过对话沟通不同文化之间的相互理解的重要性。例如哈贝马斯提出“正义”和“团结”的观念。我认为，把它们作为处理不同民族文化之间关系的原则，应该是有意义的。哈贝马斯的“正义原则”可理解为，要保障每一种民族文化的独立自主，按照其民族的意愿发展的权利；“团结原则”可理解为，要求对其他民族文化有同情理解和加以尊重的义务。只有不断通过对话和交往等途径，才可以在不同民族文化之间形成互动中的良性循环。① 不久前去世的德国哲学家伽达默尔提出，应把“理解”扩展到“广义对话”层面。正因为“理解”被提升到为“广义对话”，主体与对象（主观与客观或主与宾）才得以从不平等地位过渡到平等地位；反过来说，只有对话双方处于平等地位，对话才可能真正进行并顺利完成。可以说，伽达默尔所持的主体——对象平等意识和文化对话论，正是我们这个时代所需要的重要理念。② 这种理念，对我们今天如何正确而深入地理解中外文化关系、民族关系等等，具有重要的启示。但是，无论哈贝马斯的“正义”和“团结”原则，还是伽达默尔的“广义对话论”都要以承认“和而不同”原则为前提，只有承认不同文化传统的民族和国家通过对话可以和谐相处，不同的文化传统的民族与国家才能获得平等的权利和义务，“广义对话”才能“真正进行并顺利完成”。因此儒家以“和为贵”为基础的“和而不同”原则应成为处理不同文化之间关系的一条基本原则。用“和而不同”原则处理具有不同文化传统的国家与民族之间的关系，不仅对消除矛盾、冲突甚至战争有着正面的积极意义，而且也是推动各国家、各民族文化在交流中促使其发展的动力。所以罗素说：“不同文明之间的交流过去已经多次证明是人类文明发展的里程碑。”当今人类社会需要的是不同文化能在相互吸收和融合中发展不同的文化传统的特色，以期达到在新的基础上的“文化的共存”。

（二）道家的“道论”能为防止“文明的冲突”提供有意义的资源

如果说孔子是一位“仁者”，那么老子则是一位“智者”。在老子

---

① 参见乐黛云：《文化相对主义与比较文学》，见《跨文化之桥》，北京，北京大学出版社，2002。

② 参见潘德荣：《伽达默尔的哲学遗产》，香港《二十一世纪》2002 年 4 月号；于奇智：《哲人的人文化成》，香港《二十一世纪》2002 年 8 月号。

《道德经》一书中，“道”是其基本概念，而“自然无为”（顺应自然的规律，不做违背自然规律的事）是“道”的基本特性，王充《论衡·初禀》：“自然无为，天之道也。”今日人类社会之所以存在着种种纷争，无疑是由于贪婪地追求权力和金钱引起的。那些强国为了私利，扩张自己的势力，掠夺弱国的资源，实行强权政治，正是世界混乱无序的根源。也就是说帝国霸权正是“文明冲突”的根源。老子提倡“自然无为”我们可以理解为：不要做（无为）违背人们愿望的事，这样社会才会安宁，天下才会太平。老子说：古代圣人曾经说过：“我无为而民自化，我好静而民自正，我无事而民自富，我无欲而民自朴。”这段话的意思是说：掌握权力的统治者不应该对老百姓做过多的干涉（无为），不要扰乱老百姓的正常生活（好静），不要做违背老百姓意愿的事（无事），不要贪得无厌地盘剥老百姓（无欲），这样老百姓就会自己教化自己（自化），自己走上正轨（自正），自己富足起来（自富），自己生活朴素（自朴）。如果我们对这一段话给以现代诠释，那就不仅可以使一个国家内部安宁，而且对消除不同文明之间的冲突无疑也有着重要意义。对这段话我们可以作如下诠释：在国与国之间如对别国干涉越多，世界必然越加混乱。大国强国越是动不动用武力或武力相威胁，世界越是动荡不安和无序。大国强国以帮助弱国小国为名而行掠夺之实，致使弱国小国越加贫穷。发达国家如果以越来越大的欲望争夺世界财富和统治权，世界就会成为一个无道德的恐怖世界。据此，我认为“无为”也许对新帝国的领导者是一付治病良方，如果他们能接受，将会使世界得以和平和安宁。然而“新帝国”往往以干涉、掠夺、武力等等“有为”（为所欲为）手段来对待其他国家与民族，这无疑都是由其帝国贪欲本性造成的。老子认为：“祸莫大于不知足，咎莫大于欲得，故知足之足，常足矣。”（祸害没有比过于不知道满足更大的了，罪过没有比过于贪得无厌更大的了，知道满足的人，永远是满足的。)“新帝国”不正是“不知道满足的”、“贪得无厌”的吗？老子还说：“天之道，其犹张弓与？高者抑之，下者举之；有余者损之，不足者补之。天之道，损有余而补不足。人之道则不然，损不足以奉有余。”(“天道”不就像张弓射箭吗？高了就把它压低一点，低了就把它升高一点，有余的加以减少，不足的加以补充。“天道”的规律是减少有余的，用来补充不足的。“人道”则不一样啊，往往要剥夺不足的，而用来供奉有余的。)为什么今日世界人类社会处在一种十分混乱不安定的状态？这完全是由人自身造成的，特别是那些“新帝国”的领导者造成的，他们违背了“天道”，他们也失去了“人心”，他们奉行的是“损不足以奉有余”，这不正是今日世界不断发生矛盾、冲突、战争的根源吗？从这里我们可以看到，“文明冲突”论与其背后所隐蔽的“新帝国”论是有着密切联系的。

为了社会的和平和安宁，老子强烈地反对战争。《道德经》第三十一章中说：“夫佳兵者，不祥之器，物或恶之，故有道者不处。”(打仗用兵是不吉祥的东西，大家都厌恶它，所以有道德的人不使用它。)战争总要死人，总要破坏生产，总要使社会秩序被破坏，所以老子认为它不是什么好东西，老百姓都讨厌它，有道德的国家领导人是不使用战争的办法来解决问题的。老子又说：“以道佐人主者，不以兵强天下，其事好还。师之所处，荆棘生焉，大军之后，必有凶年。”(我们应该用道德来告诫领导者，不要用兵力逞强于天下。用兵这件事一定会得到报应。军队所到的地方，就会破坏一切，使荆棘丛生。大战之后，一定会是荒年。)我们反观各国历史，无不如此，在我国每次大战之后往往出现人口大量减少，土地荒芜，生产破坏，盗贼多有的状况。两次世界大战的结果是如此，当前的中东地区的战争也是如此。

哪个新帝国的领导者到处发动战争，其结果处处陷入被动，这是因为被征服的国家的老百姓不服，他们会以死来抗争。所以老子说：“民不畏死，奈何以死惧之。”（老百姓不怕死，用死来威胁他们又有什么用呢？）所以老子说：“夫乐杀人者，则不可以得志于天下矣。”（喜欢杀人的人，就不能在天下成功）。我们从历史上看到，发动战争的人，虽然一时可以得逞，但最终总要失败，而落得身败名裂。希特勒是一个例子，日本军国主义也是一个例子。老子是一个“智者”，他用他的智慧能看到事物的相反方面，他说：“祸兮，福之所倚；福兮，祸之所伏。”（灾难，好运常常紧靠在它旁边；好事，灾祸往往会潜伏在它里面。）现在有些国家的人民正在受着苦难，这也就正是为他们将来的民族复兴准备了条件。从我们国家的百年历史来看，正是我们在处处挨打之后，我国的人民才有了觉醒，今天我们才可以说，中华民族正处在民族复兴的前夜。我想，世界各国、特别是新帝国的领导者应从《道德经》中吸取智慧，认识到强权政治、霸权主义从长期的世界历史发展来看是没有前途的。因此，我认为老子思想对消解“文明的冲突”论、新“帝国论”是十分有价值的理论。我们拥护“文明的共存”论、赞成老子的“无为”思想，以期待今日人类社会能处在一个和平、安宁、共同发展、共同富裕的大同世界之中。当然，两千多年前的老子思想不可能全然解决当今人类社会的问题（包括各民族之间如的矛盾、冲突等等问题），但是他的智慧之光对我们应有重要启示。我们应该做的事，是如何把他的思想中的精华加以发掘和发挥，并给以现代的诠释，使之有利于人们从古代的思想文化的宝库中得到某些宝贵启示。

在不同民族和国家之间，由于宗教信仰的不同、价值观念的不同、思维方式的不同可以引起冲突，甚至可以由冲突导致战争。但是，是否必然要引起冲突，能不能化解冲突，使之不因文化的不同而导致战争，这就需要我们从各个不同民族的文化中找出可以使文明共存的资源，用以消解不同文明之间可以引起冲突的文化因素。如上所述，中国文化中的儒道两家可以为化解文明的冲突，并能为“文明的共存”提供有意义的资源。我相信，在各民族、各国家的文化中同样可以为化解“文明的冲突”，并能为“文明的共存”提供有价值的资源。在人类文明进入到 21 世纪之时，是用“文明冲突”的理论来处理各民族、各国家之间的问题，还是用“文明共存”的理论来引导人类社会走向和平共处，这是我们当前必须认真考虑和慎重选择的问题。反对“文明冲突”论，倡导“文明共存”论，这无疑是人类社会的福祉。《尚书·尧典》中说：“协和万邦”。中华民族和其他许多民族一样是一伟大的民族，有着很长灿烂光辉的历史文化传统，它的文化对人类社会无疑是极为宝贵的财富。我们对这笔财富应善于利用它，使之对当前人类社会争取“和平共处”，实现不同文化之间的协调共存，推进世界各种文化之间的交流，作出应有的贡献。

关于文化问题的几点思考*

文化问题是个非常复杂的问题，首先遇到的是“文化的定义”问题，据说有一百多种定义；其次是如何看待不同文化之间的交流问题；第三是文化的民族性与时代性的关系问题；第四是对文化思想的诠释问题；第五是强势文化与弱势文化的关系问题，如此等等，不一而足。所有这些问题当然都是要在大量掌握材料和进行广泛的社会调查的基础上，对之进行认真的理论研究才可能取得有意义的成果。对所有这些问题，我这里不可能一一涉及，只想就几个文化问题谈一点看法。

一、文化的双向选择问题

这个问题可以分两个不同的方面来看：一是甲、乙两种文化互相选择的问题；二是把原有本土文化和传入的外来文化作为双方来看，原有本土文化和传入的外来文化有一个双向选择问题。这里我只想以印度佛教传入中国为例

---

* 本篇原载《云南大学学报》2002年创刊号。

说一点意见。印度佛教自西汉末传入中国，至东汉中叶先有安世高系小乘禅法与中国当时之“道术”（方术）相依，以“四大”配比“五行”、“五戒”配比“五常”，并说“五气”即“五行”即“五蕴”，《阴持入经注》释“五阴种”谓：“五阴种，身也。……又如元气，……元气相含，升降兴废，终而复始，轮转三界，无有穷极，故曰种。”此种以“元气”释“五阴”自与佛理相去甚远，而与当时之“道术”颇有相合之处。后另一支支娄迦谶大乘般若传入，往往又以玄学解释佛理，称为“佛玄”，而依附于玄学。自东晋后，佛教之大小乘的经、律、论大量被译成汉文，两种文化之不同日益显现，而发生两种文化之冲突。如沙门敬不敬王者之问题，“神灭”与“神不灭”问题等等。但另一方面佛教般若学实又是接着“魏晋玄学”讲，所讨论的仍是玄学问题。但是，到宋齐之后有涅槃学之兴起至梁大盛，我们可以发现涅槃学与般若学有着前后相继之关系。盖因在般若学破除一切世间虚幻的假相之后，“佛性”才得以彰显，而通过修行达到“涅槃”才有可能。故梁有关于“佛性”问题之讨论，宝亮列“佛性”问题之学说有十家之多。僧肇之《肇论》虽用的是印度佛教般若学的理论，但所讨论的仍是玄学的问题。“涅槃佛性”问题，实已与中国传统的心性学说不无关系。至隋唐后，印度佛教之中国化逐渐兴起，天台之“一心具万法”；华严之“离心之外，更无一法”；禅宗之“识心见性”、“见性成佛”等，上可接先秦之心性学说，下可开启宋明之“心性学说”（或谓“性即理”、或谓“心即理”）。特别是禅宗不仅吸收了老庄（特别是庄子）的“任自然”之思想，而且也把儒家的“忠孝”思想纳入其体系之中。（如契嵩本的《无相颂》，宋大慧禅师说：“世间法即佛法，佛法即世间法”，“予虽学佛者，然爱君忧国之心，与忠义士大夫等。”）但是较为印度式的佛教宗派唯识宗，虽有玄奘大师提倡，但仅仅三十余年，在中国就不大流行了（近代唯识学又一度兴起，又当别论，此不赘述)。这就说明，两种不同文化相遇后，在历史的过程中有一个双向选择的问题。从印度佛教传入中国看，还有许多例子可以说明这个问题，例如密教为什么在汉地兴盛了一段而衰落，却在西藏、川北等地区与本教结合而产生了藏传佛教。在两种不同文化传统相遇时(特别是有较长历史的文化传统)，不仅原有文化要选择其能吸收并加以消化的外来文化，而且外来文化也需要改变其某些成分而适宜所传入的文化和社会的要求。这种文化的双向选择不仅在历史上发生过，在当今文化的交流中同样会起作用。这就是说，原有本土文化在外来文化传入后有一个选择过程，外来文化对所传入的民族的文化也有一个适应和变化的过程。

二、文化上的异地发展和单向流向

罗素在《中西文化比较》中说："不同文化之间的交流过去已经多次证明是人类文明的里程碑，希腊学习埃及，罗马借鉴希腊，阿拉伯参照罗马帝国，中世纪的欧洲又模仿阿拉伯，而文艺复兴时期的欧洲则仿效拜占庭帝国。在许多这种交流中，作为'学生'的落后国家最终是超过作为老师的先进国家，那么中国最后也会超过她们的老师。"①当然，就目前情况看，我们还是在努力地向西方学习，不仅谈不上超过西方，而且在许多方面我们还大大地落后于西方。至于将来是否我们能超过西方，一方面要看我们努力的结果；另一方面还得看人类社会发展变化的情况。但是，在历史上这种文化在异地发展的情况过去是所在多有的，上面罗素说到欧洲文化发展的情况就是一例，同样印

① 罗素：《中西文化比较》，载于《一个自由人的崇拜》，8页(引文据原著稍有改动)，北京，时代文艺出版社，1988。

度佛教传入中国也发生过这种情况。我们知道印度佛教产生在2500年前，经过长期的发展，在公元1世纪时传入中国，而到八九世纪佛教在印度已经衰落，至14世纪几乎湮灭。但八九世纪正是佛教在中国发展的鼎盛时期，这时印度佛教已经逐渐中国化，吸收着中国文化，而形成了若干中国化的佛教宗派：天台、华严和禅宗。我们可以说，中国文化曾受惠于印度佛教，印度佛教又在中国得到了发扬光大，并由中国传到朝鲜半岛和日本、越南。为什么会发生这种情况？我认为这也是文化交流的结果。盖甲种文化移植到乙种文化中，往往会对甲种文化增加某些新的因素，这种新因素或者是甲种文化原来没有的，或者是在甲种文化中没有得到充分发展的，当新的文化因素的加入甲种文化，从而使甲种文化在乙种文化中得到发展。甲种文化之所以没有能在其地继续发展，当然原因会很多(如外族入侵、战乱等等)，但这种文化不能或者没有增加什么新的因素应是重要原因之一。因此，我们说文化存在着异地发展的问题。

前面我们已经说到文化的双向选择问题，可以分两个问题来看。一是甲、乙两种文化互相选择的问题。这里我想讲讲文化的单向流向问题。我们知道，印度佛教大量传入中国，佛经大部分都被译成汉文，据唐白乐天(居易)《苏州南禅院千佛堂转经藏石记》载，这个寺庙所藏佛经就有5058卷之多。可是中国文化(如儒家、道家思想)在这一时期并没有相应地传到印度。据《旧唐书》、《新唐书》、《续高僧传·玄奘传》等记载，《道德经》曾译成梵文，但据季羡林先生说："《道德经》是否传至印度，则我们毫无根据来肯定或否定。"①不过我

① 季羡林：《学海泛槎——季羡林自述》，254～255页，太原，山西人民出版社，2000。

们可以肯定地说，《道德经》的梵文本没有对印度文化发生什么影响，并且早已不存在了。这就说明，文化之间的交流可能存在着一种单向的流向情况。如果不把这种情况绝对化来讨论，那种在文化交流中的不平衡状态则是更为常见的，今日中国正在大量地吸收西方文化，而西方各国并没有像我们一样大量地吸收中国文化，这已是一不争之事实了。至于印度在历史上为什么没有吸收中国文化，我想和宗教有关，因为宗教一般说都有排他性。而中国文化则有较强的包容性，我们可以看到，中国古代的士大夫其立身行事往往是儒家，但他们可以信仰佛教，或者信道教，这种情况在世界上大概是不多见的。当然文化的单向流向的原因可能很复杂，这是我们需要进一步研究的了。

三、文化上的“拿来主义”与“送去主义”

在鲁迅《拿来主义》一文中最后有这样一段：“总之，我们要拿来，我们或者使用，或者存放，或者毁灭。那么，主人是新主人，宅子也就会成为新宅子。然而首先要这人沈着，勇猛，有辩别，不自私。没有拿来的，人不能自成新人，文艺不能自成新文艺。”①从鲁迅的全文看，他主张“我们要运用脑髓，放出眼光，自己来拿”。现在我们仍然要自己来拿，把西方和其他民族的文化资源按照我们实现现代化的要求统统拿进来，作为养料，建设我们的现代新文化。在鲁迅的这篇短文中也谈到了“送去”的问题。他的意思是说，过去（清朝以及民初）我们的“送去”，常常是把一些“古董”和自然资源等等作为“礼物”送了出去，所谓“发扬国光”，无非是向别国“磕头贺喜”罢了，这种“送去”和真正的文化交流无关。

---

① 《鲁迅全集》，第六卷，412～422页，北京，人民文学出版社，1957。

今天，我们还要提倡鲁迅的“拿来主义”，只有善于和勇于把西方的和其他民族的优秀文化充分地、系统地而不是零碎地(不是以狭隘的实用主义态度的)拿进来，才能使我们自身的文化得到更新。把其他民族和国家的文化作为“他者”来观照我们自己的文化，才能全面地看见自己文化的长处和短处，“不识庐山真面目，只缘身在此山中”。关于引进和如何引进外来文化的问题，最近许多学者都发表了许多很好的意见，不必多谈了，这里我打算多谈一点“送去主义”的问题。

中国有几千年的历史，有丰富的文化，但从历史上看，我们很少自觉地、主动地把我国的优秀文化送出去。前面已说到，我们在吸取印度佛教文化的同时，并没有自觉地、主动地把中国文化相应地传到印度去。而且自隋唐以来，朝鲜半岛和日本虽然受中国文化的影响非常大，但多半是他们的留学生或学问僧到中国来“取经”，从而促进了他们的文化发展。但这大都不是我们自觉地、主动地送去的。到16世纪末，由于西方传教士来中国，一方面他们把西方的宗教、哲学、艺术、科学技术带进中国；另一方面他们又把中国文化介绍到欧洲，并在那里的知识界引起了很大反响。例如当时把伏尔泰称为“欧洲的孔夫子”，① 甚至莱布尼兹说：“在中国，在某种意义上，有一个极令人类赞佩的道德，再加上有一个哲学学说，或者有一个自然神论，因其古老而受到尊敬。”②但是，他们对中国文化的了解几乎都不是由中

① 《伏尔泰书信集》中有一位年轻人理查德(Reichard)给伏尔泰的信中说：“您是欧洲的孔夫子，是世界上最伟大的哲学家。”转引自孟华的《伏尔泰与孔子》15页，北京，新华出版社，1993。

② 见于庞景仁译《莱布尼兹致闵明我的两封信》，载《中国哲学史研究》1981年第3期和1982年的第1、2期。利奇温说：启蒙运动中“第一个认识中国文化对西方发展之巨大精神作用的是莱布尼兹”。见于《德国启蒙运动时期的文化》，王昭仁、曹其宇译，北京，商务印书馆，1990。

国人所传授的，而大多是从西方传教士对中国的介绍中得到的。从19世纪末到如今，在中国无论自然科学、社会科学还是人文学科在许多方面都是从西方搬来的。而我们仍然非常缺乏向西方国家系统地传播中国的文化，虽然也有所谓与其他国家的文化交流，但大多是歌舞、杂技、舞龙灯、踩高跷、扭秧歌，或者是大红灯笼高高挂之类。除了这些之外，难道中国文化中就没有为解决当今人类社会重大问题提供有意义的资源吗？现在大家都承认“和平与发展”是我们这个时代要解决的主题。“和平共处”就要解决好人与人之间的关系，扩而大之也就是要解决好国家与国家、民族与民族、地域与地域之间的关系；共同持续的“发展”不仅要解决好“人与人之间的关系”，而且要解决好“人与自然的关系”。这样重大的问题，我认为中国儒家（孔子）的“仁学”和道家（老子）的“无为”思想无疑对解决“人与人”的关系从某个方面可以提供极有价值的资源。儒家的“天人合一”和道家的“崇尚自然”无疑对解决“人与自然”的关系从某个方面可以提供有意义的资源。① 但是，首先对我们的传统文化必须给以现代的诠释，使之适合现代人类社会生活的要求。同时，我们也还得清醒地看到任何思想都不可能解决人类社会生活的一切问题，只能解决某一部分问题，那种放之四海而皆准的绝对真理是没有的，它很可能是“伪科学”。

四、关于文化消亡和文化共存问题

只要有人类就有人类文化，只要有不同的民族就有不同的民族文化。但是并不是地球上的民族都能保存下来，因而许多民族文化也会

---

① 参见拙作《新轴心时代与中国文化定位》，见《跨文化对话》，第六辑，18～30页，上海，上海文化出版社，2001。

在历史长河中消失，甚至有些民族虽然存在，但在历史长河中她的文化却消失了，这种情况，在历史中和现实中都存在着。但文化消失的原因则是多种多样的，有的是因天灾，有的是因人祸；有的是由其内在的原因，有的是由其外在的原因。对这些我们不必多讨论。①

我想说的是，在当今有几种大文化却不会在短时期消失，甚至可以说在很长的时期中都不会消失，这就是欧美文化、东亚文化、南亚文化和伊斯兰文化。这几种文化不仅有很长的历史，而且每种文化所影响的人口都在十亿以上。我们知道，自二战以后，西方殖民体系逐渐瓦解，原来的殖民地国家和受压迫的民族，一个很迫切的任务就是从各方面自觉地确认自己的独立身份，而自己民族的独立文化正是其确认自己独立身份的最重要的因素。因此，我们可以说 21 世纪将形成一个文化上的新的轴心时代。“轴心时代”是雅斯贝尔斯（Karl Jaspers，1883～1969）在他的《历史的起源与目标》（魏楚雄、俞新天译，华夏出版社，1989）中提出来的。他认为，在公元前 500 年前后，古希腊、以色列、印度和中国几乎同时出现了伟大的思想家，他们都对人类所关切的根本问题提出了独到的看法。古希腊有苏格拉底、柏拉图，中国有孔子、老子，印度有释迦牟尼，以色列有犹太教的先知们，形成了不同的文化传统。这些文化传统经过两千多年的发展已经成为人类文化主要的精神财富，而且这些地域的不同文化，原来都是独立发展出来的，并没有互相影响。在这本书中他还提出：

---

① 亨廷顿：《文明的冲突与世界秩序的重建》中说：“正如梅尔科在考查文献之后得出结论，人们至少在下述看法上存在着合理的共识：至少有十二个主要文明，其中七个文明已不复存在（美索不达米亚文明、埃及文明、克里特文明、古典文明、拜占庭文明、中美洲文明、安第斯文明），五个仍然存在（中国文明、日本文明、印度文明、伊斯兰文明和西方文明）。”

"人类一直靠轴心时代所产生的思考和创造的一切而生存，每一次新的飞跃都回顾这一时期，并被它重新燃起火焰。"① 历史曾经证明雅斯贝尔斯的论断的正确，例如，欧洲的文艺复兴就是把目光投向其文化的源头古希腊，而使欧洲文明重新燃起新的光辉，从而对世界产生重大影响。中国的宋明理学（新儒学）在印度佛教文化的冲击后，再次回归孔孟从而把中国本土文化提高到一个新的水平。当今，从众多的方面看都可以说会出现一新的轴心时代，上述四种大的文化传统将会在确认自己文化内在精神的基础上、充分地吸收其他文化来营养自己，而形成文化上的新的飞跃。

新的轴心时代有着和公元前500年那个轴心时代鲜明的不同，概括起来说，我认为至少有三点：

第一，在这个新的"轴心时代"，由于经济全球化，科技一体化，信息网络的发展，已把世界联成一片，因而世界文化发展的状况将不是各自独立发展，而是在相互影响下形成文化多元共存的局面。各种文化将由其吸收他种文化的某些因素和更新自身文化的能力决定其对人类文化贡献的大小。原先的"轴心时代"的几种文化在初创时期虽无互相间的影响，但在其后的两千多年中，却都在不断地吸收其他文化，如前引罗素《中西文化比较》中说，欧洲文化在17世纪以前曾吸收了多种文化因素，到十七八世纪西方又曾吸收过印度文化和中国文化。可以毫不夸大地说，欧洲文化发展到今天之所以有强大的生命力正是由于它能不断地吸收不同文化的某些因素，从而使自己的文化不断得到丰富和更新。同样，中国文化也是在不断吸收外来文化的基

① 雅斯贝尔斯：《自轴心期以来的世界历史结构》，8～12页（引文据原著稍有改动），见《历史的起源与目标》，北京，华夏出版社，1989。

础上而得到发展的。众所周知，在历史上，印度佛教传入中国促进了中国文化诸多方面的发展。中国文化曾受惠于印度佛教，印度佛教又在中国发扬光大，并由中国传到朝鲜半岛和日本，而且在朝鲜和日本又与当地文化相结合而形成各有特色的佛教文化。近代中国文化又在西方文化的冲突下，不断地吸收西方文化，更新自己的文化。回顾百多年来，西方文化的各种流派都对中国文化产生过或仍然在产生着深刻的影响，改变了中国社会和文化的面貌。显然，正是不同文化之间的交流和互相影响构成了今日人类社会的文化宝库。新的“轴心时代”的各种文化必将是沿着这种已经形成的文化之间的交流与互相吸收的势态向前发展。因此，各种文化必将是在全球意识观照下得到发展的。这就和两千多年前那个“轴心时代”的文化有着鲜明的不同。

第二，跨文化和跨学科的文化研究将会成为21世纪文化发展的动力。由于世界联成一片，每种文化都不可能孤立地发展，因此跨文化与跨学科研究会大大地发展起来。每种文化对自身文化的了解都会有局限性，“不识庐山真面目，只缘身在此山中”，如果从另外一个文化系统看，也就是说从“他者”看，也许会更全面地认识这种文化的特点。因而当前跨文化研究已成为文化研究的热门。以“互为主观”、“互相参照”为核心，重视从“他者”反观自身的文化逐渐为中外广大学者所接受，并为文化的多元发展奠定了重要基础。在各个学科之间同样也有这样的问题。今日的科学已大大不同于西方18世纪那时的情况了，当前科学已打破原先的分科状况，发展出来许多新兴学科、边缘学科。但正因为如此，原来的学科划分越来越模糊了，本来物理学就是物理学，化学就是化学，现在既有物理化学，又有化学物理学，在自然科学之间原有的界限被打破了。不仅如此，自然科学与社会科学、人文学科的界限也正在被打破。例如在比较文学的研究中，不少学者运用了物理学家、诺贝尔奖获得者普洛高津的“耗散结构”理论。因此，就目前情况看，在不同文化传统和不同学科之间正在形成一种互相渗透的情况。我们可以预见，在21世纪哪种传统文化最能自觉地推动不同文化传统和不同学科之间的对话和整合，它将会对世界文化的发展具有更大的影响力。21世纪的新“轴心时代”将是一个多元对话的世纪，是一个学科之间互相渗透的世纪，这大大不同于公元前5世纪前后的那个“轴心时代”了。

第三，新的“轴心时代”的文化将不可能像公元前五百年前后那样由少数几个伟大思想家来主导，而将是由众多的思想群体来导演未来文化的发展。正因为当今的社会发展比古代快得多，思想的更替日新月异，并且是在各种文化和各个学科互相影响中发展着，已经形成了“你中有我，我中有你”的新局面，因此就没有可能出现“独来独往”的大思想家。由于当今思想面对的不是某一个国家或某一个民族，而是要面对全世界，那它就不可能不吸收其他民族文化的某些因素，不可能没有全球化的视野，因此真正有成就的思想家将既是民族的，又是世界的。我们可以看到，在西方，一二百年来各种思潮不断变换，其各领风骚最多也就是几十年，到目前为止看不出有哪种思想能把西方流行的众多派别整合起来。在中国，百多年来基本上是在学习西方文化的过程中，是在建设中国新文化的过程中，可以预见的是，在中国必将出现一个新的“百家争鸣”的局面，文化多元并存的新格局。我们可以看到，自“改革开放”以来西方的各种学说、各种流派如潮水一般涌入中国，到目前为止我们仍然处在大量吸收西方文化的过程之中，我们还没有能如在吸收印度佛教文化的基础上形成了宋明理学那样，在充分吸收西方文化基础上形成现代的新的中国文化。但在进入20世纪90年代之后，中国思想文化界的分野越来越明显，逐渐形成了若干学术小团体，这些学术小团体大概都只是“一家之言”，能领导思想界的权威还没有出现。展望21世纪，在不久的将来也许会出现适应中国现代社会要求的不同学术派别，但大概也不会产生一统天下的思想体系。这就是说，无论中外，由于文化的相互影响和不断变换，大概都不可能出现像柏拉图、孔子、释迦牟尼等等那样代表着一种文化传统并影响了两千多年、今后仍然会发生重大影响的伟大思想家。那种企图把自己打扮成救世主的时代已经一去不复返了。众多的思想群体的合力将推动人类文化的发展，这正是多元文化所要求的。与这种情况相联系，我认为也许和当前精英文化向大众文化过渡不无关系。由于人类社会生活的节奏越来越快，传统的慢节奏的精英文化已不适应人们感情和精神的需求，因此，会在文化的各个方面表现出趋向大众化。因而为满足人们这种快节奏的感情和精神上的需要，思想文化也逐渐趋向简明和通俗。我想，这也是不会出现像已影响人类文化两千多年、今后仍然会长期发生影响的孔子、老子、柏拉图、释迦牟尼等“圣人”的原因之一吧！可以预见21世纪的思想文化也许是精英文化与大众文化相结合的世纪。

以上三点只是我的看法，可能还会有更多的特点。上述四种文化传统在经济全球化、科技一体化的形势下，将会长期共同存在，并将视其更新自身能力的大小来决定对当今人类社会贡献的大小。因此，在这新的轴心时代，中国文化必须充分发扬其内在的精神活力，排除其已过了时的和错误的部分，大力吸收西方的和其他民族的优秀文化，并对传统文化进行现代诠释，使之适应现代人类社会生活的需求，“苟日新，日日新，又日新”，这样中国文化不仅会得以复兴，而且将会对人类社会作出重大贡献。

五、关于“文化自觉”问题

这是费孝通先生提出的问题，也是2001年12月在香港由浸会大学召开的“21世纪中华文化世纪论坛”第二次会议的主题：《文化自觉与社会发展》。“文化自觉”与“社会发展”有着密切的关系。没有“文化”上的“自觉”就不知道社会应向哪个方面发展，不能自觉地解决当时社会存在的问题。在历史上，春秋战国时代战争不断，礼坏乐崩，天下无道。当时的士大夫（知识分子）看到社会这样乱下去，人们将无法生存，于是出现了“百家争鸣”的局面，当时各家各派都提出各自的“治国、平天下”的方略。儒家提出，应以“仁政”、“王道”来统一国家，使天下太平；道家提出“无为而治”，要求各诸侯国各自管各自的事，不要去干涉老百姓的生活，而形成“小国寡民”的局面；墨家提出在各诸侯国之间、人与人之间应实行“兼相爱，交相利”，以使社会安定；法家则主张用兼并战争的办法统一各国，在内政上应实行“严刑峻法”，使社会走上正轨，等等，这都说明他们有一种“文化上的自觉”，以求得社会进步。但是，是否每一种“文化上的措施”都能使社会进步，那就不一定，要看看哪一种文化措施适合当时社会发展的需要，它才有可能推动社会进步。

五四运动可以说是中国知识界的又一次“文化上的自觉”。当时要求打破束缚人们的旧思想、旧道德、旧文化，引进西方的“科学与民主”，从而使中国社会由传统走向现代。现在看来，五四运动虽有若干缺点，但是从总体上说它推进了中国社会的进步，为中国人提出了应走向“现代”这一时代的课题。

今天，在人类进入21世纪时，我们必须有新的“文化上的自觉”以推动中国社会的进步。也就是说，我们必须对我们的文化的来历、形成过程的历史以及其特点（包括优点和缺点）和发展的趋势等等能作出认真的思考和反省。当然对其他国家和民族文化和当前人类社会存在的问题有所了解和认识也非常重要。因为了解其他国家和民族的文化，可以使我们能更好地了解自身文化的优点和缺点；由于在经济全球化时代，世界联成一片，每个国家和民族不仅要关注自身社会存在的问题，同时也得关注世界存在的问题。但是所谓“文化自觉”必须以对各民族、各国家自身文化的了解为前提、为基础。一个多世纪以来，中国文化在西方文化的冲击下，几乎失去了对自身文化的认同，一直徘徊在如何认识西方文化和中国自身文化之中。“全盘西化”和“本位文化”的论战不断。对这段历史的总结将为我们的“文化自觉”提供宝贵的经验。而现在我们应该走出延续了一个世纪的“中西古今”之争，提倡融会“中西古今”之学，以适应当前世界文化多元化发展的新格局，使我们延续了几千年的文化传统得以发展和更新，实现中华文化的新的飞跃。应该说，现在中华民族正处在伟大民族复兴的前夜，因此我们必须给中国传统文化一个恰当的定位，认真发掘我们古老文化的真精神，以便把我们的优秀文化贡献给现今人类社会；也认真反省我们自身文化存在的缺陷，以便我们能更好地吸收其他国家和民族文化的精华，并在适应现代社会发展的总趋势下给中国传统文化以现代的诠释，这样我们的国家才能真正走在世界文化发展的前列，与其他各国家、各民族的文化一起，共同创造美好的新世界。

中国现代哲学的三个“接着讲”

我写过一篇《走出“中西古今”之争，会通“中西古今”之学》①，在该文中提出一个想法：当前我国文化在西方哲学冲击之下的情形，似乎很像我国文化在南北朝受到印度佛教文化的冲击之后转入隋唐时期的状况，即由两种文化的矛盾冲突阶段转向本土文化开始消化外来文化的阶段。我们知道，至隋唐时，传入中国的印度佛学文化，出现了几个重要的中国化的佛教宗派，如天台、华严、禅宗等。我们之所以说这些佛教是中国化的佛教是因为他们吸收了中国文化的某些因素，而对印度佛教文化有所发展。所以我常说，中国文化受惠于印度文化，而印度佛教文化又在中国得到了发扬光大。我们可以看到，天台、华严、禅宗在心性问题上融合了儒家的心性学说，天台甚至吸收着某些道教思想，而华严、禅宗无论在内容和方法上都与老庄思想有着千丝万缕的联系。这就是说，那时我国正在经历着使中国本土文化加入到外来文化之中，使外来文化

① 本篇原收入《世界文化的东亚视角》，北京，北京大学出版社，2004。

更加适应中国社会生活，从而使外来文化中国化的过程。对这样一种文化现象我们可以用冯友兰先生关于“照着讲”和“接着讲”的说法来说明。至隋唐，我们对印度佛教文化已经走出了“照着讲”的阶段，而正在转向“接着讲”的阶段。我想，如果今天我们要想使中国文化得到发展，而且在当今人类社会中发生重大影响，那么我们就应该走出对外来文化的“照着讲”的阶段，下面将以现代中国哲学的发展为例，谈一些我的看法。中国现代哲学的建构可能有多个“接着讲”的方向，我想至少有三个重要的“接着讲”的路径：一是接着中国传统哲学讲；二是接着西方某种哲学讲；三是接着马克思主义哲学讲。

一、接着中国传统哲学讲

一个多世纪以来，在西方哲学的冲击下，中国哲学经历了从传统走向现代，大量吸收和消化着西方哲学的理论和方法，逐渐使中国哲学实现向现代转型的过程。我们可以说，三四十年代中国哲学界已经在创建现代型的中国哲学上作出了可观的成就，先有熊十力、张东荪，后有冯友兰、金岳霖、贺麟等等。他们的哲学不只是“照着讲”中国传统哲学，而且是“接着讲”中国传统哲学。为什么说他们是“接着讲”中国哲学？主要是他们能吸收和借鉴西方哲学来讨论和解释中国传统哲学的问题。哲学的“照着讲”和“接着讲”问题是冯友兰先生提出来的，他认为他的《新理学》不仅仅是照着宋明理学讲，而且是接着宋明理学讲。他的“接着讲”实际上是把柏拉图的“共相”与“殊相”和“新实在论”的思想（如“潜存”的观念）引入中国哲学，把世界分成“真际”（或称之为“理”，或称之为“太极”）与“实际”，实际的事物依照所以然之理而成为某事物。冯友兰哲学把世界区分为“真际”与“实际”，一方面上可接宋明理学“理一分殊”的学说，另一方面又可以把西方哲学有关“共相”与“殊相”的思想（如柏拉图那样）贯穿于中国哲学之中。冯友兰先生的《新理学》之所以“新”（如冯先生自己所说是“旧瓶装新酒”）就在于他用西方哲学的某些思想来分析中国哲学问题。冯友兰为了应对维也纳学派洪谦对他的“新理学”形而上学的批评，写了一本《新知言》，从方法论上说明他的空灵的“形而上学”和旧形而上学的不同，并企图从方法论上调和中西哲学。他认为，西方哲学长于分析（形而上的正的方法），中国哲学则长于直觉（形而上的负的方法），他用以建立“新理学”形而上体系的方法是两种方法的结合。这就是说，“新理学”不仅是接着中国哲学讲，而且也是接着西方哲学讲。这里我们不是要讨论冯友兰的说法是否对，而是要说明20世纪中叶以来中国某些哲学家在西方哲学的冲击下，尝试着吸收和借鉴西方哲学的理论和方法，使中国哲学从传统走向现代，以便实现中国哲学的现代转型。

如果说冯友兰先生是“新理学”的代表，那么贺麟先生也可以说是“新心学”的代表。贺先生有一篇著名的文章《知行合一新论》（以下简称《新论》）是讨论王阳明的“知行合一”学说的，它之所以是“新论”，就如冯友兰先生的《新理学》一样是“旧瓶装新酒”。《新论》首先利用西方哲学的方法分析了“知”、“行”两个概念，并说：“‘知’是意识活动，‘行’是生理活动，所谓‘知行合一’就是这两种活动同时产生或同时发动。”贺先生把这种“知行合一”称为“自然的知行合一论”。这个“知”与“行”同时产生或同时发动虽是源自西方哲学家斯宾诺莎，而贺先生进一步给以解释说：“知行合一乃指知与行为同一生理心理活动的两面而言。知与行既是一活动的两面，当然两者是合一的。”这可以说是利用近代心理学和生理学的知识而得出的结论。贺先生认为，王阳明的“知行合一”是一种“价值的知行合一观”，自有其德行和涵养心性方面的价值，但是这种“价值的知行合一观”应有知识论的基础，因此贺先生说：“不批评地研究知行问题，而直谈道德，所得必为武断伦理学。”而他的“自然的知行合一论”可以包含王阳明的“价值知行合一论”，又为其提供了合理的知识基础。贺麟先生的这个《新论》虽然有其可以讨论之处，但它确实是一“新论”，其“新”就在于引入了西方哲学和近现代科学知识，并提出了“知行合一”学说需要进一步讨论若干问题。据此，《新论》不是“照着讲”王阳明的“知行合一”，而是“接着讲”王阳明的“知行合一”。

如果说冯友兰、贺麟都是在欧美直接受过系统的西方哲学教育，那么熊十力则没有这样的机会，他的西方哲学知识大都来自于阅读翻译的西方哲学著作或听了张东荪对西方哲学的介绍，但他无疑也是一位有重要影响的现代型的中国哲学家，而且是现代新儒学的开创者。他的《新唯识论》和《体用论》都是讨论“本体论”问题的。他认为，即体即用，即用即体，意谓离用无体，不可于用外求体，这无疑是讨论“本体”与“现象”的问题。并据此以批评西方哲学把“本体”（实体）与现象分为两重世界，他说：“西哲以现象是变异，本体是真实，其失与佛法等。”（按：熊十力认为，佛教以“不生不灭、无为，是一重世界；生灭、有为，是另一重世界。”）关于“本体”与“现象”的问题，可以说是自古希腊哲学以来就被西方哲学讨论的问题。在这里我不讨论熊十力对西方哲学的了解是否完全正确，但他确实是对西方哲学有所了解。不仅如此，而且熊十力在讨论精神和物质的关系问题上，就其主张宇宙大生命而言，受叔本华、柏格森的影响是很明显的。熊十力的《新唯识论》体系只出版了《境论》部分，即

“本体论”部分。[①] 本来还要写“量论”部分，即讨论有关“认识论”（epistemology）的问题，虽然“量论”没有写成，但在他的《原儒》等书中，我们大体上可以了解他所要建构的“认识论”的基本框架。熊十力认为，中国传统哲学比较重视体认（心的体会认知），而不注重“思辨”的分析，因此“中西文化，宜互相融合”，“中国诚宜融摄西洋而自广”[②]。他主张把中国的“体认”与西洋的“思辨”结合起来成为“思修交尽之学”。这正表现了当时中国学术界一种共同的看法，认为需要引进近代西学的“认识论”以充实中国原有对“认识论”上的不足。

冯友兰、贺麟、熊十力对中国传统哲学不是“照着讲”，而是在西方哲学的冲击下，努力吸收西方某些哲学思想，“接着讲”中国哲学，以建立现代型的中国哲学。

关于金岳霖先生的哲学是接着中国哲学讲，还是接着或照着西方哲学讲，在中国哲学界有着不同的看法，冯友兰在他的《三松堂自序》中说：他自己的哲学是“旧瓶装新酒”，而金岳霖的哲学是“新瓶装新酒”。[③] 那是不是说，金岳霖的哲学与冯友兰的哲学有相当大的不同呢？最近看到俞宣孟教授的《移花接木难成活——评金岳霖的

① “本体论”是对西方哲学的 ontology 的翻译，早在二三十年代张东荪就否认中国有本体论，参见张耀南著《张东荪》，台湾东大图书公司出版，1998年；近有俞宣孟著《本体论研究》，上海，上海人民出版社，1999 年，也否认中国传统哲学中有“本体论”。这个问题当另作讨论。

② 参见熊十力：《复性书院开讲示诸生》，见《十力语要》卷二（收入《熊十力全集》第四卷，武汉，湖北人民出版社，2001）和《答某生》，见《十力语要初续》（收入《熊十力全集》第五卷，武汉，湖北人民出版社，2001）。

③ 见于《三松堂全集》第一卷，235 页，郑州，河南人民出版社，1985。

〈论道〉》,[①] 他认为《论道》的观念和方法都是西方的，并认为《论道》企图解决的问题是西方哲学的问题，他说："金岳霖《论道》这本书完全是依傍西方哲学的观念来写的。所谓'元学'，其要旨在于建立一个纯粹理论的世界。既为纯粹理论的世界，又要兼顾现实世界，这是自柏拉图以来西方哲学一向存在的二元论的困境。金岳霖在《论道》的绪论中试图解除这个困境，但是结果表明，他自己也陷入了这个困境中。"这就产生一个问题，金岳霖的哲学是接着中国哲学讲呢，还是接着西方哲学讲呢？胡军教授的《道与真——金岳霖哲学思想研究》有种分析，他认为虽然金岳霖的"很多哲学问题都是直接从批判休谟哲学出发的，如他的形而上学体系就是主要用来解决休谟的因果问题或归纳问题的"[②]。并说："金岳霖是在继承罗素、刘易斯等人的有关理论的基础上进一步推进了先验性的理论，并进而以先天命题和先验命题这两类命题来建构其形而上学思想体系。"[③] 但是我们是否就能说金岳霖先生建构他的哲学的目的是为了解决西方哲学的问题呢？在《道与真》中说，金岳霖先生写《论道》是因为"他竭力要把作为中国文化象征的道内化于自己的思想与生命之中"。因为照金岳霖自己说，他"生于中国，长于中国，于不知不觉中，也许得到了一点学中国思想底意味与顺于此意味的情感"，"不道之道，各家所欲言而不能尽的道，国人对之油然而生景仰之心的道，万事万物之所不得不由，不得不依，不得不归的道才是中国思想中最崇高的概念，最基本的原动力。对于这样的道，我在哲学底立场上，用我这多少年

① 刊于《学术月刊》，2005年第9期。

② 胡军：《道与真——金岳霖哲学思想研究》，6页，北京，人民出版社，2002。

③ 同上书，59页。

所用的方法去研究它，我不见得能懂，也不见得能说得清楚，但在人事底立场上，我不能独立于我自己，情感难免以役于这样的道为安，我底思想也难免以达于这样的道为得。”这就是说，金岳霖虽然把许多西方哲学讨论的哲学问题引入到他的哲学体系中来讨论，但他的目的是为了解决中国哲学的问题，丰富中国哲学的内容，以便使中国哲学能走向世界。就哲学问题说，金岳霖其实讨论最多的也还是当时中西哲学都十分关注的“共相”与“殊相”的问题。冯友兰的《中国现代哲学史》中说：“在三四十年代，关于共相的讨论是中国哲学界都感到有兴趣的问题，特别是共相存在的问题。……共相不是殊相，不在时间空间中占有一定位置，它超越特殊的时空。就这一方面说，它是Transcendent。但共相不能完全脱离殊相，如果完全脱离，那就只是一个可能，而不是现实的了。就这方面说，共相又是Immanent，这种情况就是所谓‘一般寓于特殊之中’。经过这样的分析，不但当时争论的问题得到了解决，理学中关于‘理在事上’、‘理在事中’的争论也成为多余的了。”① 因此，冯友兰说：“新理学的一个代表人物是金岳霖。”金岳霖的哲学虽然讨论了许多西方哲学问题，从形式上看颇似西方哲学，但他的目的和感情仍然是为了解决中国哲学的问题，使中国哲学从传统走向现代，这也许是中国现代哲学必经之路。我们今天再讲“中国哲学”应该特别注意接着金岳霖的路子来讲。

二、接着西方现代哲学讲

隋唐时期的天台、华严、禅宗等之所以成为中国佛教的宗派，是由于他们吸收和融合了中国的儒道两家思想，也就是这些中国化的佛

① 冯友兰：《中国现代哲学史》，185页，广州，广东人民出版社，1999。

教宗派是“接着讲”印度佛教的。那么面对西方哲学，我们能不能将某些中国哲学的思想和问题引入和丰富西方哲学，而逐渐形成中国化的若干西方哲学派别？如果能够这样，那么是否也可以说我们的现代中国哲学正在向“接着”西方哲学讲的方向前进？

在我那篇《走出“中西古今”之争，会通“中西古今”之学》中提出“创建中国解释学问题”，就是想讨论能否把中国解释经典的思想资源引入到西方解释学中，而创造出中国化的解释学的问题。最近看到景海峰教授《中国哲学的现代诠释》[①] 一书，其中第一章的第二节或可参考。在这节中他依据柏尔默（R. palmer）把诠释学发展的历史分为六个阶段，而概括起来大体上说可以归约为三，即“前诠释学”（《圣经》释义学和古典语文学）、“古典诠释学”（施莱尔马赫、狄尔泰）和“当代诠释学”发展时段。他认为，中国传统的“诠释”观念与系统多半只能划归到“前诠释学”；只有在20世纪西方诠释学传入之后，即七八十年代后，中国学者才尝试建立具有中国特色的诠释理论体系和诠释学方法。他并举出傅伟勋、成中英、黄俊杰、汤一介四人为例。这四位学者当然不是要求创建如西方的“前诠释学”或“古典诠释学”，而是希望能有和西方“当代诠释学”并驾齐驱的“中国诠释学”，这些学者的努力无疑是可贵的，对创建“中国当代诠释学”有重要意义的。

傅伟勋的“创造的诠释学”对哲学家的哲学思想（或哲学问题）的诠释共分五个层次：①“实谓”层次，探讨原典实际上说了什么。②“意谓”层次，探谓原典想要表达什么（或它所说的意思到底是什么）。③“蕴谓”层次，考究原思想家可能要说什么（或所说的可能

① 景海峰：《中国哲学的现代诠释》，北京，人民出版社，2004。

蕴涵是什么)。④“当谓”层次,追究原思想家本来应当说些什么(或诠释者当为原思想家说出什么)。⑤“必谓”(或叫“创谓”)层次,思虑原思想家现在必须说出什么(或为了解决原思想家未能完成的课题,诠释者现在必须践行什么)。第五层次最能体现诠释学的创造性,由不断追问的思维历程之中最终形成自转化,从诠释学家升进成为创造性的思想家。傅伟勋用他的“创造的诠释学”对《老子》、《坛经》、《大乘起信论》等等经典进行诠释,确实颇有创造性。

成中英不同于傅伟勋偏重方法论的诠释学理解,特别重视诠释的本体论意蕴。他认为,“本体”在中国哲学中具有无比丰富的内涵,既是历史的根源,也是思想的系统。所以,中国哲学的“本体”必是诠释性的,即有主观感知的理解、认识与评价的参入;反过来意义系统的任何解释都必然要进入到本体视域,即如熊十力所谓的“体用不二”。于是,成中英将诠释分为两种:一种是“基于本体的诠释”,西方的本体论属于这一种。一种是“寻找本体的诠释”,中国的本体论属这种,它是没有任何预设和前置的,只是在反思过程中形成的一种世界观,所以这种本体是动态的“自本体”,而不是静止的“对本体”。成中英进而又把他的诠释学统分成两个阶段、十大方面而展开。无疑这些都是深受西方哲学的影响;但其最终指向是在中国哲学,因为他认为,作为最高层级的哲学本体是以一体二元的生命本体为依归,知识也统一于心性论(价值的知识论)。把“本体”问题引向“心性”问题大概是中国哲学的一个特点。

景海峰教授把黄俊杰的成果称为“以孟子为中心的经典诠释学”。黄俊杰将孟子的研究者区划为两大阵营:一是哲学/观念史的研究进路;二是历史/思想史的研究进路。他认为,这两种进路可以在诠释学中得到汇聚,各显其能,相得益彰。发挥中国注经传统中所特有的优势（如诠释者的历史性、问题意识的主体性、诠释的循环性等），发掘古代经典诠释的丰富资源（长达两千多年的历史和汗牛充栋的文献），建立中国的诠释学是可能的。黄俊杰归纳出历史上众多的《孟子》诠释者的三种基本形态：一是作为解经者心路历程之表述的诠释，它充分体现了儒学是一种“为己之学”，经典的解释与个人生命交织为一。二是作为政治学的儒家思想之诠释，它显现出儒家政治理想的道德性基调。三是作为护教的诠释，它一方面表现儒学源远流长，内涵丰富，需要通过不断的解释来寻找其根源性和正统性；另一方面它也是不同思想系统之间斗争的工具。黄俊杰对《孟子》及其注疏的研究虽属个案研究，但在揭示儒家经典的诠释上却有着一定的普遍意义。至于我提出“创建中国解释学”的问题，主要是基于中国有很长的解释经典的传统，应可创建出与西方诠释学有所不同的“中国的诠释学”。但要创造出“中国的诠释学”也许要经过对西方诠释学发展的历史与现状有充分的了解，并运用西方诠释学的理论与方法对中国注经传统作系统的研究，又对中国注释经典的历史和方法作系统的梳理，比较中西注释经典的异同，然后才有可能归纳出中国诠释经典的特点，在这基础上“中国的诠释学”建立才有可能。我还尝试着对先秦的诠释经典的不同方法作了一些分析。仅此而已。也许我们还不能说，中国学者的努力已经建成了一种或几种成熟的“中国当代诠释学”模式。但是，利用中国的经典诠释的思想资源和借鉴吸收、消化西方诠释学对哲学问题进行哲学的诠释无疑应是创建“中国当代诠释学”所必要的。

除了创建“中国当代诠释学”之外，我们是否也可以创建“中国的符号学”、“中国的现象学”等等？中国的《周易》系统的符号，由《洪范》而发展的五行符号、河图洛书以及道教的符箓、宋代以后的数术等等，作为特殊的符号能否成为我们的哲学研究的对象？郭象的《庄子注》、佛教对“现象界”的分析等等又能否构成不同于西方现象学的系统，似乎也应受到重视。如果21世纪，能像隋唐时期创建中国的佛教宗派那样，我们能创建出若干在西方当代有影响的哲学流派的“中国化”的模式，那么也应是我们对当代世界哲学一个重要贡献了。

三、接着马克思主义哲学讲

已故的冯契同志是一位有创造性的马克思主义者，他力图在充分吸收和融合中国传统哲学和西方分析哲学的基础上使马克思主义哲学成为中国化的马克思主义哲学。他的《智慧说三篇》可以说是把马克思主义的实践唯物辩证法、西方的分析哲学和中国传统哲学较好结合起来的尝试。冯契同志在他的《智慧说三篇·导论》中一开头就说：“本篇主旨在讲基于实践的认识过程的辩证法，特别是如何通过‘转识成智’的飞跃，获得性与天道的认识。”冯契同志不是要用实践的唯物主义辩证法去解决西方哲学的基本问题，而是要用实践的唯物主义辩证法解决中国哲学的“性与天道”的问题；而如何获得“性与天道”的认识，又借用了佛教哲学中的“转识成智”，他说：“通过实践基础上的认识世界与认识自己的交互作用，人与自然、性与天道在理论与实践的辩证统一中互相促进，经过凝道而成德、显性以宏道，终于达到转识成智，造就了自由的德性，体验到相对中的绝对、有限中的无限。”接着冯契同志用分析哲学的方法，对“经验”、“主体”、“知识”、“智慧”、“道德”等等层层分析，得出如何在“认识世界和认识自己的过程中转识成智”（我认为，冯契同志把“认识世界”和“认识自己”看成是同一过程，这无疑是中国式的思维方式），由此他提出一个非常重要的命题："化理论为方法，化理论为德性。"（按：马克思主义哲学一向认为"理论"和"方法"是统一的，而中国哲学一向认为"理论"与"德性"是统一的，而冯契同志要求把"理论"、"方法"和"德性"三者统一起来。）他对这个命题解释说："哲学理论一方面要化为思想方法，贯彻于自己的活动，自己研究的领域；另一方面又要通过自己的身体力行，化为自己的德行，具体化为有血有骨的人格。"照冯契同志看，无论"化理论为方法"，还是"化理论为德性"都离不开实践的唯物辩证法。"化理论为方法"，不仅是取得"知识"的方法，也是取得"智慧"的方法。"智慧"与"知识"不同，"知识"所及为可名言之域，而"智慧"所达为超名言之域，这就要"转识成智"。而"转识成智"，是要"凭理性的直觉才能把握"。对此冯契同志解释说："哲学的理性的直觉的根本特点，就在于具体生动的领悟到无限的、绝对的东西，这样的领悟是理性思维和德性培养的飞跃。"（按：这有点像熊十力先生所提出希望建立的"思修交尽"的"量论"那样。）"理性的直觉"是在逻辑分析基础上的"思辨的综合"而形成的一种飞跃。如果没有逻辑的分析，就没有说服力；如果不在逻辑基础上作"思辨的综合"，就不可能为哲学研究提供新的方面，开辟新的道路。从这里我们可以体会到冯契同志运用逻辑的分析和思辨的综合的深厚功力。正是由于此，实践唯物辩证法才具有理论的力量，也说明他研究哲学的目的归根结底是为了用实践唯物辩证法来解决"性与天道"（按：也可以说是"天人关系"的问题）这一古老又常新的中国哲学问题。我认为，只有像冯契同志这样运用马克思主义的实践唯物辩证法研究和解释中国哲学问题，才是创建中国化的马克思主义哲学的必由之路，也就是说冯契同志不仅"照着讲"马克思主义哲学，而且是"接着讲"马克思主义哲学。这是因为他把中国哲学思想和中国哲学问题引入了马克思主义哲学之故。①

这里我们有必要对张申府的哲学思想作点介绍。张岱年为《张申府访谈录》的中文版所写的序中说：“申府哲学上推崇马克思主义的唯物辩证法与西方的分析哲学的逻辑分析方法，试图把二者结合起来，认为‘解析’和‘唯物’是20世纪哲学的两大主潮，同时又赞扬孔子‘仁’的学说，提出‘列宁、罗素、孔子，三流合一’的观点。”② 张申府在他的《家常话》中说：“我也始终希望，合孔子、列宁、罗素而一之。如此不但可以得新中国哲学，如此而且可以得世界新学统。”③ 根据这样的想法，他提出了所谓的“大客观”的理论。他在《我自己的哲学》一文中说：“我所谓的大客观主义乃是既承认客观，也晓得主观。所谓大客观，一个意思就是扩大客观的范围，并包括主观于其中，以客观为主，结合主观客观为一。……西洋哲学一个不通之路是把主观方面的人与不依附人而独立的所谓外界，截然对立起来。”④ 他还从“真”、“美”、“善”三个方面对他的“大客观”理论作了说明，并认为“在大客观主义下，中正是价值的标准。满足这种标准，必是主客的会合。”后来，他又把他的哲学理论归结为：“实、活、中”三个字，并认为他的哲学是由“实”（唯物）而“活”（辩证法、逻辑分析法）而“中”（中庸之道）。⑤ 就这点来看，张申府的哲学是以“唯物”为基础，以辩证法、逻辑分析法等为方法，而

① 参见拙作《读冯契同志〈智慧说三篇·导论〉》，原刊于上海《学术月刊》1998年增刊。

② 《张申府访谈录》，［美］舒衡哲著，［美］李绍明译，北京，北京图书馆出版社，2001。

③ 见《张申府文集》第三卷，石家庄，河北人民出版社，2005。

④ 见《张申府文集》第二卷，石家庄，河北人民出版社，2005。

⑤ 张申府：《“实”、“活”、“中”》，《中国哲学史研究》1982年第3期。

以“中庸之道”为目标。从他在20世纪40年代写的《家常话》可见，他虽企图把孔子、列宁、罗素的思想结合起来，但最终仍然回归到中国哲学。[①] 张申府在1980年6月4日对舒衡哲说：“我是20世纪中国最伟大的思想家之一（眼里闪过一丝得意的光芒）。我尝试做出不可能的事——把中国传统哲学最好的东西和西方最新的意念连在一起。……我现在仍然相信我的大客观概念可以将两个不同的世界连起来。”但是，张申府“遗憾自己未能写出‘一本大书’而结束”[②]。张申府先生终身对马克思主义的唯物辩证法和罗素的逻辑分析哲学都很推崇，但到晚年他仍然以儒家思想为依归了。这很可能是发生在现代中国哲学家身上的相当普遍的现象吧！

关于中国现代哲学的三个接着讲的问题，我有以下几点想法，请批评、讨论：

① 中国现代哲学是在西方哲学的冲击下才建立起来的。在中国传统文化中，虽然有丰富的“哲学思想”和“哲学问题”，但是“哲学”并没有从经学、子学等分离出来成为一门独立的学科。它是由于西方哲学的传入而在20世纪逐渐建立的。因此，它就有面对“中国传统哲学”和“西方哲学”的两重任务。这就是说：中国现代哲学既可以“接着”中国传统哲学讲，也可以在消化西方哲学的情况下，“接着”西方某个哲学派别讲，而使之成为中国哲学。

②“中国传统哲学”是由于西方哲学的传入，并经过众多学者利用和借鉴西方哲学才成为一门独立的哲学学科。而一旦我们对“中国传统哲学”有了认识，那么我们就发现它的理论价值无疑是人类哲学

---

① 参见《张申府文集》第三卷，石家庄，河北人民出版社，2005。

② 参见《张申府访谈录》，170页。

理论中的宝贵精神财富。一个民族、一个国家必须把自己的“哲学”作为其民族、国家生存发展的根基。因此，接着中国传统哲学讲应是建立中国现代哲学，使中国哲学从传统走向现代的重要路径。如果我们要创建某种中国化的西方哲学流派，不仅要经过像南北朝诸高僧那样系统地翻译介绍和借用西方各时代的经典和各种流派的学说，而且还要像隋唐时期的高僧通过对西方经典的诠释和研究，把中国思想加入和融化于其中，这样才能更好地消化西方哲学，丰富中国哲学，有利于中国现代哲学走向世界。马克思主义哲学虽属西方哲学，但近一个世纪以来它在中国发生着特殊的重大影响，这是谁都承认的。中国当代哲学家的任务，就是要把它中国化，解决中国哲学和中国社会的问题，并能和当代西方马克思主义哲学家对话，使马克思主义哲学中具有中国哲学的因素，以适应中国社会的发展，为人类社会作出贡献。

③ 我们说的“接着讲”还有一层意思，就是要重视三四十年代以来中国的哲学家在建设中国现代哲学上所取得的成果，要考虑他们提出的哲学问题，要评论他们的得失。我注意到，现在有一些新一代的哲学家正是这样的。例如陈来教授，我看了他的《现代中国哲学的追寻》，感到他在深化着冯友兰“新理学”某些思想，评论“新理学”的得失，并提出了一些应该认真思考的问题。哲学就是要不断追问，不断创新，但必须切忌浮躁。

④ 有的学者提出，对哲学思想不仅可以“接着讲”，而且还可以“对着讲”或“另外讲”。我们说：哲学思想的研究不能只是“照着讲”，而要“接着讲”，只是说对“哲学”应该发展它，并没有只能“接着”某种哲学讲的意思。在历史上，对哲学思想既有“接着讲”的，当然也有“对着讲”的，例如韩非的《五蠹》就是对着儒家和墨

家讲的，道家的老庄也可说是在儒家之外的“另外讲”。但是，从人类文化发展的历史看，就一定意义上说，“对着讲”和“另外讲”也是一种意义上的“接着讲”。例如韩非写《五蠹》从一方面说，他是“接着”早于他的法家思想家来讲的；从另一方面说又是因已有儒墨思想，他从相对立的方面“接着讲”的。又如庄子的书，当然是另外一种不同于儒家的思想路径，而他一面是接着老子讲；另一方面他和郭店的三种《老子》本不同，他直接批评了孔子的儒家思想，这正是已有儒家思想，他才有批评对象，这从一个角度看也可以说是“接着讲”了。哲学研究的价值就在于提出新思想、新方法，开出新的方向和新的研究领域。

中国现代哲学必须适时地“接着”中外哲学家已有的成果讲，这样它才有生命力，才能对中华民族的伟大复兴和全人类社会合理、有序的发展做出贡献。

2005 年 10 月 30 日初稿

2005 年 11 月 6 日修改稿

论文化转型时期的文化合力*

讲中国文化的发展问题，似乎首先应弄清中国文化从总体上说，现在是处在一个什么阶段。我们知道，文化的发展往往有“认同”和“离异”两个不同的阶段。所谓“离异”的阶段即文化的转型时期。一般说来，文化转型时期是指在某一时期内，文化发展明显地产生危机和断裂，同时又进行急遽的重组与更新，在中国如春秋战国时期、魏晋南北朝时期和五四新文化运动以来，这种情况最为明显，而这三个时期也正是中国社会发生大变动的时期。文化的发展大体上总是通过“认同”和“离异”两者作用来进行。“认同”表现为主流文化的一致和阐释，是文化在一定范围内向纵深发展，是对已成模式的进一步开掘，同时表现为对异己力量的排斥和压抑，其作用在于巩固主流文化已经确立的界限与规范，使之得以巩固和凝聚。“离异”则表现为批判和扬弃，即在一定时期内对主流文化的否定和怀疑，打乱既成的规范和界限，对被排斥的加以兼容，把被压抑的

---

* 本篇原载《中国文化》1994 年第 10 期。

能量释放出来，因而形成对主流文化的冲击乃至颠覆，这种“离异”作用占主导地位的阶段就是文化转型时期。

在文化转型时期对传统文化往往并存着三种力量：即文化的保守主义派、文化的自由主义派和文化的激进主义派。这里我们使用“保守主义”、“自由主义”和“激进主义”仅仅是就其对过去传统文化的态度这个意义上说的，并无其他意义，因此对这三派都不包含褒或者贬的意思。这三种力量并存于同一框架中，它们之间的张力和搏击正是推动文化以及社会前进的重要契机。而我们往往认为，在文化转型时期只有“激进主义”对文化的发展才有推动作用，而自由主义特别是保守主义则是阻碍文化发展的。我认为，这个看法是不全面的，或者说至少是值得我们再重新探讨的。

一

春秋战国(前 770～前 221)时期是中国社会大变动时期，周平王东迁后周王朝势渐衰微，诸侯竞起，战争不断，文化也发生了危机。到春秋晚期和战国时期中国出现了“百家争鸣”的局面，这时儒、道、墨、名、法、阴阳等家相继出现，其中儒、道、法三家对当时和后世影响最大。到汉朝，墨家和名家的影响渐消(至东汉末“名家”思想曾有所抬头)，而阴阳家又渐为儒家所吸收。据此，或可认为儒家在先秦代表着保守主义派，道家代表着自由主义派，法家代表着激进主义派。

在春秋战国时期，儒家(主要是孔子和孟子)是以维护西周以来的传统为己任，就这个意义上我们大体上可以说他们代表保守主义派。孔子认为，当时是一个“礼崩乐坏”的时代，周礼被破坏了，应该恢复周礼的权威，他并以此为己任。他说：“如有用我者，吾其为东周乎！”如果有人用我治理社会，我将在东方复兴周礼。他一生奔波，就是为了继承文王、周公的事业，他“祖述尧舜，宪章文武”(《中庸》)。虽然孔子也并非要现实社会一成不变，如他说：“殷因于夏礼，所损益可知也。周因于殷礼，所损益可知也。其或继周者，虽百世可知也。”(《论语·为政》)虽然在历史的变迁过程中有“因”和“革”，但孔子认为对传统只能是“继往开来”，决不能丢掉传统，所以他主张对古代文化要很好地保存，他说他自己是“述而不作，信而好古”，他教学生的内容也多是“诗”、“书”、“礼”、“乐”等等传统文化。由于孔子这种传统文化保守主义的态度，在这样一个社会大变动时代，他被讥笑为“知其不可而为之”的人，也就不奇怪了。孟子一生的志愿，就是学孔子，他说：“乃所愿，则学孔子也。”(《孟子·公孙丑上》)他称颂“尧舜之治”，主张“不愆不忘，率由旧章”。据《史记·孟子荀卿列传》记载：“天下方务于合纵连衡，以攻伐为贤，而孟轲乃述唐虞三代之德，是以所如者不合。退而与万章之徒，序《诗》、《书》，述仲尼之意，作《孟子》七篇。”可见，他以继承孔子所致力的保存传统文化为己任，并被当时人视为“迂阔”。就这些方面看孟子和孔子一样应属于当时文化上的保守主义派。

在这里我们需要作一点说明，文化上的保守主义并非一味守旧，而是要维护传统，并在此基础上“继往开来”，为文化的发展找出一不被打断的出路。同样，文化上的保守主义也不等于政治上的保守主义，更不能认为它们对推动社会前进是一种阻力。先秦儒家思想虽然不能全然适应当时社会剧变的形势，但他们在文化上的贡献以及对后世的正面影响则是毫无疑义的。而且正是由于他们对传统文化的保守态度，从而成为中华民族文化的守护者而为后世所称颂。

先秦道家作为当时自由主义派的代表，如果说在老子那里这种倾向尚不显著，那么在庄子思想中则是十分明显了。老子虽曾任“周守藏室之史”，但是由于当时种种人为的原因造成社会混乱，你争我夺，以至战争不断，因而对代表传统文化的“礼”制颇为怀疑，而采取批判的态度，如他说：“夫礼者，忠信之薄而乱之首。”(《老子》第三十八章)。他认为，“仁义”等人为的道德规范有违人之本性，是产生虚伪、昏乱的根源，“大道废，有仁义；慧智出，有大伪；六亲不和，有孝慈；国家昏乱，有忠臣。”(《老子》第十八章)因此，老子提出：“绝圣弃智，民利百倍；绝仁弃义，民复孝慈；绝巧弃利，盗贼无有”(《老子》第十九章)的主张，希望用“自然无为”的方法使社会恢复到“小国寡民”、“结绳而用”的原始状态。据此，我们可以说老子的思想表现出一种“反文化”的倾向。庄子追求一种精神上的自由，他的书的第一篇叫《逍遥游》，所提倡的是人应该摆脱身心内外的限制而达到自由的境界。在《庄子》书中对传统文化往往采取冷嘲热讽的态度，庄子“反文化”的倾向比老子更为明显，在《应帝王》中他借蒲衣子之口说：“而乃今知之乎？有虞氏不及泰氏。有虞氏其犹藏仁以要人；亦得人矣，而未始出于非人。泰氏其卧徐徐，其觉于于，一以己为马，一以己为牛，其知情信，其德甚真，而未始入于非人。”照庄子看，人类社会的发展一代不如一代，其原因就在于人们追求那些人为的东西，只有回到社会的原始状态，甚至人兽不分的时代，才可以“逍遥自适”，“不为物累”。这一思想和他的“心斋”、“坐忘”是互为表里的。庄子认为，要达到精神上的自由就必须做到“堕肢体，黜聪明，离形去知，同于大通”。

道家的老庄尽管有这样一种“反文化”的倾向，但他们都以为这应是个人的事，是个人追求的一种精神境界。虽然他们也提出一种理想社会的蓝图，但他们并不是积极地为实现他们的理想而奋斗，他们希望不做什么，让社会自然而然地达到他们的理想，如《老子》第五十七章中说："我无为，而民自化；我好静，而民自正；我无事，而民自富；我无欲，而民自朴。"《庄子·应帝王》中说："汝游心于淡，合气于漠，顺物自然，而无容私焉，而天下治矣。"道家的老庄和当时的法家不同，他们主张任"自然无为"，而法家主张用强力实现他们的理想。因而，对传统文化，老庄只是消极地否定，而不是积极地破坏，这点就和法家对传统文化的激进态度根本不同了。因此，我们把老庄归为对传统文化的自由主义派。

先秦法家对传统文化采取激进的态度，因而属于激进主义派。早期法家如商鞅虽然没有直接讨论应该如何对待传统文化的问题，但我们从他的历史观可以看出他对过去传统文化的态度。他认为社会是不断变迁的，"上世亲亲而爱私，中世上贤而悦仁，下世贵贵而尊官"(《商君书·开塞》)，因此反对"复古"，"圣人不法古，不修今。法古则后于时，修今则塞于势。"(《商君书·开塞》)他认为不必遵守旧传统的那一套，"治世不一道，便国不必法古。"(《更法》)商鞅依此理论作为他反对循礼守旧、提倡变法革新的根据。他对古代的传统不仅不重视，而且要求变革以打破传统的束缚，他说："苟可以强国，不法其故；苟可以利民，不循其礼。"(《更法》)后期法家的韩非同样认为社会历史是不断变化的，他说："上古竞于道德，中世逐于智谋，当今争于气力。"(《韩非子·五蠹》)从而提出"变古易常"、"美当今"、"法后王"的主张。他批评儒家说："今世儒者之说人主，不善今之所以为治，而语已治之功；不审官法之势，不察奸邪之情，而皆道上古之传，誉先王之成功"，简直像"巫觋"一样骗人，"故明据先王，必定尧舜者，非愚则诬也。"(《显学》)因此，在《显学》篇中，韩非把儒家所崇拜的传统文化视为完全过时的东西。在《难一》篇中韩非举"矛"、"盾"

的例子，说明儒墨具道尧舜，但莫衷一是，并在《显学》篇中批评儒墨说："杂反之学，不两立而治"，反映出他要求用政治的力量来结束"百家争鸣"的局面和禁止相互对立的各种学派，使法家思想居于统治地位，把思想文化意识形态化。由此可见，法家不仅反对传统文化，而且要求用强力禁止其他学说。这当然应属于激进主义派。

先秦时期我国的文化正是在儒、道、法(当然也包括墨家、名家、阴阳家等)的相互撞击中不断发展的，正是在这些互相影响和牵制的力量推动下文化得到了蓬勃发展，而形成了文化上"百家争鸣"的繁荣局面。在当时儒家是要求维护和继承传统的，而道家和法家则是要求批判和打破传统的。我们可以看到，当时的激进主义派法家商鞅、韩非等和道家自由主义派在对待"传统文化"上常与保守主义派对垒。司马迁作《史记》把老子、庄子、申不害、韩非放在同一列传中，看来不是没有道理的。关于先秦法家与道家在思想上有着某种联系已为研究者所肯定，自不待详论了。对儒、道、法等家，如果我们放在当时那个文化转型时期的环境下来作历史的考察，照我看这些学派都对中国文化的发展有着积极的贡献，我们不应根据其对后来历史发展的影响而厚此薄彼。如果没有儒家，那么中国文化传统就可能中断；如果没有法家，那么中国文化就不可能突破；如果没有道家，中国文化就不可能那么丰富多彩，富有启发性。由此可见，在我国先秦这一文化转型时期，学术文化之所以丰富多彩，正是因为它在文化上有多元化的价值取向，当时的学者们能从非常广阔的领域，多层次、多视角地来讨论文化问题以及宇宙人生的终极关切的问题，这样就使得我国的文化放在当时世界范围内，和世界其他地区(如希腊、印度)的文化相比毫不逊色，这正因为它是"多元"的而不是"一元"的。这一情况也许可以使我们得到一个有意义的认识：即在文化转型时期从不同途径来考虑传统文化的问题才能把文化推向前进。同时我们也可以看到，正因为有先秦这样“百家争鸣”对传统文化的“离异”现象，才有汉以后的“定于一尊”的文化“认同”阶段的出现。两汉四百年虽儒家定为一尊，但那时的儒家其实已吸收了法家、道家、阴阳家等等的思想而形成儒家思想向纵深发展的局面，这样中国文化就进入了以儒家思想为主流的“经学”时代。当时儒家成为“官学”，立有五经博士，对儒家经典的注释和研究形成了传统。这种风气后来虽有种种流弊，但汉朝经学对中国文化发展的功劳是不可没的。因为从历史上看，从文化的“离异”阶段发展到文化的“认同”阶段可能是不可避免的。这就像在文化的转型时期，文化的发展必然呈现为“离异”状态，我们不可能在那个时期要求“认同”一样。

二

魏晋南北朝时期(220～581)可以说是中国文化的第二个重要转型时期。这个时期，从中国社会看又是一次社会大变动的时期。汉末农民起义和割据势力的兴起，摧毁了统一的汉王朝。先是形成了魏、蜀、吴三国鼎立的局面，到西晋才有暂时的统一，不久北方匈奴、鲜卑等族逐鹿中原，形成了南北朝。社会的变动使文化也呈现为多元对峙的状态。在这个时期，儒家思想虽然衰落，但在社会上的潜在影响力仍然很大。道家思想在两汉时虽非正统(除黄老思想在汉初曾发生重大影响)，但在社会上仍然有相当影响，据统计，可考的传道家黄老思想者不下六十余家，它形成了一股汉末消解儒家正统思想的潜流，从严君平、王充一直到汉末仲长统等都是属于当时道家传统的大家。他们的思想对正统的儒家思想起着“净化”的作用，从而使老庄思想能成为魏晋时期玄学的骨架。同时，名家又因“因任授官”、“循名责实”的要求而有所抬头，与之有关的《墨经》也受到重视，而有鲁胜的《墨辩注》。在此期间，由印度和西域地区传来的佛教文化较为广泛地流行。这种外来文化与原有的本土文化相遇，不可避免地又会出现种种新的问题。据此，我们可以看出，这个时期实际上又成为中国历史上第二次“百家争鸣”的形势。当然这一时期所形成的“百家争鸣”出于两汉的“罢黜百家，独尊儒术”之后，无论在形式上和内容上都和先秦大不相同了。但是从总体上看，这一时期在文化上同样存在着三种力量，即激进主义、自由主义和保守主义，他们对两汉以来所形成的传统文化的态度有着明显的区别。我想，对这一时期的文化格局或者可以有两种考虑：第一种考虑，不把外来印度佛教考虑在内，这样来对魏晋南北朝时期文化的格局作一区分，可能不大能覆盖整个魏晋南北朝时期，而主要是魏晋时期；第二种考虑，把印度佛教文化考虑在内，对魏晋南北朝时期的文化格局又可作另外一种区分，这种考虑或者更能反映整个魏晋南北朝时期文化的格局。

嵇康、阮籍提出“越名教而任自然”，对两汉以来的“名教”作了相当激烈的批判。阮籍明确说：“礼教岂为我辈设耶?”嵇康不仅轻蔑传统儒家经典，“非毁典谟”(《晋书》本传)，以“六经为芜秽”，“仁义为臭腐”(《难自然好学论》)；而且诽毁圣王，“轻贱唐虞而笑大禹”(《卜疑》)，“非汤武而薄周孔”(《与山巨源绝交书》)。嵇康、阮籍之所以对“名教”作如此激烈的批判，这是他们有见于“名教”不仅违反人之“自然本性”，而且往往为伪善、欺诈者所利用来谋私利，“宰割天下，以奉其私”(《太师箴》)。由于他们激烈反“名教”，而引发出他们对传统的儒家文化采取了激烈的批判态度。嵇康鄙视当时的儒生“以周礼为关键”、“立六经以为准则”(《养生论》)。在《难自然好学论》中嵇康说明了他们反对传统儒家思想的道理，他说：“六经以抑引为主，人性以从欲为欢。抑引则违其愿，从欲则得自然。然则自然之得，不由抑引之六经；全性之本，不须犯情之礼律。故仁义务于理伪，非养真之要术；廉谦生于争夺，非自然之所出也。”从嵇康等对以“六经”为经典的传统文化的批判就可以看出他们“反传统”的态度。他们批判了两汉以来居于正统地位的儒家传统，却也继承了另一非正统的中国文化传统，即先秦以来的老庄道家传统。他们自己说：“老子、庄周是吾师也。”由此可见，反对正统的传统思想的人的思想往往是和某种非正统的思想有着密切的关系。

王弼、郭象虽然在哲学思想上有所不同，但在企图调和“名教”与“自然”、调和儒家和道家思想上却是一致的，他们都主张“不废名教而任自然”。照王弼看，“名教”本来就是“自然”（或说是无名无形的“道”）的反映，他注《老子》第二十八章“朴散则为器，圣人用之则为官长”句说：“朴，真也。真散则百行出，殊类生，若器也。圣人因其分散，故为之立官长。以善为师，不善为资，移风易俗，复使归于一也。”道常无名，朴散为器则有名，既然“名教”是根据“道”而设立，故也不可废。郭象更认为所谓“神人”即“今之所谓圣人”，而“圣人虽在庙堂之上，然其心无异于山林之中”；他尽可以“戴黄屋，佩玉玺”、“历山川，同民事”，而并不失其为“至至者”（《逍遥游》注）。甚至圣人正是能“终日挥形而神气无变”、“俯仰万机而淡然自若”的人。因为“未有极游于外之致而不冥于内者，未有冥于内而不游于外者也。”（《大宗师》注）圣人“常游外以弘内”、“无心以顺有”，“无心而任乎自化者应为帝王”（《应帝王》注）。所以“内圣外王之道”是郭象哲学要论证的要点之一。这就是说，郭象认为“名教”即“自然”，“山林之中”就在“庙堂之上”，真正的“外王”必然是“内圣”，儒家和道家是“一而二”、“二而一”的。弼、郭象的这一基本观点也表现在对待儒家经典的态度上，王弼不仅注《老子》而且注《周易》、作《论语释疑》；郭象不仅注《庄子》，而且还有《论语体略》和《论语隐》等。他们在对比孔子和老子、庄子时，也认为孔子比老子、庄子更高明，据何劭《王弼传》载“时裴徽为吏部郎，弼未弱冠，往造焉。徽一见而异之，问弼曰：夫无者诚万物之所资也，然圣人莫肯致言，而老子申之无已者何？弼曰：圣人体无，无又不可以训，故不说也。老子是有者也，故恒言无所不足。”这段话的意思是说，王弼认为孔子是真正体会“无”者，即与“道同体”者；而老子并没有真正对“无”有体会，所以他才老去讲那不能讲的“无”。郭象在《庄子序》中对庄子的评价说“夫庄周者，可谓知本矣，故未始藏其狂言，言虽无会而独应者也。夫应而非会，则虽当无用；言非物事，则虽高不行。与夫寂然不动，不得已而后起者，固有间矣。”照郭象看，庄子虽然“知本”，但他也未能使“本”、“末”相通，仍割裂“名教”与“自然”为二。言外之意是说如孔圣人“不得已而后起者”才是达到了以“名教”与“自然”为一（“以儒道为一”）的境界。后东晋王坦之作《废庄论》则更明白地说出了郭象要说的意思，他说：“孔父非不体远，以体远故用近；颜子岂不具德，以德备故膺教。”据此可知，王弼、郭象虽多据老庄思想立论，而调和儒道之意甚明也。王弼、郭象与嵇康、阮籍同为魏晋玄学之巨匠，但因种种原因，在对待传统文化上则颇有不同。嵇康、阮籍激烈地反对“礼教”和儒家思想，表现了他们是反对传统的激进主义派；王弼、郭象虽师法老庄，却要求调和“名教”与“自然”，或可视为对传统的一种自由主义的倾向。

裴頠、范宁、干宝等或为当时保守主义派之代表。西晋元康之际有裴頠著《崇有论》对“放荡越礼”的风气作了很尖锐的批判，据《晋书·裴頠传》谓：“頠深患时俗放荡，不尊儒术，何晏、阮籍素有高名于世，口谈浮虚，不遵礼法，尸禄耽宠，仕不事事。至王衍之徒，声誉太盛，位高势重，不以物务自婴。遂相放效，风教陵迟。乃著《崇有》之论，以释其蔽。”可见裴頠作《崇有论》的目的在于“疾世俗尚虚无之理”，“矫虚诞之弊”。他认为，当时的一些“名士”提倡“贵无”而“贱有”，造成了社会许多弊病，“贱有则必外形，外形则必遗制，遗制则必忽防，忽防则必忘礼，礼制弗存，则无以为政矣”。(《崇有论》)这就是说，裴頠批评当时提倡“贵无”的人主张“无为”，从而发展到否定“有为”，提倡崇尚“自然”，而发展到诽毁“名教”，因而把礼制破坏了，这样社会就没有办法治理。在裴頠看来，有社会就有人与人之间的关系问题，这样就有贵贱的等级，有长幼的次序，有各种各样的礼仪规范，这样才能维持人们之间的正常关系。“礼”正是适应社会自身的这种需要而建立的，因此它是合理的，必不可少的，根本不需要在它自身之外找什么根据，所以裴頠相当深刻地批判了“越名教而任自然”的风气。从这里我们可以看出，裴頠显然是站在儒家的立场上来维护两汉以来的礼教传统。至东晋对“放荡越礼”的“玄风”批评得更加严厉了，如范宁所说：“王何蔑弃典文，不遵礼度，游辞浮说，波荡后生。饰华言以翳实，骋繁文以惑世。搢绅之徒，翻然改辙；洙泗之风，缅焉将坠。遂令仁义幽沦，儒雅蒙尘，礼坏乐崩，中原倾覆，古之所谓‘言伪而辩，行僻而坚’者，其斯人之徒欤!”(《晋书·范宁传》)干宝作《晋纪》，论晋王朝之得失，其《总论》中批评当时的“清谈”风气谓：“风俗淫僻，耻尚失所。学者以老庄为宗，而黜六经；谈者以虚薄为辩，而贱名检；行者以放浊为通，而狭节信；进仕者以苟得为贵，而鄙居正；当官者以望空为高，而笑勤恪。”显然范宁、干宝等均以维护传统礼教、捍卫儒家经典为己任。可见，当时保护传统文化的势力仍很强大。据钱穆先生《略论魏晋南北朝学术文化与当时门第之关系》[①]一文中统计："在此时期儒家经典之著述甚丰，计《易》为九十四部，八二九卷；《书》四十一部，二九六卷；《诗》七十六部，六八三卷；《礼》二一一部，二一八六卷；《乐》四十六部，二六三卷；《春秋》一三〇部，一一九〇卷，可惜大多现已佚失。"而其中以《礼》最多，故朱熹说："六朝人多精礼。"[②]清儒沈垚《落帆楼集》亦谓："六朝人礼学极精。"[③]可见当时重视传统文化者仍大有人在。正因为如此，他们在保存和延续传统文化方面的功劳也不应被埋没。

由当时的保守主义派对"玄风"的批评，我们可以看出，他们不仅对上述激进主义派和自由主义派未加区别；更有甚者，他们对嵇康、阮籍等玄学大匠与清谈末流的胡毋辅之、王衍之流亦未加区别，这当然和他们所处的时代与地位有关。不过我们也可以看出当时的激进主义派和自由主义本是同一新思想潮流，在打破传统思想的束缚和开创新的思想上有着共同点，出于他们是"新潮"，故在当时社会上和以后学术文化上的影响都超过当时保守主义派。

我们再来看看把印度佛教这种外来文化因素考虑在内所形成的魏晋南北朝的文化格局应如何分析。从对中国固有传统文化的态度上看，或者可以把佛教看成是激进主义派，而玄学(包括嵇康、阮籍和王弼、郭象)作为一个整体可以被视为自由主义派；而裴頠、范宁、干宝等恪守礼教、维护儒家传统则是保守主义派。

印度佛教这样一种外来文化传入中国，自然会与原有的中国传统文化发生矛盾和冲突。在佛教传入之初，由于它先依附于汉朝的"道

---

① 见钱穆：《中国学术思想史论丛》(三)，138～139页，台湾东大图书公司，1977。

② 同上。

③ 同上。

术”，后又依附于魏晋玄学，故矛盾冲突尚不明显。但也有若干文献可以看出汉末对佛教的批评，如《太平经》有所谓“四毁之行”，批评佛教“出家”、“无后”有违孝道；汉末《理惑论》亦记有从儒家维护“礼教”的观点而对佛教的批评的话。可见佛教与中国原有文化在东汉末已在如何对待“礼教”传统上发生矛盾。不过由于当时佛教在社会上影响不大，尚未构成对传统文化的威胁，因此矛盾还不尖锐。至东晋后，佛经翻译日多，特别是鸠摩罗什来华后较为准确地译出大量佛教大小乘的经、律、论，而使人们有可能较好地了解印度佛教文化的原意，因而不可避免地在两种不同传统的文化之间要引起矛盾和冲突。现存的《弘明集》大体上可以告诉我们南北朝时期佛教这种外来文化和中国传统文化冲突的情况，从中我们可以看出：有关于“神灭与神不灭”问题的争论；有“因果报应有无”问题的争论，它涉及“因果”与“自然”(性命自然)这样的哲学问题；有关于“空有关系”问题的争论；有关于“沙门应否敬王者”和对父母应否尽孝道问题的争论；有关于“人和众生关系”问题的争论，这个问题和维护儒家传统有关；还有所谓“夷夏之争”等等。所有这些都表现了外来文化与中国固有之传统文化之冲突，而其中以有关维护“礼教”之“忠孝”大法最为关键。

《弘明集》卷三孙绰《喻道论》中引有儒家攻击佛教有违孝道之言论谓：“周孔之教，以孝为首，孝德之至，百行之本。本立道生，通于神明。故子之事亲，生则致其养，没则奉其祀。三千之责，莫大无后。体之父母，不敢夷毁，是以乐正伤足，终身含愧也。而沙门之道，委离所生，弃亲即疏，刓剃须发，残其天貌。生废色养，终绝血食。肉骨之亲，等之行路。背理伤情，莫此之甚。”孙绰虽为佛教辩护，他认为佛教通过传教修道亦可荣亲耀祖，为祖先祈福。但是，佛教是“出家”，无后代总是与中国传统大不相合，则是无法调和之矛盾。东晋成康之世(326～344)有庾冰辅政，曾代成帝诏沙门应致敬王者、行跪拜之礼，此则涉及“礼教”另一大问题，即君臣关系问题。其《诏》文谓：“因父子之敬，建君臣之序，制法度，崇礼秩，岂徒然哉?”盖因“礼”为有国之本，“礼重矣，敬大矣，为治之纲尽于此矣。”(《重代晋成帝沙门不应尽敬诏》，《弘明集》卷十二)而佛教徒“矫形骸，违常务，易典礼，弃名教”，致使“尊卑不陈，王教不得一”，因而要求沙门应对王者行跪拜礼。此事为信奉佛教之尚书令何充等所反对，未能实行。至东晋末桓玄又重新提出沙门应尽敬王者的问题，并且用道家老子的思想等来为其论点作佐证：“《老子》同王侯于三大，原其所重，皆在于资生通运，岂独以圣人在位，而比称二仪哉？将以天地之大德曰生，通生理物，存乎王者，故尊其神器，而礼实惟隆，岂是虚相崇重，义存君御而已哉？沙门之所以生生资存，亦日用于理命，岂有受其德而遗其礼，沾其惠而废其敬哉？既理所不容，亦情所不安。”(《与八座论沙门敬事书》，《弘明集》卷十三)桓玄认为，王者与天地同其德，人们受王者养育和受天地养育一样，因此人们应敬重“王者”像敬重天地一样。沙门和其他人一样受王者的“生生资存”的恩惠，故不应“受其德而遗其礼”，“沾其惠而废其敬”。由此可见，桓玄虽引用《老子》，而他所要维护的仍然是传统的“礼教”。而慧远虽在其《答桓太尉书》与《沙门不敬王者论》中着力把“处俗弘教”与“出家修道”分开，提出在家信奉佛教的人应和一般人一样遵守“忠孝”大法，而出家的沙门则因已“隐居以求其志，变俗以达其道。变俗服章，不得与世典同礼，隐居则宜高尚其迹”(《弘明集》卷十二)。慧远一方面向中国传统文化妥协，但另一方面仍坚持沙门不应尽敬王者的立场。在南北朝时期还曾发生过两次灭佛教事件，虽原因不一，但也不能不看到它与两种不同传统文化之冲突有若干关系。虽然这样，佛教在中国仍然不断发展，到了隋朝，据《隋书·经籍志》记载："天下之人，从风而靡，竞相景慕，民间佛经，多于六经数十百倍。"唐朝有不少宰相、谏官都由传统儒家立场批评佛教，至韩愈有《谏迎佛骨表》之作，此为后话，兹不赘述。当然，我们必须注意，南北朝时也有中华僧人企图调和佛教与儒学之冲突，然亦未能解决两者之间的根本矛盾。

如果把魏晋玄学看成一个整体，那么以王弼、郭象为代表的玄学主流仍应属于自由主义派，而嵇康、阮籍是否也可以被视为"自由主义派"呢？虽然嵇康、阮籍也是玄学中的一派，但他们"反传统"，批评"礼教"，应该如何解释？我想这个问题可以从以下两个方面来考虑：第一，嵇康、阮籍在玄学中并非玄学的主流，因此不应影响从总体上看玄学和传统文化、道家和儒家的关系，而玄学主流是企图调和自然与名教、道家和儒家的，应是当时的自由主义派。第二，嵇康、阮籍虽然激烈地反"礼教"，这或者只是他们思想的一个方面；而他们的人生态度实极为严肃，实际上很相信礼教的。鲁迅在《魏晋风度及文章与药及酒之关系》中说："他们七人（按：指竹林七贤）中差不多都是反抗旧礼教的"，"例如嵇阮的罪名，一向说他们毁坏礼教。但据我个人的意见，这判断是错的。魏晋时代，崇奉礼教的看来似乎很不错，而实在是毁坏礼教，不信礼教。表面上毁坏礼教者，实则倒是承认礼教，太相信礼教。"①鲁迅的话是不错的。盖因嵇康、阮籍有见于自汉末以来那些王室贵族、士人君子口头上维护"礼教"，而实际上在破坏"礼教"；嵇康、阮籍正因为他们"太相信礼教"，在对当时的社会风气失望之余而在言行上表现为"反礼教"。而且我们也可从嵇康、阮

① 见《鲁迅全集》卷三《而已集》，388页、391页，北京，人民文学出版社，1957。

籍的诗文中看到，他们是反对那些虚伪的“礼教”，而承认真情的“礼教”，嵇康所作《家诫》中说：“不须作小小卑恭，当大谦裕；不须作小小廉耻，当全大让。若临朝让官，临义让生，若孔文举求代兄死，此忠臣烈士之节。”阮籍的《咏怀诗》中也有“生命几何时？慷慨各努力”的诗句，所以陈文德《刻阮嗣宗集叙》中说：阮籍的文章“率激烈慷慨，其心愤，故其行危；其道忠，故其旨远”①。据此可知，嵇康、阮籍身上仍有传统文化之影响也。因此，我们说从总体上看玄学家可算当时的自由主义派。

至于以裴頠、范宁、干宝等为代表的保守主义派前文已论之甚详，在这里就不多说了。

无论从上述两种中哪一种格局看，魏晋南北朝这一文化转型时期的文化，实际上正是在儒、道、释或儒、道的矛盾冲突中得到长足的发展，这就预示着中国文化的进一步发展必然是三家的融合。自唐中叶以后，这种趋势已渐显露，而至宋有理学出，它正是在儒学的基础上充分吸收佛、道两家思想而形成的“新儒学”，这样中国文化由“离异”阶段走向“认同”阶段了。

三

20 世纪以来，中国社会一直处于剧烈的动荡之中，五四运动前后发生了新文化运动，我们可以说从五四运动(或者说更早一些，从 19 世纪末)一直到 1949 年，中国文化又在一个新的转型时期。这一文化转型期正是由于中国社会处于较之前两个时期更大更复杂的变动时期，因此中国文化呈现为极其复杂、甚至可以说难以理清的局面。但

① 《阮籍集》，1 页，上海，上海古籍出版社，1978。

是我们大体上可以说，五四时期以李大钊、陈独秀为代表的激进主义派，以胡适、丁文江等为代表的自由主义派，和先以严复、杜亚泉，后以梁漱溟、张君劢、《学衡》派为代表的保守主义派，无非都是面对中国社会的急剧变化和世界文化的大动荡这同一问题，而显示出不同的反应和不同思考层面。这些问题不外是“如何对待传统文化”、“如何接受西方文化”、“如何建构自己的新文化”等等。

五四时期的激进主义与自由主义曾一度联合举起“反传统”的大旗，提倡“民主与科学”，向正统文化(主要是儒家文化)开火。在五四运动前李大钊就说过：“简单一句话，Democracy 就是唯一的权威，现代的时代就是 Democracy 的时代。”①陈独秀说：“近代欧洲之所以优越他族者，科学之兴，其功不在人权说下，若舟车之有两轮焉。”②他们对旧礼教、旧道德、旧传统进行了猛烈的批判，把“民主”与“科学”作为追求的目标。陈独秀在回答当时守旧顽固派对《新青年》的攻击时说：“他们所非难本志的，无非是破坏礼教，破坏礼法，破坏国粹，破坏贞节，破坏旧伦理(忠孝节)，破坏旧艺术(中国戏)，破坏旧宗教(鬼神)，破坏旧文学，破坏旧政治(特权人治)，这几条罪案。”③陈独秀这段话无异说明，他们所发动的新文化运动就是要破除旧传统所固有的一切方面，打破几千年来禁锢人们思想的传统文化。陈独秀等如此看，当然是有见于当时中国社会之落后、政治之腐败，长期受西方列强之欺辱；而又有见于西方各国国势之强盛，社会之文明，所

① 见李大钊之《劳动教育问题》，《李大钊选集》，138页，北京，人民出版社，1959。

② 见《新青年》第一卷第一号《敬告青年》。

③ 《本志罪案之答辩书》，见陈崧编《五四前后东西文化问题论战文选》，101页，北京，中国社会科学出版社，1985。

以他们认为，中国要富强必须学习西方，必须彻底批判旧的文化传统，引进西方的新文化。照他们看："所谓新者无他，即外来之西方文化也；所谓旧者无他，即中国固有之文化也。……二者根本相违，绝无调和折衷之余地。"①其时，自由主义派胡适同样主张全盘吸收西方文化，他说："我很不客气的指摘我们的东方文明，热烈的颂扬西洋近代文明，……现在有一些妄人要煽动你们的夸大狂，天天要你们相信，中国的旧文化比任何国好，中国的旧道德比任何国好，……我要对你们说：不要上他们的当。……我们必须承认我们自己百事不如人，不但物质机械上不如人，不但政治制度不如人，并且道德不如人，知识不如人，文学不如人，音乐不如人，艺术不如人，身体不如人。"②我们可以说，五四运动时期的激进主义派和自由主义派的"反传统"是基于中国落后，处处不如西方，而有一种"全盘西化"的心态。当然无疑这种"反传统"的思想潮流对打破传统思想的束缚起着极其伟大的冲击作用，为中国文化的发展开辟了道路，为中国社会的"启蒙"奠定了基础。尽管它也可能有某些负面作用(如绝对化的思想倾向，"科学万能"的"科学主义"，"文化决定论"的倾向等等)，但它在历史上的积极意义则是必须充分肯定的。

但是未经几时，1920 年有梁启超自欧洲归来，发表了《欧游心影录》，认为经第一次世界大战后西方文化已陷入绝境，而东方文化或者可以拯救世界。梁启超在他的那本书中对近世以来以"科学"为代表的西方文化进行了猛烈的抨击，他说："当今讴歌科学万能的人满望

① 汪叔潜：《新旧问题》，见陈崧编《五四前后东西文化问题论战文选》，10 页，北京，中国社会科学出版社，1985。

② 《介绍我自己的思想》，引自《中国现代资产阶级哲学资料选集》第一辑，64 页、66 页，长春，吉林大学出版社，1980。

着科学成功，黄金世界便指日可出现。如今功总算成了，一百年物质的进步比从前三千年所得还加几倍，我们人类不惟没有得着幸福，反带来了许多灾难。好像沙漠中失路的旅人，远远望见个大黑影，拼命往前赶，以为可以靠他向导，那知赶上几程，影子却不见了，因此无限凄惶失望。影子是谁？就是这位'科学先生'。欧洲人做了一场科学万能的大梦，到如今都叫起科学破产来，这便是最近思潮变迁的一个大关键了。"①本来在此之前，梁启超的"新民说"向中国介绍了西方文化，并对中国传统文化多有所批评，但在其《欧游心影录》中在批评西方的"科学万能"之余，又对中国传统文化大加肯定，他说："我们可爱的青年啊，立正，开步走！大海对岸那边有好几万万人，愁着物质文明破产，哀哀欲绝的喊救命，等着你来超拔他哩！我们在天的祖宗三大圣和许多前辈，眼巴巴盼望你完成他的事业，正在拿他的精神来加佑你哩！"②梁启超《欧游心影录》的发表，无疑是对五四运动"反传统"和鼓吹"西化"的反动，当时胡适也不得不承认它有着相当的影响，他说："自从《欧游心影录》发表之后，科学在中国的尊严远不如前了，一般不曾出门的老先生很高兴地喊着：'欧洲科学破产了！'梁任公这样说的。"③

1921年夏，梁漱溟作《东西文化及其哲学》的演讲，这可以说是保守主义者对五四以来"反传统"的第一次反思。在他的《东西文化及其哲学》一书中，梁漱溟表现了对西方文化和中国文化一种理智的批

① 《欧游心影录》，见陈崧编《五四前后东西文化问题论战文选》，346页，北京，中国社会科学出版社，1985。

② 同上书，374页。

③ 《科学与人生观序》，《胡适文存二集》卷二，上海亚东图书馆，引自《中国现代资产阶级哲学资料选辑》第一辑，89页。

判精神。他认为中国应该引进西方文化，让“科学与民主”也在中国得到充分发展，照梁漱溟看，西方文化最大的特色在于它的征服自然，在于其尊重科学，提倡民主。他认为，西方文化源于古希腊罗马，经过黑暗中世纪的长期压制，到近代才得到重新自觉的发展。基于对西方文化本质的理解，梁漱溟根据他的历史发展三阶段论，很自然地得出在历史的发展中西方社会的生活式样是合时宜的，因此当时中国社会应引进西方文化。在《东西文化及其哲学》中，他明确地说：“(科学与民主)这两种精神完全是对的，只能无批评无条件的承认，即我所谓对西方化要‘全盘接受’。怎样引进这两种精神实在是当今所急的；否则，我们将永此不配谈人格，我们将永此不配谈学术。”①所以他反复申明：“我的提倡东方文化与旧头脑的拒绝西方化不同。”②但是，他同时也批评了西方近代文化，并主张把中国原有的文化精神重新拿出来。他认为，西方文化发展到了顶点，因而也暴露出许多问题与困难，造成了许多痛苦与灾难，如不合理的经济现象，人们精神的极度空虚，人们在战争中的互相残杀以及自然资源的破坏，人与人之间关系的紧张等等，不一而足。这种情况说明，西方文化到了必须改造的地步，他们的社会要改造，态度要变化，见解要转换。梁漱溟并且认为，西方文化事实上已出现了变化的势头，如社会改造方面的社会主义倾向；在态度方面变化更大，已由注重研究自然、物质方面转向注重研究人、研究生命，其中最令人注目的是生命派哲学。西方文化中所有这些变化，与中国传统文化的本质精神是一致的。据此，梁漱溟

① 《东西文化及其哲学》，206页，北京，商务印书馆，1987年2月影印版。

② 同上书，21页。

认为，在不远将来是中国文化的复兴，它如西方文化在经过漫长的中世纪之后的复兴一样。因此，梁漱溟的文化观的重点当然不在“反传统”，而是考虑在西方文化的冲击下，如何重新把中国文化精神恢复和发扬起来。

稍后，有《学衡》派，《学衡》派的主要人物大多是20世纪20年代初从美国哈佛大学回国的留学生，如梅光迪、吴宓、汤用彤、胡先骕(胡是在美国学自然科学的留学生，在生物学方面颇有造诣)等，他们受到当时在哈佛大学流行的新人文主义思想的影响，提出的口号是“昌明国粹，融化新知”。《学衡》杂志创刊于1922年，到1933年停刊，共出了79期。《学衡》诸学者企图找到现代与传统之间的联系，以便使中国传统文化得以延续，他们认为：①“新”与“旧”乃是相对而言，并无绝对的界限；没有“旧”就没有“新”；②人文学科与自然科学不同，不能完全以进化论为依据；③历史有“变”有“常”，在人文学科中常是经过多次考验在经验中积累起来的“真理”，这种“真理”不但万古常新，而且具有普遍的世界意义。这些看法，今天看来算不上什么高明的看法，但在当时一片“反传统”声中，也还算得上另一种调子，也不能全然否定。而更有意思的是，这些由美国留学回来的留学生，当然不能说他们对西方文化毫不了解，甚至正是通过他们才把某些西方思想介绍到中国来。不过我们也要看到这批学者大都同样有深厚的中国传统文化的素养。

无论是梁启超、梁漱溟还是《学衡》派，虽然都不反对引进西方文化，但他们都反对“反传统”。因此，无疑他们都不是当时创造中国新文化的主流派，但也决不能认为他们对中国的新文化只起负面作用。照我看，当时的保守主义至少起了对“反传统”思潮的牵制作用，使得激进派特别是自由主义派不能完全贯彻他们的“全盘西化”的思想。

1923年发生了“科学与玄学论战”，可以说是一次新文化运动的主流派与非主流派的大冲突，这次论战仍然是激进主义派和自由主义派联合与保守主义派对垒。以张君劢为代表的玄学派看来似乎失利，但这次论战却给人们留下许多需要认真思考的问题。例如，“科学”是否有其限制，丁文江认为“科学方法是绝对不受限制的”；“科学”成为一种“主义”即“科学主义”是否与科学精神相违背；“人生观”含义如何，是否一切问题都是“人生观”问题等等。经过这次论战，其结果是新文化运动的两主流派也宣告分裂了。由于胡适在《科学与人生观序》里公开说明他的“科学的人生观”又可以叫“自然主义的人生观”，胡适说：“那个自然主义的宇宙里，在那无穷之大的空间里，在那无穷之长的时间里，这个平均高五尺六寸，上寿不过百年的两手动物——人——真是一个藐乎其小的微生物了……他用他的两手和一个大脑，居然能做出许多器具，想出许多方法，造成一点文化。他不但驯伏了许多禽兽，他还能考究宇宙间的自然法则，利用这些法则来驾驭天行，到现在他居然能叫电气给他赶车，以太给他送信了。……总而言之，这个自然主义的人生观里……未尝没有充分运用‘创造的智慧’的机会。”①陈独秀此时已相信了“唯物的历史观”，于是他向胡适等“科学派”提出问题：问他们是否相信“唯物的历史观”？胡适回答说：“我们虽然极欢迎‘经济史观’来做一种重要的史学工具，同时我们也不能不承认思想知识等事也都是‘客观的原因’，也可以‘变动社会，解释历史，支配人生观’。”②于是陈独秀把胡适等推向了张君劢一边，他

① 《科学与人生观序》，上海亚东图书馆，1930，转引自《中国现代资产阶级哲学选辑》第一辑，101～102页。

② 《答陈独秀先生》，《科学与人生观序》附注，上海亚东图书馆，1930，转引自冯契《中国近代哲学的革命进程》，326页。

说："适之颇尊崇科学，如何对心与物平等看待!! 适之果坚持物的原因外，尚有心的原因——即知识、思想、言论、教育，也可以变动社会，也可以解释历史，也可以支配人生观——像这样明白主张心物二元论，张君劢必须大摇大摆的来向适之拱手道谢。"①胡适和陈独秀自此分手，也就是自由派与激进派自此分手了。此后两派就走着不同的道路了。原来新文化运动的两主流派——激进主义派与自由主义派——虽在反封建专制主义的旧文化与旧道德、提倡"科学与民主"上是一致的，但他们在如何反封建专制主义和争取"科学与民主"上却有很大分歧。盖自由主义派主张用改良的方法，而激进主义派则主张用"大破坏"即"革命"的方法。因此，自 20 世纪 20 年代中后期在中国文化界就出现了三方鼎立的局面。

从 20 年代中期到 30 年代中期，在中国思想文化界各种论战不断。有哲学问题论战，有中国社会性质和社会史论战，有东西文化论战(即"全盘西化"与"本位文化"的论战)等等。哲学问题论战是 1927 年后发生的张东荪与叶青等的论战，它反映了自由主义派与激进主义派的矛盾。张东荪吸取了西方哲学的各种思潮，建立起他的"多元认识论"体系，正如叶青所说："张东荪底哲学，并非新创，任何断片，都取自外国，举凡古代近代欧洲美洲底大哲学家，他都本其涉猎之广，抄起来了。所以他底哲学，恰恰是外国哲学家的纂集。"②而叶青当时是马克思主义辩证唯物论的拥护者。这次论战是由讨论"辩证法是否是科学的方法"开始的，后来转为"辩证法是否是真理"的讨论。

① 《答适之》，见《科学与人生观序》，上海亚东图书馆，1930。转引自袁伟时：《中国现代哲学史稿》，751 页，广州，中山大学出版社，1987。

② 转引自郭湛波：《近五十年中国思想史》，184 页，北平，人文书店，1936 年 8 月再版。

叶青虽站在唯物辩证法的立场上批驳张东荪，但正统的马克思主义者艾思奇等不仅批评张东荪，而且也批评了叶青对马克思主义的歪曲。后来张东荪编了《唯物辩证法论战集》，从中我们可以看到当时这一“哲学问题”讨论的一般情况。

中国社会性质问题与社会史论战是发生在1929年至1935年之间，这次论战激进主义、自由主义、保守主义各派均有人参加。这个问题本来是由很现实的问题引起的，即中国当时的社会究竟是什么性质的社会。有人认为当时的中国社会是一种“商业资本主义社会”，如陶希圣；有人认为已经是“资本主义社会”，如任曙、严灵峰等；有人认为是半封建半殖民地的社会，如吕振羽、郭沫若等。为了解决中国当时的社会性质问题，就不得不对中国社会发展从古到今作一通盘的研究和讨论。当时发表的文章和著作可以说是五花八门：其中最有影响的有郭沫若的《中国古代社会研究》，他根据马克思主义五种生产方式的理论认为，中国社会同样是由奴隶社会、封建社会而发展下来的；陶希圣著有《中国社会之史的分析》、《中国政治思想史》等，他认为以五种生产方式分析中国社会是因袭欧洲学者解剖欧洲社会所得的结论，而漫加演绎；李季等根据马克思提出的“亚细亚生产方式”的理论，认为东方（中国）社会不同于西方（希腊罗马）的社会发展，否定“五种生产方式”的普遍性。今天看来这场争论并无太大意义，因为这次争论往往限于名词之争，或者用一些教条来套中国社会，并没有真正深入到对历史材料的分析，当然最后也就只能不了了之。

东西文化论战是由于1935年萨孟武、何炳松等十教授发表《中国本位的文化建设宣言》所引起的，它主要反映自由主义派与保守主义派之间的矛盾。在《宣言》发表后，接着各地学者召开了一系列的“中国本位文化建设座谈会”，从而引起一场本位文化与全盘西化的大论战。五四运动时期的激进派和自由派的代表人物在实际上都有“全盘西化”的倾向，而这一思潮一直发展到30年代，当时有陈序经更为系统地阐明“全盘西化”的立场。陈序经认为，文化作为整体不可分割，要吸收西方科学，就不能不同时把其他方面也吸收，甚至缺点也不能不接受。他说：“从文化发展上看来，西洋近代的文化的确比我们进步得多，它的思想，也的确比中国的思想来得高。西洋文化无论在思想上，艺术上，科学上，政治上，教育上，宗教上，哲学上，文学上，都比中国的好。就是在衣、食、住、行的生活上头，我们也不及西洋人的讲究”，“中国文化的出路，无疑是要从彻底全盘西化着手。”①胡适在此期间提出可以用“充分西化”或“充分世界化”来代替“全盘西化”，但在他对“本位文化”批评时，仍可看出他的“全盘西化”的立场，他还写了一篇《我是完全赞成陈序经先生的全盘西化论》。十教授《宣言》中说：“中国在文化的领域中是消失了，中国政治的形态、社会的组织和思想的内容与形式，已经失去它的特征……要使中国能在文化的领域中抬头，要使中国的政治、社会和思想都具有中国的特征，必须从事于中国本位的文化建设。”②于是在《宣言》中批评了当时流行的各种关于建设中国文化的意见，并提出他们的“本位文化建设”是“不守旧、不盲从，根据中国本位，采取批评态度，应用科学方法来检讨过去，把握现在，创造将来。”③这些话看起来很平实公正，但它的矛头无疑是指向“西化派”的。胡适在其《试评所谓“中国本位文化建设”》一文中说：“我们不能不指出，十教授口口声声舍不得那个‘中

---

① 《中国文化之出路》，引自罗荣渠主编《从“西化”到现代化》，371页至372页及375页，北京，北京大学出版社，1990。

② 《中国本位的文化建设宣言》，同上，399页。

③ 同上书，402页。

国本位’，他们笔下尽管宣言‘不守旧’，其实还是他们的保守心里在那里作怪”，“正是‘中学为体西学为用’的最新式的化装出现。”①胡适虽然看出所谓“本位文化”论者的用心，但他站在“西化派”的立场上仍然没有能为中国文化的发展找出一可行的路向。我认为，无论是十教授还是胡适、陈序经，实际上都没有摆脱五四运动以来的“文化决定论”的心态和片面的思想方法的束缚，因此，这一讨论并没有对推动中国文化的发展起多大作用。

从以上论战我们可以看出，无论是激进派、自由派还是保守主义派都还没有能为中国新文化的发展指明出路，同时这三派也还没有哪一派在中国社会中取得公认的领导（支配）地位，因而中国文化仍然处在多元对峙的格局之中。这样一种情况，当然和中国社会的客观环境分不开，但是否也可以使我们得出这样一个看法：这些论战的意义虽不能全然否定，可是由于当时各派并没有对一些争论的问题作深入研究，而往往陷入为争论而争论，或者受着当时某种政治势力所左右，所以虽然提出一些应受到重视的问题，但并没有能为中国文化的发展提供出多少有意义的资源。

从 30 年代中期到 40 年代中期，这十多年可以说是中国学术文化发展的一个重要时期。在这个时期产生了一批对中国学术文化有深远影响或者是构造成比较有影响的思想体系的代表人物。例如，激进主义派方面有鲁迅、郭沫若、侯外庐等。鲁迅这一时期的杂文可以说对中国社会、历史、文化等各方面的问题都有极为深刻的论断，他的著作无疑是我们宝贵的财富；郭沫若对甲骨文、金文和中国社会史的研

---

① 《中国本位的文化建设宣言》，引自罗荣渠主编《从“西化”到现代化》，425～426 页。

究、侯外庐对中国社会史和思想史的研究都作出了积极的贡献。自由主义派方面有胡适、陈序经、张东荪、金岳霖等。胡适这一时期在美国，因此在学术文化上的贡献较少，但他的《说儒》纠正了他过去对儒家的偏见，在禅宗的研究上也有所贡献；陈序经的"全盘西化论"就是这一时期完成的，可以说是对"全盘西化"作了全面的论证；张东荪完成了他的"多元认识论"体系，他是中国现代哲学家中最早建立认识论体系之一人；金岳霖写出了体系相当严密的《论道》和《知识论》，前者是他的形而上学，后者是他的知识论体系，但《知识论》在写完后并未出版，而是到1983年才由商务印书馆出版。保守主义派方面有熊十力、冯友兰、贺麟等：熊十力完成了他的哲学体系《新唯识论》，他的学说为中国现代新儒学奠定了基础；冯友兰不仅写出了颇有影响的《中国哲学史》，而且用柏拉图哲学和新实在论的方法完成了"新理学"体系，写出《贞元六书》；贺麟利用他的有关德国古典哲学的知识来解释中国哲学，对陆王心学有重要发挥，他的《近代唯心论简释》、《知行合一新论》表现了学贯中西的时代精神。另外还有一批学者，可以说他们是现代的国学大师，他们与过去的国学大师不同，就在于他们不仅是镕铸古今，而且会通中西，因此他们的著作可以说是划时代的，现在人们研究他们所涉及的领域，必须通过他们研究的成果，才可以有所前进，他们的一些著作已经是为海内外公认的权威性著作。例如陈寅恪关于南北朝和隋唐史的研究，陈垣关于宗教史的研究，汤用彤关于中国佛教史和魏晋玄学的研究，董作宾关于甲骨文和殷商史的研究等等。因此，我们可以说这十多年是迄今为止中国学术文化发展的最好的时期，它是一个出了不少有价值的学术文化成果的时期。1949年后，学术文化的发展处于一个新的历史环境中，这不是本文所要讨论的，故不赘述。

根据以上的历史回顾，我们或者可以得出以下几点结论：

第一，在文化转型时期，在学术文化领域内，学术文化的发展往往是多元的，正是由于有激进主义、自由主义和保守主义并存，在这三种力量的张力与搏击的推动下学术文化才得以发展，文化的发展是由于文化的合力推动着；

第二，在文化的激进主义、自由主义、保守主义并存的情况下，不能简单地用一种价值标准来判断它们的高下，特别是不能用学术以外的标准来判断它们的高下，这样学术文化才能比较健康地发展；

第三，文化转型时期绝不是一个短的时期，春秋战国到西汉儒家成为正统、定于一尊，是经过了三四百年，魏晋到隋唐也经过了三四百年；从 19 世纪末到现在不过一百多年，因此可能还得有一个相当长的时期，中国文化才可以走出转型期，形成新的文化传统，在此时期中，在学术文化问题上贯彻“百花齐放，百家争鸣”是非常必要的。

五四运动与中西古今之争*

今年是五四运动80周年，在这将近一个世纪里中国文化一直处在文化的转型时期，而且走出这个文化转型时期大概还得有相当长的一段时间。在这一文化转型期中，文化讨论的内容无疑是“中西古今”之争，其所要解决的大体上是这样三个相互联系的问题：如何对待中国传统文化，如何接受外来西方文化以及如何创建适应世界文化发展形势的中国新文化。我们知道，文化的发展大体总是通过“认同”与“离异”两个不同的阶段来进行的。“认同”表现为与主流文化的一致和阐释，是文化在一定范围内向纵深发展，是对已成模式的进一步开掘，同时表现为对异己力量的排斥和压抑，其作用在于巩固主流文化已经确立的界限与规范，使之得以巩固和凝聚。“离异”则表现为批判和扬弃，对被排斥的加以兼容，把被压的能量释放出来，因而形成对主流文化的冲击乃至颠覆，这种“离异”作用占主导地位

---

* 本篇原收入《五四运动与二十世纪中国》，北京，中国社会科学出版社，2001。

的阶段就是文化转型时期。

在文化转型时期对传统文化往往并存着三种力量：即文化的保守主义派、文化的自由主义派和文化的激进主义派。这里我们使用“保守主义”、“自由主义”和“激进主义”仅仅是就其对过去传统文化的态度这个意义上说的，并无其他意义，因此对这三派都不包含褒或者贬的意思。在文化转型时期，这三种力量并存于同一框架中，它们之间的张力和搏击正是推动文化以及社会前进的重要契机。而这三种力量归根结蒂都与如何对待“传统”有关。当然我们也要注意在不同历史情况下，它们对文化的发展有着不同的意义。而在相当长的一个时期，许多人往往认为文化转型时期只有“激进主义”对文化的发展才有推动作用，而“自由主义”特别是“保守主义”则是阻碍文化向前发展的。这个看法，我认为是不正确的，或者说至少是值得我们再重新讨论的。

20 世纪以来，中国社会一直处于剧烈的动荡之中，从文化上看它也正在一个重大的转型时期。从 1919 年五四运动前后(或者说更早一些，从 19 世纪末)一直到今天，中国文化由于种种原因仍然没有走出转型时期。这个文化转型时期由于社会的剧变和动荡，因此使中国文化呈现为极其复杂，甚至可以说是难以理清的局面。

五四运动前后，当时有《新青年》、《新潮》、《东方杂志》、《国故》等代表不同思想倾向的杂志展开着文化上的东西古今之争。继五四运动之后，1923 年发生了“科学与人生观问题”的论战，它是一次新文化运动的主流派与非主流派的大冲突。这次论战是激进主义派联合自由主义派与保守主义派的对垒，但论争的结果是自由主义派与激进主义派的分手。因此，自 20 年代中后期起，在中国文化界就出现了三足鼎立的局面。从 20 年代后期到 30 年代中期，在中国思想文化界论战不断，有发生在 1927 年后的自由主义派与激进主义派的“哲学问题”论战；有发生在1927年直至1935年之间的激进主义派、自由主义派和保守主义派都参与的“中国社会性质和社会史”论战；有发生在1935年后由萨孟武等十教授发表的《中国本位的文化建设宣言》引发的“全盘西化”与“本位文化”的论战等等。直至抗日战争时期，虽然文化界在抗日问题上取得了某种共识，但在文化问题上仍然存在着严重的分歧。所有这些论战与分歧都与“中西古今”之争有着密切的联系。1949年后，中国大陆社会发生了巨大变化，随之文化上也发生了异乎寻常的变化。当时有所谓“一边倒”全盘倒向苏联的“全盘苏化”的指导思想。在文化领域里可以说是激进主义独领“风骚”的局面。这一时期对中国传统文化、以至于非马克思主义的西方文化基本上采取了否定的态度。“文化大革命”，可以说是中国文化上的一场大灾难，它实际上一方面是一场对传统文化的大破坏的运动，另一方面又对传统文化中的某些方面（如神化领袖的造神运动等）极力倡导，这就是文化上的激进主义发展成极“左”思潮所造成的恶果。“文化大革命”后，特别是三中全会后，结束了文化上的极“左”思潮的统治，又逐渐出现了对“传统”的激进主义、自由主义和保守主义三派分野的局面。自1984年起，在全国出现了“文化热”的现象，这时中国文化界提出了文化上的“从传统走向现代”的主张，并就此问题展开了热烈的讨论。1989年夏季，这一文化发展的趋势被打断了，对文化问题关注冷淡了一两年。但自90年代初，“国学热”一度兴起，而同时又出现了消解文化一元化的“后现代思潮”。到90年代中期，又发生了关于“人文精神”问题的争论，以及“国学”与马克思主义关系的讨论、儒家文化与基督教文化的争论等等。直至近一两年又有自由主义与“新左派”的激烈争论和对“现代性”不同层面的思考。因此，我们可以看到进入90年代，文化上的多元化格局已经确立。展望21世纪，在中国文化界这种多元化的局面将会持续相当长一个时期。反观20世纪中国文化的发展正是在这“中西古今”之争中前进的。

百多年来，在中国文化的发展问题上一直存在着“古今中西”之争，也就是说中国的知识界一直都关注着中国社会如何走向现代、如何使中国文化重振辉煌或者是中国文化应如何彻底改造的问题。我们从已走过的这段历史是否能得到某些有益的经验和教训呢？我认为或者可以归为以下三点：

第一，在文化转型时期，在学术文化领域，学术文化的发展往往是多元的，正是由于有激进主义、自由主义和保守主义并存，在这三种力量的张力与搏击的推动下，学术文化才得以较为健康地发展。正是不同趋向的文化合力推动着文化的进步。在文化的激进主义、自由主义和保守主义并存的情况下，由于具体形势不同，就不能用一种凝固的教条的价值标准判断他们的高下，特别是不能用某种外加的意识形态的标准来判断他们的高下，这样学术文化才能比较健康地发展。也就是说，我们应对这三种力量在不同情况下对中国文化发展的不同作用作客观的、不带偏见的评价，这样才可以对一个世纪以来的中国文化发展的历史作出合理的、合乎实际的分析。我们应该看到，激进主义派在文化转型时期的一定阶段往往起着打破已僵化的旧传统，开创文化发展的新局面的作用；但是如果激进主义发展到极端，将会成为全面否定传统的极“左”思想。而保守主义派则可以使传统不至于断绝，使民族文化传统有得以继往开来的可能；但是如果保守主义把自己封闭在过时的传统之中，它定会成为狭隘的民族主义和国粹主义。自由主义派则可为文化的发展提出新的问题和新的思考层面，保证文化能有较为广阔的空间；但是如果自由主义脱离实际地扩张自我，这样就会走向相对主义。所以对这三派的功过都应根据具体历史条件做实事求是的分析。同时，我们也还应注意到，文化转型时绝不是一个短的时期，春秋战国到西汉儒家思想成为正统，定于一尊，是经过了三四百年；魏晋到隋唐也经过了三四百年；从 19 世纪末到现在不过一百多年，因此很可能还得有一个相当长的时期中国文化才可以走出转型期，形成适应世界文化发展趋势的中华民族的新的文化传统。

这里有一个问题需要回答，有的学者认为把学术文化的阵营分为激进主义、自由主义和保守主义是过于简单的作法，而且这种划分使人们觉得多少与政治上的分野有某种联系。的确，在 20 世纪，中国学术文化界呈现着十分复杂的状况，如果我们把学术文化界的众多有影响的学者一一加以分析，就会发现每一个有影响的学者和其他学者都有所不同，例如 30 年代同属于激进主义派的叶青和艾思奇就有很大的不同；同属于自由主义派的张东荪在哲学上受到的是新康德主义的影响，而金岳霖则基本上是分析哲学论者；保守主义派的梁漱溟和熊十力在对佛教的态度上又有根本性的差异。这种例子可以举出很多很多。如果这样来研究问题(当然这种研究也是有必要的)，那么我们就无法对学术文化界的学者进行分类研究。前面我们已经说过，我们对 20 世纪中国学术文化界做如此分类，只是就其对“传统”的不同态度这个方面来考察的，而且是就某位学者一生的基本倾向方面(或者看他对学术文化最有影响的时期的基本倾向)来看的。我们知道，一位著名的有影响的学者在他一生中其思想倾向也会有变化，例如严复作为第一位引进西方自由主义的学者，到后来变成了文化上的保守主义者，但我们仍可把他看成是早期自由主义的代表，这是由于他在那个时期对中国学术文化的发展起着巨大的作用，而后来作为保守主义的严复则对中国学术文化的发展就不那么重要了。至于说到把学者划分为激进主义、自由主义和保守主义会和政治上的分野联系在一起的问题，照我看学术文化上的派别与政治上的不同态度是两个不同的问题，两者之间没有必然的联系。在 20 世纪上半期许多学术文化上的激进主义、自由主义和保守主义者都反对国民党的专制统治和当权的官僚的贪污腐化，而到 50 年代初期许多学术文化上的不同倾向的学者都认同了社会主义，到 50 年代中期以后他们的政治态度又有了变化，但和他们的学术文化并没有什么直接的关系，所有这些都是历史的事实。这就是我为什么要再三申明，把五四运动以来学术文化界划分为激进主义、自由主义和保守主义只是就他们对“传统文化”的态度说的。学术研究对所研究的对象进行分类是十分必要的，这样我们才可以去探讨不同类型所具有的本质特征，以便我们通过事物的现象达到对事物本质的把握。因此，分析每个事物的“个性”(特殊性)固然重要，但揭示某类事物的“共性”同样重要，在某种情况下甚至比把握“个性”更为重要。当然，在所研究对象的分类中其各个分子仍会有差别，但在我们设定的要求上(如我们设定以对“传统文化”的不同态度来分类)则是有着明显的“共性”的。就这个意义上说，我们对 20 世纪中国学术文化界分类应是有必要的。

第二，对于百多年来中国文化所存在的“古今中西”之争，我认为在这个问题上存在着两种偏向：一种观点认为“中西”之争都是“古今”之争，全盘西化派大都持此种看法；另一种观点认为“中西”之争都不是“古今”之争，国粹派大都持此观点。在当时的争论中，“中西”之争确有“古今”的问题，例如要不要“科学与民主”的问题，“三纲五常”、“三从四德”等是否适合现代社会的要求以及维护专制制度的礼乐制度是否合理等等，这些问题是要不要走出“前现代”，它是“古今”之争的问题，是属于时代性的问题。但并不是“中西”问题都和“古今”问题有关，例如孔子的“性命与天道”的问题，“天人合一”、“知行合一”、

“以德抗位”、“和为贵”、“和而不同”等等，特别是以内在超越为特征的人的主体意识，这些问题并不因其与西方文化不同，也不因时代的变迁而失去其意义，它们完全可以随着我们民族文化的发展而“苟日新，日日新，又日新”。因此，我们可以说，正是中国文化中有这些意义深远的思想观点和在不同历史时期对这些观点的新的诠释，我们的民族文化才可以在现时代文化发展的总趋势中发挥特殊的积极作用。今日之世界联系非常密切，无论哪一个国家或民族都不能不关注当今人类社会所面临的共同问题，也就是“和平与发展”的问题，所以世界文化只能是在全球意识下文化多元化的进程中得到发展。“全球意识”这是个时代性的问题，这是一个文化发展的“共性”问题；“文化的多元化发展”则是各个民族文化所表现的民族特色的问题，这是一个文化发展的“个性”问题。在现今任何民族文化的发展中都应体现“共性”与“特性”、“时代性”与“民族性”的结合。百多年来中国文化的“古今中西”之争很可能都是由于没有正确解决文化发展的时代性与民族性，共性与个性引起的。

在我们讨论五四运动以来的“中西古今”之争时，还有一个问题也应为我们所注意。虽然激进主义、自由主义和保守主义的学者们在其学术文化的路向上有所不同，在对待“传统文化”的态度上有所不同，但只要是对 20 世纪学术文化有重要贡献的学者，其在学术文化的造诣上就不仅是能“熔铸古今”，而且是能“会通中西”的。因此，我同意季羡林先生的说法，他认为近代以前的学术大师由于时代的原因只能“熔铸古今”，而不可能“会通中西”；而近现代的学术大师则必既能“熔铸古今”，又能“会通中西”。所以自五四运动以来，有一些“国粹派”强烈反对西方文化，鼓吹复兴中国文化，而实际上他们对我国学术文化的发展没有什么重大影响。而如激进派的鲁迅、郭沫若，自由派的胡适、张东荪，保守派的梁漱溟、陈寅恪等都是既能“熔铸古今”，又能“会通中西”的，正是经过他们在不同方向上的成就构筑了20世纪的中国文化。这一批学术大师的区别不在于他们对“中学”和“西学”的不同程度的掌握上，而是在他们对“传统文化”的态度上。就这点说，在激进主义、自由主义和保守主义之间的“中西古今”之争只有相对的意义，那些对20世纪有影响的学术文化大师往往是中西兼通的，他们的区别只是在对“传统”的态度上。我们不能说陈寅恪在掌握西方文化上不如胡适或郭沫若，同样我们也不能说鲁迅在掌握中国文化上不如梁漱溟，这样的比较虽有一定意义，但很难由此来把握中国文化发展的走向。然而分析他们对“传统文化”(或者说“中西古今”)的态度上的不同，却可以较好把握20世纪中国文化发展的内在理路，这对于我们考虑中国文化今后发展将有重要意义。在即将进入21世纪的时刻，我们应该走出“中西古今”之争，从开创中国学术文化的新局面上看，在发扬中国文化优良传统的基础上充分吸收西方文化的精华(以及一切其他民族文化的精华)无疑是中华文化发展的方向。

第三，在中国百多年来的文化发展史上，“中西古今”之争也常常表现为把“启蒙”、“救亡”与“学术”分割开来，或者认为由于“救亡”压倒了“启蒙”而妨碍了思想的启蒙；或者认为“启蒙”、“救亡”影响了“学术”的自由发展；或者认为“为学术而学术”对社会进步起着消极作用等等。我认为这些观点都只是看到了问题的一面，而中国学术文化的发展不仅需要“启蒙”，而且必须关注现实社会问题和国家民族的命运，同时也应允许“为学术而学术”、“为艺术而艺术”。中国知识分子自古以来对自己的民族和文化都抱有一种社会责任感和历史使命感，无论是希望由“边缘”进入“中心”，还是远离“中心”而甘愿“边缘化”，只要对民族文化的发展有意义都应肯定。特别是在社会相对稳定的情况下，“为学术而学术”可以使一些学者摆脱眼前的功利效用，而能深入探讨关于人类社会命运的终极问题，即那些远离“实际”而进入“真际”的形而上学问题。甚至用新观点和新方法对中国传统文化和哲学（包括新发现和发掘出土的文物）文献的整理和诠释，同样也应受到我们的重视。因此，我认为无论是以学术文化来从事“启蒙”的工作，还是以它用来服务于“富国强兵”，或者以它来实现某种“纯学理”的研究，都会推动中华学术文化的发展，都会使中华文化和中华民族在世界上取得应有的地位。当前我们的学术文化界也许考虑眼前的功利太多了，而对“纯学理”的研究太少了，特别是长期以来，“重理轻文”的影响十分严重，这对我国的学术文化发展和民族文化的复兴并非幸事。现在，我希望中国知识界应该有更广的胸怀，在发展中国文化的过程中，既可以坚持自己选择的发展方向，也应尊重别人选择的发展方向，可以“和而不同”，这也许更符合中国文化的“中庸之道”精神，为中国学术文化界树立新的风尚。

融“中西古今”之学，创“反本开新”之路*

今天中国的文化实际上是在五六千年的发展历程中不断吸收各民族、各国家、各地域文化的基础上形成的，而在这漫长的过程中有两次重大的外来文化影响着中国文化的进程。第一次是自公元1世纪以来印度佛教文化的传入；第二次外来文化的传入可以说是自16世纪末、特别是自19世纪中叶西方文化的传入。这两次重大外来文化的传入大大地影响着中国文化的发展。罗素曾在他的《中西文明比较》一文中说：“不同文明之间的交流过去已经多次证明是人类文明发展的里程碑。”①上述两次外来文化的传入，深深地影响了中国文化以及中国社会的方方面面，甚至可以说它每一次都使得中国文化和中国社会进入一个深刻的转型时期。哲学是文化的核心，它深刻地反映着一个时代的

---

* 本篇原以《走出“中西古今”之争，创“反本开新”之学》为题载加拿大《文化中国》2004年第1期；又以此为题刊于《中国人民解放军艺术学院院报》2004年第2期

① 罗素：《中西文化比较》，引自胡品清译《一个自由人的崇拜》，北京，时代文艺出版社，1988。

精神面貌。为了说明“在西方哲学冲击下的中国哲学发展”，本文打算先回顾一下印度佛教传入的历史，看看对于哲学的传入有什么可以借鉴之处。

印度佛教(包括它作为哲学思想)传入中国大体上说经过三个历史阶段：①由西汉末至东晋，佛教首先依附于汉代方术(道术)，到魏晋又依附于魏晋玄学。佛教传入中国后，开始相当长一个阶段所讲的内容主要是“魂灵不死”、“因果报应”之类，在中国实有这类相似的思想，故佛教可依附而流行。至汉末魏初，由于佛教经典的翻译渐多，而分成两大系在我国流传：一为安世高系，是小乘佛教，重禅法，时《安般守意经》、《阴持入经》等已译成汉文。或讲呼吸守意，而与道家、神仙家相类；或以“五阴”(即五蕴)配“五行”，“五戒”配“五常”，说“元气”即“五行”、即“五阴”。这些附会之说自与佛教不相牟合。二为支娄迦谶系，为大乘佛教，讲般若学。支娄迦谶一系认为人生根本道理最重要的是使“神返本真”，而与“道”合，此已见受老庄思想之影响，而渐依附于魏晋之玄学。盖因玄学讨论的中心为“本末有无”问题，而佛教般若之“空”、“有”问题与之颇相接近。东晋初，般若学虽有“六家七宗”之分，但其讨论的基本问题仍是玄学的“本末有无”之辨。而僧肇之《肇论》既是魏晋玄学之总结，又是佛学中国化之初始。②东晋后，佛典翻译渐多且系统，印度佛教与中土文化之不同已渐明显，从而引起两种不同文化的矛盾与冲突，并在矛盾冲突中相互影响和吸收。从今日保存之《弘明集》中，我们可以看到，当时争论的问题有“沙门应否敬王者”、“神灭、神不灭”、“因果报应有无”、“空有关系”以及“夷夏之辨”等等，且此时期佛道两教的争论更为激烈，如有“老子化胡问题”、“轮回与承负问题”、“神形与生死问题”等等。但同时可以看到儒、道、佛三家也在互相吸收着，特别是道教大量吸收了佛教的思想，而佛教则容纳了儒家思想的若干成分。此时已有儒士而信佛，如刘勰；道士而立佛道二堂，如陶弘景。这一时期，从总体上说中国朝野对外来佛教文化采取的是吸收、容纳甚至在某种程度是欢迎的态度。③自隋唐以后，印度佛教文化深深地影响着中国文化，据《隋书·经籍志》记载：当时“民间佛经，多于六经数十百倍”；同时中国文化又深深地改变着佛教文化的形态。特别是在儒、道两家的影响下，形成了若干中国化的佛教宗派。例如天台、华严、禅宗在心性问题上融合了中国儒家的心性学说，天台甚至吸收着道教的某些思想，而华严和禅宗无论在内容与方法上都与老庄思想（如“任自然”）有着千丝万缕的联系。至宋后，可以说印度佛教完全融在中国文化之中（此时印度佛教在印度几乎已经断绝），形成了新儒学（即宋明理学）。

为什么我们要简要地阐述印度佛教文化作为一种外来文化传入我国的历史？这是因为希望能从历史中得到某些借鉴和启示，以便我们在阐述西方文化传入中国时有一个参照系。

西方文化（景教）早在唐朝已传入中国，后因唐武宗灭佛而波及景教。此后景教在中国逐渐消失，而元朝的也里温可教也随着元朝的覆亡而灰飞烟灭了。西方文化真正对中国文化发生影响是在 16 世纪末，当时传入的主要是西方基督教耶稣会的一些学说。这时的传教士采取的策略是使基督教附会于原始儒家思想（如利玛窦），而中国之士大夫除个别人（如徐光启、李之藻）皈依了基督教外，绝大多数士人或对基督教持反对态度，或以中国思想（特别是儒家思想）来了解基督教或欣赏西方的奇巧技艺。这点从某个方面看有点像佛教传入之初。至清初，因礼仪之争，西方文化的传入有所中断，而至 19 世纪中叶随着西方列强的入侵，西方文化如潮水一般地涌入中国。自此在中国存在着长达百多年的“中西古今”文化之争。

清末，“中体西用”开始曾为大多数学者所接受，尔后某些学者对西方文化了解较多，而逐渐有所改变，其中介绍西学最有力者为严复。民国以后，“中西古今”之争仍然不断，袁世凯称帝之前有“孔教会”之建立，以儒家思想排斥、批判西方文化。其后于1915年始有以杜亚泉为代表的《东方杂志》和以陈独秀为代表的《青年杂志》的争论。大约与此同时而稍后，有胡适与李大钊等关于“问题与主义”的争论。五四运动前后可以说是中西文化论战之高峰。以属于马克思主义阵营的陈独秀、李大钊为代表的激进主义派和属于实用主义阵营的胡适为代表的自由主义派联合举起“打倒孔家店”的大旗，提倡西方的“科学与民主”。由五四运动引进的西方文化的巨大冲击力，自然也会引起“中学”的反击。当时最著名的维护中国传统的学者一是梁启超，一是梁漱溟。梁启超的《欧游心影录》对西方科学的批判虽有广泛的影响，但梁漱溟的《东西文化及其哲学》则可以说是中国文化对西方文化的相当深刻的回应。1923年发生了“科学与人生观”论战，这次论战表面上看来以“西学”(包括马克思主义、实用主义、科学主义等等)对“中学”(以张君劢为代表的“新宋学”)的胜利而告终。但其结果是造成了以陈独秀为代表的马克思主义派和以胡适为代表的实用主义派的分裂。自此以后，在中国文化问题上实际上存在着马克思主义激进派、实用主义改良派和维护传统的保守派三足鼎立的局面。发生在20年代末的“哲学问题”论战和其后的“中国社会性质与社会史问题”论战，都表现着“中西古今”之争。1935年，萨孟武等十教授发表了《中国本位的文化建设宣言》，再次掀起大规模的“中西古今”之争。1937年抗日战争爆发后，为了抗日，中西文化论战缓和了一些，但仍然发生过马克思主义学者对冯友兰“新理学”的批判和维也纳学派洪谦与冯友兰关于形而上学问题的争论，这些也都反映着哲学上的“中西古今”

之争。

1949年后，中国大陆社会生活发生了巨大变化，文化也随之发生了异乎寻常的变化，当时有所谓“一边倒”的政策，全盘倒向苏联，这实际上也是一种文化上的“全盘西化”的表现。这时中国思想文化界被要求以斯大林的《辩证唯物主义和历史唯物主义》以及日丹诺夫的三个讲话为指导，批判中国的传统文化。这种对中国传统文化的批判，一直发展到“文化大革命”，大搞所谓“破四旧”，其结果造成大陆思想文化与世界思想文化的隔绝，使中国思想文化出现了严重的断层。“文化大革命”结束后，虽然在政治路线上否定了“以阶级斗争为纲”，但文化上的“古今中外”之争仍然没有停止。80年代中国思想文化界面对的问题是如何使中国“由传统走向现代”，因此必须批判封闭式的专制主义的新老传统的影响，《河殇》可以说是极有代表性，它体现着我国全面实现现代化的迫切要求。90年代初，在学术文化界有两种思潮逐渐活跃，一是“后现代主义”思潮；一是“新保守主义”思潮。后现代主义在20世纪80年代已经进入中国，但没有广泛流行，到90年代初突然成为当时中国学术思想界特别流行的思潮。原因何在？我认为它的主要目的是为了消解当时文化上的一元化。20世纪80年代末以后，北京某报刊出署名文章《多元化就是自由化》，这篇文章对前一阶段的文化多元化倾向进行了批评。当时思想文化界部分学者认为这样会形成我国学术文化上的倒退和封闭，为打破思想文化上的一元化，因而大量引进和阐发“后现代主义理论”。稍晚，大约在1992年，在大陆出现了研究和弘扬中国传统文化的“国学热”。部分学者有见于西方文化给人类社会带来的负面影响，而认为中国传统哲学或许可以纠正西方文化的某些偏失。1994年6月在《哲学研究》上发表的署名文章，其中有这样的句子：“一些人宣扬中国需要孔夫子、董仲舒，需要重构与马克思主义并列的中国哲学新体系”，“不排除有人企图以‘国学’这一可疑的概念，来达到摈弃社会主义新文化于中国文化之外的目的。”1995 年初在《孔子研究》杂志社召开的一次座谈会上，不少学者对上述《哲学研究》的看法提出了批评。同年，《东方》杂志有署名文章也批评了《哲学研究》，认为把“国学”研究与马克思主义研究对立起来，就会产生一种可能，“即把马克思主义与国学研究对立起来，重复以往教条主义的意识形态对‘国学’的怀疑和批判。”这场发生在 90 年代中期的争论虽未发生重大影响，但从一个侧面看，仍然是文化上的“中西古今”之争的表现。与此同时，某些对西方文化特别是西方基督教文化有较深研究的学者，对中国文化持强烈批判态度，也就引起了某些传统文化的保守派的反击，并促使了在海外流行的现代新儒学在中国大陆也得到某些学者的认同。其时还有一部分学者对中西文化都有所了解，而企图调和两者之间的分歧，在不同中求得相互理解，以推进中国文化的发展。至 90 年代末发生在中国的“自由主义”派和“新左派”之间的争论，至今仍在继续，但旁观者一般都认为他们仍然围绕着如何从“传统走向现代”展开，不能不看到这还是与“中西古今”之争有关。

近百年来，在我国一直存在的“中西古今”之争，实际上也就是所谓“全盘西化”和“本位文化”之争。其中包含着把“古”与“今”、“中”和“西”对立起来的思想趋向，这种简单化地处理文化间问题的思想方法，是不利于文化健康合理发展的。当前，我们应该抛弃把“中”与“西”和“今”与“古”对立起来的观点，走出“中西古今”之争。根据以上的分析，我们是否可以说，我国的目前文化发展似乎正处在如南北朝至隋唐之间印度佛教对中国文化冲击的第二阶段向第三阶段转化之初，即由两种文化的矛盾冲突阶段开始转向本土文化开始消化外来文化的第三阶段。在这第三阶段中，我们中国文化的发展将会走出“中西古今”之争，而进入全面、深入地吸收、融合西方文化的时期。要走出“中西古今”之争，也许应把握两个基本观点：一是我们应该看到中西两种文化虽有相异之处，但也有“相同”之处，而且即使所谓“相异”也可以在对话与交流中得以调和，而做到“和而不同”。二是任何文化都会因其地理的、历史的、民族的甚至某些偶然的原因而有其优长处，也有其短缺处，没有一种文化可以完全地解决所有民族存在的问题，或者说可以解决人类存在的一切问题。古代的思想固然是在当时环境中产生的，它虽有时代性，但是古人所考虑的问题也是人类的问题，所以它同样存在着超时代性。我们可以看到，西方哲学虽千变万化，但它思考的问题大体上仍然是古希腊哲学家提出的问题或者是那些问题的延伸。当代中国哲学讨论的问题大体上也还是先秦时代各家提出的问题或者是那些问题的延伸。所以雅斯贝尔斯说：“人类一直靠轴心时代所产生的思考和创造的一切而生存，每一次新的飞跃都回顾这一时期，并被它重新燃起火焰。”① 我认为这段话是很有见地的。

下面我打算以现代中国哲学的发展为例，来说明中国哲学在与西方哲学相遇后，现在正是处在如同佛教传入中国后的第三阶段之初那个时期，即正在走向吸收和融合西方哲学的时期，并可以预期在经过一个不太长的时间，会形成全新的与西方哲学有着不同的现代中国哲学。

中国原来没有“哲学”一词，甚至相当多的西方哲学家不承认中国

① 参见雅斯贝尔斯：《历史的起源与目标》，14页，北京，华夏出版社，1989。

有“哲学”，例如黑格尔就认为中国所有的只是意见，“与意见相反的是真理”。在他的《哲学史讲演录》中说到东方思想，他说：“我们在那里尚找不到哲学知识”，他谈到孔子时说：“孔子只是一个实际的世间智者。在他那里思辨的哲学是一点也没有的，——只有一些善良的、老练的、道德的教训，从里面我们不能获得什么特殊的东西。”①“哲学”(philosophy)一词最早是日本学者西周(1829～1897)借用汉语“哲”、“学”两字指称源于古希腊罗马的哲学学说，中国学者黄遵宪(1848～1905)将这个名称介绍到中国，为中国学术界所接受。如果我们进一步讨论这个问题，大概可以说在西方哲学传入之前，在中国还没有把“哲学”从“经学”、“子学”中单独分离出来，将其作为一门独立的学科来进行研究，而“哲学思想”、“哲学问题”的研究往往是包含在“经学”、“子学”等之中来进行的。这就是说，我们还没有自觉地把“哲学”作为一门独立的研究对象。但是，我们并不能因此就说“中国没有哲学”。从中国历史上看，中国有着不同于西方哲学的哲学，这点大体上已得到现今许多中外学者的承认，不过我们也得承认正是由于有西方哲学的传入，我们把它作为一个参照系，才逐步使“中国的哲学”由“经学”、“子学”中分离出来而成为一门独立的学科。

最早把西方哲学传入中国、最有影响的学者应该说是严复，他翻译的《天演论》等书，其进化论思想影响了中国几代人的哲学观念，可以说他是介绍西方哲学到中国来的第一功臣。其后，康德哲学、叔本华哲学、尼采哲学、无政府主义思潮、马克思主义、古希腊哲学、实用主义、实在论、黑格尔哲学、分析哲学(罗素等)、维也纳学派哲学

---

① 参见黑格尔：《哲学史讲演录》，97页、119页，北京，商务印书馆，1959。

等等先后进入中国，影响着中国哲学界(这有点像由南北朝到隋唐印度佛教的大小乘经、律、论的各种思潮传入中国的情形)。从20世纪初起，“中国哲学”的建立可以说是从研究“中国哲学”的历史入手的，先是出版了若干种《中国哲学史》，其中可以胡适的《中国哲学史大纲》(英文本原名《先秦名学史》，谢无量的《中国哲学史》出版于1916年，早于胡适的《中国哲学史大纲》，其后有不少《中国哲学史》的书出版，这里不一一列举了)和冯友兰的《中国哲学史》为代表，以证明自先秦以来中国就有自己的哲学。这说明，中国学者自觉地把“中国哲学”从“经学”和“子学”分离出来作为独立的学科进行研究了。这正是在西方哲学输入后的态势，其间又有若干中西哲学比较的书出版，其中最重要的、有代表性的可以说是梁漱溟的《东西文化及其哲学》，它以文化的类型不同来说明中西哲学之间的差异。特别应说明的是，《东西文化及其哲学》可以说是中国学者对五四运动以来“反传统”、“提倡西学”的一次认真的反思。在这本书中，梁漱溟认为中国应引进西方文化与哲学，让“科学与民主”也在中国得到发展，并反复申明：“我们提倡东方文化与旧头脑的拒绝西方文化不同。”在这本书中甚至可以明确地看到他的哲学思想受着柏格森生命哲学的深刻影响。但同时梁漱溟对西方哲学进行了批评，并主张把中国原有的文化精神拿出来，救助当时人类社会遇到的问题。自30年代初起，中国哲学家在吸收西方哲学的基础上，形成了若干现代型的“中国哲学”，先有熊十力和张东荪，后有冯友兰和金岳霖等，还有使马克思主义带有一定中国特色的毛泽东的《实践论》和《矛盾论》等。这些都说明，中国学者(包括个别政治人物)都在努力吸收西方哲学，以建立中国自己的哲学。

熊十力著《新唯识论》只完成了其哲学的“本体论”(境论)部分(在其中也可以看到一定程度上受到柏格森哲学的影响)，但他原计划还要写“认识论”（量论），这点我们可以从他的其他著作中看到他的“量论”的基本思路。他认为，“中国哲学”原来缺乏“认识论”，因此他主张要在中国哲学中创建中国式的认识论，如他说：“吾国学术，风尚体认而轻辨智，其长在是，而短亦伏焉”，故“中西文化，宜互相融合”，“中国诚宜融摄西洋而自广”。① 为此之故，熊十力提出：“余常以哲学为思修交尽之学”，盖因“专尚思辨者，可以睿理智，而以缺乏修为故，则理智终离其本，无可语上达。专重修为者，可以养性智，而以不务思辨故，则性智将遗其用，无可成全德也。是故思修交尽，二智圆融，而后为至人之学。”②可见熊十力是在吸收西方哲学，为创建中国现代哲学而努力。特别是熊十力哲学的“体用不二”、“翕辟成变”等都是沿着《周易》哲学在新时代对中国哲学的重要发展。熊十力开启了现代新儒学，继之者有牟宗三引康德入现代新儒学、唐君毅引黑格尔入现代新儒学，成为传承当今儒学的中坚力量。张东荪提出其“多元认识论”体系和“架构论”学说，他的学说是在吸收新康德学派学说和批判实在论思想基础上，提出的以研究“认识论”为中心的现代型“中国哲学”。张东荪的哲学思路与金岳霖不同：金岳霖哲学是知识论向本体论看齐；张东荪哲学则追求宇宙论向知识论看齐，并否认中国有“本体论”。③ 照我看，他们两位的哲学正体现了中国哲学的两大系：《周易》哲学中的本体论思想和宇宙生成论思想，但都是借助了西方哲学来建构他们的哲学体系。金岳霖是用分析哲学和逻辑实证论的

① 熊十力：《答某生》，见《十力语要初续》（收入《熊十力全集》第五卷，武汉，湖北教育出版社，2001。

② 熊十力：《新唯识论》，见《熊十力全集》第三集，武汉，湖北教育出版社，2001。

③ 参见张耀南：《张东荪》，台湾东大图书公司，1998。

方法来写他的《论道》和《知识论》的，他的哲学的特长体现在借助分析哲学上。从形式上看，他的哲学很不像中国哲学，但就内容上看却可感到他的思想深受儒道两家哲学之影响。例如他以“不存在而有”来说“理”就更加体现其中国式的智慧。冯友兰的《新理学》明确地说，他的哲学不是照着宋明理学讲，而是接着宋明理学讲。他的“接着讲”实际上是把柏拉图的“共相”与“殊相”以及新实在论的思想引入中国哲学，把世界分为“真际”(或称之为“理”，或称之为“太极”)和“实际”，实际的事物依照所以然之理而成为某事物。冯友兰哲学区分“真际”和“实际”，一方面上可接宋明儒的“理一分殊”学说，另一方面又可以把西方哲学“共相”与“殊相”的观点贯穿于中国哲学之中。他的《新知言》更是企图从方法论上调和中西哲学。冯友兰认为西方哲学长于分析(形而上正的方法)，而中国传统哲学则长于直觉(形而上负的方法)，他的“新理学”的方法则是这两种方法的结合。这些都说明三四十年代中国学者在努力借助西方哲学来建立新的“中国哲学”的尝试。同时，汤用彤为证明中国也有其本体论，并有其特殊的哲学方法“得意忘言”而研究了魏晋玄学，为这方面开辟了一新的领域。他为打通由魏晋到隋唐思想发展之线索，效法德国哲学史家蔡勒尔(Zeller)治希腊哲学史的方法写成《汉魏两晋南北朝佛教史》，已成为今日权威之作。而用彤先生早年留美受白璧德新人文主义思想影响，因此他的思想也打上了西学的烙印。在这中间，我们可以看到，有些新的“中国哲学”在中国影响比较大，有些则比较小，例如冯友兰、熊十力两人的哲学影响就比金岳霖、张东荪大，这是因为冯友兰、熊十力都是较好地“接着”中国传统哲学讲的，而金岳霖、张东荪哲学则更加西化一些。但这些学者在创建现代中国哲学中，都注意到中国传统哲学缺乏“认识论”(Epistemology)这个事实，而力图为中国哲学补上这个缺陷，这当然正是受到西方近代哲学影响的结果。如果说，“中国哲学史”的研究参照西方哲学是为了说明有“中国的哲学”，是建立中国哲学的第一步，那么这里说的熊十力、张东荪、冯友兰、金岳霖等的哲学则是在西方哲学冲击下，或深或浅地借助西方哲学，来建立他们的现代中国哲学。我们客观地说，张东荪、金岳霖的哲学不能不说相当深刻，但他们的哲学思想在中国的影响则比不上熊十力和冯友兰。这是为什么？我认为，正是熊十力、冯友兰哲学是较好地接着宋明理学之故，因此他们的哲学更具有中国特色；而张东荪、金岳霖的哲学从方法论上说更重分析，而多少有外在于中国传统哲学之倾向。我们可以看到，熊十力哲学虽然容纳了西方哲学的若干“思辨性”，也较中国传统哲学增加了若干分析成分（其分析成分或更多来自印度佛教的“唯识学”），但它仍然是沿着中国哲学整体性和直觉性的特征发展着。他的后继者或者更多地吸收了西方哲学的理论与方法，但仍然没有离开熊十力开创的路子。冯友兰在运用逻辑分析方面自然比熊十力高明，而且受西方哲学的影响大得多，但如前所说，他的哲学仍属接着宋明理学的“现代中国哲学”。而较多逻辑分析的哲学（如分析哲学、科学哲学）在中国比较难以有较大影响。从这点看，两种不同哲学在相遇后，必然在互动中有着双向选择的问题。但我们同时可以注意到，某些研究西方哲学（或中西哲学同时都研究）的我国学者都曾努力利用中国哲学对西方哲学进行解读（或者说他们在解释西方哲学时多少带有中国特色），这也可以说是一种把西方哲学中国化的尝试吧！可是照我看，学者们企图使西方哲学中国化或者吸收西方哲学而使中国哲学具有现代意义的各种尝试，其努力虽非常可贵，但他们都还不能和隋唐时期形成的中国化的佛教哲学的影响及其意义相比，中国哲学也仍然还未如宋明时期在批判和吸收印度佛教哲学后创造的新儒学理学那样，形成适应中国现代社会以及世界哲学发展形势的要求的“现代中国哲学”。

1949年后，由于中国社会的巨大变化，开始实行“一边倒”的政策，全盘学习苏联。在哲学的教学与研究上，以极“左”思想来批判中国传统文化，发展到“文化大革命”，中国传统文化被全盘否定，这仍可说是一种有着浓厚政治色彩的“中西古今”之争，致使中国哲学出现了断层。“文化大革命”结束之后，由于实行“改革”、“开放”政策，自80年代起，西方哲学各派如潮水一般涌入中国，先是存在主义、尼采哲学，接着是西方马克思主义、现象学、结构主义，以至解构主义、后现代主义和诠释学、符号学等等都被介绍到中国来，这不仅打开了中国哲学界学者的眼界，而且给中国哲学界多角度研究中国哲学提供了十分重要的参照系。这真有点像南北朝到隋唐时期印度佛教大量传入中国一样，再次大大地冲击着中国的哲学界。我认为，这正给中国哲学提供了一个非常有利的发展机会，用一句套话说这对中国哲学既是一次机遇，又是一次挑战。进入21世纪，中国哲学应如何发展？这当然是众多中国哲学家(或者中国哲学工作者)所十分关心的问题，但也是一个“仁者见仁，智者见智”的问题。我认为，再用一句现在时兴的套话：“与世界接轨”。现在中国哲学的发展很可能会像唐朝时期出现众多的中国化的佛教宗派一样，出现若干中国化的西方哲学的流派。例如我们也许应该在学习和消化西方哲学的基础上，形成中国化的存在主义、中国化的现象学、中国化的解构主义、中国化的后现代主义、中国化的诠释学、中国化的符号学，当然还有中国化的马克思主义(包括西方马克思主义)等等。如果中国哲学界真能如此，我想至少对中国哲学的发展有两个方面非常重要的意义：一方面我们不仅是单方面的吸收西方哲学，而是与此同时使中国哲学加入到西方各派哲学之中，这样可以使西方哲学增加若干中国哲学的资源，丰富了西方哲学的视野，并使中国哲学与当今世界哲学的主流接轨。另一方面在创建中国的现象学、诠释学等等之中，提升着中国哲学的内涵，把中国哲学引入到关注世界哲学发展的主潮之中。也许会有人担心，这样会不会使中国哲学不成其为中国哲学，使中国哲学成为西方哲学的附庸？我认为不会的。据《隋书·经籍志》记载，隋朝时“民间佛经，多于六经数十百倍”，中国并没有因此变为佛教国家。更何况正是由于中国哲学受惠于印度佛教，才促使中国哲学大大地发展了，而且是通过佛教的中国化，才形成宋朝以后的新儒学。当然我们在创建中国的现象学、中国的诠释学等等的同时也并不妨碍同时发展不同派别的现代新儒学、或者创建现代新道家。但是，无论现代新儒学或现代新道家都必定是经过西方哲学洗礼的现代中国哲学。中国有长达四五千年的文化根基，它的哲学不会因为受到当前的西方强势哲学冲击而失去自我的，它的生命力应该正是在大力地吸收和融化其他民族和国家的文化中来壮大自己的文化。正因为当今中国是处在一个大的文化转型期，文化上的多元化是必然的趋势，我们应该自觉地走出“中西文化”之争的阶段。

也许人们会问，能否举出例证来证明我的观点。对此我无力作全面的回答，但我想可以举出一两个例子来说明我的观点是可以成立的。我认为，在20世纪末中国最应注意的哲学家是冯契同志。冯契同志是一位马克思主义学者，但他力图在充分吸收中国传统哲学和西方分析哲学的基础上使马克思主义成为中国化的马克思主义。他的《智慧说三篇》可以说是把马克思主义的实践唯物主义辩证法、分析哲学和中国传统哲学结合得较为成功的典范。冯契同志在他的《智慧说三篇导论》中一开头就说：“本篇主旨在讲基于实践的认识过程的辩证法，特别是如何通过‘转识成智’的飞跃，获得关于性与天道的认识。”

冯契同志不是用实践的唯物辩证法去解决“思维与存在何者为第一性”的问题，而用马克思主义辩证法来讨论中国哲学“性与天道”问题(“性与天道”问题主要不是讨论认识论的问题，而是讨论人生境界问题)，而如何获得“性与天道”的认识，又是借用了佛教的“转识成智”，他说：“通过实践基础上的认识世界与认识自己的交互作用，人与自然、性与天道在理论与实践的辩证统一中互相促进，经过凝道而成德、显性以弘道，终于达到转识成智，造成自由的德性，体验到相对中的绝对、有限中的无限。”接着冯契同志用分析哲学的方法，对“经验”、“主体”、“知识”、“智慧”、“道德”等等层层分析，得出如何在“认识世界和认识自己的过程中转识成智”，由此他提出一个非常重要的命题：“化理论为方法，化理论为德性。”他对这个命题的解释说：“哲学理论一方面要化为思想方法，贯彻于自己的活动，自己研究的领域；另一方面又要通过自己的身体力行，化为自己的德行，具体化为有血有肉的人格。”无论“化理论为方法”，还是“化理论为德性”，都离不开实践的辩证法。“化理论为方法”，不仅是取得“知识”的方法，也是取得“智慧”的方法。但“智慧”与“知识”不同，“知识”所及为可名言之域，而“智慧”所达为超名言之域，这就要“转识成智”。而“转识成智”要“凭理性的直觉才能把握”。对此冯契解释说：“哲学的理性的直觉的根本特点，就在于具体生动的领悟到无限的、绝对的东西，这样的领悟是理性思维和德性培养的飞跃。”“理性的直觉”是在逻辑分析基础上经“思辨的综合”而形成的一种飞跃。如果没有逻辑分析，就没有说服力；不在逻辑分析基础上做“思辨的综合”，就不可能为哲学研究提供新的方向。从这里我们可以体会到冯契同志运用逻辑的分析和思辨的结合的深厚功力，正是由于此，实践唯物主义辩证法才具有理论的力量，也说明他研究哲学的目的归根结底是为了用实践唯物辩证法来解决“性与天道”这一古老又常新的中国哲学问题。我认为，只有像冯契这样运用马克思主义哲学研究和解释中国哲学问题，才是创建中国化的马克思主义哲学所必经之路。

这里我还想再举一个例子，这就是自1998年起我提出的“创建中国解释学问题”。我们知道，中国有着比西方更长的解释经典的历史，但是中国却没有建立起一套系统的解释哲学问题的理论与方法。而在西方，解释学主要是由解释《圣经》开始，经过了好几个世纪漫长的酝酿过程到德国哲学家兼神学家施莱尔马赫(Friedrich Schleirmacher，1768～1834)和历史学家兼社会学家狄尔泰(W. Dilthey，1835～1911)才真正成为一种重要的哲学理论体系。这就是说，在西方“解释”成为一种“学”也只有一个多世纪的历史。为什么中国虽有很长的解释经典的历史而没有“中国的解释学”？我认为这里有一个“文化自觉”的问题。因为在西方解释学传入中国之前，我们还没有自觉到要对两千多年来中国对经典解释的各种方法和理论总结起来使之成为一种“学”。一种“学”(理论体系)的建立应该是对其研究的对象有了理论和方法上的自觉，即自觉地把要研究的对象作为“对象”来研究，并能成为社会普遍接受的系统的理论与方法。现在西方解释学传到了我国，这样我们就可以有一个参照系，来考虑创建中国解释学了。我们能否建立起不同于西方解释学的“中国化的解释学”呢？我认为不仅是可能的而且是必要的。这是因为，我国有很长的解释经典的历史，积累了非常丰富的解释经典的资源以及对经典解释的独特的方法和理论，如果我们对之加以系统的整理和总结，定会得到某些不同于西方解释学的理论与方法，这样无疑将会对人类文化，对世界哲学作出重大贡献。当然要创建中国解释学也不是一件很容易的事(现在我国已在多种学科中运用着解释学，但大多是用的西方解释学的理论与方法，也有一些学者在创建中国解释学，但很难说已经得到学术界的公认），我认为在创建中国解释学的过程中，我们也许应做三个方面的努力：①应该很好地研究西方解释经典（特别是解释《圣经》）的历史和施莱尔马赫、狄尔泰创造的西方解释学的理论与方法以及当代西方各流派哲学如何运用解释学和在西方不同哲学流派运用解释学问题上的不同点（争论）。②对有长达两千多年的我国解释经典的历史，我们必须作一系统的梳理，以发掘我国解释经典的某些不同于西方的理论与方法，并使之系统化，成为一种哲学。③研究近年来我国在多种学科中运用西方解释学所取得的成绩，找出西方解释学在解释中国经典时存在的问题。为此，我写了六篇有关研究“创建中国解释学”的论文，就教于学界同人，以期能引起重视，并通过大家的努力创建出有中国特色的解释学，这就是说创建中国化的解释学将不仅丰富“解释学”本身，也是把中国哲学融入世界哲学大潮的一个重要途径。

一个世纪以来的“中西古今”之争应该结束，我们必须看到中国哲学、西方哲学各有所长，而且事实证明目前中西哲学已在对话中相互吸收着。中国哲学因吸收了西方哲学，而正在从“传统”走向“现代”；西方哲学的重要学者（如海德格尔、哈贝马斯、弗朗索瓦·于连、恩巴托·艾柯等等）都先后把目光转向中国，希望从中国哲学中得到某些启示。同时现在人们已经注意人类文化正在走入新的轴心时代，而“新的轴心时代”必定是回顾其文化的源头，传承其文化命脉，会通古今之精华的新时代。中国哲学正在这一中西融合、古今交会的转型期，如前所说它一方面在创建着西方强势文化中国化的种种哲学流派（如中国化的现象学、中国化的解释学等等）；另一方面也在吸收着西方哲学（和其他各民族、各国家的哲学）以更新中国的传统哲学，创造着新的现代中国哲学（如现代新儒学，或者现代新新儒学、现代新道家等等)。展望21世纪，中国哲学必将在“反本开新”上，形成有中国特色的新哲学体系，取得辉煌的成就。“反本”必须对我们的哲学源头有深刻的把握，即如雅斯贝尔斯所说，回顾两千五六百年前那个轴心时代的我们的哲学源头。我们对自己哲学的来源了解得越深入，就越有面对新世纪的强大生命力。“开新”，一方面必须对我们的传统哲学做出新的合乎时代的新解释，另一方面又要利用我们传统哲学的资源来对当前人类社会面临的重大问题创造出新的哲学理论。“反本”和“开新”是不能分割的，只有深入发掘传统哲学的真精神，我们才能适时地开拓出哲学发展的新局面；只有敢于面对当前人类社会存在的新问题，并给以新的哲学解释，才可以使传统哲学的真精神得以发扬和更新，使中国哲学在21世纪的“反本开新”中“重新燃起火焰”。当今中华民族正处在伟大的民族复兴的前夜，我们必须抓住这个时机，走出“中西古今”之争，融会“中西古今”之学，创建出新时代的新的中国哲学。

在中欧文化交流中创建中国现代哲学*

在中国历史上原来没有“哲学”(philosophy)一词，甚至相当多的西方哲学家也不认为中国有“哲学”，例如黑格尔认为中国所有的只是“意见”，“我们在那里尚找不到哲学知识”。① “哲学”(philosophy)一词是日本学者西周(1829～1897)借用汉语“哲”、“学”两字指称源于希腊罗马的哲学学说，中国学者黄遵宪(1848～1905)将这个名称介绍到中国，为中国学术界所接受。“哲学”这一名称虽然被中国学者所接受，但是中国有没有相当于西方那样的“哲学”仍是个问题。去年，在中国大陆还发生了“中国哲学合法性问题”的讨论。

在19世纪末，最早最有影响的将西方哲学输入中国的学者是严复，他翻译了大量的西方哲学著作，特别介绍了

---

* 本文是为在波兰华沙召开的“关于欧洲的走向——不同文明间的对话讨论会”的讲演稿。原会议定在2005年6月18日召开，后因故会议取消，该文发表于《北京大学学报》2005年第5期。

① 黑格尔：《哲学史讲演录》，贺麟等译，97页，北京，商务印书馆，1956。

西方的进化论思想。其后，康德、笛卡尔、叔本华、尼采等也先后被介绍到中国，这就为“中国有无哲学”的问题提供了一个参照系。中国的一些学者发现，中国历史上虽然没有独立的“哲学”(philosophy)这门学科，但在中国的古代经典(如《尚书》、《周易》和《论语》、《老子》、《庄子》等书)中却包含着许多与西方哲学家相似的“哲学思想”和“哲学问题”，甚至有着非常有价值的与西方不同的“哲学思想”与“哲学问题”。然而我们必须承认在西方哲学传入之前，在中国还没有把“哲学”从传统的“经学”和“子学”等中分离出来，将其作为一门独立的学科来进行研究。20 世纪上半叶起，西方哲学思潮如潮水一般地涌入中国，马克思主义、实用主义、实在论、分析哲学、古希腊哲学、19 世纪德国哲学等等都先后进入中国，影响着中国哲学界。既然有了西方哲学作为参照系，那么中国学者就尝试从大量的经典及其注疏、孔子、老子、庄子等等的著作中来梳理出“中国哲学”。最早当然只是一些个别人物或问题的研究，但到 20 世纪初，“中国哲学”的建立可以说是从研究“中国哲学”的历史入手，先后出版了若干种《中国哲学史》，如谢无量的《中国哲学史》(1916)，胡适的《中国哲学史大纲》(原名《先秦名学史》，1915 年到 1917 年写成，1922 年出版)、冯友兰的《中国哲学史》(上卷 1931 年出版，1934 年上、下两卷同时出版)，以证明自先秦以来中国就有自己的哲学。这说明，中国学者自觉地把“哲学”从“经学”、“子学”中分离出来作为独立的学科进行研究了。然而，所有这些哲学史的著作基本上是参照西方哲学的框架建立的。

自 30 年代初起，中国哲学家在吸收和借鉴西方哲学的基础上，利用中国传统思想资源，构建了若干重要的现代型的“中国哲学”，先有熊十力和张东荪，后有冯友兰和金岳霖等。而到 1949 年后，这种构建现代型的“中国哲学”的势头被打断了，与此同时也阻断了中国哲学界对西方哲学进一步研究的机会。一直到80年代，在中国实行改革开放政策之后，西方哲学又再次大量传入，例如存在主义、西方马克思主义、现象学、结构主义、解释主义、后现代主义、诠释学、符号学等等，都被介绍到中国来，这不仅打开了中国哲学界学者的眼界，而且给中国哲学界多视角地研究中国哲学提供了更为广阔的参照系。我们从以上简要的对西方哲学输入中国历史的考察，大体上可以得到以下几点可供讨论的认识：

一、正是由于西方哲学的输入，“中国哲学”才成为一门独立的学科

如上所述，在中国原无“哲学”一词，也就是说“哲学”没有成为一独立的学科，而是中国学者从中国传统文化中的“经学”、“子学”所包含的某些“哲学思想”、“哲学问题”参照西方哲学的框架建构起来的。因此，所谓“中国哲学”在相当长的一个阶段，大体上是从中国文献中找寻出某些“哲学思想”、“哲学问题”的材料，参照西方哲学模式建构的。我们可以看到，例如我们写的《中国哲学史》，从结构到使用的名词、概念大都是来自西方的，例如什么自然观、认识论、价值论、什么唯心论与唯物论、本体论与宇宙论、一元论与二元论（多元论）以及经验与超验、现象与本质、共相与殊相、思维与存在等等，都是借用西方的，并以这些概念来解释中国思想中的某些概念（如“道”、“天”、“心”等等）。西方哲学的洗礼，使得我们的哲学思想、哲学问题比较清楚了，名词概念清楚、明白了，命题清晰了。这无疑是创建“中国哲学”必须走的必要一步，否则“中国哲学”就不可能由传统的“经学”、“子学”分离出来成为一门独立的学科。

到20世纪三四十年代，出现的现代型的“中国哲学”应该说是中

国哲学家企图“接着”而不是“照着”中国传统来讲“中国哲学”。也就是说，中国哲学家要求在吸收或借鉴西方哲学的基础上，使中国哲学由“传统”走向“现代”。因此，所谓接着讲的“中国哲学”是以参照西方哲学为条件，或者说他们企图“会通中西”、以“西学”补“中学”之不足。这里我可以举两个典型例子，一个是熊十力的“新唯识论”，一个是冯友兰的“新理学”。

熊十力的《新唯识论》只完成了他的“境论”部分，所谓“境论”就是西方哲学中的“本体论”(ontology)，熊十力的“本体论”是比较有中国特色的。但他原计划还要写《新唯识论》的“量论”部分，这就是西方哲学中的“认识论”(epistemology)，虽然“量论”没有写成，但在他的其他书中，我们可以大体上知道他要建构的“认识论”的基本架构。他认为，中国传统哲学比较重视“体认”(心的体会认知)，而不注重“思辨”的分析，因此要吸收西方哲学认识论来充实中国传统哲学，所以他希望建立一种把“心的体会认知”和“思辨的分析”相结合的“认识论”。

冯友兰的《新理学》明确地说，他的哲学不是照着宋明理学讲，而是接着宋明理学讲的。他的“接着讲”实际上是把柏拉图的“共相”与“殊相”以及“新实在论”的思想引入中国哲学，把世界分成“真际”(或称之为“理”，或称之为“太极”)和“实际”，实际的事物依照所以然之理而成为某事物。冯友兰哲学区分“真际”与“实际”，一方面可以上接宋明理学的“理一分殊”学说，另一方面又可以把西方哲学“共相”与“殊相”的观点贯穿于中国哲学之中。冯友兰新理学体系中的另一本书叫《新知言》，是讨论哲学方法论问题的，大体上也是讨论“认识论”问题的，他认为西方哲学长于分析(形而上的正的方法)，而中国传统哲学则长于直觉(形而上的负的方法)，他的“新理学”的方法则是两者的结合。

无论熊十力，还是冯友兰，他们都是企图接着中国传统来讲“中国哲学”，但他们的所谓“接着讲”都是以吸收和借鉴西方哲学为前提。这种在会通中西哲学基础上建立现代型的中国哲学的努力在20世纪三四十年代的发展趋势，很可惜由于外在的原因被打断了。

根据以上情况看，无论是对中国传统哲学（中国哲学史）的梳理，或是现代型的“中国哲学”的建构，都离不开西方哲学，都是由于西方哲学的传入引起的。所以我们可以说，“中国哲学”的建立是受惠于西方的。

二、参照西方哲学的模式建构的“中国哲学”可能出现的问题

既为人类，其文明或文化总有其共性；既为不同民族（或国家、地域），其文化或文明总会因其地理的、历史的、甚至某些偶然因素而具有某些特性。西方哲学既然是在西方社会文化环境中产生也必然有其特性；而如果建构中国哲学，它必然也受其民族的社会文化环境的制约，而有其特性。因此，参照西方哲学的模式建构的“中国哲学”一定会出现种种问题，我认为至少有以下两个方面的问题：

第一，相对地会弱化所建构的“中国哲学”应具有的特点，而这些特点应是对“哲学”有其特殊的意义。照我看，西方哲学自古希腊特别是笛卡尔以来注重的是哲学知识体系的建构；而在中国传统中，我们的圣贤们注重的是人生境界的追求。孔子有句话，很可能体现了这一特点，孔子说：“知之者不如好之者，好之者不如乐之者。”人生的最终目的不在取得知识（技能），而是要寻找一个“安身立命”处，即为自己找一个身心内外和谐的精神境界，这也就是宋朝的儒学家所追求的“孔颜乐处”。道家的庄子所追求的更是一种超越自我、超越世俗的逍

遥游的精神境界，即他说的“无我”的境界。中国化的佛教禅宗追求的是在平常生活中自然见道，就像“云在青天水在瓶”那样自自然然，有首禅诗表现了这种顺乎自然的精神境界：“春有百花秋有月，夏有凉风冬有雪。若无闲事挂心头，便是人间好时节。”像中国的儒、道、佛的这种以追求精神境界为目标的有特色的“哲学”在西方大概是比较少的吧！这种以追求精神境界为目标的“哲学”，虽与西方哲学不同，但它的价值对人类社会是无法抹杀的。

中国传统思想也许还有一点与西方不同，那就是长期以“天人合一”、“人我合一”、“身心内外合一”的思想为主导，这和西方哲学史中长期存在的以“主体性哲学原则”和“主体——客体”关系的思维方式有着明显的不同。而如果用这种“主体性原则”和与之相联系“主体——客体”关系的思维模式作一个框架来规范“中国哲学”，必然会使“中国哲学”的特点不能充分显现。而中国的这种“天人合一”、“人我合一”、“内外合一”（这里“合一”是“不相离而相即”的意思）的思维模式正当前西方欧洲大陆哲学（如现象学）强调人与世界融合为一的“互主体性”哲学有着极为相似处。因此，如何使中国传统思想中的这一特点得以凸显出来，不仅对“中国哲学”，而且对西方哲学的发展都是有益的。

第二，中国传统思想中有着丰富的概念，如“天”、“道”、“心”、“性”、“有”、“无”、“气”等等，这些概念都有着其特殊的内涵，而且其内涵是多方面的和多层次的，因此很难从西方哲学中找到相对应的概念。例如“天”至少有三种涵义：①主宰之天（有人格神义）；②自然之天（有自然界义）；③义理之天（有道德义，有超越性义），而且同一哲学家的“天”的概念可以包含着这三种涵义。又如“气”的涵义也至少有三种：①有物质实体义；②有精神（状态）义（如孟子的“浩然之气”、

《管子》中的“精气”)；③有主宰义(如道教的“一气化三清”)。所有这些都很难在西方哲学中找到相应的概念，严格地说有些概念是不能意译，也许音译更好。过分的套用西方哲学概念，会使中国哲学的概念失去其丰富的特殊的涵义。

如果“中国哲学”能不受制于西方哲学框架的限制，能够摆脱不恰当的套用西方哲学中的概念，我认为“中国哲学”必将会对世界的“哲学”作出特殊的贡献。

三、中国哲学今后如何发展

我认为，中国哲学仍然必须认真吸收和借鉴西方哲学，系统地消化西方哲学，特别应注视当前西方哲学发展的新趋势。这是和整个世界走入全球化的时代要求密切相关的。但是，中国哲学要对世界哲学作出重大贡献，也许有两条重要的路径应为我们所重视。

中国文化吸收和融会印度佛教文化有两条可供处理中西哲学之间关系的经验：一是，在中国隋唐时期(公元6世纪至9世纪之间)，形成了若干中国化的佛教派别，这些派别吸收了中国本土的儒、道两家文化之后发展了印度的佛教文化。如果我们今天在研究西方哲学的各种流派时，为它们加入中国的思想以丰富其思想内容，使之更具有普遍性意义，那我们就不只是照着西方哲学讲，而且是接着西方哲学讲，从而对“哲学”作出新的贡献。现在，这样的趋势正在出现，例如不少学者正在试图创建中国诠释学、中国现象学、中国符号学等等。“中国哲学”不应只是“中国的哲学”，而且应成为影响世界哲学进程的哲学。当然，我们还可以如20世纪三四十年代的现代型的“中国哲学”那样接着讲，也就是说不仅接着孔子、孟子、朱熹、王阳明讲“中国哲学”，而且接着熊十力、冯友兰等讲“中国哲学”，这种现代型“中国哲学”正是因较好地吸收和借鉴了西方哲学而形成。今天“中国哲学”要对世界“哲学”发生重大影响必须立足中国自身的传统，又充分吸收和借鉴当前西方哲学的新成果来影响世界的哲学界，使“中国哲学”具有世界性的重大意义。二是，在中国，我们对印度佛教哲学的名词概念进行翻译时，有些印度佛教哲学的重要名词概念往往采取音译的办法，例如“般若”、“涅槃”都是音译，经过一段时间这些音译的名词概念就成为中国自身的名词概念了，大家习以为常，都能了解其涵义。所以唐朝玄奘法师建立了翻译佛典的“五不翻”原则，只作音译，而不作意译，而且用注解的办法对所音译的名词概念加以解释。因此，我认为，对中国哲学中的特殊的名词概念也不必套用西方哲学的名词概念，在翻译中一些较为特殊的概念可以采用音译并加以注释的办法，这样才能真正保存中国哲学的丰富性及其特点，才能对世界的“哲学”有特殊的贡献。

在西方哲学冲击下的中国现代哲学

一

在 21 世纪，中国现代哲学应该如何发展？这是中国哲学家和哲学工作者应该考虑的问题。对这个问题我们必须有一个自觉的意识，了解我们应该做什么，并把它作为应该承担的责任。我认为，中国哲学家或哲学工作者的哲学研究，对历史上的哲学、对现实存在的哲学问题不应该只是“照着”传统中国哲学讲，而应该是“接着”中国传统哲学、甚至应该“接着”西方哲学讲。“照着讲”和“接着讲”的问题，是冯友兰先生提出来的，他认为他的“新理学”不是“照着”宋明理学讲，而是“接着”宋明理学讲。其实，中外所有伟大的哲学家对他们前辈哲学家的“哲学”都不是“照着讲”而是“接着讲”。宋明理学是经过与印度佛教文化的冲突之后接着先秦孔孟以来的儒学讲的“新儒学”；魏晋玄学是经过汉朝儒道的解释而接着先秦哲学讲的。西方也是如此，亚里士多德哲学是接着柏拉图讲的。那么在进入 21 世纪，中国哲学应该如何接着前此的中国哲学讲呢？我认为，一个多世纪以来，“中国哲学”是在西方哲学的冲击下才逐渐建立起来的，因此，“中国哲学”的任何一个“接着讲”的方面都是和西方哲学(包括马克思主义哲学)的传入(冲击)分不开的。

中国现代哲学的建构至少有三个重要的“接着讲”的路径：一是接着中国传统哲学讲；二是接着西方某种哲学讲；三是接着马克思主义哲学讲。中国现代哲学既可以“接着”中国传统哲学讲，也可以在消化西方哲学的情况下，“接着”西方某哲学派别讲，而使之成为中国化的西方哲学派别。“中国现代哲学”是在西方哲学的传入后，经过众多学者利用和借鉴西方哲学而成为独立哲学学科的。特别是马克思主义哲学近一个世纪以来在中国发生着特殊的重大影响，这是我们不得不考虑的现实。一个民族、一个国家必须把自己的“哲学”作为其民族、国家生存发展的精神支柱。接着中国传统哲学讲，应是建立中国现代哲学，使中国哲学从传统走向现代的路径。接着西方哲学和马克思主义哲学讲，就必须使它们中国化，站在中国传统和现实的基础上面向世界，解决我们自身和世界所遇到的哲学问题。中国现代哲学必须适时地“接着”中外哲学家已有的成果讲，这样才有生命力，才能对中华民族的复兴、建设“和谐社会”和全人类作出贡献。

二

首先，“中国哲学”是在西方哲学传入之后才作为一门独立的学科建立起来。在中国历史上原来没有“哲学”(philosophy)一词，“哲学”一词是日本学者西周(1829～1897)借用汉字“哲”、“学”两字指称源于古希腊罗马的哲学(philosophy)学说。中国学者黄遵宪(1848～1905)将这个名称介绍到中国来，为中国学术界所接受。在西方哲学传入之后，中国学者就发现，在中国思想文化中虽然没有一门独立的“哲学”

学科，但在中国的古代经典中却包括丰富的“哲学思想”和“哲学问题”，甚至有着非常有价值的与西方哲学不同的“哲学思想”与“哲学问题”。然而我们必须承认，在西方哲学传入之前，在中国还没有把“哲学”从传统的“经学”、“子学”等等中分离出来，使之成为一门独立的学科。从20世纪初起，西方哲学如潮水一般地涌入中国，进化论思想、马克思主义、实用主义，实在论，分析哲学、古希腊哲学、尼采哲学等等都先后进入中国，影响着中国学术界。既然有了西方哲学作为参照系，那么中国学者就尝试从中国的大量经典及其注疏、孔子、老子、孟子、庄子、程朱陆王等等的著作中梳理出“中国哲学”。最早大体上是一些个别人物或问题的研究。但到20世纪初，“中国哲学”的建立可以说是从研究“中国哲学史”入手的，先后出版了若干种《中国哲学史》，其中重要的有谢无量的《中国哲学史》(1916)，胡适的《中国哲学史大纲》(原名《先秦名学史》，1915～1917年写成，1922年正式出版)，冯友兰的《中国哲学史》(上卷1931年出版，1934年上、下两卷同时出版)，以证明自先秦以来中国就有“哲学”。这说明，中国学者自觉地把“哲学”从传统的学术思想中分离出来，作为独立的学科进行研究了。

自20世纪30年代初(或从20年代末)，中国哲学家在吸收和借鉴西方哲学的基础上，利用中国传统的思想资源，企图建构现代型的“中国哲学”，其中重要的学者，先有张东荪、熊十力、梁漱溟，后有冯友兰、金岳霖、贺麟等等。至1949年后，这种构建现代型的“中国哲学”的势头被打断，代之以“一边倒”的“全盘苏化”，而使中国哲学走了一条弯路，大大影响了现代型的“中国哲学”的建构和发展。一直到80年代，在中国实行改革开放政策之后，西方哲学再次大量地传入，例如存在主义、尼采哲学、西方马克思主义、现象学、结构主义、解构主义，后现代主义、解释学、符号学等等，都被介绍到中国来了。这不仅打开了中国哲学界学者的眼界，而且给中国学者多视角地研究中国哲学提供了更为广阔的参照系。

三

20世纪的三四十年代，在中国哲学界有少数学者，他们不仅具有深厚的中国传统文化的基础，而且对西方当时的哲学有了较多的了解，他们或多或少地参照西方哲学构建了现代型的“中国哲学”，这是中国哲学家企图“接着”中国传统哲学讲，而不是“照着”中国传统哲学讲的极有意义的尝试。也就是说，中国哲学家要在吸收西方哲学的基础上，使中国哲学从“传统”走向“现代”。因此，所谓接着讲“中国哲学”，是以参照西方哲学为条件，或者说他们企图“会通中西”、以“西学”补“中学”之不足。这里我想举几个例子来加以说明。

熊十力的《新唯识论》只完成了他的“境论”部分。所谓“境论”大体上相当于西方哲学的“本体论”(ontology)，熊十力的“本体论”是比较有中国特色的。但他原计划还要写《新唯识论》的“量论”，这大体上是参考了西方哲学认识论(epistemology)方面的问题。他认为，中国传统哲学比较注重“体会”(心的体会认知，甚至要包含“身体力行”的意思)，而不注重“思辨”的分析，因此要吸收西方认识论来充实中国传统哲学，所以他希望建立一种把“心的体会认知”和“思辨的分析”相结合的“思修交尽”的“认识论”。这里可以看出，无论熊十力的“本体论”(ontology)，还是他企图建立的“思修交尽”的“认识论”(epistemology)无疑都是受到西方影响的。从熊十力与张东荪讨论中西哲学之异同，我们可以看出，熊十力认为中国新哲学之产生“必须治本国哲学与治西洋哲学者共同努力，彼此热诚谦虚，各尽所长，互相观摩，毋相攻伐；互相尊重，毋相轻鄙，务期各尽所长，然后有新哲学之望。”①

冯友兰在《新理学》中明确地说，他的哲学不只是照着宋明理学讲，而且是接着宋明理学讲的，他的“接着讲”实际上是把柏拉图的“共相”、“殊相”和“新实在论”的思想（如“潜存”的观念）引入中国哲学，把世界分成“真际”和“实际”，实际的事物依照所以然之理而成为某事物。因此，“新理学”一方面可上接宋明理学的“理一分殊”的学说，另一方面又可以把西方哲学中关于“共相”和“殊相”的理论贯穿于中国哲学之中。冯友兰哲学的意义正在于他用西方哲学的某些思想来分析中国哲学。冯友兰为了应对维也纳学派洪谦对他的“新理学”形而上学的批评，写了一本书《新知言》企图从方法论上调和中西哲学。他认为，西方哲学长于分析（形而上的正的方法），中国哲学则长于直觉（形而上的负的方法），他用以建立“新理学”形而上体系的方法是两种方法的结合。这就是说，“新理学”不仅是接着中国哲学讲，而且也是接着西方哲学讲。这里我们不是要讨论冯友兰的说法是否对，而是要说明20世纪中叶以来中国某些哲学家在西方哲学冲击下，不断吸收和借鉴西方哲学的理论与方法，使中国哲学从传统走向现代，以便实现中国哲学的现代转型。

贺麟《文化与人生》中有一篇可注意的文章《儒家思想的新开展》，文中说：“西洋文化学术大规模的无选择的输入，又是使儒家思想得到新发展的一大动力。”②这个看法很可能是三四十年代中国哲学界较为普遍的看法。贺麟如何借助西方哲学而使得儒家思想有一新开展

① 《十力语要·答张东荪》，见《熊十力全集》第四卷，105页，武汉，湖北教育出版社，2001。

② 贺麟：《文化与人生》，北京，商务印书馆，1988。

呢？他认为不必采取时髦的办法去科学化儒家思想，但可以从三个方面求得儒家思想的新开展：①必须以西洋的哲学发挥儒家理学（此“理学”指“性理之学”）。由于中国传统儒家哲学特别重视的是道德精神的建构，而并非一种注重学说知识体系建构的哲学，因此缺乏严格的论证，条理也不甚清楚，如能汇合融贯、吸收借鉴西洋哲学，“使儒家的哲学内容更为丰富，体系更为严谨，条理更为清楚，不仅可作道德可能的理论基础，且可奠定科学可能的理论基础。”②必须吸收基督教的精华以充实儒家的礼教。贺麟认为，儒家的礼教本富于宗教的仪式与精神，而究竟以人伦道德为中心。盖中国传统中本有“祀天”、“祀社稷”、“祀祖先”，且孔子提出要对“天”有所敬畏，这些都说明儒家思想虽非如西方基督教一样的宗教，但它却有着很强的宗教性。如果能吸收基督教所具有的“精诚信仰”、“超脱尘世”、“以宗教精神为体，物质文明为用”等等方面，或将使儒家思想的宗教性方面更为凸显，将使儒家的礼教的宗教精神得以更为完满的发挥。③须领略西洋的艺术以发扬儒家的诗教。贺麟认为，儒家特别重视诗教、乐教，确具深识远见。但因《乐经》佚失，乐教中衰，诗教亦式微。虽诗歌与音乐为艺术最高者，但其艺术的其他部类，如建筑、雕刻、绘画、小说、戏剧，皆可以发扬无尽藏的美的价值。因此，他主张吸纳西方艺术而使新诗教、新乐教、新艺术与新儒学一起复兴。为什么贺麟要从这三个方面来讨论“儒家思想的新开展”，而儒家思想可以开展的方面当然不止于此，我想这正是因为西方哲学一向重视“真”、“善”、“美”问题的讨论，而上述贺麟正是把儒家思想从“真”、“善”、“美”三个方面来讨论。贺麟先生在他的《中国哲学与西方哲学》一文中说：“今后中国哲学的新发展，有赖于对西洋哲学的吸收与融会，同时中国哲学家也有复兴中国文化、发扬中国哲学，以贡献于全世界人类的责任。”①

三四十年代，我国哲学界在利用西方哲学对中国哲学进行整理和研究，以期使中国哲学由“传统”走向“现代”，建立若干个现代型的“中国哲学”，这就给我们提供了两点可以特别注意之处：一是今后我们研究中国哲学必须继续借鉴西方哲学；二是我们必须十分重视三、四十年代以来张东荪、熊十力、梁漱溟、冯友兰、金岳霖、贺麟等等对创建现代型“中国哲学”所做出的成果，总之一句话我们对中国传统哲学不能只是“照着讲”而必须“接着讲”，特别是应该重视“接着”三四十年代以来中国哲学所取得的成就来讲“中国哲学”。

四

西方哲学大规模地传入中国至少也有一百多年了，而且众多的西方哲学流派都对中国哲学和中国文化发生过重大影响。那么到今天，我们有没有可能“接着”西方哲学来讨论哲学问题呢？在这里，我想粗略谈一点印度佛教传入中国而中国“接着讲”印度佛教的经验。印度佛教传入中国经过六、七百年到隋唐时期，在中国出现了若干佛教宗派：有唯识、天台、华严、禅宗等等。由玄奘大师提倡的“唯识学”，但此学太印度化，名相之多，分析之细，为中国思想文化之传统较难接受，在流行了三十余年后就告中竭。我想，就是因为玄奘的“唯识学”(“唯识宗”)基本上是“照着”印度佛教讲，而不是“接着”印度佛教讲的缘故。然而中国化的佛教宗派天台、华严、禅宗等则广为流行，其中以禅宗最有影响。我们说这些佛教宗派是中国化的佛教是因为它们吸收了中国文化的某些思想因素，而对印度佛教有所发展。当时天

① 贺麟：《哲学与哲学史论文集》，127页，北京，商务印书馆，1990。

台、华严、禅宗讨论的重要问题之一是“心性”问题。这个问题当然和涅槃佛性问题有关，但是也与中国传统儒家的“心性问题”有关。天台宗有“一心具万法”之说；华严宗有融“佛性”于“真心”之论；禅宗则更认为“佛性”即人之“本心”(本性)。而天台甚至吸收了某些道教的炼养功夫，至于华严、禅宗无论在内容和方法上都与老庄思想有着千丝万缕的联系。这就是说外来文化传到中国后，可以因加入了中国思想文化的因素，自身得到发展，而成为中国化的思想学说。就这个意义上说，也是一种“接着讲”的形式。正是由于在隋唐时期，中国佛教不仅是“照着”印度佛教讲，而是“接着”印度佛教讲，形成了中国化的佛教宗派，至宋才出现了“出入于佛老”、反回先秦孔孟的“新儒学”。这样一个发展过程，对思考西方思想文化的传入我国应有一定的借鉴作用，正如贺麟所说：“一如印度文化的输入，在历史上曾经展开了一个新儒家运动一样，西洋文化的输入，无疑亦将大大地促进儒家思想的新开展。”①

关于西方哲学各派学说是否也可以加入中国哲学中的某些因素，或者借鉴西方某派哲学创建与之相当的中国哲学派别？根据上述佛教中国化的经验，我认为也许是可能的。这里我也想举几个例子来说明。

张东荪(1886～1973)是向中国学术界介绍西方哲学的最早的学者之一。熊十力先生对西方哲学的知识许多是来自张东荪。张东荪企图为中国哲学建立一个知识论体系②，贺麟在谈到张东荪的“多元认识

① 贺麟：《文化与人生》，6页，北京，商务印书馆，1988。

② 参见汤一介为张耀南著《张东荪知识论研究》写的“序”，台北，洪叶文化事业有限公司，1995。

论”时，认为“这大概要算中国治西洋哲学者企图建立系统的最初尝试”。① 我们虽然不能说张东荪的“多元认识论”已经很系统、很成熟，而且对“认识论”(epistemology)已有重要贡献。但我们已可看出，他企图把中国传统思想的某些特别的观念引入“认识论”之中，例如他用“内在关系”去解释“知识”问题，不是以“主—客”二分为架构，而是以中国式的“主—客”相即不离为基点。张东荪的“内在关系”说和新黑格尔学派的布莱得烈(F. H. Bradley)颇有关系，但实与我国之传统思想“物我合一”之说更相近。② 张东荪的“多元认识论”又以所谓“间接呈现说”和“非写真说”而与他所接受的当时西方流行的批判实在论(critical realism)不同。批判实在论主张外物的独立性，认为此独立性与认知活动无关，张东荪对此提出批评，他认为纯粹的独立性并不存在；批判实在论只主张知觉内容与外物自体的二而非一，从而构成“认识论上的两元论”，而张东荪更进一步认为如果知觉内容与外物自体是二而非一，那么感觉、知觉、概念、外在者等知识之“元”，其实都是二而非一，都是不可还原，不可归并的，从而可以在知识之两元的基础上，建构起他的“知识之多元论”。可见张东荪在吸收西方各家学说，又企图从中发展出他自己的见解。③ 这是不是也可以说是一种“接着”西方哲学讲的尝试？

关于金岳霖哲学是“旧瓶装新酒”还是“新瓶装新酒”，在中国学术界有着不同的看法。有的学者认为：“金岳霖《论道》这本书完全是依傍西方哲学的观念来写的。所谓‘元学’，其要旨在于建立一个纯粹理

① 贺麟：《当代中国哲学》，30页，北京，胜利出版公司，1947。

② 参见拙作《儒学的现代意义》一文，2006年7月28日在日本关西大学获名誉博士学位的讲稿。

③ 参见张耀南：《张东荪》，208～209页，台湾，东大图书公司，1998。

论的世界。既为纯粹理论的世界，又要兼顾现实世界，这是自柏拉图以来西方哲学一向存在的二元论的困境。金岳霖《论道》的绪论中试图解除这个困境，但是结果表明，他自己也陷入了这个困境中。”①照这个看法，可以说金岳霖的《论道》是企图解决自柏拉图以来把“理论世界”和“现实世界”二重化的问题，而他企图解决这个难题，这从一个方面说也是“接着”西方哲学讲的一种思路。（其实熊十力在他的《体用论》中批评了西方哲学把“本体”（实体）与现象分为两个世界的观点，如他说：“西哲以现象为变异，本体为真实，其失与佛法等。”按熊十力认为，佛教以“不生不灭、无为，为一重世界，生灭、有为，是另一重世界。”熊十力认为“本体”与“现象”不可分割为二，意谓离用无体，不可于用外求体，这正是中国哲学的一重要观点了。）胡军教授在他的《道与真——金岳霖哲学思想研究》中也说：金岳霖的“很多哲学问题都是直接从批判休谟哲学出发的，如他的形而上学体系就是主要用来解决休谟的因果问题或归纳问题的。”②并说：“金岳霖是在继承罗素、刘易斯等人的有关理论的基础上进一步推进了先验性的理论，并进而以先天命题和先验命题来建构其形而上学思想体系。”③但是，我们是否能说金岳霖建构他的哲学的目的只是为了解决西方哲学的问题？《道与真》的作者认为，金岳霖与《论道》是“他竭力要把作为中国文化象征的道内化于自己的思想与生命之中”。④ 我认为也许应该这样理解金岳霖哲学的。这真有点像禅宗，它所论的问题从形式上看全

① 俞宣孟：《移花接木难成活——评金岳霖的〈论道〉》，刊于上海《学术月刊》2005 年第 9 期。

② 《道与真——金岳霖哲学思想研究》，6 页，北京，人民出版社，2006。

③ 同上书，59 页。

④ 同上书，9 页。

是佛教的，但它的精神却是中国的。[①] 当然关于金岳霖哲学无论如何是很复杂的，应该更深入地讨论。

也许比较能说明中国学者企图“接着”西方哲学讲的较有意义的例子是，中国学者正在努力建构中国“解释学”（Hermeneutics）的问题。我曾于1998年提出创建“中国解释学问题”，在其前后已有一些学者做出过参照西方解释学创建中国解释学的尝试，如傅伟勋的“创造的诠释学”引入了《老子》、《大乘起信论》、《坛经》等思想内容；成中英的“本体诠释学”根据中国的《周易》理论，特别重视诠释“本体”的意蕴，他认为中国哲学讲的“本体”是动态的“自本体”，不同于西方哲学讲的“本体”是静态的“对本体”。黄俊杰以孟子思想为中心，通过《孟子》的个案研究揭示中国哲学诠释的某些特点。我主要是基于中国有很长的解释经典的传统，认为对此传统进行梳理可能会得出某些不同于西方解释学的理论与方法，并且对先秦诸子不同类型的经典解释作了初步分析。也许我们还不能说，中国学者的努力已经建成了一种或几种成熟的“中国化的当代解释学”的模式，但是，利用中国解释经典的资源，借鉴、吸收、消化西方解释学无疑是创建“中国化的解释学”所应该尝试的。[②] 当然，还有中国学者在为建构中国的“符号学”和“现象学”而努力，如龚鹏程的《文化符号学导论》[③]和康中乾的《有无之辨——魏晋玄学本体思想再解读》。[④]

---

① 参见拙作《中国现代哲学的三个“接着讲”》，原刊于《世界文化的东亚视角》，北京，北京大学出版社，2004。

② 同上。

③ 《文化符号学导论》，北京大学出版社，2005。此书有我写的“序”，提到“中国符号学”问题。

④ 《有无之辨——魏晋玄学本体思想再解读》，北京，人民出版社，2003。此书有我写的“序”，提到“中国现象学”问题。

当然，我们现在也许还没有达到隋唐时期，如天台、华严、禅宗“接着”印度佛教讲的水平，但我们可以预期，把中国思想文化的资源加入到西方哲学中，这也是我们当代中国学者应该努力尝试的重要方面。唯有如此，我们才可以使中国哲学不仅是中国的，而且是世界的。

五

马克思主义哲学是西方哲学中的重要的一支，当前对西方哲学的许多流派仍然有着深刻的影响。近百年来，马克思主义曾对中国社会和中国学术文化起过而且仍然起着巨大的作用。但是不可否认，在一段时间由于在我国的学术思想界有更大影响的是由苏联传入的列宁斯大林主义，因而使我国学术思想界出现了极“左”的教条主义思想。我们没有能很好地根据中国的历史和现实来“接着”马克思主义来讲中国哲学，而是照搬苏联教科书的“理论”，在哲学界最主要的是把日丹诺夫的《在西方哲学史座谈会上的讲话》奉为经典，这样不仅全盘否定了孔孟老庄等等以来的中国哲学家，而且打断了 20 世纪三四十年代一批中国哲学家建构现代型的中国哲学的努力。即使在这种情况下，我们也还有一些学者在创建中国化的马克思主义哲学上做出了贡献。这里我主要打算介绍冯契同志在这个方面的贡献。

已故的冯契同志是一位有创造性的马克思主义者，他力图在充分吸收和融合中国传统哲学和西方分析哲学的基础上使马克思主义哲学成为中国化的马克思主义哲学。他的《智慧说三篇》可以说是把马克思主义的实践唯物辩证法、西方的分析哲学和中国传统哲学较好结合起来的尝试。冯契同志在他的《智慧说三篇·导论》中一开头就说：“本篇主旨在讲基于实践的认识过程的辩证法，特别是如何通过‘转识成智'的飞跃，获得关于性与天道的认识。"冯契同志不是要用实践的唯物主义辩证法去解决西方哲学的基本问题，而是要用实践的唯物主义辩证法解决中国哲学的"性与天道"，他说："通过实践基础上的认识世界与认识自己的交互作用，人与自然、性与天道在理论与实践的辩证统一中互相促进，经过凝道而成德、显性以弘道，终于达到转识成智，造就了自由的德性，体验到相对中的绝对、有限中的无限。"接着冯契同志用分析哲学的方法，对"经验"、"主体"、"知识"、"智慧"、"道德"等等层层分析，得出如何在"认识世界和认识自己的过程中转识成智"(我认为，冯契同志把"认识世界"和"认识自己"看成是同一过程，这无疑是中国式的思维方式)，由此他提出一个非常重要的命题："化理论为方法，化理论为德性。"(按：马克思主义哲学一向认为"理论"和"方法"是统一的，而中国哲学一向认为"理论"与"德性"是统一的，而冯契同志要求把"理论"、"方法"和"德性"三者统一起来)他对这个命题解释是："哲学理论一方面要化为思想方法，贯彻于自己的活动，自己研究的领域；另一方面又要通过自己的身体力行，化为自己的德行，具体化为有血有肉的人格。"照冯契同志看，无论"化理论为方法"，还是"化理论为德性"都离不开实践的唯物辩证法。"化理论为方法"，不仅是取得"知识"的方法，也是取得"智慧"的方法。"智慧"与"知识"不同，"知识"所及为可名言之域，而"智慧"所达为超名言之域，这就要"转识成智"。而"转识成智"，是要"凭理性的直觉才能把握"。对此冯契同志解释说："哲学的理性的直觉的根本特点，就在于具体生动的领悟到无限的、绝对的东西，这样的领悟是理性思维和德性培养的飞跃。"(按：这有点像熊十力先生所提出的希望建立的"思修交尽"的"量论")"理性的直觉"是在逻辑分析基础上的"思辨的综合"而形成的一种飞跃。如果没有逻辑的分析，就没有说服力；如果不在逻辑基础上作“思辨的综合”，就不可能为哲学研究提供新的方面，开辟新的道路。从这里我们可以体会到冯契同志运用逻辑的分析和思辨的综合的深厚功力。正是由于此，实践唯物辩证法才具有理论的力量，也说明他研究哲学的目的归根结底是为了用实践唯物辩证法来解决“性与天道”(按：也可以说是“天人关系”的问题)这一古老又常新的中国哲学问题。我认为，只有像冯契同志这样运用马克思主义的实践唯物辩证法研究和解释中国哲学问题，才是创建中国化的马克思主义哲学的必由之路，也就是说冯契同志不仅“照着讲”马克思主义哲学，而且是“接着讲”马克思主义哲学。这是因为他把中国哲学思想和中国哲学问题引入了马克思主义哲学之故。①

六

根据上面的分析，无论是对中国传统哲学(中国哲学史)的梳理，或是现代型“中国哲学”的建构，都离不开西方哲学，都是由于西方哲学的传入引起的。所以我们可以说“中国哲学”的建立受惠于西方。

但是，既为人类，就有共同遇到的问题，因此其文明(文化)总有其共性；既为不同的民族(国家、地域)，其文明(文化)总会因地理的、历史的、人种的、甚至某些偶然的因素而具有某些特性。西方哲学既然是在西方社会文化环境中产生，必然有着不同于其他民族文明(文化)的特性；而如果建构现代型的“中国哲学”，它必然也受着中国长达五千年的社会文化的制约，而有其不同于西方哲学的特性。因此，在我们建构现代型的“中国哲学”的时候，一方面必须以西方哲学

---

① 参见拙作《读冯契同志〈智慧说三篇·导论〉》，上海《学术月刊》1998年增刊。

为参照系，另一方面又必须深入地发掘和创造性地阐释“中国传统哲学”的特殊意义。我有一个想法是否正确，现提出请大家批评讨论。一般地说，大家都认为“哲学”是讨论“宇宙人生”的根本问题，然而从什么角度讨论这个根本问题，讨论此根本问题又企图达到一个什么目的，也许各个不同民族文化的哲学趋向或有不同。早在 20 世纪 20 年代初梁漱溟就提出的“文化类型说”虽不甚成熟，但其“文化”有不同类型的观点，作为一种分析文化的“共性”与“个性”的关系问题的方法仍不失为一研究文化问题的重要路径。我们可不可以这样说，西方哲学自古希腊到近代特别是笛卡尔以来，其主要哲学家注重的是哲学知识体系的建构；而在中国传统文化中，我们的圣贤们对“哲学问题”的考虑却重在人生境界的追求。①

孔子有句话很可能体现了“中国哲学”的特点。孔子说：“知之者，不如好之者，好之者不如乐之者。”人生的终极目的不在于取得“知识”（技能），而是要为自己找个“安身立命”处。道家的老庄所追求的是“自然无为”、“逍遥游放”，超越自我、超越世俗的人生境界，甚至认为向外追求“知识”是不可取的。中国化的佛教禅宗所追求的“成佛之道”，不是“向心外觅”，而是希求在平常生活中自然见道，如“云在青天水在瓶”一样自自然然、平平常常，一切向外追求，如念经、拜佛、坐禅等等都是“障道”。像中国传统文化中的儒、道、释的这种以追求内在精神境界为终极目标的“哲学”，在西方哲学中我不敢说没有，但

---

① 张东荪早已有此看法，他说：“西方人所求的是知识，而东方人所求的是修养。换言之，即西方人把学问当作知识，而东方人把学问当作修养，这是一个很可注意的异点。”熊十力也同意张东荪的看法，他说：“从大体说来，西方毕竟偏于知识的路向，而距东方哲人所说修养，不啻万里矣。”均见《十力语要》，《熊十力全集》第四卷，106 页、109 页，武汉，湖北教育出版社，2001。

终不是西方哲学的主流吧！这种以追求内在的精神境界为终极目标的“哲学”，虽与西方哲学很不相同，但它的价值对人类社会是无法抹杀的。

关于中国有无“哲学”以及“中国哲学”与西方哲学的不同在近百年中已有过不少讨论。这个问题也许还会长期讨论下去。下面我想再谈一些我的想法。

贺麟先生在《知行合一新论》中提出一个重要问题，他说：“王阳明之提出知行合一说，目的在为道德修养，或致良知的功夫，建立理论的基础。”又说：“不批评地研究知行问题，而直谈道德，所得必为武断的伦理学(Dogmatic ethics)。因为道德学研究行为的准则，善的概念，若不研究与行为相关的知识，与善相关的真，当然会陷于无本的独断。”①因此，他提出必须“打破那不探究道德的知识基础的武断的道德。”这里，贺麟虽然只是讨论王阳明的“知行合一”问题，但对我们了解“中国哲学”的其他方面的问题(如“本体论”、“人性论”等等)是很有启发性的。“中国哲学”虽说其基本趋于向内提高人们的精神境界，但是它也必须有知识基础。下面我打算举“天人合一”这个命题为例子来说明贺先生提出的问题的意义。

“天人关系”问题是中国传统哲学中讨论的基本问题，② 而“天人合一”则是中国传统哲学中儒家对宇宙人生的基本看法。如果把“天人合一”作为一个哲学命题，也许要对以下的问题作知识性的分析；①“天”和“人”的含义是什么？在“中国哲学”中“天”至少有三个不同而又

---

① 贺麟：《五十年来的中国哲学》，130页、131页，沈阳，辽宁教育出版社，1989。

② 参见拙作《从中国传统哲学的基本命题看中国哲学的特点》，见《论中国传统文化》，三联书店，1988；拙作《论“天人合一”》，见本书。

相互联系的含意：自然意义之天，义理意义之天，主宰意义之天，那么在不同哲学家的思想里“天人合一”的“天”是哪种意义上的“天”，还是兼有三种意义的“天”，必须做分析；②“合一”是什么意思？朱熹说的“天即人，人即天”是什么意思？这不是说“天”和“人”完全同一，而说“天”与“人”相即不离，即“天离不开人，人也离不开天”，这和西方自柏拉图经过基督教哲学到近代哲学笛卡尔都认为的“精神和物质界是两个平行而彼此独立的世界，研究其中之一能够不牵涉另外一个”（罗素：《西方哲学史》）很不相同。中国哲学认为：研究“天”不能不涉及“人”，研究“人”不能不涉及“天”。所以对“合一”也必须做认真的知识性的分析。③在中国哲学中既然认为“天”与“人”有着相即不离的关系，因此，“人”的意义受到特别重视。“人”不仅应“知天”，而且应“畏天”。“知天”而不“畏天”，就会把“天”看成死物，而不了解“天”乃是有机的、生生不息的刚健大流行。“畏天”而不“知天”，就会把“天”看成外在的神秘力量，而“人”则不能体现“天”的活泼泼的气象。同时，中国的“天人合一”又是立足于“天”与“人”的关系是一“内在关系”，这与把“人”与“天”看成是一种“外在关系”的思路很不相同。而这种“天”与“人”存在着“内在关系”的根据，照中国哲学看是在于“天心”、“人心”皆以“仁”为“心”，所以朱熹说：“仁者”，“在天则盎然生物之心，在人则温然爱人利物之心，包四德而贯四端者也。”如何得到“天心”、“人心”皆“仁”这一观念，我认为是靠智的直觉，即如佛家之“转识成智”。“直觉”是不能由“知识”推理而得到，而是在生活实践中、精神修养中“忽然证道”。它虽不离生活经验、精神修养，但它却超越生活经验、精神修养，直接达到“不思而得”的境界。因此，它是即世间的又是出世间的，它是“无用”之“大用”。由此可见，中国儒家思想虽不是纯粹意义上的宗教（如基督教、佛教），但它却有宗教性。

也许正因为如此，中国儒家思想可以起着某种宗教的功能，如对“天”的崇拜。到此，关于“天人合一”学说就不仅是一种知性的学问，而且是一种精神上的追求，是一种超越自我和世俗“同于天”的精神境界，是中国哲学所具有的“内在超越”的特殊品德的体现。因此，我们可以说儒家思想是一种哲学，但含有宗教性，它兼有宗教功能，而重在精神境界的追求。根据以上的分析，我们可以看出，中国哲学是应先经过知识的分析，然后才能更深刻地揭示其对精神境界追求的特殊的哲学意义，而得到这一认识也是和西方哲学的传入分不开的。这也可以看出，参照西方哲学来创建中国哲学最终反而会凸显中国哲学的特色和价值。

建构现代型的中国哲学在相当长的一个时期仍然必须认真地吸收和借鉴西方哲学，系统地消化西方哲学，特别应注意当前西方哲学发展的趋势。然而今后，我们也许应更加重视对自身的哲学传统的发掘与研究，确立自身文化上的主体性，着力“接着”一个多世纪以来建构现代型中国哲学的势头讲，为中国哲学的发展开拓出一个新的局面。《诗经·大雅·文王》：“周虽旧邦，其命维新。”我们中华民族是一有长达五千年历史文化的古老民族，是一有“海纳百川”胸怀的民族，我们的使命是要使我们的思想文化不断革新，而对全人类做出应有之贡献。

论创建中国解释学问题*

西方的解释学（Hermeneutics）最近十多年来才为我国学术界所重视，众多学者都在运用西方解释学的理论和方法研究中国哲学、宗教、伦理学、社会学、美学、文学、艺术等学科的问题。我们知道，在西方解释问题虽然可以上溯到古希腊，但主要应说是由解释《圣经》开始的，它经过了好几个世纪漫长的酝酿过程到德国哲学家兼神学家施莱尔马赫（Friedrich Schleirmacher，1768～1834）和历史学家兼社会学家狄尔泰（W. Dilthey，1835～1911）才真正成为一种有理论体系的有影响的学科。本文打算讨论两个问题：①能否说中国自古就有"解释学"？②能否从中国历史上对经典的解释找出若干模式？

一

在中国有很长的解释经典的历史，但是能否说中国早已存在一种与西方解释学不同的解释学理论体系呢？我认

* 本篇原载《中国哲学》第25辑，沈阳，辽宁人民出版社，2004。

为大概还不能说中国已经有了不同于西方解释学的中国解释学的理论体系。或者只能说，我们正在试图创建中国解释学，而且也可以说已经取得了若干极有意义的成果。

照我的看法，一种“学”(理论体系)的建立应该是对其研究的对象有了理论和方法上的自觉(即自觉地把它要研究的对象作为“对象”来研究，并运用能为社会普遍所接受的系统的理论与方法)。从西方看，对问题的解释是早已存在着的，例如亚里士多德对柏拉图某些哲学问题的解释、从中世纪就有的大量对《圣经》的解释，也就是说西方有很长的解释《圣经》的历史传统。但直到19世纪后施莱尔马赫和狄尔泰才真正把“解释问题”作为一门理论来研究。这就是说“解释问题”在西方成为一种“学”也只有一个多世纪的历史。一门学科的产生当然在它之前已经有或长或短的“问题积累”、“资料的积累”的历史，这大概只能说是这门学科的“前史”。“比较文学”的建立，人们通常认为是在19世纪才建立成为一门“学”的。我们知道，不仅在西方，在中国“文学的比较”也早就有了，例如《文心雕龙·明诗》中就对诗人作品以及不同时代的诗风作了比较说明，其中有一句说道：“宋初文咏，体有因革，庄老告退，而山水方滋。”这里是比较南北朝与魏晋时诗风的变化，魏晋时诗往往是“玄言诗”，而到宋初(刘宋)时诗风渐变，由“玄言诗”变为“山水诗”，这样诗就更接近“自然”了。[①] 李达三在《比较文学研究之新方向》中说：“作为一门学科而言，‘比较文学’在法国，直到19世纪三四十年代方告成熟。以此而言，在法国或者其他任何地方，安培尔(1800～1864)或威尔曼(1790～1867)可被认为真正构想完

① 参见拙作《论魏晋南北朝时期的文学理论》，见《非实非虚集》，186～187页，北京，华文出版社，1999。

整的‘比较文学之父’。”①在中国把“文学的比较问题”作为一门“学”来研究已是20世纪20年代以后的事了，我们大概不能说“比较文学”作为一门“学”在中国古已有之吧！同样，在中外历史上早有考古发掘（常常都是盗墓）或者古物鉴定等，但根据《中国大百科全书·考古学》上说，西方“考古学”的“萌芽期”约从1760至1840年，而中国的“考古学”是晚到20世纪20年代末才由裴文中、李济等先生建立的。② 我甚至还有一个奇怪的会受到许多人批判的想法，我认为黑格尔说中国没有哲学固然不对（因为中国传统文化中有丰富的“哲学思想”资源），但在西方哲学传入中国之前，在中国却没有把“哲学”从“经学”、“子学”甚至“史学”、“文学”中分离出来作为一门单独的“学科”来进行研究，而“哲学问题”往往是在“经学”或“子学”中来进行研究的。我想，是否可以这样说，在中国传统文化中包含着丰富的“哲学思想”、“哲学问题”，它是包含在“经学”、“子学”等等之中，在中国学术发展史上“文史哲”往往分别不太明确（其实西方古代也有这种情况）。从目前中国学术界的情况看，“中国哲学”（“中国哲学史”）与“中国思想”（“中国思想史”）往往都差不多，因而一些学者觉得写《中国思想史》比写《中国哲学史》好写一点。照我的想法，“哲学”应该是从思考某个（某几个）“哲学问题”出发而形成的一套概念体系，并据概念之间的联系形成若干基本“命题”，并在方法上有着自觉进行理论上的分析与综合而形成的关于宇宙人生的哲学体系。这里也许会有学者提出：“你这样说岂不是认为我们中国的许多学科都是跟着西方学术的屁股后头跑

① 李达三：《比较文学研究之新方向》，107页，台北，联经出版事业公司，1978。

② 参见《中国大百科全书·考古学》，4页、9页，北京，中国大百科全书出版社，1986。

吗?”我的回答是，有些“学科”我们确实先要学人家的，然后才有可能建立我们自己的“有中国特色的××学”(如“中国的比较文学”、“中国的考古学”)等等，并且最终要超过“她们的教师”。我们知道，从印度佛教传入中国的历史看，在南北朝时期我们也是努力了解、学习印度佛教大小乘的经、律、论等等，直到隋唐以后建立了若干中国化的佛教宗派，这样我们才有了真正的与中国本土文化相结合的“中国佛学”，并且大大地发展了印度的佛学。在这里我想再一次引用罗素的一段话：

> 不同文明之间的交流过去已经多次证明是人类文明发展的里程碑。希腊学习埃及，罗马借鉴希腊，阿拉伯参照罗马帝国，中世纪的欧洲又模仿阿拉伯，而文艺复兴时期的欧洲又仿效拜占庭帝国，在这许多交流中，作为“学生”的落后国家最终是超过教师的先进国家，那么中国最后也会超过她们的老师的。①

我引用这段话的意思是说，尽管我国把“文学的比较问题”作为一种“学”来研究，把“经典解释问题”作为一种“学”来研究，晚于西方，但最后有可能超过他们。当然这只是一种可能，还有另外一种可能，我们下面将要讨论到。这里也还得说明一点，并非说中国文化或东方文化中没有值得西方学习的东西，例如儒家思想，特别是孔子的思想

---

① 转引自罗素《一个自由人的崇拜》，胡品清译，北京，时代文艺出版社，1988。译文也参照其他译本作了一些改动。这段文字我在其他几篇文章中都引用过，最近又在《中国文化研究》2000年春之卷再次引用，但往往只引到“而文艺复兴的欧洲又仿效拜占庭”为止，这次多引了后面的几句。

曾对法国的启蒙运动(特别是伏尔泰)发生过重大影响。[①] 而且我相信,“中国医药学”作为一门独立的学科已经对而且将会对世界医药学作出更大贡献。在此我甚至有些感慨,现在我们有不少学者在研究(或写作)“中国哲学史”,但很少有学者在研究(或写作)“中国经学史”。可是,“经学”在中国已有长达两千余年的历史,它早已成为一门独立的学科,并对中国社会各个方面发生广泛影响。这就是说,我们应该重视“经学”的研究。我们对“经学”的研究是不是也会对世界各国学术界发生某些影响呢?对“经学”的研究是不是会对创建中国解释学有帮助呢?

我们再回到讨论“创建中国解释学”本身的问题。我说“创建中国解释学(Hermeneutics)”是基于中国有长期而丰富的“经典注释”的传统,据日本学者林泰辅《论语年谱》所著录,关于《论语》的著作有三千多种,元朝的杜道坚在《道德玄经原旨序》中说:“《道德(经)》八十一章注者三千余家。”注释其他经典之注疏数量当亦可观。虽经历代散失不少,但留存之注释也还是很多很多的。我们应有条件利用这一丰厚的资源来自觉地系统地研究我国对“经典”注释的历史,并创建“中国的解释学”。

但这里必须说明,如果经过我们的努力建立起“中国的解释学”,那也是在西方解释学的影响之下(之后)才有可能的。我在《再论创建中国解释学问题》中,对先秦几种注释经典的类型做了一点分析,用以说明中国有很长的注释经典的历史传统,而且也多少涉及秦汉以后在注释经典方面的若干问题。我这样做的目的,是希望通过对中国经

① 参见孟华:《伏尔泰与孔子》,15页、149页、151页,北京,新华出版社,1993。

典注释的历史作一梳理，看看能否找到某些与西方解释经典相同或不同的原则和方法，并无意由我来创建“中国解释学”。我只是提出这个问题，希望能有更多的学者来考虑。

对是否能创建与西方解释学相当不同的“中国解释学”，我现在并没有十分肯定或否定的意见，也许经过研究会出现下面两种情况：一是在运用西方解释学的理论与方法对中国注释经典的历史（或者中国一些学科的解释问题）作了充分的研究之后，我们发现用西方解释学的理论和方法基本上可以把中国对经典注释的问题弄清；① 另一是，我们在运用西方解释学理论与方法研究中国注释经典的历史（或解释问题）之后，可以把中国的某些并不会影响西方解释学的基本理论与方法吸收到西方解释学之中，使西方解释学有可以解释中国经典的效用，从而也丰富了西方解释学的理论与方法，当然同样也要把其他文化传统中的某些并不会影响西方解释学的基本理论和方法吸收到西方解释学之中，使西方解释学有可以解释他种文化传统经典的效用，从而也丰富了西方解释学的理论和方法。就后一种情况看，我们可以说西方的解释学理论就是普遍的解释学理论，“解释学”就是“解释学”，无所谓东方的西方的。在这两种情况下，似乎都没有必要再创建“有中国特色”的“中国解释学”。但这些都是我的假设，仍然并不妨碍我们朝着创建“中国解释学”方面作种种尝试。为此，我认为，在我们试图创建“中国解释学”的过程中，也许应先作如下的努力：

第一，应该很好地研究西方解释经典（特别是《圣经》）的历史以及施莱尔马赫和狄尔泰的解释学理论和这种理论在西方的发展。就西方

① 当然会有一些枝节问题上的不同，这不妨碍从总体上西方的解释学理论与方法可以相当好地解释中国经典注释问题。

看，实际上现在存在着一种“解释(学)思潮”，在20世纪几乎西方的哲学流派(文学、历史等也是一样)都和“解释学”有关，如现象学、结构主义、解构主义、后现代主义等等，而且因对“解释问题”的不同看法而引起了种种争论。对西方有关解释学的各种流派和他们讨论的问题都应认真研究，如果对西方的解释问题的历史和西方的解释学(甚至当代的西方哲学)没有一个相当程度的了解，那么建立“中国解释学”就没有一个参照系。

第二，中国有很长的解释经典的历史，对此至少有两个方面的事要我们花工夫去做：一是对中国注释经典的历史要作一系统的梳理，如先秦注释经典为什么会有不同的类型？汉朝对经典的注释为什么多采取“章句之学”的方法(不仅对儒家经典如此，就是对《老子》的注释也有这样的情况①)，而到魏晋为之一变，玄学家们则多用“得意忘言”(“寄言出意”)、“辨名析理”等思辨的方法。印度佛教传入中国对“解释”带来了许多新问题，例如两晋时的“格义”、“连类”问题翻译用语的变化问题以及由佛经翻译引起的中国经典解释问题等等，都需要我们进一步深入研究。当然，我们还要去探讨解释经典变化之因，这无疑和历代中国思潮之变迁有着密切的关系。二是中国对经典的注释有“传”、“记”、“说”、“解”、“注”、“笺”、“疏”等等之不同，我们如何清楚明白地把这些不同的注释的来龙去脉解释清楚。又，在中国对经典的注释中常常要运用“训诂学”、“文字学”、“考据学”、“音韵学”、“版本学”、“目录学”等等，还有什么“通假”，“形似”之类等等，这些在解释经典中应给什么样的定位，大概也是不能为我们忽视的。

第三，近年来，在中国多种学科中都运用了西方解释学的理论与

① 例如有河上公《老子道德经章句》。

方法，取得了一定的成绩，可以说在中国也和西方一样有着一种“解释思潮”，例如“比较文学”、“考古学”、“社会学”、“历史学”、“哲学”等等都在运用西方解释学理论研究中国的文化各个方面。这就像哲学这门学科，在20世纪，中国哲学家大多或多或少都是运用西方哲学的理论与方法来分析中国哲学。照我看，新的现代中国哲学的建立是离不开西方哲学的，现代中国哲学必定是经过西方哲学的冲击洗礼，经过“改造”(或新的解释)才有可能从“传统”走向“现代”，发展成为适应中国(作为世界一部分的中国)现代社会生活要求的“中国哲学”。因此，要创建“中国解释学”大概先要运用西方解释学理论来研究一番中国解释问题。据我所知，现在不少学者已经用西方解释学理论，并参照中国自先秦以来对经典注释的方法或某些原则，在研究中国的解释问题方面取得了可喜的成绩，例如钱钟书先生的《管锥编》，成中英教授的《本体与诠释》，德国海德堡大学的瓦格纳(Wolbyang Wagner)教授对《老子》的解释等等。他们的工作应该说都很有意义。

因此，真正的“中国解释学理论”应是在充分了解西方解释学并运用西方解释学理论与方法，对中国历史上注释经典的问题作系统的研究，又对中国注释经典的历史(丰富的注释经典的资源)进行系统梳理之后，发现与西方解释学理论与方法有重大的甚至是根本性的不同，并自觉地把中国解释问题作为研究对象，这样也许才有可能成为一门有中国特点的解释学理论(即与西方解释学有相当大的不同的以研究中国对经典问题解释的理论体系)。而且是否能建立起一种与西方解释学有相当大的不同的“中国解释学”，或者说有无必要建立一种与西方有相当大不同的“中国解释学”理论与方法，都是要经过对上述问题认真研究之后才可以得出合理的结论。我写本文的目的只是提出一个值得我们思考的问题，请有兴趣的学者批评指正。

二

《中国大百科全书·哲学卷》的“解释学”条对西方解释学有一简要的叙述。此条目中说，有关解释问题的研究可以上溯到古希腊，中世纪的奥古斯丁等为基督教义进行解释时，逐步把以往对解释问题的零散研究系统化。16 世纪马丁·路德提出如何直接理解《圣经》本文的原则与方法问题，对解释问题的研究起了较大的推动作用。此条目又按时期把施莱尔马赫、狄尔泰等算作古典时代的解释学，并说他们才把“解释问题”作为一门理论来研究。但“解释学”(Hermeneutics)一词于 1654 年首次出现于 J. 丹豪色的著作中。海德格尔是 20 世纪的现代解释学的代表，他把传统解释学从方法论和认识论性质的研究转变为本体论性质的研究。20 世纪 50 年代加达默尔又把海德格尔的本体论与古典解释学结合起来，使哲学解释学成为专门的哲学派别。到 20 世纪 60 年代后期，解释学与西方其他哲学派别以及人文学科中的有关研究结合，并由此形成了一些新的解释学派别。其中比较重要的是法国的里克尔的现象学解释学和德国哈贝马斯的批判解释学。到七八十年代后现代主义者利奥塔又对哈贝马斯为代表的整体性和思辨性的德国传统进行批评。① 后现代主义把一切都平面化、离散化，深度模式被解构，从而使得能指与所指之间的关系模糊化，能指不一定被所指所控制，这叫作“能指的漂浮”。因此，能指应用的范围更没有标准了。同时，在艾柯与罗蒂、卡勒、罗斯之间发生了关于“诠释与过度

① 参见利奥塔《后现代状况——关于知识的报告》一书中詹姆逊的“序言”，岛子译，长沙，湖南美术出版社，1996。

诠释”的争论。[1] 就西方解释学发展的历史看，我认为对我们研究中国“解释问题”也许有三点可以注意：

第一，西方有一个很长的关于“解释问题”研究的历史，但它真正成为一种有重要理论影响、成为一种专门学说则是在19世纪末和20世纪初。

第二，西方关于“解释问题”的研究从一开始并不仅限于对《圣经》的解释，但对《圣经》的解释无疑是其中非常重要的部分。

第三，西方的解释学往往都是随着当时有影响的哲学潮流而发生变化的，特别是常与当时的主流哲学派别相结合，甚至在同一时期有若干不同派别对“解释学”有不同“解释”并引起争论。

从这三点看，中国的“解释问题”可能有比西方更长的历史(下面我们会讨论到这个问题)，但至今还没有一套自觉地把“解释问题”作为研究对象，且与西方解释理论有所不同的理论体系。同样，中国关于“解释问题”也不限于对经典的“解释”，但较之西方，中国的传统似乎更重视经典的解释。当然中国在“解释问题”上也存在着随时代而发生变化，而且往往也是与当时哲学潮流相配合，甚至在同一时期会有对同一经典的不同解释的派别。因此，我们可以借鉴西方的解释理论与方法来讨论中国的“解释学”问题。在这篇文章里，我们不可能讨论上面的所有问题，我只就中国古代对经典解释的历史(重点限于先秦)作一梳理，以见中国古代对解释经典问题之某些特点。我们只有对中国注释经典的历史有较充分的把握，才有可能讨论能否建立中国解释学的问题。

---

[1] 参见柯里尼编的艾柯等著的《诠释与过度诠释》，王宇根译，牛津大学出版社，1995。

中国自古就是一个非常重视历史传统的国家，故有“六经皆史”的说法。现在大家都承认孔子是我国最早的伟大思想家之一，据《论语》的记载，他尝以《诗》、《书》、《礼》、《乐》等经典教学生，而且他说他自己是“述而不作，信而好古”(《论语·述而》)。这就是说，孔子对古代经典只是进行解释，而不是离开经典阐发自己的思想；他信奉而且喜好古代的经典。孟子似已开中国儒家道统之先河，他以“祖述尧舜”、“宪章文武”和“述仲尼之志”为其志向。甚至荀子也认为“仁人”之务，“上则法尧舜禹之制，下则法仲尼子弓之义。”(《荀子·非十二子》)先秦道家于哲学思想上多有创新，对古代典籍也非常重视，老子尝为周守藏史，其文中多引用古圣人之言。《庄子》书中多寓言，往往托古圣人之言以抨击今人之非。而墨子则推崇大禹，谓：“非禹之道也，不足为墨。”(孙诒让《墨子传略》)当然，也有法家一派则主张“不期修古，不法常可”(《韩非子·五蠹》)，而且批评儒墨两家对古代的“迷信”；但韩非也并没有全然否定传统的意义，他对前此之法家人物多有推崇，并有“故先王贵之而传之”之语(《韩非子·有度》)，特别是韩非有《解老》、《喻老》之作，又创造了不同于《左传》和《系辞》的解释经典的模式，似应受到重视。关于古代诸思想家对历史传统的看法非本文所应详论者，但中国之重视历史传统与其对经典之注释是有着密切关系的。本文将通过对我国古代对经典解释的历史梳理来讨论能否建立中国解释学的问题。

在中国先秦时期，已有数种对古代经典注释的书，这里我们先取三种不同的注释方式作为典型例子。第一种我们把它称为历史事件的解释，如《左传》对《春秋》经的解释，当然还有《公羊传》与《穀梁传》，这两种对《春秋》的解释与《左传》不同，这里暂不讨论。第二种是《系辞》对《易经》的解释，我们可以把它叫作整体性的哲学解释。第三种是《韩非子》的《解老》、《喻老》，我们可以把它叫作实际(社会政治)运作型的解释。当然每种对经典解释的著作中也会包含其他类型的解释方法，但上列三种无论如何，每种都有很鲜明的特点，这是我们应该注意的。

(一)《左传》对《春秋》的解释

《左传》是对《春秋》的解释，相传是由左丘明作的，但据近人杨伯峻考证说："我认为，《左传》作者不是左丘明"、"作者姓何名谁已不可考"、"其人可能受孔丘影响，但是儒家别派。"杨伯峻并认为："《左传》成书于公元前403年魏斯为侯之后，周安王十三年(前386)以前。"这里我们暂且把杨伯峻先生的论断作为根据来讨论《左传》对《春秋》的解释问题。据杨伯峻推算《左传》成书的时间，我们可以说《左传》是目前知道的最早一部对经典进行解释的书，或者也可以说是世界上现存最早的解释性的著作之一。这就说明中国的经典解释问题至少有着两千三四百年的历史了。

《春秋》隐公元年记载："夏五月，郑伯克段于鄢。"《左传》对这句话有很长一段注释，现录于下：

> 初，郑武公娶于申，曰武姜，生庄公及共叔段。庄公寤生，惊姜氏，故名曰寤生，遂恶之。爱共叔段，欲立之。亟请于武公，公弗许。及庄公即位，为之请制。公曰：制，岩邑也，虢叔死焉。佗邑唯命。请京，使居之，谓之京城大叔。祭仲曰：都，城过百雉，国之害也。先王之制，大都，不过参国之一；中，五之一；小，九之一。今京不度，非制也，君将不堪。公曰：姜氏欲之，焉辟害？对曰：姜氏何厌之有？不如早为之所，无使滋蔓！蔓，难图也。蔓草犹不可

除，况君之宠弟乎？公曰：多行不义，必自毙，子姑待之。既而大叔命西鄙、北鄙贰于己。公子吕曰：国不堪贰，君将若之何？欲与大叔，臣请事之；若弗与，则请除之，无生民心。公曰：无庸，将自及。大叔又收贰以为己邑，至于廪延。子封曰：可矣。厚将得众。公曰：不义，不暱。厚将崩。大叔完聚，缮甲兵，具卒乘，将袭郑，夫人将启之。公闻其期，曰：可矣。命子封帅车二百乘以伐京。京叛大叔段。段入于鄢。公伐诸鄢。五月辛丑，大叔出奔共。书曰：郑伯克段于鄢。段不弟，故不言弟；如二君，故曰克；称郑伯，讥失教也，谓之郑志。不言出奔，难之也。①

《左传》这样长长一段是对经文所记“郑伯克段于鄢”六个字的注释，它是对历史事件的一种叙述。它中间包含着事件的起始，事件的曲折过程，还有各种议论和讨论以及事件的结尾和评论等等，可以说是一相当完整的叙述式的故事。《左传》这一段叙述如果不是对《春秋》经文的铺陈解释，它单独也可以成为一完整历史事件的叙述，但它确确实实又是对《春秋》经文的注释。如果说“郑伯克段于鄢”是事件的历史（但实际上也是一种叙述的历史），那么相对地说上引《左传》的那一段可以说是叙述的历史。叙述的历史和事件的历史总有其密切的关系，但严格说来几乎写的历史都是叙述的历史。叙述历史的作者在叙述历史事件时必然都和他处的时代、生活的环境、个人的道德学问，甚至个人的偶然机遇有关系，这就是说叙述的历史都是叙述者表现其对某一历史事件的“史观”。上引《左传》的那一段，其中最集中地表现作者

① 引文据杨伯峻：《春秋左传注》，北京，中华书局，1981。

“史观”的就是那句“多行不义，必自毙”和最后的几句评语。像《左传》这种对《春秋》的解释，对中国各种史书都有影响。我们知道中国有“二十四史”，其中有许多“史”都有注释，例如《三国志》有裴松之注，如果《三国志》没有裴注，这部书就大大逊色了。裴注不专门注重训诂，其重点是放在事实的解释和增补上，就史料价值说是非常重要的。《三国志·张鲁传》裴注引《典略》“熹平中，妖贼大起，三辅有骆曜。光和中，东方有张角，汉中有张脩。骆曜教民缅匿法，角为太平道，脩为五斗米道”云云一长段。裴注所引《典略》大大丰富了我们对汉末道教各派的了解。裴注之于陈寿《三国志》和《左传》之于《春秋》虽不尽相同，但是都是属同一类型，即都是对原典或原著的历史事件的叙述式解释。

（二）《系辞》对《易经》的解释

《易经》本来是古代作为占卜用的经典，虽然我们可以从它的卦名、卦画、卦序的排列以及卦辞、爻辞等等中分析出某些极有价值的哲理，但我们大概还不能说它已是一较为完备的哲学体系，而《易传》中的《系辞》对《易经》所作的总体上的解释，则可以说已是较完备的哲学体系了。① 《系辞》把《易经》看成一个完整的整体性系统，对它作了整体性的哲学解释，这种对古代经典作整体性哲学解释的作法，对后世有颇大影响，如王弼的《老子指略》是对《老子》所作的系统的整体性解释，《周易略例》则是对《周易》所作的系统的整体性解释。② 何晏有

① 《易传》中除《系辞》，还包含其他部分，都可作专门讨论，但限于篇幅，本文只讨论《系辞》对《易经》的解释问题。

② 王弼大概还有专门对《系辞》作的玄学本体论解释，这不仅见于韩康伯《周易系辞注》中所引用的王弼对“大衍之义”的解释，还可以见于杨士勋《春秋穀梁传疏》中引用王弼的话。

《道德论》和《无名论》，都是对《老子》作的整体性解释，如此等等在中国历史上还有不少。[①]《系辞》对《易经》的解释，当然有很多解释问题可以讨论，本文只就其中包含的本体论和宇宙生成论两大问题来略加探讨，而这两个不同的解释系统在实际上又是互相交叉着的。

《易经》的六十四卦是一个整体性的开放系统，它的结构形成一个整体的宇宙架构模式。这个整体性的宇宙架构模式是一生生不息的有机架构模式，故曰："生生之谓易。"世界上存在着的事事物物都可以在这个模式中找到它一一相当的位置，所以《系辞》中说：《易经》(或可称"易道")"范围天地之化而不过，曲成万物而不遗"。在宇宙中存在的天地万物其生成变化都在《易经》所包含的架构模式之中，"在天成象，在地成形，变化见矣"。天地万物之所以如此存在都可以在《易经》中的架构模式中找到其所以存在的道理，找到一一相当的根据，"天下之理得，而成位乎其中矣。"因此，"易与天地准，故能弥纶天地之道。"《易经》所表现的宇宙架构模式可以成为实际存在的天地万物相应的准则，它既包含着已经实际存在的天地万物的道理，甚至它还包含着尚未实际存在而可能显现成为现实存在的一切事物的道理，"故神无方而易无体"，"易"的变化是无方所的，也是不受现实存在的限制的。这就说明，《系辞》的作者认为，天地万物之所以如此存在着、变化着都可以从"易"这个系统中找到根据，"易"这个系统是一个无所不包的宇宙模式。这个模式是形而上的"道"，而世界上已经存在的或者还未存在而可能存在的东西都能在此"易"的宇宙架构模式中找到其所以存在之理，所以《系辞》中说："形而上者谓之道，形而下者谓之

---

① 《世说新语·文学》"裴成公作《崇有论》"条，注引"晋诸公赞曰：自魏太常夏侯玄、步兵校尉阮籍等皆著《道德论》"云云。

器。”在中国哲学中，从现有的文献资料看，最早明确提出“形上”与“形下”的分别应说是《系辞》。我们借用冯友兰先生的说法，可以说“形而上”的是“真际”，“形而下”的是“实际”，“实际”是指实际存在的事物，而“真际”是实际存在事物之所以存在之“理”(或“道”，或“道理”)。[①] 这就是说，《系辞》已经注意到“形上”与“形下”的严格区别，它已建立起一种以“无体”之“易”为特征的形而上学体系。这种把《易经》解释为一种宇宙架构模式，可以说是《系辞》对《易经》的形而上本体论的解释。

这种对《易经》本体论的解释模式对以后中国哲学的影响非常之大，如王弼对《系辞》“大衍之数”的解释，王弼《老子指略》对《老子》的解释。韩康伯《周易系辞注》“大衍之数五十，其用四十有九”条中说：“王弼曰：演天地之数所赖者五十也，其用四十有九，则其一不用也。不用而用以之通，非数而数以之成，斯易之太极也。四十有九，数之极也，夫无不可以无明，必因于有，故常于有物之极，而必明其所由之宗也。”“宗”者，体也。这里王弼实际上用“体”与“用”之关系说明“形上”与“形下”之关系，而使中国的本体论更具有其特色。《老子指略》中说：“夫物之所以生，功之所以成，必生乎无形，由乎无名。无形无名者，万物之宗也”云云，用“无”和“有”以说“体”和“用”之关系，以明“形上”与“形下”之关系，而对《老子》作一“以无为本”之本体论

① 冯友兰先生所用“真际”一概念，在佛教中已普遍使用，如《仁王经》上说：“以诸法性即真实故，无来无去，无生无灭，同真际等法性。”《维摩经》说：“非有相非无相，同真际等法性。”丁福保《佛学大辞典》谓“真际”即至极之义。“道”虽不是实际存在的事物，但它并不是“虚无”，而是“不存在而有”(non-existence but being)，这是借用金岳霖先生的意思。(参见：冯友兰《中国现代哲学史》，217页，广州，广东人民出版社，1999。)陆机《文赋》：“课虚无以责有，叩寂寞而求音。”正是“不存在而有”的最佳表述。

解释。

在《系辞》中还有一段对《易经》的非常重要的解释的话："易有太极，是生两仪，两仪生四象，四象生八卦，……"云云。"易"包含着一个生成系统。这个生成系统是说《易经》表现着宇宙的生生化化。宇宙是从混沌未分之"太极"发生出来的，而后有"阴"(⚋)"阳"(⚊)，再由阴阳两种性质分化出太阴(⚏)、太阳(⚌)、少阴(⚎)少阳(⚍)等四象，四象分化而为八卦(☰、☷、☳、☴、☵、☲、☶、☱)，八卦这八种符号代表着万物不同的性质，据《说卦》说：这八种性质是："乾，健也；坤，顺也；震，动也；巽，入也；坎，陷也；离，丽也；艮，止也；兑，说也。"这八种性质又可以用天、地、雷、风、水、火、山、泽的特征来表示。由八卦又可以组成六十四卦，但并非说至六十四卦这宇宙生化系统就完结了，实际上仍可展开，所以六十四卦最后两卦为"既济"和"未济"，这就是说事物(不是指任何一种具体事物，但又可以是任何种事物)发展到最后必然有一个终结，但此一终结又是另一新的开始，故《说卦》中说："物不可穷也，故受之以未济终焉。"天下万物就是这样生化出来的。"易"这个系统是表现着宇宙的生化系统，是一个开放性的系统。《系辞》中还说："天地细缊，万物化醇，男女构精，万物化生。"《序卦》中说："有天地，然后有万物；有万物，然后有男女；有男女，然后有夫妇；有夫妇，然后有父子；有父子，然后有君臣；有君臣，然后有上下；有上下，然后礼义有所错。"这种把《易经》解释成为包含着宇宙的生化系统的理论，我们可以说是《系辞》对《易经》的宇宙生成论的解释。这里有一个问题需要作些分疏，照我看"太极生两仪……"仅是个符号系统，而"天地细缊，万物化醇……"和"有天地，然后有万物"就不是符号了，而是一个实际的宇宙生化过程，是作为实例来说明宇宙生化过程的。因此我们可以说，《系辞》所建立的是一种宇宙生化符号系统。这里我们又可以提出另一个中国哲学研究的新课题，这就是宇宙生成符号系统的问题。在汉朝《易经》的象数之学中就包含宇宙生成的符号问题，而像“河图”、“洛书”等都应属于这一类。后来有道教中的符箓派以及宋朝邵雍的“先天图”，周敦颐的“太极图”（据传周敦颐的“太极图”脱胎于道士陈抟的“无极图”，此说尚有疑问，待考）。关于这一问题须另文讨论，非本文所应详论之范围。但是，我认为区分宇宙生成的符号系统与宇宙实际生成过程的描述是非常重要的。宇宙实际生成过程的描述往往是依据生活经验而提出的具体形态的事物（如天地、男女等等）发展过程，而宇宙生成的符号系统虽也可能是依据生活经验，但其所表述的宇宙生成过程并不是具体形态的事物，而是象征性的符号，这种符号或者有名称，但它并不限定于表示某种事物及其性质。因此，这种宇宙生成的符号系统就像代数学一样，它可以代入任何具体形态的事物及其性质。两仪和可以代表天地，也可以代表男女，也可代表刚健和柔顺等等。所以我认为，仅仅把《系辞》这一对《易经》的解释系统看成是某种宇宙实际生成过程的描述是不甚恰当，而应了解为可以作为宇宙实际生成系统的模式，是一种宇宙代数学，我把这一系统称之为《系辞》对《易经》解释的宇宙生成论。像《系辞》这类以符号形式表现的宇宙生成论，并非仅此一家，而《老子》的“道生一，一生二，二生三，三生万物，万物负阴而抱阳，冲气以为和”，也是一种宇宙生成的符号系统，也是一种宇宙代数学，其中的数字可以代以任何具体事物。“一”可以代表“元气”，也可以代表“虚廓”（《淮南子·天文训》谓：“道始于虚廓”，虚廓指尚未有时空分化之状态。）“二”可以代表“阴阳”，也可以代表“宇宙”（《天文训》谓“虚廓生宇宙”，即由未有时空分化之状态发展成有时空之状态。）“三”并不一定就指“天、地、人”，它可以解释为有了相对应性质的两事物就可以产生第三种事物，而任何具体事物都是由两种相对应性质的事物产生的，它的产生是由两种相对应事物交荡作用而生的合物。① 然而到汉朝的宇宙生成论与《系辞》所建构的宇宙生成论不同，大都是对宇宙实际生成过程的描述，此是后话，当另文讨论。②

我们说《系辞》对《易经》的解释包括两个系统，即本体论系统和宇宙生成论系统，那是不是说《系辞》对《易经》的解释包含着矛盾？我想不是的。也许这两个系统恰恰是互补的，并形成为中国哲学的两大系。宇宙本身，我们可把它作为一个平面开放系统来考察，宇宙从其广度说可以说是无穷的，郭象《庄子·庚桑楚》注："宇者，有四方上下，而四方上下未有穷处。"同时我们又可以把它作为垂直延伸系统来

---

① 关于"三"的问题，庞朴同志提出"一分为三"以区别于"一分为二"，这点很有意义。如果从哲学本体论方面来考虑，"一分为三"的解释或可解释为在相对应的"二"之上或之中的那个"三"可以是"本体"，如"太极生两仪"，合而为"三"，"太极"是"本体"，而"两仪"是"本体"之体现，我在一篇文章中讨论过，儒家与道家在思想方法上有所不同，儒家往往是于两极中求"中极"，如说"过犹不及"、"叩其两端"、"允执其中"，而道家则是于"一极"求其对应的"一极"，如"天下皆知美之为美，斯恶已。"(参见《论〈道德经〉建立哲学体系的方法》，《哲学研究》，1986年第一期)。儒家于"两极"中求"中极"，这"中极"并不是和"两极"平列的，而是高于"两极"之上的。就本体意义上说，这"中极"就是"中庸"，就是"太极"。因此，就哲学上说，"一分为三"与"一分为二"都是同样有意义的哲学命题。就哲学意义上说"一分为三"实是以"一分为二"为基础。

② 例如《淮南子·天文训》中说："道始于虚廓，虚、廓生宇宙，宇宙生气，气有涯垠，清阳者薄靡而为天，重浊者凝滞而为地。"《孝经纬·钩命诀》："天地未分之前，有太易、有太初、有太始、有太素、有太极，是为五运。形象未分，谓之太易。元气始萌，谓之太初。气形之端，谓之太始。形变有质，谓之太素。质形已具，谓之太极。五气渐变，谓之五运。"可见，在汉朝的宇宙生成论大体上都是"元气论"。

考察，宇宙就其纵向说可以说是无极的，故郭象说："宙者，有古今之长，而古今之长无极。"(同上)既然宇宙可以从两个方面来考察，那么"圣人"的哲学也就可以从两个方面来建构其解释宇宙的体系，所以"易与天地准"。"易道"是个开放性的宇宙整体性结构模式，因此"易道"是不可分割的，是"大全"，宇宙中曾经存在的、现在仍然存在的或者将来可能存在的事物都可以在"易"这个系统中找到一一相当的根据。但"易道"又不是死寂的，而是一"生生不息"的系统，故它必须显示为"阴"和"阳"(注意：但"阴"和"阳"细缊而生变化，"阴阳不测谓之神")相互作用的两个符号(不是凝固的什么东西)，这两个互相作用的符号代表着两种性质不同的势力。而这代表两种不同性质的符号是包含在"易道"之中的，"易道"是阴阳变化之根本，所以说"一阴一阳之谓道"。杨士勋《春秋穀梁传疏》中引用了一段王弼对"一阴一阳之谓道"的解释，文中说："《系辞》云：一阴一阳之谓道。王弼云：一阴一阳者，或谓之阴或谓之阳，不可定名也。夫为阴则不能为阳，为柔则不能为刚。唯不阴不阳，然后为阴阳之宗；不柔不刚，然后为刚柔之主。故无方无体，非阴非阳，始得谓之道，始得谓之神。"阴和阳代表着两种不同的性质，此一方不能代表彼一方，只有"道"它既不是阴又不是阳，但它是阴阳变化之宗主(本体)，故曰"神无方而易无体也"。就这点看，《系辞》把《易经》解释为一平面的开放体系和立体的延伸体系的哲学，无疑是有相当深度的哲学智慧的。再说一下，《系辞》对《易经》的整体性哲学解释和《左传》对《春秋》的叙述事件型解释是两种很不相同的解释方式。

(三)《韩非子》对《老子》的解释

如果说《左传》对《春秋》是一种叙述事件型的解释，《系辞》对《易经》是一种整体性的哲学解释，那么《韩非子》对《老子》的解释则主要是一种社会政治运作型的解释。在《韩非子》的《解老》和《喻老》中，我们大体可以看到，其主要部分是为其“法、术、势”的法家思想作论证的。魏源的《老子本义》中说：“后世之述《老子》者，如韩非有《喻老》、《解老》，则是以刑名为道德；王雱、吕惠卿诸家皆以《庄》解《老》；苏子由、焦竑、李贽诸家又动以释家解《老》，无一人得其真。”这里我们对其他诸家暂不论，而且魏源的《老子本义》当然也很难说得《老子》之“真义”，也只是一种对《老子》之解释，但他所说韩非以“刑名”(即法家)思想解《老子》应是有所得之见。因此，我们说《韩非子》的《解老》、《喻老》形成了一种对经典的社会政治运作型的解释模式则不差，其后如唐朝的王真《道德真经论兵要义述》应属于这一类。

在《韩非子》的《解老》中大都是用法家的社会政治观点来解释《老子》，而对《老子》书中有形而上意义的内容的解释只有很少几条，而这很少几条从哲学的角度看也没有很重要的哲学意义。如对“无状之状，无物之象”的解释，只是一种常识性的经验解释，韩非的解释说：“人希见生象也，而得死象之骨，案其图以想其生也，故诸人之所以意想者皆谓之象也。今道虽不可得闻见，圣人执其见功以处见其形，故曰：无状之状，无物之象。”另一条为对“道可道，非常道”的解释，谓“夫物之一存一亡，乍死乍生，初盛而后衰者，不可谓常。唯夫与天地之剖判也俱生，至天地之消散也不死不衰者谓常。”这里对“变”、“常”的解释是有相当哲学意义的，但这一观点仍可据常识得，故与《老子》书中的形而上学思想是有相当距离的。盖《老子》中所说的“道可道，非常道”，是说“道”为“大全”(不可对象化)，是“形而上者谓之道”的“道”。而《解老》中其他各节则多用“术”、或用“势”、或用“法”以释《老子》。如对“有国之母”的解释说：“母者，道也。道也者生于所以有国之术。所以有国之术，故谓之‘有国之母’。”以“术”释《老子》

之“道”，并以此为“有国之母”，这正是韩非法家之特有观念。对“莫知其极，莫知其极则可以有国”解释说：“夫能有其国，保其身者，必且体道。体道则其智深，其智深则其会远，其会远，众人莫能见其所极。唯夫能令人不见其事极，不见事极者为保其身，有其国。”极者，究竟也。能够深刻掌握“道”的根本的人可以保存其生命，可以统治其国家。这实是以“法”释“道”。解释“孰知其极”则谓：“夫缘道理以从事者，无不能成。无不能成者，大能成天子之势尊，而小易得卿相将军之赏禄。”根据“道”做事的，天子则有天子之势，卿相将军则有其应得之赏禄，此又把“道”与“势”联系起来了。对“治大国若烹小鲜”的注解说：“治大国而数变法则民苦之，是以有道之君贵静，不重变法。”这是说“法”应有其相对稳定性，这样老百姓才能有所遵循，如此等等，比比皆是。在《解老》中对《老子》有较深刻哲学意义的形而上学部分则大都无注解。由此可见，韩非注《老子》离不开以维护国家政权之“法”、“术”、“势”等法家思想。

《喻老》一篇则是更为明显的对《老子》作社会政治运作型的解释，它大都是用历史故事来说明统治者的成败、国家兴衰之故等等来解释《老子》。例如，以齐简公失政于田成为例，说明“势重者，人君之渊也。君人者势重于人臣之间，失则不可复得也”，以说明“鱼不可脱于渊”。又如，以晋献公将欲袭虞，而先遗之以璧马的故事，说明“将欲取之，必固与之”的道理，于此不须详论了。韩非之可以如此解《老子》，盖因《老子》书中本有相当部分也是讨论治国之术的，故《史记》把老、庄、申、韩放在同一列传之中，不是全无理由的。但韩非对《老子》哲学中的形而上学本体论部分则多无注解，则和魏晋时之玄学家大不相同。总之，韩非之注《老子》又可被视为中国传统注释经典的另一种类型。

如果我们再从先秦典籍中找其他有关“解释问题”的方法，也许还可以找到若干不同的解释形式，但我认为上述三种可能对后世影响最大。这里我想再举一种与解释问题有关的注释形式，这就是《墨经》中的《经》与解释《经》的《经说》的关系问题。关于《墨经》的《经》与《经说》，我认为并不是先有《经》，然后才有《经说》，而是有《经》的同时就有《经说》。当然也有可能《经》与《经说》是不同的人写的。[①] 无论《经》或是《经说》其基本形态都是表现为对概念的解释。《经》大体上是给概念下定义，而《经说》则是对该定义的具体化或补充说明。例如《经上》中说：“久，弥异时也。”“久”是指“时间”，但它不是指某一具体时间，而是指包括一切时间的时间。因此，“弥异时”是给“久”下的定义。但这样说比较抽象，不大具体，因此《经说》就对这一定义加以补充说明使之较为具体化，故《经说》谓：“久，古今旦莫”。“旦莫”指朝夕，这就是说“久”包含从古到今，从朝到夕的一切时间。又如《经上》中说：“宇，弥异所也。”宇是指“空间”，但它不是指某一具体的空间场所，所以说“弥异所”(包括一切空间)是给“宇”下的定义。《经说》谓：“宇，东西家南北。”“家”有种种解释，高亨解释为“中”，我认为或可解释为“加”。“宇”是由东西加上南北的无限延伸，这当然是把《经》中之“宇”的意思具体化的一种补充说明。这样一种对字义的解

---

① 湖北荆门 1993 年郭店竹简出土，其中有《五行》一篇，和早在 1973 年长沙马王堆出土的帛书《五行篇》有重要的不同。帛书《五行篇》是有《经》有《说》的，如《经》：“君子之为善也，有与始，有与终也。”《说》：“‘君子之为善也，有与始，有与终’，言其体始与其体终也。”而竹简只有《经》，而无《说》。这就说明，帛书《五行》中《说》的部分是后人加上去的。因此，现在我们就不能肯定《墨经》中的《经》与《说》是同一人的作品了。当然我们仍可认为也许原来就存在《经》与《说》是同一人的作品，和《经》与《说》不是同一人的作品，即先有《经》，后人为使《经》易了解而加以解说，而有《经说》，这样两种不同的情况。

释，很有点像今日之专业字典或辞典之类。这种对字义或辞义的解释方式对后世有着相当的影响，特别是对一些“类书”和佛经翻译的“音义”或“音训”的“义”和“训”部分有一定影响。

自汉以来，由于汉儒对儒家经典十分重视，且儒经成为国家考试的科目，因此有“章句之学”的兴起，且“训诂”、“音韵”、“文字”、“考据”等等逐渐成为注释经典不可少之训练，而且形成了专门的学科，如“训诂学”、“音韵学”、“文字学”、“考据学”等等。汉代章句之学颇为烦琐，《汉书·儒林传》谓：“一经之说至百余万言。”儒师秦延君释《尧典》二字，十余万言；释“曰若稽古”四字，三万言。《文心雕龙·论说》中也说：“若秦延君之注《尧典》，十余万字；朱善之解《尚书》三十万言，所以通人恶烦，羞学章句。”汉儒注经不仅烦琐，且荒诞，而至魏晋为之一变，如王弼之注《周易》、《老子》，郭象之注《庄子》，皆简明且有很高的哲理性，所以魏晋人注解经典多言简意赅，倡“得意忘言”、“辨名析理”等思辨式之解释经典之新方法。① 这里我只举出一简单例子以说明汉与魏晋学风之不同。《诗经》毛注“关关雎鸠”句谓：“关关，和声也；雎鸠，王雎也，鸟挚而有别。水中可居者曰洲”云云。而郭象注《庄子·逍遥游》第一句“北冥有鱼，其名为鲲，鲲之大，不知其几千里也，化而为鸟，其名为鹏”，谓：“鹏鲲之实，吾所未详也”，并批评那种一字一句注解的章句之学为“生说”(生硬的解释)，他说：“达观之士宜要其会归而遗其所寄，不足事事曲与生

---

① 参见拙作《辨名析理：郭象注〈庄子〉的方法》，《中国社会科学》，1998年第1期。在这篇文章最后已提出有关“创建中国解释学的理论与方法问题”，并对郭象注释《庄子》的两种不同方法“寄言出意”和“辨名析理”作了具体的分析。在《中国文化研究》1998年春之卷中载有拙作《论郭象注〈庄子〉的方法》亦可参考。

说，自不害其弘旨，皆可略之耳。”因此，我们可以说，汉儒注经为“我注六经”，而魏晋人注经则为“六经注我”。《大慧普觉禅师语录》卷22中说：“曾见郭象注《庄子》，识者云：却是庄子注郭象。”明冯梦祯序归有光《南华真经评注》亦谓：“非郭象注《庄子》，乃庄子注郭象。”

自西汉末印度佛教传入中国以后，翻译问题自与解释问题相关。初，东汉安世高系小乘禅法多以佛理配当时流行之“道术”。如以“四大”配“五行”，“五戒”配“五常”。《阴持入经注》释“五阴种”说：“五阴种，身也。……又犹元气……元气相含，升降兴废，终而复始，轮转三界，无有穷极，故曰种。”此以“元气”解释“五阴种”自与佛理相去甚远，而与当时之“道术”颇有相合之处。其后另一支支娄迦谶大乘般若传入，往往又以玄学（老庄学说之发展）解释佛理，有所谓“格义”、“连类”之说。《高僧传·竺法雅传》中说：“……以经中事数，拟配外书，为生解之例，谓之格义。”①格义者，即用原来中国的观念配比外来佛教的思想，以便人们对印度佛教思想有所了解。《高僧传·慧远传》谓：慧远“年二十四，便就讲说，尝有客听讲，难实相义，往复移时，弥增疑昧，远乃引《庄子》义为连类，于是惑者晓然，是后安公特听慧远不废俗书。”所谓“连类”即“格义”之义，即以外书释内典也。其实在道安时已注意到，用“格义”的方法来解释佛典往往会曲解原义，如他说：“先旧格义，于理多违。”（《高僧传·僧光传》）僧叡（鸠摩罗什之弟子）所作《毗摩罗诘提经义疏序》中也说：“讲肆格义，迂而乖本。”②其后“格义”之法不行。但在佛经中确有许多名词概念在中国无

① 参见汤用彤先生《论“格义”——最早一种融合印度佛教和中国思想的方法》一文，载《理学·佛学·玄学》，282～294页，北京，北京大学出版社，1991。

② 见《出三藏记集》卷八，《大正藏》卷55，59页。

与之相当之词汇，如“般若”、“涅槃”等等，所以实际自汉译佛经以来即有用“音译”之事。例如《正诬论》中说：“泥洹者梵语，晋言无为也。”①“泥洹”即涅槃，在中国无相当之词汇，故音译，并用晋朝的中国词汇“无为”解释之。又如《注维摩诘所说经》卷一中有这样一段：“肇(按：即僧肇)曰：比丘，秦言或名净乞食，或名破烦恼，或名净持戒，或名能怖魔，天竺一名该此四义，秦无一名以译之，故存义名焉。”“秦言”云云者，谓姚兴之后秦时对音译“比丘”的解释。因此，在佛经的译本中就出现了“音义”、“音训”之类，其中包括对无法“意译”只能“音译”的佛教名词概念进行解释，而往往又会因对佛经理解的不同而有不同的解释问题。为了对佛经中名词概念有较统一的了解，而后有了专门解释佛教名词概念的书，如慧琳的《一切经音义》、法云的《翻译名义集》等等。且自南北朝至隋唐并有僧人提出某些翻译佛教经典的原则，如齐大亮立“五不翻之义”，隋彦琮建“八备之说”，而唐玄奘更使“五不翻”义臻于完善。② 对这些有关佛经翻译的方法与原则加以系统整理，或亦于中国之“解释”理论有着重要意义。当然，自西学输入之后又有新的翻译和解释问题，此事涉及问题更多，非我能力所及，希望有学者能在这方面作些有关“解释”问题的研究。

① 见《弘明集》卷一，未详作者，但当为西晋时人。

② 参见汤用彤先生《隋唐佛教史稿》第二章《隋唐传译之情形》，76～77页，北京，中华书局，1982。

新轴心时代的中国儒家思想定位*

经济全球化对世界文化的发展将产生重大影响。经济全球化并不一定会消除不同国家、民族之间的冲突，在某些情况下还有可能加剧不同文化传统国家、民族之间的冲突。因此，关于文化冲突与文化共存的讨论正在世界范围内展开。是增强不同文化之间的相互理解和宽容而引向和平，还是因文化的隔离和霸权而导致战争，将影响21世纪人类的命运。自第二次世界大战结束之后，由于殖民体系的相继瓦解，文化上的“西方中心论”也逐渐随之消退，民族与民族、国家与国家、地域与地域之间文化上的交往越来越频繁，世界日益成为一个不可分割的整体。目前，世界文化的发展出现了两股不同方向的有害潮流：某些西方国家的理论家从维护自身利益或传统习惯出发，企图把反映他们继续统治世界的价值观强加给其他国家和民族，仍然在坚持“西方中心论”；与此同时，某些取得独立或复兴

* 本篇原载新加坡儒学会编《儒学与新世纪的人类社会》，新加坡儒学会，2004。

的民族和国家，抱着珍视自身文化的情怀，形成一种返本寻根、固守本土文化，排斥外来文化的回归民族文化传统的部落主义。如何使这两股相悖的潮流不致发展成大规模的对抗，并得以消解，实是当前需要引起重视的一大问题。在此情况下，我们必须既要反对文化上的霸权主义，又要反对文化上的部落主义。要反对文化上的霸权主义，必须是以承认和接受多元文化为前提，必须充分理解和尊重人类各种文明、各民族、各群体，甚至每个人的多样性和差异性；要反对文化上的部落主义，必须是以承认和接受多少世纪以来各民族之间的文化交往和互相影响是文化发展的里程碑为前提，批判排斥一切外来文化的狭隘心理。人们应以一种新的视角来观察当前不同文化之间的关系，并建立一种新型的文化多元的新格局。

德国哲学家雅斯贝尔斯(Karl Jaspers，1883～1969)曾经提出“轴心时代”的观念。他认为，在公元前五百年前后，在古希腊、以色列、印度和中国几乎同时出现了伟大的思想家，他们都对人类关切的问题提出了独到的看法。古希腊有苏格拉底、柏拉图，中国有老子、孔子，印度有释迦牟尼，以色列有犹太教的先知们，形成了不同的文化传统。这些文化传统经过两三千年的发展已经成为人类文化的主要精神财富，而且这些地域的不同文化，原来都是独立发展出来的，并没有互相影响。“人类一直靠轴心时代所产生的思考和创造的一切而生存，每一次新的飞跃都回顾这一时期，并被它重新燃起火焰。”①例如，欧洲的文艺复兴就是把目光投向其文化的源头古希腊，而使欧洲文明重新燃起新的光辉，对世界产生重大影响。在某种意义上说，当今世界多种文化的发展正是对两千多年前的轴心时代的一次新的飞

① 雅斯贝尔斯：《历史的起源与目标》，14页，北京，华夏出版社，1989。

跃。据此，我们也许可以说，将有一个新的“轴心时代”出现。在可以预见的一段时间里，各民族、各国家在其经济发展的同时一定会要求发展其自身的文化，因而经济全球化将有利于文化多元的发展。从今后世界文化发展的趋势看，将会出现一个在全球意识观照下的文化多元发展的新局面。21世纪世界文化发展很可能形成若干个重要的文化区：欧美文化区、东亚文化区、南亚文化区和中东与北非文化区（伊斯兰文化区），以及以色列和散在各地的犹太文化等等。这几种有着长久历史的大的文化潮流将会成为主要影响世界文化发展的动力。这新的“轴心时代”的文化发展与公元前五百年左右的那个“轴心时代”会有很大的不同。概括起来，至少有以下三点不同：① 在这个新的“轴心时代”，由于经济全球化，科技一体化，信息网络的发展，已把世界联成一片，因而世界文化发展的状况将不是各自独立发展，而是在相互影响下形成文化多元共存的局面。各种文化将由其吸收他种文化的某些因素和更新自身文化的能力决定其对人类文化贡献的大小。原先的“轴心时代”的几种文化在初创时虽无互相间的影响，但在其后的两千多年中，却都在不断地吸收其他文化，罗素在《中西文化比较》中说到西方文化的发展，他说：

> 不同文明之间的交流过去已经多次证明是人类文明发展的里程碑。希腊学习埃及，罗马借鉴希腊，阿拉伯参照罗马帝国，中世纪的欧洲又模仿阿拉伯，而文艺复兴时期的欧洲则仿效拜占庭帝国……①

① 罗素：《一个自由人的崇拜》，胡品清译，北京，时代文艺出版社，1988。译文稍作改动。

到十七八世纪西方又曾吸收过印度文化和中国文化。可以毫不夸大地说，欧洲文化发展到今天之所以有强大的生命力正是由于它能不断地吸收不同文化的某些因素，使自己的文化不断得到丰富和更新。同样中国文化也是不断吸收外来文化而得到发展的。众所周知，在历史上，印度佛教传入中国促进了中国文化诸多方面的发展。中国文化曾受惠于印度佛教，印度佛教又在中国发扬光大，并由中国传到朝鲜半岛和日本，而且在朝鲜和日本又与当地文化相结合而形成各有特色的佛教。近代中国文化又在西方文化的冲突下，不断地吸收西方文化，更新自己。回顾百多年来，西方文化的各种流派都对中国文化产生过或仍然在产生着深刻的影响，改变了中国社会和文化的面貌。显然，正是不同文化之间的交流和互相影响构成了今日人类社会的文化宝库。新的"轴心时代"的各种文化必将是沿着这种已经形成的文化之间的交流与互相吸收的势态向前发展。因此，各种文化必将是在全球意识观照下得到发展的。这就和两千多年前那个"轴心时代"的文化有着鲜明的不同。② 跨文化和跨学科的文化研究将会成为 21 世纪文化发展的动力。由于世界联成一片，每种文化都不可能孤立地发展，因此跨文化与跨学科研究会大大地发展起来。每种文化对自身文化的了解都会有局限性，"不识庐山真面目，只缘身在此山中"，如果从另外一个文化系统看，也就是说从"他者"看，也许会更全面地认识这种文化的特点。因而当前跨文化研究已成为文化研究的热门。以"互为主观"、"互相参照"为核心，重视从"他者"反观自身的文化逐渐为中外广大学者所接受，并为文化的多元发展奠定了重要基础。在各个学科之间同样也有这样的问题。今日的科学已大大不同于西方 18 世纪那时的情况了，当前科学已打破原先的分科状况，发展出来许多新兴学科、边缘学科。但正因为如此，原来的学科划分越来越模糊了，本来物理学就是物理学，化学就是化学，现在既有物理化学，又有化学物理学，在自然科学之间原有的界限被打破了。不仅如此，自然科学与社会科学、人文学科的界限也正在被打破。因此就目前情况看，在不同文化传统和不同学科之间正在形成一种互相渗透的情况。我们可以预见，在 21 世纪哪种传统文化最能自觉地推动不同文化传统和不同学科之间的对话和整合，它将会对世界文化的发展具有更大的影响力。21 世纪的新“轴心时代”将是一个多元对话的世纪，是一个学科之间互相渗透的世纪，这大大不同于公元前五世纪前后的那个“轴心时代”了。③新的“轴心时代”的文化将不可能像公元前五百年前后那样由少数几个伟大思想家来主导，而将是由众多的思想群体来导演未来文化的发展。正因为当今的社会发展比古代快得多，思想的更替日新月异，并且是在各种文化和各个学科互相影响中发展着，已经形成了“你中有我，我中有你”的新局面，因此就没有可能出现“独来独往”的大思想家。由于，当今思想面对的不是某一个国家或某一个民族，而是要面对全世界，那它就不可能不吸收其他民族文化的某些因素，不可能没有全球化的视野，因此真正有成就的思想家将既是民族的，又是世界的。我们可以看到，在西方，一二百年来各种思潮不断变换，其各领风骚最多也就是几十年，到目前为止看不出有哪种思想能把西方流行的众多派别整合起来。在中国，百多年来基本上是在学习西方文化的过程中，是在建设中国新文化的过程中，可以预见的是，在中国必将出现一个新的“百家争鸣”的局面，文化多元的新格局。我们可以看到，自“改革开放”以来西方的各种学说、各种流派如潮水一般涌入中国，到目前为止我们仍然处在大量吸收西方文化的过程之中，我们还没有能如在吸收印度佛教文化的基础上形成了宋明理学那样，在充分吸收西方文化基础上形成现代的新的中国文化。但在进入 20 世纪 90 年代之后，中国思想文化界的分野越来越明显，逐渐形成了若干学术小团体，这些学术小团体大概都只是“一家之言”，能领导思想界的权威还没有出现。展望 21 世纪，在不久的将来也许会出现适应中国现代社会要求的不同学术派别，但大概也不会产生一统天下的思想体系。这就是说，无论中外，由于文化的相互影响和不断变换，大概都不可能出现像柏拉图、孔子、释迦牟尼等等那样代表着一种文化传统并影响了两千多年、今后仍然会发生重大影响的伟大思想家。那种企图把自己打扮成救世主的时代已经一去不复返了。众多的思想群体的合力将推动人类文化的发展，这正是多元文化所要求的。与这种情况相联系，我认为也许和当前精英文化向大众文化过渡不无关系。由于人类社会生活的节奏越来越快，传统的慢节奏的精英文化已不适应人们感情和精神的需求，因此，会在文化的各个方面表现为趋向大众化。因而为满足人们这种快节奏的感情和精神上的需要，思想文化也逐渐趋向简明和通俗。我想，这也是不会出现像已影响人类文化两千多年、今后仍然会长期发生影响的孔子、老子、柏拉图、释迦牟尼等“圣人”的原因之一吧！可以预见 21 世纪的思想文化也许是精英文化与大众文化相结合的世纪。

以上三点只是我想到的几点，很可能还会有更多的新的“轴心时代”不同于前一个“轴心时代”的特点，这是需要大家进一步研究的问题。

中华文化是当今人类社会多元文化中的一元(而此“一元”中实又包含着“多元”)，在这经济全球化的新的“轴心时代”，在 21 世纪文化多元并存的情况下，我们必须给中华文化的核心儒家思想一个恰当的定位。我们应该看到，在人类社会发展的历史长河中，任何学说都不可能是十全十美的，也不可能解决人类社会存在的一切问题，更没有放之四海而皆准的绝对真理。罗素在他的《西方哲学史》中说：

> 不能自圆其说的哲学决不会完全正确，但是自圆其说的哲学满可以全盘错误。最富有结果的各派哲学向来包含着显眼的自相矛盾，但是正为了这个缘故才部分正确。①

中国儒家思想和其他国家和民族在历史上对人类社会发生过重大影响的思想一样，她既有能为当今人类社会发展提供有价值资源的方面，又有不适应(甚至阻碍)当今人类社会发展的方面，我们不能认为儒家思想可以是包治百病的万灵药方。因此，儒家思想应该在和其他各种文化的交往中，取长补短、吸取营养，充实和更新自身，以适应当前经济全球化和文化多元化的新形势。人们常说，当今人类社会所面临的最大问题是“和平与发展”的问题。在21世纪如果要实现“和平共处”，就要求解决好人与人之间的关系，扩而大之就是要求解决好民族与民族、国家与国家、地域与地域之间的关系。儒家的“仁学”思想大概可以为这方面提供某些有价值的资源。人类社会要共同持续“发展”，就不仅要求解决好人与人之间的关系，而且还要求解决好人与自然之间的关系。儒家的“天人合一”也许能为这方面提供某些有价值的资源。

儒家的创始者孔子提出“仁学”的思想，他的学生樊迟问“仁”，他回答说：“爱人”。这种“爱人”的思想是根据什么而有呢?《中庸》引孔子的话：“仁者，人也，亲亲为大。”孟子说：“亲亲，仁也。”(《告子

---

① 罗素：《西方哲学史》，下册，马元德译，143页，北京，商务印书馆，1988。

下》)“爱人”作为人的基本品德不是凭空产生的，它是从爱自己亲人出发的。但是为“仁”不能停止于此，而必须“推己及人”，要做到“老吾老以及人之老”、“幼吾幼以及人之幼”。要做到“推己及人”并不容易，得把“己所不欲，勿施于人”，“己欲立而立人，己欲达而达人”的“忠恕之道”作为为“仁”的准则。如果要把“仁”推广到整个社会，这就是孔子说的：“克己复礼为仁，一日克己复礼，天下归仁焉。为仁由己，而由人乎哉？”对“克己复礼”的解释往往把“克己”与“复礼”解释为平行的两个相对的方面，我认为这不是对“克己复礼”的最好的解释。所谓“克己复礼为仁”是说，只有在“克己”的基础上的“复礼”才叫作“仁”。“仁”是人自身内在的品德(“爱，仁也。”“爱生于性。”)；“礼”是规范人的行为的外在的礼仪制度，它的作用是为了调节人与人之间的关系使之和谐相处，“礼之用，和为贵”。要人们遵守礼仪制度必须是自觉的，才符合“仁”的要求，所以孔子说，“为仁由己，而由人乎哉？”对“仁”与“礼”的关系，孔子有非常明确的说法：“人而不仁如礼何？人而不仁如乐何？”有了求“仁”的自觉要求，并把它实现于日常社会生活之中，这样社会就和谐安宁了，“一日克己复礼，天下归仁焉”。这种把“求仁”(孔子曰：“我欲仁，斯仁至矣。”)为基础的思想实践于日用伦常之中，就是“极高明而道中庸”了。“极高明”要求我们寻求哲学思想上的终极理念(仁的形而上的意义)，“道中庸”要求我们把它实现于日常生活之中，而“极高明”与“道中庸”是不能分为两截的。如果说，孔子的“仁学”充分地讨论了“仁”与“人”的关系，那么孟子就更进一步注意论述了“仁”与“天”的关系，如他说：“尽其心者，知其性也；知其性，则知天矣。”(《孟子·告子上》曰：“恻隐之心，仁也。”)孟子把心、性、天联成一系，而使儒家的心性学说具有某种形而上的超越性意义。而朱熹说得更明白：仁者，“在天盎然生物之心，在人则温然爱人利物之心，包四德而贯四端也。”(《朱子文集》卷六十七)“天心”本“仁”，“人心”也不能不“仁”，“人心”和“天心”是贯通的，因而儒家“仁”的学说实是建立在道德形上学之上的，故《中庸》说：“诚者，天之道也；诚之者，人之道也。”[①]孔子儒家的这套“仁学”理论虽不能解决当今社会存在的“人与人之间关系”的全部问题，但它作为一种建立在道德形上学之上的“律己”的道德要求，作为调节“人与人之间的关系”的准则，对人们和谐相处无疑有其一定的意义。

要了解儒家的道德形上学，我认为可以从郭店竹简《性自命出》[②]得到一较为清晰的理路。在《性自命出》中有这样几句话：“道始于情，情生于性”，“性自命出，命自天降。”我们可以这样解释这几句话：人道(社会的道理，做人的道理)是由于人们之间存在着情感开始而有的，人的喜怒哀乐之情是由人性发生出来的；人性是由天给予的(人性得之于天之所命)，天命是“天”的主宰性和目的性的表现。从这几句看，“情”、“性”、“命”(天命)、“天”是儒家思想中的四个非常重要的概念。说“道始于情”而不说“道生于情”是有道理的，因“人道”是由人之“情”开始而有的，但并非“人道”均由人之“情”所生，盖“人道”亦可生于理性，或由学习而得，故《性自命出》中说：“知情者能出之，知义者能入之。”通达人情者能发挥人的正当的情感，了解礼义者能调节人的感情，因此礼义也和“情”息息相关，离不开人所具有的感情的表现，故《性自命出》中说：“始者近情，终者近义”；郭店竹简《语丛一》有：“礼因人之情而为之”，《语丛二》有：“情生于性，礼生于情。”

---

① 朱熹《中庸章句》注谓：“诚者，真实无妄之谓，天理之本然也。诚之者，未能真实无妄，而欲其真实无妄之谓，人事之当然也。”

② 湖北省荆门市郭店出土的一批竹简，据考古学界断定是战国中期(即公元前300年以前)的典籍，《性自命出》是其中一篇儒家重要典籍。

为什么“道始于情”，这是因为中国古代社会是一以家族为中心的宗法社会，因此亲情是维系家族的基础，由此推而广之也是维系社会的基础。先秦儒家学说就是以此开展开来的，所以“道始于情”作为先秦儒家思想的基本命题、特别是伦理思想的核心命题应是能成立的。在《论语》中没有记载孔子直接讨论“情”的言论，但从他为人行事都可以看出他是十分重“情”的，如“颜渊死，子哭之恸。”(《先进》)“子在齐，闻韶，三月不知肉味。曰：不图为乐之至于斯也。”(《述而》)但“道始于情”则是基于孔子的“仁者，爱人”的思想。上段引《中庸》中孔子的话：“仁者，人也，亲亲为大”就说明了这一点。在郭店竹简《唐虞之道》中说：“孝之放，爱天下之民”，《五行》：“爱父，其继爱人，仁也”，都可以作为上引孔子语的注脚。在《孟子》中也找不到直接谈到“情”的地方。但孟子的“四端”，特别是“恻隐之心”虽说是人性之发端，但实也是“人情”之内涵。① 孟子对人之所以有“恻隐之心”的论证说：“今人乍见孺子将入于井，皆有怵惕恻隐之心，非所以内交于孺子之父母也；非所以要誉于乡党朋友也；非恶其声而然也。”(《公孙丑上》)看见小孩将落入井，会自然出手相救，此出于恻隐之心，实为人性的内在感情之流露，所以《性自命出》中说：“道始于情，情生于性”，《语丛二》也有“情生于性”之语。

在先秦典籍中讨论“性”与“情”的关系的地方很多，如《荀子・正名》中说：“性之好恶喜怒哀乐谓之情”。这是说“人性”中的“好恶喜怒哀乐”叫作“情”(人情)。但在先秦典籍中“性”和“情”的含义所指，或者尚未明确分开。故《性自命出》中有“恶怒哀悲之气，性也”(此处之

---

① 朱熹《朱子语类》卷五谓：“四端，情也，性则理也。发者，情也，其本则性也，如见影知形之意。”又谓：“仁，性也；恻隐，情也，此是情上见得心。”

“气”或指人之“血气”，《语丛一》谓：“凡有血气者，皆有喜有怒，有慎有壮”)，“好恶，性也。”但荀子可以说已认识到“性”与“情”的分别。如《天论》中说：“好恶喜怒哀乐臧焉，夫是之谓天情。”这里的“天情”实指“天性”所内在具有的情感。“好恶喜怒哀乐”等感情是藏于人性之内的，这即与《礼记·乐记》中所说的：“人生而静，天之性也；感于物而动，性之欲也”，是相类似的看法。“性之欲”之“欲”即“情”。(董仲舒答汉武帝策问中说：“情者，人之欲也。”)从这里看，“性静情动”之说或为先秦儒家通行之看法(至少可以说是先秦儒家的重要看法之一)。故《性自命出》谓：“喜悦怒哀之气，性也。及见于外，物取之也”，又曰：“凡动性者，物也。”正是由于“物”的刺激藏于内的人性发挥出来就表现为各种各样的感情(或欲望)，这无非是“人生而静，天之性也；感于物而动，性之欲也”的另一种表述。这就是说，人的“性”是人之为人的内在本质，“情”是“性”感物而动的情感的流露，故《中庸》曰：“喜怒哀乐之未发谓之中，发而皆中节谓之和。中也者，天下之大本也。和也者，天下之达道也。致中和，天地位焉，万物育焉。”由人得自于“天命”之性，感物而动，发出来的感情合乎道理，合理则天地在其正当的位置，万物得以正常的发育成长，“生成得理故万物其养育焉”(《礼记正义·中庸》)。朱熹《中庸章句》谓：“大本者，天命之性，天下之理，皆由此出，道之体也。达道者，循性之谓，天下古今之所共由，道之用也。此言性情之德，以明道不可离之意。”以“体”说“天命之性”与“天下之理”，以“用”说“性情之德”，于此而把人之性情本之于“天命”，出之于“天理”的关系阐明，这正是“性自命出”之形而上的解释。盖所谓“天命”者，天之命令也，此言“天”有其必然如此之理。“天”为何有其必然如此之理，盖因在儒家看，“天”有“主宰之天”、“义理之天”、“苍苍之天”种种义。儒家对“天”的看法虽有变化，但却有不变之义。在孔孟“天”有“主宰义”，如孔子之“天丧予”，孟子之“顺天者存，逆天者亡”，而至宋儒则以“理”释“天”，“天即理也”（朱熹《论语集注》，《八佾》注），故宋儒多以“天理”言，而“天”则有更多的“义理之天”义，但“天”之“主宰义”仍存其中，故朱熹说：“天之所以为天者，理而已，天非有此道理，不能为天。故苍苍者即此道理之天”（《朱子语类》卷二十五），又说：“不敢违理，故曰畏天”（朱熹《孟子集注》，《梁惠王下》注）。[1] 就此而言，在儒家看来“天”无疑是具有神圣性、超越性的。朱熹说：“在天为命，禀于人为性，既发为情，此其脉理甚实，仍更分明易晓。”又说：“理者，天之体；命者，天之用。性是人之所受，情是性之用。”（《朱子语类》卷五），故“天”、“命”、“性”、“情”实贯通为一系，而“道始于情，情生于性”，“性自命出，命由天降”之论其所体现的“天”、“人”一贯之道明矣。而此“天”、“人”一贯之道必发挥而为“天人合一”的学说。

罗素在他的《西方哲学史》中说：“笛卡尔的哲学……它完成了、或者说极近乎完成了由柏拉图开端而主要因为宗教上的理由经基督教哲学发展起来的精神、物质二元论……笛卡尔体系提出来精神界和物质界两个平行而彼此独立的世界，研究其中之一能够不牵涉另一个。”[2]然而中国传统哲学与此不同，儒家认为研究“天”（天道）不能不知道“人”（人道）；同样研究“人”也不能不知道“天”，这就是儒家的“天人合一”思想。宋儒程颐说：“安有知人道而不知天道乎？道，一也。岂人道自是一道，天道自是一道？”（《二程遗书》卷十八）照儒家哲学看，不能把“天”、“人”分成两截，更不能把“天”、“人”看成是一种

① 朱熹：《孟子集注·尽心上》注谓：“天，又理之所从以出者也。”

② 罗素：《西方哲学史》，下册，马元德译，91页，北京，商务印书馆，1988。

外在的对立关系，不能研究其中之一而能够不牵涉另外一个。孔子说："人能弘道，非道弘人。""天道"要由人来发扬光大。朱熹说："天即人，人即天。人之始生，得之于天也；即生此人，则天又在人矣。"(《朱子语类》卷十九)"天"离不开"人"，"人"也离不开"天"。盖因"人"之始生，得之于"天"；既生此"人"，则"天"全由"人"来彰显。如无"人"，"天"则无生意、无理性、无目的，那么又如何体现其活泼泼的气象，如何为"天地立心"。为"天地立心"即是为"生民立命"，不得分割为二。我们这里讨论中国文化与西方文化对"天人关系"的不同看法，并无意否定西方文化的价值。西方文化自有西方文化的价值，并且在近两三个世纪中曾经对人类社会的发展产生了巨大影响，使人类社会有了长足的前进。但是人类社会发展到 21 世纪，西方哲学给人类社会带来的弊病可以说越来越明显了，其弊端不能说与"天人二分"没有关系。更何况这点东西方许多学者已有所认识，例如：1992 年 1575 名科学家发表了一份《世界科学家对人类的警告》，开头就说："人类和自然正走上一条相互抵触的道路。"因此，如何补救西方文化所带来的弊病，并为 21 世纪提供一对人类社会发展能做出积极贡献之观念，我认为"天人合一"的观念无疑将会对全世界人类未来求生存与发展有着极为重要的意义。那么儒家是如何论说"天人合一"的呢？

《论语・公冶长》中记有子贡的一段话："夫子之文章，可得而闻也。夫子之言性与天道，不可得而闻也。"在《论语》中确实很少记载孔子讨论"性与天道"的话，但我们却不能说孔子没有关注这个问题。①

① 《论语・泰伯》中说："巍巍乎唯天为大，唯尧则之。"认为人应该以"天"为法则而效法之。《季氏》中说："君子有三畏：畏天命，畏大人，畏圣人之言"，认为"天命"和"圣人之言"是一致的。这都说明孔子对"天人关系"的看法。

"性"即"人性"也就是关乎"人"自身的问题;"天道"是关乎"天"的法则问题,也就是关乎宇宙规律的问题,因此"性与天道"就是"天人关系"问题。孔子说:"性相近也,习相远也。"在郭店出土的竹简《成之闻之》中有一段话可以作为孔子这句话的注脚:"圣人之性与中人之性,其生而未有非志。次于而也,则犹是也。"[①]这意思是说,圣人与中材的人在人性上是相似的,他们生下来没有什么不同,中材以下的人,情况也是一样。所有的人其本性没有什么不同,只是在后天的生活环境中才有了不同。在这里,孔子并没有说人性是"善"还是"恶",或如一张白纸,"无善无恶",因而以后的儒家才有了对"人性"的不同解释。[②] 那么"人性"是怎么来的呢?《中庸》中说:"天命之谓性"。"人性"是由"天"赋予的。郭店竹简有句类似的话:"性自命出,命由天降"。这里的"命"是指"天命"之"命"。"命"是由"天"降的,它是由"天"决定,非人力所能及,因此"天命"是一种超越的力量。在中国古代对"天"有种种看法,儒家孔孟一系大体上认为"天"不仅是外在于人的一种超越力量,"死生有命,富贵在天";而且是内在于人的一种支配力量,"存其心,养其性,所以事天也。殀寿不贰,修身以俟之,所以立命也。"(《孟子·尽心上》)孔子"五十而知天命","知天命"即是能依据"天"的要求而充分实现由"天"而得的"天性"。所以"天人合一"一直是儒家的基本思想。郭店竹简《语丛一》中说:"知天所为,知人

---

① 李零:《郭店楚简校读记》中说:"'成之闻之曰','成'或即作者名。"甚是。"成"闻于何人,不可知,是否闻于孔子之弟子或再传弟子?

② 章炳麟《辨性》上篇谓:"儒者言性有五家:无善无不善,是告子也。善,是孟子也。恶,是孙卿也。善恶混,是杨子也。善恶以人异殊上中下,是漆雕开、世硕、公孙尼、王充也。"参见刘盼遂著《论衡集解》卷三《本性篇》,北京古籍出版社,1957;黄晖著《论衡校释》卷三《本性篇》,上海,商务印书馆,1938。

所为，然后知道，知道然后知命。”知道“天”(宇宙)的运行规律，知道“人”(社会)运行规律，合两者谓之“知道”。知“道”然后知“天”之所以为支配“人”的力量(天命)之故。所以《语丛一》中说：“易，所以会天道、人道也。”《易》是讨论“天人合一”问题的。王夫之在《正蒙注》中说：“抑考君子之道，自汉以后，皆涉猎故迹，而不知圣学为人道之本。然濂溪周子首为太极图说，以究天人合一之原，所以明夫人之生也，皆天命流行之实，而以其神化之粹精为性，乃以为日用事物当然之理，无非阴阳变化自然之秩叙，而不可违。”王夫之这段话可说是对儒家“天人合一”思想的较好的解释。“人道”本于“天道”，讨论“人道”不能离开“天道”，同样讨论“天道”也不能离开“人道”，这是因为“天人合一”的道理既是“人道”的“日用事物当然之理”，也是“天道”的“阴阳变化自然之秩叙”。这样，儒家的“天人合一”学说就有着重要的哲学形上的意义。这种把“人道”和“天道”统一起来研究是中国儒家学说一个特点。这一哲学思维模式正因其与西方哲学“天人二分”的思维模式不同而可贡献于人类社会。

儒家注重积极治世，要求用他们的道德理想来治国平天下，因此它对“性与天道”作了较为充分的讨论。从以上分析看，我们也许可以说儒家思想是一种建立在修德敬业基础上的人本主义，它可以在人们提高其作为“人”的内在品德方面贡献于社会。儒家思想中的“天人合一”把“天”和“人”、把“天道”和“人道”统一起来思考的思维模式同样可以贡献于今日人类社会。这就是说，儒家思想不仅可以在调整“人与人的关系”和“人与自然”的关系上都可以提供不可忽视的资源，而且就其哲学的思维方式和形上层面也会对21世纪的哲学发展有着重要意义。但是，如果夸大儒家思想的意义，其人本主义将会走向泛道德主义。同样，如果中国哲学家不认真吸收西方哲学的重知识系统、重逻辑分析的精神，从西方哲学这个“他者”来反观自己的哲学问题，那么其天道性命的“天人合一”思想就很难克服其一定程度上的直观性，也很难使它开拓出一个更高的新层面。因此，我们必须给儒家思想以适当的新的解释，使之成为具有现代意义的哲学。当今人类社会各民族、各国家大概都能从其文化传统中找到某些贡献于人类社会的资源。不过各民族、各国家都应看到自己的文化传统只能在某些方面作出贡献，而不可能解决人类社会存在的一切问题。中国的儒家哲学作为世界多种哲学的一种，我们应该清醒地给它一个适当的定位。中国哲学要想在21世纪走在人类哲学的前列，必须在充分发挥其自身哲学内在活力的基础上，排除其自身哲学中过了时的、可以引向错误的部分，大力吸收其他各种文化的先进因素，使我们的哲学“日日新、又日新”而不断适应现代社会发展的要求，在解决“和平与发展”问题和人类终极关切的哲学问题上作出贡献，这才是中华民族真正的福祉。

关于编纂《儒藏》的意义和几点意见*

一

最近教育部公布了《教育部哲学社会科学研究重大课题攻关项目2003年度课题和第四批重点研究基地2003年度招标课题》，其中有一项《〈儒藏〉编纂与研究》，我认为这是一项非常有意义的重大工程。我们知道，在中国历史上，曾多次把佛教经典及其注疏等文献编辑为《佛藏》，同样，也多次把道教的经典、文献编成为《道藏》。20世纪80年代以来，我国又编辑了《中华大藏经》，使佛教藏经的集成进入了一个新的阶段。同时，中国道教协会也正在编辑标点本的《道藏》，以为现代读者和使用者提供一个更为方便的文本系统。值得注意的是，我国传统的思想文化，历来号称"儒"、"释"、"道"三分天下，可是千百年来，我国有《佛藏》、《道藏》，虽明清两代有编纂《儒藏》的建议，但始终没有把儒家思想文化的典籍、文献集大成地编辑为一个体系

---

* 本篇原载《中华读书报》2003.9.10。

的《儒藏》，这不仅与儒家在中国历史文化中的主流地位极不相称，更不能满足传统文化的整理与研究日益广泛深入的需要。

事实上，虽然在历史上儒、释、道三家并称，但三家在中华文化中的地位是不同的，儒家思想文化是中华文化的主体。从经典体系来看，儒家所传承的“六经”，都是在孔子以前已经形成的，这些经典是夏、商、周三代文明的精华；而孔子开创的儒家，与先秦其他各家的最大不同，就是儒家始终以自觉传承六经为己任，六经所代表的中国古代文化正是通过和依赖于儒家的世代努力而传承至今。历代儒家学者对《尚书》、《诗经》、《易经》、《春秋》等的不断整理、解释，和对其中思想文化的推衍与发展，构成了儒家典籍体系的主要内容。由此可见，就经典的根源来说，与根源于印度的佛藏和后起的道藏不同，儒家的典籍体系不是某一宗教的经典，而是中华文明的经典。

由于儒家具有如此深厚的文化根源，由于儒家的积极入世的实践精神，由于儒家所具有的深厚历史感、文化感、道德感，由于儒家在传承历史文化上的自觉努力，不仅使得历代主政者无不重视儒家的政治——文化功能，也使得儒家的价值观逐渐成为中国人的价值观的主体，使得儒家成为中国文化的主流。儒家崇德贵民的政治文化、孝悌和亲的伦理文化、文质彬彬的礼乐文化、远神近人的人本取向渗透到中国社会文化的各个方面。儒家哲学强调阴阳互补和谐与永久变易以及天人合一的宇宙观，成为中国古典哲学的重要基础。儒家的价值理念，不仅通过个体表现为强烈的道德主义、积极的社会关怀、稳健的中庸精神、严肃的自我修养，也表现为人道主义、理性态度、重视传统的整体性格。这一切都深刻地影响了中华民族的文学、艺术、伦理、哲学、宗教、科技、医药以及政治经济等各个方面的发展，历史地成为中国文化的主流。

中国古代文化是“轴心时代”几大文明之一，而儒家是轴心期中国思想的重要成分。历史学家早已指出，轴心时代的思想传统经过两千多年的发展，已经成为人类文化的共同财富，人类一直靠轴心时代所产生的思考和创造的一切而生存，而人类历史上每一次新的飞跃无不通过对轴心期的回顾而实现，并被它重新点燃。在踏入新千年之际，世界思想界已出现对于“新的轴心时代”的呼唤，这要求我们要更加重视对古代思想智慧的温习与发掘，以回应世界发展的新局面。因此，《儒藏》的编纂不仅是为了弘扬和发展中华文化的真精神，而且也是为了面向世界，对当今人类文化发展作出新贡献。

历史上虽无《儒藏》，但历代王朝都有过汇编儒家经典的举措。如唐朝的《五经正义》，宋代的《十三经》，明朝的《四书大全》和清朝的《十三经注疏》及各种经解，尤其是清朝编辑的《四库全书》，收入了不少儒家文献。20 世纪 80 年代以来，有关方面又编辑了《四库全书存目丛书》和《续四库全书》。这些都为我们今天编辑《儒藏》准备了基础。如果我们编出《儒藏》，在儒家文化研究方面就可以代替上述所有各书，使得研究和使用更为方便；《儒藏》还将搜集未收入上述各书的儒家著述文献，将使我们有一部最完备最完整的儒家思想文化著述的总汇。这不仅使我们可以更系统、更全面地了解儒家文化对于中华民族生存发展的重要意义，也是使中华文化走向世界，使全世界人文社会科学研究得以利用中国文化资料检证人文社会科学理论的一项非常重要的基础建设。

《儒藏》所收文献的下限可定在清朝的结束，为《儒藏》正编。其中的内容，按传统的分类，应当包括“经部”的大部或全部，“史部”的部分，“子部”的儒家类等，和“集部”中别集的部分和总集的部分。在正编的基础上，如果条件许可，还可以与国外合作编辑《儒藏》的续编，续编可包括韩国、日本以及东亚其他国家地区历史上(前近代)以汉文写作的儒家文献。

二

《儒藏》的编纂是一项前所未有的巨大工程，必须集思广益，要由众多的专家学者一起讨论，才能制定出一个比较完善的规划。因此，这项工程决不是任何一个单位可以完成的，它要由有关各高等学校、科研机构、出版社通力合作才有可能完成。为了便于讨论，我们有以下初步意见，希望它能作为讨论的基础。在经过众多专家、学者讨论后，它或者可以成为大家都赞同的《儒藏》编纂的方案。甚至我们可以设想，在编纂《儒藏》的过程中，还会对方案作部分的修改。这里，把我们考虑到的一些意见，提出供大家讨论：

第一，编纂的这部《儒藏》可定名为《中华儒藏》，《中华儒藏》又分为两种：《中华儒藏》精华本和大全本。《儒藏》精华本是在儒家典籍的每部类中挑选10种左右重要的有代表性的著作编辑成册，以竖排繁体标点本(附校勘记)的形式出版。现在儒家典籍多以影印形式出版，如《四库全书》、《四库全书存目丛书》、《续四库全书》(现又准备影印文津阁《四库全书》)、《四库全书禁毁丛书》等儒家典籍均为影印，目前国家图书馆还在影印古籍善本和孤本，其中包括大量影印的儒家经典，如再影印一部影印本《儒藏》大多是重复已有之影印本似无必要，又影印本不便于一般读者甚至研究者利用。《儒藏》精华本因有标点，又有“校勘记”，便于更多的一般读者利用，使之更好地服务于儒家经典的阅读和研究。《儒藏》大全本是对全部儒家典籍用扫描的办法，按我们规定的字体要求，经过识别、校定和断句，附以“校勘记”的形式排印出版。自80年代起，我国曾以《赵城藏》为底本，补以其他各种善本佛典编成《中华大藏》，这对保存和研究佛教文化有着重大意义，因为世界上只有一部《赵城藏》。但就目前看，阅读佛典和研究佛教的学者、学生以及佛教的信仰者、有兴趣于佛教者，大都仍然利用佛典标点排印本或断句本，特别是研究佛教的专家、学者在进行佛教的研究时还是要利用日本出版的《大正藏》。因为《大正藏》有断句（尽管有错误），有校勘记，便于利用。学者们往往是在利用《大正藏》发生字句上的问题时，才参考影印本的佛典或其原本。如果我们编纂出有标点的《儒藏》精华本和有断句的《儒藏》大全本，以后海内外阅读研究儒家典籍、儒家思想的人将都要使用这两套书。我们将先编《儒藏》精华本，再编《儒藏》大全本。为工程的顺利开展，我们打算先编出《儒藏》精华本中的《论语精华》作为样本，以供编纂其他部类典籍的参照之用，这样可以使这套《儒藏精华》在体例上大体一致。在编纂《论语精华》的同时，将编出《儒藏精华本目录》（初稿）和《儒藏大全本目录》（初稿），作为征求意见稿。为编纂《儒藏》顺利进行，现已编出《〈儒藏〉编纂体例》，以备征求意见之用。

第二，《儒藏》的编纂不仅仅是一项技术性的工作，只有在做大量研究的基础上，才可以编出一部传世大文库。首先我们会遇到编纂体例问题，现我们已有一初步的"《儒藏》编纂体例"，在进一步修订之后提出供专家学者讨论之用。其次是"编目"问题，这涉及哪些书该收入，哪些书可作为"存目"，选哪一种书作底本，如何作"校勘记"等等。《儒藏》大全本，要着眼于"全"，不可漏掉重要的儒家典籍。《儒藏》精华本，要着眼于"精"，一定要把最重要的儒家典籍选入。因此，"编目"就是一项研究工作。编出一部好的《儒藏大全总目》和一部好的《儒藏精华总目》都可以说是重要研究成果。每一部典籍的标点或断句是否正确无误，选本是否恰当，"校勘记"是否简明准确，都是要在研究的基础上才能做好。由于《儒藏》的编纂是一项10年至15年、甚至是20年才能完成的大工程，因此在编纂《儒藏》的同时，应对儒家经典和儒家思想作全方位的研究。我们知道，编纂《儒藏》不是为了装点门面，而是为了在这即将到来的中华民族伟大复兴的前夜，继承和发扬中华民族“自强不息、厚德载物”的精神继往开来，创建中国的新文化，并让中华文化走向世界；是为了给广大读者提供能了解和利用的儒典大文库。为此，我们可以利用编纂《儒藏》的有利条件，组织力量编写出有较高质量的《儒学史》和《儒家人物研究》(如《孔子思想研究》、《朱熹思想研究》等)、《儒家典籍研究》(如《论语研究》、《春秋繁露研究》等)、《儒家理论问题研究》(如《儒家天人合一思想研究》、《儒家人性论研究》)等丛书，每类丛书可暂定为50本，使之可以较全面覆盖“儒家及其思想”的方方面面。还可以考虑组织力量撰写对当前人类社会所面临的重大课题的研究，如《儒家思想对当今“和平与发展”问题可有之贡献》、《儒家思想与全球伦理问题》、《儒家思想与生态问题》等等。我们希望这些书的编写不是发思古之幽情，而是能考虑中华文化发展的前途，考虑人类社会的合理走向。这些项目可用招标方式，以便保证质量。

第三，《儒藏》是一项巨大的工程，需要全国(包括港台)专家学者通力合作。任何一个单位要单独完成这一巨大工程都是不可能的。况且就目前情况看，真正能胜任此项工作的专家学者并不太多，而且这些专家学者手头往往已有若干项目，有的年事已高只能起指导作用，很难具体参与(如担任某书的校点工作)，因此必须把全国高等院校、科研机构以及出版社等组织起来，分工负责地完成这一重大的项目。我们建议，可由某一个单位承包某一方面的《儒藏》编纂任务(如承包《儒藏》中的“易类”或“四书类”等等)。承担《儒藏》某类任务的单位，可推举出一位该单位的联系人，联系人除与本单位有关人员保持联系外，并经常与编委会保持联系。为保证《儒藏》编纂工作的顺利完成和后续有人，招收相关专业的研究生非常必要。对中国传统文化有较深入研究并能胜任儒家经典的校点工作的专家学者数量并不很多，估计大约只有几百人，而且其中相当部分年事已高，不可能长期从事《儒藏》的编纂工作。在这种情况下，急需培养一批能从事中国传统文化的研究和整理的力量。为此，我们建议由有条件的高等学校招收一批硕士和博士研究生，其中硕士研究生可实行硕博连读。他们可以一边参与《儒藏》编纂工作，一边系统学习儒家思想和儒家典籍。博士生可选择一儒学研究题目作为博士论文的选题。同一地区的高等学校还可以实行联合培养。花十年、八年的时间培养出一批青年学者，这不仅充实了编纂《儒藏》的力量，而且是为我们国家培养出一批推动中国文化的研究和使中国文化走向世界的新生力量。

今天，中华民族正处于伟大的民族复兴的前夜，重新回顾我们这个民族文化的源头及其不断发展的历史，必将对中华文化的伟大复兴发挥重要的作用。为了系统地、全面地、深入地研究儒家思想的方方面面，把儒家经典及其在各时代的注疏，把历代儒家学者的著述，把体现儒家思想文化的各种文献，编辑成一部儒家思想文化大文库《儒藏》，供世人阅读和研究，无疑对当今和后世都是十分必要的，而且具有重大的历史意义。

再谈我们为什么要编《儒藏》*

我曾经写过一两篇文章说明我们编《儒藏》的理由，主要是从以下四个方面来考虑的：

第一，在我国历史上儒、释、道三家并称，而自宋以来，历代王朝都编有《佛藏》、《道藏》，却始终没有把儒家思想文化的典籍文献集大成地编辑成《儒藏》，这与儒家在中国历史文化上的地位极不相称。第二，儒家思想文化是中华文化的主体，从经典体系来看，儒家传承着的“六经”，是夏、商、周三代文明的精华，它与先秦其他各家不同，始终以自觉地传承“六经”为己任。以“六经”为代表的中国古代文化正是通过和依赖儒家的世代努力而传承至今，深刻影响着中华民族的哲学、宗教、伦理、文学、艺术、医药、政治、法律、经济诸多方面，并对东亚文明有着广泛的影响。第三，此次编纂《儒藏》将用繁体标点加校勘记的方式，以纸质本与电子光盘同时出版发行，这不仅便于阅读和了解版本的异同，而且可以利用电脑进行全文检索，

* 本篇原载《群言》2005 年第 7 期。

以便更加全面地把握儒家思想内在精神。第四，中国古代文明是“轴心时代”几大文明之一，而儒家是轴心期中华思想文化的重要部分，历史学家早已指出，“轴心时代”的思想文化传统经过两千多年的发展，已成为人类文明的共同财富，人类社会一直靠“轴心时代”所产生的思考和创造的一切而生存，而人类历史上每一次新的飞跃无不通过对轴心期的回顾而实现，并被它重新点燃。在踏入新的21世纪之际，世界思想界已出现了对于“新的轴心时代”的呼唤，这就要求我们更加重视对古代思想智慧的温习与发掘，以影响世界文化发展的新局面。

2002年10月，北京大学提出编纂《儒藏》的构想，2003年12月取得教育部哲学社会科学研究重大课题攻关项目的立项；2004年6月又被批准为“全国社会科学基金”的重大项目。在这一年半的过程中，该项目得到了中外学者和广大民众的支持，但我们也常收到一些朋友和关心此项学术文化事业人士的来信，他们问当今人类社会已进入到经济全球化、科技一体化和信息网络的时代，儒家思想文化到底能起什么作用，更何况儒家思想中有许多并不适应现代人类社会生活需要的思想，甚至可以说有着许多今天看来人们无法接受的观念。

我想，我们编纂《儒藏》的目的和编纂《佛藏》、《道藏》一样，都是旨在把中国思想文化的典籍经过系统整理，以便收藏、保存和便于利用，以达到弘扬和发展中国思想文化的目的。有了这样一套经过精心整理的儒家思想文化大文库，将为人们提供研究儒家思想的可信的资料。我们并不认为，儒家思想文化都能适应现代人类社会的现实，更不认为它能解决当今人类社会存在的所有复杂问题。而这些问题，无疑是要我们利用这些儒家的典籍和文献进行深入讨论和研究的。但是，当前人类社会可以说存在着极为复杂的种种矛盾，儒家思想文化能否为解决或部分解决当前人类社会存在的问题提供一些有意义的思想资源呢？在近几十年中，经过中外学者的努力已经整理和发掘出儒家思想文化的若干方面可以有益于解决当今人类社会存在的某些问题的资源。当然，要全面论述儒家思想文化的当代意义，大概需要中外众多学者经过长期的讨论和研究，才可能取得重要的成果。然而有一部儒家思想文化的大文库，对研究和了解它的价值和问题无疑都是十分必要的。在这里，我们不可能全面地讨论这个问题，不过至少我们可以看到对当前人类社会存在的几个重大问题，儒家思想文化无疑可以提供某些十分有意义的资源。

在人类社会进入21世纪的时候，我们回过头来看看20世纪的历史，我们会看到人类社会取得了飞速发展，同时却发生了两次世界大战和种种尖锐的矛盾。现今虽然走出了冷战时代，但人类面临的问题更多、更复杂。作为自然界一部分的人，在他们征服自然的过程中，不仅掌握了大量破坏自然的工具，而且也掌握了毁灭人类自身的武器，正如1992年世界1575名科学家发表的一份《世界科学家对人类的警告》中提到：人类和自然正走上一条相互抵触的道路。我认为，这个观点反映了当前的现实。对自然界的过量开发，资源的浪费，臭氧层变薄，海洋毒化，环境污染，生态破坏，人口暴涨，严重地破坏了"人和自然"的和谐，威胁着人类自身生存的条件。对权力和金钱无止境的获取，由于片面的物质利益的追求，对自然资源的争夺、占有和权力欲望的膨胀，造成了民族与民族、国家与国家、地域与地域的对立和战争。过分注重金钱和物质享受，造成人与人之间关系的紧张。社会冷漠，心灵孤寂，人与人之间心灵上的隔膜，在日常生活中互不理解甚至仇视，这样发展下去终将导致人类社会的瓦解。由于人们无止境追求感官享受，致使心身失调，人格分裂，由于心理的不平衡引起精神失常、酗酒、自杀、杀人等等，造成自我身心的扭曲，已经成为社会病，而严重地影响社会的安宁，使社会无序和混乱。所有这些问题如何解决？当然，各民族的思想文化都可能为解决这些问题提供有意义的资源。但中华民族有着长达五六千年不间断的历史文化传统，作为我们这个民族的主流儒家思想文化，其中也必然会为解决当前人类社会存在的问题提供极其有意义的思想文化资源。下面我只想举几个例子来说明这一问题：

儒家的“天人合一”思想可以为解决“人与自然”的关系提供有意义的资料。出土于湖北荆门地区的《郭店楚简》是公元前300年前的宝贵文献，其中说：“易，所以会天道人道也。”《周易》这部书是讲会通天道、人道的所以然的道理的书。这是我们现在能见到的最早对“天人合一”思想的表述。儒家历代思想家都着力阐发着这一“天人合一”思想。朱熹说得很明白：“天即人，人即天。人之始生，得之于天，即生此人，则天又在人矣。”“天”离不开“人”，“人”也离不开“天”。人初生时虽然是得之于“天”；但是既生此“人”，则“天”全由“人”来彰显。因此，照儒家看，不能把“天”和“人”分为两截，更不能把“天”和“人”看成是一种外在的对立关系。这种“天人合一”的思维模式，说明我们必须把人与自然的关系作为一整体来统一考虑，不能只考虑一方面，而不考虑另一方面。由此可见，在当今自然界遭受严重破坏时，“天人合一”作为一种思维模式应说对解决“人和自然”的关系有着正面的积极意义。

孔子的学说常常被称为“仁学”。《郭店楚简》中说：“道始于情”。人间的道理是从感情开始建立的。樊迟问“仁”，孔子回答说：“爱人”。这种“爱人”的思想由何而来？《中庸》引孔子的话说：“仁者，人也，亲亲为大。”“仁爱”精神是人自身具有的，爱自己的亲人是出发点。但“爱人”的感情不能停止于此，所以《郭店楚简》中说：“爱而笃之，爱也；其继爱人，仁也。”“孝之放，爱天下之民。”这就是说，孔子的“仁学”要求由“亲亲”扩大到“爱民”，才叫作“仁”。所以孟子进一步提出“仁政”思想。孔子说：“克己复礼为仁，一日克己复礼，天下归仁焉。”这是说，只有在“克己”的基础上“复礼”才叫作“仁”。费孝通先生解释说：“克己才能复礼，复礼是取得进入社会、成为一个社会人的必要条件。”这话很有道理。因为“仁”是人自身的内在品德(“爱生于性”)，“礼”是规范人的行为的礼仪制度，它的作用是为了调节人与人之间的关系，“礼之用，和为贵”。人们进入社会必须遵守一定的礼仪制度，而对礼仪制度的遵守应该是自觉地出乎人的本性的要求，才符合“仁”的要求。这种把“仁爱”精神按照一定的规范实现于日常生活之中，这样社会就会安宁和谐了，“一日克己复礼，天下归仁焉。”孔子儒家思想，对于一个国家的治国者，对于现在世界那些发达国家的统治集团应是有极其重要的意义。“治国”、“平天下”应行“仁政”、“王道”，不应行“霸道”。行“仁政”、“王道”才可以使民族与民族、国家与国家、地域与地域之间“和平共处”；行“霸道”只会引起民族与民族、国家与国家、地域与地域之间的无休止的冲突，甚至于战争。孔子儒家的“仁学”无疑应受到重视。

不同民族和国家之间，在文化上是有许多共同点，但也不可避免地因地理的、历史的、人种的、甚至某些偶然的原因而存在着文化上的差异。如何使这些文化上的差异不至于引起民族与民族、国家与国家、地域与地域之间的冲突和战争，正是我们当前必须面对的问题，例如，科索沃问题、巴以问题、伊拉克问题、阿富汗问题都与民族文化有关。我们不承认在文化上存在着民族与民族、国家与国家、地域与地域之间有着不同，这是不行的。既有不同，那么我们应如何办？孔子的“和而不同”作为一种处理不同文化之间关系的原则是有非常重要意义的。2002 年 10 月 24 日，江泽民同志在美国前总统乔治·布什图书馆发表演讲时说："两千多年前，中国先秦思想家孔子提出'君子和而不同'的思想。和谐又不千篇一律，不同而又不互相冲突。和谐以共生共长，不同可以相辅相成，和而不同，是社会事物和社会关系发展的一条重要规律，是人类各种文明协调发展的真谛。"我们面对现实，必须承认不同，而又能和谐相处，这才可能避免因文化的差异而引起的冲突和战争。为此，在各民族与各国家之间只能在文化对话中，实现相互理解和达到一定程度的相互"认同"，才能造成文化多元共存、共同发展和繁荣的局面。

儒家思想特别强调人的道德实践对于理想的和谐社会的重要意义。儒家的重要经典之一《大学》首章中说："大学之道，在明明德，在新民，在止于至善。"朱熹注说："新者，革其旧之谓也。言既自明其明德，又当推以及人，使之亦有以去其旧染之污也。……言明明德、新民，皆当止于至善之地而不迁。"明明德、新民的目的在止于至善。所以《大学》中认为，修身、齐家、治国、平天下，"自天子以至于庶人，壹是皆以修身为本"。这就是说，儒家认为如果每个人道德修养好了，那么"家"可以齐，"国"可以治，"天下"可以太平。据此，在《礼记·礼运》中记载了儒家"大同"社会的理想。所谓"大同"社会也就是人类所追求的在社会、政治、经济、文化上诸多方面的和谐社会，这从原则上说应是人类所向往的理想社会了。

儒家和谐社会的理想既然是建立在人的道德修养(修身)提高的基础上，因此，儒家特别重视人的自我身心内外的修养。儒家认为，生死和富贵不是人应该追求的目标，而道德学问才是人追求的目标，孔子说："德之不修，学之不讲，闻义不能徙，不善不能改，是吾忧也。"我们应该修养自己的道德，提高自己的学问，身体力行合乎道义的事，随时改正自己的错误，这是做人的基本道理。只有自我的道德学问提高了，并能身体力行，人自身才可以达到身心内外的和谐，而不至发生身心失调、精神失常，以至沦为社会的罪人。

当然，在儒家思想中还有许多对当今人类社会有意义的资源，例如孔子提倡的“已所不欲，勿施于人”已被人们视为伦理金律；儒家的“知行合一”已成为人们应该遵行的信念，等等。但是，上述儒家的“合天人”(合者，不相离也；即人与自然的和谐)，“同人我”(把“他人”都当成是自己的同胞、兄弟，即人与社会的和谐)，“一内外”(使自我身心内外统一和谐，即人自身的和谐)，是我们人类社会所应追求的。当然对于任何古代伟大思想家的思想，我们都必须给以分析和鉴别，并给以现代的诠释以适应现代人类社会合理、健康发展的要求。我们还要再重复说明，编纂《儒藏》是为了给人们提供对儒家思想文化进行研究的比较完整系统的可靠的资料，以便我们更好地利用人类文明这一份宝贵的遗产为人类社会得以“和平共处”、“共同发展”、“相互尊重”、“相互理解”以及人类的和谐安宁作出应有的贡献。司马迁说：“居今之世，志古之道，所以自镜者，未必尽同。”借鉴古之圣贤的智慧以利于今日人类社会的合理、健康发展无疑是非常重要的。

魏晋玄学发展的历史*

对一个时代的哲学思想发展，如果能清楚明白地勾画出它发展的阶段性，找出其前后发展阶段性的逻辑联系，这样我们才可以说揭示出它的发展的内在理路。也只有揭示出一个时代哲学思想发展的内在理路，才可以说哲学史成为一门具有科学性的学科。

魏晋玄学的发展可分成几个阶段，我曾在《郭象与魏晋玄学》一书中讨论过，当时我把玄学的发展分为四个阶段：

(1)以何晏、王弼为代表的正始时期(240～249)的玄学；

(2)以嵇康、阮籍为代表的竹林时期(255～262)的玄学；

(3)以裴頠、郭象为代表的元康时期(291年前后)的玄学；

(4)以张湛为代表的东晋时期(317年以后)的玄学。

* 本篇选自作者《魏晋玄学论讲义》第三、四、九章，厦门，鹭江出版社，2006。

然而，我在该书的第112～113页中有如下一段：

魏晋玄学从何晏、王弼开始，特别是王弼对“有”和“无”的关系作了比较深入的论证，以“体”（本体）和“用”（功用、现象）来说明“有”和“无”的关系，并提出“无不可以无明，必因于有”，所以“无”作为“本体”而在“有”中，要由“有”来呈现，因而视“体”、“用”如一。但是王弼体系中由于强调“无”的绝对性，所以又有“崇本息末”的思想，这样就造成了王弼思想体系中的自相矛盾。就其“崇本息末”方面说，可以引出否定“有”，而包含着“非有”的意思。王弼的“贵无”经过向秀、裴頠，发展到郭象的“崇有”。照郭象看，“有”是唯一的存在，在天地万物之外（之上）再没有什么作为它的“本体”（或造物主），万物的存在均根据其“自性”，而“自性”又是“忽尔而自生”的，所以他说：“无既无矣”，这样直接否定了本体之“无”，而包含着“非无”的意思。东晋张湛注《列子》，又企图在他的体系中同时容纳王弼、郭象两人的思想，他一方面说“群有以至虚为宗”，“无”（至虚）是“有”存在根据，“无”是“有”的本体，“无”是不生不灭、无聚无散的，而“群有”是有生有灭，有聚有散的，故“万品以终灭为验”，所以是“非有”；而“群有”又都是“忽尔而自生”，它的存在不是有目的有条件创造的，因而又可引出“非无”的思想。然而张湛上述两点，是机械地拼凑在一起，是矛盾的，因而他的体系亦不严密。恰好般若空宗讲“非有非无”，它在理论体系上比张湛严密得多，因此可以说僧肇的“不真空义”是接着王弼、郭象而发展了玄学。僧肇的思想虽是从印度佛教般若学来的，但却成为中国哲学重要的组成部分，使魏晋玄学成为由王弼—郭象—僧肇，构成中国传统哲学的一个发展圆圈。

上引这段话，除有些提法应修正外，在魏晋玄学的发展阶段问题上，看来也没有弄得很清楚。现在对此问题作些补充说明。把魏晋玄学的发展划分为四个阶段，是根据东晋袁宏《名士传》中的一段话所作出的，《世说新语・文学》“袁彦伯作《名士传》成”条注谓：

> 宏以夏侯太初、何平叔、王辅嗣为正始名士，阮嗣宗、嵇叔夜、山巨源、向子期、刘伯伦、阮冲容、王濬冲为竹林名士，裴叔则、乐彦辅、王夷甫、庾子嵩、王安期、阮千里、卫叔宝、谢幼舆为中朝名士。

袁宏把从魏正始到西晋(265～317)的玄学划分三个发展阶段，盖因袁宏为东晋(317～420)初人，自还不可能把其后的张湛列入他的“名士传”，作为第四个阶段。我在《郭象与魏晋玄学》中把张湛作为第四阶段大体上说也是可以的，但并不完整。或者应把僧肇看成玄学发展的第五阶段。而这五个阶段的划分如果照列宁《谈谈辩证法》中所肯定的关于黑格尔“把哲学史比作圆圈”的思想，实际上可以归为三个阶段：即王弼(经过嵇康、阮籍、向秀、裴頠)—郭象(经过张湛、道安)—僧肇。这个圆圈，从哲学思想的发展上看是一螺旋上升的：“贵无”—“崇有”—“非有非无”，这是一个“正”—“反”—“合”的发展过程。而其中的嵇康、阮籍、裴頠、向秀以及张湛、道安等是这个圆圈中的“正—反—合”三个环节中的某种过渡。因此，我以为应该对《郭象与魏晋玄学》一书在此问题上作些补充和修正。现此顺便说一下，中国哲学也许是由几个大的螺旋上升的“正—反—合”而构成其发展的全貌。“先秦哲学—两汉哲学—魏晋哲学”构成第一个圆圈；“魏晋玄学—隋唐佛学—宋明理学”构成第二个圆圈；也许可以预示着“宋明理学—西方哲学的传入—将来中国哲学的重建”可能又是一个圆圈。我本来打算在《论中国传统哲学》一课中讲的。（按：“论中国传统哲学”一课是1985年暑假后所开的课，只讲了第一讲：“当前研究中国传统哲学有什么意义”后因要出国开会而没有继续下去，因此关于中国哲学发展的圆圈也没有再继续研究下去。现在看来，这个圆圈式的考虑是有点简单化。但我那时讲“当前研究中国传统哲学有什么意义”，多少反映了当时中国哲学研究的状况。）

一、正始时期的玄学

正始时期的玄学家可以何晏（190～249）、王弼（226～249）为代表，尤以王弼对中国哲学的影响最大。《晋书·王衍传》中说：

> 魏正始中，何晏、王弼等祖述老庄，立论以为天地万物皆以无为本。无也者，开物成务，无往不存者也。阴阳恃以化生，万物恃以成形，贤者恃以成德，不肖恃以免身。故无之为用，无爵而贵矣。

这一段话可以说是对何晏、王弼“贵无”（以无为本）思想的简要概括：

（1）何、王的学说来源于老庄。《三国志·魏书·曹爽传》附《何晏传》谓：晏“好老庄言”；《世说新语·文学》“何晏为吏部尚书”条注引《魏氏春秋》：“晏少有异才，善谈易老”；同条引《弼别传》：“好庄老，通辩能言。”《三国志·魏志·钟会传》：“初，会弱冠与山阳王弼并知名。弼好论儒道，辞才逸辩，注《易》及《老子》。”又注引何劭《王弼传》："弼注《老子》，为之《指略》，致有理统，著《道略论》，注《易》，往往有高丽言。"《老》、《庄》、《易》合称"三玄"。

(2)何晏、王弼的思想(立论)是"天地万物皆以无为本"。王弼《老子》第四十章注："天下之物，皆以有为生；有之所始，以无为本。将欲全有，必反于无也。"《列子·天瑞篇》张湛注引何晏《道论》谓："有之为有，恃无以生。事而为事，由无以成。"自然界的种种现象和社会生活的种种准则都是靠"无"得以形成和维系，所以"无"为"体"。

(3)"无"(本体)的作用非常之大(以无为用)，它并非因为什么爵位而贵重。意思是说：它并不是什么人格神(如天帝)那样而贵重，"无"并无意识，它只是事物存在的根据和道理，"物无妄然，必由其理"，就这点看玄学有反汉学目的论的意义。

据各种史料看，何晏、王弼虽好老庄，但在曹爽当政时，由于从汉刚过渡到魏未久，儒学虽衰，但余势犹存，所以何晏于注《老子》未毕而作《道德论》外，并撰《论语集解》；而王弼于注《老子》外，又注《易》，并撰《论语释疑》，可见他们也很重视对儒家经典的研究。从现存的史料看，何、王虽立论根据《老》、《庄》，重在发挥道家思想，并用道家思想解释儒家经典，但他们齐一儒道，调和"自然"与"名教"的意图也是很明显的，故可谓为"不废名教而任自然"者也。

何晏、王弼虽都是"贵无派"，他们的思想大体相同，但也有若干差异，大概王弼哲学的本体论意味比何晏对《老子》的阐发更深刻，且对《周易》和《论语》的义解颇多创新。在这里，我想只对何晏思想作点简单介绍，重点讨论王弼的思想，这样可以使我们更便于抓住魏晋玄学发展的内在关联。

何晏，字平叔，仕魏，曾在曹爽集团中任吏部尚书，推行改制，正始十年被处死。好《老》、《庄》及《易》，为当时玄学领袖。《文心雕龙·文学》注引《文章叙录》谓："晏能清言，而当时权势，天下谈士，多宗尚之。"主要著作有：《论语集解》十卷，《老子道德论》二卷（亡），《何晏集》十一卷。据《世说新语·文学》记载：

何平叔注《老子》，始成，诣王辅嗣。见王注精奇，乃神伏曰："若斯人，可与论天人之际矣！"因以所注为《道德二论》。

何晏注《老子》未毕，见王弼，自说注《老子》旨。向意多所短，不复得作声，但应诺诺。遂不复注，因作《道德论》。

《道德论》已散失，仅在张湛《列子注》中引有《道论》一段，又引有何晏《无名论》一段，或为《德论》中之一段，待详考。这两段是研究何晏玄学思想最重要的史料。《论语集解》为集汉以来众家之注解，除何晏之注外，尚分别用了孔安国、马融、郑玄、周生烈、王肃、陈群等人之注。

何晏关于"贵无"学说之论述主要见于张湛《列子注》中《道论》和《无名论》。现录此二论于下：

有之为有，恃无以生。事而为事，由无以成。夫道之而无语，名之而无名，视之而无形，听之而无声，则道之全焉。故能昭音响而出气物，包形神而彰光影；玄以之黑，素以之白，矩以之方，规以之圆。圆方得形而此无形，白黑得名而此无名也。（《道论》）

……夫道者，唯无所有者也。自天地已来皆有所有矣；然犹谓之道者，以其能复用无所有也。故虽处有名之域，而没其无名之象；由以在阳之远体，而忘其自有阴之远类也。夏侯玄曰："天地以自然运，圣人以自然用。"自然者，道也。道本无名。故老氏曰："强为之名"，仲尼称尧"荡荡无能名焉"，下云："巍巍成功"。则强为之名，取世所知而称耳。岂有名而更当云无能名焉者邪？夫唯无名，故可得遍以天下之名名之；然岂其名也哉！唯此足喻而终莫悟，是观泰山崇崛而谓元气不浩芒者也。(《无名论》)

(1)从这两段所引的何晏之文可看出，他所谓的"道"是"无名"、"无形"的"无所有"者，因此也可名之为"无"。而"有名"、"有形"之天地万物是由"无"成就的，所以"圆方得形而此无形，白黑得名而此无名"。"有名"的天地万物的根本是"无名"的"道"，之所以如此，是这个"道"隐藏而不易见其象。这就是说，"道"或"无"是"有"(有名、有形之天地万物)之所以存在之由，即本体，这正和前引《王衍传》所说的"何晏……以为天地万物皆以无为本。无也者，开物成务，无往不存者也。阴阳恃以化生，万物恃以成形"相合。

(2)"无"和"有"的关系是，"有"因"无"而成为"有"，这是因为"唯无名，故可得遍以天下之名名之"；如果"无"有名，那怎么能"更当云无能名焉"？所以说"道之而无语，名之而无名，视之而无形，听之而无声，则道之全焉"。正因为"道"是"无"，可以"可得遍以天下之名名之"，当然也可以"遍以天下之形形之"，故为"道之全"，即谓"道"乃为一"大全"。

(3)"道"(无)为"无所有"者，而与"有所有"虽为相对，但"无所有"之"无"与"有所有"之"有"仍是相通的。这是因为自古以来天地万物都是以有名有形的"有"而存在着，但是任何有名有形的"有"必有其存在之故，即当有其"所以存在"之"无"为其存在之根据。在此或已可谓以"无"为本体，而"有"为依本体而存在之存在物。

(4)何晏在论“无”和“有”的关系时，又把“有”看成是由“无”所生所成，就这点看他仍未完全摆脱宇宙生成论之影响，从而仍未能合体用为一。这不能不说是由于《老子》就存在这个问题。我们虽可视何晏思想为一种本体论，但又杂有若干“生成论”之因素，这或在一定程度上仍受汉学之影响，在这点上形成了何晏哲学中的本体论与生存论之间的矛盾。可以说他的哲学不如王弼的本体哲学更圆通。

由于有关何晏哲学思想在《论语集解》中仍有一些，但较为零碎，我们不多作讨论。不过有一问题则不得不提，即“圣人有情无情”问题，此涉及有关“人性”之讨论。这个问题是王弼与何晏思想上的重要分歧，由此也可以看到何晏的本体哲学确不如王弼哲学高明。(详后)

王弼，字辅嗣，《三国志·魏书·钟会传》末附有关王弼数语，另有何劭《王弼传》论弼甚详，《世说新语·文学》有数则关于王弼之事迹。何劭《王弼传》对了解王弼的思想和生平最为重要，现节录于下：

> 弼幼而察慧，年十余，好老氏，通辩能言。父业，为尚书郎。时裴徽为吏部郎，弼未弱冠，往造焉。徽一见而异之，问弼曰：“夫无者诚万物之所资也，然圣人莫肯致言，而老子申之无已者何?”弼曰：“圣人体无，无又不可以训，故不说也。老子是有者也，故恒言无所不足。”寻亦为傅嘏所知。
>
> 于时何晏为吏部尚书，甚奇弼，叹之曰：“仲尼称后生可畏，若斯人者，可与言天人之际乎!”正始中，黄门侍郎累缺。晏既用贾充、裴秀、朱整，又议用弼。时丁谧与晏争衡，致高邑王黎于曹爽，爽用黎。于是以弼补台郎。初除，觐爽，请间，爽为屏左右，而弼与论道，移时无所他及，爽以此嗤之。时爽专朝政，党与共相进用，弼通隽不治名高。寻黎无几时病亡，爽用王沈代

黎，弼遂不得在门下，晏为之叹恨。弼在台既浅，事功亦雅非所长，益不留意焉。

淮南人刘陶善论纵横，为当时所推。每与弼语，常屈弼。弼天才卓出，当其所得，莫能夺也。

性和理，乐游宴，解音律，善投壶。其论道，傅会文辞不如向晏，自然有所拔得，多晏也。颇以所长笑人，故时为士君子所疾。弼与钟会善，会论议以校练为家，然每服弼之高致。

何晏以为圣人无喜怒哀乐，其论甚精，钟会等述之。弼与不同，以为圣人茂于人者神明也，同于人者五情也。神明茂，故能体冲和以通无；五情同，故不能无哀乐以应物。然则圣人之情，应物而无累于物者也。今以其无累，便谓不复应物，失之多矣。

弼注《易》，颍川人荀融难弼《大衍义》。弼答其意，白书以戏之曰："夫明足以寻极幽微，而不能去自然之性。颜子之量，孔父之所预在。然遇之不能无乐，丧之不能无哀。又常狭斯人，以为未能以情从理者也，而今乃知自然之不可革。足下之量，虽已定乎胸怀之内，然而隔踰旬朔，何其相思之多乎？故知尼父之于颜子，可以无大过矣。"

弼注《老子》，为之《指略》，致有理统，著《道略论》，注《易》，往往有高丽言。太原王济好谈，病《老》、《庄》，常云："见弼《易注》，所悟者多。"

王弼思想涉及的哲学问题很多，例如"有无问题"、"言意之辨"、"一多问题"、"动静问题"、"性情问题"、"名教与自然问题"等等，但归纳起来或主要为三个问题：①论老不及圣，即认为老子不如孔子高明，这是由圣人体道，讲到"有"、"无"之关系的本体论问题。于此问题中，亦涉及“一多问题”、“动静问题”、“自然与名教问题”等。②论圣人有情，即圣凡之不同和相同，此问题实与王弼所主张的“体用如一”有关，并涉及性与情之关系。③述《周易》之“大衍义”，据《周易》论“一多”、“有无”以证“体用如一”，以及“自然”与“名教”之关系。

(1)关于“老不及圣”是上引《王弼传》第一段裴徽与王弼讨论的问题。关于这个问题在魏晋南北朝时是个常为士大夫等讨论的问题，如《周颙致张融书》：“王何旧说，皆以老不及圣。”(见《弘明集》)又《世说新语·文学》中有一条：

> 僧意在瓦官寺中，王苟子来，与共语，便使其唱理。意谓王曰：“圣人有情不?”王曰：“无。”重问曰：“圣人如柱邪?”王曰：“如筹算，虽无情，运之者有情。”僧意云：“谁运圣人邪?”苟子不得答而去。

从裴徽与王弼的对话，我们可以看出当时由于老庄思想的流行，在士大夫之间都承认“无”是万物存在的根据，从而引起关于“圣人”问题的讨论，是老子比孔子更高明，还是孔子比老子更高明。这在当时自是个大问题。因为在汉朝已经确立孔子的圣人地位，《汉书·古今人表》把古今人分成九等，孔子列于上上，是属于圣人行列最高等的；老子列于中上，于“智人”之下；庄周则列于中下。裴徽提出的问题大概是当时讨论很多的。王弼对这个问题的回答，有两点也许可以特别注意：

第一，“圣人体无，无又不可以训，故不说也”。这句话可以从两个层面来理解，一是由本体论方面来理解，一是由认识论方面来理解。

王弼认为，“无”是无形无名之本体，是不能说的。如果本体能说，那它(无)就是什么；既是什么，那就是有形有名的“有”。但作为本体的“无”虽然不能说，可并不是“虚无”(不是“不存在”)。如果“无”是“虚无”，那它怎么能成为事物之本体呢？“无”作为本体，它不是什么，只是事物存在的根据，但它超出事物而又不离事物，所以孔子说“有”而不说“无”。不说“无”，因为“无”不可说；而说“有”，因为“无”不离事物，故说“有”而达到“体无”。为什么“无”是“本体”，在这里王弼没有作更多的说明，但在《老子指略》中却有较充分的论证，这个问题，后面再讨论。

从认识层面说，“无”作为本体无形无名，不是认识的对象，因此不能用言语把握它，那么如何把握它呢？如果根本不能把握，就无法证实有事物存在根据的“本体”，为了证实本体之“无”确实存在，所以必须说明本体之“无”可以由圣人体认，也就是说圣人只可以用其自备之智慧通过“有”而对“无”心领神会，以达到与“无”同体。“本体之无”对圣人说不是什么外在的东西，而是内在于其心灵，而不能言说。

第二，“老子是有者也，故恒言其不足”。王弼的意思是说，老子并不真正懂“无又不可以训”的“无”，这是因为他把“无”看成认识的对象(知识的对象，认识与智慧不同，认识要有外在的对象，智慧是要由心灵体证)，看成可以说的东西，看成是“有”。那就是说，老子认识的只是“有”，把“本体”也看成是可说的东西，所以他常常说的正是他不应说的。

从以上两点，我们可以看出，王弼认为孔子比老子高明之处有两点：①孔子没有把“无”和“有”对立起来。孔子认为，“无”作为“本体”，虽不可说，但因为它不离于“有”，所以说“有”，就可以体“无”。说现象，可以通过现象对本体的心领神会，所以“体用如一”，“本末不二”。②圣人和道体的关系是一种内在的关系，所以圣人可以“体无”，而老子要说那不可说的本体，这就是说他把“本体”看成对象，而不能与“本体”有内在的关联，不能与“本体”为一。东晋王坦之在《废庄论》中说：

> 孔父非不体远，以体远故用近；颜子岂不具德，以德备故膺教。

这几句话可以作为上述王弼思想的注脚。孔子并非是不能对超言绝象的本体心领神会，正因为他可以体证“本体”，所以才能从日常生活中来揭示“本体”的作用。颜回难道不具备高超的德性，正因为他具备高超的德性，所以他才处处注意顺应道德规范。

王弼把孔子抬高到老子之上，这是历史已经造成的事实，他无法改变，也不必改变。但他给“圣人”以一种新的形象，这就是“圣人体无”，把道家的思想加到了孔子身上，当然他不是简单地把道家思想就说成孔子的思想，而是在不否定儒家原有的思想（名教）的基础上，为这一思想找一形而上的根据，或者说在道家思想中容纳某些儒家思想。这不能不说是王弼的高明之处，他把圣人的品格说成是：不废名教，而德合自然（“本体之无”）。王弼的这种思想在魏晋时影响很大，如后来乐广尝说“名教中自有乐地”，就是认为，不应把“名教”看成和“自然”相对立的。郭象对孔子和庄周的看法实际上和王弼的思想更相近。如在郭象的《庄子序》中说：“夫庄子者，可谓知本矣，故未始藏其狂言，言虽无会而独应者也。夫应而非会，则虽当无用；言非物事，则虽高不行。”照郭象的看法，庄周虽对事物的根本（体）有所识知，但他却不了解“体”和“用”是统一的，即“自然”没有落实于“名教”，因此庄周的思想“虽当无用”、“虽高不行”。

顺便解释一下，在魏晋时常常把“自然”就理解为“道体”。本来在《老子》中“自然”一概念主要是说“道”的性质，如“道法自然”（第二十四章），“希言自然”（第二十三章），“莫之命而常自然”（第五十一章），“以辅万物之自然而不敢为”（第六十四章）等等，这里的“自然”是说明“道”的，意思是说“道”的特性是“自然”的，但到魏晋玄学中，往往有把“自然”等同于“道”的倾向，例如夏侯玄说：

> 天地以自然运，圣人以自然用。自然者，道也。道本无名，故老氏曰：“强为之名。”

在这里，夏侯玄把说明“道体”性质（“特性”）的概念“自然”和作为“本体”概念的“道”等同起来，这表现了概念含义的变化。

王弼的“圣人体无”虽说是继承了老子道家的思想，但却是对老子思想的重大创新，从哲学上或可注意两点：“体用如一”、“本末不二”；老不及圣。这两点就当时的社会作用说，都表明王弼企图调和儒道。

（2）论圣人有情。关于王弼与何晏在圣人“有情无情”的讨论，已见于前面引的何劭《王弼传》中。对那段话，先作一点解说。关于何晏“圣人无情”的观点虽已不可详考，但根据一些材料，大体上可以推知。何晏认为，“圣人”是纯粹的，是完全合乎“天道”的，所以圣人“无喜怒哀乐之情”。老子曰：“天道无情”，圣人法天，故亦应无情；而贤者则是以情当理者（情可以恰当地合乎理），所以贤人虽有情但能合理；而一般人也是有情的，不过他们往往是“违理而任情”（违背理而放任情），为喜怒哀乐所驱使而不能自拔，故何晏说：

凡人任情，喜怒违理；颜回任道，怒不过分。（《论语集解·雍也》）

王弼的看法与何晏不同：

第一，圣人和一般人不同的地方不在于“有情无情”，而在于他的“神明”和一般人不同，“圣人茂于人者神明也”。所谓“圣人”之“神明”就是王弼所说的圣人“智慧自备”、“自然已足”，故能“应物而无累于物”，“体冲和以通无”，如说：“圣人有则天之德……故则天成化，道同自然。”正由于圣人智慧自备，所以可对一切事物都心领神会、身体力行，处处合理（冲和），而与本体之无相通。

第二，圣人和一般人有相同的地方，就在于仍有喜怒之情，故王弼说，孔子对颜回“遇之不能无乐，丧之不能无哀”。王弼的这个看法根据于《论语》。“子曰：贤哉，回也！一箪食，一瓢饮，在陋巷，人不堪其忧，回也不改其乐，贤哉，回也。”（《雍也》）“颜渊死，子曰：噫！天丧予！天丧予！”（《先进》）“颜渊死，子哭之恸。从者曰：子恸矣。曰：有恸乎？非夫人之为恸而谁为？”（《先进》）王弼在《老子》第三十二章注中说：“抱朴无为，不以物累其真（应物而无累于物），不以欲害其神（有情有欲而不害其内在精神），则物自宾（宾服）而道自得也。”

第三，王弼认为，何晏对圣人有情无情的看法不正确，就在于他不了解圣人虽对事物有喜怒的感情反应，但他的“神明”（精神境界）并不会受到损害。关于“圣人有情无情”的问题前面已引用了两条材料说明这是当时玄学家们讨论的重要问题之一。盖何晏等人或未解圣人的人格德性，如果把圣人看成是在现实世界之外与一般人毫无共同之处的“神人”，这样就把圣人和一般人完全割裂开来，对立起来，那么圣人和一般人之间就无法沟通，也就是说这样势必把“理想境界”和“现实世界”、“自然”与“名教”视为两截，有“体”而无“用”了，有“本”而无“末”了。王弼思想的基本趋向却不如此，他认为“体”和“用”是统一的，故谓“圣人体无，无又不可以训”，“必因于有”。因此，王弼认为圣人和一般人虽有不同的一面(神明)，但也有相同的一面，圣人既可“体冲和以通无”，又能“应物而无累于物”。或者说，王弼恰恰是认为，圣人唯其“应物而无累于物”，方可“体冲和以通无”。因为，“理想境界”并不需要在“现实生活”之外去追求(寻找)，而即应实现在现实社会生活之中，“名教”不仅应该而且必须是“天道自然”的体现。这里虽反映着王弼用道家某些思想改变或补充儒家思想，但他并不认为圣人应超世尘外，不应离开现实人生，圣人的人格德性并不表现在无喜怒哀乐之上，而是表现在他的“智慧自备”、“道同自然”上。从这里看，王弼的关于“圣人有情”问题涉及中国哲学中的两个重要问题：

第一，关于“性”与“情”的问题。在中国哲学中，“性情”问题是一很重要问题，许多哲学家都讨论过这个问题，其中有多种不同的看法，但有两种或影响最大：一是认为“性善情恶”，一是认为“性静情动”，这两种看法虽也有若干联系，但实不相同，王弼的“圣人有情”可以说是与“性静情动”有关。在汉朝上述两种关于“性情”的观点都很流行。董仲舒认为，天有阴阳，人有贪仁，阴恶阳善，性仁而情贪。王充《论衡·本性》有如下一段：

> 董仲舒览孙、孟之书，作《情性》之说曰：天之大经，一阴一阳；人之大经，一情一性。性生于阳，情生于阴。阴气鄙，阳气仁。曰性善者，是见其阳也；谓恶者，是见其阴者也。(按：此

段未见今本《春秋繁露》)

又,《纬书》中也有类似的话,如:

性生于阳以理执;情生于阴以系念。(《孝经援神契》)

情生于阴,欲以时念也。性生于阳,以就理也。阳气者仁,阴气者贪,故情有利欲,性有仁也。(《孝经钩命诀》)

而《礼记·乐记》则认为"性静情动",如说:

人生而静,天之性也;感于物而动,性之欲也。物至知知,然后好恶形焉。好恶无节于内,知诱于外,不能反躬,天理灭矣。(按:《淮南子·原道训》也有相类似的话)

"性之欲"指"情"。后来刘向等均以动静论性情,而这种"人生而静"、"感物而动"的思想本与道家思想相合。在汉朝还有调和这两种思想的观点,如《白虎通·情性》中说:

情性者,何谓也。性者阳之施,情者阴之化也。人禀阴阳气而生,故内怀五性六情。情者,静也。性者,生也。此人所禀六气以生者也。

此言"性动情静"与"性静情动"相反,盖因其根据乃在"性善情恶",因《白虎通》引《钩命诀》:"情生于阴以计念(计算着自己的私欲贪念);性生于阳以契理。"

王弼承袭道家系统，接过《礼记·乐记》“性静情动”的观点，在魏晋玄学中更有其深刻意义。为什么王弼提出与何晏“圣人无情”不同的“圣人有情”的看法呢？因为照王弼看，“情”乃人之“自然之性”（本有的一种天性），“自然之性”如何能去掉呢？圣人只能做到“动不违理”，“应物而无累于物”。至于为什么“情”是“自然之性”，则是因为“性静而情动”，不能只有静而无动，动和静并不是互相排斥的，动不可废。如果只有静而无动，那么就是只执著“无”，而否定“有”，只承认“体”，而丢掉“用”，这样本体之“无”成为空无用的了，这就是说把“体”、“用”割裂为二。王弼要坚持“体用如一”，则不能不以“圣人有情”立论，故王弼说：“情近性者，何妨有欲。”

这里，我们顺便说一下王弼对“动”和“静”的关系的看法，《周易·复注卦》谓：

> 复者，反本之谓也。天地以本为心者也。凡动息则静，静非对动者也；语息则默，默非对语者也。然则天地虽大，富有万物，雷动风行，运化万变，寂然至无，是其本矣。故动息地中，乃天地之心见也，若其以有为心，则异类未获具存矣。

按：“动息地中”，复卦，震下坤上☷，震象征雷，雷是动的；坤象征地，地是静的。雷在地下，息而不动，即静止之意。照王弼看，本体之“无”是事物存在之根据；事物存在的根据，只能是常态的，不能是变态的。常态是静，变态是动，所以事物虽然千变万化，但它终归要回归到它的常态，所以虽有“雷动风行”这样的变动的状态，但其本根（本体）并没有变动，即仍是常态。因为事物的变动（运动）总有停止的时候，说话不能老说下去，最终必有不说之时，所以动是相对的，静是绝对的；“动”是“用”，“静”是“体”。不能有“用”无“体”，也不能有“体”无“用”。王弼以此说明“性”、“情”之关系，使“性情问题”和他的本体之学联系起来，成为一种思辨性较强的哲学思想。王弼关于“动静”关系的学说，有其深刻之处，即就任何事物说，它的运动最后归于静止，是可以的。但就宇宙全体说，这或许可以讨论了。是否宇宙全体最后归于“死寂”呢？这也许是科学问题。但就哲学说，“本体”即为天地万物存在之根据(本)为常静，无所谓“动静”；无所谓“动静”，即为常静。

第二，关于“圣人”问题。照王弼看，“圣人体无”，而“无”是“至静”(常静)，“寂然至无，是其本矣”。寂然不动的“无”是天地万物的本根(本)，那么圣人又为什么是“应物而无累于物”呢？这是因为王弼认为，“圣人”并不是对现实世界无所作为的，而只是去体会那超言绝象的本体。《老子》第二十八章注中说：圣人“以善为师，不善为资，移风易俗，复使归于一也”。因此，圣人要“应物”，否则如何能“移风易俗”呢？但圣人可“应物而无累于物”，这是由于他的“神明”与一般人不同，圣人智慧自备，道同自然，这点是圣人高于一般人的地方。所谓“智慧自备”就是说，圣人所以是圣人并非后天养成的，而是出于“自然”的，所以王弼认为“圣人天成”，“则天成化，道同自然”。圣人的为人行事完全是自然而然的，并非故意如此。但是，一般人就不一样，一般人没有圣人的智慧，他们的为人行事往往不能符合道理，违背“自然”，矫揉造作，喜怒无常。圣人虽“有情”，但圣人就其本性说就是圣人，有圣人的智慧，这是一般人达不到的，所以圣人是“不可学不可致”的，这又是魏晋玄学中一大公案，它和印度佛教有很大不同，这个问题后面我们会讨论到。

(3)述“大衍义”。何谓“大衍义”？《周易·系辞》中说：“大衍之数五十，其用四十有九。”“衍”，演也。“大衍之数”指演天地之数，最大的演变之数当然是天地之数了。何劭《王弼传》中说的弼注《易》，颍川人荀融难弼《大衍义》一段，前面已录，现对这段话作一点解释。

这段话并没有直接谈到王弼对“大衍义”的解释，而是用开玩笑的口气对荀融说了一段话，意思是：你荀融呀，我虽然有一段时间没有和你见面了，可是你没有什么长进呀！而后这一段主要还是讨论“圣人有情无情”的问题。王弼的意思是说：孔子这位圣人虽然“明足以寻极幽微”，就是说孔子智慧能洞察事物的奥妙，但是圣人也不能去掉其“自然之性”。这里“自然之性”是指“情”，本有的“五情”。对于颜回的德行，孔子当然早有所了解，但是遇到颜回不能不高兴，颜回死时，不能不悲伤。而你荀融却认为孔子没有能做到“以情从理”，以至无情。可是你难道不知道，五情这自然之性是任何人都不能去掉的。你的本事，我也早了解，可是分别这段时间，也还很想念你呀！我对你的了解，就像孔子对颜回的了解一样，不会有太多差错的。因此，这段文字，也只是再把王弼的“圣人有情说”具体化了，而更重要的是把“大衍义”的问题提出来了。

王弼论述“大衍义”的思想见于韩康伯的《系辞注》中，在“大衍之数五十，其用四十有九”下，韩注：

> 王弼曰：演天地之数，所赖者五十也。其用四十有九，则其一不用也。不用而用以之通，非数而数以之成，斯易之太极也。四十有九，数之极也。夫无不可以无明，必因于有，故常于有物之极，而必明其所由之宗也。

汉朝的学者对“大衍之数五十”有种种解释，如：

京房：“五十者谓十日、十二辰、二十八宿也。凡五十其一不用者，天之生气，将欲以虚来实，故用四十九焉。”

马融：“易有太极谓北辰(指北极星)也。太极生两仪，两仪生日月，日月生四时，四时生五行，五行生十二月，十二月生二十四气(季节、节气)，北辰居位不动，其余四十九转运而用也。”

这些对《周易》的解释就是所谓的“象数之学”，他们多是用天文历算、“数字”等等来解释《周易》。这和汉朝当时讲的宇宙构成论有关，用这套来讲宇宙的存在和变化。王弼抛弃汉朝的这一套，而从本体论上来讲宇宙的本源问题，王弼对“大衍义”的那段话的解释是说：《易经》是用五十来表现天地之数。在五十中，其中四十九是代表“多”，表示万物(数之极)的。“多”(万物)都有它的实际效用，所以说五十中有实际效用的是四十九，而那个无实际效用的“一”和四十九不同。可是没有具体实际效用的“一”，它的作用恰恰是贯通于“多”之中。“一”并不是什么具体的数目，可是任何具体的数目都是由它成就。所以“一”就是指的《周易》中所说的“太极”，而四十九无非是象征着万物之多，因此它的意思是说四十九象征着数的极限；而那个四十九之外的“一”，并不是一个单独的数字，它是蕴含在四十九中的“一”。为什么呢？这是因为，贯通于四十九中的“一”，即是贯通于“多”中之“一”，这“一”是“多”之得以为“多”的根据。就像“无”(本体之无)不能从“无”方面来说明(或表现)，它必定要从“有”(万有)方面来说明(或表现)，所以人们要从有形有名的事物上去把握无形无名的它赖以存在的根据之“无”(本体之无)。

这里，王弼用“一”和“多”的关系来论证“有”和“无”、“体”和“用”的关系，正表明他哲学的思辨性。如他说：“以无为用，则得其母，故能己不劳焉而物无不理。”(《老子》第三十八章注)“夫大之极也，其唯道乎？自此以往，岂足尊哉！故虽盛业大富而有万物，犹各得其德，虽贵以无为用，不能舍无以为体也。”（第三十八章注）“毂所以能统三十辐者，无也。以其无能受物之故，故能以寡统众也。”（第十一章注）“木、埴、壁所以成三者，而皆以无为用也。言无者，有之所以为利，皆赖无以为用也。”（第十一章注）“一”不是具体的数字，它是贯通于“四十九”（多、万物）中的，即万物之所以为万物者；“无”不是任何具体的事物，而是使具体事物之得以成为有用之事物者。但贯通在“四十九”（多）中的“一”要由“四十九”（多）来体现；作为事物之所以为事物存在之根据的“无”（本体之无），即为“无”（无名无形，无规定性），就要由“有”（有名有形之“有”）上去把握和证成。但是要了解天地万物存在之原因和根据，不能只抓住现象不放，而要通过现象去把握其本体（所由之故，所以然之理），故王弼说：“知其母而执其子。”他的本体哲学是“执一统众”之道。在他的《老子》第三十八章注中有一长段说明这个问题：

载之以道，统之以母，故显之而无所尚，彰之而无所竞。用夫无名，故名以笃焉；用夫无形，故形以成焉。守母以存其子，崇本以举其末，则形名俱有，而邪不生。大美配天，而华不作。故母不可远，本不可失。仁义，母之所生，非可以为母。形器，匠之所成，非可以为匠也。舍其母而用其子，弃其本而适其末，名则有所分，形则有所止。虽极其大，必有不周；虽盛其美，必有患忧。功在为之，岂足处也。

“万物”如大海之波，千姿百态，汹涌澎湃（多），而其本质为水，且为统一的水（一）；离开大海之波，也就无所谓大海之水；然而大海之水是“体”，大海之波则为大海之水的种种表现，为“用”。同样无大海之水，则无千姿百态、汹涌澎湃之水波，故当“守母存子，崇本举末”。大海之水为“一”，千姿百态之波为“多”，大海之水为“体”（母），千姿百态之波为“用”（子），这种“体用如一”、“本末不二”的思维模式正是王弼哲学对中国哲学的新贡献，是对老子思想的新发展。盖在《老子》书中，还没有明确地用“体用如一”的思维模式表达出“有”和“无”、“多”和“一”的关系，“无”似仍在“有”之上，有创造万物的意味，如“道生一”、“有生于无”等等。（王弼注“道生一”谓：“万物万形，其归一也。何由致一？由于无也。由无乃一，一可谓无。已谓之一，岂得可无言乎有？……”注“有生于无”谓：“天下之物，皆以有为生。有之所始，以无为本。将欲全有，必反于无也。”）王弼的这种“体用如一”、“本末不二”的思维模式对中国哲学的发展有很大影响，如唐朝的华严宗讲“一多相摄”，宋朝以来讲“体用一源，显微无间”、“理一分殊”等等实际上都可以说是王弼哲学思想的继承和发展。

上面讨论的三个问题：“圣人体无，无又不可以训，故不说也”，圣人虽体“无”，而“无”超言绝象，故说“有”。盖有超言绝象之“无”，必有与之相对应之有形有名之“有”；“圣人之情，应物而无累于物”，“以情从理”，盖有理必有情，有静必有动，理必由情体现，静必由动呈显；“无不可以无名，必因于有”（大衍义），“无”无以名之，必据“有”得以彰，盖因“无”无形、无名、无规定性，而必得以有名有形、有规定性之“有”才得以彰显。所有这三点都说明一个道理，即本体之“无”（体）和现象之“有”存在着不可分之关系，而这种“有”（有名有形、有规定性之千差万别之现象）必因于“无”（无名无形、无规定性之本体）而得以为“有”。至此，我们必须进一步讨论王弼是如何论证“无”是“本体”，而“有”是本体之无的种种表现呢？或者说“有”正是因“无”

而呈现为“有”呢？关于这个问题，有两段王弼的文字最为重要。《老子指略》中有如下一段，对这一段，我将随文解说：

夫物之所以生（这里首先提出问题，而问题的提出就有其特殊的意思，他不是从“物”是什么说起，而是提出“物”为什么存在，要探求它存在的究极原因），功之所以成，必生于无形，由乎无名（这是他的立论，要证明的结论）。无形无名者万物之宗也（“无形无名者”即指“无”，它是万物（万有）的宗主，“宗主”是支持者（support）的意思）。不温不凉，不宫不商（是说本体之无没有任何规定性）。听之而不可得而闻，视之而不可得而彰，体之而不可得而知，味之而不可得而尝，故其为物也则混成，为象也则无形，为音也则希声，为味也则无呈。（混成，无分别状，无法给以规定性。“混然不可得而知，而万物由之以成，故曰混成”。《老子》二十五章注，这几句都说明“无”不可以作为感官认知的对象。）故能为品物之宗主，苞通天地，靡使不经也。（经，由也，这里说“道”或“无”它是包容天地万物，没有不经过它的。“道者，无之称也。无不通也，无不由也，况之曰道，寂然无体，不可为象”。见《论语释疑》）若温也则不能凉矣；宫也则不能商矣。（有某种具体规定性者，就不可能是另外一种有具体规定性者。也就是说，有此性就不能又为彼性。）形必有所分，声必有所属（意同上，如是方形就不可能又是圆形）。故象而形者非大象也，音而声者非大音也（象有了一定的形，音有了一定的声，都是有规定性的，只有无形、无声的无规定的“大象”、“大音”才可以是无所不包的象和音）。然则四象不形则大象无以畅（四象：太极生两仪，两仪生四象，指金、木、水、火，由天地而有。太阴、少阳，太阳、少阳，由阴阳所分。如果没有具体的形象，那么无象之象的“大象”则无以呈现)，五音不声则大音无以至(意同上)。四象形而物无所主焉，则大象畅矣（通过有具体形象的事物，那有规定性的事物，又不被其所限制，这样无象之大象，即无规定性的抽象的“象”才得以呈现)，五音声而心无所适焉，则大音至矣（适：执著；五音发而为声，但心无所执著，这样无声之大音才能为心所得到)。故执大象则天下往，用大音则风俗移也(从本体论落实到人生哲学和道德伦理)。

王弼这一长段是对他哲学本体论的说明，应该说具有很明显的思辨哲学的特点，它不是从具体经验出发，而是从一抽象的命题出发，来说明具体事物的存在必有其存在的道理(“物无妄然，必由其理”)，必有其存在之宗主(support)，此即为本体之无；而此无规定性的本体之无落实到现实中又必由有规定性之“有”（万有)才得以呈现，才可体察其存在，故可说“无”(或“道”)是“不存在而有”（nonexistence but being)，它并非“虚无”(nonbeing)。我们对上引那段可作如下分析：

(1)立论：提出他要论证的论点，也就是他的哲学思想的基本命题：有形有名的事物之所以存在，人们的事业功绩之所得以成就，这都是有赖于无名无形者。所以无名无形者，是万物的宗主(存在之根据)。也就是说要为现象界找其终极原因或存在之理由(“物无妄然，必由其理”)。本体论就是要找事物存在的终极原因(ultimate cause)、存在之理。盖“经验论”必由具体经验经过推理以证明其立论之合理；而唯理论则必先立一自明之理(命题)，然后依此命题作理论之推理，说明其理论之合理。王弼属于后者。

(2)论证一：无规定性之“无”才可以成就有规定性之有；而无规定性之“无”又必须由有规定性之“有”才得以呈现。对这个无名无形者要加以说明，但既为无名无形就不能直接说明，只能通过说它不是什么，从而表现出它是什么，这种说明的方法是老庄常用的方法，或叫负的方法、否定的方法。从负的方面、否定的方面来把握正的方面、肯定的方面，这个“无名无形者”不能是温、也不能是凉；不能是圆，也不能是方，它既听不到、看不到、摸不到、尝不到，这就是老子所说的“先天地生”的混成的“道”。有形就必和其他有形的事物有分别，所以有具体形象的形象就不可能是无所不包、无所不存的“大象”(象的一般，共相)；有具体声音的声音就不可能作成无所不包的、无所不存的大音。因此，“无形”才可以成就任何“形”，“无声”才可以作成任何“声”。只有“无”(不是什么，没有任何规定性的“存在一般”)才可以作成“有”(有具体规定性的万物)，所以王弼在《老子》第四十章注中说：

> 天下之物，皆以有为生，有之所始，以无为本，将欲全有，必反于无也。

王弼的意思是说，天下万物都是有形有名的具体存在物，而这些有形有名的具体存在物之所以如此存在，使之成为如此存在是由于本体之无。如果多种多样的具体事物都得以保全，必须回归到本体之无。故不能以任何具体的事物作为所有事物存在的根据，必须以无规定性的(不是任何具体事物的)“无”作为存在根据。但是，“本体之无”并不是在天地万物之外的另一实体。因为如果不通过有形有名的万物的存在，如何证明它有一本体呢？“现象”不存，如何有“本体”？这就是说，王弼看到“有”和“无”作为一对矛盾，不能只有矛盾的一方面，而无矛盾的另一方面，事物是矛盾的统一体，所以只有通过具体的形象又不拘于具体的形象，才可以把握无形无名之“大象”；只有通过具体的声音又不拘于具体的声音，才可以把握无声之“大音”；只有通过“有”才可以超越而把握“无”，故“无不可以无明，必因于有”。

(3)论证二：多样性的纷纭万物是否有统一性？王弼从“一”与“多”的关系来论证无名无形之“无”是有名有形的“有”的“宗主”。“无形无名者，万物之宗”。(《老子指略》)前面已经讨论过王弼论“大衍义”，“一”与“四十九”的关系就是“一”与“多”的关系，此关系即“统一性”与“多样性”的关系，多种多样的事物必有其“统一性”，“万有”从根本上就必归于“一”。在他的《老子》第四十二章注中说：

> 万物万形，其归一也。何由致一？由于无也。由无乃一，一可谓无。

又，在《周易略例·明象》中说：

> 夫众不能治众，治众者至寡者也。夫动不能制动，制天下之动者，贞夫一者也。故众之所以得咸存者，主必致一也；动之所以得咸运者，原必无二也。物无妄然，必由其理。统之有宗，会之有元。故繁而不乱，众而不惑。

又，《老子》第三十九章注中说：

> 一，数之始，而物之极也。各是一物之生，所以为主也。物

皆各得此一以成，既成而舍以居成，居成则失其母。

这几段都是讨论“一”、“多”关系，众多纷纭复杂的事物，从根本上说是一个统一体。如何达到统一呢？是由无名无形的“无”来统一。马克思、恩格斯在《神圣家族》中说：“如果我们从现实的苹果、梨、草莓、扁桃中得出‘果实’这个一般的观念，如果再进一步想象我从现实的果实中得到的‘果实’这个抽象观念就是存在于我们身外的一种本质，而且是梨、苹果等等的真正的本质，那么我就宣布（用思辨的话说）‘果实’是梨、苹果、扁桃等等的‘实体’，所以说：对梨来说，决定梨成为梨的那些方面是非本质的，对苹果来说，决定苹果成为苹果的那些方面也是非本质的。作为它们的本质的并不是它们那种可以感触得到的实在的定在。而是我们从它们中抽象出来又硬给他们塞进去的本质，即我们观念中的本质——‘果实’，于是我就宣布：苹果、梨、扁桃等等是‘果实’的简单的存在形式，是它的样态。”（《马克思恩格斯全集》第二卷第71～72页）王弼哲学正是从各种各样的水果中抽象出“水果”这一概念，把它作为苹果、梨等等的“本体”，但他不认为这“本体”是一“实体”，而是多样性的水果的水果“统一性”，这就是说“水果”这一观念体现在任何水果中，任何具体的水果如苹果、梨都可以叫它“水果”。因此，“水果”是一个“类”概念。把事物归类很重要，可以找到其统一性，即此类事物之“共性”，“水果”之“共性”，不是苹果、梨之特性。天下所有的事物排除了其特性（即事物的规定性），所谓的“本体”只能是无规定性的“无”。无规定性的“无”就成为统一所有有规定性的“有”。所以王弼说：“物无妄然，必由其理，统之有宗，会之有元。”事物的存在都是必然如此，这是因为其背后都有统一的道理。任何有规定性的事物都不可能统一其他事物，只有无规定性的

“无”(本体)才可以统一任何事物，就如无规定性的“无形”才可以作成任何形，“无声”才可以作成任何声。但无规定性的“无”并不是“虚无”，而是“不存在而有”(nonexistence but being)，所谓“不存在”是指不是任何实体性的东西，也可以说不是在经验中的东西，因此在经验中它可以说是“无”，但在思辨中它也可以说是“纯有”(pure being)，所谓“纯有”才可以使万物“统之有宗，会之有元”。

(4)证论三：把“天道”落实到“人事”。经世治国者必须掌握如“大象”的品格，无为无造，任自然，这样才可以使天下归往，《老子》第二十八章“朴散则为器，圣人用之则为官长”，王弼注说：“朴，真也。真散则百行出，殊类生，若器也。圣人因其分散，故为之立官长。以善为师，不善为资，移风易俗，复使归于一也。”“朴，真也”，可说是王弼对“无”的一重要说明，“朴”是“道”的特性，也是“本体之无”的特性，故“本体之无”是真实无妄的。天下万物是由这真实无妄的“本体之无”所成的，因此它们也就必统一于“本体之无”。圣人的作用就在于把天下分散的事物统一起来，把好的合理的作为榜样，把不好的不合理的作为借鉴，使之移风易俗，达到统一于“自然”(按：魏晋时的玄学家以“道”为“自然”。如《老子》第二十五章注“道法自然”谓：“道不违自然，乃得其性。法自然者，在方而法方，在圆而法圆，于自然无所违也。自然者，无称之言，穷极之辞也。”)的目的。因为圣人可与“天地合其德”，“顺自然而行”，“因物自然，不设不施”。这就是王弼要论证达到的目的：“名教”出于“自然”，“人事”本于“天道”。所以在何劭《王弼传》中说：“于时何晏为吏部尚书，甚奇弼，叹之曰：‘仲尼称后生可畏，若斯人者，可与言天人之际乎！’”

在《老子》注中多处谈到“大象”、“大音”、“大形”的问题，如第三十五章注：“大象，天地之母也。不炎不寒，不温不凉，故能包统万物，无所犯伤。”第四十一章注：“听之不闻名曰希。不可得闻之音也。有声则有分，有分则不宫而商矣。分则不能统众，故有声者非大音也。”“有形则有分，有分者，不温则凉，不炎则寒。故象而形者非大象。”“在象则为大象，而大象无形；在音则为大音，而大音希声。”这些都是可以对上引《老子指略》的说明。

我认为，王葆玹同志在杨士勋的《春秋穀梁传疏》中发现了一条王弼注《周易·系辞》的佚文，也许对了解王弼“以无为本”的思想很重要：

> 《系辞》云：“一阴一阳之谓道。”王弼云：“一阴一阳者，或谓之阴，或谓之阳，不可定名也。夫为阴则不能为阳，为柔则不能为刚，唯不阴不阳，然后为阴阳之宗；不柔不刚，然后为刚柔之主。故无方无体，非阴非阳，始得谓之道，始得谓之神。”

这段话的意思是说，“道”的本性是非阴非阳，非柔非刚，它什么都不是，是没有规定性的“无”，这样才能无所不适，变化莫测（无方所）。“无”无所滞碍，无所不通，“有”则有所滞碍，而只限于一隅。王弼把“无”（无规定性抽象概念）作为“有”（有规定性的万物）的“本体”，作为“有”存在的根据（理由，“物无妄然，必由其理”），那么“无”究竟是什么呢？当然，照王弼的哲学体系看，“无”不是什么，如果是什么就不是“无”，“无”是超言绝象的。但是，我们能不能对王弼的“无”进行分析解释呢？我认为是可以而且应该的。如果我们研究中国哲学史，只说明历史上的哲学家他们自己如何说的就算了事，那么研究哲学史就没有用处，也表现不出我们比历史上的那些哲学家在哲学理论上有所前进。王弼说：“圣人体无，无又不可以训，故不说也。”这就是说，他认为“无”无名无形(无规定性)所以不能说它是什么。但我们却应该说清王弼的这个不能说的“无”如何说，也就是要说明“这个不是什么的什么是什么”。照我们看，王弼所谓的本体之“无”实际上是把天下万物的一切属性都抽空的最一般的抽象概念。《老子》第四十二章注中说：

愈多愈远，损则近之，损之至尽，乃得其极。

事物的属性(规定性)包含的内容愈多，它就离“道”愈远；事物的属性包含的内容愈少，它就离“道”愈近。只有把事物的属性的内容全都去掉，才可以使“道体”(天地万物的本体)呈现出来。这个“道体”才可以是无所不包的、最普遍的。《老子》第二十二章注“少则得，多则惑”说：

自然之道，亦犹树也。转多转远其根，转少转得其本。多则远其真，故曰惑也。少则得其本，故曰得也。

这段的意思是说：“自然之道”就像树木一样，它的年轮越多，就离开它的根愈远；树木的年轮愈少，就离其根愈近。“多”就要远离本真(根本)，就会迷惑(不知根本)；“少”就能得到根本，所以说“少则得”。我们可以说，王弼认识到概念的内涵越多，则所包含的事物就越少，只有把概念的内涵减损、抽象到什么内容都没有的“无”的地步，才能获得覆盖和贯通天地万物最广的外延，“无”不是什么才可以是什么都是的本体。这就是说，王弼把没有任何内容(或无任何规定性)的“无”作为本体，即把没有任何内容的抽象概念作为“本体”。这个没有任何内容的抽象的“无”就像是一“纯形式”，也可以称之为“纯有”(不存在而有)，不是任何实体性的东西，但它却不是“虚无”(non-being)，而是“不存在而有”(“nonexistence but being”)。王弼的哲学大体如此，但是他的哲学的特点还不仅如此。王弼虽然把抽掉一切规定性的“一般”(最大共相)作为本体，但他同时认为“一般”(“一”)不能离开具体(“多”)，抽象的无规定性的本体之“无”不能离开具体的有规定性的“有”来呈现，人们只能从“有”这个方面来把握“无”。这也许正是王弼“体用如一”哲学的特点。

对历史上的哲学体系固然可以去分析它是什么唯物主义与唯心主义、唯理论与经验论、一元论与二元论等等，但哲学史的研究如果只是为了说出某种哲学体系是唯物主义或唯心主义，或者只是把判定某哲学体系的哲学是唯物主义与唯心主义为目标，我想这是很不够的，也许可以说这对哲学“只是登堂，还未入室”。我认为，更重要的应该是能经过层层分析揭示其哲学体系所存在的内在矛盾，以便认识人类理论思维发展的曲折性和复杂性。人类的认识总是在矛盾中前进的，历史上的任何一种唯心主义或唯物主义都必然存在其自身体系的内在矛盾，以及其体系所包含的内在矛盾如何在哲学史的发展过程中这样或那样地得到解决或部分的解决，这也许是我们了解哲学思想发展的内在逻辑的问题。罗素在《西方哲学史》中有一段话，我想应受到我们重视：

> 不能自圆其说的哲学决不会完全正确，但是自圆其说的哲学满可以全盘错误。最富有结果的各派哲学向来包含着显眼的自相矛盾，但是正为了这个缘故才部分正确。(下册第143页)

自20世纪80年代以来，我一直认为历史和现实中的任何哲学体系，都不可能完全正确，没有什么“放之四海而皆准”的理论，我们曾为相信有什么“放之四海而皆准”的理论，吃了大亏，使我们的哲学理论走了很大一个弯路，理论研究停滞了几十年。如果我们设想，有那么一种理论可以解决不断发展的人类社会的一切问题，那么人类的哲学理论就不可能有根本性的发展，而这种理论就会成为僵死的“教条主义”。当然王弼哲学也是一样。恩格斯有一段话，也许和上引罗素的话同样有重要意义，在他《反杜林论》一书附录中说：

> 在黑格尔以后，体系说不可能再有了。十分明确，世界构成为一个统一的体系，即有联系的整体，但是对这个系统的认识是以对整个自然界和历史的认识为前提的，而这一点是人们永远也达不到的。因而，谁要想建立体系，谁就得用自己的虚构来填补无数的空白，即是说，进行不合理的幻想，而成为一个观念论者。

我想，恩格斯这段话，当然是对“马克思主义哲学本身而言”，也对解剖王弼哲学的内在矛盾同样有着十分重要的意义。

王弼哲学在中国哲学中最重要的新贡献，“夫无不可以无明，必因于有”，这一思想包含着“体用如一”、“本末不二”的重要思维模式，对以后中国哲学有着很大影响。但是，王弼哲学是否能把他的这一思维模式贯彻到底，无矛盾地说明他的思想的方方面面呢？这是很有问题的。王弼企图用“体用如一”来说明，(即“以无为本”而“无不可以无明，必因于有。”前面我忘了对“因”作解释，这里补充一下。《老子》第二十九章注中有两段：“万物以自然为性，故可因而不可为也，可通而不可执也。”“圣人达自然之至，畅万物之情，故因而不为，顺而不施。”“因”就是因顺的意思，万物的本性是顺自然的，圣人了解自然之性，故可应顺万物之情。“因于有”即因顺于有，不能离开有。）因此说“无”不是外在于“有”，即不是在“有”之外，“有”之先，也就是说“无”不是在“万有”之上的造物主，而是不离于“有”的本体。所以我们在他的《老子注》和《老子指略》中可以找到多处说明“有”和“无”关系的话，如第五十二章注：

母，本也。子，末也。得本以知末，不舍本以逐末。

又《老子》第三十八章注：

载之以道，统之以母，故显之而无所尚，彰之而无所竞。用夫无名，故名以笃焉。用夫无形，故形以成焉。守母以存其子，崇本以举其末，则形名俱有，而邪不生。大美配天，而华不作。故母不可远，本不可失。仁义母之所生……，弃其本而适其末，名则有所分，形则有所止，虽极其大，必有不周；虽盛其美，必有患忧，功在为之，岂足处也。

所谓“母，本也”，指“道”或“以无为本”，而“道”即“自然”，或说“自然”为“道”之特性。所谓“子，末也”，指各种各样的“事物”，包括“仁义”等“名教”，故曰“仁义母之所生”。王弼认为，如果一切都统一于“道”，那么任何事物虽有千差万别的表现而并不以自己为高明，也没有什么竞争。所以守住“本”（道、无、自然）以保存“子”（千差万别的事物，名教），推崇“本”而使“末”得以很好的发挥作用，那么各种各样有形有名的事物都可以存在，而且那些邪道就不会产生。如果丢掉了“本”，而只追求“末”，那么就会产生纷争、混乱，破坏“道”的“自然”本性。从根本上说，王弼认为，“本”和“末”并不对立，“守母存子”、“崇本举末”是合理的，是应该如此的。如果能把“本”把握住，那么“末”就自然合理地呈现。因此，“名教”出于“自然”，并且可以表现“自然”。如果这样，那么一切有形有名的事物都可以并存，而不会发生什么差错。这本是老子的思想，在《老子》第五十二章中说：“天下有始，以为天下母。既得其母，以知其子。既知其子，复守其母。”故在王弼的《老子指略》中也有“守母以存子”之说。因此，在王弼的学说中，“守母存子”应是其基本命题，这正是他“贵无”学说的高明处，他的“以无为本”的“无不可以无明，必因于有”的本体论落实到社会层面就是“不废名教而任自然”。可是，在《老子注》和《老子指略》中又多次出现了“崇本息末”这样的命题，这岂不造成王弼思想的矛盾吗？对此，我们可以有一种解释，也许因王弼对现实社会不满，所以他主张“崇本息末”。可是由王弼的“体用如一”、“本末不二”的基本观点看，本应不须在“有”、“末”、“用”等等之外去寻求“本体”，而是应通过“有”、“末”、“用”等等来把握本体，但又不能停止在“有”、“末”、“用”之上，把“有”、“末”、“用”等等当成“本体”，所以他反对“用其子而弃其母”、“弃其本而适其末”。看来，王弼为了防止“弃本适末”、“弃母用子”，而过分地强调了“本体”的绝对性和根本性，以至于把“本体之无”强调到成为高于（甚至可说是脱离）万物之上（之外）的绝对概念了。我们前面讨论过，王弼在答裴徽问时，他认为孔子之所以不讲“无”而讲“有”，正是由于孔子能做到不把“有”和“无”割裂为二之故，没有把“名教”和“自然”看成是对立的，如他说“绝仁非欲不仁，为仁则伪成”。（《老子指略》）“为仁”是说，故意去追求仁是由虚伪作成的。但是，从哲学上说，同时提出“崇本举末”和“崇本息末”两个命题，而且没有作出明确的说明，即从概念上说未把“举”的“末”和“息”的“末”加以规定，就会形成矛盾。王弼哲学总的倾向虽企图调和孔老，把“名教”和“自然”看成是统一的，但由于他的思想基本是从老子来的，故不能不受《老子》的思想的影响，他对老子的思想的推崇之情在《老子注》、《老子指略》中所在多有，这就和他的“体用如一”、“本末不二”、“不废名教而任自然”有着一定的矛盾。王弼对老子思想是深有体会的，在《老子指略》中主要是阐述老子的思想，所以对其他各家均有批评，如说：“法者尚乎齐同，而刑以俭之。名者尚乎定真，而言以正之。儒者尚乎全爱，而誉以进之。墨者尚乎俭啬，而矫以立之。杂家尚乎众美，而总以行之。夫刑以检物，巧伪必生。名以定物，理恕必失。誉以进物，争尚必起。矫以立物，乖违必作。杂以得物，秽乱必兴。斯皆用其子而弃其母。”为批判上述思想，王弼提出要“崇本息末”。他说：

> 老子之书其几乎可一言而蔽之。噫，崇本息末而已矣。观其所由，寻其所归，言不远宗，事不失主。文虽五千，贯之者一。义虽广瞻，众则同类。解其一言而蔽之，则无幽而不识。每事各为意，则虽辩而愈惑。尝试论之曰：夫邪之兴也，岂邪者之所为乎？淫之所起也，岂淫者之所造乎？故闲邪在乎存诚，不在察善。息淫在乎去华，不在滋章。绝盗在乎去欲，不在严刑。止讼存乎不尚，不在善听。故不攻其为也，使其无心于为也。不害其欲也，使其无心于欲也。谋之以未兆，为之于未始，如斯而已矣。故竭圣智以治巧伪，未若见质素以静民欲。兴仁义以敦薄俗，未若抱朴以全笃实。多巧利以兴事用，未若寡私欲以息华

竞。故绝司察，潜聪明，去劝进，翦华誉，弃巧用，贱宝货。唯在使民爱欲不生，不在攻其为邪也。故见素抱朴以绝圣智，寡私欲以弃巧利，皆崇本以息末之谓也。

看来，王弼虽有“崇本举末”之说，而其学说更在张老子“崇本息末”旨义。《老子》第五十八、五十九两章注中皆提出治国之道在于“崇本息末”也。

夫以道治国，崇本以息末。以正治国，立辟以攻末。(第五十七章注)

其注“我无为而民自化，我好静而民自正，我无事而民自富，我无欲而民自朴”谓：

上之所欲，民从之速也。我之所欲唯无欲，而民亦无欲而自朴也。此四者，崇本以息末也。(第五十八章注)

又，第五十八章注“光而不燿”句下有：

以光鉴其所以迷，不以光照求其隐慝也。所谓明道若昧也。此皆崇本以息末，不攻而使复之也。

辟，法也。由于《老子》的基本思想是“崇本息末”，王弼虽欲调和“本”、“末”，但终因其思想是崇尚老庄，故不能无此矛盾。这种把“本”(“道”、“无”、“自然”、“体”)和“末”(“万物”、“有”、“名教”、

“用”）对立起来，可能和王弼哲学的“体用如一”并不彻底有关。王弼的本体哲学之特点是“末”不离“本”（“崇本举末”）、“用”不离“体”（“虽贵以无为用，不能舍无以为体也”、“言无者，有之所以为利，皆赖无以为用也”）、“用”不离“无”（“夫无不可以无明，必因于有，故常于有物之极，而必明其所由之宗也”）、“名教”本于“自然”（“万物以自然为性，故可因而不可为也，可通而不可执也”）。也就是说，不应把“本”和“末”、“体”和“用”，“无”和“有”、“自然”与“名教”分为两截是王弼本体哲学的特点。但是，在王弼的论述中确也包含着某些“体”离于“用”，“本”与“末”为二，“本体”先于“万有”而存的思想。这无疑是受到老子思想的影响。我们知道，在《老子》中，既有本体论的思想，也有宇宙生成论的思想，二者并未分清。王弼企图分清二者，但也未能彻底。例如王弼对《老子》第二十五章“有物混成，先天地生”的注说：

混然不可得而知，而万物由之以成，故曰混成。不知其谁之子，故先天地生。

“有物混成”是说“道”，“道”超言绝象是不能由经验得到，但它是万物存在的根据，这可以说是一种“本体论”。但后一句，说“道”先于天地而存在，那就可以说是一种“宇宙生成论”的观点。在《老子》第一章中的注也有这样的问题，如注“此两者同出而异名，同谓之玄，玄之又玄，众妙之门”说：

两者，始与母也。同出者，同出于玄也……玄者，冥也，默然无有也，始、母之所出也……众妙皆从玄而出，故曰众妙之门也。

“同出于玄”言，天地之始、万物之母同出于“玄”；“玄者，冥也”，言未分化；“默然无有”，即是本体之无。“天地之始”、“万物之母”同出于“玄”，“非有”的“本体之无”则在“万有”之前，而成为天地万物之所由生者，王弼《老子》第三十八章注中说：“万物皆由道生。”这就可能有把“道”(本体之无)实体化的嫌疑了。因而王弼就和老子一样，从把“道”看成是天地万物存在的根据而走向把“道”看成是产生天地万物的东西了。可见，王弼虽然提出“无因于有”这样“体用如一”的本体论思想，但他并未能彻底贯彻。因此，在他的体系中，既有“崇本息末”的思想，又有“崇本举末”的思想。这样的矛盾如何解决？其发展有两种可能：一是延着“崇本息末”的思想进一步发展，否定“末”、“有”的意义，而强调“本”、“无”的绝对性；二是延着“崇本举末”的路向发展，进一步论证“本”、“末”的一致性。从魏晋玄学思想发展的历史看，延着“崇本息末”思想发展的是嵇康、阮籍等，他们提出了“越名教而任自然”的思想；进一步论证“本”、“末”之间统一性的就是向秀的“以儒道为一”。这样魏晋玄学就发展到它的第二个时期——竹林时期。

二、竹林时期的玄学

在魏晋玄学中，有一对很重要的概念：“自然”与“名教”。“自然”是《老子》中一重要概念，如“道法自然”，此“自然而然”的意思，其他各章中的“自然”大体上也都是说明“道”的状态。到汉朝，如王充讲“天道自然”，此“自然”仍是“自然而然”的意思，或指“自然现象”。魏晋时期，“自然”有多种含义：仍有“自然而然”义；也有如“道”，作为万物存在之根据(本体)。在王弼的《老子注》中“自然”也往往是说明“道”的状态，如说：“顺自然而行，不造不施，故物得至，而无辙迹也”，“因物自然，不设不施”等等。但也有把“自然”看成如“道”一样指“本体”（详下）。夏侯玄说得更明白：“自然者，道也。”故“自然”可是“定名”，也可说是一“虚位”。夏侯玄所说的“自然”就是“道”，即是天地万物之本。在王弼的《老子注》中也有类似的情况，如对“道法自然”的注说：

> 道不违自然，乃得其性，法自然也。在方而法方，在圆而法圆，于自然无所违也。自然者，无称之言，穷极之辞也。

“道不违自然，乃得其性”，是说“自然”是“道”的本性，这里的“自然”仍是对“道”的说明。“法自然者，在方而法方，在圆而法圆”是说：“法自然”的意思是作为方的事物是照方的标准（方性）而成为方，作为圆的事物是依圆的标准（圆性）而成为圆。“方的事物”、“圆的事物”是实际存在的事物，而“方性”、“圆性”是实际事物之所以存在之“理”（准则）。此事物如果根据其标准而存在，就是合乎“自然”。这就是说，“自然”是事物存在的标准或“一物之所以成为一物者（性）”，“自然”也是“无称之言”。因此，王弼说：“自然”，“其端兆不可得而见，其意趣（按：意谓‘意蕴’，内在之意义）不可得而覩”，这和他对“道”和“无”的说明是相同的。

“自然”在魏晋时期，除上两种意思外，还有以下几种意思：

①“自然”是“天然”的意思，如晋王廙《洛都赋》：“不劳煮沃，成之自然”，即是天生如此，原来如此。②“自然”有偶然的意思，如钟会《老子注》：“莫知所出，故曰自然。”郭象说：“物各自然，不知其所以然。”③“自然”还有必然的意思，如郭象谓“命之所有者，非为也，

皆自然”等等。但这几种意思大体上都是说明存在之状态，而“自然”等同于“道”，则是魏晋时玄学家们把它看成是“道”的另一名称，即有“本体”义或“本根”义。

“名教”是什么意思？是等级名分道德教化的意思。可能最早见于《管子·山至数》篇：

名教通于天下。

在《后汉书·孝献帝纪》中对“名教”有一解释：

夫君臣父子，名教之本也。然则名教之作，何为者也？盖准天地之性，求自然之理，拟议以制其名，因循以弘其教。

处理君臣、父子之间的关系，是“名教”的根本。“名教”的作用是什么呢？由于“名教”是以天地之性、自然之理为标准，据此以制定等级名分，遵循发扬道德教化。就此可知，“名教”是当时处理社会生活的准则。晋郑鲜之《滕羡仕宦议》中为“名教”的内涵作了一简单的说明：

名教大极(名教的最根本者)，忠孝而已。

“忠”是就君臣关系而言，“孝”是就父子关系而言，这都是社会生活的问题。而“自然”是指宇宙(天地)本体(天地万物存在之根本)。魏晋时把“名教”与“自然”看作是一对相对的概念。袁宏《三国名臣序赞》中评论夏侯玄说：“君亲自然，匪由名教。”(你崇尚自然，不根据名教)这是说夏侯玄把“自然”和“名教”看成是相对立的。盖夏侯玄认为，“自然”即“道”，是宇宙的本体，世界的本源，或者说是宇宙本来的样子，因此是“先天的”；“名教”是人为的，是人们为了协调人与人之间的关系设立的等级名分道德教化。这两者是对立的，还是一致的呢？就袁宏批评夏侯玄看，夏侯玄或者认为“自然”与“名教”并不一致。《世说新语·德行》载：“王平子、胡毋彦国之诸人，皆以任放为达，或有裸体者。乐广笑曰：名教中自有乐地，何为乃尔也。”乐广认为，“名教”与“自然”是可以一致的。王弼的论述中存在着相矛盾的看法，从他的思想体系看，应该认为“名教”与“自然”是一致的，“名教”本于“自然”，它不仅应当而且必然反映“自然”，故有“崇本举末”之说；但由于他的思想源于《老子》，故而不得不把“名教”又看成是外于“自然”，故有“崇本息末”之论。前面说过，竹林时期的玄学家有着两个不同的走向：一是“越名教而任自然”的嵇康、阮籍，一是“以儒道为一”的向秀。

嵇康(223～262)、阮籍(210～263)与何晏、王弼生约同时，而晚死十余年，他们作为竹林名士，其主要活动已经是在司马氏当政的时期了。曹魏政权对汉末说，虽然在政治和经济上有所改革，但并没有能阻止世家大族势力的发展。司马氏作为世家大族政治势力集团的代表者，这个政权所赖以支持的集团势力一开始就比较腐败，当时就有说这个集团极为凶残、险毒、奢侈、荒淫，说他们所影响的风气“侈汰之乱，甚于天灾”。可是他们却以崇尚“名教”相标榜。而以嵇康、阮籍为代表的竹林七贤思想作风虽不完全相同，但多认为现实社会政治为不合理。嵇康是曹魏的亲戚，“与曹宗室婚”，从政治上说属于魏晋集团；从思想上说，又不满司马氏那套“伪名教”。阮籍也是反对当时“假名教”的，据载阮籍“本有济世志，属魏晋之际，天下多故，名士少有全者，籍由是不与世事，遂酣饮为常”。这些我们前面已讲过。

嵇康、阮籍的政治态度深深影响着他们的哲学思想和人生态度，特别是影响了他们对“名教”与“自然”关系的看法。王弼认为“名教”不仅应当而且必须反映“自然”，这是他哲学体系“体用如一”、“本末不二”所要求的。但嵇康、阮籍则认为，“名教”虽应当反映（表现）“自然”，而并不必然反映“自然”，甚至会背离“自然”。他们对“名教”的看法，虽然和当时的统治集团维护“名教”，而实际上是践踏“名教”有关，但从哲学思想的发展上看，也和王弼的“崇本息末”思想所可能导致的结果有关。嵇康、阮籍认为“名教”会背离“自然”，因此他们的思想以“崇尚自然”为特点。由于“崇尚自然”，因而也把他们看成“贵无派”。但嵇康、阮籍与何晏、王弼不同。何王较严肃，有精密的思想体系；而嵇阮则表现了玄学的浪漫方面，我们也许可以说，何王思想多以《老子》为据，而嵇阮思想更近庄周。汤用彤先生论嵇、阮说：“放达之士，其精神近庄子，嵇、阮开其端，至西晋而达极盛。讲《老》、《易》者如王、何，较严正，以名教合自然。讲庄子者则较浪漫（romantic），反名教。”

从对宇宙的看法说，王弼等认为，“自然”即“道”，是天地万物之本体，而有其“以无为本”的本体论学说。而嵇阮认为“自然”是指宇宙本来的样子。宇宙本来是什么样子？嵇阮认为，宇宙由浑然一体之元气构成，此即“自然”存在之实在。而此宇宙乃一混沌、有秩、和谐之实体，此即“自然”存在之状态。关于嵇阮之学说，汤用彤先生说的应受到重视，现节录于下：

元气说。嵇康、阮籍把汉人之思想与其浪漫之趣味混成一片，并无形而上学精密之思考，而只是把元气说给以浪漫的外装。他们讲宇宙偏重于物理方面的地方多，而尚未达到本体论之地步。二人以阮籍思想较好，他有《通老》、《通易》、《达庄》等论。《达庄论》讲宇宙之实体与郭象等之说不同。他说："天地生于自然，万物生于天地(按：指所看见的)。"天地为两个，自然为一个；元气为自然，分而为天地，即阴阳。自然为一体，有时变为山河大地等等，所以他说："一气盛衰，变化而不伤。""气"是恒常(constant)，所以不能增减。"人生天地之中，体自然之形。身者，阴阳之精气也。性者，五行之正性也。情者，游魂之变欲也。神者，天地之所以驭者也。"(《达庄论》)身与神有何分别，阮氏未之明。"神"在阮氏学说中极为重要，因"神"可以说为元气。据他看来庄子之宇宙是元气、阴阳、五行等等，此说与王弼所说完全不同，王弼之学说，以为"有"是物质的实体(physical entity)，"无"是logical，抽象的，并不离开"有"，不像"气"之包含一切。所以说阮籍之学乃为汉人之旧。

嵇康之《太师箴》说宇宙："浩浩太素，阳曜阴凝，二仪陶化，人伦肇兴"；《明胆论》："夫元气陶铄，众生禀焉。"宇宙为一浩浩元气，人生一切皆元气所造，元气衍而为阴阳五行，人乃或有"明(智)"或有"胆(勇)"及其他种种分别(此说并未超出形下之学说也)。

自然三义：自然为元气，盖就实体说；自然为"混沌"("玄冥")、为"法则"("秩序")、为"和谐"("天和")，盖就其状态说。①

关于嵇康、阮籍"自然三义"，用彤先生论之甚详，在此我只简单作些分析：

(1)"自然"是一混沌状态的无边无际之整体。照嵇阮看，"自然"作为一整体，天地万物都存在其中，都是它的一个部分，在本质上是没有区别的，"至极之道，混一不分。同为一体，得失无闻"。(《达庄论》)宇宙无所不包，一切东西都在其内。从时间上说，没有比它更早的，更长久的，故"太初如何，无先无后"；从空间上说，它是无所不包的，无所不容的，故"自然无外"；从根本上说，它是天地万物赖以存在的根源，故"莫究其极"。因此，在"自然"之先、之外就不应再有什么东西了。但在"自然"之内，相对地说则有万物的不同，若从整体的"自然"看，它们又都是自然的组成部分，没有什么不同，故"别而言之，则须眉异名；合而说之，则体之一毛也"，"当其无外，谁谓异乎！"(《达庄论》)

(2)"自然"是一有秩序的统一整体。嵇康、阮籍认为，天地万物在"自然"中各有其一定的位置，就其时间方面说，都有常规，"四时有常序"；就空间方面说，都有规定的形体，"方圆有正体"；就人类社会说，本来就有规定的制度，"是以圣人以建天地之位，守尊卑之制"。因此，圣人应该根据"自然"本身规则来处理政事，"圣人明乎天人之理"，"以建天地之位"。如果能做到"崇简易之教，御无为之治，君静于上，臣顺于下……群生安逸，自求多福，默然从道，怀忠抱

① 汤用彤：《汤用彤全集》第四卷，331～332页，石家庄，河北人民出版社，2000。

义，而不觉其所以然”，那么“名教”就和“自然”一致了。这种“名教”就是合乎“自然”的“名教”。

(3)“自然”是一和谐的有秩的统一体。嵇康、阮籍认为，“自然”之所以是和谐的，由于它是混沌无分别地存在着，因此是“和”；由于它是有秩的发展变化着，因此是“谐”。“自然”的和谐性是根据它的统一性和有秩性而有的。嵇阮都是魏晋时期著名的文学家，因而他们对宇宙人生的看法往往以艺术的眼光看待。他们常用音乐的和谐来说明宇宙的和谐，或者认为由于宇宙是和谐的才有音乐的和谐。阮籍在《乐论》中说：

> 夫乐者，天地之体，万物之性也。合其体得其性则和，离其体失其性则乖。昔者圣人之作乐也，将以顺天地之性，体万物之生也。故定天地八方之音，以迎阴阳八风之声……

阮籍把音乐看成是“天地之体(本质)”、“万物之性(本性)”的表现。宇宙本身就像是和谐的音乐，如有韵律的诗一样，这是由于宇宙本是有秩的存在着，它超乎个人利害得失；既无利害得失，就无矛盾冲突，因此它是和谐整体。人类社会本是宇宙整体的一部分，那么人们就应该顺乎自然的规律，这样在人与人之间就不会有矛盾冲突，以达到“君静于上，臣顺于下”，“无君而庶物定，无臣而万物理”的局面。既然“自然”是和谐的，反映“自然”的理想社会也应是和谐的，圣人事天治人，当以“和为贵”。音乐可以起陶冶性情的作用，使人心境平和，阮籍在《乐论》中说：

> 乐者使人精神平和，衰气不入，天地交泰，远物来集，故谓

之乐也。

《易・泰卦》"天地交泰"，王弼注谓："泰者，物大通之时也。"交泰时运亨通。嵇康在《声无哀乐论》中说：

和心足于内，和气见于外……使心与理相顺，和与声相应，合乎会通，以济其美……大道之隆，莫盛于兹，太平之业，莫显于此。

嵇康、阮籍认为，人类社会本来应和"自然"一样，是一个有秩的和谐整体，但是后来的政治破坏了应有的秩序，扰乱了和谐，违背了"自然"的常态，造成了"名教"与"自然"的对立，嵇康在《太师箴》中说：

季世陵迟，继体承资(嫡嫡相承以为用)，凭尊恃势，不友不师，宰割天下，以奉其私，故君位益侈，臣路生心(生二心)。竭智谋国，不吝灰沈（不惜一切）。赏罚虽存，莫劝莫禁。若乃骄盈肆志，阻兵擅权，矜威纵虐，祸崇丘山。刑本惩恶，今以胁贤。昔为天下，今为一身。下疾其上，君猜其臣。丧乱弘多，国乃陨颠。

在阮籍的《大人先生传》中对现实社会政治的批判同样很深刻，他说：你们这些人呀，争夺高高的位置，夸耀自己的才能，用权势凌驾在别人上面，高贵了还要更加高贵，把天下国家作为争夺的对象，这样哪能不上下互相残害呢？你们把天下的东西都据为己有，供给你们无穷贪欲的要求，这哪里是养育老百姓呢？这样，就不能不怕老百姓了解你们的这些真情，你们想用奖赏来诱骗他们，用严刑来威胁他们。可是，你们哪里有那么多东西来奖赏呀，刑罚用尽了也很难有什么效果，于是就出现了国亡君杀的完蛋局面。这不就是你们这些所谓的君子所做的事吗？你们这些伪君子所提倡的礼法，实际上是残害天下的、使社会混乱的、国破家亡的东西，可是你们反而把它看成是美德善行不可改变的法规，这难道不太过分了吗？

照嵇康、阮籍看，这样的社会政治当然是和有秩和谐的“自然”相矛盾，因此他们在“崇尚自然”的同时，对“名教”颇多批判。在他们看来，所谓“名教”是有违“天地之本”、“万物之性”的，“故知仁义务于理伪，非养直之要术，廉让生于争夺，非自然之所出也”（《难自然好学论》）。这种人为的“名教”只会伤害人的本性，败坏人们的德行，破坏人与人之间自然的和谐关系。由此，嵇康、阮籍提出了“越名教而任自然”、“非汤武而薄周孔”，并说“老子、庄周是吾师也”。这样一种思想潮流，从当时哲学思想的发展看，是“贵无”派“崇本息末”的一种必然发展趋势。因为在王弼的“以无为本”的思想中已经存在“贵无”而“贱有”、“崇本”而“息末”的因素，据此进一步发展这个方面，就不难走到“越名教而任自然”的境地。这种逻辑发展的趋势在一定条件下就会在现实中表现出来。这个“一定条件”就是嵇康、阮籍所处的当时现实社会风气的败坏和他们自身的种种遭遇以及性格所导致的。

王弼哲学体系中所包含的矛盾，使魏晋玄学在发展中出现了“越名教而任自然”的潮流。但是，王弼的思想的本质是主张“体用如一”、“本末不二”的，所以调和“自然”与“名教”是他思想的主导方面。也就是说王弼企图在思辨哲学的基础上把儒家思想和道家思想结合起来，这本是他哲学体系的要求。盖中国哲学自先秦以来就有两大系，一为儒家，一为道家。在汉朝，从总体上说儒家思想是主流，但道家思想仍相当流行，据杨树达统计治《老子》者约有六十余家，而且成为一些思想家反对当时天人感应目的论的理论支柱。到魏晋，玄学家虽然推崇老庄，但是由于社会政治的原因是不可能废弃“名教”的。因此，魏晋玄学家也不得不考虑儒道关系问题。不仅如此，如果能把儒道结合起来，这样就可以做到“不废名教，而德合自然”，在“名教”中也可以达到超越的境界。王弼哲学本来也想解决这个问题，但他更多地在形而上层面上下工夫，而在人生哲学方面虽也讲了不少，但他的贡献无疑是在本体论方面。而在人生哲学方面，嵇康、阮籍作为“贵无”一派或可说贡献颇多，关于这点汤用彤先生的论述，应说很有意义。现节录于下：

> (嵇康、阮籍)逍遥放任之人生观。王弼之学说，最后归于抱一，即得乎全，也就是反本，此乃老子之学说。嵇康、阮籍之学说非自老子而来自庄子，得到庄子逍遥、齐物之理论，而用文学家之才华极力发挥之。他们虽也主张秩序，但偏于奔放，故其人生哲学主逍遥。其人生哲学之要点：①超越世界之分别；②既超越分别，故得放任；③逍遥为放任之极(神游于无名之境)。

(1)超越世界之分别。所谓“超越世界之分别”者，乃谓不受世间人事的限制，不为礼法所束缚。而人世之礼法，乃至内外情欲、声音颜色等一切外在的东西能剥夺人之天性。至人法天顺自然，故无是非，无喜怒哀乐之情，此所谓“无情”是真正的无情，非以情从理。“无情”则能于世界无分别。盖若有主观之分别，则伤人身体与精神，使人不能表现其天真，如阮籍《大人先生传》所说：“造音以乱声，作色以诡形，外易其貌，内隐其情，怀欲以求多，诈伪以要名……坐制礼法，束缚下民。”嵇阮所希望者，乃在自然的状态中，有自然之流露。所谓伦常均非天真，有了伦常就使人有分别，有造作，有争斗，而不得反自然也。“无贵则贱者不怨，无富则贫者不争”，而“尊贤以相高，竞能以相尚，争势以相君，宠贵以相加，驱天下以趣之，此所以上下相残也”。在此两种不同之境界中，可以看出争与不争，分别与不分别之不同。嵇阮之学说本来自庄子多，而得之于老子少。他们要超出主观的分别世界，而达到无分别之世界，此属其人生观之消极方面。

(2)放任。嵇阮之人生观在积极方面则为放任。放任就能超越分别，即谓因超越分别而放任也。不为是非情欲所累，则其性超越，至人循性而动，应变顺和，超分别而游放，此即阮籍所谓之大人先生也。故曰：“至人无宅，天地为客；至人无主，天地为所；至人无事，天地为故。无是非之别，无善恶之异，故天下被其泽，而万物所以炽也。”放任即顺乎自然，超越是非善、恶之对立，此最和谐之境界也。能代表和谐者是音乐，音乐一方面奔放，另一方面有秩序，故人至放任境界是在无规定之中自有规定，如阮籍之“应变顺和”，嵇康之“和理日济，同乎大顺”。

(3)放任之极则为逍遥。受世界之束缚乃在于心，心若能放任，自无世界之累。嵇阮以为人有形神两方面，而神可以超然，所以逍遥即神游也。故至人即世界内的神仙，是神游之人，为理想之人格。阮籍有《大人先生传》，嵇康有《养生论》。他们所说的“至人”不仅是心理之描写，而且相信实有这种人，如阮籍《答伏义书》中就有这样的见解：“荡精举于玄区之表，摅妙节于九垓之外……从容与道化同逌，逍遥与日月并流。”此种神仙似的人物在现世界内就有，所以他说：“徒寄形躯于斯域。”至人可既不脱离形躯，又不脱离世界，而精神则能不受限制，故嵇阮之人生观乃由齐物而达逍遥也。

向秀(约227～280年)，在嵇康、阮籍顺着王弼“崇本息末”方面发展玄学的同时，又有向秀发挥着王弼思想“崇本举末”的一面，而提倡“以儒道为一”的思想，而这一思想应说是玄学的主要倾向。

向秀虽与嵇康、阮籍等被称为“竹林七贤”，而且他和嵇康交往甚多，曾和嵇康一起在洛阳打铁，又和嵇康的另一好友吕安一起种菜。

据《世说新语·文学》的注引《向秀别传》所载，向秀与嵇康、吕安都很要好，但他们的性格很不相同，嵇康傲世而不羁，吕安放逸而凌俗，而向秀雅好读书(据《晋书》谓向秀“雅好老庄之学”)，但他对儒家学说也颇有研究，他不仅有《周易注》，《向秀别传》说：“后注《易》，大义可观，而与汉世诸儒互有彼此。”可惜已佚失，如果此书存，应是了解汉人注《易》与魏晋人注《易》之不同(在马国翰《玉函山房辑佚书》中辑有数条，但看不出有什么重要思想)。又有《儒道论》一文已佚。向秀的最主要作品是他的《庄子注》，关于向秀与郭象注《庄子》的问题，我们前面已讨论过，这里不再重复。《世说新语·文学》中说：

> 初，注《庄子》者数十家，莫能究其要旨。向秀于旧注外为解义，妙析奇致，大畅玄风。

可见向秀的《庄子注》在当时影响之大。据《向秀别传》，在向秀打算注《庄子》时，曾向嵇康、吕安说了他的这个想法，而嵇、吕二人却说：“此书讵复须注，徒弃人作乐事耳。”(这本书难道有注解的必要吗？这样做徒然会妨碍你能得到的享受。)但向秀还是作了注。在向秀完成对《庄子》的注后，送给嵇、吕看，吕安看了说：“庄周不死矣!”(庄周尚未死呀!)然而嵇康却说：“尔故复胜不?”(你认为你的注比别人的更好吗?)嵇康仍认为没有必要作注。可见嵇康与向秀虽为好朋友，但他们的思想作风却很不一样。研究向秀思想的材料，当然包含在郭象《庄子注》中，但对其中哪些是郭象注，哪些是向秀注，不易区分。当然我们可以根据张湛《列子注》中分别引用的向、郭注作为参考。看来，向、郭所注《庄子》虽有不同，但相同处是很多的。对向、郭之不同，前已论述，而相同处，则在论述郭象思想中可包括，故不必单独讨论。可是向秀有一篇重要文章，是应该特别受到重视，这可以视为他的"以儒道为一"思想的很好证据，这就是包含在《嵇康集》中的他那篇《难养生论》。这篇文章是针对嵇康的《养生论》而发的。嵇康主张"越名教而任自然"，故作《养生论》以表示他的超世之想，他说：

> 善养生者……清虚静泰，少思寡欲……又守之以一，养之以和，和理日济，同乎大顺。
>
> 无为自得，体妙心玄，忘欢而后乐足，遗生而后身存。

而且嵇康认为，"名位伤德"，"厚味害生"，因此他说："神仙禀之自然，非积学所致。至于导引得理，以尽性命，若安期、彭祖之伦，可善求而得之。""调节嗜欲，全息正气"，以养息自己的身心，即可长生。但向秀和嵇康看法不一样，并对嵇康的论说提出批评和质疑。在《难养生论》中，向秀首先明确提出对人的性情不应压抑，他说：

> 夫人含五行而生，口思五味，目思五色，感而思室，饥而求食，自然之理也，但当节之以礼耳。

照向秀看，人的本性包含着"口思五味，目思五色"这样一些本能的欲望，这是合乎“自然之理”的（按：这点或与王弼的“圣人有情”有关），而用压制人的本性要求的办法求长生，是“悖情失性，不本天理”。从这点看，向秀的“自然之理”和嵇康、王弼对“自然”的看法不大相同。嵇康认为，“自然”是一统一的有规律的和谐整体，而人的本性本应“任自然”，应“少思寡欲”，“全息正气”。王弼认为，“自然”即“道”，乃天地万物之本体，无违无造，无适无莫。而向秀把人们生活中的一些欲望要求也看成是“自然之理”。然而如何能使人们顺应“自然之理”，而又不致造成社会混乱呢？这当然就是“自然”与“名教”的关系问题了。向秀认为，需要对人们的欲望要求“节之以礼”。这显然是企图把人的本性的自然要求和人的本性又应受到“礼教”（即“名教”）的制约调和起来，这和嵇康的“越名教而任自然”很不相同了。因此在《难养生论》中，向秀一方面说：

且生之为乐，以恩爱相接。天理人伦，燕婉娱心，荣华悦志。服飨滋味，以宣五情，纳御声色，以达性气。此天理之自然，人之所宜，三王所不易也。

从这里可以说，向秀把“恩爱相接”、“燕婉娱心”等等都认为是“天理之自然”，是人性之所不可易者，宜宣而不宜抑。但他的“任自然”与嵇康又不一样。嵇康《养生论》中说：

善养生者……清虚静泰，少思寡欲……外物以累心，不存神气，以醇白独著，旷然无忧患，寂然无思虑，又守之以一，养之以和，和理日济，同乎大顺。然后蒸以灵芝，润以醴泉，晞以朝阳，绥以五弦，无为自得，体妙心玄，忘欢而后乐足，遗生而后身存，若此以往，庶可与羡门比寿，王乔争年，何为其无有哉！

向秀认为，这种养生之谈，是一种营营惜生而悖自然之理，所以他说：

夫人受形于造化，与万物并存，有生之最灵者也。异于草木。草木不能避风雨，辞斤斧；殊于鸟兽，鸟兽不能远网罗，而逃寒暑。有动以接物，有智以自辅。此有心之益，有智之功也。若闭而默之，则与无智同，何贵于有智哉！有生则有情，称情则自然，若绝而外之，则与无生同。何贵于有生哉！

今若舍圣轨而恃区种，离亲弃欢，约己苦心，欲积尘露以望山海，恐此功在身后，实不可冀也。纵令勤求，少有所获，则顾影尸居，与木石为邻，所谓不病而自灾，无忧而自默，无丧而蔬食，无罪而自幽。追虚徼幸，功不答劳，以此养生，未闻其宜。故相如曰：必若欲长生而不死，虽济万世犹不足以喜。言悖情失性，而不本天理也。长生且犹无欢，况以短生守之耶？

向秀以人的自然欲望为天理自然，压制这种自然的性情来养生，则悖情失性，对生命是无益的。把生活中应有的欢乐都抛弃掉，这种长生有什么可以喜好的呢？何况以短短的一生抛掉生之欢乐去追求那虚无缥缈的长生呢？但另一方面，向秀又认为，对人的情欲如果不加节制而至于背礼违俗，那也是不可取的，所以他说：

富与贵，是人之所欲也。但当求之以道义，在上以不骄无患，持满以损减不溢，若此何为其伤德耶？或睹富贵之过，因惧而背之，是犹见食而有噎，因终身不食耳。

人的情欲主要应合情又合礼，追求“富与贵”也不是什么伤德之事，希求长生是不切实际的。向秀这些看法在当时的条件下，从一方面看，具有从教条化的、束缚人的“名教”下使人得到解放的意义。他肯定了人们的感情欲望也是合乎天理自然的，这显然和汉学的传统不同。另一方面，在当时“越名教而任自然”的风气之下，提出了“当节之以礼”，肯定了合理的“名教”的作用，不能不说是一种企图调和“自然”与“名教”，和把“自然”与“名教”对立起来的二分思维很不相同。这种思维方式应说是王弼的“体用如一”、“本末不二”思维方式的继承和延续，或者也和王弼的圣人有情说有一定的关系。向秀哲学的重要意思或正在于此。与这种思维方式相关的是向秀论“道”与“事”的关系，他说：

夫实由文显，道以事彰，有道而无事，犹有雌而无雄。

这种思想可以说是王弼的“崇本举末”、“无必因于有”的另一种表示。但是在王弼思想中，由于他主张“以无为本”，虽立论在“体用如一”、“本末不二”上，然而过分强调“无”的绝对性、超越性和原始性，所以有时又把“无”看成是产生天地万物者，并和“万物”对立起来，而有“崇本息末”、“万物皆由道生”的说法。（有说此“生”只是说逻辑在先，而非谓时间在先。我想，这正是我们受西方哲学影响而有的一种诠释。我国古代哲学家或并无此说。我在讨论中国诠释学的论文中，曾说《系辞》本身很可能包含两个系统，一个本体论系统，一个宇宙生成论系统，而这两个系统在《系辞》中同时存在，《系辞》作者并不认为有什么矛盾。)向秀在“体用如一”、“本末不二”、“不废名教而任自然”方面受到王弼思想的影响，但从他思想的整体上看，他已从王弼的“贵无”思想向“崇有”方面转化了。顺便说一下，其实魏晋玄学家几乎都受到王弼的“有无之辨”思想的影响，而没有能完全摆脱王弼思想的影响。所以他们都不能不讨论王弼提出的哲学问题。

在张湛的《列子注》中，我们可以找到向秀有关“崇有”思想的论述，如在《列子注》的“生物者不生、化物者不化”的注下引了一段向秀的话：

> 向秀注曰：吾之生也，非吾之所生，则生自生耳。生生者岂有物哉？无物也，故不生也。吾之化也，非物之所化，则化自化耳。若使生物者亦生，化物者亦化，则与物俱化亦奚异于物？明夫不生不化者，然后能为生化之本也。

这段话有点难解，首先是“吾”是指什么？有的学者认为“吾”指“任何一事物”的自称(我的存在＝吾之生也)，我认为也许“吾”指“生物者”、“化物者”，如果这样理解，这段话也许不大难解了。我想，它可以分以下四个层次：

(1)“生物者”、“化物者”的存在不是由其他什么东西使它存在的，“非吾之所生”应为“非物之所生”，这点可由下面的“非物之所化”证明。“则生自生耳”，这很重要，因向秀把“自生”概念引入其学说。而“自生”是“崇有”思想的基本概念。

(2)从逻辑上说，“生生者岂有物哉”是说：产生一切事物的难道还有什么东西产生它吗？因为，从事物的产生上说推到极点，产生一切产生别的东西的东西就不能再是被别的东西产生的东西，因此是

“无物也”，没有什么东西可以作为“生生者”之“生生者”。

(3)“生生者”既然是产生别的东西的东西，而不是别的东西所产生的东西，所以它不是什么东西所“生”的，也就是说“生生者”是“无生”(无所从生)的。“无生”才“无灭”。“化物者”既然是使其他事物变化的东西，而不是别的什么东西能使之变化的，所以它不是什么东西所“化”的，也就是说“化物者”是“无化”。“无化”才“恒常”。

(4)“若使生物者亦生”是说：如果“生生者”也是“有生”，那么它就和一般的有生有灭的东西没有什么不同了。“化物者亦化”是说：如果“化物者”也是在不断变化，那么它就和一般的变化无常的东西没有什么区别了。所以不生不化的才是有生有化的东西的根本。此可作两解：可解为不生不化者是有生有化者的本体；也可指是产生有生有化的“始生者”。我认为，作前一解是向秀的思想。

向秀的这段话可以说是思辨性很强的，从逻辑推理上说，是可以说得通的。而且这一思想和王弼的思想也有相近之处。但可以注意的是，上引的那段话中，向秀引进了“自生”、“自化”这类的概念。这类概念在汉朝有的哲学家已多次使用它来反对当时的目的论，如王充说：

> 天地合气，万物自生；犹夫妻合气，子自生矣。
>
> 夫天之不故生五谷丝麻以衣食人……物自生而人衣食之……
>
> 天动不欲以生物，而物自生，此则自然也。
>
> 夫天覆于上，地偃于下，下气烝上，上气降下，万物自生其中间矣。

王充的“自生”是说一切事物都是由“气”自然而然产生的，不是什么东西使它们这样或那样产生的，这是针对当时目的论而发的，仍然属于宇宙生成论的问题。而向秀的那段话和王弼一样也是讨论形而上本体论的问题，是从原则上说“生生者”不能为他物所生，故是“不生”。那么如果“吾”不是说的“生生者”，而是指的“任何一物”呢？只要这个主语（“吾”）的意思变了，这段话的意思也就完全变了。如果把“吾”了解为“任何一物”，那就不是向秀的学说了，而是裴頠或郭象的学说。这点我们在前面讨论向郭《庄子注》问题时已说过。但从上引向秀那段话，我们可以看出王弼的“贵无论”在魏晋时期的影响是不可低估的。

从向秀以后的玄学发展看，裴颇提出“自生而必体有”（“自生”必须以“有”为本体）、郭象“万物自生”，都应是由向秀提出“自生”概念而引发出来的。由此可以看出，如果要把“有”和“无”（“现象”和“本体”、“殊相”和“共相”）、“名教”和“自然”真正统一起来，为它找到一形而上本体论的根据，在向秀的哲学中还没有很好解决。因为，他仍然承认有一“不生不化”的与“万物”相对的“生化之本”，这样世界仍是二元的，不是一元的。关于这个问题，在我那本《郭象与魏晋玄学》中没有讲清楚，也可以说对上引向秀的那段话的了解不大正确。在向秀的那段话中讲的“自生”、“自化”并不是说的“万物”的“自生”、“自化”，而是说“生生者”是“自生”的，故“不生”；“化物者”是“自化”的，故“不化”。问题是“自生”从一方面说可以是“不生”，但从另一方面说，“自生”仍是“生”，这就可能与“不生不化者”是“生化之本”相矛盾，如何解决？从逻辑上说，把“自生”的主体改变为“万有”或“万物”，这样似乎矛盾可以解决了，“天地万物”（物）“纲常名教”（事）都是“自生”的，不是外在的什么强加上去的，因此它们是合理的，这样“天地万物”、“纲常名教”也就是“天理自然”了。向秀企图解决这个问题，但是没有解决好。

从竹林时期玄学的发展看，王弼的“贵无论”引发出两个不同的方向：一是嵇康、阮籍的“越名教而任自然”；另一是向秀的“以儒道为一”，企图调和“自然”与“名教”。但向秀并没有能较好地解决这个问题，这样魏晋玄学就发展到元康时期的裴頠与郭象的玄学了。

三、元康时期的玄学

西晋王朝统治了几十年，社会矛盾不断加深，当权的统治集团的寄生性和腐朽性越来越暴露了，加上北方民族的侵扰，使社会更加动荡不安。随着社会生活的变化，元康时期的玄学发生了很大变化。大凡一个社会的存在已成为不合理的时候，当权的统治者往往要强调其统治的社会的合理性，同时某些士大夫出于其主观的愿望也会来制造现实社会合理性的哲学论证。元康时期，某些名士利用嵇康、阮籍“越名教而任自然”的思想，把它作为“放荡形骸”的工具，例如胡毋辅之之流，“至于裸裎，言笑忘宜”。因而也有一些名士对此不满，提出批评，如乐广说：“名教中自有乐地，何为乃尔也。”可见“名教”与“自然”的问题仍是当时士大夫所关注的重要问题。那种只在生活上追求“放荡形骸”的名士，以“崇尚自然”相标榜，而他们在哲学上并无什么建树。他们的代表王衍也不过在形式上一再重复何晏、王弼的思想，而且常常不能自圆其说，“信口雌黄”。因此，这种“越名教而任自然”的风气显然是于社会的稳定不利的。从一些士大夫的主观愿望说，则企图创造出一套更加强调“名教”的意义，或使“名教”与“自然”进一步调和的哲学思想。为了进一步解决“名教”与“自然”关系的问题，也就得解决“本末有无”问题，即在“万有”之上（之后）是否有一本体之“无”（或者说是否应有一“不生不化的生化之本”）。这样，元康时期的玄学就出现了沿着向秀思想发展的不同两支：一为裴頠，一为郭象。裴頠从反对“越名教而任自然”出发，在架空“本体之无”的基础上，抛弃“本体之无”，提出万物“自生而必体有”的“崇有”思想，认为“名教”本身存在的根据就在于它本身，它的合理性在于社会的需要，不必在既成的社会之外去找它的根据。郭象从否定“无能生有”出发，提出“万物自生”，而肯定事物存在的根据在于它的“自性”，因此事物既然存在了，它就不是不合理的，现存的即是合理的，“名教”(游内)与“自然”(游外)是合一的。这样魏晋玄学的发展进入了它的第三期。

裴頠(263～300)著有《贵无》、《崇有》二论，而《贵无》已佚失。但从《资治通鉴》中保存的一段不同于《晋书·裴頠传》的《崇有论》，也许可以透出一点裴頠《贵无论》的主旨。裴頠的《贵无论》可能包含两方面的内容：一方面承认有一个“无形的世界”(无)；另一方面却把这“无形的世界”架空，认为在有形世界产生之后，无形世界对有形世界就无意义，无形世界就被有形世界抛弃了，而有形世界就独立运作。我们也许可以作另一种解释，假设《贵无论》是一篇批评和否定“贵无”思想的论文，其根据就在《晋书·裴頠传》中的《崇有论》中有一句“夫至无者，无以能生，故始生者，自生也，自生而必体有”。如果这样，请看《资治通鉴》中的《崇有论》中的那句：

> 夫万物之有形者，虽生于无，然生以有为已分(原注：物之未生，则有无未分；既生而有，则与无为已分矣)，则无是有之所谓遗者也(原注：遗，弃也)。

这段话前面我们已经做过解释，为了方便后面的分析，再作一点重复解释：有形的万物虽然是由混沌未分的无形的“无”所生，但是它存在之后就以“有”为自己的性分了(原注的意义是：“物之未生”是说，

“物”还没有成为“物”时，有形世界和无形世界还没分开，但是既然有形世界产生了，那么“有”就与“无”完全分开了，也就是说“有”与“无”没有什么关系了），所以“无”就被“有”所抛弃了。这段话的整体意思是说：虽可以假定有一个产生有形世界的无形的世界，但一旦有形世界产生了，无形世界就被抛弃了，它对有形世界无任何意义。因此，有形世界的万物的存在是靠他们的自性而存在的，并不需要什么已被抛弃的无形世界作为它存在的根据。为什么裴頠要以这种方式讨论“有”与“无”的问题，我认为，这说明王弼“贵无”思想对魏晋时期一直有着重大影响，凡是讨论宇宙人生的根本问题都无法绕开这个问题。裴頠要建立他的“崇有”思想，必须给“无”一个位置，于是他虚设了一个“无”（无形的世界），然后又巧妙地把它抛弃，这样“有”（有形的世界），实际上就成为唯一存在的世界。因此，裴頠写《贵无论》的目的也许就在此了。而且只有这样，他的《崇有论》所讨论的主要就是“有”（有形的世界）的问题了。既然《崇有论》主要是讨论“有”的问题，那么在这有形世界中，无形世界是没有意义的，即是说对有形世界说，无形世界可以被视为是不存在的，因此在有形世界中就不存在“无生有”的问题，“有”只能是“自生”的。在“原注”中有一句话似乎我们可以注意：“物之未生，则有无未分，既生而有，则与无为已分矣。”这实际上是说，万物没有存在之前，有形世界和无形世界是浑然一体的，是没有分别的。当有形世界出现以后，那么它就与无形世界分开而单独存在了。这就是说，其实有形世界是从一个与无形世界的混沌一体的世界分化出来。这个分化出来的有形世界好像是从无形世界中产生的，但实际上是从有无混沌一体中分化出来的。我想，也许作如此了解，对裴頠的《崇有论》才能作出合理的分析。有了这个前提，下面我试对《崇有论》作一解说。

裴頠写《崇有论》的目的是为了“疾世俗尚虚无之理”、“矫虚诞之弊”。但他不能也没有对“贵无”学说作完全否定。顺便说一下，魏晋时期的玄学家几乎都没有对王弼贵无学说作全盘否定，而且王弼哲学的“有无之辨”，使我们把魏晋玄学看成是一种本体论的模式。裴頠分析了产生这一学说的原因，肯定了它在一定限度内的意义。他认为，崇尚“自然”，主张“无为”的人有时看到了“欲衍情佚”(欲望太多，情感不当)、“擅恣专利”(一味放任，专门自利)的危害，从这方面说是有其合理性的。于人们在找寻产生上述对社会产生危害的原因时，发现“偏质有弊”，而“睹简损之善”。这样就提出“贵无”的理论和“贱有”的学说。裴頠说，这种看法的合理之处就在于它使人心平气和，是和儒家《易经》中“损”、“谦”、“艮”、“节”等卦的主旨相合。但裴頠认为，这些看法只看到问题的一面，即“无为”好处的一面，但它却不能说是根本的道理。特别是如果把“无为”强调得过分，就会造成对社会不好的结果，他认为这样就会“贱有则必外形(以有形的事物的存在为不重要)，外形则必遗制(抛弃社会存在的制度)，遗制则必忽防(忽视规范和防犯)，忽防则必乱礼(破坏礼教)，礼制弗存，则无以为政矣”。这就是说，提倡“无为”的人，从主张“无为”，发展到反对“有为”，从崇尚“自然”，发展到反对“名教”，这样的结果使“无为”的学说成为错误的而且是对社会有害的主张。原来向秀主张人们对欲望的要求应当“节之以礼”，而欲望要求“皆生于自然”，它有其存在的根据，因而是“合理”的。而“礼”是否也有其存在的根据，是否合理的呢？因为欲望要求是“自然”的，而不是“人为”的，“礼”是“人为”的，那么这种人为的“礼”(或者说是圣人制定的“礼”)有没有“合理”的根据呢？向秀没有深入讨论这个问题，但要维护“名教”必须回答这个问题，因此裴頠接着向秀的思想，在《崇有论》中对这个问题作了较为详细的讨论。

在裴頠看来，有社会存在就有人与人之间的关系，而在人与人之间的关系中就必然有贵贱的等级，有长幼的次序，有各种各样的礼仪规范，这样才可以维持人们之间的正常关系，社会才能安宁。“礼”是由社会本身的需要而有，因此它是“合理”的，是必不可少的，根本不须要在它自身之外去找什么存在的根据。所以裴頠对当时“越名教而任自然”的风气作了严厉的批评。

为了维护人们之间的正常关系，使等级名分的社会维系下去，裴頠提出必须“用天之道(合天时)，分地之利(任地利)，躬其力任(亲自做自己力所能及的事)，劳而后飨(出什么力就享受什么成果)”；“居以仁顺(居官应仁爱顺民心)，守以恭俭(守业应恭顺勤俭)，率以忠信(以忠信为表率)，行以敬让(做事要讲求敬让)，志无盈求(志向不要有太大野心)，事无过用(行事不要过分)”。裴頠说，这些就是“圣人为政之由”。

裴頠的《崇有论》不仅是为了指摘时弊，而且它对哲学思想方面的贡献也许更有意义。为了论证“礼”(名教)的存在本身的合理性，他提出“有”(他把“万物”称为“有”或“万有”，即一切存在的事物)并不需要另外去找它之外(之上)存在的根据，“有”作为“存在的”本身的存在就是它存在的根据。

“有”和“无”作为一对哲学上的概念，是由老子提出来的，如他说“天下万物生于有，有生于无”，“有无相生”等等。看来，在老子那里“有”已不是仅仅指某一具体存在事物，而是指所有事物的总称，也可以理解为由万物抽象出来的“共相”。具体存在的事物，“物”是指一个一个的器物，如桌、椅，“事”是包括人们活动所产生的结果。如我讲课，你们听课，就是裴頠说的“形器之故有征”。玄学家讨论宇宙万物的问题，常用“有”来表明“事物”之全体，而“物”则表示一个一个的具体存在物，但他们在行文中这两个字也常常相混，这是由于我国古代哲学家对概念的分析很不重视，往往概念的含义很不明确，要我们来理清。我们一般把“有”译成“Being”，据《美国传统英语词典》（*American Heritage Dictionary of the English language*）中对“Being”的解释：

“That which can be conceived as existing. Absolute existence in its perfect and unqualified state，the essence of existence.”（“有”〈或“存在”、或“存有”〉被认为是存在着的。“有”是绝对的存在，有其完全的和无条件的意义和状态，是存在的本性。）我认为，在这里“有”不应释成“Thing”（或 Things），而应释为“Being”，但是否可以释为“existence”呢？据《美国传统词典》，它把“existence”解释为：

“The factor or state of continued being，as life.”（连续存在的实际或状态，例如生命。）

“A thing that exists，entity.”（某物的存在，实体。）

“mode or manner of existing.”（存在的样式或方式。）

据此，有时“有”也释成“existence”，但是否也可以译为“Being”，因为这样更抽象，更一般。Runes 的《哲学辞典》（*The Dictionary of Philosophy*）中说：

“existence：the mode of being which consists in interaction with other things.”（existence 是说这样一种存在的式样，它存在于和别的东西的相互关系之中。）

根据这些说法，我想，“有”译为“Being”较好。《崇有论》开头有如下一段：

> 夫总混群本，宗极之道也。方以族异，庶类之品也。形象著分，有生之体也。化感错综，理迹之原也。夫品而为族，则所禀者偏；偏无自足，故凭乎外资。是以生而可寻，所谓理也。理之所体，所谓有也。有之所须，所谓资也。资有攸合，所谓宜也。择乎厥宜，所谓情也。识智既授，虽出处异业，默语殊涂，所以宝生存宜，其情一也。

这段话是裴頠对宇宙人生的总体看法，分析起来大体上有以下几层意思：

(1)“总混群本，宗极之道也”，这是对整个宇宙的总体说明。对这句话有一种解释：最高的道是总括万有的，是万有的根本。这样解释就等于说：“道”是天地万物的根本，这和全篇思想形成矛盾，也和王弼的思想没有根本上的区别。我认为应解释为：整个无分别的群有本身就是最根本的“道”。这就是说，除了整个无分别的群有本身之外，再没有什么另外的“本体”了，或者说“道”就是“群有”的总称。这是从“群有”的总体上说，是从“全”(大全)上说，这个“全”可称为“有”。

(2)“方以族异，庶类之品也。形象著分，有生之体也”。事物有不同的形式，以类而异，这样就区分为不同的种类(意谓：万物按其性质，区分为不同的类，这就是各种东西的类别)；有形有象的物体都有明显的不同，这就是一切生长变化着的实体(意谓：具体的事物都是不同的实体，在具体事物之外、之上、之后再没有什么实体了)。这是从“分”的方面说，每一个具体事物都与其他事物有所不同，都是一个实实在在的事物。

(3)“化感错综，理迹之原也”。“化”：指万物的生长变化；“感”：

指事物之间的相互感应作用；“理”：条理，秩序；“迹”：形迹，表现。万有的生成变化及其相互作用是错综复杂的，这种错综复杂的情况正是其条理、秩序形成的根源。在这一点上，裴頠与王弼的看法很不相同。在王弼的《周易略例·明象》中说：“物无妄然，必由其理。统之有宗，会之有元。”王弼认为：事物之所以如此存在，是由于有其统一的“理”而如此存在的。也就是说，“理”是“物”之所以为“物”如此存在的根据，因此“理”是“本”（“宗本”、“无”）。王弼追求的是事物的统一性，而统一在“理”（此“理”即“道”）。裴頠则认为，“理”是以“有”为其实体，即“理”依“有”而为其“理”。规律、条理是事物自身的规律、条理，它不是外加上去的，也不是不依事物而有的。

(4)“夫品而为族，则所禀者偏；偏无自足，故凭乎外资”。既然万有互相区别为不同的种类，因此每一类都各有自己的特点；正因为各有所偏（各有各的功用），所以都不是自满自足的（不是不需要其他条件的），因此就需要依靠一些别的条件才能存在（才能生生化化）。这也就是说，任何一具体事物的存在都需要靠其他事物而存在。这是讲事物存在的“条件性”。

(5)“是以生而可寻，所谓理也。理之所体，所谓有也。有之所须，所谓资也。资有攸合，所谓宜也”。万物的生生化化表现出来的形迹是可以探求的，这就叫作“理”；“理”之所以体现出来是因为有“有”（“存在者”，“理”的承担者）；“有”要成为实实在在的存在物就要有所依待（有待），事物存在的“依待”叫作“资”（条件）；条件如果和事物的存在相适合（条件适合事物的存在），这就叫作“宜”（适宜）。能选择适合的条件，这就叫作“情”（合情理）。

(6)“识智既授，虽出处异业，默语殊涂，所以宝生存宜，其情一也”。既生为有意识的人，虽地位不同，但是宝贵生命，找到适合生存的条件，这种情况是一样的。

这段话可以说是裴頠比较系统地说明了天地万物存在的状况。但问题是如果追问下去，天地万物是如何产生的，如果有一个产生天地万物的，那么是不是有一个造物主，或者是由什么抽象的理作其产生之根据？如果这样，那就和裴頠的“总混群本，宗极之道”相矛盾了。因此，裴頠提出“有”是“自生”的思想。原来在向秀那里已经用了“自生”、“自化”等概念，但那是指的“不生不化”的“生化之本”。因为讨论宇宙的问题往往要问宇宙如何产生、如何存在。裴頠为了解决这个问题，他说：

> 夫至无者，无以能生，故始生者，自生也，自生而必体有。

对这段话，我认为应该从裴頠是在“有”(有形世界)把“无”(无形世界)抛弃之后来理解。在“无”被抛弃之后，它对“有”就毫无意义了，“有”的产生和存在就和“无”完全没有关系了，当然“无”就不能成为“有”的产生者，也不能成为“有”存在的根据。所以《崇有论》讨论的是“有”(有形世界)的问题。对此，我们可作如下理解：

(1)“夫至无者，无以能生”，是讨论在有形世界中“无不能生有”。这里的“无”是指“不存在”(nonexistence)，是指“虚无”，这是因为“无”已经被抛弃了，它对“有”不能起什么作用，有什么意义了。这就把“有”和“无”完全割裂开来、对立起来，认为“有”和“无”之间没有同一性，裴頠了解的“无”和王弼了解的“无”的意思是不相同的。王弼认为，“无不可以无明，必因于有”，即“无”作为本体是不能离“有”的；而裴頠则认为“有”(有形世界)是离(抛弃)“无形世界”而存在的。

(2)如果“无不能生有”，那么“有”如何产生呢？裴頠认为，“始生者，自生也”，从一开始“有形的世界”（有）就是“自生”的。这说明：第一，一开始“有”就是自生的，从而否定了“有”之外有一个产生“有”的东西。第二，说“有”已始生是“自生”，这意味着“有”（有形世界）还有一个开头。如果要问，这个“有”（有形世界）开头之前如何呢？在《资治通鉴》所引的那段话中可以被理解为存在一个“有无混成”的世界。但这个世界在“有世界”出现之后就无意义了。这样说，裴頠并未深入讨论此问题。第三，“始生”是“自生”的，“始生”之后，就是生生了，即可以是由“此有”（指具体事物）生“彼有”。这里可能留下一个可以追问的问题：那么，那个“始生者”是什么呢？是不是也可能是个与“有”不同的造物主呢？

(3)“自生而必体有”。这是对上面说的可能产生的问题的回答。“自生”一定是以“有”为体，不是以“无”为本体。因此，“自生而必体有”这个命题在裴頠的《崇有论》中非常重要。这和“以无为本”的命题是相对立的。它说明万物的产生是以其自身的实际存在为本体（或实体），“有”即是其自身存在的根据，除万物自身之外，“无”对“有”的存在是没有意义的。所以裴頠说：“自生而必体有，则有遗而生亏矣。生以（有）为已分，则虚无是有之所谓遗者也。”万物自生是以其实际的存在“有”为体，如果“有”受到损失，那么其生存就缺失了。存在着的事物以“有”为其自身的性分（存在的根据），那么“虚无”不过是“有”消失的状态。接着裴頠说：

> 故养既化之有，非无用之所能全也。理既有之众，非无为之所能循也。心非事也，而制事必由于心，然不可以制事以非事，谓心为无也。匠非器也，而制器必须于匠，然不可以制器以非器，谓匠非有也……由此而观，济有者皆有也，虚无奚益于已有之群

生哉！

这段话的意思是说：资养已生化的万有，不是“无”的作用所能保全的。治理已经存在的众人，不是“无为”所能训服的。心不是事，但要做事必须靠心，不能因为做事的心不是事本身，就认为心是“无”。这就像工匠不是所做成的器物一样，工匠是制作器物的，不能因为制作器物的工匠不是器物本身，就认为工匠不存在。由此可见，成就“有”的都是“有”，“虚无”哪能对已经存在的众多事物有用呢？这就是说，裴頠认为一切都是客观存在的，无论物理的、心理的、精神的、物质的都是“有”。各种各样的事物是“有”，而做成各种各样事物的“心”也是“有”，在“有形的世界”（有）中的一切都是“有”，“无”是没有意义的。这里也许存在几个问题：①“有”的涵义如何？看来，裴頠认为“物”是“有”，“事”是“有”，“心”也是“有”。这就是说，不仅山河大地是“有”，政治人伦、道德教化也是“有”。既然“有”都有其存在的道理，因此不仅山河大地的存在是合理的，一切政治人伦、道德教化也是合理的。这无异于说：“一切存在的都是合理的。”但是为什么“一切存在的都是合理的”？裴頠没有作出说明，而郭象对这个问题，有他的一种说明。②裴頠说：“始生者，自生也。”“始生”是什么意思？是说总天地万物最初产生之时是“自生”，还是指每一个具体事物产生之时都是“自生”，裴頠并没说清，看起来，是前面的一种意思。这个问题也由郭象作出了一种说明。③在裴頠看来，“物”和“事”都是“有”，这当然是可以的。郭象用“迹”和“所以迹”来区别“事”和“物”，从哲学上可说又前进了一步。因此，我们可以说郭象的“崇有”哲学不仅接着向秀讲，而且也是接着裴頠讲。

郭象（253～312）字子玄，《晋书》有传，《世说新语》多处记载了郭象的事迹。《晋书·郭象传》谓：象“少有才理，好老庄，能清言”。《世说新语·文学》注引《文士传》说：象“慕道好学，托志老庄，时人咸以为王弼之亚”。可见郭象在魏晋玄学中地位之高，同时也说明王弼是当时人所推崇的玄学主帅。

哲学家的哲学思想是以理论思维的形式表达的，而理论思维必定是一系列的概念、范畴(按：范畴是指某一哲学体系的基本概念，如亚里士多德《范畴篇》的十个范畴)构成。因此，通过对某个哲学家的概念、范畴的分析，这样不仅可以看到某个哲学家与哲学史上的其他哲学家前后之间的联系，而且可以使我们比较深入地了解其理论思维的水平和特点。在哲学家的哲学体系中，必然会存在着由其所使用的概念构成的反映其哲学思想的基本命题，这里我们将由对郭象哲学中的主要概念分析入手，以见其哲学思想的基本命题和哲学理论的结构。

我们不可能对郭象著作中的全部哲学概念进行分析，这当然也没有必要，只要对他的哲学体系的基本概念作出分析，找出它们之间的逻辑联系，这样郭象的哲学体系也就可以搞清楚了。所谓一个哲学体系的基本概念就是说，用这些概念足以说明这个哲学家哲学体系的构成、特点以及发展的水平。郭象的哲学体系如用一图表来表示大体如图所示：

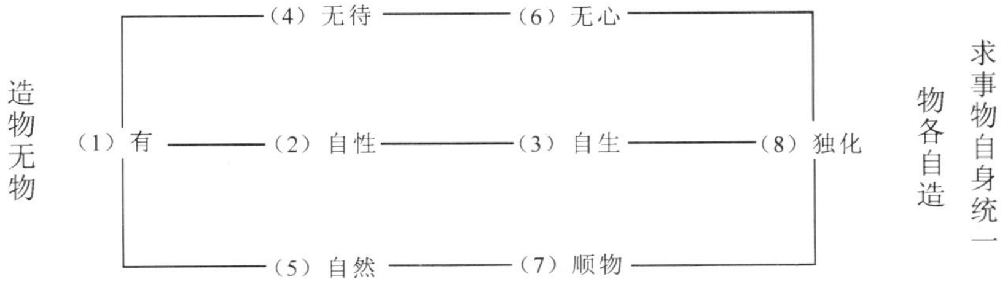

“有”是郭象哲学体系中的最基本概念，是“唯一的存在”，其存

在的根据不在自身之外，而即其自身之“自性”。每一事物依其“自性”而存在，必以“自生”、“无待”、“自然”为条件。事物的存在虽是“无待”，但如执著“无待”，则为“有待”，故必“无心”（无所执著），方可“无待”。“自然”因物而然，故应“顺物”，“常无其心而付之自然”。要把“物各有性”（自性）以及事物存在的形式“自生”、“无待”、“自然”等观点坚持到底，则必有“独化”一概念。下面我们将对郭象哲学体系中的上述基本概念作些具体分析。

“有”：郭象把一切事物称为“有”，即所谓“存在着的”都是“有”。他的哲学体系从否定“无”作为“造物主”或万有存在的根据出发，来论证“有”是唯一的存在。他说：

> 非唯无不得化而为有也，有亦不得化而为无矣。是以夫有之为物，虽千变万化，而不得一为无也。不得一为无，故自古无未有之时而常存也。（《知北游》注）

这段话郭象说明了三点：第一，“无”不能生“有”，故“无”不是一实体；第二，“有”是唯一的存在；第三，“有”的存在是无始无终的，绝对的。对此三点，郭象又从各方面作了论证。

为什么“无”不能生“有”呢？照郭象看，“无”就是“无”（nonexistence，nothing），不存在的东西怎么能产生存在的东西呢？所以他说：“无既无矣，则不能生有。”（《齐物论注》）如果“无”能生“有”，那怎么还能说它是“无”呢？因为能生“有”的必然是什么，而不能什么也不是，“若无能为有，何谓无乎”，“一无有则遂无矣。无者遂无，则有自欻生明矣”（《庚桑楚》注）。《庄子·天下》中说关尹、老聃的学说是“建之以常无有，主之以太一”，即认为“有”生于“无有”而以万物之上的“太一”为宗主，但郭象的注却说：

> 夫无有何所能建？建之以常无有，则明有物之自建也。自天地以及群物，皆各自得而已，不兼他饰，斯非主之以太一邪！

显然郭象是否定上述关尹、老聃的观点的，所以郭象认为“无”只是和“有”相对的一个概念，其涵义只是“无物”或“不存在”，即“有”的否定，它既不是精神性实体（如造物主），也不是物质性实体（如元气），在郭象的哲学体系中是一存在形式的概念，而非实体概念。

那么“有”为什么是唯一的存在呢？郭象对这个问题采用的是反证法，他提出存在的都是物，所以“万有”是唯一的存在，他说：

> 谁得先物者乎哉？吾以阴阳为先物，而阴阳者即所谓物耳。谁又先阴阳者乎？吾以自然为先之，而自然即物之自尔耳。吾以至道为先之矣，而至道者乃至无也。既以无矣，又奚为先？然则先物者谁乎哉？而犹有物，无已，明物之自然，非有使然也。（《知北游》注）

所存在的都是“物”，所以“万物”是唯一存在的。“自然”是万物自然而然存在的状态，它只是说明“万物”自己存在着、变化着，没有一个东西使它如此存在着、变化着。“道”也并非一实体，而是“至无”，既然是“无”它就不可能在“有”之先存在，它仅仅是“物”所以如此运动变化的状态，“物所由而行，故假名曰道”。由此可见，在郭象的体系中，“有”是最普遍、最一般的概念。

“有”既然是唯一存在着的，那么它的存在就是无始无终的永恒的存在。郭象说:“言天地常存，乃无未有之时”(《知北游》注)，“殊气自有，故能常有，若本无之，而由天赐，则有时而废”(《则阳》注)。照郭象看，不仅宇宙是“常存”、“常有”，而且每一个具体的存在物也是“常存”“常有”的，如他说:“夫有不得变而为无，故一受成形，则化尽无期也”，“化恒新也”，“不以死为死”(《田子方》注。按:《庄子》原为“吾一受其成形，而不化以待尽……日夜无隙，而不知其所终”)。这样，郭象就从原来否定“无生有”的观点走向把具体的事物亦视为永远存在的了。这点要和他对“生死”的看法联系起来看(详后)。

“自性”:郭象称“性”为“自性”，或为“性命”，这都是说“此事物之所以为此事物者”。就事物的“自性”说，每一事物都各自有各自的“性”，而且各自的“性”都有其所能达到的一定限度，他说:“物各有性，性各有极，皆如年知，岂跂尚之所及哉?”(《逍遥游》注)“小年”如“朝菌不知晦朔”、“蟪蛄不知春秋”，“大年”如“大椿者，以八千岁为春，八千岁为秋”，这都是他们“自性”所规定的，不是能希求可以得到的。郭象说:

> 凡所谓天，皆明不为而自然。言自然则自然矣，人安能故有此自然哉?自然耳，故曰性。(《山木》注)

这就是说所谓“性”是“自然而然”的，即天然的，天生如此的，“不知其然而然，非性如何”(《则阳》注)。就这点看，郭象对“性”的看法是有合理因素的，因为任何事物之成为这样或那样不是自己可以选择的，而是“自然而然”如此的。那么每个事物的“性”又是如何呢?

郭象认为，每个事物的“性”都有其具体的内容，比如说马，它的“真性”不仅如庄周所说“龁草饮水，翘足而陆”，而且是要求为人们所骑乘的，“马之真性，非辞鞍而恶乘，但无羡于荣华”(《马蹄》注)。对一般老百姓的“性”，郭象说：其“性不可去者，衣食也；事不可废者，耕织也。”(同上)由于每个事物的“性”是天生如此的，不得不然的，因此是不能改变的，所以郭象说：

> 天性所受，各有本分，不可逃，亦不可加。(《养生主》注)
>
> 性各有分，故知者守知以待终，而愚者抱愚以至死。岂有能中易其性者。(《齐物论》注)
>
> 性之所能，不得不为也；性所不能，不得强为，故圣人唯莫之制则同焉皆得，而不知所以得也。(《外物》注)

“性”是不可改变的，这在一定意义上说也是不错的，动物生而为动物就不能改变其“性”而成为植物，人生而为人也不能改变其“自然本性”而成为其他种类的动物。但问题在于，马的“真性”是否是“非辞鞍而恶乘”；是否一般老百姓的“自性”就是“衣食”、“耕织”，而“智者”就是天生的智者，“愚者”就应一辈子处于奴隶的地位？看来，郭象说“物各有性”并不全错，问题在于每个事物的“性”的内容是由郭象规定的，这就是他的所谓“自性”的秘密所在。

郭象不仅认为“性”是不能改变的，而且主张事物都应安于其“自性”所要求；如果能安于性命，那就是“逍遥”(自由)的了，他说：

> 夫以形相对，则太山大于秋毫也。若各据其性分，物冥其极，则形大未为有余，形小不为不足。苟各足于其性，则秋毫不独小其小，而太山不独大其大矣。若以性足为大，则天下之足未有过于秋毫也……苟足于天然而安其性命，故虽天地未足为寿而

与我并生，万物未足为异而与我同得。则天地之生又何不并，万物之得又何不一哉！(《齐物论》注)

物各顺性则足，足则无求。(《列御寇》注)

郭象提出“自性”这一概念，是为从“物”自身找其存在的根据，但是每一事物的“自性”的内容如何，则由郭象来规定，他把他为事物所规定的“自性”说成是“天然”的，“自然而然”的，因此是不能改变的。如果能“自足其性”，不以“形大为有余，形小为不足”，“物任其性，事称其能，各当其分，逍遥一也，岂容胜负于其间哉”(《逍遥游》篇目注)。如果每个事物都能按照其本性的要求，在他性分允许的范围内活动，都是一样的“自由”，“逍遥一也”。

郭象为建立其“崇有”的思想体系，为把“物各有性”的思想坚持并发挥下去，他提出“自生”、“无待”、“自然”三个概念，这三个概念从不同的方面表明事物存在的形式：“自生”表明事物发生的形式，“无待”表明事物存在的无条件性，“自然”表明事物的存在是必然性和偶然性的统一。

“自生”：事物根据其“自性”而存在，而其“自性”只能是“自生”的；如其“自性”不是“自生”的，则是其他事物所给予的，推求下去势必又得承认有造物主或本体之无。所以“自生”这一概念在郭象的哲学体系中非常重要，他在《庄子注》中反复说明这一点。从我们上面所构造的图表中看，“自生”这一概念可以说是郭象哲学体系的中心环节，它把“自性”和“独化”两概念联系起来。在《庄子序》中提出的郭象注《庄子》的基本思想“上知造物无物，下知有物之自造”也正好说明这一点。“自生”这一概念在郭象的《庄子注》中大体有三个相互联系的涵义：“自生”意谓“非他生”，“自生”意谓“非有故”，“自生”意谓“非有因”。

郭象说：“欻然自生非有本。”（《庚桑楚》注）这里的“本”是指“根本”，即有“根据”的意思，“欻然”是说忽然发生。万物都是忽然自生的，没有什么使之发生，作为其存在的根据，所以说：

> 无既无矣，则不能生有；有之未生，又不能为生，然则生生者谁哉？块然而自生耳。（《齐物论》注）。（按：《列子·黄帝》注：“向秀曰：块然若土也。”成玄英疏：“块然，无情之貌。”）
>
> 夫有之未生，以何为生乎？故必自有耳，岂有之所能有乎？此所以明有之不能为有，而自有耳，非谓无能为有也。若无能为有，何谓无乎？（《庚桑楚》注）

照郭象看，不仅“无”不能生“有”，而且“有”也不能生“有”，如果此“有”能生彼“有”，此“有”则为彼“有”之根本，这样一来，此“有”则具有造物主的地位了。所以任何事物都只能是“自生”的，而非“他生”的。所以郭象说：“上不资于无，下不待于知，突然而自得此生矣。”（《天地》注）“独生而无所资借，生死出入，皆欻然自尔。”（《庚桑楚》注）事物既不是靠着“无”而存在的，也不是根据其自己主观的要求而生成的，而是不知其所以然而然地自然如此生的，如此存在了。

“自生”必“无故”，这点在郭象思想中同反目的论有关系。郭象说：

> 天不为覆，故能常覆；地不能载，故能常载。使天地而为覆载，则有时而息矣；使舟能沈而为人浮，则有时而没矣。故物为焉，则未足以终其生也。（《德充符》注）

故意做什么就会违背自然之性，而往往行不通，所以他说："无故而自合者，天属也。"(《山木》注)郭象在《庄子注》中常用"自尔"一概念，而"自尔"这一概念往往和"自生"的涵义是相同的，如他说"欻然自生"、"欻然自尔"。又如他说"万物皆造于自尔"，"物各自生，而无所生焉"，都是"有物之自造"的意思。郭象说：

> 自尔，故不可知也。
>
> 设问所以自尔之故。
>
> 夫物事之近，或知其故，然寻其原以至乎极，则无故而自尔也。自尔则无所稍问其故也，但当顺之。(《天运》注)

一事物的生生化化似乎可以找到一些近因，可是对这事物生生化化的原因不断地追问下去，就会发现它的存在和变化是根本没有什么原因的。如果人们硬要去追求，只会陷于困惑之中。所以郭象对《齐物论》"若有真宰"一节注说：

> 凡此上事，皆不知所以然而然，故曰芒也。今夫知者，皆不知所以知而自知矣。

对万物的"自生"是不能去追问它为什么如此的。甚至，郭象更进一步论证说，万物"自生"是"无故"的，不仅是指没有其自身以外的目的，而且也没有其自身内在的目的，"岂有之所能为有乎"，所以"自生耳，非为生也"，也不是"有"有目的生的。就这一点看，郭象反对目的论在中国哲学史上有其一定的意义。

万物“自生”既然是“无故”的，因而也是“无因”的。在郭象的体系中，“因”有两种涵义：一是“顺应”的意思，如说“达者，因而不作”，“因其性而任之则治”；另一则是“原因”的意思，如说“不知所以因而自因”，前面的“所以因”的“因”就是“原因”的意思，是说事物的存在是没有“所以因”的。郭象说：

天机自尔，坐起无待。无待而独得者，孰知其故，而贵其所以哉？（《齐物论》注）

这里的“故”也是“原因”的意思，对事物的存在是不能追求其原因的，它的微妙的变化都是其自身如此的，自然而然的，不需要外在的条件的。为此郭象强调“因”是“自因”，如《齐物论》注：“夫达者之因是，岂知因为善而因之哉？不知所以因而自因，故谓之道也。”

“无待”：“无待”是说事物的存在是无条件的，它的生生化化不需要任何外在力量，不需要等待任何条件而自己存在着、变化着。郭象说：

故造物者无主，而物各自造；物各自造，而无所待焉。此天地之正也。（《齐物论》注）

事物存在的正常状态是“无待”的，因为既然没有一个造物主，而它的存在也就不需要其他任何条件了。然而“无待”是不是否定了其他事物的存在呢？照郭象看，那也不一定。列子御风而行，虽“非风则不能行”，但列子“非数数然求之者”，即并非有意去追求它，因此他可以顺万物之性，游变化之途，而能无不成，这就是“无待”。郭象认为，此事物的存在并不是为了另一事物而存在，它的存在就是如此的存在了，所以它不能作为别的事物存在的条件。郭象说：

> 故乘天地之正者，即是顺万物之性也；御六气之辩者，即是游变化之涂也；如斯以往，则何往而有穷哉！所遇斯乘，又将恶乎待哉！此乃至德之人玄同彼我者之逍遥也。苟有待焉，则虽列子之轻妙，犹不能以无风而行，故必得其所待，然后逍遥耳，而况大鹏乎！夫唯与物冥而循大变者，为能无待而常通，岂自通而已哉！又顺有待者，使不失其所待，所待不失，则同于大通矣。故有待无待，吾所不能齐也；至于各安其性，天机自张，受而不知，则吾所不能殊也。夫无待犹不足以殊有待，况有待者之巨细乎！(《逍遥游》注)

这段话看起来似乎和上面的一段话有些矛盾，其实不然。这里郭象的意思是：第一，本来每一事物都是各有各的“自性”的，其“自性”是“自生”的，没有一个给予者。列子能御风而行，这是列子的本性，无论有风或无风都不影响他的御风而行的本性。因此，列子能御风而行的“本性”并不以“有风”为条件。第二，从列子必待风而行方面看，那么任何事不能“无待”，而都是“有待”的了。第三，因此对“有待”和“无待”去分别它们，只是一种看法。从事物都能“各安其性”，不去追求什么，“不为而自然”，“顺万物之性，游变化之涂”，这难道不就是“无待而常通”吗？第四，如果去追求“无待”，这实际上正是“有待”，因为你期待着去追求，那你的存在正是有条件的。第五，不去分别“有待”、“无待”，而“自足其性”者，才是真正的“无待”。盖任何事物使其性自足是不必求之于外的。郭象在《齐物论》注中有一段论“形”、

“影”、“罔两”之间的关系很能说明他的观点，兹录于下：

> 世或谓罔两待景，景待形，形待造物者。请问：夫造物者，有耶无耶？无也，则胡能造物哉？有也，则不足以物众形。故明众形之自物而后始可与言造物耳。是以涉有物之域，虽复罔两，未有不独化于玄冥者也。故造物者无主，而物各自造，物各自造而无所待焉，此天地之正也。故彼我相因，形景俱生，虽复玄合，而非待也。明斯理也，将使万物各反所宗于体中而不待乎外，外无所谢而内无所矜，是以诱然皆生而不知所以生，同焉皆得而不知所以得也。今罔两之因景，犹云俱生而非待也，则万物虽聚而共成乎天，而皆历然莫不独见矣。故罔两非景之所制，而景非形之所使，形非无之所化也，则化与不化，然与不然，从人之与由己，莫不自尔，吾安识其所以哉？故任而不助，则本末内外，畅然俱得，泯然无迹。若乃责此近因而忘其自尔，宗物于外，丧主于内，而爱尚生矣。虽欲推而齐之，然其所尚已存乎胸中，何夷之得有哉？

事物的存在本来都是自然而然的，并不是此事物由彼事物的存在而存在，所以无论“罔两”、“景”或是“形”都是独自存在的。如果要求追问此事物存在的“近因”，则可以无止境地追问下去，这就会忘掉事物是“自尔”的（“自尔故不可知”），这样就会失掉“自性”，而无所适从了。所以说事物依其自性自生，其存在本来是无条件的，如有条件则有造物主，故只有承认事物的存在是无条件的，才可以真正坚持事物的“自性”是“自生”的，它的存在是“无故”、“无因”的，而“造物者无主”的观点才能站得住脚。

“自然”：在魏晋玄学中，“自然”这一概念是有种种不同的涵义的，就郭象来说，由于他针对的问题不同而有不同的说法，因此“自然”在他的著作中的涵义至少有五种，而这些不同的涵义又是相互联系的。

第一，天人之所为皆“自然”。在《庄子》书中“自然”往往是“天然”的意思，如说“常因自然而不益生”。晋王廙《洛都赋》：“不劳煮沃，成之自然。”这里“自然”也是“天然”的意思。在郭象的著作中，“自然”固然有“天然”的意思，但在某种意义上他认为“人为”也是“自然”。《庄子·大宗师》中说：“知人之所为，至矣。”庄周是主张要区分天和人之所为的，所以荀子说他“蔽于天而不知人”。郭象在这里注说：“知天、人之所为者，皆自然也。”这就是说，郭象不仅把“天然”看成“自然”，而且从某种意义上说“人为”也是“自然”。那么在什么意义上说“人为”也是“自然”呢？

第二，“自为”是“自然”的表现。王弼说：天地任自然无为，但从某种意义上说“无为”并不是什么都不作，而把“自为”也看成是一种“天地任自然，无为无造”。“自然”有“无为”义。郭象也认为“自然”有“无为”义，他说：

> 天下莫不相与为彼我，而彼我皆欲自为，斯东西之相反也。然彼我相与为唇齿，唇齿者未尝相为，而唇亡则齿寒。故彼之自为，济我之功弘矣，斯相反而不可以相无者也。（《秋水》注）

郭象把这种“自为”称为“自然”，即是说自己为自己，不是为别的东西，所以他又说：“所贵圣王者，非贵其能治也，贵其无为而任物之自为也。”（《在宥》注）“自为”是“无为”的一种表现形式，是和“有为”

不同的，“有为……不能止乎本性，求外无已”。那么“自为”是根据什么呢？

第三，“任性”即“自然”。王弼说：“道不违自然，乃得其性法自然者，在方而法方，在圆而法圆，于自然无所违也。”(《老子》第二十五章注)方的东西是根据方的原则(方的标准)而成为方，圆的东西是根据圆的标准而成为圆，方得方之性，圆得圆之性，这就叫“法自然”或叫“法性”。但在王弼哲学中，这里“自然”概念指的是抽象的标准，具体事物应该根据抽象标准而成为具体事物，这就叫“自然”。郭象认为“自为”也是“自然”，但“自为”是根据什么，是不是任意而为呢，是不是故意而为呢？不是的。照郭象看，所谓“自为”就是根据事物各自的“自性”而“为”，这也是“无为”，他说：

> 率性而动，谓之无为也。(《天道》注)
>
> 无为者，非拱默之谓也，直各任其自为，则性命安矣。(《在宥》注)
>
> 不因其自为而故为之者，命其安在乎？(《秋水》注)

“自然”就是“自然”，没有什么使事物这样或那样。任何事物都只能“率性而动”，而不能“故为之”，不要使人从己，也不要舍己从人，“各任其自为，则性命安矣”。

第四，“必然”即“自然”。王弼认为：事物的存在都是有根据的，其根据就在于有其存在之理，所以他说：“物无妄然，必由其理。”这是说事物存在有其必然性，“无妄”者“不是没有根据”之谓也，其根据即在“必然之理”。郭象则认为，事物的存在是根据各自的“自性”，而“自性”是不可改变的，“天性所受，各有本分，不可逃，亦不可加”，

“岂有能中易其性者”。所以，此事物成为此事物为其“自性”规定的，这种为“自性”所规定的情形叫“命”，即“必然性”，他说：

命之所有者，非为也，皆自然耳。(《天运》注)

达命之情者，不务命之所无奈何，全其自然而已。(《养生主》注)

“知命”者不作“无奈何”的事，这就叫作“自然”。

第五，“偶然”即“自然”。王充在反对天人感应目的论中，接触到偶然性的问题，他说：“夫天地合气，人偶自生也，犹夫妇合气，子则自生也”，“天地合气，物偶自生矣”(《论衡·物势》)，“天动不欲以生物，而物自生，此则自然也”(《论衡·自然》)。这里的“偶自生”是说自然巧合而生，是没有什么目的和原因的，因此王充的“自然”含有偶然性的意思。郭象在这个问题上继承了王充的思想而又有所发展。他认为，事物据其“自性”而必然如此的存在着，这是自然而然的，必然如此的。但是，这种“自然而然”的、“必然如此”的存在着又是没有任何原因、没有任何道理的。或者说，你根本不可能去问它如此存在的原因，因此他讲的“自然”又有偶然性的意思，他说：

物各自然，不知其所以然而然。(《齐物论》注)

就其“不知其所以然”说，“自然”就有偶然性的意思。所以郭象在说明事物的“自生”时，往往用“突然”、“塭然”、“欻然”等等，都是为了说明事物的存在是没有目的的，说不出原因的。

郭象关于“自然”概念的涵义有以上相互联系的五点，其中最重要的是后面两点，即“自然”既有“必然”又有“偶然”的意思。必然和偶然本是相对立的概念，但从辩证的观点看必然和偶然又是相互联系的，是能互相转化的，必然性又往往通过偶然性而表现。郭象用“自然”一词，既说明“必然”，又说明“偶然”，正是他认识到“必然”和“偶然”的相互联系：此一事物作为此一事物而如此地存在着，从一方面说是必然的，“物各有性”；从另一方面说又是“偶然”的，“忽尔自生”。在郭象的体系中，事物的存在必须兼有这两方面，缺一方面则非郭象哲学。黑格尔认为，必然的东西是这样的而不会是那样的，因为它是有原因的，偶然的东西则相反，它是没有原因的。郭象大概是了解这一点的。甚至可以说，郭象认识到说事物的存在是由于“自性”，而此事物之所以有此“性”，则是“欻然而自生”、“忽尔自生”，所以必然性是通过偶然性表现出来的。

郭象在这个问题上还有一点很有辩证意味的看法，即在他的思想体系中包含着“认识了必然就是自由”的意思。当然郭象的著作中没有“自由”一词，他用的是“逍遥”一词。郭象认为，事物虽有不同，但是都能“放于自得之场”，只要做到“物任其性”、“事称其能”，“各当其分”，则“逍遥一也”。自己根据自己的性分所及，充分地、无限地去实现其“自性”，就是最大的逍遥，就是最自由的。如何才能充分地、无限地实现其“自性”呢？郭象认为，这就要求不把自己限于“一身”去分别自己是“大”还是“小”，因为“大”和“小”只有相对的意义。如果对于那些只具有相对意义的东西能不以为意，不要求一定这样或一定那样，就是“无待”，所以他说：

故游于无小无大者，无穷者也；冥乎不死不生者，无极者也。若夫逍遥而系于有方，则虽放之使游而有所穷矣，未能无待

也。(《逍遥游》注)

所以“逍遥”(自由)是一种精神，有这种“无大无小”、“无生无死”的认识，就是“无待而逍遥”。“无待而逍遥”，则是“无方”(无方所)，或叫“大方”，“踏于大方，不知所以然”。认识了自己，又不执著自己，可以这样，也可以那样，那就是说它有无限的可能性，这就是“踏于大方”(即无方)，无所限制。这种“踏于大方”的境界，既可以这样，也可以那样，有无限的可能性，因此含有偶然性的意思。所以郭象的“认识了必然就是自由”，其必然性是在无限的可能性中实现的，因此也就是说它是纯偶然的，碰上的。而其所谓“逍遥”当然也只能是一种主观的精神境界。

郭象关于“自然”的观念，在南北朝有很大影响，不少反对佛教因果报应说的人都利用这种关于“自然”的观念。例如，范缜说：

> 人生如树花同发，随风而堕，自有拂帘幌坠于茵席之上，自有关篱墙落于粪溷之中。坠茵席者，殿下是也。落粪溷者，下官是也。贵贱虽复殊途，因果竟在何处？(据《南史·范缜传》)

他认为，为什么有的人富贵，有的人贫贱，并没有什么必然性可寻。你萧子良碰巧落在编花席上，就富贵了，而我范缜落在粪坑里，就贫贱了。但范缜关于“自然”的全面了解，似乎也含有必然性和偶然性相联系的观点，如他说：

> 若陶甄禀于自然，森罗均于独化，忽焉自有，恍尔而无；来也不御，去也不追，乘夫天理，各安其性。(《神灭论》)

就“自然”说，一方面是“不可知其然”的，“忽焉自有，恍尔而无”；但另一方面是根据“天理”的，各有其性。所以“自然”也是必然和偶然的统一。

后来朱世卿著《性法自然论》也是继承着郭象、范缜而发展的，他一方面说：

> 荣落死生，自然定分。（《广弘明集》卷二十五）

另一方面又说：

> 动静者莫有识其主，生灭者不自晓其根，盖自然之理著矣。所谓非自然者，乃大自然也。（同上）
>
> 譬如温风转华，寒飙扬雪，有委溲粪之下，有累玉阶之上。风飙无心于厚薄，而华霰有秽净之殊途；天道无心于爱憎，而性命有穷通之异术。（同上）

这些都有必然性寄寓于偶然性之中的意思。

“无心”和“顺物”（顺有）：郭象的“无待”概念中包含着一个问题，从任何事物的“自性”都是“自生”的方面看，它存在的根据只在其自身，因此是“无待”的；但从任何事物的“自性”所表现出的情况方面看，似乎又是“有待”的。如何解决这个矛盾呢？郭象认为，这种矛盾的出现全是由于自己主观的因素引起的，如果任其自性，随遇而安，而能无所不成，则是“无待”。因此，对任何事物说，达到“无待”必然以“无心”为条件。郭象的“自然”一概念也包含着一个问题，它既有

“无为”又有“自为”(特定的为)意思。那么这两方面如何统一呢?郭象认为,这本来是事物自身的矛盾,只能从事物自身方面去解决,因此必须“顺物”(顺有)。这样一来,本来是讨论事物存在的问题,却成了人们如何对待事物存在的问题。郭象说:“至人无心而应物,唯变所适。”(《外物》注)又说:“神人者,无心而顺物者也”,“夫无心而任化乃群圣之所游处”(《知北游》注)。这都是说,圣人或至人对待事物应有的态度。采取这样的态度对待事物,虽属主观方面,但是因为任何事物都是依其“自性”而生生化化,对它们只能“因”,只能“顺”,而不能有所作为,“无心于物,故不夺物宜”,“无心而任乎自化者应为帝王”。

“独化”:如果说“有”是郭象哲学体系中最普遍的概念,那么“独化”则是他的哲学体系中的最高范畴。上述诸概念最终都是为了证成“独化”这个范畴的。所谓“独化”,从事物存在方面说,是说任何事物都是独立自足的生生化化,而且此独立自足的生生化化是绝对的,无条件的。郭象的这个观点是由“自生”、“无待”、“自然”三个方面引申出来的。

从“自生”方面,郭象说:

> 凡得之者,外不资于道,内不由于己,掘然自得而独化也。夫生之难也,犹独化而自得之矣。既得其生,又何患于生之不得而为之哉?故为生果不足以全生,以其生之不由于己为也,而为之则伤其真生也。(《大宗师》注)

“凡得之者”云云是说凡得自性而为生者,从外面说不是由于“道”所给予的,从自身说也不是自己所能求得的,而且没有什么原因突然自己得以如此独立自足地存在着。"自得"是说"道"不能使之得而自得为生("自生")。既然是"自得为生"，那就根本用不着自己去考虑自身的存在而去追求之。"自得为生"，则任何事物都应是独立自足的，如果不是独立自足的，那或是"外资于道"，或是"内由于己"之为，这样就要否定"自生"了。

从"无待"方面，郭象说：

> 若责其所待，而寻其所由，则寻责无极，卒至于无待，而独化之理明矣。(《齐物论》注)

又说：

> 推而极之，则今之所谓有待者，卒至于无待，而独化之理彰矣。(《寓言》注)

事物就其表面上看似乎是"有待"，因为它们各有各的"自性"，都是相对的，但从能"自足其性"说，则都可以是"无待"的。而"性"既不是由外面所给予，也不是由自己主观求得，而是其自身所具有的。因此，对于事物存在的原因表面上看可以一层一层地追求下去，但追求到最后就可以看到"似有待而实无待"。如果人们要追问事物存在的原因和根据，那你尽管无穷地追问下去，最后得到的结果只能是"无待"。由于刨根问到底，到最后所得的结果只能是"无待"，所以"无待"就是绝对的，任何事物的存在都是独立自足的。

事物的存在从一个方面说是必然的，从另一方面说又是偶然的，这两方面统一起来就是"自然"。郭象说：

卓尔，独化之谓也。夫相因之功，莫若独化之至也。故人之所因者天也，天之所生者独化也。人皆以天为父，故昼夜之变，寒暑之节，犹不敢恶，随天安之，况乎卓尔独化至于玄冥之境，又安得而不任之哉？既任之，则死生变化，唯命之从也。（《大宗师》注）

这里的所谓“天”是“天然”的意思，即“自然”，郭象说：“天者，自然之谓也。”人的存在和活动都是顺乎自然的，而这种顺乎自然正表现了人的独立自足的生生化化。人的存在与活动既然是以其自身的生生化化为根据，那么人就可以在昼夜、寒暑等等变化之中，顺乎自然而不受外在的东西所影响，何况能卓尔独化于玄冥之境的圣人又哪能不任其自化呢？既然是任其自化，这也就是他自己命中之事了。这就是说，表面上看来，任何人，包括独化于玄冥之境的圣人，其存在与活动都是命定的，必须“安命”，所以郭象说：“夫安于命者，无往而非逍遥矣。”（《秋水》注）这就是说，“安命”才可以真正的“逍遥”。盖任何事物只要在其性分允许的范围之内，都可以“放于自得之场”，无往而不逍遥，又是可以自由的，苟“得其所，则物皆逍遥也”。

任何事物都是独立自足地存在着、活动着，这样就必须是此事物独立自足地存在着的同时也得让别的事物独立自足地存在着，这样就有一个如何对待别的事物的关系问题。但是，从郭象的思想体系看，他认为每一事物都是一独立自足的存在，没有和其他事物发生关系的问题，这个矛盾如何解决呢？照郭象看，正因为每一事物都是一独立自足的存在，那么如有一事物不能独立自足地存在，别的事物也就不能独立自足地存在，所以在事物之间，此一事物的“独化”必是彼一事物存在的条件，彼一事物的“独化”也必是此一事物存在的条件，“相因之功，莫若独化至”。因此，事物之间相互为因(条件)的功用，与顺应事物自身的独立自足的生生化化相比是没有意义的，每个事物的“独化”对其他事物才有意义。

如果说“崇有”是郭象哲学的起点，那么“独化”则是他的哲学的终点。他的哲学从反对有一本体之“无”或造物主，而只承认“有”是唯一的存在开始，到把一个个的事物都绝对化为独立自足的神秘的自在之物为止，这中间相当丰富地运用了思辨哲学特有的方法，在分析事物的种种矛盾中建立了他的哲学体系。上面我们分析了他的哲学范畴体系的逻辑结构，揭示其间的内在联系，这样就可以对郭象哲学的特点和发展水平有一系统的了解了。

郭象的哲学体系有两个相互联系的方面，前面所讨论的是其“上知造物无物，下知有物之自造”，下面将讨论他的“明内圣外王之道”的思想。“内圣外王之道”初见于《庄子·天下》，而后儒道两家亦多有论者。郭象欲排除在于现实世界之外的造物主，其目的还在于调和“自然”与“名教”，而合“内圣”与“外王”为一。《外物注》中说：“神人即圣人也，圣言其外，神言其内也。”《逍遥游注》谓：“夫神人即今所谓圣人也。”就此可知，《外物注》中所谓的“圣人”实指“外王”，而“神人”则指“内圣”，且“内圣”即可以是“外王”，并非为二。郭象合“内圣”与“外王”为一，其论证见于《大宗师注》。郭象注《庄子》“孔子曰：彼游方之外者也，而丘游方之内者也”一段说：

夫理有至极，外内相冥。未有极游于外之致而不冥于内者也，未有能冥于内而不游于外者也。故圣人常游外以弘内，无心以顺有，故虽终日挥形而神气无变，俯仰万机而淡然自若。夫见

> 形而不反神者，天下之常累也。是故观其与群物并行，则莫能谓之遗物而离人矣。观其体化而应物，则莫能谓之坐忘而自得矣。岂直谓圣人不然哉！乃必谓至理之无此。是故庄子将明流统之所宗，以释天下之可悟，若直就称仲尼之如此，或者将据所见以排之，故超圣人之内迹，而寄方外于数子，宜忘其所寄以寻述作之大意，则夫游外弘内之道，坦然自明，而庄子之书，故是超俗盖世之谈矣。

郭象的这段注可以说是了解其“内圣外王之道”的关键，分析起来可注意者或有四点：

(1)郭象认为，在所有的道理中有最根本的道理，这就是“内圣”与“外王”是相合一的，因为没有最高明的游于外而不冥于内者，也没有最高明的冥于内而不游于外者。这就是说“极高明”而必能“道中庸”，“道中庸”亦必能“极高明”。

(2)圣人之所以能“常游外以弘内”，关键在于“无心以顺有”，故《应帝王》解题谓“夫无心而任乎自化者应为帝王也”。《逍遥游注》“至人无己”谓：“无己而顺物，顺物而王矣。”《人间世注》中说：“神人者，无心而顺物者也。”据此可知，能“无心而顺物者”是能为“圣人”，也是能为“帝王”者。

(3)“无心以顺有”，即谓“无措于心”而“顺物自然之性”。圣王生活于现实社会之中必遇到种种事情，如遇事而“有心”(有意去做什么)，那么必为“物”累，而不得“逍遥游放”，如“无心”，那么就可以“虽终日挥形而神气无变”，“俯仰万机而淡然自若”了。“无心”则能“顺物”，《齐物论注》中说：“无心而无不顺。”盖因“物各有性”，圣人对“物性”是不能做什么，也不必做什么，只能让每个事物都顺其自然之性，故《达生注》中说："各任性分之适而至矣。"如果每个事物都能按照其性分的要求生生化化那是最美妙的，这是因为："性之所能，不得不为也，性之不能，不得强为也。故圣人唯莫之制，则同焉皆得，而不知所以得也。"(《外物注》)所以郭象说："神人无用于物，而物各自得，归功名于群才与物冥而无迹，故免人间之害，处常美之实。"

(4)一般人看到圣人"终日挥形"、"俯仰万机"，就认为"圣人"不能"遗物而离心"，不能"坐忘而自得"，这是因为他们只见其形，而未睹其神，这正是为一般俗人的见解所累，而不了解"内外相冥"的最高道理。至于郭象用"寄言出意"的方法解释《庄子》，在《魏晋玄学的方法问题》一章中详论，于此从略。

就以上所论，郭象的目的正是在于合"内圣"与"外王"为一，以消除"自然"与"名教"之分离，以证"出世间即世间"之理。关于这种"合内外"的思想在郭象的《庄子·大宗师注》中尚有多处，如说："夫游外者依内，离人者合俗，故有天下者，无以天下为也。是以遗物而后能入群，坐忘而后能应务，愈遗之愈得之。""夫与内冥者，游于外者也。独能游外以冥内，任万物之自然，使天性各足，而帝王道成，斯乃畸于人而侔于天也。""夫知礼意者，必游外以经内，守母以存子，称情而直往也。若乃矜乎名声，牵乎刑制，则孝不任诚，慈不任实，父子兄弟怀情相欺，岂礼之大意哉！"以上郭象《大宗师注》所论，就其内容言，其一方面强调"游外"者才可以"冥内"，离人群者才是真正的"合俗"，坐忘者才能"应物"，如果不忘掉世俗的一切，那不过是俗中之一物，而不能应物而无累于物，非"体玄识远"者。另一方面又提出"游外以经内"，"守母以存子"，而要求"至德之人"照自己本性的要求去做，不要为"名声"和"政事"(刑制)所限制，这样才是真正的"礼乐复乎己能，忠信发乎天光”(《庄子序》)，而能“畸于人(事)而侔于天(道)也”。在这里郭象无非是反复论证“不废名教而任自然”之意，此乃其“内圣外王之道”的要点。就其方法而论，郭象多运用“否定的方法”，即用“否定达到肯定”。“离人”为否定，而恰恰可以达到“合俗”的肯定；“遗物”为否定，而恰恰得以“人群”，所以“夫与内冥者，游于外者也”。这种“用否定达到肯定”的方法，可以把看起来相对的两个方面调和起来合而为一。“名教”与“自然”是相对的两个方面，然而愈是任万物自然之性，则愈是能成就帝王之道。关于“否定方法”的意义详见于下一章。如果说《应帝王》之解题欲说明“内圣外王之道”在于“无心而任乎自化者应为帝王也”，那么上引《大宗师》的注，则在论证内外合一之方，而“大宗师”者，帝王之师也。故《大宗师》的解题说：“虽天地之大，万物之富，其所宗而师者，无心也。”

“圣人”是否可学可致为魏晋南北朝时期讨论的一个重要问题，王弼首论“圣人”不可学不可致。何晏以为圣人无喜怒哀乐之情，钟会等人又发挥了他的这一思想，而王弼却不赞成何晏的观点，他以为“圣人茂于人者神明也，同于人者五情也。神明茂，故能体冲和以通无；五情同，故不能无哀乐以应物……今以其无累，便谓不复应物，失之多矣”(何劭《王弼传》)。照王弼看，因“情”乃人之“自然之性”，“自然之性”怎么能去掉呢？但圣人可以做到“动不违理”，“应物而无累于物”。为什么圣人可以做到“应物而无累于物”，而一般人做不到呢？这是因为圣人“茂于人者神明”的缘故。“圣人茂于人者神明”的意思是说，圣人“智慧自备”，“自然已足”。所谓“自备”，非学所得，非求而致也，故“圣人天成”。而嵇康《养生论》亦谓：“神仙禀之自然，非积学所能致也。”郭象虽“崇有”，虽反对“贵无”，但在圣人的学致问题上却与王弼同。《徐无鬼注》中说：“圣人之形不异于凡人，故耳目之用衰也。至于精神，则始终常全耳。”郭象认为，就人之所以为人，在形体上，圣人和一般人是没有什么不同的，但在“精神”上则和一般人完全不同。所以在《逍遥游注》中说，神人和一般人都一样“俱食五谷”，但神人之所以为神人，“非五谷所为，而特禀自然之妙气”。盖因人与人所禀受不同，即其所具有的“性分”不同，“若天之自高，地之自卑，首自在上，足自居下，岂有递哉”(《齐物论注》)。“性分”是不能改变的。故《德充符注》中说：“人之生也，非情(按：此谓故意追求)之所生也……有情于离旷而弗能也，然离旷以无情而聪明矣。有情以为圣贤而弗能也，然贤圣以无情而贤圣也。”离娄之明、旷师之聪，是天生的聪明，皆在其性分之内，不待外求，圣贤自为圣贤，故不可学致，“故学者不至，至者不学”(《庚桑楚注》)。

郭象为进一步论证圣人“特禀自然之妙气”，提出学“圣人”只能是“学圣人之迹”。《胠箧注》中说：“法圣人者，法其迹耳。夫迹者，已去之物，非应变之具也。奚足尚而执之哉！执成迹以御乎无方，无方至而迹滞矣。”效法圣人只能是学他所表现出来的有迹可寻的种种形式。而圣人的那些活动的可寻之迹，是已时过境迁的活动，而和效法者所处的时事毫不相干了，而成为无用的东西。我们知道，在中国传统哲学中把存在着的东西叫作“事物”，但“事”和“物”并不是一回事，“物”往往指存在着东西本身，而“事”则常指物的活动(主要是指人的活动)。郭象分别“迹”和“所以迹”，可以说看到了“事”和“物”的区别，或者说看到了看得见的“活动”(痕迹)和看不见的“本性”(内在本质)的分别。照郭象看，所谓“迹”是指事物(或圣人)活动留下来的痕迹，“诗礼者，先王之陈迹也”。(《外物注》)所谓“所以迹”是指事物(或圣人)自身之“自性”，“所以迹者，真性也”(《天运注》)。“真性”即指此事物之所以为此事物者。此马之真性可日行千里，这是他的“所以迹”；此马日行了千里，这是它的“迹”。“迹”和“所以迹”都是此事物的，不过一是此事物活动留下的“痕迹”，一是此事物之“自性”。有某种“自性”的事物，如果它活动了，则有其活动留下的“痕迹”。对于一事物说，它存在的根据是它的“自性”即“所以迹”，而人们对其“自性”(“所以迹”)是无法认识的，所能认识到的只能是某事物活动所留下的“迹”。

郭象为什么要提出“迹”和“所以迹”的问题？或有多重意义：

(1)郭象看到了事物本身和事物活动所留下的痕迹的区别。如果把“迹”看成是事物本身而不是事物活动留下的痕迹，那么很可能得出有“造物主”或“本体之无”的结论。如果“迹”是事物本身，那么谁使它如此而不如彼呢？而把事物活动留下的“迹”和事物本身看成是有区别的，“所以迹”是事物自身，是一个一个以“自性”为根据的单独存在物，这样造物主或本体之无就成为不必要的了。当然，说事物自身是其自身的造物主亦无不可。可是，郭象认为“物各有性”，那无非是说每个事物自己就是自己的造物主，世界上有千千万万个只能造自己的造物主，这样也就否定了有一个唯一的统一的造物主了。而所谓“自己是自己的造物主”也就是郭象“造物无主”、“物各自造”的意思。“迹”是事物活动留下的痕迹，不是事物自身，因此它不是“实体”；“所以迹”是事物的自身，它是唯一存在着(或曾经存在着)的“实体”。因此，照郭象看来，区分了“迹”和“所以迹”可以更好地坚持“有”是唯一的存在。如果把“迹”和“所以迹”看成相对的存在，或两种不同的“实体”，这不是郭象的意思。郭象认为，如果把“迹”和“所以迹”看成两种不同的“实体”，不如对“迹”和“所以迹”双忘，《大宗师注》说：“既忘其迹，又忘其所以迹者，内不觉其一身，外不识有天地，然后旷然与变化为体，而无不通也。”本来人就不能把自身作为认识的对象，同样如果去把外在的世界作为认识的对象而加以执著，那么就是把“迹”当作“所以迹”了，这是毫无意义的，因此不如双忘，随时而迁，故《齐物论注》中说：“唯大圣无执，故芚然直往，而与变化为一，一变化而常游于独者也。”芚然，无所执而直往之貌。不仅“迹”是过去的东西，是“陈迹”，不应去执著；而且“所以迹”又是无迹可寻的，是“无迹”，也是无法执著的，人们只能随遇而安，无著无执，故可无往而不通了。《让王注》谓：“……曰：许由之弊使人饰让以求进，遂至乎之哙也。伯夷之风使暴虐之君得恣其毒，而莫之敢亢也。伊吕之弊使天下贪冒之雄，敢行篡逆。唯圣人无迹，故无弊也……夫圣人因物之自行，故无迹，然则所谓圣者，我本无迹，故物得其迹，迹得而强名圣，则圣者乃无迹之名也。”圣人无迹，故不可学致也。

(2)相对地说人们的认识只能认识事物之“迹”，即认识其他事物活动的痕迹，而不能认识其他事物的“所以迹”，也就是说不能认识其他事物的“自性”。如果不去区分“迹”和“所以迹”，那么就是说人们也可以认识其他事物的“自性”，这样就把别的事物作为认识的对象了。但照郭象看，每一事物都是一独立自足的存在，它不能作为认识的对象，故《齐物论注》中说：“今夫知者皆不知所以知而自知矣，生者不知所以生而自生矣。万物虽异，至于生不由知，则未有不同者也，故天下莫不芒也。”甚至圣人对其他事物也只能“无心而任乎自化”。人们在认识上发生错误，正是把“迹”当成了“所以迹”。本来“迹”只是某事物过去活动留下来的痕迹，就去效法，要做圣人，可是所追求和效法的只是圣人之“迹”。而圣人之“迹”只是圣人所在时的所做所为，但它已经变为“陈迹”了，万万不可以用它作为“应变之具”。无圣人之性而去效法、追求圣人之迹，岂不要失去原有的本性，越追求就越错误吗？所以郭象说：“所以迹者，无迹也。”(《应帝王注》)事物的“自性”

是无迹可寻的。从这点看，郭象的“所以迹”和康德的“物自体”颇为相似，“所以迹”是不可认识的“自在之物”。

(3)郭象提出“迹”和“所以迹”这个问题的目的是要求人们安于其“自性”。任何事物的存在都是由于其“自性”所规定的，而“自性”又是自身所固有，不是谁给予的，因此就不能怨天尤人。每个事物由其“自性”所决定而只能有某种活动，帝王可以“戴黄屋”、“佩玉玺”，可以“终日挥形而神气无变”，老百姓只能“耕织”，“守愚以待终”。老百姓如果去追求“戴黄屋”、“佩玉玺”，那就是想效法帝王，然而老百姓并不是帝王，无帝王之性而要去做帝王所做的事，这不仅追求不到，反而会丧失自己的本性。照郭象看，社会混乱就是由一些人违背自己本性去追求他不应追求的所造成的，所以他说：“天性所受，各有本分，不可逃，亦不可加。”(《养生主注》)要使社会安定就是要使各个事物顺其本性发展，“物各顺性则足，足则无求”(《列御寇注》)。

郭象的这一“内圣外王之道”的理论，照我看需要有两个前提：一是他必须论证他所构造的社会蓝图的合理性；二是他必须说明圣王之所以必有之必要性。对后一问题郭象作了说明，《人间世注》中说：“千人聚，不以一人为主，不乱则散，故多贤不可以多君，无贤不可以无君，此天人之道，必至之宜。”郭象认为，在社会生活中必须有一统治者(君主)，如果没有一个统治者，社会或者解体，或者混乱，而且这是宇宙人生的根本道理。然而他的这一社会必以一人为主的道理，和他的“独化”理论会发生矛盾。照郭象的“独化”理论看，每个事物都是按照其“自性”独立自足地生生化化的，其他事物对它不应发生什么影响，因此一人为主的统治者是没有必要的。当然，郭象可以说，他所说的“统治者”(帝王)正是对其他事物的生生化化不加干涉的统治者，他是“以不治治”者，是“无心而任乎自化”者。如果这样“帝王"(君主)就成为可有可无的了，或者我们把郭象这种"帝王观"叫作"虚君论"。这种"虚君论"和当时鲍敬言的"无君论"是两种不同的政治思想。鲍敬言认为可以"无君"，而郭象认为"不可以无君"，但君主可以"无心而顺物"。

郭象的这种分"臣民"(多)与"君主"(一)的观点是否有其合理性，郭象又是如何论证其合理性，这就涉及他所构造的理想社会的蓝图了。《齐物论注》中说："夫时之所贤者为君，才不应世者为臣，若天之自高，地之自卑，首自在上，足自居下，岂有递哉！虽无错于当，而必自当也。"郭象用自然现象比附社会的人群关系，说不上是有力的论证，但它毕竟是当时等级森严的阶级社会的写照。在当时的情况下这种等级关系是不能改变的，它是当然之理。《秋水注》说："小大之辩，各有阶级，不可相跂。"郭象为进一步说明他的合理社会的蓝图，用"公私之辩"加以论证，他说："夫臣妾但各当其分耳，未为不足以相治也。相治者，若手足、耳目、四肢、百体，各有所司，而更相御用也。"各个等级的人都是有其相当的名分，并没有谁治谁的问题，而是一种相互的关系，就像一个人的耳目等等各有各的职能那样而互相配合。照郭象看，如果社会上的各个等级的人能各安其位，并不是谁为谁而存在，那么这样的社会就是合理的社会。这个观点和他的"相因之功，莫若独化之至"相一致。在什么等级安于什么等级之位，尽伦尽职，这就是"公"，反之就是"私"。所以他说："若皆私之，则志过其分，上下相冒，而莫为臣妾矣。臣妾之才而不安臣妾之任，则失矣。故知君臣、上下、手足、外内，乃天理自然，岂直人之所为哉！"(《齐物论注》)一个人在什么样的地位全由其所禀受的"自性"所决定的，"自性"是天然如此不能改变，因此其社会地位也是不可改变的，这是"天理自然"。如果企图改变已定的社会地位，那就是"私"，这不仅做不到，而且会使自己陷入困境。《逍遥游注》中说："故理有至分，物有定极，各足称事，其济一也。若乃失乎忘生之主，而营生于至当之外，事不任力，动不称情，则虽垂天之翼，不能无穷，决起之飞不能无困矣。"任何事物受它性分所决定，他所能活动的范围都是有极限的，越过其性分所允许的范围，必然失败。"自性"决定着事物活动的范围，决定着其社会等级地位，同时又以是否安于"自性"作为"公"与"私"的价值标准，而且在"适性"上又都可以叫作"逍遥"，故《逍遥游》的解题说："夫小大虽殊，而放于自得之场，则物任其性，事称其能，各当其分，逍遥一也。岂容胜负于其间哉!"郭象的"合理"的社会蓝图难道不正是当时等级社会的模写吗？在魏晋世家大族统治的等级社会中，那个集团一方面希望各个等级的人都只能按照他们的等级地位（即郭象所规定的"自性"）活动，另一方面世家大族本身的社会地位使他们可以"戴黄屋，佩玉玺"，可以"终日挥形而神气无变"，可以这样也可以那样，"无往而不为天下君"，他们的"逍遥放达"的范围是很广大的，甚至可以说是无限制的。一般老百姓名义上也可以"逍遥放达"，但其实他们"自由"的范围是很小的。郭象的哲学，以"游外以弘内"取代了"超名教而任自然"；又用"无心而任乎自化者应为帝王"取代了"名教中自有乐地"。就前者说，可以避免使世家大族等级制度遭受破坏的危险；就后者说，又可以摆出超然物外不为世事所累的姿态。郭象依据当时世家大族统治的社会勾画出一幅"合理"的社会蓝图，这就是说他认为的"现实的就是合理的"。现实社会的存在自然有其存在的理由，就这方面说"现实的"确有其"合理性"。但是，对"现实存在着的"给予价值判断，如果从历史作为一发展过程的观点看，"现实存在着的"并不具有天然的"合理性"。"现实存在着"总是某种"合理性"和"不合理性"的统一，而且必定会由其具有某种"合理性"走向全然的“不合理性”。因此，批判哲学的批判功能是最可贵的人类精神。

四、东晋时期的玄学

张湛约生于公元370年前后，卒年不详。著有《列子注》，陶弘景的《养性延命录》中提到张湛的《养性集叙》，并说是书之“养生大要：一曰啬神；二曰爱气；三曰养形；四曰导引；五曰言语；六曰饮食；七曰房室；八曰反俗；九曰医药；十曰禁忌。过此以往，义可略焉”。在《养性延命录序》中说：“余因止观微暇，聊复披览《养生要集》，其集乃钱彦、张湛、道林之徒，瞿平、黄山之辈，咸是好事英奇，志在宝育。或鸠集仙经真人寿考之规，或得采彭铿老君长龄之术，上自农黄以来，下及魏晋之际，但有益于养生及招损于后患诸本，先皆记录。今略取要法，删弃繁芜，类聚篇题，分为上下两卷，卷有三篇，号为《养性延命录》。”可知，张湛对养生颇有研究。

张湛为东晋时人，此时佛教传入已久，道教也已渐成一颇有势力的宗教，社会风气有了很大变化，据《世说新语》可知当时对个人“生死”问题更为关注，张湛当然不能不受到影响。故在《列子注》中可见佛道二教之影响，据季羡林先生考证，《汤问篇》偃师之巧的故事和西晋竺法护所译的《生经》卷三里的一个故事“内容几乎完全相同”，因而说明这一故事是“《列子》抄袭佛典恐怕也就没有什么疑问了”①。注中又颇有“养生延年”之论，或亦受道教之影响。兹不详论。

张湛在王弼、郭象之后，故其注《列子》不得不受这两大魏晋玄学

① 见《〈列子〉与佛典》，收入《中印文化关系论丛》，北京，人民出版社出版，1957。

“贵无”、“崇有”之影响，可以看出张湛企图调和上述两派之学说，并杂有汉朝以来的“气论”学说（这或与张湛注意养生有关），但一种学说要求调和多种学说往往会使其自身学说陷入矛盾之中。张湛的思想就是一例。

魏晋人注书，其宗旨大意往往在“序”和“篇目注”中表现得最清楚。“序”为述全书大意，故如欲了解全书思想宗旨，必细读其“序”；“篇目注”为述全篇之大意，列举大纲，而发挥其思想。故研究张湛《列子注》的思想，似可从此入手。

张湛注《列子》的根本思想在其“序”中表现为两个基本命题：一是“群有以至虚为宗”，二是“万品以终灭为验”。张湛认为“群有以至虚为宗”，“群有”的生生化化是以不生不化的“至虚”（至无）为其存在、变化的宗主，实际上认为在万物背后有一超现实的造物主。郭象哲学要解决的现实问题是如何调和“自然”与“名教”，以维护现存的世家大族的统治，而张湛哲学则是要解决个人生死、以求解脱的问题，即所谓“万品以终灭为验”，“神惠以凝寂常全”，这种企图超生死的人生观正是适应东晋当权的世家大族的需要。

《列子》一书是否为张湛所作尚无定论，但由他编定和加工则毫无疑问，则“注”为张湛所作。这本书虽不免有矛盾之处，但张湛的注则认为该书八篇的思想是一贯的。据他的“篇目注”并参照各篇中注的内容，则可知：第一篇《天瑞》说“存亡变化，自然之符”，“群有”有生有化，而“本无”不生不化。第二篇《黄帝》说顺生死，顺性命之道者，应理处顺，则所适常通；“任情背道，则遇物斯滞”。第三篇《周穆王》说无变化，“生灭之理均，觉梦之途一”，“神之所交谓之梦，形之所接谓之觉。原其极也，同归虚伪”。第四篇《仲尼》、第五篇《汤问》说玄照，超生死须借智慧，“夫智之所限知，莫若其所不知”，而“真智”为

“无智”，无智之智则寂然玄照，无所根滞。第六篇《力命》说知命，“命者必然之期，素定之分也”；“死生之分，修短之期，咸定于无为，天理之所制”。第七篇《杨朱》说达生，“夫生者，一气之暂聚”，“暂聚者终散”而归虚，故当纵情肆性，而不求余名于后世，此达乎生生之极者。第八篇《说符》说变通，“事故无方”，圣人“倚伏变通”，“心乘于理，检情摄念，泊然凝定者，岂万物动之所能乱者乎！”从这八篇“篇目注”所包含的思想看，张湛是围绕着生死问题来注《列子》的。所以在《杨朱》篇于“太古之人知生之暂来，知死之暂往”一段注说：“此书大旨，自以为存亡往复，形气转续，生死变化，未始绝灭也。”要超生死、得解脱，就不能从有存亡变化的“群有”自身方面去解决，而必须从不生不灭的至虚之“无”方面去看待。因而，为了解决生死、解脱等问题，就得承认超自然的“无”是“群有”的生化之本，而“群有”之生生化化又是一气之聚散，至虚之“无”乃无存亡变化。所以《列子序》所讲的两个根本问题之间的相互联系，又可以从八篇的“篇目注”得到证实。此段于前面介绍《列子注》时已有，为方便讨论张湛思想再重复于此。

张湛的哲学虽也是为门阀世族服务的，但是由于东晋时代社会矛盾出现了新的情况，因而“生死问题”始成为他们要解决的中心课题。张湛虚构了一个超现实的世界“至虚”，用它作为现实世界存在的根据，并把认识“群有以至虚为宗”看成是人们解决“生死问题”、达到解脱的办法。“至虚”这个超现实的世界是人们所追求的最后归宿。首先，张湛认为现实世界中的事事物物的存在是暂时的、相对的，只有超现实的“至虚”才是永恒的、绝对的，因而千变万化、生生灭灭的“群有”从根本上说都要回到“至虚”，此名“反本”，“出无入有，散有反无”。第二，“群有”有始终、生灭、聚散，而“至虚”则无始终、生灭、聚散，他说："生于此者或死于彼，死于彼者或生于此，而形生之主，未尝暂无。是以圣人知生不常存，死不永灭，一气之变，所适万形。万形万化，而不化者存。"(《天瑞注》)"元气"无形无象，所适万形，故为生化之本。所谓"元气"者实即"至虚"(或曰"太虚")之别名。既然具体的事物都是暂时的，而"至虚"之本体是永恒的，如果有此认识，那就可以超出生死的限制，而达到解脱，盖"俱涉变化之途，则予生而彼死，推之至极之域，则理既无生，亦又无死也"。(同上)圣人能明白生死的来源去向，因而对生死是没有什么欢戚的。而一般人不明白这个道理，有所执著，有所分别，这就是"私其身"。人们的迷惑都是由于"私其身"引起的，而一旦能不"私其身"，认识到"神惠以凝寂常全，想念以著物自丧"，则可超生死、得解脱了。第三，得到解脱的圣人是"乘理而无心"者。所谓"无心"亦即不执著什么，因为"不执著什么"才可以"无东西而非己"，"常与万物游"。这样的"圣人"也就是"至人"，具有各种各样的神通，张湛说："至于圣人，心与元气玄合，体与阴阳冥谐，方圆不当于一象，温凉不值于一器，神定气和，所乘皆顺，则五物不能逆，寒暑不能伤。谓含德之厚，和之至也，故常无死地，岂用心去就而复全哉？蹈水火，乘云雾，履高危，入甲兵，未足怪也。"(《黄帝注》)这里，张湛所描写的"至人"真的成了所谓"神人"了。

如果我们把张湛与郭象的思想加以比较，不仅可以看出他们所要解决的问题不同，而且也可以看出他受王弼思想的影响，而更近"贵无"派。

(1)"游外弘内"是郭象哲学的一个重要命题，而张湛亦尝讲之，但他们在这个问题上的出发点则不相同，一是要解决"名教"和"自然"的矛盾，一是要解决"生死问题"。郭象在《大宗师注》中说："夫理有至极，外内相冥，未有极游外之致而不冥于内者也，未有能冥于内而不游于外者也，故圣人常游外以弘内，无心以顺有。”这段话的中心思想很明显，是要说明圣人可以不废“名教”，而德合“自然”，因此“外内相冥”。张湛《列子注》中也有一段讲“冥内游外”的，他说：

> 卒然闻林类之言(按：指林类论生死问题)，盛以为已造极矣，而夫子方谓未尽。夫尽者，无所不尽，亦无所尽，然后尽理都全耳。今方对无于有，去彼取此，则不得不觉内外之异。然所不尽者，亦少许处耳。若夫万变玄一，彼我两忘，即理自夷，而实无所遣。夫冥内游外，同于人群者，岂有尽与不尽者乎?(《天瑞篇注》)

照张湛看，“有”和“无”不能说是一对矛盾，因为“无”是绝对的，在“绝对”之外不可能有和它相对立的“相对”。又如果把“无”看成和“有”是相对立的，那就有分别取舍，这不是“尽理都全”。盖从绝对的观点看(即从“无”的观点看)，“尽”与“不尽”都是一样。如果能把握千变万化(“群有”)的不变的本体(“无”)，把一切对立取消，那么生死也就没有什么分别了。圣人顺性而无心，“顺性”则体道穷宗，与“无”为一；“无心”则同于物，与万物并游。顺一切物之性，任一切物之心，无为而无不为，故能超于一切分别(包括生死的分别)，而得到解脱。所以张湛讲“冥内游外”和郭象讲“游外弘内”，其用意不同，他讲的是圣人超越一切分别的解脱之道，而其理论架构多与王弼“贵无”相类，而肯定“有”与“无”并非对立。

(2)郭象哲学旨在解决社会矛盾，调和“自然”和“名教”，张湛哲学旨在解决个人生死问题，要求达到自我的解脱，因此他们提出问题和解决问题的角度不同。

郭象认为，每个事物都有其“自性”，每个事物的“自性”都有其极限，如果每个事物（当然主要是指各种各样的人）都能尽其“自性”，天下就太平了，这就是到达了理想的社会。能让每个事物最大限度地尽其“自性”，而又“无厝心于其间”，这是最理想的统治者，“无心而任乎自化者应为帝王”。从事物自身说，则应各安于其“自性”，“凡得真性，用其自为者，虽复皂隶，犹不顾毁誉而自安其业”（《齐物论注》）。郭象并把这种“任性”、“自用”称为“无为”，“夫无为也，则群才万品各任其事，而自当其责矣”（《天道注》）。当奴隶的应安于做奴隶，尽奴隶的职责；当统治者的也要安于做统治者，履行其统治的职责，各安其位，均应如此，这是必然的，合理的，“夫时之所贤者为君，才不应世者为臣，若天之自高，地之自卑，首自在上，足自居下，岂有递哉！虽无错于当，而必自当也”，“臣妾之才而不安臣妾之任，则失矣。故知君臣上下，手足外内，乃天理自然，岂直人之所为哉！”（均见《齐物论注》）如果“志过其当”，那就是“私”，这样不仅破坏了“天理自然”，而且也要“伤其自性”，所以郭象对“公”和“私”的看法是：“任性自生，公也；心欲益之，私也。”（《应帝王注》）这种顺性为公、违性为私的观点，从根本上说正是在鼓吹“私”即是“公”。郭象认为，每个事物都是独立自足的存在，它们之间没有什么必然联系，正是每个事物充分实现其“自性”的结果才有所谓“相因之功”，“夫相因之功，莫若独化之至”，“若乃责此近因，而忘其自尔，宗物于外，丧主于内，而爱尚生矣”（均见《齐物论注》）。这就是说，“公”、“私”的标准，只是在于是否能实现其“自性”。如果“开希幸之路，以下冒上，物丧其真，人忘其本，则毁誉之间俯仰失错也”（《齐物论注》），这就是“私”，而“若皆私之，则志过其分，上下相冒，而莫为臣妾矣”（同上）。然而每个事物的所谓“自性”又是怎么一回事呢？郭象说“自性”都是自身之规定性，任何事物之生成为此或为彼是没有原因的，也是没有道理可说的，因而不必去追问这个问题。这正掩盖了事物差异的实质，使郭象得以根据世家大族的要求把现存社会中事物所处的不同地位规定为其“自性”，并把社会关系模式图中所谓的“任性”、“当分”，叫作“公”，这实际是最大的“私”。这样的处理“公”、“私”关系，正是郭象提倡“内圣外王之道”所要求的。

张湛和郭象一样，认为“生各有性，性各有所宜”(《天瑞注》)，且每个事物的“自性”不是由外物所给予的，是其自身所固有的，“至纯至真，即我之性分，非求之于外”(《黄帝注》)。但是，他又和郭象不同，以为每个事物的“性分”虽是其自身所固有，但圣人却可以“陶冶”它，使之走正道而各得其所，各安其位，“圣人所以陶运群生，使各得其性，亦犹役人之能将养禽兽，使不相残害也”(同上)。所以张湛说的“性各有所宜”只是说每个事物的存在都有其适当的环境和条件，而不是说它都是独立自足的存在。且张湛更进一步提出人和整个宇宙的关系，他认为“群有”都是“一气之暂聚”，它们之间是相通的，所以互相之间不能没有影响，“人与阴阳通气，身与天地并形，吉凶往复，不得不相关通也”(《周穆王注》)。人们如欲超生死、得解脱，就得破“小我”，与“大我”（太虚)为一体，而如“私其身”，则不能超生死而解脱。所谓“私其身”，即谓对自身有所执著而使自己同整个宇宙分开，这样就不能与“太虚”成为一体，不能了解生死的来源与去向。然而张湛并不认为“公”是“与天地合其德”，他认为：“公者对私之名，无私则公名灭矣”，“天地之德何耶？自然而已。自然而已，何所厝其公私之名”(《天瑞注》)。“公”与“私”是相对的，或者说，相对的事物才有“公”、“私”之分，故无“私”则无“公”。然从绝对的观点看，既无所谓“私”，也无所谓“公”，所以人们应从绝对的“至虚”的观点看问题，这样即可消除“公”、“私”的分别，也可以超乎一切的分别，包括生死的分别，而得到解脱。张湛要从根本上取消“私”和“公”的分别，也是他的思想体系所要求的。在张湛的思想体系中有一个绝对的本体——“至虚”，而这个“至虚”即无所不包的宇宙全体，所以从绝对的全体的观点看，在超现实的世界中，一切分别都不存在了，而无分别才是永恒的存在。张湛的这种观点，无疑仍须肯定一超越的世界存在，思维模式或更近何晏。

(3)郭象和张湛在生死问题上的不同看法，也表现了他们思想体系的重大差异。在郭象的思想体系中，他认为每个事物都是独立自足的存在，没有一个“生生者”，因此任何事物实际上都无所谓生灭。“生”是此物之“生”，“灭”也是此物之“灭”，“生”、“灭”对于此物都是暂时的现象，无论它是“生”还是“死”都仍是此“有”，故“更相为始，则未知孰生也”(《知北游注》)。物的生死并非其始终，“死生者无穷之变耳，非始终也”(《秋水注》)。任何事物都是独立自足的存在，既为独立自足存在，故谓“永存”。所谓“永存”，并非“永生”，而万物“一受成形”，则“化尽无期”，即永远存在于变化之中，生死也是一种变化，一物的“生”即是此物的“生”，一物的“死”，也是此物的“死”，它“生”既不为他物所“生”，它“死”也不会变成为另一物，所以“生”和“死”对此物而言仅仅是其存在的不同表现。“生”是此物作为一“生物”而存在，“死”是此物作为一“死物”而存在，它只是存在形式的变化，并不影响每个事物的自身。因此，说“生”，说“死”，对一个事物的存在本身并无不同，而只是一种看法而已，因为对于“生”说“死”是“死”，但对于“死”说“死”是“生”；对于“生”说“生”是“生”，但对于“死”说“生”是“死”，所以“生”和“死”并非聚和散，而“俱是聚也，俱是散也”。在郭象看，“生”和“死”对任何事物都是其存在的一种状态，“生”是一种存在的状态，“死”也是一种存在的状态，如果能“于死为存”，那么任何事物哪有不存在的时候呢？所以他说：“非唯无不得化而为有也，有亦不得化而为无矣。是以夫有之为物，虽千变万化，而不得一为无也。不得一为无，故自古未有之时而常存也。”(《知北游注》)又说：“死亦独化而死也”，“死与生，各自成体”（同上）。既然“死”和“生”一样，都是事物存在的形式，那么就应该“生时安生”，“死时安死”，不以亡为亡，亦不以存为存，没有必要去追求什么“超生死，得解脱”之道，而“存亡更在于心之所措耳，天下竟无存亡”(《田子方注》)。从这里我们可以看出，郭象在生死问题上的态度和他对待其他问题的态度一样，即要求人们在现实社会中随遇而安，顺性当分，而要做到这点，就必须在现实生活中(不像张湛那样，要求在所谓的超现实世界中)取消一切分别和对立，包括生死的分别和对立，而不求之于超现实的世界。

张湛既然把万物看成是相对的、暂时的存在，而只有“至虚”是绝对的永恒的存在，因此任何事物都是有始有终，有聚有散。此一事物之“生”就是其始，或说是“聚而成形”；彼一事物之“死”就是其终，或说是“散而归太虚”。就万物说，有“生”就有“死”，“死”、“生”之不同只是相对的，因此对每个事物说，“生”就是“生”，“死”就是“死”；对万物本体(至虚)说，则是“不生”，故“亦无死”，即无所谓“生”，亦无所谓“死”，所以张湛说：

> 本无形者，初自无聚无散者也。夫生生物者不生，形形物者无形，故能生形万物于我体无变。今谓既生既形而复反于无生无形者，此故存亡之往复尔，非始终之不变者也。(《天瑞注》)

所谓“始终之不变者”即万物之本体，万物有存亡变化，而本体不变。万物之有生有形反于无生(死)无形(灭)，就是返回“太虚”。所谓“太虚”，既是万物之本体，又是宇宙之全体，“太虚也无穷，天地也有限”(《汤问注》)，“凡有形之域皆寄于太虚之中，故无所根滞”(同上)，盖万物之生生化化均在“太虚”之中。而所谓“太虚”，张湛有时又认为是“元气”，故说：“夫生者，一气之暂聚，一物之暂灵。暂聚者，终散，暂灵者，归虚。”(《杨朱篇目注》)从这里我们可以看到，张湛的哲学思想虽以王弼、何晏“贵无”为基础，而又糅合着汉人的元气论。大凡追求“超生死、得解脱”之道者，都把现实生活中的生死看成是相对的，张湛正是这样。他认为，现实世界中的一切事物都是暂时的，因此才有生灭、聚散、始终之分。只有“群有”之宗主“至虚”才是永恒的、不变的、无生灭聚散的。他们这种在现实世界之外虚构一种超现实世界的理论，正是因为现实世界中的生死问题成为不可克服的矛盾，又欲取消而不得其道，所以产生这种结果。由于不能在现实生活中取消生死的对立，而只能求之于超现实的世界。人们如欲解决生死问题，就必须不执著暂时的、有生灭聚散的现实世界，而以“无智之智”观照“至虚”之本体，则可知“生灭之理均，梦觉之途一”，而达到“体神而独运，忘情而任理”这种“超生死，得解脱”的境界。这正是张湛哲学思想的特点和目的。

综上所述，郭象的思想体系均围绕着论证“上知造物无物，下知有物之自造”，即否定本体之“无”；而张湛的思想体系则在“明群有以至虚为宗，万品以终灭为验”，即肯定本体之“无”。然而他们的哲学都是在分析“有”和“无”的关系中建立的，并得出了不同的结论。郭象从“无”不能生“有”，而否定“有”之上存在一个作为其本体的“无”。他所采用的是否定的方法，即从反面来论证，例如他说："孰得先物者乎？吾以阴阳为先物。而阴阳者，即所谓物耳。谁又先阴阳者乎？吾以自然为先之。而自然，即物之自尔耳。吾以为至道为先之矣。而至道者，乃至无也。既以无矣，又奚为先？"(《知北游注》)所以所谓"六合之外"、"无何有之乡"、"圹埌之野"等等，实际不过在"日用百物"之中，如果能在现实生活中"出处常通"，即是"独化于玄冥之境"了。郭象的哲学是以否定在现实世界之外有超现实的存在为中心课题。张湛则认为，"群有"有生有化，其所以有生有化，必有一不生不化的生化之本为宗主，他所采用的方法是肯定法，即从正面来论证，如他说："凡滞于一方者，形分之所阂耳；道之所运，常冥通而无待"，"至无者，故能为万变之宗主"(《天瑞注》)。张湛的哲学是以肯定超现实的存在为中心思想。

关于张湛的哲学思想，我曾根据汤用彤先生的三份讲课提纲整理成《贵无之学(下)——道安和张湛》一文，最初发表于《哲学研究》1980年7期，后又收入《汤用彤全集》第四卷中，现录其中一段请大家参考。

1."群有以至虚为宗"

《天瑞》一篇即说存亡变化，故要在解释"群有以至虚为宗"。所谓"宗"者，创始命宗，为宗极、宗主之义，即"体"也，如说"至无者，故能为万变之宗主也"。盖佛教本无名宗，初亦无宗派之义，本无宗者，以本无为体也。

(1)群有万变，至虚不变。《天瑞》篇注曰：

> 夫巨细舛错，修短殊性，虽天地之大，群品之众，涉于有生之分，关于动用之域者，存亡变化，自然之符。(按：符，信也，

验也；“自然之符”，即“天瑞”也。）夫唯寂然至虚，疑一而不变者，非阴阳之所终始，四时之所迁革。

盖群有之变，依于至虚之不变，有不变而后乃有变，变不能自变，必有变之者。“变不能自变”者，谓变不能生，变不能化，此点系采自向、郭《庄子注》；“必有变之者”，郭象无此说，向秀注则或有（详后）。故张湛于《列子》“有生不生，有化不化”下注曰：“不生者，生物之宗；不化者，化物之主。”不变如海，变如波浪，有不变故有变也。

（2）群有有形，至虚无形。盖既为群有必定有形，有种种之外形（form），最重要的是有物质的形体（physical figure）也。有形即有分别，故注曰：“夫体适于一方者，造余涂则阂矣。”王弼曰：“形必有所分，声必有所属，若温也则不能凉，若宫也则不能商。”又曰：“质，性也。既为物矣，则方圆、刚柔、静躁、沉浮各有其性。”而至虚无形，则超乎一切分别，故曰：“夫生生物者不生，形形物者无形，故能生形万物，于我体无变。”群有各有偏，虚则不偏，能不偏则能反其真，为能归根，归根则无物。“凡滞于一方者，形分之所阂耳；道之所运，常冥通而无待”。“何生之无形，何形之无气，何气之无灵？然则心智形骸，阴阳之一体，偏积之一气；及其离形归根，则反其真宅，而我无物焉”。按，“气”有二义，总者为至虚（元气），别者为有形，此别也。

（3）群有有化，至虚无化，此言生灭。“万品以终灭为验”此语为“群有以至虚为宗”之张本。按张湛意，至虚与万品仿佛有绝对（absolute）与相对（relative）之关系，然其实他并不曾把这关系弄清楚。郭象《庄子注》“故不暂停”，意即谓无“故”，盖一切永远涉新也。“方生方死，方死方生”。《列子注》用此义谓宇宙潜化，万物不能逃变化，故曰：“生不可绝”，“死不可御”，没有不变化之物，万品皆在生灭变化之中，唯至虚不在变化之中。至虚不变，故能变；至虚无生，故能生。所谓有生之物，即为有形之物，“夫尽于一形者，皆随代谢而迁革矣，故生者必有终。而生生物者无变化也”。且张湛用庄周“藏舟于壑”义说：“夫万物与化为体，体随化而迁，化不暂停，物岂守故？故向之形生非今形生，俯仰之间，已涉万变。”此“向之形生非今形生”，言“万物”顿生顿灭，而“万物与化为体”，此言“化”即能变义也。群有既常生灭，而群有之本是什么呢？

(4)本无。相对的(relative)万有有生化，绝对的(absolute)“无”无生死，不变的能变者为一切变化之本，至虚不变无形，不变无形即无，至虚为本，故曰本无。张湛于《列子》“生物者不生，化物者不化”下注曰：

> 庄子亦有此言。向秀注曰：吾之生也，非吾之所生，则生自生耳。生生者岂有物哉？(无物也)，故不生也。吾之化也，非物之所化，则化自化耳。化化者岂有物哉？无物也，故不化焉。若使生物者亦生，化物者亦化，则与物俱化，亦奚异于物？明夫不生不化者，然后能为生化之本也。

张湛引向秀语，意欲说明“群有有生，而无不生”。至虚者即至无。按，张湛所谓“无”与王弼、阮籍均不同。王弼所谓“无”并不是指“无有”，阮籍亦不是指“不存在”(nonexistence)，然张湛所谓“无”则近于nonexistence。照他看“无”的意思中没有“有”(existence)的意思，反过来说existence就不是“无”。所以他说：

谓之生（有）者则不死，无者则不生，故有无不相生。理既然矣，则有何由而生？忽尔而自生。忽尔而自生，而不知其所以生。不知所以生，生则本同于无；本同于无，而非无也。此明有形之自形，无形以相形者也。

凡是“生”都是有限的（finite），而“无”不能用“有限的”来解释，所以“无”和“有”的关系不能用“生”的关系来说明。所谓“生”只是在现象界中，而“形、声、色、味，皆忽尔而生，不能自生者也。夫不能自生，则无为之本”。“忽尔而生”似向、郭独化之说也。但“无为之本”则与向、郭（特别是郭）截然不同。从这里可提出两个问题：一是“无者则不生”；二是“不能自生，则无为之本”。

“无者则不生”，盖“无”和“有”是对立的，“无为之本，则无留于一象，无系于一味”，此谓“无”若为圆、为黑，则方、白之物将何所有？而现象界有方、圆、黑、白……故“无”不能限于一象，所以“无”是不生不死的。如“无”能生能灭，则无以为“无”矣。所以他引用了向秀说的话：“若使生物者亦生，化物者亦化，则与物俱化，亦奚异于物？明夫不生不化者，然后能为生化之本也。”“生”则有限，“无”则无限。有限的存在（finite existence）是有变化的，“尽于一形者，皆随代谢而迁革矣，故生者必有终”。有限的存在如图：

而“无”则无此性质。盖“有始即有终”是佛教“无常”之意。而佛教之涅槃，即不生；道教之成仙，即不死，张湛之学说与佛教之学说甚相近也。

又群有为相对（relative），有形有象，故曰“适一”。“无”，无形无象，故曰无方，或曰“无所寄”。“适一”者适于一方，方即有所限制也。万物各有所宜，各有其性，各有其理，“生各有性，性各有所宜”，“生必由理，形必由生”。方安于方，而不为圆，是有所宜也。性或理者，物之所生也。物者万物中之一物，其所由之理乃万理中之一理也。群有相对，一物之生与别物异，一物之形与他物不同，而“本无”或宇宙之本体其本身即是万理、即是万物，故张湛数次引向、郭语：“天地者，万物之总名也。”就变化言，特殊的事物有始终、存亡、聚散等等，以群有有彼此，故而变之；全体则无方，无终始、存亡、聚散等等可言，故无变。有方之甲、乙，出入太虚，复归于太虚，此出彼入，此存彼亡，而太虚本身则无所谓出入、存亡、生死也。变化继续不断，其实无“所谓甲”、“所谓乙”，故曰：“方死方生，方生方灭。”而“无”则无聚散、生死等等，盖“无”者“群有之总名”也。张湛之说，初视颇类王弼或郭象，但其实本不同。王、郭说“无”，都不曾把它看成一实体，皆说体用不二，而张湛之说总仿佛在“有”之外别有一“无”。

“不能自生，则无为之本”。“群有”有始终、存亡、聚散等等，故有形有象；而“无”，则无始终、存亡、聚散，故无形无象，而“群有”则以“无”为之本。故张湛说：

> 聚则成形，散则为终，此世之所谓终始也。然则聚者以形实为始，以离散为终；散者以虚漠为始，以形实为终。

所谓“虚漠”者即是说“元气”，“元气”即有似今日之“能”(energy)，是“守恒”(constant)的。元气所造之物有始有终，而本身是无生死、无尽、无限的，所以元气不是“物”。凡物皆有始有终，因其为元气之变化故也，故曰：“生于此者或死于彼，死于彼者或生于此，而形生之主未尝暂无。是以圣人知生不常存，死不永灭，一气之变，所适万形。万形万化，而不化者存。”元气为“形生之主”，无始终生灭；群有有形，有始终生灭，如水之与波，波浪如物，而水为主，波浪虽有变化，而水是无变化的。从元气说，是无聚散的，所以“生物者不生，化物者不化”。从有限之物上讲，没有不死的，即佛教所谓“无常”，顿生顿灭，所以说，“成者方自谓成，而已亏矣；生者方自谓生，潜已死矣”。简而言之，无即是元气，因为“无”不是“有”之一，所以“无”无聚散，与有聚散之“有”相反，然是“有”之本。具体地说，即《列子》卷一中所说的“太易”而“太初”而“太始”而“太素”，此明物之自微至著变化相因袭也。而元气浑然，是为太易。“太易者未见气也”，张湛注说：“易者不穷滞之称，凝寂于太虚之域，将何所见耶？如《易系》之太极，老氏之浑成也。”其后始有气，是为太初。其后始有形，是为太始。其后始有质，是为太素。“太易为三者宗本”，“虽浑然一气不相离散，而三才之道实潜兆乎其中”，“太易之义，如此而已，故能为万化宗主”。张湛之说实为宇宙论(cosmology)，不过也是汉人元气说加上魏晋玄学老庄之意义也。

总之，张湛之宇宙观，以“无”为本体，而“群有”为现象。“无”非“有”之一，故不生；“无”非“有”之一，故无形；“无”非“有”之一，故无聚散、终始，而“群有”反是。

2. 解脱由觉，沉溺因迷

张湛之所以有上述之宇宙论，乃以为这种说法能解决生死问题也。据上述宇宙论而知生死存亡皆为相对，则可免除这种烦恼，故沉溺因迷，而解脱由觉也。

《天瑞》“长庐子闻而笑之”句下注曰：

> 夫混然未判，则天地一气，万物一形，分而为天地，散而为万物。此盖离合之殊异，形气之虚实。

这一段是《列子注》的宇宙论。根据这第一点宇宙论乃有第二点，即下面一段注的对人生之看法：

> 此知有始之必终，有形之必败，而不识休戚与阴阳升降，器质与天地显没也。

天地犹言阴阳。物有生死，元气有显没而无生死。物和元气是本末的关系，所以不应说元气生万物，而只能说元气是不生不灭的。张湛有时如此说，或是其疏忽处也。既明生死存亡不过是这样虚幻之事，乃有下面一段第三点，即所说的人生学说：

> 彼一谓不坏者也，此一谓坏者也。若其不坏，则与人偕全；若其坏也，则与人偕亡，何为欣戚于其间哉！

"不坏"是从本体上讲，"坏"是从现象上讲。天地不坏者也，但因其亦是气之委结，故亦可谓坏。天地犹如此，何况于人。这是从一个观点说，但从另一观点说，则又可谓：

> 生之不知死，犹死之不知生。故当其成也，莫知其毁；及其毁也，亦何知其成？此去来之见验，成败之明征，而我皆即之，情无彼此，何处容其心乎！

世界上的聚散离合都是暂时的变化，从根本上说是无什么分别的。“即之”即与万物如一，知道生死的来源去向，那么对于生死就没有什么欢戚了。凡是有欢戚者，皆因不明此理。盖“俱涉变化之涂，则予生而彼死，推之至极之域，则理既无生，亦又无死也”。常人执著分别，以生为实，而不知死。常人执此而非彼，执彼而非此，彼此者去来、成毁之根据。而达观之士，从全体看皆“即之”，乃“情无彼此”。常人不达观，私其身，认此现象为我而作种种分别，“认而有之，心之惑也”，是谓“贪天之功”，“饬爱色貌，矜伐智能，已为惑矣。至于甚者，横认外物以为己有，乃标名氏以自异，倚亲族以自固；整章服以耀物，借名位以动众；封殖财货，树立权党，终身欣玩，莫由自悟”。迷惘乃由“自私”(私其身)，认万物之死灭，乃以为是他自己的死灭，所以有悲戚、烦恼，这就是佛家所说的“惑”字。而达观之士所以能解脱，乃因其觉，能知事物变化之理，而本体未尝变化也。所以张湛说：“夫天地，万物之都称；万物，天地之别名。虽复各私其身，理不相离；认而有之，心之惑也。”

具体的事物有形有质，故有存亡聚散，盖从其形质方面看，以为自己有生有得，则私其身，此正如海波以为自己是波浪而不是海水。张湛说“公”，不是从“与天地合其德”方面讲，而认为“公者对私之名，无私则公名灭矣。今以犯天者为公，犯人者为私，于理未至……生即天地之一理，身即天地之一物，今所爱吝，复是爱吝天地之间生身耳。事无公私，理无爱吝者也”。“公”与“私”相对，相对的事物中才有公私，故无私亦无公。张湛心目中似乎在相对之外有一绝对，此似佛教“俗谛”与“真谛”之分。张湛或知真谛超四句义。(按：如后来《中论》一曰：“诸法不自生，亦不从他生，不共不无因，是故知无生。”吉藏《三论玄义》："若论涅槃，体绝百非，理超四句。"）张湛说"公"与"私"和王弼、嵇康皆不同。王弼所谓"私"为"私其身"；所谓"公"即"无所不周"，即得到全体也。嵇康说"私"为"丧其自然之质"；而"公"则"志无所尚，心无所欲，达乎大道之情，动以自然"，"抱一而无措，则无私"。张湛说"私"近王弼，而说"公"则与之不同，此似受当时流行之佛教的影响也。

"私其身"即为"著物"，故序中说："想念以著物自丧。"《周穆王》篇目注曰："愚惑者以显昧为成验，迟速而致疑，故窃然而自私，以形骸为真宅。孰识生化之本归之于无物哉！""无著"则"不私"。如果认识到"凡在有方之域，皆巨细相形，多少相悬，推之至无之极，岂穷于一天，极于一地"，而不执著什么就可得到解脱。

《列子注》第一篇、第三篇讲形上学，其余六篇皆讲解脱。张湛以为"顺心"、"无心"即可解脱（超生死）。盖所谓"性命"，即一人在宇宙中生死之暂时变化。顺性乃知其性之本原，即知其为一气之变也。"禀生之质谓之性"，"命者必然之期，素定之分也"，"生者一气之暂聚"。又顺性，顺物之性也，顺即不逆、不违、不造。"顺性"即"任心"。性本得元气之全，心本与天地合德。"顺性"、"任心"即体道穷宗，超乎一切是非、利害、分别。如此，则能顺一切物之性，任一切物之心，无为而无不为。盖从相对的观点看，乃有是非分别；从绝对的观点看，则超乎一切分别。故解脱须借智，此智是无智之智，即"无心"。无心者，以万物之心为心，亦即"皆即之"也。"乘理而无心者，则常与万物并游"。无心则同于物，与无为一，是反本之谓也。"泛然无心者，无东西之非已"，"冥绝而灰寂者，固泊然而不动矣"。无心而应，与物同化，是为圣人。在政治上说，圣人能任贤使能，圣人并不必能众人之所能，而在于他能使众人，故曰："不能知众人之所知，不能为众人之所能，群才并为之用者，不居知能之地，而无恶无好，无彼无此，则以无为心者也。故明者为视，聪者为听，智者为谋，勇者为战，而我无事焉。”又曰：“夫理至者无言，及其有言，则彼我之辨生矣。圣人对接俯仰，自同于物，故观其形者似求是而尚胜也。”张湛又相信圣人有神通，水火风雨皆不能伤，如佛家言有天眼通天耳通，故说：“至于圣人，心与元气玄合，体与阴阳冥谐，方圆不当于一象，温凉不值于一器，神定气和，所乘皆顺，则五物不能逆，寒暑不能伤，谓含德之厚，和之至也。故常无死地，岂用心去就而复全哉！蹈水火，乘云雾，履高危，入甲兵，未足怪也。”而限于一方者，各有所宜，则有缺点，不能为“至和”。圣人超乎一切分别，故能顺一切分别，在水为水，在火为火。盖圣人能“倚伏变通”，“心乘于理，检情摄念，泊然凝定，岂万物动之所能乱者”！

觉则解脱，迷则委结。而解之者、体之者由于神智。神智不假于耳目，而寂然玄照；忘智则神理独运，感无不通。所以《列子序》中所说的，“顺性则所之皆适，水火可蹈；忘怀则无幽不照，此其旨也”，正是张湛所谓解脱而达到的最高境界也。

五、唐初重玄学

“重玄”这一概念是源于《老子》的“玄之又玄”，但“重玄学”则是自东晋后逐渐形成的。敦煌写本成玄英《老子道德经义疏开题》残卷中说：

> 宗体者，夫释义解经，宜识其宗致，然古今注疏，玄情各别，而严君平《旨归》，以玄虚为宗，顾徵君《堂诰》，以无为为宗，孟智周、臧玄静以道德为宗，梁武帝以非有非无为宗，晋世孙登，云托

> 重玄以寄宗。虽复众家不同，今以孙氏为正，以重玄为宗，无为为体。所言玄者，深远之名，亦是不滞之义；言至深至远，不滞不著，既不滞有，亦不滞无，岂唯不滞于滞，亦乃不滞于不滞，百非四句，都无所滞，乃曰重玄。故《经》云："玄之又玄，众妙之门。"

这段话包含三个意思：①解释经典要了解解释者的根本宗旨，可是对《老子道德经》深奥道理的注疏，往往各不相同。②对历史上《老子道德经》的重要注疏的宗旨分别作了介绍。其中特别说到孙登一派是"托重玄以寄宗"。并得"重玄"为正宗。③对"重玄"作了解释，要点在"岂唯不滞于滞，亦不滞于不滞，百非四句，都无所滞，乃曰重玄"。孙登，东晋人，《晋书·孙楚传》，谓其"少善名理，注《老子》，行于世"。《隋书·经籍志》著录孙登《道德经注》二卷。在《蒙文通文集》第六卷《道书辑校十种》中《晋唐〈老子〉古注四十家辑存》辑有孙登《道德经注》十七条。查此十七条中有两条很重要。一是对第四十二章"道生一"的注："妙一宅于太虚之内，玄化资于圣道之用，故因其所由谓之生。""妙一"指"道"，"道"作为本体是存在于宇宙之中，宇宙间天地万物的一切变化都是"道"的作用，前句言"体"，后句言"用"。因此天地万物是以"道"为根据而存在，这叫作"生"。从这里我们可以看出，孙登的思想颇受王弼的"体用如一"思想的影响，或可说"重玄"思想是由"贵无"(或所谓"贵玄")思想发展而来。二是第四十三章："柔能破刚，无能遣有，是以知无为之教大益于人。""无能遣有"为"一玄"，故"大益于人"，此以"无为为宗"，再遣"无"，而至"以重玄为宗"，此或为由"一玄"至"重玄"之路，即由"玄学"至"重玄学"之发展理路。我们或可说自东晋孙登，中经诸多的佛、道学者，而至唐初成玄英才终于完成道教重玄学之哲学体系。下面将简略论述由魏晋玄学到唐初重玄学的发展过程。

1. 魏晋玄学是先秦老庄思想的新发展

为了说明魏晋玄学所讨论主要是本体论问题，而汉朝哲学主要是讨论宇宙生成论问题，说明玄学发展的特点，应是有意义的。

汉朝哲学讲宇宙生成论问题大体有两类：一是讲宇宙如何由原始状态(最初状态)自然演化而有天地万物等等。例如《淮南子·天文训》中说："道始生虚霩，虚霩生宇宙，宇宙生气，气有涯垠，清阳者，薄靡而为天；重浊者，凝滞而为地。"宇宙在开始产生时呈现为全无规定性的无所不包的存在状态；从这种未分的状态分化出时间和空间，有了时间和空间之后才有其中的未分的实体(元气)，有元气就有一定的界限了(即可产生有规定性的东西)，其轻清的上扬而为天，重滞的凝结而为地。这是《淮南子》所描述的宇宙生成的过程，汉朝许多著作大体上都有相类似的关于宇宙生成的说法，如《孝经纬·钩命诀》中说："天地未分之前，有太易，有太初，有太始，有太素，有太极，是为五运。形象未分，谓之太易。元气始萌，谓之太初。气形之端，谓之太始。形变有质，谓之太素。质形已具，谓之太极。五气渐变，谓之五运。"所谓"五运"是说"元气"变化发展的五个阶段：由未分到开始发生，再发展到形成一定的形状，而后有固定的质体，最后形成具体的事物。又如王充也有类似观点，他说："天地合气，人偶自生"(《论衡·物势》)，"天地合气，万物自生"(《论衡·自然》)。这都是说，天地之气相互交合，万物就自然而然地产生了。在这里王充主要是为反目的论而说的，但都说明万物皆由元气的相互作用而生成。这是汉朝哲学对宇宙生成发展的一种理论。另外还有一种宇宙生成论的理论认为，万物是由"天"有目的地产生的，如董仲舒的《春秋繁露》中说："天者，百神之太君也"，"父者子之天，天者父之天。无天而生，未之有也。天者，万物之祖，万物非天不生”。又如《易纬·乾凿度》开头借黄帝之口说：太古之时，百皇开辟宇宙，拓破洪蒙(使天地有分)，这样就有了伏羲氏。伏羲知道天有好生之德，从而造化百源，如此等等。这都是说，天地万物是由天神有目的造就的。

魏晋玄学作为一种哲学在基本形态上和汉朝的哲学很不相同，它主要不是讨论宇宙如何生成的问题，而是讨论宇宙的本体问题，即天地万物存在的根据问题。魏晋玄学如何产生，其原因是多方面的，例如时代的变迁、儒学的衰落、学风的转变等等都会影响一种新的思潮的产生，在这里不必多讨论。这里只讨论魏晋玄学作为一种本体之学的理论问题。

《晋书·王衍传》谓：“魏正始中，何晏、王弼等祖述老庄，立论以为：天地万物皆以无为本。”就此可知，何晏、王弼的哲学是由先秦老庄思想发展而来，其基本命题是“以无为本”，即“有”(天地万物)以“无”为本。为什么说他们的哲学的基本命题是“以无为本”呢？王弼说：“道者，无之称也。无不通也，无不由也，况之曰道，寂然无体，不可为象。”“道”是没有办法说的，只能用“无”来说明，但是它贯通在一切之中，没有不是由它而成就的，所以只能比方着把它叫作“道”，它恒常不变而不是实体，所以没有形象。因此，王弼认为只能用“无”来规定“道”。那么王弼是如何论证“以无为本”这个命题呢？王弼有一篇《老子指略》，通过对《老子》这部书的总体分析来阐明其“以无为本”的思想。在这篇文章中，王弼提出：声音有宫、商、角、徵、羽等等。声音，如果是“宫”就不能同时又是“商”，是“角”就不能同时又是“羽”；形状，如果是“方”就不能同时又是“圆”。只有“无声”才可以成就一切声音，“无形”才可以作成一切形状。因此，无规定性的“无”才可以成就一切有规定性的“有”。无规定性的“无”是什么意思，就像金岳霖先生说老子的“道”是“不存在而有”。也就是说，王弼的“以无为本”是说“无”是“本”而“有”是“末”，这就是魏晋玄学的“本末有无”问题的讨论。

为什么说魏晋玄学是先秦老庄思想的新发展？我认为主要之点是，在王弼注解《老子》时，对《老子》中可以被解释为“宇宙生成论”的思想，他往往给以本体论的解释，如《老子》第四十章“天下万物生于有，有生于无”，王弼注说：

> 天下之物皆以有为生，有之所始，以无为本，将欲全有，必反于无也。

意思是说，天下之物都是以有（有形有象的）而存在，万有之所以始成为万有，是以（无规定性的或无形无象的）“无”作为其存在的根据。如果要成全“有”，就要返回到它的根本“无”。又如王弼对《老子》“道生一，一生二，二生三，三生万物”的解释是：“万物万形，其归一也，何由致一，由于无也。”万物万形总得有个统一性，如何能使千差万别的万物统一呢，只能是由“无形无象”的“无”来统一。照王弼看，从众多的有形有象的事物中应该找个统一性，然而统一不可能由某种具体的有形有象的东西来实现，只能由无规定性的“无”来实现，即由抽象的“一般”（共相）来统一具体的“个别”（殊相）。具体的事物（有）是经验中的，而无形无象的“无”是超于经验的。这样，王弼就把《老子》中原来具有某种生成论的因素转化而解释为本体论。这种例子很多，如对《周易·复卦》的注，《老子》第三十八章注等等，兹不赘述。由于王弼哲学是讨论“无”和“有”的关系，并认为“无”是“有”存在的根据（终极原因），因此被称为“贵无”派。不仅如此，王弼还提出，抽象的一般

“无”是要由具体的“有”来体现的，他说：“夫无不可以无明，必因于有，故常于有物之极，而必明其所由之宗也。”这就是说，“无”不可能由（无形无象）的“无”本身来表现，是需要通过（有形有象的）“有”来表现，所以要常常在有形有象的事物上，指示出它所根据的是本体之“无”。从这里看，王弼哲学已经意识到“无”（一般）和“有”（个别）之间的辩证统一关系，“无”作为“体”、“本”，“有”作为“用”、“末”之间的辩证统一关系。因此，我们往往说王弼哲学是“体用一如”、“本末不二”的哲学。据此，我们可以看到在王弼的著作中常常用“崇本举末”、“守母存子”来说明“无”和“有”之间的关系。

然而王弼的哲学体系并不周全，在他的论述中（注《老子》和《周易》）仍然有“生成论”的因素，例如《老子注》第一章对“两者同出异名”一段的注说：

> 两者，始与母也。同出者，同出于玄也……玄者，冥也，默然，无有也，始母之所出也。

按：“玄”即“道”，即本体之“无”，或曰“无有”（不是“有”）。“天地之始”和“万物之母”同出于“玄”，则“本体”又在“万有”之先，且成为万有之所由生者，所以第三十四章注说“万物皆由道而生”，这就是说，王弼仍和老子一样未能完全把生成论的因素排除掉。从这个观点出发，就会导致在王弼哲学中包含有“崇本息末”的观点。这是因为，在“道”产生万物之后，万物渐渐远离“道”，例如人就产生了种种“私欲”、“巧利”之类，而背离了“道”，因此要“崇本息末”，以达到“反本”。

从这里我们可以看到，在王弼哲学中存在着矛盾。根据他的本体论“体用一如”的要求，得出的应是“崇本举末”；而根据他的生成论“万物皆由道而生”的要求，可以导致本末为二，而有“崇本息末”的结论。当然从总体上看，王弼哲学虽有矛盾，而“以无为本”的本体论仍是其思想的核心，是王弼哲学对老子思想的新发展。由于王弼的“贵无”思想强调的是“体用一如”、“崇本举末”，比较注意的是事物的统一性方面，即共相方面，而相对地说对事物的特殊性方面，即殊相方面则较为忽视，因此玄学由正始时期王、何的“贵无”发展到竹林时期的玄学则分为两支：一支是更加崇尚自然，强调事物的统一性，主张“崇本息末”，这就是嵇康、阮籍的哲学；另一支则是向秀的哲学，向秀强调的是万物“自生”，这说明他注意到事物的特性。

王弼主张“体用一如”，故可要求不废名教而任自然，而嵇康、阮籍提倡废末归本，故要求“越名教而任自然”。照嵇康、阮籍看，“自然”是一有序的和谐的整体，而人类社会开始时也是和谐的，但“名教”这类人为的东西破坏了“自然”的和谐。如嵇康在《太师箴》中所说：“浩浩太素，阳曜阴凝。二仪陶化，人伦肇兴。厥初冥昧，不虑不营……茫茫在昔，罔或不宁。赫胥既往，绍以皇羲，默静无文，大朴未亏，万物熙熙，不夭不离……下逮德衰，大道沉沦。智惠日用，渐私其亲。惧物乖离，攘臂立仁，利巧愈竞，繁礼屡陈，刑教争施，夭性丧真。季世陵迟，继体承资。凭尊恃势，不友不师。宰割天下，以奉其私。”这就是说，社会由于各种智巧、争夺、自私的产生而越来越离和谐的“自然”远了，因此应破除那些违背“自然”的“名教”，使人类社会返回到符合“自然”要求的和谐统一的社会中去，即万物应回到那种无分别的状态(无)中去。故嵇康、阮籍提出“越名教而任自然”，这正是沿着王弼“崇本息末”的思路发展的。嵇康、阮籍这一“越名教而任自然”的思想正是以他们的宇宙生成论为理论前提的。上引《太师箴》

“浩浩太素，阳曜阴凝”一段正是说的宇宙由自然到社会的演化过程。又如《声无哀乐论》中说的“天地合德，万物资生，寒暑代谢，五行以成”，《达庄论》中说的“自然一体……一气盛衰，变化而不伤”，都说明嵇康、阮籍的哲学是一种宇宙构成论。因此，可以说他们的思想是对王弼中由宇宙构成论因素导致主张“崇本息末”而发展成的。

向秀主张“以儒道为一”（谢灵运《辨宗论》），认为“自然”与“名教”并不对立，这就是说，他的思路是沿着王弼“崇本举末”思想发展而成的。在向秀的《难养生论》中，他从批评嵇康《养生论》的观点出发，提出“自然之理”和“人为之礼”并不矛盾，因为“实由文显，道以事彰。有道而无事，犹有雌无雄耳”（《列子注》引向秀语）。从这里看，向秀认为“道”和“事”是相连的两面，“自然”和“名教”自不相矛盾。为了强调事物的合理性，向秀提出“万物自生”的观点，这显然是针对“万物皆由道而生”的观点而发的，即是对王弼“贵无论”中生成论方面的批评。但向秀对王弼的批评似乎并没有涉及其本体论方面，甚至可以说他在某一方面仍然受到“贵无”思想的影响。在张湛的《列子注》中引有几十条向秀的话，其中对《列子·天瑞》“故生物者不生，化物者不化”句，张湛注说：

> 《庄子》亦有此言。向秀注曰：吾之生也，非吾之所生，则生自生耳。生生者岂有物哉？（无物也），故不生也。吾之化也，非物之所化，则化自化耳。化化者岂有物哉？无物也，故不化焉。若使生物者亦生，化物者亦化，则与物俱化，亦奚异于物？明夫不生不化者，然后能为生化之本也。

盖“生生者”不能是“物”，它必定是与“物”不同的东西。因为只要是

“物”，它就有生有化，只有不是“物”而超越“物”者，才可以不生不化，这种不生不化的超越物者才能是生化之本。向秀一方面主张“万物自生”，另一方面又认为还有一不生不化的“生化之本”，这样在他的体系中就形成了矛盾。

稍后于向秀的有裴頠，裴頠著《崇有论》，“疾世俗尚虚无之理”。据《晋书》所载《崇有论》，裴頠和向秀一样，主张“万物自生”，反对“有生于无”，并且提出一比向秀更为明确的命题：自生而必体有。万物的自生是以其自身的存在为本体，这可以说《崇有论》既否定了王弼的“以无为本”，又抛弃了向秀的不生不化的“生化之本”。为了强调每个事物都有其规定性(有其特性)，《崇有论》中说：“方以族异，庶类之品也。形象著分，有生之体也。”而且裴頠还提出来“理之所体，所谓有也”，“理”(规律)是以“有”(事物的存在)为其实体，即规律是存在的规律。从这些地方看，可以说裴頠较好地解释了“万物自生”的观点。但在他的《崇有论》中仍然存在一个问题，论中说：“夫至无者，无以能生，故始生者，自生也。”这就是说，事物虽然不是由“无”产生的，而是“自生”的，但它还有一个“始生”(开始产生之时)，这就会被提出一个问题：在事物开始产生之前又如何呢？这个问题在另一种版本的《崇有论》就出现了，即在《资治通鉴》卷八十二中所引《崇有论》中有一段与《晋书》所录的很不相同。《晋书》中的“夫至无者，无以能生，故始生者，自生也。自生而必体有，则有遗而生亏矣。生以有为已分(按：此据《晋书斠注》本，而《斠注》本与中华书局标点本不同，中华本‘已’作‘己’)，则虚无是有之所谓遗者也”这一段，在《资治通鉴》中则作：“夫万物之有形者，虽生于无，然生以有为己分(原注：物之未生，则有无未分；既生而有，则与无已分矣)，则无是有之所遗者也(原注：遗，弃也)。”如果照《资治通鉴》所载，则“始生”问题或可较好解释：宇宙在有形之物产生之前，是有无未分的状态；有形者虽然生于无形者，但在有形者产生之后，它就与无形者分开了，于是无形者就为有形者抛弃。从这里看，万物之有形者当然有一个“始生”之时，而在万物之有形者始生之前，宇宙为一有无未分状态，而这种状态应是无始的。不过如果照《资治通鉴》所载之文，裴頠又会陷入如向秀同样的矛盾，即在“万物自生”（有）和生万物之“无”（此“无”或为无形者）之间形成矛盾。所以在魏晋玄学的发展过程中，“有”和“无”始终是诸玄学家讨论的一个中心问题。

郭象的《庄子序》中提出，他注《庄子》是为了“明内圣外王之道”和“上知造物无物，下知有物之自造也”。后面一个问题是讨论有无“造物主”的问题，它涉及“有”和“无”的关系问题。前面一个问题是讨论“名教”和“自然”的关系问题。郭象哲学也是由反对“有生于无”入手，他不仅认为万物都是“自生”的，而且万物之“自生”是因为它们都各自有各自的“自性”。他说：“物各有性，性各有极。”（《逍遥游注》）每个事物都有其自身存在的内在根据，这就是其“自性”；而且其“自性”都有一个极限，“有极限”是说有其自身规定性的极限。这说明郭象强调的是事物的特殊性（个性）。既然万物是由其“自性”作为其存在的根据，那么万物（有）就不是由什么别的东西生成的，所以《齐物论注》中说：“造物无主，而物各自造。”特别是“无”不能生“有”，如《齐物论注》中说：“请问夫造物者，有邪无邪？无邪，则胡能造物哉？”照郭象看，“无”就是“无”，就是什么都没有；什么都没有怎么能产生“有”呢，“无既无矣，则不能生有”（《齐物论注》）。因此，郭象认为万物的生成没有一个开始的问题，他说：

谁得先物者乎哉？吾以为阴阳为先物，而阴阳者即所谓物耳。谁又先阴阳者乎？吾以自然为先之，而自然即物之自尔耳。吾以为至道为先之矣，而至道者乃至无也。既以无矣，又奚为先？然则先物者谁乎哉？而犹有物，无已。明物之自然，非有使然也。(《知北游注》)

一切都是物，没有先于物而存在的东西，“物”(有)是无始的，是自然而然存在的，没有什么东西使它如此存在。郭象的这一观点是对裴頠“始生”思想的否定。不仅如此，郭象还认为，既然万物是“自生”的，那么它的发展变化只能是由其自身内在的“自性”决定，因此它是独立自足生生化化的，这叫“独化”。如他说：

凡得之者，外不资于道，内不由于己，掘然自得而独化也。夫生之难也，犹独化而自得之矣。既得其生，又何患于生之不得而为之哉？(《大宗师注》)

“凡得之者”云云是说凡得自性而为生者，从外面说不是由于“道”所给予的，从自身说也不是自己所能求得的，而是没有什么原因突然自己得以如此独立自足地存在着。“自得”是说“道”不能使之得而自得为生(“自生”)。既然是“自得为生”，那就根本用不着自己去考虑自身的存在而去追求之。“自得为生”则任何事物都应是独立自足的，如果不是独立自足的，那或是“外资于道”，或是“内由于己之为”，这样就要否定“自生”了。前面谈到裴頠认为事物的存在要靠一定的条件，“有之所须，所谓资也”。而郭象认为，任何事物的存在从原则上说都是“无待”(无条件)，不需要靠外在的条件。他说：

若责其所待，而寻其所由，则寻责无极，卒乎无待，而独化之理明矣。(《齐物论注》)

如果找事物存在的外在根据，那么可以一直找寻下去，最后得出的结果只能是“无待”，所以事物独立自足生生化化的道理是很明白的。从这里我们可以看出，郭象不仅以“万物自生”反对“有生于无”的宇宙生成论，而且以“独化”思想反对“以无为本”的本体论。所以我们可以说郭象的哲学是“无无论”。郭象哲学的特点与王弼不同，他只肯定万物(有)独立自足的存在，所寻求的不是万物的统一性(共性)，而是寻求万物的特殊性(个性)。那么，郭象哲学是不是也给我们留下两个问题：一是万物是否有统一性？另一是万物的存在是否果真由其“自性”所决定？

上面我们主要讨论的是“上知造物无物，下知有物之自造”和“无既无矣，则不能生有”，下面再讨论“内圣外王之道”的问题。在《齐物论注》中，郭象说：“有无而未知无无也，则是非好恶犹未离怀。”意谓如果知“无无”，则是非、好恶皆可无措于心。这从方法论上说是一种取消矛盾的方法。而在当时玄学家们所要讨论的重要问题之一就是“自然”和“名教”的关系问题。照上引郭象的观点看，知“无无”才可以取消“自然”和“名教”的矛盾。庄子认为，崇尚自然的为“游于方之外者”，而提倡“名教”的为“游于方之内者”，而“外内不相及”(见《大宗师》)。而郭象则认为，“未有极游于外之致而不冥于内者也，未有能冥于内而不游于外者也”。他企图弥合“游内”与“游外”之间的界限，以调和“自然”与“名教”，而“明内圣外王之道”。因此，郭象的“崇有”、“无无”思想又是调和“自然”与“名教”的理论基础。故郭象的《应帝王》解题说：“夫无心而任乎自化者应为帝王也。”

以上是对魏晋玄学发展的简略分析，从上述分析，我们可以讨论两个问题：

(1)现在中国哲学史的研究似乎有一个问题，即阐述某一哲学家的思想往往设法把其思想体系说成是没有矛盾的，我认为这是不符合实际的。在历史上的哲学家的哲学思想中都会包含着某些矛盾，或者说存在着他们没有解决的问题，这样才有哲学的发展。魏晋玄学作为一种哲学思潮就是在解决“有”和“无”的讨论中不断发展的。其发展的过程就是不断地解决着矛盾的过程。

(2)每个时代的哲学往往都有其讨论的共同哲学问题，魏晋玄学作为一种哲学自然也有它讨论的中心哲学问题，这就是“有无”、“本末”问题，存在与所以存在的关系问题，其他问题大体上都是围绕着这个中心问题展开的。例如王弼“贵无”，提出“以无为本”，并用“执一统众”来论证，以强调万物的统一性(共性)；而郭象“崇有”，以“万物自生”来论证，以强调事物的特殊性(个性)。因此，我认为研究哲学史应抓住每个时代哲学思想的中心问题来展开，不能把哲学史的研究等同于“思想史”、“学术史”或“文化史”。

2. 重玄学的产生和完成

自汉至唐，对《老子》(《道德经》)的注解，据杜光庭的《道德真经广圣义序》记载共六十余家，其中绝大部分为道士或与道教有关的人士所作。蒙文通先生《晋唐〈老子〉古注四十家辑存》①中所载的古注绝大部分也是为道士或与道教有关的人士所作。为什么在这一时期道教

① 关于成玄英的著作可参见蒙文通先生的《辑校成玄英〈道德经义疏〉》中之“附录一：校记”，《蒙文通文集》第六卷《道书辑校十种》，成都，巴蜀书社，2001；又参见李大华、李刚、何建明《隋唐道家与道教》，广州，广东人民出版社，2003。

特别重视注释《道德经》？照我看，他们都企图利用《道德经》这部在中国已有上千年历史的哲学著作为道教建构一种道教哲学理论，以与当时的佛教哲学相抗衡，或造成儒、释、道三家鼎立之形势。在杜光庭的《道德真经广圣义》中还把这一时期对《道德经》的注释分成若干不同宗旨的派别，现抄录于下：

> 《道德尊经》，包含众义，指归意趣，随有君宗。河上公、严君平，皆明理国之道；松灵仙人、魏代孙登、梁朝陶隐居、南齐顾欢，皆明理身之道；苻坚时罗什、后赵图澄、梁武帝、梁道士窦略，皆明事理因果之道；梁朝道士孟智周、臧玄静，陈朝道士诸糅，隋朝道士刘进喜、唐朝道士成玄英、蔡子晃、黄玄颐、李荣、车玄弼、张惠超、黎元兴，皆明重玄之道；何晏、钟会、杜元凯、王辅嗣、张嗣、羊祜、卢氏、刘仁会，皆明虚极无为、理家理国之道。此明注解之人意不同也。

杜光庭所举对《道德经》注释之派别，其中南北朝以降道士居多。因此，我们大体上可以说，此时期阐释和发挥老子（道教的祖师爷）思想应从这些道士的注释中寻找。但查《晋唐〈老子〉古注四十家辑存》，其中许多道士的注释所存仅几条或十几条，很难了解其思想之全貌。被视为道教重玄派的真正创始者成玄英的《道德经义疏》经蒙文通先生整理，可说为道教建立较为有理论体系的哲学，开唐以后内丹心性学之先河。因此，本章将重点讨论成玄英的道教哲学。

《新唐书·艺文志》中有："道士成玄英注《老子道德经》二卷，又《开题序诀义疏》七卷，注《庄子》三十卷，《疏》十二卷。"注曰："玄英，字子实，陕州人，隐居东海。贞观五年，召至京师。永徽中，流郁州。书成，道王元庆遣文学贾鼎就授大义，嵩高山人李利涉为序，唯《老子注》、《庄子疏》著录。”在成玄英生平中可注意者，贞观五年曾赐号“西华法师”，贞观二十一年曾参与佛道之争。据道宣《集古今佛道论衡》记载：贞观二十一年，唐太宗下敕翻译《道德经》，成玄英曾参与此次译事，且与玄奘有关于“道”应如何译之争论。据载：始译“道”为“末伽”，但道士都反对，认为：“道翻末伽，失于古译，昔称菩提，此谓为道。”玄奘说：“今翻道德，奉敕不轻，须核方言乃名传旨。菩提言觉，末伽言道，唐梵音义，确尔难乖。岂得浪翻，冒罔天听。”成玄英则说：“佛陀言觉，菩提言道，由来盛谈，道俗同委。今翻末伽，何得非妄?”玄奘又作了解释。最后虽依照玄奘的意见，把《道德经》翻译完了，但就这一争论，可说明成玄英对佛教之义确有了解。据慧远《大乘义章》谓：“道者，外国名曰末伽，此翻名道。菩提胡语，此亦名道……因中之道名为末伽，果中之道说为菩提。”因此，或者可以说在《道德经》中的“道”应可根据其不同之意，有的地方可译为“末伽”，有的地方或可译为“菩提”。后又对是否要译《道德经》的河上公序，成玄英又与玄奘辩论，结果是河上公序未翻。但此亦说明成玄英作为道士是尽力维护道教之立场。从成玄英参加这场佛道之争，可见他在当时道教界是一位相当重要的和理论水平甚高之道士。

成玄英的著作，我们现在所能看到的有包含在郭庆藩的《庄子集解》中的《庄子疏》，这大概就是成玄英《庄子疏序》中所说：“玄英不揆庸昧，少而习焉，研精覃思三十年矣。依子玄所注三十篇，辄为疏解，总三十卷。虽复词情疏拙，亦颇有心迹指归；不敢贻厥后人，聊自记其遗忘耳。”郭象字子玄。成玄英疏解郭象的《庄子注》用了三十年的功夫，所以他确实“颇有心迹指归”。他的著作还有就是经蒙文通先生整理的《道德经义疏》和敦煌写本《道德经义疏开题》残卷。《道藏》中宋陈景元所集之《元始无量度人上品妙经四注》，其中收有成玄英的注。《全唐文》卷九二三收有成玄英的《南华真经疏序》。又有《道书辑校十种》中，蒙文通先生辑出两条：《道德经》第十章“天门开阖，能无雌乎？”成注谓：“天门者，心也。雌者，言主静而和柔也。”第五十七章“人多伎巧，奇物滋起。法令滋彰，盗贼多有”，成注谓：“亦自然之理也。多忌讳则失取舍之和也，多利器则权在下也，多伎巧则荡心之所生也，滋法令则弊倖之兴不可革也。”成玄英或另有《老子注》，从所录之两条注看，它和成玄英的思想颇相吻合，故录于此。

“重玄”是根据《老子》第一章“玄之又玄”提出来的。据现有史料，“重玄”这一概念到南北朝时已较为普遍的使用。有东晋孙登“托重玄以寄宗”(成玄英《道德经序诀开题》引孙登《老子注》语)，佛教徒支道林和僧肇也都使用过“重玄”这一概念，至于道教使用这一概念就更为广泛。由于孙登的《老子注》已散佚，他的“重玄”思想故难以讨论。孙登为著《老聃非大贤论》的孙盛之族侄，孙盛在该论中有一段话，可看出东晋时对前此“贵无”和“崇有”的看法，文谓：

> 昔裴逸民作《崇有》、《贵无》二论，时谈者，或以为不虚达胜之道者，或以为矫时流遁者。余以为尚无既失之矣，崇有亦未为得也。道之为物，惟恍与忽，因应无方，惟变所适……是以洞鉴虽同，有无之教异陈；圣教虽一，而称谓之名殊目……而伯阳以执古之道，以御今之有；逸民欲执今之有，以绝古之风。吾故以为彼二子者，不达圆化之道，各矜其一方者耳。(《广弘明集》卷五)

孙盛批评“贵无”、“崇有”两派，认为他们都“不达圆化之道”而“各矜其一方”。这是否意谓着应超出“有”、“无”之对立，而达“非有非无”呢？孙登之“重玄”或已包含“非有非无”的意思？这有待新材料之发现方可解决。然有僧肇作《不真空论》，则旨在破“贵无”与“崇有”，以明“非有非无”之中道。王弼“贵无”，郭象“崇有”，一执著于“无”，一执著于“有”，各有所偏，僧肇《不真空论》虽直接批评的是当时三种对般若学的错误理解，但实亦是在解决魏晋玄学“贵无”、“崇有”各执一偏的问题。僧肇认为：一切事物（物理的、心理的）的存在都是不真实的，所以是“非有”；一切事物都可以因缘合和而成，故是“非无”。就像幻化人一样，幻化人不是真实的人，但仍可有非真实的幻化人。僧肇就是用这种方法来建立其“不真”则“空”的理论。这种把“非有非无”作为一种方法，就是既否定“有”又否定“无”的“损之又损”的双遣法。只有把一切否定了，才可以证得“诸法本无自性”的道理。由此，僧肇在《涅槃无名论》中说：

> 夫群有虽众，然其量有涯。正使智犹身子，辩若满愿，穷才极虑，莫窥其畔。况乎虚无之数，重玄之域，其道无涯，欲之顿尽耶？书不云乎，为学者日益，为道者日损。为道者，为于无为者也。为于无为而曰日损，此岂顿得之谓？要损之又损之，以至于无损耳。

按：“涅槃，秦言无为”，“虚无之数”、“重玄之域”均指佛教之“涅槃”境界。这段话的意思是说：“群有”虽然众多，但总还是有限的；即使“群有”是有限的，要用才智去穷尽它，也是很难做到。何况“虚无之数”、“重玄之域”，它的道理是无穷无尽的，怎么能用顿悟的方法一下子就得到呢？因此，要达到涅槃境界只能用渐修的方法，即通过

"损之又损"而达到"无损"，直至涅槃境界。涅槃境界是损无所损了，也就是说通过"损之又损"的否定而必达到有所肯定的涅槃境界。这里或许给我们提示了一重要思想，即僧肇的《涅槃无名论》是用"损之又损"(亦即"非有非无")的方法以达到重玄之域。看来，僧肇要求在破相之后，应有所建立。这在陈慧达的《肇论序》和元康对此序的疏中均有所透露。慧达《肇论序》中说：

> ……但圆正之因，无上般若；至极之果，唯有涅槃。故末启重玄，明众圣之所宅……

元康疏谓：

> "但圆正之因，无上般若"者，此谓《般若无知论》也。涅槃正因，无有尚于般若者也。至极之果，唯有涅槃耳。般若极果，唯有涅槃之法也。故"末启重玄"者，以此因果更无，加上"故末"，后明此两重玄法。般若为一玄，涅槃为一玄也。前言真俗，指前两论；后言重玄，指后两论，此是必然，不劳别释。重玄者，老子云"玄之又玄，众妙之门"。今借此语，以目涅槃般若，谓一切圣人，皆住于此，故名为"宅"也。①

如果说前引《涅槃无名论》中之"重玄之域"是指一种境界，则此处"重玄"兼有方法义。这中间重要的意思是"般若"为一玄，"涅槃"为一玄，

① 此处引慧达、元康语可参见我指导的博士生强昱和、崔珍哲的博士论文。《成玄英李荣重玄思想研究》和《成玄英的〈庄子疏〉研究》。

故曰“重玄”。元康的意思是说，《肇论》四篇有前后演进关系，前两论《物不迁论》、《不真空论》是讨论“真谛”、“俗谛”问题，后两论《般若无知论》、《涅槃无名论》则是讨论成佛之因果问题。后两论之论因果，般若为因，涅槃为果；般若为一玄，涅槃为一玄，此即“重玄”。只讲般若一玄，未达极致，必有涅槃之“又玄”，至“重玄”方可彰圣。

从以上的材料和我们的分析，是否能说僧肇的学说中在借老子“玄之又玄”的“重玄”思想来表示般若破相为“一玄”，之后必以涅槃彰圣为“又玄”，“此是必然，不劳别释”也。如果我们从南北朝佛教在中国发展的情况看，东晋时般若学极盛，而宋齐之后有涅槃学之兴起，至梁大盛，这也正说明般若学与涅槃学前后相继之关系。在破除一切世间虚幻的假相后，“佛性”才得以彰显，而通过修行达到“涅槃”才有可能。破除对世俗之一切执著（包括对“有”和“无”之执著），即“破相显性”，“重玄”就成为达到“涅槃”境界的方法。至于“什么是佛性”，当时有各种各样的说法，梁宝亮《涅槃集解》列为十种，此非与本题有关，故阙而不论。但此时期佛教在中国之发展及其所讨论的问题，必对道教（道家）有所启发，而影响着隋唐道教（道家）重玄学之建立。

南北朝之道教学者的著作亦多释“重玄”。有释“重玄”为“重天”者，有释“重玄”为至善境界者，有释“重玄”为“道”者，有释“重玄”为“穷理尽性”者，如此等等。有《玄门大论》未详作者，但早于《本际经》，用精气神三者合一说“重玄之道”（《玄门大论·三一诀序》），于此始把道教之“三一为宗”与“重玄”思想结合；而《本际经》则宣称其宗旨为“最深最妙无上要术，开秘密藏重玄之门”。而“重玄”者“遣一切相”，以至于“遣无所遣”（卷八），“于空于有，无所滞着，名之为玄。又遣此玄，都无所得，故名重玄众妙之门”（卷一）。《玄门大论》与《本际经》或均受佛教之影响，此当另文详论。然这两种著作对成玄英、李荣的“重玄学”之建立则有直接影响。

“重玄”者，取之《老子》第一章“玄之又玄，众妙之门”。照《老子》第一章中说，“常道”虽不可道，但仍可由“有”和“无”两方面来把握，故曰：“此两者同出，异名同谓，玄之又玄，众妙之门。”(据马王堆帛书本)因此，要体认“道”必须从“有”和“无”两个方面的深刻体会来把握，反之，要了解“有”和“无”之间的关系，也必须对“道”有深刻之体会。王弼“贵无”，以“无”释“道”，以“无”为无规定性之“有”(Purebeing)，故“无”为“有”之体，为“有”存在之根据。郭象“崇有”，以“有”自生，故否定“有”另有一存在之根据，“无”是“虚无”(nonbeing)，故不能生“有”。僧肇既否定“贵无”，又否定“崇有”，提出“非有非无”之命题。僧肇阐发“非有非无”的《不真空论》，根据般若学之“诸法本无自性”之理论所建立。若万物无自性，则存在有何根据？成佛有何可能？故于般若破相之后，而有涅槃佛性学说出。唐初道教学者成玄英、李荣运用南北朝以来佛道二教“有”、“无”双遣之“重玄”思想资源，于双遣“有”、“无”之后，以“理”释“道”，实为道教(道家)理论上之一大突破。

成玄英、李荣以及后来的道教学者(如杜光庭等)均以“重玄”作为其学说之特征，如成玄英说他的学说“宜以重玄为宗”。那么成玄英如何解释“重玄”呢？他说：“深远之玄，理归无滞，既不滞有，又不滞无，二俱不滞，故谓之玄也。”(《道德经义疏》第一章)此谓“一玄”。又说：“有欲之人，唯滞于有；无欲之士，又滞于无，故说一玄，以遣双执。又恐行者，滞于此玄，今说又玄，更祛后病，既而非但不滞于滞，亦乃不滞于不滞，此则遣之又遣，故曰玄之又玄。”(《道德经义疏》第一章)此说“重玄”。“一玄”是否定“贵无”和“崇有”，而达到“非有非无”；“重玄”进而要否定“非有非无”，以至“不滞于不滞”。盖因为如果执著僧肇“非有非无”的“不真则空”的理论，那么从一方面说，它也是一种执著；从另一方面看，在破除了一切之后，必须仍有所立，如佛教在中国，于般若学流行之后，又有涅槃佛性学说之兴起。成玄英的“重玄学”，无论其理路或思维方式无疑都是受南北朝佛教的启示而有的。

成玄英、李荣在破除了对“有”和“无”以及“非有非无”的执著之后，他们是如何建立他们的“重玄”理论呢？王弼以“无”释“道”，郭象以“有”释“物”，而成玄英以“理”释“道”。他说：“道者，理也。”并且成玄英用“重玄妙理”、“自然之理”、“虚通之妙理”、“实理”（真常之理）等等来对“理”加以规定和说明。从“理”是“重玄妙理”说，此“理”是在破除以“道”为“有”（实在的事物）和“无”（本无）之后的有所肯定的“理”。“自然之理”是说“理”不是人为的，“天道，自然之理也”（《老子》第四十七章注），“真实之道，则自然之理也”（《天道疏》），“玄道至极，自然之理，欲不从顺，其可得乎？”（《大宗师疏》）按：“自然之理”有规律的必然性义。他主要用“虚通之理”和“真常之理”来说明“道”。“虚通之理”是说“理”不是具体实在的事物，但它无所不在、无所不通，故亦非“虚无”，“夫知虚通之道者，必达深玄之实理”，此“虚通之理”必为“实理”，“实理”即“真常之理”，真实无妄而常存。成玄英用“理”来说“道”，此实为理论上之一大飞跃。“理”为虚通之实理，从而排除了“道”的物质之“实体性”，而“道”为“非有”；又排除了“道”的外在于物之“虚妄性”，而“道”又“非无”；进而又排除了“道”的“非有非无”之“无自性性”，而使“道”具有常存的真实无妄性之意义。这说明“重玄”（重玄之妙理）不仅是一种方法，而且是作为天地万物之所以存在之本体（宇宙本体）。

成玄英的本体论与王弼有同有异。其所同者，都认为天地万物有其所以存在之根据，即本体，且都用“体”和“用”来说明其所以存在之根据。王弼说：“以无为用，不能舍无以为体。”他注重的是“无”的“用依于体”。成玄英用“理本”来说明“理”是天地万物之本体，用“妙用”来说明“理”的“用”的奥妙。而成玄英的本体论与王弼的本体论最为显著的不同在于，王弼以无规定性的“无”作为天地万物的本体，而成玄英以有规定性的“理”(虚通之实理)作为天地万物之本体。这或是在南北朝经过佛道发展之后而出现之结果乎？

《天地疏》中说：“虚通之道，包罗无外，二仪待之以覆载，万物得之以化生，何莫由斯，最为物本。”“虚通之道”(“虚通之理”)为天地万物存在之根本，天地得到它就有覆载的功能，万物得到了它就得以存在，所以它是一切事物的总体(本体)，总万物之理。成玄英进而提出“道”(或“理”)落实到众生，则为众生之性分。成玄英说：“道者虚通之妙理，众生之正性也。”“道”是天地万物存在之“理”，即宇宙存在之根据；人和其他众生从“道”所得为其“正性”，即完善之性分，是人存在之根据。这就是说“性”是人得之于“道”(“理”)而存在的内在本质，“性者，禀生之理”(《在宥疏》)，“苍生皆有真常之性，而不假于物也”(《马蹄疏》)。人如何实现其“正性”(真常之性)而通向“虚通之妙理”，即由个体之存在通向宇宙全体之存在？成玄英认为要靠“心”的作用。“心”(真常之心)是人的精神活动之主体，“夫心者，五脏之主，神灵之宅”(《达生疏》)，“灵府者，精神之宅，所谓心也”(《德充符疏》)，故“聪明之用，本乎心灵”(《大宗师疏》)。通过“心”的作用，进行自我修养，“穷理尽性”，这样一方面可以清除“违理”、“失性”的欲望，成玄英说：“夫苍生以失性者，皆由滞俗故也。既而无欲素朴，真性不丧，故称得也”(《马蹄疏》)，“夫耽嗜诸尘而情欲深重者，其天然机神浅钝故也。若使智照深远，岂其然乎!”(《大宗师疏》)另一方面，通过心神之修炼，恢复“正性”，“心神凝寂，故复于真性”，达到同一宇宙本体，这就是“境智冥合”（天人合一）而至于“重玄之乡”。“六合之外，谓众生性分之表，重玄至道之乡也。”（《齐物论疏》）盖所谓“重玄之乡”即是超越自我与世俗之精神境界也。为此，成玄英提出“穷理尽性”作为达到超越境界之途径。从这里看，成玄英提出“重玄之理”通过“真常之性”（正性）而引出“真常之心”，“若能虚忘平淡，得真常之心”（《德充符疏》），即由本体论问题引向心性论之讨论。同样，成玄英又从“真常之心”的“穷理尽性”，通过“重玄”的“双遣有无”，“超兹四句”，“离彼百非”，以实现“真常之性”，而通于“重玄之理”，而达到“重玄之乡”，企图解决本体（重玄之理）与境界之统一。“重玄之域”，《徐无鬼疏》谓：“夫至道之境，重玄之域，圣心所不能知，神口所不能辩，若以言知索真，失之远矣。”这说明，“重玄”不仅是方法，是理论，而且是境界。据以上所论，我们可以看出，成玄英的哲学是由“理”、“性”、“心”三个概念所构成的一相当圆通之体系。

如果成玄英的“重玄学”只是由本体论引向心性论，这作为一种哲学说，无疑是很有意义的。就这点说，成玄英哲学的路数大体和宋明理学有相似之处，即由本体哲学向心性哲学发展。从魏晋玄学的本体哲学到唐初重玄学的心性哲学，从中国哲学发展的理路看，是否有着某种内在的必然性？这大概和中国哲学重视精神境界之提高和以“内在超越”为特征有关，此非本题应讨论者，兹不赘述。但是，成玄英的“重玄学”如果只是这样一个理路，它并没有解决“道教”作为一种宗教所要达到的目标，它还不是一种宗教哲学。我们知道，道教所追求的目标与佛教不同，佛教追求的是“涅槃”，道教追求的是“成仙”，即长生不死。如果成玄英的“重玄学”不仅是一种哲学，而且是一种宗教哲学（道教哲学），那么他的哲学就必须为道教追求的“长生不死”作理论上的论证。我们知道，道教的“长生不死”是与“气化”理论有着密切关系的，它以“精”“气”“神”三者的结合作为达到长生不死的途径。那么成玄英的“重玄学”是如何处理这个问题的呢？

为了适应道教终极目标的要求，成玄英把“气”的概念引入他的体系。成玄英对《老子》第四十二章“道生一，一生二，二生三”的注释说：

> 至道妙本，体绝形名，从本降迹，肇生元气，又从元气变生阴阳，于是阳气清浮升而为天，阴气沉浊降而为地，二气升降，和气为人，有三才，次生万物。

这条注的意思是说：“道”作为天地万物微妙的本体，无形无名，从“道”这个无形无名的本体演化出有形迹的东西，开始产生未分化的元气，然后分化为阴阳二气，阳气清轻上升为天，阴气重浊下沉为地，阴阳二气相互作用而生人，有天地人而后有万物。在这里成玄英把“道”(理)看成是生“物”之本(本体)，“自然之理，通生万物”(《齐物论疏》)，而“气”是生“物”之元素，“气是生物之元”(《在宥疏》)。天地万物是据“道”(理)由“气”而生成，“妙本一气，通生万物”(《齐物论疏》)。人得“正性”于“道”，由“精”、“气”、“神”三者结合而为具体的人，如果人能修心养气而志于“道”，就能返本归源，与“道”合一而长生。所以道教提出所谓“性命双修”，性功修心，命功养气。如何返本归源？照成玄英看，就要“宝神，惜气，固精，志道，不轻此身，故云自爱”。而“宝神”、“惜气”、“固精”是要通过“修道”(志于道)达到，而“修道”主要在“修心”，使“心”无执著，如“道”一样虚通，以得长生。故成玄英《老子》第十六章注说：“不知性修反德，而会于真常之道者，则恒起妄心，随境造业，动之死地”，而“心神凝寂，故复于真性，反于惠命”。

就上所论，成玄英的哲学体系又包容着一宇宙生成论的架构，从而使他的道教哲学得以成立。当然以这种道教哲学体系能否实现道教的终极目标——长生不死，仍是一大问题。因为成玄英还只是为道教创建了一套通向其终极目标的理论，并没有建构一套实现其理论的修持方法。到唐末五代兴起的“内丹心性学”才提出一套“性命双修”的修持方法，从而又把道教的宗教理论和方法向前推进了。至于“内丹心性学”的学理意义又当别论，此非本文所讨论，当对五代两宋金元之“内丹心性学”作进一步之研究。

成玄英等所建立的“重玄学”有什么意义？我认为可归为三点：

(1)如果说先秦道家(老子、庄子等)是道家思想的第一期发展，魏晋玄学为道家思想的第二期发展，意欲在道家思想的基础上调和儒道两家思想，那么唐初重玄学或可以被视为道家思想的第三期，它是在魏晋玄学的基础上吸收当时在中国有影响的佛教般若学和涅槃佛性学以及南北朝道教理论所建立的新的道家(道教)学说，此或可谓在一定程度上体现着儒、道、释三教之会通。

(2)道教自东汉建立以来，不少学者(如葛洪、寇谦之、顾欢、陶弘景等等)都在努力为道教建立哲学理论，但似乎都不成功，因此无法在哲学理论上与当时流行的玄学和佛教理论相匹敌。究其原因或有两点可注意：第一，没有特别注意通过注解《老子》、《庄子》，并在继承和发展魏晋玄学理论的基础上，来为道教建立哲学理论体系；第二，没有特别注意参与到当时哲学发展所讨论的问题中去，因此在“重玄学”建立之前道教哲学的理论水平不高。但“重玄学”或多或少地克服了上述两个缺点。重玄学通过吸收和融化某些玄学和佛教哲学理论，并吸收了南北朝时期之道教理想，在注解《老子》和《庄子》的基础上为建立道教哲学提供了有意义的路径。唐宋以后的“内丹心性学”就是在此基础上发展起来的。因此，注重历代对《老子》、《庄子》的注释，是全面了解中国哲学发展的至关重要的问题（当然对儒家和佛教经典的注解同样也应注意）。

（3）我们常说，宋明理学一方面批判佛道二教，另一方面又吸收和改造了佛教和道教。但在中国哲学史的研究中对宋明理学吸收佛教（禅宗、华严宗）的论述较多，而说到对道教的吸收则很笼统。“重玄学”以“理”释“道”，又提出“道者，虚通之理，众生之正性”，而“心”为精神之主体，“夫心者，五脏之主，神灵之宅”，通过“穷理尽性”，而实现与道合一，这与宋明理学（特别是程朱派）的路数极为相近。因此，我们似应更注意研究宋明理学与唐朝以来重玄学的关系，以便可以更好地理清隋唐以后儒道释三家之间的纷纭复杂的关系。

据以上所论，自汉以来，中国哲学是否可说由重宇宙构成论，而至魏晋而重思辨的玄学本体论之学，中经南北朝印度佛教般若学与涅槃学的冲击，至唐初有“重玄学”之产生，成玄英的“重玄学”实开宋代心性论之先河。这一宇宙论—本体论—心性论，能否可以说是自汉以来中国哲学进展的趋势？或应受到重视。

魏晋南北朝时期的佛道之争*

一、关于老子化胡问题的争议

宗教一般地说都有排他性，在世界历史上因不同宗教信仰而引起的矛盾和冲突，甚至发生宗教战争是屡见不鲜的。佛教传入中国后，开始时虽然依附于中国的传统思想文化，但随着佛教经典的翻译渐多，信徒日众，它和中国传统思想文化的冲突日益明显。在魏晋南北朝时期佛教和中国传统思想文化的矛盾和冲突除了表现为儒佛的斗争外，也表现在它和中国本民族的宗教道教的矛盾和冲突。

佛教和道教的矛盾和冲突在东汉时已经存在，例如《太平经》中就包含着排佛的思想。我们知道，《太平经》无疑是受到佛教的某些思想影响，这既表现为它对佛教思想的吸收，也表现为它对佛教的排斥上。在《太平经》中特别提出“守一”的观念，所谓“守一”实际上就是“守气”，这种思想

---

* 本篇选自作者《早期道教史》第12～15章，题目有改动。北京，昆仑出版社，2007。

在中国传统思想中是原来就有的，但为什么《太平经》中特别突出这一思想呢？这显然和当时在中国流行的佛教小乘禅法有关。当时小乘禅法讲“安般守意”，他们认为由于人的心神的活动而引起意念的产生，于是就有种种烦恼。如何清除这种种烦恼，就要注意修养心神。而修养心神要在“守意”，即专注一心，使意念不生。“守意”的方法叫“安般”，“安”指入息（吸），“般”指出息（呼）。《太平经》中所提倡的“守一”，显然是吸收了佛教的“守意”思想。同时《太平经》中也有明显地批评佛教的地方，如在《天咎四人辱道诫》中所批评的“四毁之行”，文中说：

> 今学为道者，皆为四毁之行，共污辱皇天之神道，并乱地之纪，讫不可以为化首，不可以为师法，不可以为父母。

所谓“四毁之行”是指①不孝，弃其亲；②捐妻子，不好生，无后世；③食粪，饮小便；④行丐。此虽未明言所指为何种教派，但显系是批评佛教的。盖于其时佛教虽已传入，但流传未广，故《太平经》尚未直指其教派而批评之。至于《太平经》的批评是否恰当，又当别论。

魏晋南北朝时期道教和佛教之间矛盾和冲突的问题很多，但从宗教史的角度看有两个问题最为突出，一是佛道先后问题，即关于“老子化胡”问题的争论，二是生死问题，即佛教的“涅槃”和道教的“成仙”的不同。本章将讨论前一问题，下章讨论后一问题。

恩格斯在《布鲁诺·鲍威尔和原始基督教》一文中说：

> 民族神是能够容忍别的一些民族神同他们在一起的——而且在古代也是一般的规律——但决不能让他们高居在自己之上。

捷万斯(E·B·Jevens)的《比较宗教学》中说，在巴比伦，暴风雨神被贬为恶鬼的地位，为什么会如此，得不到解释。但用比较宗教学的方法则可以得到解释。因为在不少宗教史上，我们常常可以遇到这样的事实，就是一种旧宗教里的神，当这个旧宗教被一派新兴宗教战胜了的时候，这个旧宗教里的神便要被新兴宗教贬到恶鬼的地位。因此用比较宗教学的方法，巴比伦暴风雨神成了恶鬼的原因可以得到合理的解释。像在巴比伦把暴风雨神贬为恶鬼，这或者是一种民族神可以容忍别的民族神但决不能让它高居于自己之上的形式，但也还可以有其他的形式存在，中国的道教对待印度的佛教可能是另外一种民族神容忍别的民族神但决不能让他们高居在自己之上的形式。在印度佛教传入后不久，中国本民族的宗教道教就建立了。道教的建立虽说是受到了佛教传入的影响，但它却是由我国这个民族自身文化传统中产生的一种宗教。道教的建立和发展，必然会和佛教发生矛盾和冲突。矛盾和冲突当然是多方面的，但首先就表现为“佛道先后问题”。这个问题之所以发生，是由于道教提出了“老子化胡说”引起的。所谓“老子化胡说”是说，道教的祖师爷老子曾到西方天竺国进行教化，而后天竺才有佛教产生。这个“老子化胡”的故事开始比较简单，目前可以看到的最早记载老子至西方教化为浮屠之教的材料是《后汉书·襄楷传》：

延熹九年(166)楷自家诣阙上疏曰：……臣前上琅琊宫崇受于吉神书，不合明听。……又闻宫中立黄老浮屠之祠……或言老子入夷狄为浮屠。

这段记载只是说明当时有“老子入夷狄为浮屠”的传说，这种传说的引起很可能是由于当时把老子和浮屠作为神加以礼拜之故。在佛教传入中国之后，道教尚未建立之前，已经有把老子和浮屠并列者，如《后汉书·楚王英传》中说：

楚王英……晚节更喜黄老，学为浮屠斋戒祭祀。（永平）八年……诏报曰：楚王诵黄老之微言，尚浮屠之仁祠，絜斋三月，与神为誓。

看来在东汉时帝王常把老子和佛看成同类的神，而后道教又把老子神化作为他们的祖师爷。据《史记》上说，老子生活在春秋晚期，他看到了周朝的衰微，于是西出关（据说是函谷关），这时函谷关的长官尹喜请老子为他著书，于是老子就作了道德上下篇五千言，而后西去，莫知其所终。由于原来就有老子西去的传说，于是道教徒们就附会说老子西去入夷狄为浮屠。道教是中国所自出，佛教乃外来文化，中国素来持“华”、“夷”之见，把自己看成是华夏的文明地区，而把其他民族都看成是没有开化的夷狄之邦，尊华夏而贱夷狄。从道教的观点看，它自己是华夏民族的宗教，而佛教是外来的夷狄宗教，这两种宗教怎么能并列呢？于是创造了“老子化胡说”，把道教抬高到佛教之上。但《襄楷传》所载，仅仅说“老子入夷狄为浮屠”。并没有明确讲到老子到天竺教化胡人，虽然我们可以分析说襄楷所说的话包含“老子化胡”的意思。到三国时，不仅出现了老子到西方教化胡人的说法，甚至有了老子是佛的老师的说法。据《三国志·魏书·乌丸鲜卑东夷传》裴注引鱼豢《魏略·西戎传》中说：

《浮屠》所载，与中国《老子》经相出入。盖以为老子西出关，过西域，之天竺，教胡。浮屠属弟子别号，合有二十九，不能详载，故略之如此。

按：鱼豢，魏明帝(227～239)时为郎中，卒于晋武帝太康(280～289)之后。《魏略》大概作于曹魏之末。“《浮屠》”指佛教的经典(当为当时的某一经典)，此处所说的“《老子》经”，很可能就是指《老子化胡经》之类的“经”，当然不是指的《老子道德经》，因唐道宣《归正篇·佛为老师章》的注说“出《老子》、《符子》”，或此处《老子》指《老子西升经》。[①] 与鱼豢大约同时有杜挚作《笳赋》，在其序中说：

昔李伯阳避乱西入戎。戎越之思，有怀土风，遂造斯乐。美其出入戎貉之思，有大韶夏音。

《后汉书·窦章传赞》章怀太子注说：

笳，胡乐也，老子作之。

《魏略》述老子化胡之说，杜挚《笳赋序》说老子入西戎作笳乐，可见三国时老子教化胡人的故事甚为流行。在汉末至曹魏这一时期，虽已有“老子化胡”之说，但目前我们还没有看到佛教徒方面对这种说法提出的反驳。推究其因，或因为佛教这种外来宗教在当时仍依附于中国原

① 日本学者洼德忠《老子化胡说是谁提出的?》一文谓：造作化胡说是佛教方面提出的。他所据即上引《魏略》的一段话，只就这段话看其说或可成立，但前此有《襄楷传》的话和马融的《樗蒲赋》等材料，都可证明在《魏略》以前已有“老子入夷狄”之说。

有的道术，而老子不仅是两汉以来黄老之学推崇的对象，而且也是魏晋玄学所推崇者，其在人们心目中之地位当在佛之上，所以还没有对“老子化胡”这一说法提出异议。

至西晋初年，“老子化胡说”仍很流行，如作《高士传》的皇甫谧尝说：

> 老子出关，入天竺国，教胡王为浮屠。

皇甫谧大约生于汉末建安年间(215 年前后)，死在晋武帝太康三年(282)，《晋书》有传。皇甫谧的这段话较之襄楷的话就明确多了。更为重要的是，在西晋时出现了一本据说是由道士王浮所造的《老子化胡经》。书早已散失，后于敦煌石室得《老子化胡经》残卷，据大忍渊尔《敦煌道经目录》所载，有《老子化胡经》序，第一卷、第二卷、第八卷、第十卷等残卷。但敦煌之《老子化胡经》残卷据考证已不是西晋时的原本，而是经过后人加工扩充而成的。关于记载王浮造《化胡经》以及他和僧人法祖关于佛道二教正邪的争论的材料，在此一时期有东晋末竺道祖撰的《晋世杂录》、刘宋时刘义庆的《幽明录》、梁裴子野的《众僧传》等。记载“老子化胡”故事的书也不少，如葛洪的《神仙传》、东晋孙盛的《老聃非大贤论》、《老子疑问反讯》等。但最重要的材料应是梁慧皎《高僧传》卷一《晋长安帛远传》中的记载，其文说：

> 帛远，字法祖，……后少时有一人，姓李名通，死而更苏云：见祖法师在阎罗王处为王讲《首楞严经》。……又见祭酒王浮，一云道士基公，次被锁械，求祖忏悔。昔祖平素之日，与浮每争邪正。浮屡屈，即瞋不自忍，乃作《老子化胡经》，以诬谤佛

法。殃有所归，故死方思悔。

帛远字法祖，是晋惠帝时(290～306)的人，这时已是西晋中期了。从上面所引的材料可以看到两个问题：一是，在西晋时道教不仅有“老子化胡之说”，而且创造出了《老子化胡经》这样的书，用以证明佛教是出于道教；第二是，西晋中叶后，佛教势力渐盛，不再能容忍道教关于“老子化胡”的说法，因而与之争辩。但是王浮与法祖争论的内容不得其详，大体上是争论哪一种宗教是“正道”，哪一种宗教是“邪道”，似乎也还不是直接争论佛道先后问题。

《弘明集》卷一有未详作者的一篇《正诬论》，在这篇文章一开头就提出了佛道先后的问题，其文说：

> 夫尹文子即老子弟子也，老子即佛弟子也。故其经云：闻道竺乾，有古先生，善入泥洹，不始不终，永存绵绵。竺乾者，天竺也，泥洹者，梵语，晋言无为也。若佛不先老子，何得称先生？老子不先尹文，何故请道德之经邪？即以此推之，佛故文子之祖宗，众圣之元始也。

这里所说的“经”是《老子西升经》，在《广弘明集》卷一中也引有这句话，即说出自《老子西升经》。《正诬论》这篇文章虽作者不可考，但文中说：“晋言无为”云云，大体可断定为西晋或东晋的作品。由此可知，在晋时佛教徒已可以把佛提高到老子之上，来为佛教争取地位。但是这里发生了一个问题，难道道教的著作《老子西升经》会自己说他们的祖师爷老子是佛的弟子？显然是不可能的。其实我们仔细读所引《西升经》的文字，根本得不出老子是佛的弟子这样的结论来。因为书中“古先生”是指谁并未明言，何以见得是指佛呢？据史料内容看，《老子西升经》大概也是西晋时的作品，而今存《西升经》有多种版本，据《道藏》中所收宋徽宗注本《西升经·西升章第一》说：

> 老君西升，开道竺乾，号古先生，善入无为，不终不始，永存绵绵。

同本末章《戒文章》第二十九说：

> 老君曰：喜！吾重告尔，古先生者，吾之身也。今将返神，还乎无名。绝身灭有，绵绵长存。吾今逝矣……忽焉不见……喜出中庭……即仰睹悬身坐空中，去地数十丈，其状金人。

这段文字大概也不会是晋时原本的文字，但《西升经》既为道家著作，决无以“古先生”为佛是老子之师的道理，因此大义应是不差的。前面引的一段《西升经》所说的“古先生”自然只能是指老子，并说他去天竺开导其地。后一段更说明老子悬身空中，状如金人，即变化为佛。晋时的佛教徒改《西升经》只改了个别字，加了一句“善为泥洹”，使文意不清，而解释说“古先生”是佛，是老子之师。到唐初道宣的《归正篇·佛为老师章》就改为“老君曰：吾师化游天竺，善入泥洹”云云，成为老子自己说他的老师佛“化游天竺”了。

原来道教徒伪造“老子化胡说”，作《老子化胡经》，后来佛教徒又篡改道教经典，把本来是“老子化胡”的意思改为佛是老子师“化游天竺”。从这点我们可以看出，宗教为了信仰的目的，要把自己的宗教派别抬高到其他宗教派别之上，不惜造假，用以骗人，也骗自己，这种事在宗教史上是屡见不鲜的。

这一“老子化胡”问题的争论越演越烈，佛道二教双方都大量伪造历史，把自己祖师爷的生年越提越早，越来越神化。东晋著名的和尚支遁作《释迦文佛像赞》其《序》中说：

昔周姬之末，有大圣号佛……呈百练以为粹，导庶物以归宗，拨尧孔之外犍，属八亿以语极。……络聃周以曾玄，神化著于西域。

这样一来，佛不仅是老子的老师，而且是他的祖师，老子和庄周只是佛的曾孙和玄孙辈了，连作佛的弟子的资格也没有了。还是这个支遁，又作《月光童子赞》，文中说：

灵童绥神理，恬和自交忘。……英姿秀乾竺，名播赤县乡。

月光童子是佛弟子，支遁说是月光童子来中国教化了中国，而不是佛自己来教化。不仅中国僧人的作品中说“月光童子教化中国”，而且这时翻译的经典中也出现了所谓“月光童子教化中国”的说法，如《佛说申日经》中说：

申日有子，名旃罗法(原注云：汉言光明童子)……佛告阿难：我般涅槃千岁以后，经法且欲断绝。月光童子当出秦国，作圣君，受我经法，兴隆道化。

这部经收在日本《大正大藏》中，题为西晋竺法护译，但据唐智昇《开元释教录》卷二，在法护译《月光童子经》下注说："初出，名《月光童子经》，或名《申日经》。"然查今存法护的《月光童子经》，其中根本没有上面引的一段，因此上引今本《申日经》中的一段显然是后来的人加进去的。还有一种《灌顶经》也说佛派遣了所谓"三圣化导中华"，文说：

佛语阿难：……阎浮界内有震旦国，我遣三圣在中化导，人民慈哀，礼义具足。

所谓"震旦"，是当时印度人称中国之名，或译为"真丹"。"三圣化导"指佛派遣三个弟子化导中国。上引文显然也不会是原来经文所有的，而为翻译的人为对抗"老子化胡说"而增加的。

佛教在南北朝有很大发展，帝王、大族信奉者日众，此时道教虽同样也有很大发展，但毕竟赶不上佛教的发展。因此，到刘宋以后道教本身也逐渐受到佛教的影响。如前所言刘宋道士陆修静已在一些问题上接受了佛教的影响，于是在道教中开始出现了一种向佛教让步，调和佛道的趋势。宋齐之际有道士顾欢作《夷夏论》，仍持中国传统的"华夷之分"的观点，以华夏为礼义之邦，而佛教为外族之教，"下弃妻子，上废宗祀"，是夷狄之法。但在《夷夏论》中有下面一段反映了道教一定程度上向佛教的让步，文中说：

夫辩是与非，宜据圣典。寻二教之源，故两标经句。《道经》云："老子入关，之天竺维卫国。国王夫人名曰净妙，老子因其昼寝，乘日精入净妙口中，后年四月八日夜半时，剖左腋而生。坠地即行七步。……于是佛道兴焉。"此出《玄妙内篇》。《佛经》

云："释迦成佛，有尘劫之数。"出《法华无量寿》。"或为国师道士、儒林之宗。"出《瑞应本起》。欢论之曰：五帝三皇，不闻有师。国师道士，无过老庄，儒林之宗，孰出周孔？若孔老非佛，谁则当之？然二经所说，如合符契。道则佛也，佛则道也。其圣则符，其迹则反。或和光以明近，或曜灵以示远。道济天下，故无方而不入；智周万物，故无物而不为。其入不同，其为必异。各成其性，不易其事。

这段话中所引用的道经《玄妙内篇》仍持老子入夷狄为浮屠的传说，但所据佛经又似言佛为"国师道士，儒林之宗"。不过这些并不重要，而重要的是顾欢自己对这个问题的看法。照他看，从国师道士方面说，最高莫过于老庄；从儒林之宗方面说，最高莫过于周公孔子，所以老、庄、周、孔的地位就相当于佛的地位。上述二部经典的说法无非是说：老子可以是佛，佛也可以是老子，意思是一样的。所以顾欢得出一个折衷的结论"道则佛也，佛则道也。"佛和道在本质上是一样的，只是表现的形式不同，或者是和光同尘以明近，或者是灵光照耀以示远。佛道的真理都是为的拯救天下，所以在任何地方都应适用。佛道的大圣人的智慧普及万物，对任何事物都是一视同仁的。可见顾欢所强调的是佛道二教同有教化济世的功用，老子和佛对世人说有同样高的地位，他不再强调老子是佛的老师了。但是，此时佛教方面并不因为顾欢的让步而妥协，他们还继续坚持要在佛道中分一高下，有和尚慧通者作《驳夷夏论》，其文说：

论云，"孔老非佛，谁则当之？""道则佛也，佛则道也"。以斯言之，殆迷厥津。故经云："摩诃迦叶，彼称老子；光净童子，彼名仲尼”；将知老氏非佛，其亦明矣。

此外驳顾欢之《夷夏论》者尚有谢镇之、朱昭之、朱广之、袁粲、僧愍、明僧绍等。其中除袁粲托为道士通公作驳之文见《南齐书》者外，他文均见《弘明集》中。如宋释僧愍作《戎华论》以折顾欢《夷夏论》，其文说：

> 是以如来使普贤威行西路，三贤并导东都。故经云：大士迦叶者，老子其人也。故以诡教五千，翼匠周世，化缘既尽，回归天竺。故有背关西引之邈，华人因之作《化胡经》也。

这里僧愍不仅肯定地说老子是释迦的弟子，而且说明为什么会有老子西出关之说。他说，先是佛派老子教化中华；在老子对中华进行了一番教化作了“五千言”之后，他的任务算完成了，于是西出关回天竺。于是有人就造出所谓“化胡经”的问题。僧愍的这些说法当然也是毫无根据的，不过他总算为“老子西出关”问题找到一种有利于佛教的解释。道教在这个问题上节节退让时，当时的佛教徒却毫不退让。可见当时佛教的势力是大于道教的。上述几篇佛教文章除论佛道先后问题外，更主要的是说佛教的教理高于道教，这就不是本题所要讨论的了。

不仅南朝有“老子化胡”问题之争论，同期北朝也在佛道两教中存在着这一问题的争论。北魏道士寇谦之集道教方术之大成，假托神人，依傍佛典，制作伪经，造浮屠为三十二天延真宫主之说，以抬高道教，据《魏书·释老志》言：

经云：佛者，昔于西胡得道，在三十二天，为延真宫主。勇猛苦教，故弟子皆髡形染衣，断绝人道，诸天衣服悉然。

这里所谓“经云”当然是指某种道教经典。道教的寺院多称“宫”或“观”，“宫主”指某一“宫观”的主持者，这里说“佛”是“延真宫主”自然不会是指道教中最高级的神仙。按：《道教义枢》认为“仙人”的位业有三等：一、三清位；二、九宫位；三、十转位。所以“宫主”之位在“三清位”之下。寇谦之把佛排在“宫主”之位，也就是把佛教排在道教之下。魏太武帝信奉道教，以至于有毁灭佛法之行动。至孝明帝时，有佛道争论于朝廷之事，而所争论之焦点仍为佛道先后问题。据《续高僧传》载，正光元年(520)，孝明帝请佛道二教上殿议论。有清通观道士姜斌与融觉寺僧人昙谟最对论。此事《广弘明集》卷一亦载，其文尤详：

正光元年，明帝加朝服，大赦天下，召佛道二宗门人殿前斋讫，侍中刘腾宣敕：“请法师等与道士论议，以释弟子疑网。”时清通观道士姜斌与融觉寺僧昙谟最对论。帝曰：“佛与老子同时不?”斌曰：“老子西入化胡，佛时以充侍者，明是同时。”最曰：“何以知之?”斌曰：“按《老子开天经》是以得知。”最曰：“老子当周何王几年而生？周何王几年西入?”斌曰：“当周定王即位三年(前605)……九月十四日夜子时生，……至敬王元年(前519)……年八十五，见周德凌迟，与散关令尹喜西入化胡，斯足明矣。”最曰：“佛以周昭王二十四年(前1029)四月八日生，穆王五十三年(前949)二月十五日灭度。计入涅槃后经三百四十五年，始到定王三年，老子方生。生已年八十五，至敬王元年，凡经四百二十五年，始与尹喜西遁。据此，年载悬殊，无乃谬乎?”斌曰：“若佛生周昭之时，有何文记?”最曰：“《周书异记》、《汉法本内传》并有明文。”

这一段记载说明至北魏孝明帝时“老子化胡”之争仍在继续，所谓《老子开天经》，乃上接寇谦之谓浮屠为三十二延真宫主之说，而佛教徒伪造《周书异记》及《汉法本内传》以驳道教，亦当作于北魏中叶。至北周时，武帝曾于建德二年(573)又集群臣沙门道士辩释三教先后。以儒教为先，道教为次，佛教为后。儒教为先者，乃帝历来之宗旨。而先道后佛很可能是由于武帝受到卫元嵩的影响所致。于是佛道之争又盛。有僧勔著《十八条难道章》，又作《释老子化胡传》一卷，驳斥“化胡之说”。兹不详述。

佛道两教关于“老子化胡”问题之争论一直延续到隋唐以后，可见这一问题对两教都有非常重要的意义。但这样的辩论，我们看本无意义，都是在假造自己的宗教历史，神化其祖师爷，争来争去只能使其教派陷于鄙俗也。但是出于宗教信仰的原因，佛道两教的信徒们都那么认真地引经据典的为自己宗教争高下。这就说明，有时为了宗教信仰往往可以不顾事实，不讲道理，甚至伪造历史，信口雌黄。我们研究这类问题，是把它作为一种社会现象来对待，研究作为一种意识形态的宗教的特殊性和社会作用。据以上材料，我们可以说本章开头引用恩格斯的那段话是合乎实际的，对我们研究宗教史是十分有意义的。

二、关于生死、神形问题的争论

印度佛教在公元1世纪初传入中国，中国本民族的宗教道教于2世纪初建立，这两种宗教属于两个不同文化传统的民族，因此在宗教理论上存在着很大差异。佛教在传入中国后的最初阶段由于依附于中国传统的道术，因而和中国原有思想文化的矛盾冲突还不明显，到南北朝时印度佛教大小乘的经、律、论翻译成汉文的越来越多，于是在两种不同文化传统的宗教中发生了矛盾和冲突。据《开元释教录》记载，从汉朝到西晋二百五十年间翻译佛经共一千四百二十卷，而东晋这一时期(包括同时期的后秦、西秦、前凉、北凉)则共译出佛经一千七百十六卷，一百年间译出的佛经超过以前的二百五十年，佛经的大量而较准确的译出，使人们有可能了解佛教的原意。鸠摩罗什于姚兴弘始三年(401)至长安，前后十三年共译经三百余卷，遍及大小乘之经律论，使人们可以对印度佛教有更为深入的了解，如"无我"义至什公而大明。事参见汤用彤著《汉魏两晋南北朝佛教史》上册第十章《鸠摩罗什及其门下》(中华书局，1983 年第一版)。由于对印度佛教原意有了较多的了解，这样对佛教徒就发生了问题，是再按照中国的思想来了解印度佛教呢，还是根据印度佛教的原意来在中国讲佛教呢？这样就产生了两种不同传统思想文化的矛盾和冲突。

历史给我们留下了两部重要的著作，它们大体上可以告诉我们，在南北朝时期这种外来的宗教——佛教和中国本民族的宗教——道教之间的矛盾和冲突的一般情况，这两部书就是《弘明集》和《广弘明集》。(本文所引用僧祐《弘明集》为金陵刻经处本，《广弘明集》为《四部丛刊》本。)本文将对这一时期佛道两教在生死问题上的争论作一比较研究，以说明它们在宗教理论上的不同观点。

(一)佛教道教在生死问题上的分歧

许多宗教(包括佛教)都企图给人们解释"人死后如何"；而中国的道教所要求解决的问题则是"人如何不死"，因此就形成了佛道两教在生死问题上的根本不同。

在历史上的长期社会生活中，生死问题在人们众多的苦难问题中占在突出的地位，它是任何人都逃避不了的问题。这不仅因为对人们来说，生有生的痛苦，死有死的可怖，而且也因为人们总希望追求美好的生活。而生时往往不能得到，故寄托于死后。这个问题既是宗教要求解决的问题，同时也是哲学所遇到的一个重要课题。孔子的儒家把生死看成是命定的，“死生有命”(《论语·颜渊》)，而道家的庄周则把“死”看成是一种休息(《庄子·大宗师》)，取消“死”和“生”的对立。从先秦以来的所谓神仙方术之士，更是企图用种种方法解决人们如何得以“超生死，得解脱”的问题。秦始皇信方士之言，求长生不死之药；(《史记》卷六《秦始皇本纪》：“二十八年，……齐人徐市等上书言：海中有三神山，名曰蓬莱、方丈、瀛洲，仙人居之，请得斋戒与童男女求之。于是遣徐市发童男女数千人，入海求仙人。始皇还过彭城，斋戒祷祠。……三十二年，……使韩终、侯公、石生求仙人不死之药。”)汉武帝惑于李少君等，祀神求仙，以期羽化。(《史记》卷十二《孝武本纪》：“是时而李少君，亦以祠灶谷道却老方见上，上尊之。……少君言于上曰：祠灶则致物，致物则丹沙可化为黄金，黄金成以为饮食器则益寿，益寿而海中蓬莱仙者可见，见之以封禅则不死，黄帝是也。臣尝游海上，见安期生食巨枣大如瓜，安期生仙者，通蓬莱中，合则见人，不合则隐。于是天子始亲祠灶。”)至东汉末而有道教产生。(参见汤一介《论早期道教的发展》，《世界宗教研究》，1982 年第 4 期，北京社会科学出版社。)道教实由神仙家演变而来，吸收了儒道两家的思想，而杂以阴阳五行，谶纬迷信以及巫术练养等方术。汉末以来道教所要解决的中心问题就是生死问题，并且以如何达到“长生不死”为目标。《太平经》说：“古今要道，皆言守一，可长存而不老。”(《太平经合校》第 716 页，中华书局，1960 年版)稍后的《老子想尔注》也说：“归志于道，唯愿长生。”(《老子想尔注校笺》第 38 页)这都说明早期道教是以追求“长生不死”为目标，所以葛洪《抱朴子》引《玉牒记》说：“天下悠悠，皆可长生，患于犹豫，故不成耳”；又说：“知守一养神之要，则长生久视”；“道家之所至密至要者，莫过于长生之方。”

佛教在传入中国后的初期所讲的主要内容为“灵魂不死”、“因果报应”之类。袁宏《后汉纪》中说：佛教“又以为人死精神不灭，随复受形，生时所行善恶皆有报应。故所贵行善修道，以炼养精神而不已，以至无为，而得为佛也。”(转引自汤用彤《汉魏两晋南北朝佛教史》上册第 62 页)盖佛教以人生为一大苦海，有所谓“人生八苦”(“人生八苦”为：生、老、病、死、爱别离、怨憎会、求不得、五阴盛)，或简称“八苦”(见《涅槃经》卷十二)。其解脱之道在于“觉悟”，以求精神脱离苦海，谢镇之《折夷夏论》中说：“若深体三界为长夜之宅，有生为大梦之主，则思觉悟之道，何贵于形骸。假使形之可炼，生而不死，此则老宗本异，非佛理所同。”(《弘明集》卷六)道安《二教论》中也说：“佛法以有生为空幻，故忘身以济物。”(《广弘明集》卷八)因此可知当时的佛教徒已知佛教和道教在生死问题上的根本不同。

从道教说，解决生死问题以求解脱成仙，是以求“永生”为特征。北周甄鸾《笑道论》引葛玄《老子序》说：“道主生，佛主死。”(《老子序》传为葛玄所撰，有敦煌写本，见 P2548。在严可均辑《全三国文》卷七十五亦收，但均无《笑道论》中收引《老子序》两句，或《笑道论》所引非葛玄序，待考。《笑道论》载《广弘明集》卷九。)《三天内解经》中也说：“老君主生化，释迦主死化。”(《三天内解经》卷上。《正统道藏》满字号帙。)因此，我们把当时佛道二教相比较，更可看出它们在生死问题上的不同特点。佛教认为，人生痛苦的根源在于“有生”，“有生”则精神和肉体结合在一起，精神在得到涅槃之前只能在轮回之中受苦，只有神与形离，超脱轮回，精神永归寂灭，才能脱离苦海而解脱，成为菩萨。道教主张“肉体成仙”，即谓人的精神和肉体只有永远结合在一起才能“长生不死”，这样就可以不受现实社会的苦恼所限制，而进入永恒的神仙世界。南朝齐时的道士在其所著《三破论》中论及佛道二教在生死问题上的不同时说；“道家之教，妙在精思得一，而无死入圣。佛家之化，妙在三昧通禅，无生可冀，故铭死为泥洹。未见学死而不得死者也。”（《弘明集》卷八刘勰《灭惑论》中引《三破论》）唐朝的和尚法琳在他的《辩正论》中也引有道士对此问题的看法，并有法琳本人对此问题的回答，文中说：

> 外二异曰：老君垂训，开不生不灭之长生；释迦设教，示不灭不生之永灭。
>
> 内二喻曰：李聃禀质，有生有灭，畏患生之生，反招白首；释迦垂象，示灭示生，归寂灭之灭，乃耀金躯。（《广弘明集》卷十三）

佛教主张“不生”，盖有生必有死；道教主张“不死”，盖不死则永生。道教和佛教虽所持之观点不同，而都是要求解决生死问题以求得解脱而“成仙”或“成佛”。

要解决生死问题必然要遇到神形关系问题。神形关系问题和生死问题一样不仅是宗教要解决的问题，而且也是哲学所遇到的一重要问题。主张超生死、得解脱者认为达到其目的或可有两途径：一是主张灵魂不死，则灵魂须得脱离肉体而解脱，在佛教传入中国以前就有这种观点，即各种各样的“有鬼论”，而南北朝时期的佛教多主张“形尽神不灭”，以求得“神”永归寂灭；一是主张肉体不死，则精神可永居肉体而长生，这种观点自先秦以来就存在，即各种各样的神仙家言，而道教主张“神不离形而长生”就是沿着神仙家思想发展而成的。《太平经钞壬部》中说；“古今要道，皆言守一，可以长生而不老。人知守一，名为无极之道。人有一身，与精神常合并也。形者乃主死，精神者乃主生。常合即吉，去则凶。无精神即死，有精神则生。常合即为一，可以长存也。”梁陶弘景在《答朝士访仙佛两法体相书》中对此问题论之甚详，他说：

> 凡质象所结，不过形神。形神合时，则是人是物；形神若离，则是灵是鬼。其非离非合，佛法所摄；亦离亦合，仙道所依。今问以何能而致此？仙是铸炼之极事，感变之理通也。当埏埴以为器之时，是土而异于土，虽燥未烧，遭湿犹坏；烧而未熟，不久尚毁；火力既足，表里坚固，河山可尽，此形无灭。假令为仙者，以药石炼其形，以精灵莹其神，以和气濯其质，以善德解其缠，众法共通，无碍无滞。欲合则乘龙驾云，欲离则尸解化质。不离不合，则或存或亡，于是各随所业，修道进学，渐阶无穷，教功令满，亦毕竟寂灭矣。(《华阳陶隐居集》，《正统道藏》善字号帙。)

陶弘景把佛道二教“超生死，得解脱”的问题归结为神形关系问题，并简明地揭示其分别，可说甚得其要。佛教主张“形尽神不灭”，所以它对精神与肉体的看法是：在精神与肉体结合时，人得不到解脱，这时必然要在轮回之中受种种苦难。而诸种苦难中的：“生、老、病、死”又是不可逃脱的，人终不免要生，要死；如果神离形而不灭，又再结而成形，仍不免在轮回之中，得不到解脱。要想得到解脱，一步一步地修养其精神，使自己能有觉悟，这样才可以达到神与形离，脱离轮回，而圆应寂灭，这就是陶弘景所说的，“修道进学，渐阶无穷，教功令满，亦毕竟寂灭矣。”可见，佛教“形尽神不灭”的思想是基于把神形看成是两回事，是两种不同质的实体，但既在轮回之中，形神则既不能“离”，又不能是同一种实体，所以陶弘景说“非离非合，佛法所摄。”

道教以为，人们超生死、得解脱的道路不是圆应寂灭，而是肉体成仙。葛洪《抱朴子》引《仙经》说:“上士举形升虚,谓之天仙;中士游于名山,谓之地仙;下士先死后蜕,谓之尸解。”按道教多以“举形升虚”为上,这种主张的基础必定是“形神不离”,神和形结合在一起飞升而成仙,进入神仙世界。《云笈七签》引《元气论》说:“身得道,神亦得道;身得仙,神亦得仙。”此即陶弘景所谓之“欲合则乘龙驾云”也。陶弘景所谓之“尸解”,似乎是指神与形离而神得仙去。在他的《养性延命录》中引《玄示》说:“以形化者,尸解之类,神与形离,二者不俱。”此即所谓“欲离则尸解化质”。但陶弘景对于“尸解”的看法和其他早期道教著作中的说法不同,如葛洪说:“下士先死后蜕,谓之尸解”,此谓人死如蝉蜕,虽留原尸,而乃变形与神一起仙去,故《宝剑上经》中说;“尸解者,本真之炼蜕也。”(《太平御览》卷六六四引)《洞玄灵宝无量度人经诀音义》中也说:“尸解,音贾,托形隐身成仙也。”(《正统道藏》秋字号帙。)甚至葛洪认为“尸解”可以是先死而后神形一起仙去,如他说:“近世壶公将费长房去,及道士李意期将两弟子,皆托卒,死,家殡埋之。积数年,而长房未归。又相识人见李意期,将两弟子皆在郫县,其家各发棺视之,三棺遂有竹杖一枚,以丹书于杖,此皆尸解者也。”(《抱朴子·论仙》)所以“尸解”本也应是神形不离的。

要“超生死、得解脱”必有一定的方法,作为宗教如果不能提出一套达到“成佛”、“成仙”的方法,那就失去了宗教作为宗教的作用。在魏晋南北朝时期,本来就有“圣人能否学致”的问题,许多玄学家都讨论过这个问题。何晏提出圣人与一般人的不同在于“圣人无情”,王弼不同意何晏的看法认为,圣人与一般人同样都有“五情”,而他和一般人不同的地方在于其“神明”。他说;“圣人茂于人者,神明也。”(何劭《王弼传》,见于严可均辑《全晋文》卷。)郭象则认为“法圣人者,法其迹也。”(《庄子·肤箧注》)又说：“明神人者，非五谷所为，而特禀自然之妙气。”(《庄子·逍遥游注》)即如嵇康亦谓仙人“似特受异气，禀之自然，非积学所致。”(《养生论》，见《嵇康集》)这都是说圣人或神人等和一般人之间有个严格的界限，故一般人不可学，亦不可致的。然而作为宗教的佛教和道教则不能如此看问题，从原则上说都要主张人人可以“成佛”、“成仙”。

早期道教主张神仙由积学所致，如东汉末之阴长生在其《自叙》中说：“不死之要道在神丹。行气导引，俯仰屈伸，服食草木，可以延年，不能度世，以至于仙。子欲闻道，此是要言，积学所致。”(《全东汉文》)《太平经钞》乙部中也说：“夫道者各为其身，不为他人也。故当各自爱而自亲，学道积久，成神真也，与众殊绝，是其言也。”《老子想尔注》中说，“奉道诫，积善成功，积精成神，神成仙寿，以此为身宝矣。”即如葛洪《抱朴子》虽有“仙人禀异气”、“仙人有种”之说，但他仍不能不承认神仙可由积学而致，而且就是“禀异气者”若不经过修炼神形也不能成为神仙。《抱朴子·对俗篇》说：“若谓彼皆特禀异气，然其相传皆有师，授服食，非生知也。”《金丹篇》中说，“元君者，老子之师也，……大神仙之人也，……天下众仙皆肄焉，犹自言本亦学道服丹之所致也，非自然也。”故葛洪引《仙经》谓：“天下悠悠，皆可长生也，患在犹豫，故不成耳。”又说：“亦有以校验，知长生之可得，仙人之无种也。”(《对俗》)看来，葛洪的所谓“仙人禀异气”、“仙人有种”之说，或系受当时魏晋玄学“圣人天成”、“圣人不可学致”而有，但这个观点并非道教理论所必须的，相反“神仙可学可致”才是他为道教提出的重要理论观点。

东晋之末，六卷《涅槃经》已译出，虽有“一切众生，皆有佛性”之说，但又谓“一阐提人(按：善根断尽之人)不得成佛。”有竺道生者精思绝伦，孤明先发，提出“佛性”乃一切众生之真性，一阐提亦属众生，何得独无佛性，故谓一阐提人既具佛性亦得成佛。由于道生的看法和当时流行的说法不同，被认为是“邪说”，摈而遣之。道生在被逐之时说：“若我所说反于经义者，请于现身即表厉疾。若于实相不相违背者，愿舍寿之时据师子座。”(《高僧传》梁慧皎撰卷七《道生传》)后于玄始十年(421)昙无谶译出四十卷本《涅槃经》，果有一阐提亦得成佛之说。(参见汤用彤《汉魏两晋南北朝佛教史》下册第431～437页)由此可见在当时佛教从原则上说也认为任何人都可以成佛。

早期道教主张肉体成仙由积学所致，所以特别注重身体的修炼，早在先秦，《庄子》书中就记载了种种修炼身体的方法。(《庄子·刻意》)汉末以来，道教修炼身体的方法日益繁多，有重金丹者，有重养气者，有重导引者，有重辟谷者，有重房中术者等等，《抱朴子·微旨》篇中说：“又患好事之徒，各仗其所长，知玄素之术者，则曰唯房中之术可以度世矣；明吐纳之道者，则曰唯行气可以延年矣；知屈伸之诀者，则曰唯导引可以难老矣；知草木之方者，则曰唯药饵可以无穷矣。学道之不成就，由乎偏枯之若此也。”而葛洪则以金丹为成仙之要道，如说：“虽呼吸导引，及服草木之药，可得延年，不免于死也。服神丹令人寿无穷已，与天地相毕，乘云驾龙，上下太清。”(《金丹》)此时佛教无论主张渐悟成佛者，还是顿悟成佛者，均以为“成佛”之关键在于“觉悟”，即认为主要是靠智慧使精神得到解脱。袁粲《驳夷夏论》谓，“仙化以变形为上，泥洹以陶神为先。”(《南齐书·顾欢传》中载有道士顾欢与袁粲之论难。)道教炼形，登于仙境，依靠功夫；佛教养神，入于涅槃，依靠智慧(般若)，这或是当时人一般的看法。刘宋时颜延之作《庭诰》二章，述说佛道二教在这个问题上的看法甚详，文谓：

为道者，盖流出于仙法，故以练形为上；崇佛者，本在于神教，故以治心为先。练形之家，必就深旷，反飞灵，糇丹石，粒芝精，所以还年却老，延华驻彩，欲使体合纁霞，轨遍天海，此其所长。……治心之术，必辞亲偶，闭身性，师静觉，信缘命，所以反壹无生，克成圣业，智邈大明，志狭恒劫，此其所贵。（《弘明集》卷十三）

又有王该撰《日烛》，其意亦与颜延之所述者大同，文谓：

如来大圣，三达洞照，哀我困蒙，晓了要道。善权洒落，或粗或妙，如溟海之运流，若天日之垂曜。……愚黠并诱，龙鬼俱化，万涂从归，一由般若，譬彼济海，非船莫过。……逮乎列仙之流，练形之匹，熊经鸟伸，呼吸太一，夕餐榆阴与月素，朝挹阳霞与朱日，赤斧长生于服丹，涓子翻飞于饵术，安期久视于松豪，丰人轻举于柏实。……存形者不足以论神，狎俗者未可与言道。（《弘明集》卷十三）

此所言佛教为“治心”的“神教”，其解脱的道路在于靠“般若”而达到彼岸世界。而道教则为“练形”的“仙法”，其成仙的方法则靠对自己身体和精神的练养，此即陶弘景所谓的“假令为仙者，以药石炼其形，以精灵（按：指‘精气’）莹其神，以和气濯其质，以善德解其缠。”

由此我们可以看出，宗教为人们提供的超生死、得解脱的方法可以多种多样，但归纳起来实为两种：一是靠内心的“觉悟”；一是靠物质力量的帮助。佛道两教虽都于此两方面有所注意，但如上所说实有所偏重。从佛教方面说，汉末以来在中国虽有安世高提倡的小乘禅法，有所谓“安般守意”，要人们通过调节呼吸的方法使意念不生，以达到心明神静、无不照无不能而成佛的境界，故佛教之禅法所注重者仍为内心之修养也。而后来般若学流行，则更以智慧解脱为上。道教虽也讲“养神”，而“精神”之修炼往往并不是指“觉悟”的提高，而是指“精神”的练养，盖因“精神”是一种“精气”所成，为物质的，故亦可练养。所以我们可以概括地说，佛教主张成佛靠觉悟，因此成佛、得解脱的手段主要是靠内心的修养。道教主张成仙靠积功，因此要靠物质的力量（外物或外力）的帮助。盖佛教认为，执著虚幻的现实世界是一切苦恼的根源，解脱之道在于认识人生之虚幻而无所执著，因此要靠智慧才能达到涅槃。道教主张肉体飞升，要在练形，形体是物质的，可以依靠物质的东西的帮助，使其永不败坏，以至神形不离，达到“长生不死”的目的。所以道安在《二教论》中说：“佛法以有生为空幻，故忘身以济物；道法以存身为真实，故服饵以养生。”（《广弘明集》卷八）

（二）道教的“神”“形”同质论

佛教和道教对生死问题的看法不同，是和它们对神形问题的看法不同相联系的。佛教认为，由于神与形是两种不同的实体，故可以“形尽神不灭”立论，而谓只有“神”离“形”而不入六道轮回之中，方可超生死，得解脱，以达到涅槃的境地。道教认为，由于“神”与“形”是同样性质的实体，故以“神与形不离”为成仙的条件，而谓“身得仙，神亦得仙。”因此，如欲进一步讨论佛道二教在生死问题上的不同，必须弄清道教关于“神”、“形”同质和佛教关于“神”、“形”二本的理论根据。本文先论道教关于这一问题的理论，次及佛教。

在中国古代哲学中，“元气论”是一种很重要的理论。到两汉几乎所有哲学家都把“元气论”作为他们哲学思想中的一项重要内容。从中国古代哲学的历史发展看，如何解决神形关系问题以及人的生死问题往往是和怎样看待“气”相联系的。早在春秋时期，就有思想家提出“气”对人的身体的影响问题，《左传》昭公元年有医和论六气的记载。(《春秋左传正义》卷四十一：“天有六气，降生五味，发为五色，徵为五声，淫生六疾。六气曰：阴、阳、风、雨、晦、明也。分为四时，序为五节，过则为灾。阴淫寒疾，阳淫热疾，风淫末疾，雨淫腹疾，晦淫惑疾，明淫心疾。”)到战国，“气”成为一普遍概念，许多思想家都以为人的身体由“气”构成，人的“生”与“死”和“气”的聚与散有关。《庄子·知北游》中说：“人之生，气之聚也。聚则为生，散则为死。……故曰：通天下一气耳。”到荀子更明确提出天地万物包括人都是由“气”构成，他说：“水火有气而无生，草木有生而无知，禽兽有知而无义，人有气有生有知亦且有义。”(《荀子·王制》)又说：“形聚而神生。”(《荀子·解蔽》)荀子论证了“气”和神形的关系以及“神”与“形”的关系。战国时，稷下有一学派也讨论了“气”和神形的关系问题，在中国哲学史上甚为重要。这一学派的著作保存在《管子》一书中，即《白心》、《内业》、《心术》等篇。他们认为，天地之间的一切都是由“气”构成，如说：“灵气……其细无内，其大无外。”(《管子·内业》)不仅人的身体是由“气”构成，“气者，身之充也……”(《管子·心术下》)而且“精神”也是由“气”构成，如说：“精也者，气之精者也。”(《管子·内业》)“凡物之精，比则为生，下生五谷，上为列星，流于天地之间谓之鬼神，藏于胸中谓之圣人”。(《管子·内业》)“人之所失以死，所得以生也。”(《管子·内业》)等等。这就是说，“气”之中有一种“气”叫“精气”，凡是得到它的似乎就有生命，这种“精气”如果进到人的身体里，人就会有聪明智慧，甚至可以使人成为洞察万物的圣人。这种思想其实在西方古代也有，如在安那西门那里，灵魂是空气。（在古希腊不少哲学家都认为“精神”或“灵魂”是某种物质所组成，赫拉克里特认为“灵魂”是由最干燥的“火”组成。德谟克里特认为人的“灵魂”是由一种精细敏捷的火性的原子构成，伊壁鸠鲁发展了这一观点，认为“灵魂”是由极细微的原子组成。）

约与上述《白心》、《内业》、《心术》同时的作者有孟子，他的著作中也涉及了“气”的问题，他提出有一种“气”叫“浩然之气”，这和《白心》等篇的思想多少有些联系。在《白心》等篇中，“精气”能给人们以聪明智慧，且说：“此气也，不可止之力，而可安之德。”（《管子·内业》）这就是说，“精气”本身就有聪明智慧的性质，要由人们的道德力量来保存和巩固它。孟子所说的“浩然之气”是“集义所生”，因此它不可能是某种物质性的东西，而是人们的某种精神力量的表现。到汉朝，董仲舒一派进一步把“气”道德化和人格化，致使“气”成为一种神秘的东西，甚至成为上帝的意志和力量的表现。董仲舒认为，“气”有刑和赏的能力，有善和恶的分别，有喜、怒、哀、乐种种感情，这样就使“气”虽存有物质的外观，而失去了物质的特性。后来汉朝谶纬图书中关于“气”的种种说法，大体都是沿着董仲舒的这一套思想发展的，如说在天地之中有所谓仁、义、礼、智、信等五常之气，说什么“元气混沌，孝在其中”等等。

“元气”一概念，就目前能找到的史料，大概是首先见于《淮南子·天文训》，文说：“道始于虚霩，虚霩生宇宙，宇宙生元气，元气有涯垠。”（“宇宙生元气”一句，原作“宇宙生气”，今依庄达吉校补。）在“元气”之前，世界尚未成为一实实在在的世界；在“元气”之后，才有一实实在在的世界，因此“元气”为万物之始并作成万物。在中国哲学中，为什么把最根本的、最原始的或最初的状态的“气”叫“元气”，这可能和《易传》中所说的“大哉乾元，万物资始”有关(《周易·乾卦》彖辞)。《九家易》谓：“元者，气之始也”；《春秋说》中也说：“元者，端也，气泉。”《吕氏春秋·应同篇》中有：“黄帝曰：芒芒昧昧，因天之威，与元同气”，这里虽未把“元气”作为一概念，但显然是用“元”说明“气”，这种“与元同气”是世界最初形成的状态。董仲舒《春秋繁露·重政篇》也说：“元犹原也，其义以随天地始终也”，义与《应同篇》同。而在各种纬书中多以“元气”造成天地，为天地之始，《河图纬》谓：“元气无形，汹汹隆隆，偃者为地，伏者为天。”《春秋说解题》：“元气以为天，混沌无形体。”其他一些思想家如王充也把“元气”看成是天地未分之时的状态，《论衡·论天》中说：“元气未分，浑沌为一。”何休《公羊传》隐公元年注谓：“元者，气也。无形以起，有形以分，造起天地，天地之始也。”“元气”分化，则可形成各种不同性质的气，如阴气、阳气、形气、精气等等。而“精气”则往往和人的精神相联系，或谓“精神”即“精气”，如《淮南子·精神训》：“精者，人之气。”《天文训》高诱注：“精，气也。”这就是说，“精神”是由一种特殊的“气”叫“精气”所构成的。所以《白虎通》的《性情篇》说：“精神者何谓也？精者，静也，太阴施化之气也。……神者，恍惚，太阳之气也，出入无间。”《大戴礼记·曾子天圆篇》谓：“阳之精气曰神。”《礼记·聘义》郑玄注：“精神，亦谓精气也。”《诗·楚茨》郑笺：“言其精气谓之神，神者魂魄之气。”所有这些都是把人的精神现象看成是“精气”活动的表现。

由于中国古代哲学把人的身体和精神都看成是由“气”构成的，因此我们可以从先秦到两汉的一些史料中看到，“气”和神形问题相联系多与“养生”有关，而“养生”往往又是“成神”的一种手段。在《庄子》一书中，所描写的“神人”、“真人”等多是“神将守形，形乃长生”者。

(《庄子·在宥》)他们能“息以踵”，“不食五谷，吸风饮露。”“壹其性，养其气”，神与形合，即可达到“形全神复，与天为一”的境界。(《庄子·逍遥游》及《大宗师》)《吕氏春秋》亦多载“养生”、“全生”、“卫生”、“贵生”之谈。《重己篇》谓：“世人之主、贵人，无贤不肖，莫不欲长生久视。”要做到“长生久视”则“气”必能在身体中不断流通，而“精气日新，邪气尽去，及其天年，此之谓之真。”(《吕氏春秋·先己》)在《淮南子》中把“养气”、“养形”、“养性”往往看成是一回事，而且都和“气”的作用联系在一起。(《淮南子·精神训》说：“是故真人之所游，若吹呴呼吸，吐故内新，熊经鸟伸，凫浴蝯跃，鸱视虎顾，是养形之人也。”《泰族》：“王乔赤松去尘埃之间，离群慝之纷，吸阴阳之和，食天地之精，呼而出故，吸而入新，蹀虚轻举，乘云游雾，可谓养性矣。”《齐俗》说：“今夫王乔赤松诵子吹呴呼吸，吐故纳新，遗形去智，抱素反真，以游玄眇，上通云天。今欲学其道，不得其气，处神而放，其一吐一吸，时屈时伸，其不能乘云升假亦明矣。”)无论《吕氏春秋》还是《淮南子》都受到《白心》等篇“精气说”的影响，认为“精神”是一种叫“精气”的“气”，它可以自由地出入身体，“神”与“形”不离则可长生久视。如《吕氏春秋·尽数》中说，“精气之集也，必有入也。……集于圣人与为夐明。”《淮南子》谓：“天气为魂，地气为魄。”高诱注曰：“魂，人阳神；魄，人阴神。”(《淮南子·精神训》)而且以为“精神”可驰骋于外，亦可守形于内，《吕氏春秋·尽数》中说：“精神安乎形，而年寿得长焉。”这些著作中所说的“精神”多是指的“精气”。

东汉末年创立的道教在生死、神形和“气”的关系问题上大体上是继承着上述的一些观点发展而成的。在早期道教的一些著作中，“气”是一极为重要的概念，它既是构成天地万物的材料，又是支配天地万物的一种神秘力量，如果要了解道教关于“神形不离”、“养生成神”的理论根据，其关键就在于对“气”这一概念的了解。

早期道教一般都认为天地万物都是由“气”构成，如《太平经》说：“夫物始于元气”。(《六罪十治诀》)“元气恍惚，自然共凝成一，名为天也；分而生阴成地，名为二也；因为上天下地，阴阳相合施生人，名为三也。”(《太平经钞戊部》)《老子想尔注》也说：“道气常上下，经营天地内外。”(《老子想尔注校笺》第十八页)而《抱朴子》更明确地说：“夫人在气中，气在人中，自天地以至万物，无不顺气以生者。”(《抱朴子内篇校释·至理》第一〇三页)不仅如此，在这些著作中也都把“精神”看成是一种“气”。

《太平经》中说，“三气共一，为神根也。一为精，一为神，一为气。此三者共一位也，本天地人之气根。”(《太平经钞癸部》中之《令人寿治平法》)按，这里的“一为气”的“气”是指的“形气”，在同书《还神邪自消法》一节中说：“分别三气所长，还神守身，太阳天气故称神；形者，太阳主祇，包养万物，故精神藏于腹中，故地神称祇。精者，万物中和之精。”照《太平经》的看法，“气”可以分为三种，那么这三种气有什么分别呢？虽然在这本颇为杂乱的书中说法并不一致，但大体上说，多认为“神”是“受之于天”，“太阳天气故称神”；而“精”或说“受之于地”，或说为“万物中和之精”；“形”(或“形气”)有时说是“太阳主祇”，“地神称祇”，有时说“受之于中和”。看来，“精”(“精气”)应是“神”(“神气”)和“形”(“形气”)的中间环节，是调和“神”和“形”的关系的，所以说：“神者乘气而行，精者居其中也。”(《太平经钞癸部》中之《令人寿治平法》)这或是《太平经》的本意。但“神”在《太平经》中有些地方是指精神作用，如说：“气生精，精生神，神生明”即是。(《太平经圣君秘旨》)可见在《太平经》中“气”这一概念涵义非常广泛，它无所不包，又含混模糊。

在《老子想尔注》中，也常把人的精神看成是“精气”(或叫“微气”)，而此“精气”可常出入于人的形体，如说：“人之精气满藏中”，“微气归之”，(《老子想尔注校笺》)入人身中为根本。而且在《老子想尔注》中把“道气”看成是最根本的气，说它是“清微不见”，而天地万物以及人的肉体(外)和精神(内)均由它“经营”而成。至于“精气”和“道气”的关系，就像“精气”和“元气”的关系那样，似乎“精气”是“道气”的一种，“所以精者，道之别气也。”(《老子想尔注校笺》)又《想尔注》又常用“道精”一词，说“有道精，分之与万物，万物精共一本。”所谓“一本”即指“道气”也。

早期道教的另一种《老子》的注解是《河上公老子注》，大体成书于东汉之末，或早于《老子想尔注》(参见王明《老子河上公章句考》，载《道家与道教思想研究》，中国社会科学出版社 1984 年版。)照《河上公老子注》看，“神”是指人的精神现象，所以它又可以叫作“神明”。“神”是由“精”积而成。“精”即“精气”，它和形体(形气)的关系是：如果身体中能保存好“精气”，则身体可以柔顺，达之长生不死，第十章注中说：“专守精气使不乱，则形体能应之而柔顺。”“言人能抱一，使不离于身则长存。一者道始所生，太和之精气也。”“精气”是贯通于身体内部而使身体内部得到协调，所以人必须守住“精气”，使不离于身，则可“长生不死”。第三十三章注说：“人能自节养，不失其所，受天下之精气，则可以久”，“精气”即“太和之精气”，故又称“和气”，第七十六章注说：“人生含和气，抱精神，故柔弱；人死则和气竭，精神亡，故坚强。”人如果能保存“精气”使不离身，不仅可以长生不死，而且可以与天地相通，第四十七章注说：“天道与人道同，天人相通，精气相贯。”“天”与“人”之所以能相通，是由于“精气”使之相贯通的。就这点看，“精气”当是一种细微的“气”，它充斥于天地之间，也充斥于人的身体之内外，从而使身心内外得以联系，如果人能把充斥于身心内外的“精气”调节好，则不但可以长生不死，而且可以与天地相贯通。

《抱朴子》中虽有不少关于生死、神形关系的论说，但没有直接说明“精神”本身也是一种“气”。在《地真篇》中，葛洪尝把“精神”说成是有形有象的东西，它“有姓字服色”，有长短大小，在人身体中居住在某处等等，并说守住这个东西就可以长生不死，这叫“守一存真”。(《抱朴子内篇校释·地真》：“守一存真，乃能通神。”“唯有守真一，可以一切不畏此辈也。”)而早在《太平经》中也有类似的说法。如说：“神长二尺五寸，随五行五藏服饰。”(《盛身却灾法》)

前面已经说过，道教中的“神仙”是“肉体飞升”的，而肉体飞升成仙是以神形不离为条件。那么神形不离为什么可能呢？在道教看来这正是“气”的作用。《太平经》说：“天地之道所以能长且久者，以其守气而不绝也。故天专以气为吉凶也，万物象之，无气则终死也。”(《包天裹地守气不绝诀》)万物如此，人当亦然，故说：“神明精气，不得去离其身，则不知老，不知死矣。”(《太平经钞辛部》)。(按：此处“神明精气”可理解为“神明”即“精气”，或理解为“神明”是“精气”作用的表现。)所以“养生之道，要在养气”，“三气共一，为神根本也”，“故人欲寿者，乃当爱气、尊神、重精。”(《太平经合校》第七二八页，《太平经钞癸部》中之《令人寿治平法》)。《老子想尔注》也说：“道气在间，清微不见，含血之类，莫不钦仰。”“人行道奉诫，微气归之”，“故能生而长久”。(《老子想尔注校笺》)葛洪虽不以“养气”为“长生不死”、“肉体飞升”之最根本的方法，但就神形不离这点说，也认为是靠“气”的作用。如他说：“身劳则神散，气竭则命终。”(《抱朴子内篇校释·

至理》)“苟能令正气不衰，形神相卫，莫能伤也。”(《抱朴子内篇校释·极言》)故“长生得道者，莫不皆由服药吞气。”(《抱朴子内篇校释·杂应》)“养生之尽理者，既将服神药，又行气不懈，朝夕导引，以宣动荣卫，使无辍阂”云云。(《抱朴子内篇校释·杂应》)由此可见在早期道教中“养气”(或曰“食气”、“行气”、“守气”)是“长生不死”、“肉体飞升”的重要方法。

为什么早期道教认为“长生不死”和“养气”有如此密切的关系？盖道教认为“长生不死”既要求肉体不坏，又要求精神长存而能与肉体结合。而无论肉体还是精神都是由“气”构成，因此只要把“气”养好，人就可以“长生不死”了。既然肉体和精神都是“气”，那么它们永远结合在一起就不是不可能的。如果能使肉体永远不败坏，精神就有个永久可居住的地方；如果精神能修炼得长存，肉体就可以神而明之。“气”是最细微、最清轻，无具体形象，而又是无所不在的。如果人的肉体能修炼得和“气”一样清轻，精神修炼得可长居其中，就可以“肉体飞升”，成为“长生不死”的神仙。所以在道教中有所谓“服气”而不食五谷的说法，以便把身体练得轻如“气”。不仅如此，肉体练得清轻如“气”，精神练得长居其中，还可以与天地合为一体，“委气神人乃与元气合形并力，与四时五行共生”，“与天地同其元”。(《太平经合校》中之《四行本末诀》；《太平经钞丙部》中之《三急吉凶法》)。《老子想尔注》说：“朴，道本气也，人行道归朴，与道合。”《老君音诵诫经》说：“道气百千万重，而得升度之。前贤后圣，修学长生，尽遇仙官，人人各得一重之气。”所以早期道教认为“白日升天”是“仙之上者”，此即葛洪所说的“始步稍高，遂入云中不复见。”(《抱朴子内篇校释·至理》第一〇四页。)得道成仙可与天地合一，有无穷之伟力(神通)，故有所谓“真而不止，乃得成神；神而不止，乃得与天地比其德；天比不止，乃得与元气比其德。元气乃包裹天地八方，莫不受其气而生。”（《太平经合校》第七十八页，《太平经钞丙部》中之《分解本末法》。）由此可见，我们要了解早期道教所说的“神形不离”、“长生不死”以及“与天地比德”等等，都得从分析研究它关于“气”的概念入手。

得道成仙的人为什么会有各种各样的神通，这也和道教对“气”的看法有关。道教认为，“气”不仅是构成天地万物包括人的肉体和精神的东西，而且“气”是一种能支配天地万物的神秘的力量。在早期道教的著作中，“气”有善与恶、正与邪之分，“善气至，则邪恶气藏”；“夫恶气至，则善气藏。”（《太平经钞丙部》中之《上善臣子弟子为君父师得仙方诀》）“苟能令正气不衰，形神相卫，莫能伤也。”“气”有道、德、仁、义之别，“好行道者，天地道气助之；好行德者，德气助之；行仁者，天与仁气助之；行义者，天与义气助之”；（《太平经合校》第六九〇页，《太平经钞辛部》。）“气”有金、木、水、火、土之性，“五藏所以伤者，皆金木水火土气不合也”；（《老子想尔注校笺》第七页）“气”有喜、怒、哀、乐之情，“乐气兴则阳气盛”，“悦乐气至，急怒气去”。（《太平经合校》第五九〇页，《太平经》卷一一三中之《乐怒吉凶诀》。）“气”可以招祸福，“气可以禳天灾”，“气可以禁鬼神”，（《抱朴子内篇校释·至理》第一〇三页）“积善，善气至；积恶，恶气至”；（《无上秘要》卷七引《西升经》，《正统道藏》叔字号帙。）“气”可以行赏罚，“元气自然乐，则合共生天地，悦则阴阳和合，风雨调，……反致凶，故刑气日兴，乐者绝亡”；（《太平经钞庚部》）“气”可以致太平，“今太平气至，当与有德君并力治”，“今行太平气至，阳德君治，当能长久”，“今太平气临到，欲使谨善者日益兴，恶者日衰却也。”（《太平经合校》第三十九页，《太平经》卷三十五中之《兴善止恶法》；第三八八五页，《太平经》卷九十三中之《方药厌固相治诀》）总之，在早期道教的著作中，“气”有道德性、精神性，是人格化了的和社会化了的东西和力量。这样的“气”尽管它尚保存了某种物质性的外观，但它已是无所不包、无所不在、无所不能、无所不成的超自然的神秘力量。人“养气”如果能达到身体清轻如“气”而成神仙的地步，自然也就和“气”一样具有种种神通的永恒存在了。

(三)佛教的“神”“形”二本论

《弘明集》卷五有东晋著名和尚慧远的《沙门不敬王者论》一文，其中一节《形尽神不灭》专门讨论了生死、神形问题，并对“生死气化”和“形神俱灭”的观点进行了批评，甚至直接批评了道教关于“养生之谈”的观点。关于生死问题，慧远说：

“庄子发玄音于大宗曰：大块劳我以生，息我以死。又以生为人羁，死为反真。此所谓知生为大患，以无生为反本者也。文子称黄帝之言曰：形有靡而神不化，以不化乘化，其变无穷。庄子亦云：特犯人之形，而犹喜若人之形，万化而未始有极。此所谓知生不尽于一化，方逐物而不反者也。二子之论，虽未究其实，亦尝傍宗而有闻焉。论者不寻无方生死之说，而惑聚散于一化，不思神道有妙物之灵，而谓精粗同尽，不亦悲乎！”(“大块劳我以生，息我以死”句见《庄子·大宗师》，原文作“夫大块载我以形，劳我以生，佚我以老，息我以死”；“以生为人羁，死为反真”句见《庄子·大宗师》，原文作“嗟来桑户乎，而已反其真，而我犹为人羁”；“形有靡而神不化”句见《文子·守朴》；“特犯人形，而犹喜若人之形，万化而未始有极”句见《庄子·大宗师》，原文作“特犯人形而犹喜，若人之形者；万化而未始有极也。”)(参见《慧远研究》，木村英一编，第三九五页。)

慧远用“连类”的方法引用庄子和文子的话与佛教相比附。(《高僧传》卷六《慧远传》:“……引《庄子》义为连类，于是惑者晓然。”)所引庄子的话原义本在说明生死都是自然现象，不要以生死为意，但确也可引申以证“神不灭”之说，但庄子并无“无生”这一概念。“无生”的思想则是当时佛教所特有，正是和道教“无死”的思想相对。所引文子称黄帝的话则是可以直接说明“形尽神不灭”的。慧远批评了那种认为生死是由于“气”的聚散所变化而成以及把生死限于一生的观点，他说这是由于不了解“生”和“死”都是“无方所”的，是变化无穷的；而“神”非常灵妙，和“形”有本质的不同。为什么“神”和“形”有本质的不同呢？照当时佛教徒的看法，“神”和“形”是两种不同的实体，这就是佛教以“神”、“形”为二本的理论，刘宋时有郑道子著《神不灭论》谓：

> 所谓神形不相资，明其异本耳。

又说：

> 夫形也，五脏六腑，四肢七窍相与为一，故所以为生。当其受生，则五常殊授，是以肢体偏病、耳目互缺，无夺其为生。一形之内，其犹如兹，况神体灵照，妙统众形。形与气息俱运，神与妙觉同流，虽动静相资，而精粗异源，岂非各有其本，相因为用者也。(《弘明集》卷五)

郑道子认为，由于“神”和“形”不互相依赖，所以它们是两种不同的实体。从形体方面说，它只是“五脏六腑，四肢七窍”的统一体。虽然五脏六腑等在一统一体中，但它们各有各的不同功用，因此形体的某一部分有了病，并不会影响到它的生命。形体对人的生命尚且如此，那么灵妙的“神”则更加如此。“神”与“形”不同，它能统帅形体的各个部分。形体本身是和“气”一起变化的，而“神”则和灵妙的觉性一起流转。虽然“神”和“形”或“动”或“静”可以相互为用，但从本质上说是有“精”与“粗”的分别的。郑道子关于“神”、“形”关系的理论无非是说“形”是一种粗糙的物质性实体，而“神”是一种灵妙的精神性实体。由于“神”和“形”是两种不同的实体，因此，“形”尽而“神不灭”。本来在佛教中有“无我”的概念，并不认为有一种独立的精神性实体的“神”（灵魂），但随着佛教的发展，有的教派认为要有一精神现象的承担者，以便其轮回学说得以圆通，这个投入轮回的精神现象的承担者叫“普特加罗”，也就是“神”或“灵魂”。印度佛教传到中国后，它与中国原有的“有鬼论”思想相结合，在中国流传的佛教多以“形尽神不灭”立论，认为有一精神性实体的“神”与物质性实体的“形”相对，所以慧远在《沙门不敬王者论》中说：

> 神也者何耶？精极而为灵者也，精极则非卦象之所图，故圣人以妙物而为言，虽有上智，犹不能定其体状，穷其幽致。……神也者，圆应无生，妙尽无名，感物而动，假数而行。感物而非物，故物化而不灭，假数而非数，故数尽而不穷。

宗炳《明佛论》中也说：

> 神也者，妙万物而为言矣，若贵形以造，随形以灭，则以形为本，何妙以言乎？夫精神四达，并流无极，上际于天，下盘于

地。(《弘明集》卷二)

《周易·说卦》中有“神也者，妙万物而为言者也”，是说“神”的意思是“微妙变化”。本来在《易传》中“神”有多种涵义，有的地方“神”是指“神灵”的意思，可以解释为“精神”或“灵魂”，更多的地方则是指“微妙的变化”。如说，“精气为物，游魂为变，是故知鬼神之情状。”(《周易·系辞上》)此处“神”有“神灵”义，而“阴阳不测之谓神”，“知几其神乎”，“知变化之道者，其知神之所为乎”，“神无方，易无体”等等(《周易·系辞上》)均说“微妙变化”也。慧远和宗炳均取《易传》关于“神”的两重涵义，引申以“神”为“神明”(或“精神”)义，既然“神”是“妙万物而为言”的，那么它就不应为“形”所造成，随形而消灭。又慧远认为“神”非常灵妙，它无形无象，圆应感通而无生(并不生成什么)，神妙至极而无名，它虽然要靠有形有象的东西才能表现出来，但它本身并非有形有象的东西，因此有形有象的实体消灭了，“神”并不因此而消灭。慧远这一观点很可能是受到玄学的影响而用到论“神”、“形”关系问题上。韩康伯《周易·系辞注》中王弼对“大衍之数”的解释说：

演天地之数所赖者五十也，其用四十有九，其一不用也。不用而用以之通，非数而数以之成，斯易之太极也。

王弼用“一”、“多”的关系来说明事物的本体与事物的功用之间的关系，“一”在形式上为一“数”，但实质上是“非数”。这一“非数”之“数”，其作用是贯通在天地万物之中，它成就着天地万物，是天地万物的“本体”。从王弼的玄学体系看，其所谓“一”即“无”、即“体”，而

“多”为“有”、为“用”。“一”与“多”、“有”与“无”、“体”与“用”虽相连，但它们的性质却不相同。慧远用这种方法来说明“神”与“形”的联系与根本区别，或较之道教把“神”和“形”看成都是由“气”构成前进了一步，但“神”、“形”二本说是否合理，仍待进一步论证。

在中国古代思想史中，关于“神”、“形”关系问题常以“薪”与“火”的关系为喻，主张“形尽神亦灭”的以“薪尽火灭”为论；主张“形尽神不灭”的多以“薪尽火传”为喻。这时期的佛教信徒也以“薪火喻神形”为其“神不灭”作论证，如郑道子在《神不灭论》中说：

> 夫火因薪则有火。无薪则无火。薪虽所以生火，而非火之本，火本自在，因薪为用耳。若待薪然后有火，则燧人之前，其无火理乎？火本至阳，阳为火极，故薪为火所寄，非其本也。神形相资，亦犹此矣。相资相因，生涂所由耳，安在有形则神存，无形则神尽，其本惚恍不可言矣。请为吾子广其类而明之，当薪之在火则火尽，出火则火生，一薪未改，而火前期，神不赖形，又如兹矣；神不待形，可不悟乎？（《弘明集》卷二）

这里郑道子实用“体”、“用”关系来说明“薪”、“火”关系，以证其“神不待形”之论。“火”虽然是因为有“薪”才得以表现出来，没有“薪”则“火”无法表现，这只是“火”因“薪”为用，而不能说“薪”是“火”的“本”（本体）。“火”之为“火”自有其“火”之理，否则在燧人以前“火”没有表现出来的时候，难道就没有“火”之理存在了？所以说“薪”不过是“火”的寄存处，并不是“火”的自身。神形关系也是一样，虽然在“神”和“形”相互依靠时有生命现象，但并非“有形则神存，无形则神尽”，这就像“薪”没有燃烧就没有“火”，一燃烧就有火，同样的“薪”并没有改变，为什么先无“火”而后有“火”，可见“火”并不靠“薪”而先已存在了。“神”对“形”的关系也是一样，并不是因为形体有了生命的现象才有“神”，而是“神”本来就存在着。这种“以薪火喻神形”的观点在慧远的《沙门不敬王者论》中更有展开，他说：

> 火之传于薪，犹神之传于形；火之传异薪，犹神之传异形。前薪非后薪，则知指穷之术妙，前形非后形，则悟情数之感深。惑者见形朽于一生，便以谓神情俱丧，犹睹火穷于一木，谓终期都尽耳。此由从养生之谈，非远寻其类者也。就如来论，假令神形俱化，始自天本，愚智赀生，同禀所受。问所受者，为受之于形耶，受之于神耶？若受之于形，凡在有形，皆化而为神矣。若受之于神，是以神传神，则丹朱与帝尧齐圣，重华与瞽瞍等灵，其可然乎？

以“薪火”为喻早见于《庄子》，谓“指穷于为薪，火传也，不知其尽也。”(《庄子·养生主》)后有汉桓谭作《新论》，中有“精神”居形体，“犹火之燃烛矣，……气索而死，如火烛之俱尽也”，此为“以烛火喻神形”者也。慧远也用“薪火之喻”来论证“形尽神不灭”。他认为，不同的“薪”所传的同一的“火”，这就像不同的“形”传的是同一的“神”一样。同样是那个“火”，不同的“薪”把它传了下去，就像同样是那个“神”，不同的“形”把它传下去一样；前面的“薪”不是后面的“薪”，但人们可以把后一“薪”继上去，前面的“形”不是后面的“形”，但由于精神的感召作用而由后一“形”继续下去。迷惑的人看到一个形体在一生中坏了，因而认为“神”也跟着灭了，这就像看见一块“薪”烧完了，便认为“火”也就灭了一样，这显然是不对的。慧远认为，这种不正确的看法正是道教的“养生”学，没有认识“形”与“神”是本质不同的两种东西。如果认为“神”和“形”一起化尽，那么怎么再形成人呢？如果说是由“形”方面再形成人，那么有形的都可有“神”了；如果是由“神”方面形成人，那么丹朱和帝尧都一样了，这能说得通吗？慧远坚持“神”、“形”二本说，这正是从他要论证“神”必须从“形”这方面解脱出来，才有可能超脱轮回，以达到涅槃的境地而成佛。他的这一理论正和道教坚持的“神”、“形”均为“气”构成的一本论相对立。由于这个原因造成了佛道两教在生死问题上的不同。

三、道教的“承负说”与佛教的“轮回说”

在进入阶级社会后许多民族都有关于“来世问题”的信仰(原始社会也许同样有类似的问题)。这种来世问题的信仰或者以这样那样的形式表现出来，但归根结底都和生命如何延续的问题相联系。这样的问题很自然就成了宗教信仰中的一个重要问题。我们知道，宗教问题总是和道德问题相联系的。从世界各种重要宗教看，无不以所谓“劝善戒恶”为其一重要内容。基督教就是这样，在《圣经·旧约》的《诗篇》中写道：“你当离恶行善，就可永远安居。”伊斯兰教的《可兰经》中也说，“信道而且行善的人，真主要使他们享受完全的报酬。”“真主是万能的，是惩恶的。”又说：“真主是不引导不义的民众的，这等人的报应是遭受真主的弃绝与天神和人类的共同的诅咒，他们将永居火狱中，不蒙减刑，也不蒙缓刑。”“敬畏者得在他们的主那里，享受下临诸河的乐国，他们永居其中，并获得纯洁的配偶，和真主的喜悦。”基督教有耶稣复活的故事。伊斯兰教更认为“死人”可以由真主的伟力而复活，《可兰经》中说“难道这样的造化者不能使死人复活吗?”伊斯兰教的哲学家并论证说：“使灵魂复返回于任何身体，是可能的。那身体是用前身的材料造成，或用其他质料造成，或用新创造的质料造成，都是可以的；因为人是以灵魂为主，不是以其肉体为主的。”我们可以看到宗教总是包含着大量“赏善罚恶”的内容，而神则是具有超自然的“赏善罚恶”的力量。但是，由于各个民族的社会生活状况的差异和传统的文化思想的不同，因此在如何得到善恶的报应和生死解脱的问题上，就有着不同的观念。从世界上的大多数宗教看，大都以为人的灵魂可以不随肉体的死亡而死亡，在生前为“善”的可以进“天国”，到“西方极乐世界”(佛国净土)，为“恶”则要下地狱。由于有善恶报应的问题，因此在一些宗教中就有“来世”的观念。佛教是一种以为有“来世”的宗教，在《优婆塞戒经》中说：

> 佛言，善男子，众生造业有其四种：一者现报(原注：今身作报善恶业即身受之，是名现报)；二者生报(原注：今身造业次后受报，是名生报)；三者后报(原注：今身造业，次后来受，更第二、第三生已去受者)；四者无报(原注：犹无记等业是。)(《法苑珠林》卷六十九)

印度佛教的这一来生受报的观念在南北朝时为中国佛教普遍所接受，并曾引起中国僧人与非佛教徒之间的争论。东晋时著名的和尚慧远著有《明报应论》不仅阐明佛教的轮回报应学说，而且批评了中国传统的报应说和道教在这个问题上的观点。慧远在《三报论》中说：

> 经说业有三报：一曰现报，二曰生报，三曰后报。现报者，善恶始于此身，即此身受。生报者，来生见受。后报者，或经二生三生百生千生，然后乃受。

这里直接把“善恶”问题和报应问题联系起来了。如果人不能“修善止恶”，达到涅槃境界，就要永远在轮回之中受苦。《心地观经》中说：“有情轮回六道生，犹如车轮无始终。”所谓“六道”就是指：地狱、饿鬼、畜生、阿修罗(意谓丑陋，似天非天常与天帝战斗之神)、人间、天上。人在没有得到解脱之前，根据所造之业，就要在六道中轮回。所以印度佛教的因果报应之说的中心问题在于“轮回”，而“轮回”则有“来生”问题。

从中国的传统思想看，殷周以来就有对祖先的崇拜问题，以为祖先死后其精灵不灭，故有“三后在天”(指周武王以前的三王，太王、王季和文王)之说，这是一种“有鬼论”的思想。但是在中国古代的思想中并无“来世”的观念。当时虽也有报应说，只是以为前世的人所作善恶可以对其后子孙的祸福有影响。《国语·周语》有如下一段记载：

> 灵王二十二年(前550)……太子晋谏曰：……自我先王厉、宣、幽、平而贪天祸，至于今未弥，我又章之，惧长及子孙，王室其愈卑乎?

这就是说，太子晋认为周之衰落是由于厉王以来多行不善，而祸及子孙所造成。在《周易·坤卦·文言》中把这一观点普遍化为一般规律，文说：

> 积善之家，必有余庆；积不善之家，必有余殃!

从中国传统思想看，人们作善事或恶事，都是会受到报应的，而受报应的承担者如果不是作这善事或恶事的此生本人，那么其子孙也必然要受到报应。这就是说，在中国传统思想中原来没有“来世”受报的观念，这一点和佛教的轮回说是很不一样的。在道教中有“承负”这样一种学说，最早而且最集中反映在《太平经》中。所谓“承负”的意思是说：行善事或作恶事的人，其本人此生或其子孙承受和负担所行善事或作恶事的报应。就《太平经》中所涉及之内容，我们可以分为四个问题来讨论：①何谓“承负”；②“承负”的种类；③消除“承负”的方法；④“承负”说的根据。

（一）何谓“承负”

在《解师策书诀》中对“承负”有一比较完整的解释，其文中有问：“今天师比为暗蒙浅生具说承负说，不知承与负，同邪异邪?”回答说：

> 然，承者为前，负者为后；承者，乃谓先人本承天心而行，小小失之，不自知，用日积久，相聚为多，今后生人反无辜蒙其过谪，连传被其灾，故前为承，后为负也。负者，流灾亦不由一人之治，比连不平，前后更相负，故名之为负。负者，乃先人负于后生者也。

“承负”是说先人的过失，成为一种对后人的影响力，而由后人负担，故前人对后人有所欠负。此处“后生”指“后人”即子孙也。在《道典论》中引用了《太平经》关于“承负说”的一段话可以说明“后生”指“后人”，而不是指“来生”：

> 凡人所以有过责者，皆由不能善自养，悉失其纲纪，故有承负之责也。比若父母失至道德，有过于邻里，后生其子孙为邻里

所害。

在《太平经》中"承负"并非仅指后人对先人的过失承受负担之责，本人此生也会承受负担之责，《六罪十治诀》中说：

不睹凡人乃有大罪六，不可除也。或身即坐，或流后生。

照道理说，人有罪过本应由他自身受报应，为什么会流及"后生"呢？《太平经》对这点也有一种解释，《解承负诀》中说：

力行善反得恶者，是承负先人之过，流灾前后积来害此人也。其行恶反得善者，是先人深有积畜大功，来流及此人也。

盖在古代，人们尚无法解释为什么"善有恶报"或"恶有善报"，不得不创造出"来生说"（如佛教的"轮回"）或"后生受报说"（如道教的"承负"）。道教的"承负说"实是《易传》"余庆"和"余殃"说的发展。《太平经》认为，先人的罪过他此生不能偿还，就得由其后代偿还。"死尚有余罪，当流后生。"

（二）"承负"的种类

宗教为神化其学说往往把其内容弄得十分复杂，以便使人们不能认识其本质。特别是像"报应"这种很难用科学全然解释的问题，往往更是被说得十分复杂而且神秘。在《太平经》中讲到"承负"的地方不下百余处。说到有关"承负"的种类有：①后人为前人"承负"，如前引《道典论》所引《太平经》文；又如《灾病证书欲藏诀》中说："夫先人但为小小误失道，行有之耳，不足以罪也。后生人者承负之，畜积为过也。”后人得到的报应是先人的过错一点一点积累而成的。②人为天地“承负”。如《五事解承负法》中说：“天地生凡物，无德而伤之，天下云乱，家贫不足，老弱饥寒，县官无收，仓库更空。此过乃本在地伤物，而人反承负之。”天地有了过失，人们受其灾害，这也是一种“承负”。③自然界事物的“承负”。如说大树“根不坚持地，而为大风雨所伤，其上亿亿枝叶实悉伤亡，此即万物草木之承负大过也。”（同上）④后人为前人邪说“承负”。如说一师教十弟子其说邪不实，这样十传百，百传千，而后人受害，此“即承负空虚之责也。”（同上）⑤后主为先主“承负”。如说：“今先王为治，不得天地心意，非一人共乱天也。天大怒不悦喜，故病灾万端，后在位者复承负之。”（《试文书大信法》）因此有所谓“下古复承负中古小失”，后一时代为前一时代“承负”，今为古“承负”。《太平经》把这些看成是社会衰乱败亡之原因，所以它说：

> 积久传相教，俱不得其实，天下悉邪，不能相禁止。故灾变万种兴起，不可胜纪，此所由来者积久复久。云云。（《五事解承负法》）

《太平经》企图找出人们生死祸福以及社会的兴衰治乱的原因，由于在当时的条件下无法科学地对这些问题加以解释以及其宗教的目的所要求而创造出各种各样的“承负”来，使人们照其宗教的要求而“向善止恶”。

（三）如何消解“承负”

人们生活在自然界和社会之中，因此总是在种种“承负”之中，如果人不能消除“承负”对他的种种影响，那么人如何能够得到解脱而成神仙呢？所以《太平经》又创造了解除“承负”的过责的种种方法：①行太平之道可以消除“承负之责”，《解师策书诀》中说：“得行此道者，承负天地之谪悉去，乃长安旷旷恢恢，无复忧也。”云云。《万二千国始火始气诀》中也说：“或有真道，因能得度世去者，是人乃无承负之过，自然之术也。”②读《太平经》书可以消除“承负之责”。如说：“承负之责最剧，故使人死，善恶不复分别也。大咎在此。故吾书应天教，今欲一断绝承负责也。”（同上）“子旦急传吾道书，使天下人得行之，俱思其身定精，念合于大道，且自知过失所从来也，即承负之责除矣。”（《努力为善法》）③养气守一可以消除“承负之责”。在《九天消先王灾法》中说明最高等级的神仙是“无形委气之神人”，其所以为最高等级就在于能“理元气”，所以照《太平经》看，如果能“得气”则可消除“承负之责”，“气得，……承负万世先王之灾悉消去矣。”《太平经钞丙部》说：“欲解承负之责，莫如守一。”“守一”即“理元气”也。④行大功德可以解“承负之责”，《解承负诀》中说：“能行大功万万倍之，先人虽有余殃，不能及此人也。”⑤有天师出得解除“承负之责”。按《太平经》乃“兴国广嗣”之应帝王书，故天师出主要是为帝王解承负之责，“今惟天师乃为帝王解先人流灾承负，下制作可以兴人君，而悉除天下灾怪变不祥之属。”（《断金兵法》）因之在《五事解承负法》中说：天师可以“为皇天解承负之仇，为后土解承负之殃，为帝王解承负之厄，为百姓解承负之过，为万二千物解承负之责。”可见道教的天师有最大消除“承负之责”的伟力。

（四）“承负”说的根据

《太平经》的“承负说”和佛教的“轮回说”虽都是一种宗教的因果报应学说，但所据之“理论”则不相同。佛教的报应说是建立在“三世有”上，而《太平经》（早期道教）则并未建立在“来世”上。所以在《冤流灾求奇方诀》中集中论证了“无来世”的观点：

> 夫物生者，皆有终尽，人生亦有死，天地之格法也。
>
> 夫人死者乃尽灭，尽成灰土，将不复见。今人居天地之间，从天地开辟以来，人人各一生，不得再生也。自有名字为人，人者，乃中和凡物之长也，而尊且贵，与天地相似；今一死，乃终古穷天毕地，不得复见自名为人也，不复起行也。

这就是说，《太平经》把“生”和“死”看成是天地间的正常法则，有“生”必有“死”，人虽然在天地间最为尊贵，但也是生物之一，死后同样就消灭了，成为灰土，不能再生。因此，古往今来穷天毕地不可能见到人死了之后再生成为人。《太平经》中这一“有生必有死”的观点和道教的“长生不死”的观点是否有矛盾？从道教的观点看，可以说是没有的。因为照道教看，“长生不死”是可以的，但“死而复生”或“死后托生”则是不可以的。（按：《史记·太史公自序》中有：“神形离则死。死不可复生，离者不可复反。”）所以在《太平经》中认为人应是“乐生恶死”的，“上士忿然恶死乐生，往学仙。”又，《三洞珠囊》中有如下一段记载：“王公又问：都不闻道家说二世。（陆修静）先生答曰：经云，吾不知谁之子，象帝之先。既已有先，居然有后。既然先后，居然有中。庄子云，方生方死，此明三世。”这就说明在南北朝初时，一般仍认为道教不讲“二世”、“三世”。似乎还对佛教作了批评，说“求死得死”有何可冤哉？按：在南北朝时，道教和佛教在“生死”问题上的争论时，道教都说佛教是“求死得死”的。不过在《太平经》中有一段讲“重生”的话，容易引起误解，其文如下：

> 夫天下人死亡，非小事也。一死终古不复见天地日月也。脉骨成涂土。死命重事也。人居天地间，人人得一生，不得重生。重生者，独得道人，死而复生，尸解者耳。是者，天地所私，万万未有一人也。故凡人一死，不复得生也。

这里《太平经》认为，一般人死后再不得重生，但得道的人可以“死而复生”。这岂不是也主张人可以有“来世”，那和佛教有什么区别呢？当然，即使把得道之人了解为可以有“来世”，这一观点和佛教也不相同。照佛教看，一般人不能超脱轮回才有“来世”，而得道之人达到涅槃则可以超脱轮回，那就没有什么“来世”问题了。而这里说的人“死而复生”是指“尸解”，它显然不是指灵魂（神、精神）离开了此一形体而又化为另一形体中的生命。而是指原来的形体和它的精神再结合在一起（其实两者并未分离），如蝉蜕壳一样，如蚕蜕皮一般，旧皮、旧壳留下，而新皮、新壳内所包含的生命现象一起成为蝉和蚕，这就是道教所想象的“尸解”。《善仁人自贵年在寿曹诀》中说：“或有尸解分形，骨体以分。尸在一身，精神为人尸，使人见之，皆言已死。后有知者，见其存也，此尸解人也。”故所谓“尸解”据道教经典《度人经》说：“托形隐身成仙也。”陶弘景的《宝剑上经》也说：“尸解者，本真之炼蜕也。”（见《说部》）葛洪《抱朴子》中说：“先死后蜕，谓之尸解。”并举例说：

> 近世壶公将费长房去，及道士李意期将两弟子去，厉人见之皆在郫县。其家各鉴棺视之，三棺止有竹杖一枚，以丹书于杖，此皆尸解者也。

葛洪这些故事当然均为无稽之谈，无非是神化道教，以张大其宗教的作用，但从这里我们也可以看到，早期道教所谓“尸解”并不是指的“灵魂不死”而与另一形体之结合，“再生成人”，也就是说人死后还会有“二世”、“三世”等等“来生”，而是说形神一起暂时假死如“尸”，而后形神仍在一起成仙而去，即得“解脱”也。所以早期道教是不认为人死后还会有什么“来生”的。

“承负”的思想不仅在《太平经》中有，而且在其他早期道教的著作中也有类似的思想，如《老子河上公注》中说：

> 修道于家，父慈子孝，兄友弟顺，夫信妻正，其德如是，乃有余庆及于来世子孙也。

这里出现了“来世”二字，但它显然是与下“子孙”相连，是指下一代或再下一代的子孙。《老子想尔注》中说：

> 伤煞不应度，其殃祸反还人身，及子孙。

意思是说，伤害别人的人不能得到度世，殃祸的报应将会反还到他自身或者报应到其子孙。葛洪说：

> 但有恶心而无恶迹者夺算，若恶事而损于人者夺纪，若算纪未尽自死者，皆殃及子孙。(《抱朴子》)

同书说：“算者，三日也。”“纪者，三百日也。”显然葛洪也并不认为人死后还有“来世”。所以他叹惜地说：“夫逝者无反期，既朽无生理，达道之士，良可悲矣。”《正一法文天师教戒科经》中说：

> 人能修行，执守教戒，善行积者，功德自辅，身与天通，福流子孙。

恶事的报应可及现世自身和子孙，善事的报应也可以及于其子孙，这种中国传统的思想可以说全然融化于道教的理论中了。到南北朝末期，佛教在中国已广为流传，且有很大势力，道教也已受到很大影响，这也表现在“因果报应”问题上。例如陶弘景受佛教影响很深，且接受了佛教的“精灵不死”（神不死）和轮回思想，但在他的著作中仍还保留着早期道教“承负说”的观点，他在《养性延命录》中引老君的话说：

> 人修善积德，而遇其凶祸者，受先人之余殃也；犯禁为恶，而遇其福，蒙先人之余庆也。

陶弘景为了道教的宗教信仰的目的，他甚至说由于积功修养，不仅自身可以成仙，而且其子孙靠了先人的积功修养也可以成仙，他说：

> 积功满千，虽有过故得仙，功满三百而过不足相补者，子仙；功满二百者，孙仙；子无过又无功德，借先人功德便得仙，所谓仙人余庆；其无志多过者，可得富贵，仙不可冀也。（《真诰》卷五）

陶弘景确也接受了佛教“来世”（三世有）的观念，他认为人的积功行善可以使来世受到好的报应，他说：

> 先世有功在三官，流逮后嗣，或易世炼化改氏更生者。（《真诰》卷六）

陶弘景认为，积功行善故可福及子孙，但也可以在另一世代变成不同姓氏的人而得再生，他并且举例说：

> 鲍靓及妹并是其七世祖李湛、张虑，本杜陵北乡人士，在渭桥为客舍，积行阳德，好道养生，故今福逮于靓等，使易世变炼改氏更生，合为兄弟耳。（《真诰》卷五下）

道教经过受佛教影响的陶弘景的改造和发展，使中国原有的子孙受报的思想和佛教的来世受报的思想结合起来，这种结合而成的因果报应学说就成为中国思想的一个组成部分。

四、佛教的"出世"和道教的"入世"

虽然佛教和道教作为宗教说都是以所谓"救世"为目标。但在"出世"和"入世"（治世）关系的问题上却存在着显著的不同，这个问题也反映了两种不同文化传统的差异。中国传统思想大都是把积极"入世"看成是最高的政治和道德的准则。道教在这方面也深深打上了这"入世"思想的烙印。而印度佛教同样的受着印度传统文化的消极"救世"思想的影响，把"出世"作为"救世"的根本手段。《左传·襄公二十四年》有如下一段记载：

二十四年春，穆叔如晋，范宣子逆之，问焉，曰："古人有言曰，死而不朽，何谓也?"穆叔未对。宣子曰："昔匄之祖，自虞以上为陶唐氏……晋主夏盟为范氏，其是之谓乎?"穆叔曰："以豹所闻，此之谓世禄，非不朽也。鲁有先大夫曰臧文仲，既没，其言立，其是之谓乎？豹闻之：大上有立德，其次有立功，其次有立言。虽久不废，此之谓不朽……"

中国古代的儒家思想可以说是继承着这个传统，从孔子起就以推行"道"于天下为己任，希望用其政治思想和道德教化实现使"近者悦，远者来"的和谐社会的理想。因此他对现实的"人事"远比超现实的"神鬼"更为重视，说"未知生，焉知死"，"未能事人，焉能事鬼"。孟子认为，他自己应担当拯救天下的"大任"，故提出了一套推行"仁政"、"使黎民不饥不寒"的安邦治国的方案。荀子更是要求用"礼教"来教化百姓，治理社会，他在《王制》中提出"圣王之用也，上察于天，下错于地，塞备天地之间，加施万物之上"的积极治世的理想。《大学》更有所谓"三纲领八条目"的理想政治哲学，它说："大学之道，在明明德，在亲民，在止于至善"，其方法是通过"格物"、"致知"、"诚意"、"正心"以达到"修身"、"齐家"、"治国"、"平天下"的目的。到西汉，虽有董仲舒虚构了"君权神授"、"天人感应"的神学思想，但他仍把治国安民看成是君主的根本职责，应推行"王道"于天下。汉武帝在策问董仲舒时说：

朕……欲闻大道之要，至论之极……盖闻五帝三王之道，改制作乐而天下洽和王同之。(《汉书·董仲舒传》)

董仲舒回答说：

> 臣谨案《春秋》谓一元之意。一者万物之所从始也。元者，辞之所谓大也。谓一为元者，视大始而欲正本也。《春秋》深探其本，而反自贵者始，故为人君者，正心以正朝廷，正朝廷以正百官，正百官以正万民，正万民以正四方，四方正，远近莫敢不壹于正，而亡有邪气奸其间者，是以阴阳调和而风雨时，群生和而万民殖，五谷熟而草木茂。天地之间，被润泽而大丰美；四海之内，闻盛德而皆徕臣。诸福之物，可致之祥，莫不毕至，而王道终矣。(《汉书·董仲舒传》)

可见，无论是汉武帝还是董仲舒，他们的最高理想只是要在现实社会中实现他们所向往的“王道”。终汉一代，许多思想家和儒生都企图使他们的政治理想实现于现实政治，而其结果是江河日下，所谓“理想”只是“幻想”而已。但这种要求积极入世(治世)的传统却深深地植根中华民族的心理之中，成为一特殊的心理特性了。

西汉初年，统治者曾奉行“黄老之术”，即《汉书·艺文志》所谓的“君人南面之术”，因此它也是一种政治哲学。《太史公自序》说，汉初黄老之术的要旨是“无为自化，清净自正”，无非也是要求与民休息，以达到巩固统治的目的。司马谈在《论六家要旨》中说的“道家”就是汉初的黄老之学，文中说：

> 道家使人精神专一，动合无形，赡足万物。其为术也，因阴阳之大顺，采儒墨之善，撮名法之要，与时迁移，应物变化，立俗施事，无所不宜，指约而易操，事少而功多。

这里所说的“道家”思想显然是一种“治国经世”的政治哲学。但同时在《论六家要旨》中“道家”也是一种修身养生之术，如说：

> 凡人所生者神也，所托者形也。神大用则竭，形大劳则敝，形神离则死。死者不可复生，离者不可复反。
>
> 故圣人重之。由是观之，神者生之本也，形者生之具也。不先定其神形，而曰我有以治天下，何由哉！

这种要求把“治国”和“养生”结合起来，并特重“养生”的“黄老思想”和儒家传统的积极“入世”精神一样深深地植根于中国民族文化之中，成为中华民族的一种特有的心理特性。汉初的《淮南子》就是如此，它要求把“治国”和“养生”结合起来。它认为：“无为者，道之宗。”从“治国”方面说，“无为”体现为“为治之本，务在安民；安民之本，在于足用；足用之本，在于勿夺时；勿夺时之本，在于省事；省事之本，在于节欲。”从“养生”方面说，“无为”体现为：“精神内守形骸而不少越，则望于往世之前，而视于来事之后，犹未足为也，岂直祸福之间哉！……夫惟能无以生为者，则所以修得生也。……是故圣人以无应有，必究其理；以虚受实，必穷其节；恬愉虚静，以终其命。”(《精神训》)又说：“夫形者，生之舍也；气者，生之充也；神者，生之制也，一失位，则三者伤矣。是故圣人使人各处其位，守其职而不得相干也。故夫形者，非其所安也而处之，则废；气不当其所充而用之，则泄；神非其所宜而行之，则昧，此三者，不可不慎守也。”(《原道训》)所以“君人之道，处静以修身，俭约以率下；静则下不扰矣，俭则民不怨矣。……是故非澹漠无以明德，非宁静无以致远。”(《主术训》)“国以主为常，霸王其寄也。身以生为常，富贵其寄也。能不以天下伤其国，而不以国害其身者，焉可以托天下也。”(《主术训》)看来《淮南子》也是用“无为”思想把“养生”和“治国”结合起来。盖汉继秦后，在长期战乱之后国家实现了统一，当时统治者所要求的是如何巩固其大一统的统治和使其一家一姓的统治得以有效的延长。这就是既要把国家治理好，又要使自己的生命尽可能地延长并有嗣继。《淮南子》从这点出发提出，为了人君自身的利益，要使形、气、神配合好，不使身体受到伤害，其关键在于节欲以求“恬愉虚静”，这样其身可得以养，其寿可得以长，而有利于统治的稳定。人君为了“养生”而必须节欲，欲望少了就可以使民不受困扰而得以休息，国家安定，统治也就得以巩固了。所以《淮南子》的这一用“无为”把“养生”和“治国”统一起来的思想是适应当时社会的需要的。但是汉初的黄老之学到汉武帝提出“罢黜百家，独尊儒术”后，虽在“养生”方面仍然起着重要作用，但作为“治国”的指导思想已经不大起作用了。东汉初年，据《后汉书·光武纪》载，皇太子(即明帝)似乎已把“养生”与“治国”分为二事：

> (光武帝)每旦视朝，日仄乃罢，数引公卿郎将讲论经理，夜分乃寐。皇太子见帝勤劳不怠，承间谏曰：“陛下有禹汤之明，而失黄老养性之福。愿颐爱精神，优游自宁。”帝曰：“我自乐此，不为疲也。”

自东汉以后，黄老之学渐以“治身养生”为主，所求则多为“长生不死”。明帝的弟弟楚王英尝“诵黄老之微言，尚浮屠之仁祠，洁斋三月，与神为誓”，此在求得自身之福也。汉桓帝，好神仙之事，延熹八年正月初曾派常侍左悺到苦县祠祀老子，同年八月又祠祀老子，十一月又派遣中常侍管霸到苦县祠祀老子。九年七月桓帝亲自在濯龙宫中祠祀黄帝老子。边韶《老子铭》有记载说：

> 延熹八年八月甲子，皇上尚德弘道，含闳光大，存神养性，意在凌云。是以潜心黄轩，同符高宗，梦见老子，尊而祀之。

桓帝祠祀老子不是为了“治国”而是为了“养生”，“存神养性，意在凌云。”延熹八年三祀老子外，桓帝还曾派遣使者祠祀“仙人”王子乔，蔡邕在《王子乔碑铭》中形容王子乔说：

> 弃世俗，飞神形，翔云霄，浮太清。（《全后汉文》卷七十五）

又据《后汉书》卷五十《陈敬王羡传》记载：

> 熹平二年，国相师迁追奏前相魏愔与宠共祭天神，希幸非冀，罪至不道。有司奏遣使者案验。是时新诛勃海王悝，灵帝不忍复加法，诏槛车传送愔、迁诣北寺诏狱，使中常侍王酺与尚书令、侍御史杂考。愔辞与王共祭黄老君，求长生福而已，无它冀幸。

由此可见，桓灵之世帝王以至贵胄祭祀老子是以求长生为目的。道教来自神仙黄老之术，自与求“长生不死”为其终极目标。但是，据前所论，道教的建立也和西汉流行吸收了阴阳家的儒家思想有着密切的关系，所以它也就把“养生”兼“治国”之术的传统继承了下来，并以宗教的形式把它巩固下来。

我们前面已经提到，道教从一开始就有强烈的干预政治的愿望，所以它在理论上要求把“养生”和“治国”结合起来决非偶然。这也就是说，在要求“出世”得到解脱成为神仙的同时，又企图能把社会治理好以实现其“致太平”的目标。这一特点可以说深深地打上了中国传统思想的烙印。既然道教要求对上述两方面都照顾到，因此我们可以看到，在早期道教的文献中，虽要求“超世”成神仙，而并不要求“出家”离世事，相反，道教的著作对佛教的“离世事”，提出批评。《太平经》一一七卷中批评佛教的“不孝，弃其亲”，“捐妻子，不好生，无后世”时说：

> 穷其妻子而去者，此皆大毁失道之人也。无可法，是大凶一分之人也，不可为人师法，安而中天师法乎？

可见早期道教并不要求“道士”出家，又同卷中说：

> 上士为帝王之师辅，传类相养，无有伤害。

故道士不仅不需要“出家”，反而应帮助帝王治理国事。因此，在《太平经》中认为，道士应“养生”兼“治国”的言论处处皆是，如说：

> 三气共一，为神根本也。……三者相助为治，故人欲寿者，乃当爱气尊神重精也。……上士用之以平国，中士用之以延年，下士用之以治家。（《令人寿治平法》）

《太平经钞癸部・通神度世厄法》也说：

上士学道，辅佐帝王，当好生积功乃久长；中士学道，欲度其家；下士学道，才脱其躯。

这一时期道教对《老子》的注解也采取了同样的观点，如《老子河上公注》中说：

法道无为，治身则有益于精神，治国则有益于万民。

另一部《老子》的注解《老子想尔注》中也说："治身"如果不能得到"仙寿"的人，"治国"也就不能使"致太平"，所以人君要想使人们"长寿"，使国家"太平"就必须让人民"精心凿道"，"令知真道"，懂得"道"的要求。深受《老子河上公注》思想影响，并为道教建立了较为系统的理论体系的葛洪更是从各方面论证了"养生"并不要求"出家"，恰恰相反应该去"治世"，如在《抱朴子》中说：

要道不烦，所为鲜耳。但患志之不立，信之不笃，何忧于人理之废乎？长才者兼而修之，何难之有？内宝养生之道，外则和光于世，治身而身长修，治国而国太平。以六经训俗士，以方术授知音，欲少留则且止而佐时，欲升腾则凌霄而轻举者，上士也。自恃才力，不能并成，则弃置人间，专修道德者，亦其次也。昔黄帝荷四海之任，不妨鼎湖之举(按：《史记·封禅书》说："黄帝采首山铜，铸鼎于荆山下，鼎既成，有龙垂胡髯，下迎黄帝，……后世因名其处曰鼎湖。")……古人多得道而匡世，修之于朝隐，盖有余力故也。何必修于山林，尽废生民之事，然后乃

成乎？（《释滞》）

据此，葛洪认为道教的最高境界应像黄帝那样能够在积极处理政事的同时又能“养生”而成神，所以他在《明本》中说，黄帝能治世致太平，又能升仙，这比之尧舜是更高的境界；老子既能兼综礼教，又能长生久视，这比之孔子则更为高明，更有进者。葛洪认为修养首先要“立功”，要“立德”，在《对俗篇》中说：

或问曰：为道者当先立功德，审然否？抱朴子答曰：有之，按《玉铃经中篇》云：立功为上，除过次之。……欲求仙者，要当以忠孝和顺仁信为本。若德行不修，而但务玄道无益也。

当然，有些宗教也把修功德作为其宗教的重要要求，但道教所不同者在于它认为信仰道教并不需要“出家”，更不需要“离世事”，在《释滞篇》中说：

何必修于山林，尽废生民之事，然后乃成乎！

《对俗篇》也说：

若委弃妻子，独处山泽，邈然断绝人理，块然与土石为邻，不足多也。

在《抱朴子·外篇》中有《应嘲》一篇，其中说到葛洪自己对“出”、“处”的态度，表现了他并不以“出家”为然，他说：

> 君臣之大，次于天地，思乐有道，出处一情，隐显任时，言亦何系？大人君子，与事变通，老子无为者也，鬼谷终隐者也，而著书咸论世务，何必身居其位，然后乃言其事乎？……余才短德薄，干不适治，出处同归，行止一致，岂必达官乃可议政事，居否则不可论治乱乎？

葛洪著《抱朴子》有内外二篇，其内篇多言长生久视之术，而外篇则多为立德立功之论，他并不因为“修道”而要求“出家”，此一特点至为明显也。

北魏道士寇谦之与大族崔浩共同辅佐魏太武帝，据《北史·崔浩传》说：

> 天师寇谦之每与浩言，闻其论古兴亡之迹，常自夜达旦，竦意敛客，深美之。……因谓浩曰：吾当兼修儒教，辅助太平真君，而学不稽古，为吾撰列王者政典，并论其大要。浩乃著书二十余篇，上推太初，下尽秦汉变弊之迹，大旨先以复五等为本。

道教兼修儒术本是常事，先于寇谦之抨击“无君论”的葛洪如此，后于寇谦之的山中宰相陶弘景也是如此。寇谦之本人意欲清整道教，而以“礼法”为主旨，辅佐魏太武帝建立政教合一的政权，兼修儒术故在常理之中。为此，寇谦之说：“不修善功，徒劳山林。”并论证说：

> 夫上士学道在朝市，下士远处山林。山林者，谓垢秽尚多，未能即谊为静。故远辟人世，以自调伏耳。若即世而调伏则无待

山林者也。(《云笈七签》卷三十八)

照寇谦之看，高明道士应是即世间而出世间的，虽在庙堂之上而其心无异于山林之中；而不大高明的道士则是要出世间才可以“自调伏”，故其心实未能出世间也。寇谦之的这一思想很可能是受到当时玄学思潮的影响。如郭象在《庄子注》中所说：

夫圣人虽在庙堂之上，然其心无异于山林之中。世岂识之哉；徒见其戴黄屋佩玉玺，便谓足以缨绂其心矣；见其历山川同民事，便谓足以憔悴其神矣，岂知至至者之不亏哉！

东晋辛谧《遗冉闵书》中也说：

然贤人君子，虽在庙堂之上，无异于山林之中，斯穷理尽性之妙，岂有识之者也。

可见在当时以庙堂即山林，“名教”即“自然”是一相当流行的思想。道教真正成为一种完整意义上的在社会上有影响的中国本民族的宗教自不能不受当时社会思想的影响。所以道教作为一种宗教虽然要求超生死得解脱而“长生成仙”，但并不要求“出家”、“离世事”而独居山林之中，甚至认为在庙堂之上也可以成为“神仙”，这当然是很适合当时门阀世族的需要了。如果说寇谦之是即世间而出世间的典型，那么梁朝的道士陶弘景则是出世间而即世间的典型。

陶弘景出身于士族家庭，早年做过不大不小的官，但并不得志。后隐退茅山。尝著《寻山志》以表其“倦世之情”。文最后说“反无形于寂寞，长超然乎尘埃”以明其出世之志。梁武帝即位后，曾多次请陶弘景出山，均谢辞。不过陶弘景实际上从来没有和政治割断联系，不仅常与梁武帝有书信来往，而且皇帝每有大事都派人到山中向陶弘景问询，因此有“山中宰相”之称。

从中国传统文化来看，道教和印度文化传统的佛教很不相同，早期道教认为“出世”和“入世”并不矛盾，在庙堂之上和在山林之中可以是一样的，问题是看你如何对待。从宗教说，必有一“彼岸世界”（超现实世界），而“此岸世界”（现实世界）往往是与“彼岸世界”相对立的。中国的道教虽然构造了一个彼岸的神仙世界，但这个彼岸的神仙世界可以就实现在此岸的现实世界之中，这就是道教的所谓太平世界了。既然在现实世界中就可以实现理想世界，那么“出世”和“入世”，就没有根本性质的区别，“出家”和“不出家”就更无关宏旨了。理想的神仙世界可以在现实世界中实现，那么从根本上说现实世界就不能被认为是一“苦海”，也不是一罪恶的渊薮。所以早期道教是“乐生恶死”的。道教作为中国的宗教可以说有着和其他宗教显著不同的特点，它不是讨论“人死后如何”的问题，而是追求“人如何不死”，着重现实生活的，这点可以说也是表现了中华民族是一缺乏超越性宗教思想感情的民族。

在这个问题上，佛教和道教则有明显的不同。虽然在阶级社会中，任何宗教都离不开政治，实际上都和政治有着千丝万缕的联系，这一点东晋的著名和尚道安是很懂得的，他曾说：“不依国主，法事难立。”但从原则上说，佛教要求僧人必须“出家”，不能“在庙堂之上”，不必敬王者，不必拜父母。盖佛教认为，世间是一大苦海，人生苦恼的根源在于对世间有所求，故有种种的苦；如果根本无所求，能彻底地出世间，则可脱离苦海，得到解脱，入涅槃境界。《涅槃经》

中以"八相为苦"，即所谓生苦、老苦、病苦、死苦、爱离别苦、怨憎会苦、求不得苦、五阴盛苦。这八苦中，前四种苦是自然规律，根本不能避免，但人们要求避免，以求不老、不死，要求和亲爱的人不离别，和所讨厌的人不相会，这都是不可能做到的。因为在社会生活中，总有人与人的关系问题。所以"求不得苦"是一切苦的根源。为什么"求不得苦"是一切苦的总根源呢？照佛教看，这是由于"五阴盛"引起的。"五阴"即"五蕴"，即所谓色、受、想、行、识也。

色：物质；

受：感觉（感受）、感情（情）；

想：记忆（或说是思维活动）；

行：意志活动（或由意志决定的行为）；

识：心理活动的统一状态。

"阴"（蕴）是"积聚"的意思。把五蕴集合起来而成的看成是真实的东西所产生的种种欲望，这又是求不得苦的根源。因为由五蕴积聚而成的世界，本来并不是真实的，把这些不真实的作为追求的对象，照佛教看，当然是很痛苦的。如果能消灭所追求的一切欲望，人们也就消灭了一切苦恼，而得到解脱。因此，佛教作为一种宗教说，要求佛教徒必须"出家"，认为这样才可以把自己的要求和欲望降到最低限度，以至到最后什么欲望和要求都没有了，从而达到涅槃的境界。东晋的著名和尚慧远在他的《沙门不敬王者论》中详细的论述了"出家"和"在家"的区别，他说：

出家则是方外之宾，迹绝于物。……若斯人者，自誓始于落簪，立志形乎变服，是故凡在出家，皆遁世以求其志，变俗以达其道。变俗，则服章不得与世典同礼；遁世，则宜高尚其迹。……若然者，虽将面冥山而旋步，犹或耻闻其风，岂况与夫顺化之民，尸禄之贤，同其孝敬者哉！

佛教之所以要求佛教徒"出家"，目的就在于要他们能消除一切欲望；消除了一切欲望才可以达到"常乐我静"的涅槃境界。而这种要求"出家"的思想正是佛教的根本理论"涅槃"所要求的，它也正是印度文化传统所要求的。早期道教并不要求道士"出家"，这和道教所追求的"长生不死"的思想有着密切的联系。从原则上看，道教既然主张人可以"长生不死"，那就必然要有一个他们可以永远生活的场所，这或者是现实世界，或者是虚幻的"神仙世界"，而所谓"神仙世界"也不过是美化了的现实世界的投影。所以追求"长生不死"归根到底也就是追求可以在现实世界中长久地生活下去，而享受种种幸福和欢乐。早期道教之所以并不要求"出家"，相反要求积极地干预政治，正是他们宗教理想的必然要求的。就这一点看，道教作为中华民族本民族的宗教，也正是中国传统文化所要求的。

文化的双向选择*

——印度佛教输入中国的考察

一种外来文化传到另外一种文化环境中，往往一方面需要适应原有文化的某些要求而有所变形；另外一方面也会使原有文化因受外来文化的刺激而发生变化。因此，在两种不同传统的文化相遇过程中，文化的发展有一个双向选择的问题。这种文化的双向选择，对于有较长历史较高水平独立发展起来的民族文化或者表现得更为明显。

从中国历史上看，外来文化的传入最重要有两次：一次是公元1世纪前后开始传入的印度佛教；另一次是16世纪以来西方文化的输入。现在我想就印度佛教的传入来讨论两种不同传统文化的冲突与调和，以说明中国文化对印度文化的选择和印度佛教在中国的变化。分析印度佛教传入中国的历史大体经过如下的过程：

---

* 本篇选自《狮在华夏——文化双向认识的策略问题》，广州，中山大学出版社，1993。

一、由西汉末至东晋，印度佛教开始传入中国时首先是依附于汉代的方术(又称“道术”)，到魏晋又依附于魏晋玄学

在汉朝，那时佛教所讲的内容大体上是“神不灭”(精灵不灭)和“因果报应”等，袁宏《后汉纪》中说：佛教“又以为人死精神不死，随复受形，生时所行善恶皆有报应”。而这些在中国原来就有类似的思想。如各种各样的“有鬼论”和“神不灭”思想，在《淮南子·精神训》中说：“形有摩而神未尝化”，形体可以消失，而精神仍然可以存在。而在王充《论衡》中曾批评“世谓死人为鬼，有知，能害人”的“有鬼论”。至于“因果报应”，佛教与中国本土原有的说法不尽相同，但汉时佛教所传播的“因果报应”思想实与中国原有的“福善祸淫”相贯通。如《易·坤卦·文言》中所说：“积善之家，必有余庆；积不善之家，必有余殃。”魏晋时期，以老庄思想为骨架的玄学大为流行。玄学讨论的中心问题为“有”和“无”的关系问题，而这时佛教的般若学传入中国，般若学所讨论的“空”和“有”的关系问题与玄学比较接近。到东晋，般若学分成若干派，而他们往往用所谓“格义”或“连类”的方法来解释佛教思想。所谓“格义”就是观念的比配，用中国的观念比配印度的观念；所谓“连类”也就是用佛教比附老庄思想。这都是用中国思想来解释印度佛教。例如当时般若学“六家七宗”中的“本无义”实是王弼、何晏“贵无”思想在佛教般若学中的表现；“心无义”则多与嵇康、阮籍的“无心”思想相接近；而“即色义”又与郭象的“崇有”思想不无关系。到东晋末，有僧肇据佛教般若学批评了“心无”、“本无”、“即色”三家，虽然是批评东晋般若学各派，同时也是批评了玄学的各个流派。不过在

僧肇的著作中我们仍然可以看出，他所讨论的问题也还是玄学问题，所用名词概念也多为玄学家原来所使用的，所以我们可把僧肇的思想看成是魏晋玄学的终结和中国佛学的开始。

从这一段历史我们可以看出，任何一种文化都会有其保守的一面，对外来文化总有某种抗拒性。因此外来文化首先往往要适应原有文化的某些要求，依附于原有文化，其中与原有文化相近的部分比较容易传播，然后不同的部分逐渐渗透到原有文化中起作用，而对原有文化发生影响。

二、印度佛教在东晋后在中国的广泛传播，引起了中国传统文化与外来的印度文化的矛盾与冲突，并在矛盾冲突中推进了中国文化的发展

东晋之末、刘宋之初，佛教大小乘各派学说均有输入，佛经翻译日多，从而兴起了对佛教经典的各种解释，而有所谓经师讲论的兴起。这就帮助了僧人对佛教各派理论有较深入的了解。但印度文化与中国原有文化毕竟是两种不同传统的文化，它不可能永远依附于原有文化，所以到东晋以后由于佛经翻译多起来，而且越来越系统和准确，并且可以看出它的理论在某些方面有胜过中国传统文化之处，因而在两种不同传统的文化中不可避免地要发生矛盾和冲突。

在南北朝时期，佛教与中国原有文化的冲突表现在各个方面，有政治和经济利益方面的问题，也有哲学和宗教伦理方面的问题。从现存的一部著作《弘明集》中，我们可以看出当时两种文化矛盾冲突的若干问题：有关于“沙门应否向帝王致敬”的问题，这涉及“出世”和“入世”、“忠君”、“孝父母”等等问题；有关于“神灭与神不灭”问题的争

论；有关于“因果报应有无”问题的争论，它涉及“因果”和“自然”(性命自然)这样的哲学问题，有关于“人和众生”问题的争论。何承天根据《周易》认为“人”与“天”、“地”并列为“三才”，批驳佛教把“人”与“众生”同列，这自然和维护儒家传统有关。还有所谓“夷夏之争”，何承天的《答宗炳》谓“华戎自有不同”，在于其性，“中国之人，禀气清和，含仁抱义，故周孔明性习之教；外国之徒，受性刚强，贪欲忿戾，故释氏严五戒之科。”道士顾欢著《夷夏论》谓，华夏为礼义之邦，故不当舍华效夷。这一时期还发生了北魏太武帝和北周武帝灭佛事件。但有一点似可注意，即帝王企图用政治力量来消灭佛教，都不成功，相反当情况一变，佛教就有更大的发展。

从以上情况可以看出，两种不同传统的文化在接触一段时间之后必然要发生矛盾与冲突，问题是如何对待这个问题，是用政治力量来排斥外来文化，还是在两种不同文化的矛盾和冲突中善于吸收和融合外来文化。这是个大问题。从总体上说，由于在这个时期中华民族对外来文化采取了欢迎的态度，从而能在矛盾冲突中不断吸收印度文化，大大推动了中国文化的发展。在这一时期，中国文化无论在哲学思想、文学艺术、建筑雕刻，还是在科学技术以至医药卫生等方面都表现出生气勃勃的姿态。

三、印度文化到隋唐以后逐渐为中国文化所吸收，首先出现了中国化的佛教宗派，到宋朝以后佛教则成为中国文化的一部分而融合于中国文化之中，形成了宋明理学，即新儒家学说

隋唐时期可以说是佛教在中国的鼎盛时期，在中国出现了若干极有影响的佛教宗派，佛教并由中国传播到朝鲜、日本等地，而在那些

地方发生了极大影响。在当时众多的佛教宗派中，天台、华严和禅宗实是中国化的宗派。另外还有较为印度式的宗派唯识宗，这派虽有玄奘大师提倡，但经短短三十年就不大流行了，而中国化的佛教宗派却大大盛行。中国化的三个佛教宗派讨论的最重要问题是心性问题。“心性问题”本来是中国传统哲学中的重要问题，可以向上追溯到孔孟，特别是孟子《中庸》一系，孟子的“尽心、知性、知天”为中国心性学说奠定了基础。天台宗有所谓“一念三千”；华严宗有融“佛性”于“真心”；禅宗则更认为“佛性”即人之“本心”（本性）。原来关于佛性问题在南北朝晚期就有讨论，据梁宝亮《涅槃集解》谓：当时言“佛性”者有十家，加上宝亮自己一家则有十一家之多，而自禅宗以后均以“佛性”为人之本心。华严宗还提出“理事无碍”、“事事无碍”的理论以证明佛性的普遍存在，而这方面正是吸收了中国“体用如一”的思维方式。由于佛教中国化，使得中国化的佛教宗派、特别是禅宗大大改变了印度佛教的原貌；佛教在中国从“出世”走向世俗化，认为在日常生活中就可以成佛，因而原来被佛教排斥的“忠君”、“孝父母”等等思想也可以被容纳在佛教之中。成佛全靠自己“心”的觉性，“一念觉，即佛；一念迷，即众生”。

到宋朝，理学兴起，它一方面批评佛教，另一方面也吸收了佛教的思想。本来中国传统思想的主流是“入世”的，重视现实社会生活，这点和印度佛教的“出世”思想很不相同。理学批判了佛教的“出世”思想，但却吸收了佛教的心性学说和理事理论。程朱理学主要吸收了华严宗“理事无碍”的思想，而有“人人一太极，物物一太极”和“理一分殊”等思想，建立了以“理”为本的形而上学体系；陆王心学主要吸收了禅宗的心性学说，而有“吾心便是宇宙”和“心外无物”等思想，建立了以“心”为本的形而上学体系。程朱的“性即理”和陆王的“心即性”说法虽不同，但都是要为他们“治国平天下”的理想找一形而上学的根据，这样就使宋明理学新儒学较之先秦儒学成为一更加完善的理论体系。这一发展正是得力于隋唐以来中国化的佛教宗派。

如果我们从禅宗方面看，这种中国化的佛教宗派从唐到宋也起了很大变化。在今本《坛经》中有一首《无相颂》，文曰：“心平何劳持戒，行直何用修禅，恩则孝养父母，义则上下相怜。让则尊卑和睦，忍则众恶无喧，若能钻木取火，淤泥定生红莲。苦口的是良药，逆耳必是忠言，改过必生智慧，护短心内非贤；日用常行饶益，成道非由施钱，菩提只向心觅，何劳向外求玄，听说依此修行，天堂只在眼前。”此颂本为唐敦煌写本所无，而为宋契嵩本所有。从这种变化可以说明，禅宗越来越向世俗化发展，也就是说它越来越向中国传统思想靠拢。宋朝宗杲大慧禅师说得更明白，他说：“世间法即佛法，佛法即世间法。”又说：“予虽学佛者，然爱君忧国之心，与忠义士大夫等。”这就是说，禅宗说到底可以“忠君”，可以“孝父”，可以“治身”，也可以“治国”。因此，照禅宗看，人生活在世俗之中，就不应去故意违背世俗的道理，当然同时也不要为世俗的道理所牵累。既要不离世间，又应超世间，这一观念其实也不能不说是一种中国传统的“极高明而道中庸”的模式。

从对印度佛教这种外来文化传入中国的考察中，我们是否可以得出以下看法，以说明“文化的双向选择”？

第一，一种文化总有其不同于其他文化的特点，如果它作为一种独特的文化存在着，它的最基本的特征就需要保存，如果它失去了它的基本特征，那么它将成为历史上的文化陈迹，是一种博物馆中的文化，而不能作为现实的文化在现实社会生活中起推动社会发展的作用。中国文化与印度文化相比较，它最显著的特征就是教人如何在现实生活中实现其“治国平天下”的理想，这种“入世”精神和印度佛教的“出世”思想是大相径庭的。在印度佛教传入中国后。它虽然对中国人的社会生活起着深刻的影响，但中国文化的这种“入世”的基本精神却没有被外来文化所改变。相反，佛教在中国的发展却越来越走上世俗化，而认为在日常生活中就可以实现成佛的理想，“挑水砍柴，无非妙道”。因此，只要前进一步，“事君事父”也可以成圣成贤，这正是宋明理学(儒学的发展)可以在中国取代佛教的根本原因。这就说明，印度佛教传入中国后，在长期的历史发展过程中为适应中国社会和中国文化的要求而不得不变形。

第二，任何一种文化在与其他文化相比中，都可以发现这种文化总有其不足的方面，因此在它的发展过程中如果要保持其活力，必须不断吸收外来文化以滋养自己，从而使自己的文化得到丰富。中国文化从汉以后一直到隋唐正是不断吸收了印度佛教文化而有了长足的发展。从哲学上看，宋明理学正是吸收了印度佛教而使中国哲学有一更为完善的本体论、价值论和人生哲学的体系。由此可见，吸收外来文化以滋养本民族原有文化是十分必要的。中国文化充分地吸收了印度文化，使中国文化大大丰富了。我们知道外来文化对原有文化的发展是一种新的刺激因素，一种有生命力的文化在受到外来文化的挑战时，不仅不会拒绝外来文化，而是欢迎它，以便使自身文化更快更健康地发展。因此，所谓“本位文化”或“国粹主义”不仅有害于民族文化的发展，而且正是一种民族文化衰落的表现。

第三，中国传统文化吸收印度文化使之融合在中国文化之中，经历了长达几百年的时间(甚至可以说是一千年的时间)，这就说明一种文化传统吸收和融合另外一种外来文化绝不是一朝一夕可以完成的，它需要一定的时间和条件。印度佛教传入中国大体经历了，首先依附于中国传统文化，然后与中国文化发生矛盾和冲突，最后融合于中国文化之中。这一过程也许是一种文化吸收另外一种文化的一般规律。从中国传统文化与西方文化相遇后，在明清之际，首先也存在着某种西方文化依附于中国文化的状况，后来因种种原因而中断。19 世纪中叶后，由于西方文化在一种特殊情况下再度传入，即在西方列强用大炮打开中国的大门的情况下西方文化也就跟着进入。自那以后，在中国一直存在着“古今中外”之争，到今天这个问题仍然在继续着。如果我们希望中国文化得到健康发展，如果我们希望中国文化仍然能对人类文明有所贡献，就必须以“多元开放”的胸怀来对待西方文化，充分地吸收西方文化，更新自己的传统文化，创造适应现代社会生活的新文化。

现今世界文化发展的总趋势可以说是在全球意识下的多元发展。我们如何使中国文化的发展适应这一总趋势，我想在让中国文化走向世界的同时，更重要的是让世界文化走向中国，这就是如何使中国文化现代化和世界化的问题。由此可见，文化的发展始终存在着一个双向选择的问题。我们选择外来文化，外来文化也在选择我们。因此，我们必须全方位地吸收外来文化，同时还应积极地向外介绍和传播中国文化，促使东西方文化健康会合，以利于世界文化的发展。

华严“十玄门”的哲学意义*

佛教是一种宗教，同时也是一种哲学；中国佛教如华严宗、禅宗是一种宗教，同时也是一种极高的哲学。中国佛教的华严宗讨论了许多哲学问题。我认为这些哲学问题不仅在中国哲学史上有着重要意义，如大家经常讲到的“理事无碍”，“事事无碍”对宋明理学的影响；而且它所讨论的某些哲学问题，如果我们顺着它的思路深入地发掘下去，仍然会丰富和发展我们今日的哲学研究。在这里，我们不可能全面解剖华严宗所包含的全部哲学问题的意义，但可以讨论若干有典型意义的华严思想。我认为，华严的“十玄门”最有哲学意义，当然这并不排斥其他思想如华严的“判教”理论，“四法界”和“六相圆融”等等的哲学意义。

一

为了说明“十玄门”的特殊意义，我想先来简单地讨论华严“判教”理论。虽然“判教”理论不始于华严，早于华严

* 本篇选自作者《佛教与中国文化》一书，北京，宗教文化出版社，1999。

的天台已有“判教”理论；而且也不始于中国，印度佛教已有大小乘之分，《解深密经》立“三时义”，以小乘、般若、唯识为佛教之三阶段等等，但我们如果从一个系统论的观点看，华严的“判教”或更为严整，它表现了历史和逻辑的统一。所谓“判教”，是佛教各宗派为调和佛教内部不同的说法，树立本派的正统地位和权威，对先后所出之经典从形式到内容给予重新的安排和估价，分别深浅、大小、权实、偏圆等，用以确定本宗派为佛的最完善的学说。华严之“判教”分为五教：小乘教、大乘始教、大乘终教、顿教、圆教，它表现了由小乘而大乘，大乘则由始而终、由渐而顿、由偏而圆的次第，而这一次第是由相对的矛盾概念展开的，因而从理论上说较天台的“判教”系统更为严整。从宗教哲学的观点看，它表现了一层高于一层，这无疑是一较完善的系统。后来，宗密作《原人论》，不仅对佛教本身作了一系统的次第安排，而且把儒道两家也纳入其“判教”体系之中。我们没有必要去讨论宗密的“判教”系列是否正确，因为这是一“仁者见仁，智者见智”的问题。但一种较好的、较有价值的哲学体系大都应是能容纳其他哲学的体系。因此，我认为华严判教的意义可注意有二：它的判教体系是严整的，此其一也；它可以容纳其他学说，此其二也。严整而又可容纳其他各种学说正是“圆融”的特征，故华严为“圆教”应甚合理。

法藏的“四法界”的哲学意义讨论得比较多，这里只想提出一个观点：华严虽为佛教一个宗派，但从思维方式上说，它却是更为中国式的，至少可以说它必然引出或归于中国式的思维方式。印度佛教无论大小二乘、空有二宗都有一根本性之前提：这就是承认有一个与现象世界相对的超现象的世界，这样从根本上说不可能坚持“体用如一”。小乘依业感缘起，而认为现象界是使人受苦的，而另有一超现实的“常乐我净”的世界，这两者并无联系。空宗要破除现象界的一切，在破除之后才可以显现出“真如实相”，这叫“破相显性”，这样才可以达到成佛的涅槃境界。但现象界破除了，还剩什么呢？“真如实相”也将成为空名。有宗的法相唯识，立阿赖耶识以含藏一切种子，如果要得到解脱必须“转识成智”，这也是要以否定现象界为基础。而华严宗就其“四法界”学说看，如果我们据“理事无碍”，“事事无碍”所得出之结论，本体必须由现象来呈现，现象与现象之间因均为本体之呈现而互相呈现，则可以不必于现象界之外求超现象的世界，不必离现象以求本体，不必于个别外求一般，这样就打通了众生界与佛世界、现象与本体、个别与一般之间的隔绝。而达到一种“圆融无碍”的地步，所以照我看，隋唐佛教宗派之中国化，从根本上说，主要不在其体系之内容，而在其思维方式的中国化。它影响宋明理学，主要也不在其思想内容（其思想内容是受到理学家批评的），而在于它的中国化的思维方式。

至于“六相圆融”，法藏在《金师子章》中讨论到，在《华严一乘教义分齐章》作了更为详尽的讨论。所谓“六相”，即“总相”，“别相”，“同相”，“异相”，“成相”，“坏相”。所谓“圆融”，即指一法依他法而有意义，相即相融，任何一概念的意义只有在一种关系中才能成立。“总相”是就全体方面说的，从全体方面说个别就是全体。“别相”是就个别方面说的，从个别方面说全体就是个别。这里微妙处是法藏认识到“个别”就是“全体”之“个别”，它不能离“全体”而为“个别”，“全体”即是“个别”之“全体”，它不能离“个别”而有“全体”，故“一即一切，一切即一”也。因此，“总相”和“别相”是讨论“全体”和“个别”的关系。“同相”是就同一性方面说的，一切构成某物之“因素”就其是构成某物之“因素”说，由于同为“因素”而彼此相同；“异相”是就差异性方面说的，构成某物之众多“因素”，正因为此“因素”不同于彼“因素”才可以构成某物，由于"因素"之不同而相异。"同相"与"异相"从作为哲学问题说，是讨论"同一性"与"差别性"的关系的。"同相"、"异相"是"总相"、"别相"之"同相"、"异相"。盖有"总相"才有"同相"，而"总相"中之个别因素为"别相"，而有"异相"，所以"同一性"与"差别性"是"全体"与"个别"的同一与差别。"成相"与"坏相"是讨论"现实性"与"可能性"问题的，构成一物之"因素"，如果是这一物之"因素"，此物才是此物，此物之"因素"才是此物之"因素"，此物与此物之因素互相成就，才有现实的此物，此谓"成相"。各种构成彼物之"因素"，如果它还不是构成彼物之"因素"，那么既无彼物，亦无彼物之"因素"，它们不能互相成就，因此不可能有现实之彼物和彼物之"因素"，但仍不失有成为彼物和彼物之"因素"的可能性，此谓"坏相"。"坏相"只是说明无现实之物与其"因素"，而不是说无成为现实之物与其"因素"之可能。如无可能性则"现实性"亦不存在。盖因肯定与否定，从一方面说否定是肯定之否定，而肯定则是否定之否定，"坏相"不仅可以是对肯定之否定，也可以是对否定肯定之后的否定。"六相圆融"构成一从多层次、多视角观察的概念系统，可以由"总相"而有"别相"；有"总相"而有"同相"，由"同相"而有"异相"；有"总相"而有"成相"，由"成相"而有"坏相"。同样也可以有"坏相"（对肯定之否定）而有"成相"；有"坏相"（对否定肯定之否定）而有"异相"；由"异相"而有"同相"；有"坏相"而有"别相"，由"别相"而有"总相"。无论由哪一概念作出发点，都可以从各个层次各个视角把所有的概念整合起来，而成为一个相对而成就的概念体系。因此，"六相圆融"不过是举例说之，而我们可以由此得出"相相圆融"，就这方面说华严为"圆教"亦不无根据。

以上我们讨论华严宗之若干重要思想的哲学意义，并用以说明其为"圆教"有其学理上之根据，其目的也是为了下面便于展开关于华严

“十玄门”之讨论。

二

“十玄门”首创于智俨，而完成于法藏，两者内容基本相同，但次第与说法稍有差异。法藏立“十玄门”以说“法界缘起”，现据法藏之《金师子章》“勒十玄”加以说明，以显其哲学意义。

1. 同时具足相应门

《金师子章》说：“金与师子，同时成立，圆满具足，故名同时具足相应门。”意谓金与师子形相同时成立，无先无后，圆满具足了金体与师子相的一切。这也就是说，本体与现象互相适应。互相依存，故是同时圆满具足的，这是就“理事无碍”说的。在《华严经义海百门》中说：“且如见高山之时，是自心现作大，非别有大；今见尘圆之小时，亦自心现作小，非别有小。且由见尘，全以见高山之心而现尘。见高山之高大，与尘粒之微小，皆是此一真心，是故即小容大也。”所以一切事物都是此真心全体之显现，用不离体，即体即用，故此“同时具足相应门”所表现之哲学意义，当为说明“体用互相依存之统一”也。

2. 诸藏纯杂具德门

《金师子章》说：“若以眼收师子尽，则一切纯是眼；若耳收师子尽，则一切纯是耳，诸根同时相收，悉皆具足，一一皆纯，一一皆杂，是圆满藏，故名诸藏纯杂具德门。”此意谓任何一部分现象都是整个本体之表现（按：盖本体不可分），所以可以说整个本体都表现在部分现象之中。从一方面说，此现象与其他现象不同，而呈现为“杂”（差别）；另一方面，由本体通过它所呈现此现象可以包含其他一切现象，此现象又是“纯”（同上）。《华严经义海百门》谓：“理不碍事，纯恒杂也，事恒全理，杂恒纯也。由理事自在，纯杂无碍也。”师子眼耳等都是师子的，一一现象皆一一是本体的，同时又彼此不同，因此所谓“诸藏纯杂具德门”所包含的哲学内涵是要说明“现象的同一性与差别性的统一”，这是就“事事无碍”说的。

3．一多相容不同门

《金师子章》说：“金与师子，相容成立，一多无碍；于中理事，各各不同，或一或多，各住自位，故名一多相容不同门。”此处就“理事无碍”说，“理”（本体）是“一”，“事”（现象）是“多”，事统于理，“多”统于“一”，故每一事皆为理之全体的显现，《华严经义海百门》中说：“又一多相由成立。如一全是多，方名为一；又多全是一，方名为多。多外别无一，明知是多中一，一外别无多，明知是一中多。良以非多然能为一多，非一然能为多一。”“一”和“多”是相对成立的，无“一”即无“多”，无“多”亦无“一”，不把“多”与“一”割裂开来才有“一”之“多”，则“事”在“理”中，不把“一”与“多”割裂开来才有“多”之“一”，则“理”在“事”中，但由另一方面看，虽“事”为“理”之“事”，“事”只是“事”，各与各有不同的位置，所呈现为千姿百态；一多虽相容无碍（理事无碍），“理”自是“理”，“事”自是“事”，如“理”就是“事”，“事”就是“理”，则无“理”亦无“事”，所以理和事相容无碍，又各不相同，故名为“一多相容不同门”。此命题所蕴涵之哲学意义正说明“统一性与多样性之统一”。

4．诸法相即自在门

《金师子章》说：“即师子诸根，一一毛头，皆各以金收师子尽。一一皆彻师子眼，眼即耳，耳即鼻，鼻即舌，舌即身。自在成立，无障无碍，名诸法相即自在门。”如前“一多相容不同门”是就理事说无碍，那么此门则是就事事说无碍。从一方面说，现象世界中每一事物（事）都是真如本体（理）全体所现，所谓“一切即一”。既然“一切即一”

那么“眼”和“耳”从根本上说就没有什么分别，故可说“眼即耳，耳即鼻”等等。但自另一方面看，每一事物只是每一事物，眼只是眼，耳只是耳，自在成立，无障无碍。任何事物都有多重属性，这多重属性都是此事物之属性，属性虽有差别但同为此事物之属性，就构成此事物是相即而又自在的，这样我们就可以得出“差别性与多重性的统一”的观点。这也就是说，从哲学上说“诸法相即自在门”表现了“差别性与多重性的统一”。

5. 秘密隐显俱成门

《金师子章》说：“唯师子无金，即师子显而金隐；若看金，唯金无师子，即金显师子隐。若两处看，俱显俱隐，隐则秘密，显则显著，名秘密隐显俱成门。”如果专注现象就看不到本体，那么现象显现，本体隐没，但并非没有本体。如果专注本体就不见现象，那么本体显现，现象隐没，但并非没有现象。如果既关注本体，又关注现象，则“性相同时，隐没齐观”，本体现象都有隐，都有显，因此隐显同时存在。这就是说，现象与本体既有排他性，又有共存性，而排他性与共存性可同时存在，这样就可以构成（现象与本体）的“排他性与共存性的统一”，这同样是“理事无碍”的一种表现方式。

6. 微细相容安立门

《金师子章》说：“金与师子，或隐或显，或一或多，定纯定杂，有力无力，即此即彼，主伴交辉，理事齐观，皆悉相容，不碍安立，微细成办，名微细相容安立门。”此门是把上述各门作一总括，再进一步说明本体（理）与现象（事）可以一齐呈现，都可以互相包容（就理事无碍方面说）；由于一切现象都是本体之呈现，故就现象方面说最微细的事物（事）也可以呈现其他一切事物（这是就事事无碍方面说的）。因此，由“理事无碍”可以得到“事事无碍”，故此门之哲学意义或者可以说，从本体与现象的关系方面看，本体为共性，现象为特性，它表现为"本体与现象的共性与特性的统一"；据此可知"微细相容安立门"可以说有"共性与个性的统一"的哲学意义。

7. 因陀罗网境界门

《金师子章》说："师子眼耳支节，一一毛处各有金师子；一一毛处师子，同时顿入一毛中。一一毛中，皆有无边师子，又复一一毛，带此无边师子，还入一毛中。如是重重无尽。犹天帝网珠，名因陀罗网境界门。"现象界中之任何一事物皆是本体全体所现，本体包罗一切事物，故现象界中之任何一事物，作为现象，它相对于其他现象说，只是一现象，但在整个界域中，它则是本体之呈现，故亦可包罗一切事物。此一事物不仅包罗一切事物，并且可将其他所有事物所包罗之事物包罗之，各个事物包罗一切事物，正所谓"一一毛中，皆有无边师子，又复一一毛，带此无边师子，还入一毛中"。《宋高僧传》谓法藏"又为学不了者，设巧便，取鉴十面，八方安排，上下各一，相去一丈余，面面相对，中安一佛像。燃一炬以照之，互影光交，学者因晓刹海涉入无尽之义。"盖每一镜中不仅有其他镜之影，且有其他镜中之影之影。现象与现象各成一相，而且任何一相实际上都包融其他现象以及其他现象的包融之现象，故呈现现象与现象的互相交融而重重无尽所成的普遍联系，从哲学的意义上说，此或为"现象与现象的相对性与互融性的统一"。

8. 托事显法生解门

《金师子章》说："说此师子，以表无名，语其金体，具彰金性，理事合论，况阿赖识，令生正解，名托事显法生解门。"现象可以是有生有灭的，在人没有觉悟的时候往往执著于现象的生生灭灭；而本体是不生不灭的，而人们只能通过现象(事)体会本体(理)，盖因现象是本体之现象，本体是现象之本体，由于事物有两个方面，即有生有灭之现象(事)和不生不灭之本体(理)，因此人如果执著现象而不能透过现象以证本体，那么人就是不觉悟的；人如果不执著现象，而能透过现象以证本体，那么人就是觉悟的。这也就是说，人们可以通过觉悟而有对事物的真实认识，由不觉悟达到觉悟。因此，觉悟不是离开不觉悟而有的，是通过现象以达本体，而由不觉悟到觉悟。我们可以说："托事显法生解门"所表示的是"觉与不觉的相离性与相即性的统一"。从哲学认识论的角度，我们可以得到"已知与未知的相离性与相即性的统一"。

9．十世隔法异成门

《金师子章》说："师子是有为之法，念念生灭。刹那之间，分为三际，谓过去现在未来；总有三三之位，以立九世，即束为一段法门。虽则九世，各各有隔，相由成立，融通无碍，同为一念，名十世隔法异成门。"佛教认为，由诸因缘和合而成的有生有灭的一切事物叫"有为法"。所谓"三际"，指过去、现在、未来，而"三际"之中又各有过去、现在、未来，总为九世。现象界一切事物都受九世的约束，即都有过去、现在、未来之分而相隔。但虽有九世之分，而却又互相联系，相继成立，圆融相通，无障无碍，何以之故，因同在一念生灭之中。即由现象说各各不同(有分别)，又相即不离("过去"，"现在"，"未来"，相互联系)；而由心之一念说，通融无碍，事事物物亦通融无碍，"念即无碍，法亦随之"，故"一念"(主体之心)与"九世"(客体之物)相异又相成，此即"十世隔法异成门"之义，从哲学意义上看，或为"主体与客体的差别性与同一性的统一"。

10．唯心回转善成门

《金师子章》说："金与师子，或隐或显，或一或多，各无自性，由心回转。说事说理，有成有立，名唯心回转善成门。”《金师子章光显抄》谓：“寻如此诸义，于金师子上无有隐显一多等自性，唯心分别所成，即金非师子，心分别为师子，唯由心力回转成师子，乃至于师子上知隐显等诸义，故云无有自性，由心回转也。”此一门与前“同时具足相应门”所引之《华严经义海百门》首尾相呼应。一切现象之事物或隐或现，或一或多等等，皆在心之一念中生灭，均无自性，故为“非有”；虽现象界之事物无有自性，但由“理事无碍”上说，现象（事）乃为本体（理）之呈现，故亦非“非有”，“非非有”者即“非无”也。“非无”与“非有”既具有差别性，或隐或显，或一或多，又具有同一性，说理说事，有成有立，而此均随心回转，“心生一切法生，心灭一切法灭”。如果我们讨论此门的哲学意义，或者可以说它表现了“非无与非有的差别性与同一性的统一”。

以上就“十玄门”之哲学意义分别述之，如我们从总体上考察其哲学意义，我认为可注意者有三：第一，一概念必有其相对应之概念而立，如有“体”必有“用”，有“统一性”必有“多样性”，有“排他性”必有“共存性”等等；第二，所有成对之概念均为互补性之概念，故在法藏思想体系中必然表现为相对应之概念才有不可相离之互补性；第三，法藏之“十玄门”只是举出十个方面的相对应的概念的相关性，但并不是说只有这十个方面的相对应的概念有相关性，而是说任何一概念都有其相对应之概念，这一对相对应之概念必是相互成立、互补的，这样才构成一圆融无碍之图景。

三

通过对“十玄门”的哲学意义的分析，我们可更为集中地讨论几个哲学问题，如果我们顺着华严之思路来考虑，有些今日讨论的哲学问题或可得出较为合理解决之途径。

其一，关于“先有飞机还是先有飞机之理”的讨论。这个问题实际上是“事”与“理”的关系问题。冯友兰先生的“新理学”据新实在论而提出“先有飞机之理”，而据唯物主义则以为应是“先有飞机”。我认为，如果用法藏华严宗理论，则可把这两种观点统一起来。

如果说飞机是现实的存在，我们可以说“它是非无”，那么在未有飞机之时的飞机之理只能是可能的存在，而不是现实的存在，不是现实的存在，我们可以说“它是非有”。如果我们不从飞机的现实性方面而是从其可能性方面考察，那么我们可以得出飞机之理可以是真实存在的，因为“理”可以是不生不灭的；而飞机则是可能存在的，因其只是可能存在的，所以可以是“非有”，因为它是可生可灭的。如果我们从现实性和可能性两个方面同时考察，那么说“理先”(“理”存在，而“事”尚未存在)或“事先”(事已存在而理未知)都是可以成立的，而都是不能成立的。盖因“理先”是就可能性方面说的，而“事先”是就现实性方面说的。不过“可能性”(坏相)可以转化为“现实性”(成相)；同样“现实性”也可以转化为“可能性”。因此，我们可以说，由“理事无碍”的观点看“非无与非有的差别性与同一性是统一”的。

其二，关于“主体”与“客体”的关系问题。哲学的发展越来越证明“主体”与“客体”虽有别，但只有相对的意义，从根本上说它们是同一的，而主客二分是把人们的认识引向歧路的重要原因。相当一个阶段，我们总强调“思维对存在的关系是哲学的根本问题”以及“存在是独立于人们意识之外的客观存在”。可是如何说明这个“独立于人们意识之外的客观存在”呢？其实离开人们的意识，离开了人们对这个“独立于人们意识之外的客观存在”的说明，“存在”将是无意义的，是空洞的即是说明就是在意识之中了。《传习录》下中有一段：

> 先生游南镇，一友指岩中花树问曰：天下无心外之物，如此花树在深山中自开自落，于我心中亦何相关？先生曰：你未看此花时，此花与汝心同归于寂；你来看此花时，则此花颜色一时明白起来，便知此花不在你的心外。

人们常据此批评王阳明否认“客观存在”，其实王阳明根本不是讨论“客观存在”有否的问题，而是讨论“客体”只有在“主体”的观照下才有意义。华严“十玄门”中之“十世隔法异成门”、“唯心回转善成门”等正是为我们解释“主体”与“客体”的关系提供一有意义的思路。现象界之事物只有在心之观照下才有意义，“客体”与“主体”虽有别，但“客体”的意义是由“主体”给予的，所以“主体与客体的差别性与同一性是统一”的。

其三，关于“一般”与“个别”的关系问题。西方哲学有“一般”（共相）与“个别”（殊相），中国哲学有“名”和“实”之讨论，西方中世纪更有唯实论与唯名论之争，而马克思主义也颇注意此问题，但对事物的“共性”与“个性”的统一并不像华严宗那样作了多方面的论证。华严宗的“一即一切，一切即一”、“理事无碍”的观点对深化此问题应是有重要意义的。在“十玄门”中“微细相容安立门”不仅说明“理”（共相、一般）与“事”（殊相、个别）可以一齐呈现，互相呈现，互相包融；而且各个呈现“理”之“事”又都可以一齐呈现，互相包融，即可由“理事无碍”而有“事事无碍”，以证“共性与个性的统一”以及“个性与共性之相对性与互融性的统一”。

当然华严宗思想，特别是“十玄门”所涉及的哲学问题是多方面的。这里只是举例说明之，因此从哲学上探讨华严宗的思想应受到重视。

汤一介著作目录

专著：

《郭象与魏晋玄学》：湖北人民出版社，1983；台湾谷风出版社，1986、1987。

《魏晋南北朝时期的道教》：陕西师范大学出版社，1988；台湾东大出版公司，1988。

《中国文化传统中的儒道释》：中国和平出版社，1988。

《儒道释与内在超越问题》：江西人民出版社，1991。

《Confucianism，Buddhism，Taoism，Christianity and Chinese Culture》：Published by The Council For Research in Value and Philosophy.

《在非有非无之间》：台湾正中书局，1995。

《汤一介学术文化随笔》：中国青年出版社，1996。

《非实非虚集》：华文出版社，1999。

《昔不至今》：上海文艺出版社，1999。

《当代学者自选文库·汤一介卷》：安徽教育出版社，1999。

《郭象》：台湾东大图书公司，1999。

《佛教与中国文化》：宗教文化出版社，1999。

《La Mort》(法文)：Desclee de Brouwer 出版社，1999；(意大利文) Servitium Editrice，2000。

《生死》：上海文化出版社，1998。

《郭象与魏晋玄学》：(增订本)，北京大学出版社，2000。

《和而不同》：辽宁人民出版社，2001。

《我的哲学之路》：新华出版社，2006。

《早期道教史》：昆仑出版社，2006。

《魏晋玄学论讲义》：鹭江出版社，2006。

《新轴心时代与中国文化的建构》：江西人民出版社，2007。

学术论文(共计发表 300 余篇，择要摘列)：

(1)《论中国传统哲学范畴诸问题》，《中国社会科学》，1981 年第 5 期。

(2)《论中国传统哲学中的真善美问题》，《中国社会科学》，1984 年第 4 期。

(3)《再论中国传统哲学中的真善美问题》，《中国社会科学》，1990 年第 3 期。

(4)《论儒家哲学中的内在性与超越性问题》，《季羡林教授八十华诞纪念文集》，江西人民出版社，1991 年。

(5)《论老庄哲学中的内在性与超越性问题》，刊于《海峡两岸道家思想与道教文化讨论会论文集》。

(6)《论禅宗思想中的内在性与超越性问题》，《北京社会科学》，1990 年第 4 期。

(7)《古今东西之争与中国现代文化的发展》，《在海峡两岸文化思想与社会发展学术讨论会上的发言》，1994 年 5 月。

(8)《文化的双向选择——印度佛教传入中国的历史考察》，刊于《狮在华夏——文化双向认识的策略问题》，中山大学出版社，1993年。

(9)《评亨廷顿〈文明的冲突?〉》，《哲学研究》，1994年第3期。

(10)《“和而不同”原则的价值资源》，《学术月刊》，1997年第7期。

(11)《“太和”观念对当今人类社会可有之贡献》，《中国哲学史》，1998年第1期。

(12)《孔子思想与“全球伦理”问题》，台湾东海大学《哲学与中西文化：反省与创新学术讨论会论文集》，2001年1月。

(13)《新轴心时代的中国文化定位》，《跨文化对话》第六集，2001年4月。

(14)《再论创建中国解释学问题》，《中国社会科学》，2000年第1期。

(15)《三论创建中国解释学问题》，《中国文化研究》，2000年第2期。

(16)《论“天人合一”》，《中国哲学史》2005年2月。

(17)《从魏晋玄学到唐初重玄学》，《道家文化研究》第19辑，2002年6月。

(18)《走出“中西古今”之争，会通“中西古今”之学》，收入《世界文化的东亚视角》，北京大学出版社2004年8月。

(19)《“文明冲突”与“文明共存”》，澳门理工大学《中西文化研究》，2004年6月。

(20)《释“道始于情”》，收入《先秦需家研究》，湖北教育出版社，2004年。

(21)《中国现代哲学的三个“接着讲”》，上海《解放日报》，2006年5月15日。

(22)《文化自觉与问题意识》，上海《文汇报》，2006年10月22日。

(23)《儒学的现代意义》，武汉《江汉论坛》，2007年。

主编：

《论传统与反传统》，台湾联经出版事业公司，1989。

《中国宗教的过去与现在》，北京大学出版社，1992。

《国故新知——中国文化的再诠释》，北京大学出版社，1993。

《二十世纪中国文化论著辑要丛书》七卷，中国广播电视出版社，1995～1999。

《百年中国哲学经典》，海天出版社，1998年。

《汤用彤全集》7卷，河北人民出版社，2000年。(获2001年国家图书奖)

《国学举要》8卷，湖北教育出版社，2002年。

《20世纪西方哲学东渐史》14卷，首都师范大学出版社，2003。

《道家文化研究丛书》12卷，上海文化出版社，2001年。

开课：(曾多次开设以下各门课程)

中国哲学史

中国近代思想史

魏晋玄学

早期道教史

佛教经典选读

现代中国哲学专题

跋

在编完我的这本“文集”后，给它一个什么样的书名，我考虑了很久。现在选用了这样一个书名，它是源于这本“文集”中一篇文章的题目：《融“中西古今”之学，创“反本开新”之路》。我的意思并不是说，我这本“文集”做到了“融‘中西古今’之学，创‘反本开新’之路”，而是认为中国文化、中国哲学在进入新千年之际应该在重温传统中开创新的文化发展前景。

百多年来，在西方强势文化（哲学）的冲击下，在中国学术文化界一直存在着“中西古今”之争，现在是走出“中西古今”之争，而进入会通“中西古今”之学的时候了，对此我认为应遵循我国古训“反本开新”来实现。中国传统文化不能说它没有保守的一面，而且我认为任何文化形成传统都会有它保守的一面。但是，我们同时也不能不说在中国思想文化传统中却有其更为宝贵的“创新”的一面，如《诗·大雅·文王》说：“周虽旧邦，其命维新”；《大学》引《汤之盘铭》：“苟日新，日日新，又日新”；《易·序卦》中提出的“革故鼎新”（《易·杂卦》说：“革，去故也；鼎，取新也。”）任何民族的生存发展都是植根于其历史文化土壤之中。中华民族有着五千年的文化传统，从历史上看它曾是中华民族发育、成长的根，我们没有可能把这个根子斩断，只有对我们自身的文化有充分的理解和认识、保护和发扬，它才能适应自身社会合理、健康发展的要求，它才有吸收和消化其他民族文化的能力，而使自身文化不断更新。这就是说，我们应该珍视自己的文化传统。同时我们也应注意到，任何文化要在历史长河中不断发展，必须不断吸收和消化其他民族的优秀文化(在当前我们仍然应特别注意对西方优秀文化的吸收和消化)，在相互交流与对话中才能得到适时的发展。所以在当前，我们的学术文化既要“反本”，又要“开新”，只有在“反本开新”中才能走出“中西古今”之争，而实现会通“中西古今”之学。

这本“文集”分了六个部分：第一部分是对我自己所走过的学术道路作了一个总体介绍。第二部分是写于80年代初，当时为走出三十年来所受“教条主义”影响(如《论中国传统哲学范畴诸问题》)，同时也是我对中国哲学走向问题的初步探讨(如《论中国传统哲学中的真善美问题》)等。在2004年，我得到北京大学唐传基讲座教授职位，按协议我需要写一本有关“儒家哲学”的书，于是就对“天人合一”、“知行合一”、“情景合一”问题又作了一点研究，这就是收入“文集”中的《论天人合一》、《论知行合一》、《论情景合一》等文章，算是对探讨中国传统哲学中的真善美问题的补充吧！第三部分是我对中国传统哲学总体的考察，当然是否“内在超越”、“普遍和谐”和“内圣外王”真能表现中国传统哲学的特点，有待批评和讨论。第四部分是由于亨廷顿提出“文明冲突”论，而引起我对“文化问题”的兴趣，写了《论亨廷顿〈文明的冲突〉》等文章。我认为由于“文明”的不同，会引起冲突；而“文明的共存”才是人类必须争取的前景。第五部分，我主要想说明中国近现代学术文化的发展并不是在任何时候、任何情况下都由“激进主义”为主导，而从总体上看中国近现代学术文化正是由于有“激进主义”、“自由主义”、“保守主义”并存，在这三种力量的张力与搏击的推动下，学术文化才能得以较好的发展。为中国哲学在当今得到发展，我响应世界学术界提出“新轴心时代”的呼唤，为此我也就此问题结合我国学术文化发展的实际情况有所论述。同时又提出中国现代哲学三个“接着讲”问题以及创建“中国解释学”问题，以期探讨中国现代哲学可能的走向。第六部分是把近三十年来我研究“中国哲学史”的某些篇章从《魏晋玄学论讲义》、《早期道教史》、《佛教与中国文化》三书中选出，它大体上可以代表我在这三个方面的研究成果。

感谢北京市社科联、首都师范大学出版社约我编选这本“文集”，使我有一个对自己的学术研究作一次梳理的机会。我的哲学研究也许只是刚刚开始，许多问题只是开了个头，应该进行更深入的研究，我虽已年过八十岁，但仍会努力思考和写作。这里让我借用我父亲用彤先生的两句诗“虽将迟暮供多病，还将涓埃答圣民”作为此跋的结束吧！

汤一介
2007年12月22日